D1734782

Alexander Gallus (Hg.) · Deutsche Zäsuren

Alexander Gallus (Hg.)

Deutsche Zäsuren
Systemwechsel seit 1806

2006

BÖHLAU VERLAG KÖLN WEIMAR WIEN

Bibliografische Information der Deutschen Nationalbibliothek

Die Deutsche Nationalbibliothek verzeichnet diese Publikation in der
Deutschen Nationalbibliografie; detaillierte bibliografische Daten
sind im Internet über http://dnb.d-nb.de abrufbar.

Umschlagabbildungen:

Charles Meynier, Einzug Napoleons in Berlin an der Spitze seiner Truppen, nach der siegreichen Schlacht
    bei Jena und Auerstedt, 27. Oktober 1806. Öl auf Leinwand, 1810. © akg-images.
Anton von Werner, Proklamation Kaiser Wilhelms I. im Spiegelsaal von Versailles, 18. Januar 1871.
    Öl auf Leinwand, 1885.
Scheidemann ruft die Republik aus, 9. November 1918. Foto. © akg-images.
Hitler begrüßt Hindenburg am „Tag von Potsdam", 21. März 1933. Foto von Theo Eisenhart.
Hissen der Sowjetflagge auf dem Reichstagsgebäude am 30. April 1945. Nachgestelltes, koloriertes Foto.
    © akg-images.
Maueröffnungs-Foto mit Brandenburger Tor vom 11. November 1989.

Lizenzausgabe der Bayerischen Landeszentrale für politische Bildungsarbeit, München
© der Buchausgabe 2006 by Böhlau Verlag GmbH & Cie, Köln
Ursulaplatz 1, D-50668 Köln
Tel. (0221) 9 1390-0, Fax (0221) 9 1390-11
info@boehlau.de
Alle Rechte vorbehalten
Redaktion: Dr. Peter März, Monika Franz
Satz und Reproduktionen: Druck +Verlag Vögel, Stamsried
Druck und Bindung: Strauss GmbH, Mörlenbach
Gedruckt auf chlor- und säurefreiem Papier
Printed in Germany

ISBN 978-3-412-30305-1 / ISBN-10 3-412-30305-4

Die eigentliche Zäsur in der neuesten Geschichte
Deutschlands und Europas ist die Geschichte der Bundesrepublik selbst.

Hans-Peter Schwarz

Inhalt

ALEXANDER GALLUS

Einleitung

Mit dem Ende des Alten Reiches 1806 beginnt der höchst ambivalente Weg Deutschlands in die Moderne. Die deutsche Geschichte der vergangenen zweihundert Jahre ist – im Vergleich zu derjenigen anderer Länder – besonders reich an Zäsuren, die mit einem grundlegenden Wandel der staatlichen und politischen Ordnung verbunden waren. Es ist daher erstaunlich, wie wenig diese Systemwechsel zum Gegenstand einer gebündelten Betrachtung wurden. In der Politikwissenschaft erfreut sich das Thema der Transformation politischer Systeme dagegen spätestens seit den Umbrüchen des ausgehenden 20. Jahrhunderts in Ostmittel- und Osteuropa einer großen Beliebtheit.[1]

Der Band „Deutsche Zäsuren" will Geschichtswissenschaft mit politikwissenschaftlicher Analyse von Systemwechseln verbinden, um so die Auflösung alter und den Aufbau neuer Herrschaftsstrukturen im Deutschland des 19. und 20. Jahrhunderts besser zu verstehen sowie Elemente der Kontinuität und des Wandels im Übergang der verschiedenen staatlichen Ordnungen herauszuarbeiten. Anders als bei der derzeit dominierenden – auf die Gegenwart und Osteuropa konzentrierten – Transformationsforschung kann sich der Fokus nicht allein auf die Überwindung des Totalitarismus und die Etablierung der Demokratie beschränken, sondern muss weiter ausgerichtet sein.

Anknüpfend an die von der Systemwechselforschung eröffneten Perspektiven ergibt sich eine Fülle von leitenden Fragen, die von den einzelnen Beiträgen freilich in je eigener Auswahl und mit unterschiedlicher Akzentuierung aufgegriffen wurden: Wie gestalteten sich die Übergänge von der Monarchie zur Demokratie, von der Demokratie zur Diktatur und von der Diktatur zur Demokratie? Was waren die Ursachen für das Ende des alten Systems? Wann und wie erfolgte die Institutionalisierung der neuen Ordnung? Worin zeigte sich die Konsolidierung der neuen politischen Ordnung, sofern diese überhaupt gelang? Wie ist der Umbruch zu bezeichnen: als Revolution, Reform, Wandel, Zusammenbruch oder Umsturz? Wurde der Umbruch „inszeniert", und falls ja, in welcher Form und mit welcher Absicht? Inwieweit wurde auf frühere Umbrüche und Systemwechsel in der deutschen Geschichte Bezug genommen? Verliefen die Entwicklungen in politisch-institutioneller Hinsicht auf der einen Seite sowie in sozioökonomischer und politisch-kultureller auf der anderen synchron, oder wichen diese voneinander ab? Wie verhielten sich während der Transformation modernisierende und restaurative Tendenzen zueinander? Wie begegnete die Bevölkerung (öffentliche Meinung) dem Wandel – zustimmend, ablehnend oder teilnahmslos? Wie zwangsläufig war die jeweilige Entwicklung? Wo liegen entscheidende Weggabelungen?

---

1 Siehe Jerzy Maćków: Totalitarismus und danach. Einführung in den Kommunismus und die postkommunistische Systemtransformation, Baden-Baden 2005; Wolfgang Merkel: Systemtransformation. Eine Einführung in die Theorie und Empirie der Transformationsforschung, Opladen 1999; ders.: Transformation politischer Systeme, in: Herfried Münkler (Hrsg.): Politikwissenschaft. Ein Grundkurs, Reinbek bei Hamburg 2003, S. 207–245; siehe auch die gebündelte Bilanz zur Transformationsforschung von Klaus von Beyme/Dieter Nohlen: Systemwechsel, in: Dieter Nohlen (Hrsg.): Lexikon der Politik, Bd. 1, München 1995, S. 636–649, sowie Manfred G. Schmidt: Demokratietheorien. Eine Einführung, 3. Aufl., Opladen 2000, S. 460–487; zum Wechsel zwischen demokratischen und diktatorischen Systemen in der neuesten europäischen Geschichte vgl. ebenfalls die zahlreichen Einzelstudien in Heiner Timmermann/Wolf D. Gruner (Hrsg.): Demokratie und Diktatur in Europa. Geschichte und Wechsel der politischen Systeme im 20. Jahrhundert, Berlin 2001.

So unterschiedlich die Schwerpunktsetzung schon der Sache nach bei den einzelnen Systemwechseln von 1806 bis 1989/90 erfolgen musste, ist doch allen Studien eines gemeinsam: Sie sind nicht „datumsfixiert", obwohl sich die Umbrüche in der deutschen Geschichte meist auf den Tag genau bestimmen lassen. Die verschiedenen Beiträge reichen deutlich über die reine Darstellung eines herausragenden, eng einzugrenzenden Schlüsselereignisses hinaus. Stattdessen beleuchten sie auch die Vor-, Nach- und Wirkungsgeschichte.

Wer die verschiedenen Zäsuren mit den Chiffren „1806", „1871", „1918/19", „1933", „1945" und „1989/90" betrachtet, mag das Fehlen anderer wichtiger Einschnitte der deutschen Geschichte im 19. und 20. Jahrhundert beklagen. In der Tat böte sich zur Untersuchung eine Reihe weiterer „Umbrüche",[2] „Wendepunkte",[3] „Scheidewege",[4] oder „Revolutionen"[5] an, die aber nicht das Kriterium eines erfolgreichen Systemwechsels erfüllen. Deshalb blendet dieser Band beispielsweise die Märzrevolution von 1848, den Juniaufstand in der DDR von 1953 oder die „Kulturrevolution" von 1968 aus.

Bezeichnen die einen die Revolution von 1848[6] als vollends gescheitert und ordnen sie gar in die Tradition des antiliberalen „deutschen Sonderwegs" ein, der über Bismarck und Wilhelm II. zu Hitler geführt habe, so würdigen andere ihr Erbe als bedeutenden Beitrag auf dem Weg zum deutschen Nationalstaat und zur Demokratie. Mancher spricht indes lediglich von einer revolutionären Illusion,[7] keinesfalls aber von einer tatsächlichen Revolution. 1848 sei eben nicht 1789 gewesen. In Deutschland blieb die notwendige Radikalisierung des Bürgertums aus. Das politische Protestpotenzial nahm rasch ab, statt sich in einem Prozess der Dynamisierung immer mehr zu steigern und schließlich eine neue Ordnung zu schaffen. Die Menschen verharrten zu lange in der Vorstellung, sie hätten erfolgreich aufbegehrt. Das Gegenteil war aber der Fall, wie das rasche Durchgreifen der – militärischen – Reaktion vom Herbst 1848 mit der symbolträchtigen standrechtlichen Erschießung des Paulskirchen-Abgeordneten Robert Blum am 9. November 1848 in der Brigittenau bei Wien zeigte. Die Revolution war insbesondere in den machtvollen Staaten Preußen und Österreich nicht weit genug vorangeschritten. Das konnte sie vielleicht auch nicht, weil große Teile des Bürgertums noch in vielem mit den Vertretern der alten Ordnung übereinstimmten und in hohem Maße zu Kompromissen mit der Obrigkeit bereit waren.

Über hundert Jahre später begehrten im Frühsommer 1953 große Teile der DDR-Bevölkerung gegen das sowjetische Satelliten-Regime in Ostdeutschland auf:[8] Aus dem Streik der Berliner Bauarbeiter hatte sich ein allgemeiner Arbeiteraufstand in der DDR

---

2   Vgl. Dietrich Papenfuß/Wolfgang Schieder (Hrsg.): Deutsche Umbrüche im 20. Jahrhundert, Köln u. a. 2000.
3   Vgl. Carola Stern/Heinrich August Winkler (Hrsg.): Wendepunkte deutscher Geschichte 1848–1990, Neuausg., 2. Aufl., Frankfurt a. M. 2003.
4   Vgl. Hans-Ulrich Wehler (Hrsg.): Scheidewege der deutschen Geschichte. Von der Reformation bis zur Wende 1517–1989, München 1995.
5   Vgl. Manfred Hettling (Hrsg.): Revolution in Deutschland? 1789–1989. Sieben Beiträge, Göttingen 1991; Reinhard Rürup (Hrsg.): The Problem of Revolution in Germany, 1789–1989, Oxford/New York 2000.
6   Vgl. grundlegend Wolfram Siemann: Die Deutsche Revolution von 1848/49, 5. Aufl., Frankfurt a. M. 1993; Dieter Dowe/Heinz-Gerhard Haupt/Dieter Langewiesche (Hrsg.): Europa 1848. Revolution und Reform, Bonn 1998.
7   So Manfred Hettling: 1848 – Illusion einer Revolution, in: ders.: Revolution in Deutschland? (Anm. 5), S. 27–45.
8   Siehe aus der Flut neuerer Publikationen zum 17. Juni 1953: Bernd Eisenfeld/Ilko-Sascha Kowalczuk/Ehrhart Neubert: Die verdrängte Revolution. Der Platz des 17. Juni 1953 in der deutschen Geschichte, Bremen 2004; Hans-Joachim Veen (Hrsg.): Die abgeschnittene Revolution. Der 17. Juni 1953 in der

entwickelt, und aus sozialem Protest entstand eine politische Bewegung für freie Wahlen und deutsche Einheit, die neben den überproportional stark beteiligten Arbeitern auch andere Bevölkerungsschichten umfasste. Der „17. Juni" begann dabei vor dem 17. Juni und reichte über ihn hinaus. Er beschränkte sich keineswegs auf Ostberlin, sondern erstreckte sich auf alle wichtigen Industriereviere der DDR und schloss auch Proteste in agrarischen Gebieten ein. Unbestritten ist die Spontaneität der Bewegung, der es an einer konkreten Programmatik, organisatorischer Planung und einer überregionalen Koordination mangelte und die in den einzelnen Landesteilen ihre je eigene Dynamik entfaltete. Gleichwohl wiesen die diversen Papiere und Resolutionen der einzelnen Streikkomitees in den verschiedenen Regionen ein beachtliches Maß an prinzipiellen Übereinstimmungen auf. Die Demonstrierenden wollten eine neue Regierung, forderten demokratische Freiheitsrechte und die Überwindung der Teilung. Der anfängliche Protest gegen die Normenerhöhung rund um den 17. Juni steigerte sich rasch zu einer – Angehörige vielfältiger Gesellschaftsschichten umfassenden und sich in den unterschiedlichsten Regionen innerhalb der DDR (wobei ein gewisses Nord-Süd-Gefälle bestand) abspielenden – Massenerhebung gegen die Partei- und Staatsführung oder war dies bereits von Anfang an. Schließlich wurde über 167 von 217 Stadt- und Landkreisen flächendeckend der Ausnahmezustand verhängt. Der Systemwechsel scheiterte 1953 in der DDR letztlich an dem massiven gewaltsamen Eingreifen des sowjetischen Militärs. Obgleich der Volksaufstand damals niedergerungen wurde, hat er schon wenige Jahre nach Gründung der DDR den Charakter einer Diktatur entblößt, die auf der Stärke der sowjetischen Militärmacht beruhte. Der Aufstand und seine Niederschlagung spiegelten die fehlende Legitimität des sozialistischen deutschen Staates wider.

Anders als im Falle von „1953" scheiden sich an „1968" weiterhin die Geister. Doch ungeachtet der polarisierenden Wirkung gilt 1968 als ein Schicksalsjahr, als Zäsur und Chiffre für tiefgreifende Eingriffe in das Selbstverständnis der westlichen Industriegesellschaften im Allgemeinen und der deutschen im Besonderen. In Zeitgeschichtsforschung wie Politikwissenschaft herrscht, dieser Eindruck entsteht zumindest, Konsens über das große Veränderungspotenzial, das sich ab der zweiten Hälfte der sechziger Jahre wirksam entfaltete. Claus Leggewie erkennt in der Protestbewegung eine „glücklich gescheiterte Neugründung", Manfred Görtemaker einen wichtigen Beitrag zur „Umgründung der Republik", und Wolfgang Kraushaar behauptet, es bestehe mittlerweile Einigkeit darüber, von einer „Art soziokultureller Nachgründung der Republik" zu sprechen.[9]

Allein, man kann es drehen und wenden wie man will, „1968" bezeichnet in Deutschland keinen politischen Systemwechsel. Allerdings verweist die Erörterung dieser Zäsur auf alternative Möglichkeiten zur Periodisierung der modernen deutschen Geschichte. Während der Ansatz des Systemwechsels vorrangig in einer modernen, mit politikwissenschaftlicher Methodik und Begrifflichkeit unterfütterten Politikgeschichte beheimatet ist und Wandlungen von Staatlichkeit und Staatsformen[10] in den Mittel-

---

deutschen Geschichte, Köln u. a. 2004; Hubertus Knabe: 17. Juni 1953. Ein deutscher Aufstand, München 2003; Ilko-Sascha Kowalczuk: 17. Juni 1953 – Volksaufstand in der DDR. Ursachen – Abläufe – Folgen, Bremen 2003; Thomas Flemming: Kein Tag der deutschen Einheit. 17. Juni 1953, Berlin 2003; Volker Koop: Der 17. Juni 1953. Legende und Wirklichkeit, Berlin 2003.

9 Claus Leggewie: Glücklich gescheitert, in: Die Zeit vom 11. Februar 1999; Manfred Görtemaker: Geschichte der Bundesrepublik Deutschland. Von der Gründung bis zur Gegenwart, München 1999, S. 475; Wolfgang Kraushaar: Der Aufschrei der Jugend, in: Der Spiegel, 13/1999, S. 188; siehe statt anderer neuerdings die abgewogene historische Darstellung mit weiteren, annotierten Literaturhinweisen von Axel Schildt: Rebellion und Reform. Die Bundesrepublik der Sechzigerjahre, Bonn 2005.

10 Siehe dazu Alexander Gallus/Eckhard Jesse (Hrsg.): Staatsformen. Modelle politischer Ordnung von der Antike bis zur Gegenwart. Ein Handbuch, Köln u. a. 2004.

punkt des Interesses rückt, ergeben sich etwa aus einer stärker sozioökonomischen, kulturgeschichtlichen oder internationalen Perspektive andere, nicht weniger sinnvolle Epocheneinheiten.[11] So mögen aus dem Blickwinkel der Inflation und Umstellung von Friedens- auf Kriegswirtschaft (und umgekehrt) die Jahre 1914 bis 1923 als Einheit gelten oder kann aus einer stärker europäischen Perspektive an die Stelle der von 1918 bis 1933 während Weimarer Republik die gesamte Zwischenkriegszeit von 1919 bis 1939 treten.[12] Um ein weiteres Beispiel zu nennen: Wer das Kriegsende 1945 vorrangig unter überstaatlichen respektive sozialgeschichtlichen Gesichtspunkten untersucht, mag die Vorstellung einer punktuellen „Stunde Null" für wenig zweckmäßig halten und stattdessen lieber den Zeitraum „vom Beginn des deutschen Machtzerfalls bis zur Stabilisierung der Nachkriegsordnung 1944–1948"[13] oder von „Stalingrad zur Währungsreform"[14] genauer unter die Lupe nehmen. Wer die wirtschaftliche Entwicklung erörtert, wird andere Periodisierungen vorschlagen als jemand, der Fragen der Außenpolitik, der Verwaltung, des Konsums oder der Geschlechterbeziehungen nachgeht.[15] So viele Themenfelder, so viele Angebote der Epochenstrukturierung. Es gilt, ein Bewusstsein für die unterschiedlichen Ebenen und Felder zu entwickeln, ohne die eine gegen die andere mögliche Periodisierung in Stellung zu bringen. Wer beispielsweise „soziale und kulturelle Kontinuitätsdeterminanten" in der Nachkriegszeit betont, sollte deswegen keineswegs versucht sein, diese „gegen politische Zäsuren – schon gar nicht gegen die welthistorische Zäsur von 1945 – auszuspielen".[16] Die eine richtige Periodisierung gibt es ebenso wenig wie eine Meistererzählung der modernen deutschen Geschichte.[17]

In seinen Betrachtungen über „Einschnitte und Eigenheiten" der deutschen Geschichte, die weit vor das Ende des Alten Reiches 1806 zurückreichen, liefert Peter März gutes Anschauungsmaterial dafür, wie schwer es schon angesichts der jahrhundertealten föderalen Fragmentierung ist, eine *master narrative* für den Weg Deutschlands in die Moderne zu finden. In einer umgekehrten Chronologie behandelt der Beitrag vielfältige Zäsuren, die Perspektiven über jene des politischen Systemwechsels hinaus eröffnen. Nicht punktuelle Ereignisse, die herkömmlichen Zentraldaten und harten politischen Fakten stehen im Zentrum der Betrachtung, sondern Phasen, in denen sich neuartige Orientierungen, Strukturen und manchmal auch Staatsbildungen vollzogen. Insofern bildet diese Argumentation eine Art Korrektiv zur Konzentration auf die Transformation politischer Systeme.

Der Reigen der „Spezifika deutscher Geschichte" setzt mit der europäischen Integration und dem darin eingebundenen „postklassischen" deutschen Nationalstaat in der

---

11 Vgl. Michael Prinz/Matthias Frese: Sozialer Wandel und politische Zäsuren seit der Zwischenkriegszeit. Methodische Probleme und Ergebnisse, in: dies. (Hrsg.): Politische Zäsuren und gesellschaftlicher Wandel im 20. Jahrhundert. Regionale und vergleichende Perspektiven, Paderborn 1996, S. 1–31; Wolfgang Hardtwig: Einleitung: Politische Kulturgeschichte der Zwischenkriegszeit, in: ders. (Hrsg.): Politische Kulturgeschichte der Zwischenkriegszeit 1918–1939, Göttingen 2005, S. 8 f.; auch Klaus Tenfelde: 1914 bis 1990 – Einheit der Epoche, in: Aus Politik und Zeitgeschichte, B 40/1991, S. 3–11.

12 Vgl. Gunther Mai: Europa 1918–1939. Mentalitäten, Lebensweisen, Politik zwischen den Weltkriegen, Stuttgart 2001; Horst Möller: Europa zwischen den Weltkriegen, München 1998.

13 Ulrich Herbert/Axel Schildt (Hrsg.): Kriegsende in Europa. Vom Beginn des deutschen Machtzerfalls bis zur Stabilisierung der Nachkriegsordnung 1944–1948, Essen 1998.

14 Martin Broszat/Klaus-Dietmar Henke/Hans Woller (Hrsg.): Von Stalingrad zur Währungsreform. Zur Sozialgeschichte des Umbruchs in Deutschland, 3. Aufl., München 1990.

15 Siehe zu diesen und weiteren Bereichen für die Zeit nach 1945: Martin Broszat (Hrsg.): Zäsuren nach 1945. Essays zur Periodisierung der deutschen Nachkriegsgeschichte, München 1990.

16 So Axel Schildt: Nachkriegszeit. Möglichkeiten und Probleme einer Periodisierung der westdeutschen Geschichte nach dem Zweiten Weltkrieg und ihrer Einordnung in die deutsche Geschichte des 20. Jahrhunderts, in: Geschichte in Wissenschaft und Unterricht, 44 (1993), S. 577.

17 Vgl. Konrad H. Jarausch/Michael Geyer: Zerbrochener Spiegel. Deutsche Geschichten im 20. Jahrhundert, München 2005.

jüngsten Zeitgeschichte ein und reicht bis zur Herausbildung territorialstaatlicher Reichsstrukturen im Spätmittelalter zurück. Dazwischen entfaltet sich ein breites Spektrum. Es erfasst den nationalsozialistischen Zivilisationsbruch und die Wiederbelebung nationaler Antagonismen ab den späten 1920er Jahren ebenso wie die Wende vom Bismarckreich zum Wilhelminismus, behandelt die ab Mitte des 19. Jahrhunderts virulente Frage einer groß- oder kleindeutschen Lösung, die Auswirkungen der Napoleonischen Ära auf Deutschland wie die Metamorphosen feudaler Strukturen während der „Sattelzeit" im 18. Jahrhundert. Skizzen zur inneren Desintegration des Alten Reiches, die sich im Spannungsfeld zwischen dem Aufstieg Preußens zur europäischen Großmacht und dem Ausbruch der Französischen Revolution abspielte, und zur Durchsetzung konfessioneller Parität und Pluralität in der Frühen Neuzeit beschließen diese *tour d'horizon*. Bei allen Eigentümlichkeiten und spezifischen Bedingungen – neben mancher Konstante viele Brüche – will die Entwicklung Deutschlands in der Neuzeit nicht als „Sonderweg" erscheinen.[18]

Es kennzeichnet indes die Geschichte der Deutschen, dass sie anders als ihre europäischen Nachbarn nicht nur in frühmodernen Territorialstaaten, sondern auch in einem Reich lebten. Formalrechtlich existierte das von Samuel Pufendorf bekanntlich einmal als „Monstrum" bezeichnete Heilige Römische Reich Deutscher Nation bis 1806. Wie Hans-Christof Kraus zeigt, ging das Alte Reich keineswegs plötzlich und unerwartet unter, vielmehr lief seinem definitiven Ende ein langes Siechtum voraus. Ab der Mitte des 18. Jahrhunderts war der Niedergang eines an strukturellen und institutionellen Mängeln (v. a. Reichsverfassung und Reichskriegsverfassung) wie einem wenig ausgeprägten Reformwillen leidenden Reiches kaum mehr aufzuhalten. Außerdem wirkten sich der Dualismus zwischen der aufsteigenden Macht Brandenburg-Preußen und dem Habsburgerreich sowie die Französische Revolution negativ auf den Bestand des Alten Reiches aus.

Die deutsche „Staatskrankheit" hatte im Grunde schon 1648 begonnen, und der Verfall des Reiches war schon weit fortgeschritten, als die französischen Revolutionsarmeen Napoleons nach Mitteleuropa vorrückten. Der schwache Habsburger-Kaiser Franz II. stellte für den „Kaiser der Franzosen" keinen ernstzunehmenden Widerpart dar. Schon die Bildung des „Rheinbundes" am 12. Juli 1806 als „drittes Deutschland" zwischen den Monarchien der Habsburger und Hohenzollern verlieh der Funktionsuntüchtigkeit des Reiches deutlichen Ausdruck. Am 6. August desselben Jahres vollzog Franz II. schließlich mit der Abdankung und Auflösung des Reiches zwei staatsrechtliche Akte zugleich. Obgleich viel über die Rechtmäßigkeit des Vorgangs gestritten wurde, war damit doch das Ende des Reiches besiegelt und begann Deutschlands Weg ins 19. Jahrhundert. Freilich blieb der Gedanke einer Wiederherstellung des Reiches zumindest eine Denkmöglichkeit der staatlichen Neuordnung – neben dem nationalen Einheitsstaat, dem Bundesstaat und dem Staatenbund. Noch behinderte allerdings u. a. die preußisch-österreichische Doppelhegemonie die Herausbildung eines modernen Nationalstaats in Deutschland. Die Periode zwischen dem Ende des Alten Reiches 1806, der Gründung des lockeren „Deutschen Bunds" 1815 und der Reichsgründung 1871 erscheint als eine lange Zeit des Übergangs und der Transformation.

Wer nach Ursachen der Reichsgründung von 1871 in der „longue durée" sucht, das betont Wolfram Siemann, muss in der Frühzeit des 19. Jahrhunderts, nach 1806, mit dem Vorrücken Preußens an den Rhein bei einer gleichzeitigen Südostverlagerung Habsburgs

---

18 Vgl. Heinz Schilling: Wider den Mythos vom Sonderweg – die Bedingungen des deutschen Weges in die Neuzeit, in: Paul-Joachim Heinig u. a. (Hrsg.): Reich, Regionen und Europa in Mittelalter und Neuzeit. Festschrift für Peter Moraw, Berlin 2000, S. 699–714.

einsetzen. Es zeichnete sich immer deutlicher eine Art „österreichischer Sonderweg" ab, der von einer Konturen gewinnenden gemeindeutschen Entwicklung im 19. Jahrhundert abwich. Die Entfaltung des Konstitutionalismus und Parlamentarismus auf Landesebene wirkte, so paradox dies zunächst erscheinen mag, insgesamt integrierend, weil die in den einzelnen Bundesstaaten geübten Verfahrensweisen und Rituale eine Annäherung im politisch-kulturellen Bereich ermöglichten und so zur „inneren" Nationsbildung vor der Zäsur von 1871 beitrugen. Hinzu kamen weitere Voraussetzungen „mittlerer Reichweite" für die Reichsgründung: so Tendenzen einer Aufbruchsgesellschaft, die ab der Jahrhundertmitte qualitative Sprünge in der Industrialisierung machte, und Fortschritte der „nationalen" Rechtsvereinheitlichung infolge der Gesetzgebungsarbeit des Deutschen und Norddeutschen Bundes wie des Deutschen Zollparlaments. Schließlich ist die vergleichsweise kurze Phase der Einigungskriege gegen Dänemark 1864, Österreich 1866 und vor allem Frankreich 1870/71 zum Verständnis der Reichsgründung in Betracht zu ziehen. Für Souveränitätsverzichte des „Dritten Deutschland" war das Gefühl nationaler Bedrohung wohl von entscheidender Bedeutung.

Bei Fragen nach Institutionalisierung und Konsolidierung des ersten Nationalstaats in der deutschen Geschichte dürfen Kontinuitäten, Ambivalenzen und Gegensätze nicht unterschlagen werden. So gilt es, die vom Deutschen Bund weitgehend übernommene föderative Struktur bei einer Würdigung der Reichsgründung, die sich eben nicht als das geschlossene Werk einer Einzelpersönlichkeit wie Bismarck oder reine „Revolution von oben" vollständig erfassen lässt, ebenso zu berücksichtigen wie die massiven Probleme bei der „inneren" Reichseinigung, die sich in der Benennung immer neuer „Reichsfeinde" klar ausdrückten. Auch Anstrengungen, die Reichsgründung durch Inszenierungen und historische Mythenbildung zu überhöhen, können nicht über ungleichzeitige Entwicklungen, klar voneinander abgegrenzte Sozialmilieus oder sogar Parallelgesellschaften hinwegtäuschen. Schon die Zeitgenossen betrachteten die Reichsgründung mitnichten einhellig als Vollendung der deutschen Nationalbewegung des 19. Jahrhunderts, die auch andere, nicht in die Wirklichkeit umgesetzte Optionen deutscher Staatlichkeit bereitgehalten hatte.

Auf der Suche nach Gründen für den Zusammenbruch des Kaiserreichs muss man weit vor das Ende der Hohenzollernmonarchie im November 1918 zurückgehen. Das Deutsche Reich war ein spannungsreiches Konglomerat aus Altem und Neuem, Fort- und Rückschrittlichem, Modernität und Restauration. Ohne diese Doppelgesichtigkeit als Voraussetzung lässt sich der durch den Ersten Weltkrieg katalysierte Zusammenbruch der Monarchie nur unzureichend verstehen. Es genügt nicht, den Umbruch im Herbst 1918 als Regime-Kollaps infolge der Kriegsniederlage zu interpretieren, ohne den schleichenden inneren Legitimitätsverfall des monarchischen Staats zu berücksichtigen. Der „Revolution von unten" ab November 1918 war ab Ende September 1918 eine „Revolution von oben" vorausgegangen, die sich in den „Oktoberreformen" vom 28. Oktober manifestierte. Sie schrieben den Übergang von der konstitutionellen zur parlamentarischen Monarchie fest. Drei Kräfte hatten in diese Richtung gewirkt: der amerikanische Präsident Woodrow Wilson, die gemäßigten Mehrheitsparteien im Interfraktionellen Ausschuss des Reichstags und die Oberste Heeresleitung, die mit der Verlagerung politischer Verantwortung in die Hände demokratischer Parlamentarier bereits das Fundament für die bald offensiv vorgebrachte „Dolchstoßthese" des „im Feld unbesiegten" deutschen Heeres legte.

Die Reformen vom Oktober blieben indes ohne größere öffentliche Wirkung. Der Systemwechsel, der Züge von Kontinuität und Wandel trug, gipfelte äußerlich in der

„von unten" erzwungenen Abdankung Kaiser Wilhelms II. Ungeachtet einer Radikalisierung und zunehmender Gewalttätigkeit der Revolution ab Januar 1919 gelang mit den Wahlen zur Nationalversammlung am 19. Januar und der im August 1919 in Kraft tretenden Weimarer Reichsverfassung die Institutionalisierung der ersten deutschen Demokratie. Nun begann die eigentliche Herausforderung mit der Konsolidierung der neuen politischen Ordnung. Konstitutionelle wie repräsentative Konsolidierung wiesen gravierende Schwächen auf, und im Bereich der politischen Kultur scheiterte sie auf der ganzen Linie. Die Republik blieb ohne inneren Kompass, sodass Krisen rasch ihre gesamte Existenz bedrohen konnten.

Doch trotz der vielfältigen Strukturschwächen und der mangelnden Immunisierung des Weimarer politischen Systems wäre es allzu einfach, ein Scheitern ohne Alternative zu postulieren. Gleichwohl bereiteten die in Auflösung begriffene Verfassungsstruktur und eine ungefestigte politische Kultur, das unterstreicht Hans-Ulrich Thamer, der an Dynamik gewinnenden nationalsozialistischen Massenbewegung den Nährboden. Andererseits wäre ohne das Bündnis der Nationalsozialisten mit den konservativen Eliten, die Hitler in gravierender Weise unterschätzten, die „Machtergreifung", vollzogen als „Machtübertragung" am 30. Januar 1933, wohl kaum möglich gewesen. Es entspann sich zur Jahreswende 1933 ein Intrigenspiel der Entourage um Reichspräsident Paul von Hindenburg. Insgesamt entsprang der Vorgang der Machtgewinnung und -erhaltung einer eigentümlichen Verbindung von Tradition und Revolution, Scheinlegalität und Terror, Verführung und Gewalt.

Auch wenn es keinen „Fahrplan" zur Machteroberung gab, so erfolgte die Errichtung der Diktatur doch in hohem Tempo und mit einer ungeahnten Totalität. Den Reichstagsbrand, von dem die Nationalsozialisten überrascht wurden, nutzten sie als Vorwand zum Abbau rechtsstaatlicher Strukturen und zur scheinbar rechtmäßigen Einleitung von Verfolgungsmaßnahmen. Es folgten die „Gleichschaltung" der Länder, das Ermächtigungsgesetz und der Aufbau von Konzentrationslagern ab März 1933. Wiewohl sich immer deutlicher der radikale Kontinuitätsbruch herauskristallisierte, suchten die Propagandisten des „Dritten Reiches" doch mit der Inszenierung des „Tags von Potsdam" am 21. März 1933 die „Versöhnung des alten mit dem jungen Deutschland" herbeizuführen. Auch das Ermächtigungsgesetz beabsichtigte eine Kontinuitätskonstruktion, indem es den „schönen Schein von Recht" ausstrahlte und so etatistisch-positivistische Vorstellungen beispielsweise in der Beamtenschaft zu bedienen suchte. Die Durchsetzung des Totalitätsanspruchs machte nicht einmal vor kulturellen und wissenschaftlichen Organisationen oder Institutionen Halt, und schon gar nicht vor Parteien und Verbänden, selbst nicht vor innerparteilichen Konkurrenten. So vollständig die Zerstörung des Verfassungsstaates ausfiel, fand die Institutionalisierung des „Führerstaates" doch erst mit dem Tode Hindenburgs am 2. August 1934 ihren Abschluss: Von nun an nahm Hitler die einzigartige Position des „Führers und Reichskanzlers" ein. So unbegrenzt die Diktaturgewalt von da an war, ist es fragwürdig, das „Dritte Reich" zu irgendeinem Zeitpunkt als konsolidiert zu betrachten. Denn gefestigte politische Strukturen fehlten in einem Herrschaftssystem, das den permanenten Ausnahmezustand zu seinem Bewegungsgesetz erkor und beträchtliche (Selbst-)Zerstörungskraft entfaltete.

Die zwölf Jahre der nationalsozialistischen Herrschaft bewirkten eine so tiefe Zäsur, dass die daran anschließende deutsche Geschichte nur „diesseits der Katastrophe" zu verstehen ist.[19] Ausgehend vom 8. Mai 1945 schildert Udo Wengst die Entwicklung in den

---

19 Dazu Peter Graf Kielmansegg: Nach der Katastrophe. Eine Geschichte des geteilten Deutschland, Berlin 2000; siehe auch Alexander Gallus: Diesseits der Katastrophe. Die deutsche Teilungsgeschichte aus heutiger Perspektive, in: Zeitschrift für Politik, 48 (2001), S. 322–328.

Besatzungszonen und stellt Grundzüge der Besatzungspolitik bis 1947 dar, bevor er die Gründung der beiden deutschen Staaten im Jahr 1949 skizziert. Wer aus dem Blickwinkel des Systemwechsels die Auswirkungen der Zäsur von 1945, des Kriegsendes, ermessen will, kann nicht bei der Niederlage und Befreiung vom „Dritten Reich" stehenbleiben, sondern muss zumindest bis zur Etablierung von Bundesrepublik Deutschland und Deutscher Demokratischer Republik im Jahr 1949 voranschreiten. Von Anfang an war die Problematik eine doppelte, ging es damals doch nicht nur um die innere, sondern auch um die äußere Staatsform des künftigen Deutschlands (Einheitspostulat versus Teilungsperspektive). Die Jahre 1945 bis 1949 standen im Zeichen der Kriegsniederlage mindestens ebenso wie des Systemkonflikts des heraufziehenden Kalten Krieges.

Bald sollte für die künftige staatliche Gestaltung der an Schärfe gewinnende Ost-West-Konflikt bedeutsamer erscheinen als der Zweite Weltkrieg. Nicht nur das „Dritte Reich" brach aufgrund des militärischen Einsatzes der Alliierten zusammen. Auch die Institutionalisierung zweier so unterschiedlicher politischer Systeme wie der Bundesrepublik und der DDR hatte zunächst externe Ursachen, stand unter Kuratel der Vormächte in Ost und West. In den verschiedenen Bereichen – ob Verwaltung, Verfassung, Parteien oder Verbände – gingen Ost und West daher getrennte, entgegengesetzte Wege. Schon bald zeigte sich ein zentraler Unterschied: Einer im hohen Maße freiwilligen Verwestlichung stand eine im Wesentlichen erzwungene Sowjetisierung gegenüber.[20]

Während sich das „Provisorium" der Bundesrepublik Deutschland mit den Jahren als ein zunehmend gefestigter, konstitutionell, repräsentativ und politisch-kulturell konsolidierter demokratischer Verfassungsstaat erwies, litt die „Volksdemokratie" der DDR stets an einem Legitimationsdefizit. Werner Müller interpretiert ihre Geschichte von Beginn an als Dauerkrise. Als sowjetischem Import fehlte es dieser Diktatur auf deutschem Boden seit jeher an Zustimmung. In keiner Phase ihrer Geschichte gelang der DDR eine echte Konsolidierung. Wer nach Ursachen für die friedliche Revolution sucht, muss die mangelnde innere Stabilität der DDR, die – zumal im Krisenfalle – nur durch äußere Stützung überleben konnte, in Rechnung stellen. Wesentliche Voraussetzung für den Systemwechsel war deshalb der Wandel der sowjetischen Politik unter Michail Gorbatschow, der nach 1985 Abstand von der so genannten „Breschnew-Doktrin" nahm. Diese hatte die Souveränität der sozialistischen Staaten beschränkt und als Rechtfertigung selbst militärischer Interventionen wie im Falle der Tschechoslowakei 1968 gedient.

Erst vor diesem außenpolitischen Hintergrund konnten Ausreise- und Bürgerbewegung eine systemgefährdende Wirkung entfalten. Eine große Zahl von Oppositionellen hing indes Vorstellungen eines „dritten Wegs" zwischen DDR und Bundesrepublik, Kommunismus und Kapitalismus an. Bei vielen stand der Wunsch nach der Wiedervereinigung mit der Hoffnung auf innere Reformfähigkeit des ostdeutschen Staates im Widerspruch. Große Teile der Bevölkerung drängten jedoch anders als die vergleichsweise kleine Zahl der Bürgerrechtler auf die deutsche Einheit. Die Losung „Wir sind ein Volk" löste bald die ältere Formel „Wir sind das Volk" ab. Die Wiedervereinigung erfolgte nach dem erprobten westdeutschen Modell. Die Verfassungsordnung des Grundgesetzes, die Institutionen und Verfahrensweisen des bundesdeutschen politischen Systems wurden auf das Gebiet der ehemaligen DDR ausgedehnt. So schwierig sich der Prozess der „inneren Einheit" und der politisch-kulturellen Konsolidierung im Osten Deutschlands

---

20 Vgl. Konrad Jarausch/Hannes Siegrist (Hrsg.): Amerikanisierung und Sowjetisierung in Deutschland 1945–1979, Frankfurt a. M. 1997.

gestaltet, erscheint es doch wenig sinnvoll, von einer „neuen" oder „Berliner Republik" zu sprechen. Im Kern handelt es sich beim vereinten Deutschland um eine erweiterte Bundesrepublik. Insofern gilt über das Jahr 1990 hinaus Hans-Peter Schwarz' Satz: „Die eigentliche Zäsur in der neuesten Geschichte Deutschlands und Europas ist die Geschichte der Bundesrepublik selbst."[21]

In vergleichender Absicht spürt Eckhard Jesse den Zäsuren und Neuanfängen in der deutschen Geschichte des 20. Jahrhunderts nach – von 1918/19 über 1933 und 1945/49 bis 1989/90. Diese Schlüsseljahre symbolisieren tiefe Brüche. Im November 1918 kollabierte mit dem verlorenen Krieg die Monarchie. Die erste deutsche Demokratie, die Weimarer Republik, eine „Demokratie ohne Demokraten", wurde 1933 durch eine barbarische Diktatur abgelöst: die des so genannten „Dritten Reiches". Das „Tausendjährige Reich" fiel bereits nach zwölf Jahren in Schutt und Asche. 1945 war ein Scharnierjahr. In dem einen Teil Deutschlands bildete sich dank der Unterstützung der Westalliierten ein demokratischer Verfassungsstaat heraus, in dem anderen Teil eine von der Sowjetunion installierte Diktatur. Im Jahre 1989 stürzte eine friedliche Revolution die SED-Diktatur. Die deutsche Einheit folgte schnell.

Der mehrdimensionale Vergleich der vier Systemwechsel innerhalb von 70 Jahren zeigt bemerkenswerte Parallelen und Unterschiede mit Blick auf die Massivität des Umbruchs, die Offenheit der historischen Situation, die (inneren und äußeren) Ursachen für den Umsturz, das Verhältnis von Zusammenbruch, Übergang und Konsolidierung, die Zusammenhänge zwischen den Systemwechseln und ihren Nachwirkungen wie deren jeweiliger Einordnung. Oft spielte die internationale Konstellation eine tragende Rolle bei den Systembrüchen (am wenigsten 1933).

Die Diktaturen des „Dritten Reiches" und der DDR unterschieden sich zum einen in der verbrecherischen Qualität, zum anderen in der Qualität der Herrschaftsausübung. Das NS-System war eine „deutsche Diktatur", die DDR eine „Diktatur auf deutschem Boden", abhängig von der Sowjetunion. Auch die beiden deutschen Demokratien weisen gravierende Unterschiede auf. Die Weimarer Republik erfuhr keine Konsolidierung, die Bundesrepublik ist durch Absagen an traditionelle Elemente immer mehr eine „westliche Demokratie" geworden. Die zweite deutsche Demokratie hat aus den bitteren Erfahrungen der Vergangenheit gelernt. Krittelndes Krisengerede wird der demokratischen Wirklichkeit nicht gerecht.

Wie der Rückblick auf zweihundert Jahre deutscher Geschichte zeigt, hat es lange gedauert, bis Deutschland eine gefestigte Demokratie ausgebildet hat und gleichsam im Westen angekommen ist, ohne diesen Zustand in einer irgendwie zielgerichteten Art und Weise angesteuert zu haben. Eine solche Sicht würde der historischen Teleologie das Wort reden und die Offenheit der Geschichte in Frage stellen. Ohne Kontinuitäten ignorieren zu wollen, die über die mehr oder weniger ineinander greifenden Bruchstellen von 1806, 1871, 1918/19, 1933, 1945 oder 1989/90 hinweg fortlebten, erscheint die deutsche Geschichte seit 1806 im Ganzen als eine Geschichte der einschneidenden Systemwechsel und tiefen Brüche.

---

21 Hans-Peter Schwarz: Segmentäre Zäsuren. 1949–1989: eine Außenpolitik der gleitenden Übergänge, in: Broszat: Zäsuren nach 1945 (Anm. 15), S. 18.

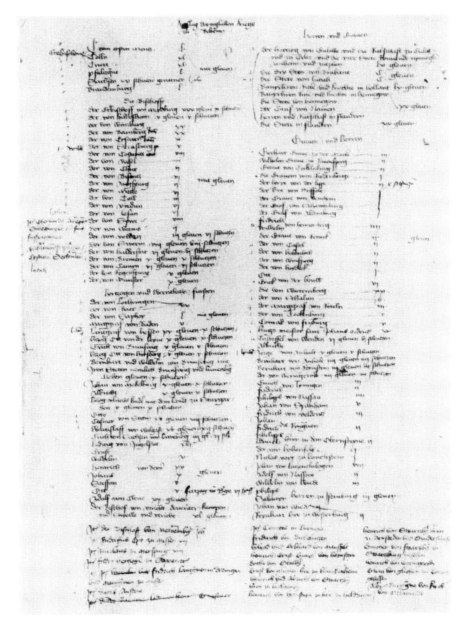

Reichsmatrikel, 1422
Erste Seite der Reichsmatrikel, Wien, Haus-, Hof- und Staatsarchiv. Die Liste, die aufgrund eines in Nürnberg gefassten Beschlusses festlegte, welche Kontingente für den Krieg gegen die Hussiten gestellt werden müssen, ist so etwas wie die erste amtliche Liste der Reichsglieder. Weitere Matrikel folgten u. a. 1467, 1486, 1507 oder 1521. Der Eintrag in die Matrikel galt zuweilen als Indiz für die Reichsunmittelbarkeit.
Quelle: „DAS HEILIGE RÖMISCHE REICH", S. 171.

Peter März

Einschnitte und Eigenheiten:
Spezifika deutscher Geschichte

1. Einleitung

Wann und wie nimmt Geschichte einen anderen Verlauf, wechselt sie das Strombett, ja vielleicht die Richtung? Welche Triebkräfte führen zu umstürzenden Wandlungen in kulturellen Profilen und politischen Bauformen? Was verändert die Blickrichtung eines Landes nach außen, sowohl in der eigenen Wahrnehmung wie in der seiner Nachbarn? Ist also Deutschland, um kurz auf die letzte Frage einzugehen, mittel- oder westeuropäisch situiert? Wann hat es Wandlungen gegeben, die durch die großen Zeitläufte bedingt waren, im angesprochenen Beispiel etwa von der während des Ersten Weltkrieges und in der Zwischenkriegszeit in Anspruch genommenen Mitteleuropaposition, auch in ideologischer Abgrenzung von „deutscher" Kultur und westlicher „Zivilisation", zur westeuropäischen Integration der Bundesrepublik nach 1949?

Was leisten heute in der historischen Wahrnehmung noch einzelne Daten, etwa Kaiser Karls des Großen Krönung 800 n. Chr., die Schlacht auf dem Lechfeld 955 n. Chr., Luthers Thesenanschlag in Wittenberg 1517 (ob als unmittelbarer Vorgang real oder nicht), der Hubertusburger Frieden von 1763 mit der Verbriefung Preußens als fünfter europäischer Großmacht oder die Schlacht von Königgrätz vom 3. Juli 1866 mit dem Ende der großdeutsch-konföderalen Perspektive in Mitteleuropa?

Was hat es überhaupt mit militärischen Entscheidungen auf sich, haben sie heute lediglich heuristischen Wert für schlachtenfixierte Bellizisten oder markieren sie weiterhin Einschnitte von wirklich tragender historischer Bedeutung? Was, um beim letzteren Beispiel zu bleiben, wenn die preußische Strategie auf dem mährischen Schlachtfeld von 1866 nicht aufgegangen, das Eingreifen der Kronprinzenarmee am Nachmittag des 3. Juli ausgeblieben wäre?[1] Hätte dann der Deutsche Bund weiter bestanden, mit einem territorial beschnittenen und auf den Status eines deutschen Mittelstaates reduzierten Preußen und zugleich mit territorialen Kompensationen an Frankreich, das näher an den Rhein herangerückt wäre? Wäre Sachsen, beim Wiener Kongress 1815 zum Vorteil

---

1   Das preußische Übergewicht dank Zündnadelgewehr (moderner Hinterlader) und koordinierter Führung von drei Armeen, die mittels Eisenbahnaufmarsch in das Vorland Böhmens gebracht worden waren, musste keineswegs zwingend zum militärischen Erfolg führen. Die österreichische Seite besaß unbestreitbar einen Pluspunkt in ihrer überlegenen Artillerie und das die Schlacht schließlich entscheidende Eintreffen der preußischen Kronprinzenarmee verzögerte sich am Nachmittag des 3. Juli 1866, insbesondere wegen durch Regen aufgeweichter Wege, in durchaus kritischer Weise für die preußische Seite. Vgl. Heinrich Lutz: Zwischen Habsburg und Preußen. Deutschland 1815–1866, Berlin 1985, S. 460 f. In nahezu fatalistischer Weise hatte vor dem Kriegsausbruch der preußische Generalstabschef von Moltke, in seinem Innersten von großdeutschen Nostalgien nicht frei, eine so schnelle und für Preußen so eindeutig erfolgreiche Entscheidung des Konfliktes gar nicht erwartet: „Der Kampf wird furchtbar werden […]. Jedenfalls zahlt Deutschland mit Provinzen rechts und links an seine Nachbarn." Zit. nach: Deutsche Militärgeschichte in sechs Bänden 1648–1939, hrsg. vom Militärgeschichtlichen Forschungsamt, Lizenzausg., Herrsching 1983, Bd. 2, S. 201.

Preußens nahezu halbiert, wieder in seine ursprüngliche Dimension zurückgeführt und zentrales Kernland künftiger innerdeutscher Modernisierungen geworden? Wie hätte sich in Deutschland die Metropolen- bzw. Hauptstadtfrage weiter angelassen? Bis zu einer so genannten „Berliner Republik" – so problematisch der Begriff an sich schon ist – hätte wohl schwerlich ein historischer Weg führen können, wenn Preußen als Nukleus künftiger deutscher Entwicklungen ausgefallen wäre. Aber hätte Wien, stärker an der Peripherie des deutschsprachigen Raumes gelegen, überhaupt das Potenzial zu einer deutschen Hauptstadt gehabt? Wäre der Rang Frankfurts, Sitz der Einrichtungen des Deutschen Bundes, stärker gestiegen oder hätte sich insgesamt in Deutschland eine noch polyzentrischere Struktur entwickelt, als wir sie gegenwärtig ohnehin haben? Fragen, die vom Hypothetischen ins immer Spekulativere leiten. Und hätte eine weitere konföderative Struktur in Deutschland den künftigen politischen und ökonomischen Modernisierungserfordernissen des späten 19. und des 20. Jahrhunderts standhalten können oder wäre sie irgendwann doch revolutionär umgepflügt worden?

Die zuletzt genannte Fragestellung demonstriert, dass und in welchem Maße das kontrafaktische Umpolen schlaglichtartiger Geschehnisse vielfach nicht auf den Pfad wahrscheinlicher Alternativen, sondern in stetig fernere und immer unbestimmtere Zonen führt. Immerhin: Wir sollten bei aller Abstinenz gegenüber rein militärischen Abläufen und Entscheidungen auf dem so genannten „Schlachtfeld", die mit gutem Grund Bestandteil der Geschichtsbilder der Nachkriegszeit wurde, auch die Evidenz dieser Geschehensebene nicht vernachlässigen. Blicken wir dafür nur beispielhaft auf die Anfänge des Ersten Weltkrieges: Die deutsch-nationale Blickrichtung der sich anschließenden Nachkriegszeit, mehr Wagemut und Beharrlichkeit auf der eigenen Seite hätten in den kritischen Tagen vom 6. bis 9. September 1914 einen Erfolg des Schlieffen-Planes und damit der Marne-Schlacht möglich gemacht, zum Zusammenbruch Frankreichs und zum militärisch-politischen Gesamterfolg geführt, kann mit gutem Grund als widerlegt gelten. Heute tritt hingegen viel eher zu Tage, dass die damalige deutsche Konzeption hybrid war, die eigenen Kräfte überforderte und von vornherein kaum Erfolgsaussichten besaß.[2] Was aber, wenn die ursprünglichen russischen Offensiven der zweiten Augusthälfte 1914 besser koordiniert und damit – trotz Hindenburgs und Ludendorffs improvisiertem Einsatzes – erfolgreich gewesen wären und den Heeren des Zaren über Weichsel und Oder den Weg nach Berlin ermöglicht hätten?[3] Nicht nur wäre, um erneut kontrafaktisch zu spielen, eine Großmacht, die preußisch-deutsche, mindestens besiegt, geschwächt und territorial reduziert, vielleicht auch ganz aufgelöst worden. Mit großer Wahrscheinlichkeit hätte es bei einem derartig schnellen und für das Zarenreich erfolgreichen Ausgang des Konflikts gar nicht die beiden russischen Revolutionen des Jahres 1917, zumindest nicht die zweite, die bolschewistische, gegeben. Die ganze eu-

---

2   Vgl. Peter März: Der Erste Weltkrieg. Deutschland zwischen dem langen 19. Jahrhundert und dem kurzen 20. Jahrhundert, München 2004, S. 65.

3   Insbesondere die von Hindenburg und Ludendorff vom 26. bis 30. August 1914 im südlichen Ostpreußen – aus propagandistischen Gründen hatte man in Anlehnung an den Ort der Niederlage des Deutschen Ordens 1410 den Namen „Tannenberg" gewählt – erfolgreich geführte Umfassungsschlacht konnte nur Dank haarsträubender Fehler auf der russischen Seite – u. a. unverschlüsselte Funksprüche und Stehenbleiben der zweiten russischen Armee unter General Rennenkampf – zum entlastenden Erfolg werden, der ein Vordringen der Russen über die Weichsel nach Westen verhinderte. Vgl. Artikel „Tannenberg" in: Gerhard Hirschfeld/Gerd Krumeich/Irina Renz (Hrsg.): Enzyklopädie Erster Weltkrieg, Paderborn u. a. 2003, S. 919 f. und Peter Graf Kielmansegg: Deutschland und der Erste Weltkrieg, 2. Aufl., Frankfurt a. M. 1980, S. 49–61; vgl. auch Barbara Tuchman: August 1914, Frankfurt a. M. 2001, S. 325: „Hoffmann [Generalstabsoffizier Ludendorffs] sah in den aufgefangenen Meldungen den eigentlichen Sieger von Tannenberg. ‚Wir hatten allerdings einen Verbündeten', erklärte er, ‚wir wussten alles, was der andere vorhatte'."

ropäische, ja die Weltgeschichte des zwanzigsten Jahrhunderts mit ideologischen Konfrontationen und Kaltem Krieg wäre auf diese Weise wohl voraussetzungslos geworden. Und auch die Wiederherstellung eines tatsächlich souveränen polnischen Staates wäre bei einem entscheidend von russischer Seite mit herbeigeführten Sieg gewiss unterblieben. Aber gleichwohl stellt sich wieder die Frage: Kann man in dieser Weise schlüssig argumentieren? An welcher Stelle wird der Boden wenigstens einigermaßen plausibler Wahrscheinlichkeiten verlassen?

Über jeweils relativ lange Zeiträume ist die Menschheitsgeschichte, soweit wir anhand von Quellen und anderen Befunden über sie urteilen und schlussfolgern können, in einem breiten, gradlinig anmutenden Strom, wesentlich ohne kataraktartige Beschleunigungen wie Wendungen, verlaufen. So würden wir für die geschichtsmächtig gewordene Antike schwerlich eine solche Dichte von Zäsuren annehmen wie für die dramatisch kompakte Zeitgeschichte des zwanzigsten Jahrhunderts.

Die römische Geschichte kennt wesentlich über mehr als zwei Jahrtausende die Installierung Roms als Hegemon auf der italienischen Halbinsel, den von ihm erfolgreich geführten Kampf um die Vorherrschaft im westlichen Mittelmeer gegen Karthago, den Übergang zur Monarchie mit republikanischem Dekor („Prinzipat") der christlichen Zeitenwende, die beginnende Spätantike mit dem Ende der Konsolidierungsphase der so genannten „Adoptivkaiser" an der Wende vom zweiten zum dritten nachchristlichen Jahrhundert unter gleichzeitiger Forcierung der so genannten Völkerwanderung, die Schwerpunktverlagerung im Imperium am Ende des dritten Jahrhunderts ins östliche Mittelmeer mit dem Ausbau von Byzanz zur Reichshauptstadt und schließlich den Untergang dieses oströmischen Reiches im Jahr 1453. Eine derartige, naturgemäß sehr willkürlich vorgenommene Einteilung einer langen Imperiumsgeschichte mittels nur einer Hand voll an Zäsuren verbietet sich jedenfalls für Beobachter und Interpreten der modernen europäischen und deutschen Geschichte. Anders formuliert: Je näher uns chronologische Daten und Einschnitte sind, desto enger vertaktet mutet das Gesamtgeschehen an, jedenfalls so, wie Quellen, Historiographie, Interpreten aller Art und Geschichtsbilder es uns überließen oder suggerieren.

2. Deutsche Eigenheiten

Ein zweiter Fragehorizont ergäbe sich aus einer Bestandsaufnahme der Gegenwart. Geschichte produziert in einzelnen Räumen, Populationen, Kulturen und ganz allgemein Bezugsebenen unterschiedliche Resultate. Darüber hinaus ließe sich auch nach jeweils homogenisierenden und differenzierenden Faktoren fragen: Europa mag heute im Weltmaßstab weitgehend homogen erscheinen, als ein durch Integration eng verbundenes System von Staaten mit demokratischen Ordnungen, mehr oder weniger weitgehend interventionistisch abgefederten marktwirtschaftlichen Ordnungssystemen, rechtsstaatlichen Verfasstheiten und stark reduzierten Spiritualitäten – mit dem Befund, dass einerseits nahezu überall Fundamentalnormen wie das Gebot der Menschenwürde als nicht mehr hinterfragbar verbürgt sind. Andererseits wird deren transzendente Anbindung nicht oder vielfach nicht mehr akzeptiert. Laizismus, weniger ideologisch intendiert als pragmatisch-indifferent gelebt, tritt an die Stelle von Religiosität. Eine derartige, äußerst verknappte Skizze der Situation unseres Kontinents mag durchaus dazu tauglich erscheinen, sein Eigensein im vergleichenden Blick auf andere Weltregionen zu beschreiben. Aber über das europäische Binnenleben wäre damit noch sehr wenig ausgesagt. Die historischen Bedingtheiten der europäischen Staaten und Nationen unterscheiden sich offenkundig weiterhin beachtlich. Insofern wird hier auch die These vertreten, dass der permanente Rekurs auf die Grundwerte der Französischen Revolution – Freiheit, Gleichheit, Brüderlichkeit – zwar einen konstitutiv notwendigen Minimalkonsens beschreibt, aber seiner Natur nach eben nicht das zu leisten vermag, was das spezifisch europäische Moment des Pluralen und Differenten umschlösse. An dieser Stelle kommen jene unterschiedlichen Prägungen und Erfahrungen ins Spiel, die in der Summe das genuin Europäische, nämlich das Differente und weit Gespannte, ausmachen.[4]

Wenn wir aber für einzelne Territorien, Nationen und Räume solche Individualbefunde reklamieren, dann leitet dies zugleich zwingend zur Frage weiter, wann sich eigentlich derartige Individualitäten herausgebildet haben. Für Deutschland verweisen wir hier auf drei Eigenheiten, die das Land in seiner Prägung, wohl mehr als in der heutigen Wahrnehmung, von historisch entwickelten Konfigurationen in anderen Ländern unterscheiden: Diese drei sind die aus der mittelalterlichen Territorialverfasstheit, dem Duopol von Kaiser und Reich, herrührende Mehrebenenstruktur, ferner die Parallelexistenz verschiedener christlicher Bekenntnisse, nach dem Augsburger Religionsfrieden von 1555 des katholischen wie des evangelischen, nach dem Frieden von Münster und Osnabrück 1648 dazu des reformierten, sowie die Ausprägung eines „Aufgeklärten" Absolutismus im Laufe des 18. Jahrhunderts, die auf einen zwar monokratisch geordneten, aber effizienten Verwaltungsstaat zielte.[5]

Gewiss eignet es der europäischen Entwicklung, dass sie nicht mit gewissermaßen wasserdichter Geschlossenheit einzelne nationale Tendenzen und somit auch die deutsche beschreibt: Territoriale Autonomien und jeweilige Subentwicklungen gab es ebenfalls in Italien, das bis weit in die Neuzeit hinein zu rund der Hälfte seines heutigen Gebietsstandes dem Heiligen Römischen Reich und damit dem gleichen Verband wie Deutschland angehörte, oder auch in Spanien. Was es in diesen Ländern aber nicht gab (die italienischen Territorien gehörten nicht zum Reich in einem engeren Sinne), war die förmliche Mitwirkung und Repräsentanz der zweiten, der territorialen Ebene an Entscheidungen und Entwicklungen auf der Gesamtstaatsebene, wenn wir diesen Begriff für das Heilige Römische Reich gelten lassen wollen. Die Mitsprache der Stände im

---

4   Vgl. Dirk Ansorge/Dieter Geuenich/Wilfried Loth (Hrsg.): Wegmarken Europäischer Zivilisation, Göttingen 2001; Wolfgang Behringer (Hrsg.): Europa. Ein historisches Lesebuch, München 1981; Hans Joos/Klaus Wiegandt (Hrsg.): Die kulturellen Werte Europas, Frankfurt a. M. 2005.

5   Für die Gesamtentwicklung des Heiligen Römischen Reiches vgl. Klaus Herbers/Helmut Neuhaus: Das Heilige Römische Reich. Schauplätze einer Tausendjährigen Geschichte, Köln u. a. 2005. Zur Verfassungsstruktur des Alten Reiches Karl Otmar von Aretin: Das Alte Reich 1648–1806. Bd. 1: Föderalistische oder hierarchische Ordnung (1648–1684), Stuttgart 1993. Zu den Reichsreformen an der Wende zur Neuzeit Hartmut Boockmann: Staufzeit und spätes Mittelalter. Deutschland 1125–1517, Berlin 1987, S. 342–353.; Peter Moraw: Von offener Verfassung zu gestalteter Verdichtung. Das Reich im späten Mittelalter 1250–1490, Frankfurt a. M. u. a. 1985; Heinrich Lutz: Das Ringen um deutsche Einheit und kirchliche Erneuerung. Von Maximilian I. bis zum westfälischen Frieden 1490–1648, Frankfurt a. M. u. a. 1983, S. 117–152; Dietmar Heil: Maximilian I. und das Reich. Probleme und Grundlagen der Reichspolitik Maximilians I., in: Georg Schmidt-von-Rhein (Hrsg.): Kaiser Maximilian I. Bewahrer und Reformer, Ramstein 2002, S. 93–103. Zum Augsburger Religionsfrieden Heinz Schilling: Das lange 16. Jahrhundert – Der Augsburger Religionsfrieden zwischen Reformation und Konfessionalisierung, in: Carl A. Hoffmann u. a. (Hrsg.): Als Frieden möglich war. 450 Jahre Augsburger Religionsfrieden, Regensburg 2005, S. 19–34. Zum westfälischen Frieden vgl. die Aufsätze in: Klaus Bußmann/Heinz Schilling (Hrsg.): 1648. Krieg und Frieden in Europa, München 1998. Zum Aufgeklärten Absolutismus, bei aller Problematik des Begriffes, Horst Möller: Fürstenstaat oder Bürgernation. Deutschland 1763–1815, Berlin 1989, S. 281–316; Karl Otmar von Aretin (Hrsg.): Der Aufgeklärte Absolutismus, Köln 1974.

Reichstag, die besondere Rolle des Reichserzkanzlers, des Erzbischofs von Mainz, eine Art konstitutiver Gegenspieler des Kaisers, die justiziellen und administrativen Autonomien im Reichskammergericht wie auf der Ebene der an der Wende vom Mittelalter zur Neuzeit geschaffenen Reichskreise schufen bereits weitgehend jene Protoform von Teilhabe, die über den Deutschen Bund von 1815 bis 1866, das Bismarckreich von 1871 bis 1918, eingeschränkt auch über die Weimarer Republik, bis in die dann wieder stärker föderal ausgestaltete Bundesrepublik hineinragt.[6] Weil wir somit eine staatsbestimmende Kontinuität über die „Sattelzeit" vom Ancien Régime in die Staatsmoderne des 19. Jahrhunderts und in die Gegenwart hinein vorfinden, ist es unabdingbar, nach Anfängen, Entwicklungen und Zäsuren zu fragen.

Die aus der territorialen Gliederung resultierende Beibehaltung einer föderalen Fragmentierung in Länder schuf zugleich jene deutschlandeigene Vielfalt an administrativen, religiös-politischen und kulturellen Zentren.[7] Auch dieser Aspekt droht in modischen Geschichtsbildern von einer angeblichen „Berliner Republik" verloren zu gehen – und wenn uns der hier begründete historische Schatz tatsächlich hinter dem Horizont abhanden kommen sollte, verhielte es sich damit nicht sehr viel anders als mit dem Verschwinden einer Art aus der Fauna, deren genetischer Code ein für allemal verlustig gegangen ist: Deutschland, das ist auch historisches Eigensein, konstituiert sich aus Hunderten ehemaliger reichsunmittelbarer, d. h. autonomer Herrschaften, deren Wettbewerb eben in aller Regel nicht militärisch, sondern ökonomisch und kulturell ausgetragen wurde. (Vermeintlich) Ökonomische Verschwendung, die sich zu überbieten suchte, etwa bei der Anlage von höfischen Residenzen, wie sie uns heute noch in Thüringen in Abständen von zwanzig oder dreißig Kilometern begegnen, interpretieren wir in unserer Zeit als Schatz, Erbe und Substanz, gewiss nicht als betriebswirtschaftliche Fehlallokation, sofern wir uns Blick und Muße für so etwas bewahren.

Die erste große territoriale Flurbereinigung in Deutschland, der Reichsdeputationshauptschluss von 1803 mit den sich in den nächsten Jahren anschließenden Folgeregelungen, beendete zwar in weiten Teilen des Landes das unübersichtliche, mittlerweile auch ärmliche Gedeihen der meisten dieser Herrschaften. Insbesondere im Falle der Reichsstädte waren sie vielfach zu einer Art Kümmerexistenz mutiert. So waren selbst Metropolen von einst wie Nürnberg am Ende des 18. Jahrhunderts nur noch überschuldete Gemeinwesen mit einem konstitutiv längst überholten Gehäuse, im quantitativen Grenzbereich von Klein- und Mittelstadt.

Gleichwohl: Auch integriert in neue, größere und administrativ schlagkräftigere Verbände blieben die mediatisierten Adelshäuser mit ihren Residenzen Fixpunkte historisch-kulturellen Reichtums, ob in Oberschwaben, dessen große katholische Familien im evangelischen Württemberg aufgingen, oder im Hohenloheschen, wo Bayern und Württemberg einander begegnen. Die thüringischen Höfe schließlich, bei dieser großen Flurbereinigung mehr oder weniger vergessen, blühten teilweise noch bis zum Ersten Weltkrieg. Hier geht es nicht nur um Weimar. Nehmen wir das Großherzogtum Meiningen, dessen Herzog Georg II. förmlich symbolhaft von 1866, vom letzten innerdeutschen Krieg, bis ins Jahr des Ausbruchs des Ersten Weltkrieges regiert. Er versteht es,

---

6 Für den Föderalismus in Bismarckreich und Weimarer Republik vgl. Heiko Holste: Der deutsche Bundesstaat im Wandel (1867–1933), Berlin 2002.

7 Zur Selbstbehauptung der Königreiche Bayern und Sachsen als staatliche Einheiten mit je eigener Identität und Erinnerungskultur wie Ausbau der je eigenen Infrastruktur (Eisenbahn, Post) siehe Siegfried Weichlein: Nation und Region. Integrationsprozesse im Bismarckreich, Düsseldorf 2004.

eine Theaterwelt von europäischem Rang herzustellen und zugleich politischem Druck der Reichsebene in der wilhelminischen Ära ab 1888 auf eine beispielhaft bürgerlich-rechtsstaatliche Weise die Stirn zu bieten: Dass dies ein so genanntes Duodezfürstentum inmitten des Landes gegen das monarchische Oberhaupt der Großmacht wenigstens teilweise vermochte, ist eine historische Fußnote eigener Art.[8] Schließlich, inzwischen fast vergessen und doch kulturell zentrales Erbe des Landes: die Germania sacra, die Topographie ehemals geistlicher und zugleich politischer Herrschaften aus Erzbistümern und Bistümern, aber auch reichsfreien Stiften und Klöstern. Gewiss: Im Zuge der Reformation war von diesem, das Reich seit dem Frühen Mittelalter überspannenden Netz in weiten Teilen nicht mehr allzu viel übrig geblieben. Aber bis in die Agoniephase des Reiches hatte sich diese Struktur doch in großen Teilen West- und Süddeutschlands behauptet. Sie gab Adelsgeschlechtern Möglichkeiten und Perspektiven zum politischen und sozialen Aufstieg, wie den Schönborns, die zeitweise die Bischofs- oder Erzbischofs-sitze in Bamberg, Würzburg und Mainz gewannen, sie war Ort einer breit ausladenden sinnlichen und zugleich den Tod in das Leben hereinholenden barocken Kultur, sie schuf so Bauprogramme, wie etwa Balthasar Neumanns Kirchen und Residenzen, deren Verknüpfung von biblischer Lehre, Opulenz, Sinnhaftigkeit und großer Dimension Programm war, und sie bemühte sich im weiteren Verlaufe des 18. Jahrhunderts, jenem Standard an philosophisch vorgegebener aufklärerischer Effizienz nahe zu kommen, der sich zuvor in vielen evangelisch geprägten Territorien ausgeprägt hatte.[9]

3. Zäsuren in der deutschen Geschichte

3.1. Auswahl der umgekehrten Chronologie

Wenn es im Folgenden um Einschnitte in die deutsche Geschichte geht, um Stationen also, nach denen die Signaturen der historischen Prozesse grundlegend andere waren als zuvor, so empfiehlt es sich, den Bezug weniger auf einzelne Jahreszahlen und die mit ihnen punktuell verbundenen Ereignisse zu legen – eben oft Schlachten wie Friedens-schlüsse im Alten Reich, Revolutionen und (neue) Verfassungsordnungen, wie 1495 der Ewige Landfriede und die Einführung des Reichskammergerichts, 1512 die der Reichskreise, 1919 die republikanische Weimarer Reichsverfassung.

---

8   Vgl. Alfred Erck/Hannelore Schneider: Georg II. von Sachsen-Meiningen. Ein Leben zwischen ererbter Macht und künstlerischer Freiheit, 2. Aufl., Zella-Mehlis/Meiningen 1999, S. 444–465. Der Meininger Großherzog, nach seiner ganzen inneren Orientierung (persönliche Teilnahme am Deutsch-Französischen Krieg 1870/71) Befürworter der kleindeutschen Einigung, entwickelte sich gleichwohl zum Gegner der wilhelminischen Prestige- und Imperialpolitik. Er sah die Kompetenzen des föderalen Organs Bundesrat durch die kaiserliche Politik beeinträchtigt, lehnte den Flottenbau ab und plädierte für eine Ausgleichspo-litik gegenüber Frankreich und Großbritannien. Vgl. ebd., S. 465: „Der Herrscher von Sachsen-Meinin-gen profilierte sich […] ganz zielstrebig als Schöpfer eines funktionierenden, liberal orientierten Staats-wesens. Der Kulturpolitiker hat auch nach 1890 versucht, dem Kaiserreich eine humanistischen Idealen dienende Kunst vorzuführen und der europaoffene Mensch Georg galt nicht wenigen Monarchen wie Politikern des Kontinents und vielen Künstlern als ein Mann, der für ein friedvolles Zusammenleben der am Nationalismus festhaltenden Staaten einstand." Zum Paradigma Weimar als Kulturresidenz gegen Ende des 18. Jahrhunderts vgl. Marcus Ventzke: Das Herzogtum Sachsen-Weimar-Eisenach 1775–1883. Ein Modell aufgeklärter Herrschaft? Köln/Weimar 2004.

9   Zur Stellung der geistlichen Fürstentümer in der Schlussphase des Alten Reiches vgl. Karl Otmar von Aretin: Das Reich. Friedensordnung und europäisches Gleichgewicht 1648–1806, Stuttgart 1986, S. 406–409; ders.: Das Alte Reich 1648–1806, Bd. 3: Das Reich und der österreichisch-preußische Dua-lismus (1745–1806), Stuttgart 1997, S. 237–245.

26

Im Vordergrund stehen vielmehr bestimmte Phasen, in denen sich neue Orientierungen, Strukturen, aber auch Staatsbildungen im Zusammenhang mit außenpolitischen Bedingungsfaktoren durchsetzten und dies auch in den langen Zeitstrecken vor dem mit der Jahreszahl 1806 bezeichneten Ende der alten Ordnung des Heiligen Römischen Reiches deutscher Nation. Für die deutsche Entwicklung werden als Stationen vorgeschlagen (wobei ein „Willkürfaktor" ganz unbestritten bleibt):

- der Übergang zur Territorialität in der spätmittelalterlichen Struktur des römisch-*deutschen* Reiches,

- die Durchsetzung konfessioneller Parität und damit Pluralität im 16. und 17. Jahrhundert,

- die innere Auflösung des Alten Reiches zwischen dem Aufstieg Preußens zur europäischen Großmacht und dem Ausbruch der Französischen Revolution,

- die „Sattelzeit" als Übergang von Feudalstrukturen in etatistische und teilweise partizipatorische Verhältnisse, gepaart mit der Durchsetzung des Nationsbegriffs als integrierender Klammer,

- die Auseinandersetzung zwischen kleindeutschem Etatismus und großdeutsch-föderativer bzw. konföderativer Orientierung,

- der Durchbruch zu einer imperialistischen Reichspolitik mit Sammlung einer breiten Basis aus Wissenschaft, Publizistik, Beamtenschaft, Offizierskorps und Wirtschaftsbürgertum, unmittelbar vor der Wende zum 20. Jahrhundert,

- das Ende der innereuropäischen Konsolidierungsphase nach dem Ersten Weltkrieg ca. 1926–1932 mit den Signaturen Weltwirtschaftskrise und Wiederbelebung nationaler Antagonismen,

- die Absage an die Moderne und die strukturelle Inhumanität des Nationalsozialismus,

- die Transzendierung des Nationalstaates durch Integration wie die Wiederherstellung der nationalen Einheit in einem „postklassischen" Sinn als Kernthemen der Nachkriegszeit nach 1945.

Zum einen treten die gewissermaßen herkömmlichen Zentraldaten der neueren deutschen Geschichte von 1806–1990 gegenüber prozesshaften Abläufen zurück, zum anderen fällt die Wahl auf Daten, die auf den ersten Blick eher abseits zu liegen scheinen: So werden gegenüber dem Deutsch-Französischen Krieg mit den Reichsgründungsmonaten 1870/71 die Zäsuren 1866 – Ende der großdeutsch-konföderalen Option durch die Niederlage Österreichs und der süddeutschen Staaten – und ca. 1898–1900 – Transformation des Bismarckreiches in einen imperialen Staat – bevorzugt. Andere Daten und Ereignisse könnten für sich gleichfalls zentrale Bedeutung beanspruchen. Eindeutige Weichenstellungen werden hier aber erkennbar, ohne dass zugleich Determiniertheit postuliert würde.

Ein Beispiel mag dies dartun: 1866 bedeutete nicht nur das Ende des Deutschen Bundes und das Ausscheiden Österreichs aus allen deutschen Staatsverbandsüberlegungen.[10] Es

---

10 Vgl. Lutz: Zwischen Habsburg und Preußen (Anm. 1). Zu Norddeutschem Bund und Wiedererrichtung des Zollvereins siehe Ernst Rudolf Huber: Deutsche Verfassungsgeschichte seit 1789, Bd. 3: Bismarck und das Reich, Stuttgart 1963, S. 629–637; Thomas Nipperdey: Deutsche Geschichte 1866–1918. Bd. 2:

wurden jetzt und in der Folgezeit auch politische und ökonomische Festlegungen getroffen, die die Reichsgründung in hohem Maße präformierten, wenngleich wohl doch noch nicht unabdingbar machten. Gemeint sind nicht nur die Schaffung des Norddeutschen Bundes als föderaler Organismus für die deutschen Länder nördlich der Mainlinie mit einem Verfassungsmodell, das dem der Reichsverfassung von 1871 sehr nahe kam – obwohl es sich vier Jahre später nicht um eine einfache mechanische Übertragung handelte –, sodann die Schutz- und Trutzbündnisse zwischen Preußen und den süddeutschen Staaten, welche Letztere de facto ihrer Souveränität beraubten, und schließlich die Wiedereinrichtung des deutschen Zollvereins 1867/68 mit der Bestimmung eines Zollparlamentes 1868. Dieses kam in Wahlrecht wie Strukturen – Stärke der Nationalliberalen in Norddeutschland, der Demokraten in Württemberg, des katholisch-konservativ-ländlichen Milieus in Bayern – den Strukturen der späteren Reichstage sehr nahe (für Süddeutschland wurde eigens gewählt, der Norden war durch die Abgeordneten des Norddeutschen Reichstages vertreten). Somit waren Voraussetzungen für das Setzen des Schlusssteins oder mehrerer Schlusssteine geschaffen; ob es zu einer derartigen Vollendung der nationalstaatlichen Konstruktion käme, blieb freilich offen: So schrieb der nationalliberale Historiker und Publizist Gustav Freytag am 1. Juli 1870 an den Herzog von Gotha, gleichfalls Anhänger der national-kleindeutschen Sache: „Es ist nicht wahr, dass die Südstaaten uns allmählich genähert werden; sie werden uns notwendig fremder, je weiter die Gesetzesorganisation im Norden fortschreitet [...]. Und was dann? Zweiteiligkeit in sempiternum."[11] Kontrafaktisch ist es zwar reizvoll, im Ergebnis aber wohl unergiebig zu fragen, was geschehen wäre, wenn nicht drei Wochen später der Deutsch-Französische Krieg mit seinen bekannten Resultaten ausgebrochen wäre. Eine weitere Variante: Ein erfolgreiches Bündnis des bonapartistischen Frankreichs mit Österreich-Ungarn, im Vorfeld des Deutsch-Französischen Krieges von der Wiener Hofburg zeitweise erwogen, hätte womöglich zur Wiedereinrichtung eines Deutschen Bundes mit einem durch Abtretungen an Frankreich geschmälertem Territorialbestand und mit einem seines Großmachtstatus beraubten Preußen geführt.

Im Folgenden wird ein Verfahren „umgekehrter Chronologie" praktiziert. Wir beginnen, zeitlich gesehen, mit den Grundzügen der deutschen Entwicklung nach 1945 und enden mit dem Übergang zur Territorialität als bestimmendem Strukturmerkmal im Alten Reich an Verknüpfungen zwischen Hoch- und Spätmittelalter. Dieses Vorgehen soll nicht nur als eine Art Brechung oder Verfremdung gewissermaßen linear induzierter Langeweile entgegenwirken. Vor allem geht es darum zu zeigen, dass auch das auf der Zeitachse entfernt Liegende so fern gar nicht ist: Auch die deutsche Gegenwart ist ohne die Herausbildung eines innerdeutschen staatlichen Mehrebenensystems kaum zu verstehen und durch die bleibende Koexistenz von Konfessionen geprägt, um nur auf die beiden hier aus größter zeitlicher Distanz gewählten Beispiele zu verweisen. Gewiss bestimmt vor allem Zeitgeschichte Gegenwart und Zukunft, aber eben nicht nur.

3.2. Europäische Integration und „postklassischer" Nationalstaat

Bringt das 19. Jahrhundert in Deutschland Nationalbewegung und Nationalstaat sowie das frühe 20. Jahrhundert das Umschlagen in ein hybrides Bild von Nation, so dessen

---

Machtstaat vor der Demokratie, München 1992, S. 34–55; Otto Pflanze: Bismarck. Der Reichsgründer, München 1997, S. 395–401.

11 Zitiert nach Peter März: Reichsgründung/Föderalismus/Bündnisse. Bayern, Deutschland und Österreich im europäischen Übergang, Einsichten und Perspektiven, Themenheft München 1/05, S. 13.

weiterer Verlauf die Herausbildung neuer Bestimmungsfaktoren und schließlich in einer anderen Dimension die Wiederherstellung des Nationalstaates. Für die Zeit nach 1945 lassen sich zwei zentrale Phasen bestimmen, die dann in der Kombination weitgehend jene Verortung Deutschlands herbeiführen, in der wir heute leben: Zum einen geht es um die erste Formierungsphase der europäischen Integration in den Jahren von 1950 bis 1957, d. h. von der Unterbreitung des Schuman-Planes zur Integration der westeuropäischen Schwerindustrien bis zu den Römischen Verträgen, die die Europäische Wirtschaftsgemeinschaft (EWG) konstituieren. Vorausgegangen war in den Jahren vom Ende des Zweiten Weltkrieges bis zum Ausbruch des Korea-Krieges bereits eine emphatische Protophase: Der europäische Bundesstaat, von wenigen bereits in den 1920er Jahren avisiert, wurde nun vor allem durch die akademische Jugend propagiert, ohne dass freilich diese erste Phase emotionaler Willensbildung bereits hinreichende politische Substanz gehabt hätte. Immerhin aber kam es schon zur verdichteten Kooperation nun nicht mehr allein, wie in den früheren sozialistischen Internationalen, der sozialdemokratischen Parteien, sondern auch und vor allem der Parteien des christlich-konservativen Bogens, vorsichtig auch bereits unter Einschluss der neuen westdeutschen Unionsparteien. Für viele war Europa auch wohlfeiles Vehikel, um den Zerstörungen wie moralischen Infragestellungen der nationalen Ebene zu entkommen.[12] Damit aus Europa mehr wurde, nämlich politische Strukturen, bedurfte es dann weiterer Schubkräfte, vor allem der Bedrohungen im Zeichen des heraufziehenden Kalten Krieges. Er schien mit dem im Juni 1950 begonnenen Korea-Krieg kritische Temperatur anzunehmen. Ökonomisch, politisch und militärisch sollten sehr schnell unter Einschluss des westdeutschen Potenzials funktionsfähige integrierte Strukturen errichtet werden. Das Jahr 1950 brachte daher nicht nur den Schuman-Plan, 1952 in der Europäischen Gemeinschaft für Kohle und Stahl (EGKS) verwirklicht, sondern auch den Beginn jener Konzepte, die in die Europäische Verteidigungsgemeinschaft münden sollten. Ihr Fehlschlag in der französischen Nationalversammlung 1954, nach einem mehrjährigen Feilschen, in dem dieses Konzept einer supranational hoch verdichteten militärischen Struktur bereits weitgehend seine Anziehungskraft eingebüßt hatte, mündete unmittelbar in den Beschluss zum NATO-Beitritt der Bundesrepublik über das Vehikel Westeuropäische Union.[13] Die Europäische Wirtschaftsgemeinschaft brachte schließlich 1957 ein großes, de facto deutsch-französisches Arrangement: Protektionistische Abschirmung der französischen Agrarwirtschaft, Entfaltungsmöglichkeiten für die deutsche Industrie und vor allem Einrichtung eines Geflechts von Organen, das in den folgenden Jahrzehnten konstitutiv immer weiter entwickelt werden konnte und sollte, ohne dass bis heute die Entscheidung über die Finalität eines europäischen Bundesstaates getroffen worden wäre.

Der Fortgang der europäischen Integration hat in der Bundesrepublik verschiedentlich die Frage stimuliert, ob ein am Ende seiner Staatlichkeit entkleidetes Westdeutschland überhaupt noch als Partner für eine nationale Wiedervereinigung agieren könne. Eigenartiger Weise wurde diese Diskussion allerdings in der Hochphase der so genannten „Neuen Ostpolitik" zu Beginn der 1970er Jahre kaum geführt; für Gegner wie Befürworter der Brandtschen Ostpolitik galt noch sehr weitgehend der Primat einer

---

12 Grundsätzlich zu dieser Phase Hans-Peter Schwarz: Vom Reich zur Bundesrepublik. Deutschland im Widerstreit der außenpolitischen Konzeptionen in den Jahren der Besatzungsherrschaft 1945–1949, 2. Aufl., Stuttgart 1980.
13 Für die französische Seite Ulrich Lappenküper: Die Deutsch-Französischen Beziehungen 1949–1963, Bd. 1, München 2001, S. 498–829. Für die amerikanische Seite Detlef Felken: Dulles und Deutschland. Die amerikanische Deutschlandpolitik 1953–1959, Bonn/Berlin 1993. Grundsätzlich immer noch Arnulf Baring: Außenpolitik in Adenauers Kanzlerdemokratie, TB-Ausgabe, München 1971.

nationalen Betrachtungsweise. Zwar drängten die Unionsparteien u. a. darauf, dass in die gemeinsame Entschließung des Deutschen Bundestages vom 17. Mai 1972, die schließlich den Weg zur Ratifikation des deutsch-sowjetischen und des deutsch-polnischen Vertrages freimachte, der Verweis auf eine ungestörte Entwicklung der europäischen Integration aufgenommen wurde.[14] Die Sowjetunion dürfe keine Handhabe gewinnen, dieser Entwicklung den Weg zu verlegen. Gleichwohl schienen aber damals beide Entwicklungen – europäische Integration und die Frage, ob auf dem Weg über die Aufrechterhaltung rechtlicher Postulate oder über die Anerkennung der in Europa eingetretenen Verhältnisse einer Lösung der nationalen Frage näher zu kommen wäre – in Denkfiguren und Strategien nahezu unverbunden. Eine Ausnahme war wohl nur Willy Brandts Chefberater Egon Bahr, der seine strategischen Überlegungen allerdings kaum nach außen dringen ließ. Bahr plädierte wenigstens intern durchaus dafür, die europäische Integration anzuhalten, damit für die deutsche Wiedervereinigung noch ein aktionsfähiges nationales Subjekt bestehe. In diese Richtungen wurde dann nach außen allerdings zunehmend vor allem erst in den achtziger Jahren des 20. Jahrhunderts reflektiert. Warum etwa im redaktionellen Umfeld der Frankfurter Allgemeinen Zeitung oder in manchen Bereichen der CDU diese Thematik in den Jahren 1987 und 1988 erkennbar an Bedeutung gewann, jetzt auch hier nach der Vereinbarkeit von Integration und nationaler Wiedervereinigung gefragt wurde, und ob in diesen Kreisen eben doch bereits so etwas wie die Vorahnung des bevorstehenden Kollaps der DDR bestand, lässt sich heute allenfalls vermuten, kaum aber wirklich erhärten oder widerlegen.

Wie auch immer, es kam jedenfalls im Vorfeld des Wiesbadener CDU-Parteitages 1988 zur Konfrontation zwischen den Anhängern einer stringenten Europapolitik, die nach endgültiger Überwindung des Kalten Krieges das integrierte Europa auch als Dach für möglicherweise auf Dauer angelegte zwei deutsche Staatlichkeiten sahen, und jenen, die deutschlandpolitisch erst alles geregelt haben wollten, bevor ein wieder vereinigtes Deutschland im Zuge der weiteren Integration seine dann gesamtdeutsche Souveränität zumindest teilweise einbüßen würde. Die Befürworter einer klassischen Wiedervereinigungspolitik konnten sich jedenfalls äußerlich in dieser Auseinandersetzung behaupten – dies war insofern verblüffend, als damals die Weichen in Deutschland generell auf eine postnationale Entwicklung hin gestellt schienen.[15] Dafür stand auch der spätere SPD-Kanzlerkandidat für die Bundestagswahl 1990, Oskar Lafontaine.

Der Zusammenbruch des Kommunismus in Europa seit 1988/89, nach der Freigabe der sowjetischen Satelliten durch Michail Gorbatschow, beginnend in Ungarn und Polen, führte sehr schnell und zugleich für viele überraschend auch in Deutschland eine Situation herbei, in der es nicht nur um die Emanzipation der unterdrückten Bevölke-

---

14 Zum Zustandekommen der Resolution, die die Ratifikation der Ostverträge sicherte, Andreas Grau: Gegen den Strom. Die Reaktion der CDU/CSU-Opposition auf die Ost- und Deutschlandpolitik der sozial-liberalen Koalition 1969–1973, Düsseldorf 2005, S. 298–332. Zur Deutschland- und Ostpolitik Egon Bahrs vg. Helmut Wagner: Die „deutsche Ostpolitik". Ihre Genese und spätere Interpretation, in: Deutschland Archiv, 39 (2006), S. 88: „In seinen [Bahrs] Vorstellungen schlossen sich [...] die deutsche Wiedervereinigung und die europäische politische Integration prinzipiell aus."

15 Vgl. zu dieser CDU-internen Kontroverse Jürgen Gros: Politikgestaltung im Machtdreieck Partei, Fraktion, Regierung. Zum Verhältnis von CDU-Parteiführungsgremien, Unionsfraktion und Bundesregierung 1982–1989 an den Beispielen der Finanz-, Deutschland- und Umweltpolitik, Berlin 1998 und grundsätzlich zu den Positionen der politischen Akteure zur nationalen Frage Sören Roos: Das Wiedervereinigungsgebot des Grundgesetzes in der deutschen Kritik zwischen 1982 und 1989, Berlin 1996. Siehe auch Karl-Rudolf Korte: Deutschlandpolitik in Helmut Kohls Kanzlerschaft. Regierungsstil und Entscheidungen 1982–1989, Stuttgart 1998. Zur SPD-Politik wie Haltungen in dieser Phase Daniel Friedrich Sturm: Uneinig in die Einheit. Die Sozialdemokratie und die Vereinigung Deutschlands 1989/90, Bonn 2006.

rung in der DDR ging – „Wir sind das Volk" –, sondern bereits wenige Wochen später, ab Ende November 1989, ebenso um nationale Einheit: „Wir sind ein Volk". Es war zweifellos große Staatskunst der Bonner Politik, namentlich des Kanzlers Helmut Kohl, dieser Entwicklung durch den innerstaatlichen wie diplomatischen Weg zur nationalen Einheit zu entsprechen, zugleich aber zu verhindern, dass sie emotional überschießend wurde. Kritische Momente, so die anfänglichen Besorgnisse von Gorbatschow in Moskau und die ablehnende Haltung der Pariser und Londoner Politik, konnten auf diese Weise zwar nicht schnell ausgeräumt werden – das Verhältnis zwischen Kohl und Margaret Thatcher blieb auf Dauer belastet, das zwischen Kohl und François Mitterrand konnte erst allmählich wieder verbessert werden –, aber immerhin war ein elastisches Auspendeln möglich. Es kam nicht mehr zu jenen nationalstaatlichen Antagonismen, wie sie noch die Zwischenkriegszeit gekennzeichnet hatten. Dies lag freilich nicht nur an den konkret agierenden Personen, welche sich seit vielen Jahren persönlich kannten und sehr viel intensiver miteinander vertraut waren, als es auf der Ebene der Staatsleitungen vor dem Zweiten Weltkrieg der Fall gewesen war. Trotz mancherlei Friktionen zahlten sich jetzt die integrationspolitischen Vorleistungen der Bundesrepublik seit den 1950er Jahren aus. Bei allen Eintrübungen blieb die Grundsubstanz an Vertrauen gewahrt. Dies setzte freilich zugleich voraus, dass die Bundesrepublik nicht auf dem integrationspolitisch erreichten Stand stehen blieb, sondern gerade in der Phase der Wiedervereinigung mit Frankreich neue Initiativen unternahm oder – das galt insbesondere für den Übergang zur gemeinschaftlichen europäischen Währung –, schon vorhandene Vorarbeiten und Vorleistungen forciert mit weiter trug.[16] Aus dieser Gemengelage von Herstellung einer von vielen nicht mehr erwarteten, von nicht wenigen in Westdeutschland auch als historisch überholt angesehenen nationalen Einheit und Fortführung der europäischen Integration entstand so jenes Profil des postklassischen, nicht mehr im herkömmlichen Sinne souveränen Nationalstaates, als der die Bundesrepublik heute vielfach beschrieben wird.

3.3. Die braune Barbarei – der deutsche Zivilisationsbruch

1933 bis 1945 bezeichnet „den" Zivilisationsbruch der deutschen und wohl auch der europäischen Geschichte.[17] Der Umstand, dass gerade das Instrument des Vergleichs immer wieder zu diesem zentralen Befund führt, ändert nichts an dieser Erkenntnis. Sicher wissen wir mittlerweile, dass die leninistische wie die stalinistische Sowjetunion und das maoistische China Menschenleben in ähnlichen (wenn nicht höheren) quantitativen Größenordnungen auf dem Gewissen haben wie das nationalsozialistische Deutschland.[18] Aber das nimmt den von Deutschland aus intendierten und exekutierten Untaten keinen Deut von ihrer Dimension ganz eigener Art. Denn es handelt sich im Kern um die Tatsache, dass die Bevölkerung eines doch relativ kleinen Landes in der Mitte Europas, geprägt durch Traditionen, wenn schon nicht der Demokratie, so doch der Rechtsstaatlichkeit, des philosophischen und literarischen Idealismus und Humanismus, der denkerischen und publizistischen Pluralität eine ungeheure Raserei teils geschehen ließ, teils nicht zu verhindern vermochte, teils vorsätzlich herbeiführte.

---

16 Vgl. Werner Weidenfeld mit Peter M. Wagner und Elke Bruck: Außenpolitik für die deutsche Einheit. Die Entscheidungsjahre 1989/90, Stuttgart 1998.

17 Als Gesamtgeschichte der NS-Diktatur Hans-Ulrich Thamer: Verführung und Gewalt. Deutschland 1933–1945, Berlin 1986; Hans Mommsen: Von Weimar nach Auschwitz. Zur Geschichte Deutschlands in der Weltkriegsepoche. Ausgewählte Aufsätze, Stuttgart 1999.

18 Vgl. für die Sowjetunion Anne Applebaum: Der Gulag, Berlin 2003 und Donald Rayfield: Stalin und seine Henker, München 2004. Für das kommunistische China Jung Chang/Jon Halliday: Mao. Das Leben eines Mannes. Das Schicksal eines Volkes, München 2005.

Dabei geht es um die Shoah, die weitgehend vollzogene Ermordung des europäischen Judentums, aber auch um die physische Eliminierung anderer Gruppen wie der Sinti und der Roma und um jenen Versklavungs- und Eroberungsfeldzug gegen die Völker Ostmittel- und Osteuropas, dessen Blutspur 1939 in Polen begann und der bis an den Stadtrand von Moskau und an die Wolga führte.[19] Aber eignet sich 1933 als Zäsur, um diesen Prozess chronologisch einzuordnen? Man wird einerseits viel weiter zurückgreifen müssen, in das Aufkeimen eines neuen Antisemitismus seit den achtziger Jahren des 19. Jahrhunderts, das sich mit Namen wie Adolf Stoecker und Heinrich von Treitschke verbindet, in die Identitätskrise großer Teile des Bürgertums nach der Wende vom 19. zum 20. Jahrhundert, verbunden mit einem übersteigerten Nationalismus, der dann im Ersten Weltkrieg bereits manche Gedanken von Raumgewinn und Bevölkerungspolitik vorweg nahm. In der Linie dieser Argumentation wird man die eigentliche Aufgipfelung des modernen deutschen Antisemitismus freilich erst für die Zwischenkriegszeit konstatieren können. Hier gewannen die Nationalsozialisten und ihr publizistischer Flankenschutz seit den frühen 1920er Jahren das Feld, um der pluralen, demokratischen und sozial nivellierenden Moderne eine fundamentale Absage[20] zu erteilen – eine Absage, die auf Gemeinschaft und Selektion zugleich zielte, auf vormoderne Riten und auf die Bestreitung des gesamten geistigen Fundus der, ob in der modernen postklassischen Physik oder in der Philosophie, zum aufgeklärten modernen Individuum geführt hatte. In diesem Zusammenhang ist auch jener Antibolschewismus des Nationalsozialismus zu sehen, welcher nicht zuletzt die Phobien von Klein- und Spießbürgertum bediente und zugleich die Tatsache vergessen machte, dass der eigentliche Widerpart kommunistischer Diktaturen die moderne westliche Demokratie war und schließlich bleiben sollte.

Der unmittelbare chronologische Ort der Machtübertragung an die Nationalsozialisten am 30. Januar 1933 war dann weniger die Stunde grundlegender, ja atavistischer Auseinandersetzungen. Zum einen ging es um ein sehr profanes, taktisches Kalkül: Die so genannten „alten", wesentlich im ostelbischen Deutschland beheimateten Eliten, längst nicht mehr stark genug, um die Entwicklung des Landes aus sich heraus zu bestimmen, übertrugen in jenem Augenblick die politische Führung an ein NSDAP-geleitetes

---

19 Zur NS-Vernichtungspolitik u. a. Peter Longerich: Politik der Vernichtung. Eine Gesamtdarstellung der nationalsozialistischen Judenverfolgung, München 1998; Christian Gerlach: Kalkulierte Morde. Die deutsche Wirtschafts- und Vernichtungspolitik in Weißrussland 1941–1944, Hamburg 1999; Hans Mommsen: Auschwitz, 17. Juli 1942. Der Weg zur „Endlösung der Juden", München 2002; Jürgen Förster: Das Unternehmen „Barbarossa" als Eroberungs- und Vernichtungskrieg, in: Das deutsche Reich und der Zweite Weltkrieg. Bd. 4: Der Angriff auf die Sowjetunion, hrsg. vom Militärgeschichtlichen Forschungsamt, Stuttgart 1983, S. 413–421; Helmut Krausnick/Hans-Heinrich Wilhelm: Die Truppe des Weltanschauungskrieges. Die Einsatzgruppen der Sicherheitspolizei und des SD 1938–1942, Stuttgart 1981. Zur Frage der kommunikativen Einbeziehung der deutschen Bevölkerung in den Holocaust durch die NS-Führung mit vielerlei Andeutungen und beim subtilen Aufbau einer Komplizenschaft (‚alle in einem Boot') im Schwerpunkt 1942 jetzt Peter Longerich: „Davon haben wir nichts gewußt!" Die Deutschen und die Judenverfolgung 1933–1945, München 2006.
20 Massimo Ferrari Zumbini: Die Wurzeln des Bösen. Gründerjahre des Antisemitismus: Von der Bismarckzeit zu Hitler, Frankfurt a. M. 2003; Dirk Walter: Antisemitische Kriminalität und Gewalt. Judenfeindschaft in der Weimarer Republik, Bonn 1999. Zur NS-Ikonologie Sabine Behrenbeck: Der Kult um die toten Helden. Nationalsozialistische Mythen, Riten und Symbole, Vierow 1996. Zum Gesamtzusammenhang vgl. das Resümee von Andreas Wirsching: Vom Weltkrieg zum Bürgerkrieg?, Politischer Extremismus in Deutschland und Frankreich 1918–1933/39. Berlin und Paris im Vergleich, München 1999, S. 618: „[...] doch war der Antimarxismus nicht das ursprünglich bewegende Prinzip des völkischen Antisemitismus. Vielmehr repräsentierte der Rassenantisemitismus ein politisch-ideologisches Potenzial, das auf weitaus früher zurückliegende Wurzeln zurückging und eine Form der kompromisslos-extremistischen Absage an das liberale System des 19. Jahrhunderts darstellte, die speziell in Deutschland und Österreich auf eine hohe Resonanz stieß."

Kabinett, als diese Partei augenscheinlich – seit den Novemberwahlen zum Reichstag 1932 mit erstmaligen Verlusten – die Krümmungskurve ihrer Erfolgsbahn überschritten hatte, aber noch keineswegs marginalisiert war. Noch, so dieses Kalkül, taugte sie als Blutspender für eine nationalistisch-rechtsautoritäre Politik, nicht mehr und nicht weniger. Zum anderen hatten die Nationalsozialisten ihre Erfolgsbahn während der Zeit der Weltwirtschaftskrise nicht zuletzt auch darauf gegründet, dass sie ihre eigentlichen ideologischen Kernanliegen, namentlich die antisemitisch begründete Ausgrenzung und Eliminierung des Judentums wie einen militärisch erstrittenen Raumgewinn im Osten, jedenfalls in der Agitation nach außen, zurückstellten. Im Vordergrund stand ein auf nationale Kraftanstrengung, auf die Ausschaltung des verhassten, angeblich korrupten und ineffizienten demokratischen Systems gegründeter „take off", der Wohlstand, Arbeitsplätze und Brot für die breiten Massen zurückbringen sollte, also jener vermeintliche „Sozialismus der Tat", der unbestimmt blieb und sich wohl gerade dadurch als Hoffnungsstern am politischen Firmament anbot. Antisemitismus eignete in dieser Phase eher die Funktion, gegen einen vorgeblich seelenlosen Kapitalismus anzugehen, als dessen Bestandteil z. B. für den Einzelhandel vermeintlich übermächtige jüdische Warenhäuser angeklagt wurden. Die etwa aus Hitlers „Mein Kampf" durchaus stringent abzulesende, weit darüber hinaus weisende Dimension des weltpolitisch Bösen, das eigentlich gewollt war, trat zunächst kaum oder nicht in Erscheinung. Und dies galt, obwohl das neue Regime im Innern sehr schnell – viel schneller noch als Mussolini nach dem Marsch auf Rom von 1922 – eine völlig unverhüllte Diktatur errichtete, gleichschaltete, terrorisierte wie ermordete und auch formal mit Notverordnungen und Ermächtigungsgesetz seine monolithische Herrschaft kodifizierte. Aber dann schien zunächst einmal eine Art friedliebender Wohlstandsdiktatur Einzug zu halten mit überraschenden Arrangements in der Außenpolitik wie dem deutsch-polnischen Neutralitätsabkommen von 1934 und dem deutsch-britischen Flottenvertrag von 1935, mit einer schicken und sportlichen Fassade, Gleichschritt und Körperkult, technischer Moderne in Konkordanz mit Gemeinschaftsappellen und einer Art innerer Landeserschließung, für die die Autobahnen zur Chiffre wurden.[21] Die Anfänge antisemitischer Terrorisierung – beginnend mit dem Boykott vom 1. April 1933 und der Verjagung jüdischer Beamter und Hochschullehrer – wurden von der „Volksgemeinschaft" weitgehend achselzuckend hingenommen.[22] Und dies galt, obwohl man zugleich indirekt aus der Scheidung von Körperkult und angeblich unwertem Leben, die schließlich in die Euthanasie münden sollte, auch weiterhin und kontinuierlich auf den prinzipiell amoralischen und unmenschlichen Charakter des Regimes schließen konnte, ja musste.

So wie nach dem Zäsurcharakter des 30. Januar 1933 zu fragen ist, so auch nach dem des 1. Septembers 1939, dem Tag des Ausbruchs des Zweiten Weltkrieges in Euro-

---

21 Zu den Anfängen der NS-Diktatur in biografischer Fokussierung Joachim C. Fest: Hitler. Eine Biographie, Bd. 2: Der Führer, TB-Ausgabe Frankfurt a. M. u. a. 1976, S. 533–606; Ian Kershaw: Hitler. 1889 bis 1936, Stuttgart 1998, S. 471–527 (Kap. 10: „An die Schalthebel der Macht gehievt"); Rainer F. Schmidt: Die Außenpolitik des Dritten Reiches 1933 bis 1939, Stuttgart 2002.

22 Zum praktizierten Antisemitismus in der Zeit vor Ausbruch des Zweiten Weltkrieges Saul Friedländer: Das Dritte Reich und die Juden. Die Jahre der Verfolgung 1933 bis 1939, München 1997. Friedländer arbeitet eindrucksvoll die Antagonismen von Scheinnormalität, nicht zuletzt im Umfeld der Olympischen Spiele 1936, und systematischer Entziehung der Existenzbedingungen für die deutschen Juden, darunter etwa die Verdrängung jüdischer Ärzte aus der medizinischen Praxis und die Vorenthaltung von Promotionen, heraus. Ein neuerdings stärker ins öffentliche Bewusstsein gelangtes Moment ist der mit Ekel erregenden Darstellungen illustrierte Verjagung der deutschen Juden aus den touristischen Zentren des Landes, ob im alpinen Bereich oder an den Küsten. Zentrale Einschnitte vor Ausbruch des Zweiten Weltkrieges bleiben allerdings die Verkündung der Nürnberger Gesetze 1935 mit der Entziehung des gleichberechtigten Staatsbürgerstatus und die Pogromnacht mit weiteren terroristischen Maßnahmen vom 9. November 1938.

pa. Hier ist die Ambivalenz von vornherein gegeben: Zunächst einmal scheint es ein europäischer „Normalkrieg" zu sein, die sprichwörtliche Revanche für den Ausklang des Ersten Weltkrieges. Die Eliminierung Polens als Staat ist programmatisches Ziel großer Teile der deutschen Eliten während der gesamten Zwischenkriegszeit, dazu bedarf es nicht der Nationalsozialisten, und die Kooperation mit der Sowjetunion (Ribbentrop-Molotow-Abkommen vom 23. August 1939) gilt in diesen Kreisen als Ausdruck wohlverstandener „Realpolitik", die ganz auf den Staat, ungeachtet seiner ordnungspolitischen und sittlichen Verortung, als Faktor von Politik setzt. Auch die wenige Tage später anhebende Konfrontation mit Frankreich und Großbritannien scheint sich noch ganz in diesen Bahnen zu bewegen. Allerdings: Polen wird von Anfang an nicht nur besiegt oder bestimmter Territorien beraubt, sondern soll als Staat wie Gesellschaft mit einem kulturellen Profil eliminiert werden. Diskriminierungen, Massentötungen und Ausgrenzungen beginnen in Polen unmittelbar nach dem Überschreiten der Grenze durch die deutschen Truppen. So gerät das Geschehen in Ostmitteleuropa 1939 bis 1941 bereits zum Probelauf für das, was ab dem 22. Juni 1941 in der Sowjetunion exekutiert wird.

Am Ende schlägt der Krieg schließlich barbarisch auf das eigene Land zurück. Die nationalsozialistische Führung setzt nun den Deutschen gegenüber eine Strategie der verbrannten Erde fort, wie sie sie jenseits der deutschen Grenze und in größerem Maßstab bereits praktiziert hatte. Sie duldet nicht nur, ja sie forciert geradezu den materiellen, psychischen und zum Teil auch physischen Kollaps der eigenen Nation. Die Verlustzahlen der deutschen Wehrmacht steigen ab dem Sommer 1944 – zeitlich korreliert mit dem Fehlschlag des Attentats vom 20. Juli 1944 – in die Dimension von bis zu einer halben Million Soldaten pro Monat. Paradigmatisch ist im Sommer 1944 der Zusammenbruch der Heeresgruppe Mitte an der Ostfront, zeitgleich mit der Invasion der Alliierten in der Normandie.[23] Der Prozess des Vernichtens und des Ermordens wird kontinuierlich fortgesetzt, als längst alles verloren ist – die letzte Etappe der Shoah ist die Ermordung der ungarischen Juden während des Jahres 1944, als die Rote Armee unmittelbar vor Budapest steht;[24] und am Ende beeilt sich das Regime, und sei es nur Tage und Stunden vor dem eigenen Untergang, bis dahin überlebende Gegner in den Konzentrationslagern hinzurichten wie Anfang April 1945 im oberpfälzischen Flossenbürg Dietrich Bonhoeffer. So zeigt sich auch gegen Ende des Zweiten Weltkrieges die Ambivalenz der NS-Barbarei, nämlich einerseits eine deutsche zu sein und in einem angeblichen nationalen Interesse Territorien zu erobern, Ethnien zu versklaven und Menschengruppen zu vernichten. Andererseits aber ist diese NS-Diktatur auch ein Nukleus für sich, der alles und jedes destruiert. Die Ambivalenz der Anfänge, nämlich aus historischen deutschen Erfahrungen und Traditionen zu entstehen und gleichzeitig auch ganz spezifisch zu sein in einem manichäischen, antimodernen Geschichtsbild, findet somit auch eine Entsprechung am Ende.

Für die kataraktartige Steigerung der nationalsozialistischen deutschen Expansion wie des nationalsozialistischen deutschen Vernichtens wird man schwerlich entscheidende

---

23 Vgl. Andreas Kunz: Die Wehrmacht in der Agonie der nationalsozialistischen Herrschaft 1944/45. Eine Gedankenskizze, in: Jörg Hillmann/John Zimmermann (Hrsg.): Kriegsende 1945 in Deutschland, München 2002, S. 107: „Die ‚Endkämpfe' im Reichsgebiet […] kosteten im Januar 1945 über 450.000 Wehrmachtssoldaten das Leben, gefolgt von fast 300.000 in den Monaten Februar bis April 1945 – auf die letzten viereinhalb Kriegsmonate entfielen damit ein Drittel aller deutschen tödlichen Verluste."

24 Vgl. Christian Gerlach/Götz Aly: Das letzte Kapitel. Der Mord an den ungarischen Juden, Stuttgart/München 2002.

Daten oder das Ausschlag gebende Datum finden. Gewiss kann man heute davon ausgehen, dass die Entscheidung zur umfassenden Ermordung möglichst aller europäischen Juden im Rahmen eines Prozesses „kumulativer" Steigerung des Vernichtungsgeschehens wahrscheinlich im Laufe des zweiten Halbjahres 1941 fiel. Die Sowjetunion nicht nur zu überfallen, sondern weitgehend ihrer russisch-staatlichen Identität zu entkleiden und ihren Bevölkerungen die Lebensgrundlagen zu entziehen, wurde 1940/41 festgelegt und als Vorsatz im Verlauf des Ostfeldzuges weiter radikalisiert. Bei all diesen Abläufen scheint aber eben eine Fixierung auf bestimmte Daten und Zäsuren schwierig. Und in gewisser Weise gilt dies auch für das Kriegsende: Das mehr oder weniger weitgehende Erwachen der deutschen Bevölkerung aus der nationalsozialistischen Betäubung erfolgte, ohne dass schon wirklich von Diagnose und Therapie gesprochen werden konnte, doch sehr schnell in der unmittelbaren Konsequenz der Besetzung durch die Siegermächte – ein Prozess, der sich nicht zuletzt je nach Frontverlauf von Ende 1944 bis Mai 1945 hinzog. Dabei muss man zugleich auf den ganz unterschiedlichen Charakter der Besetzung im Westen und im Osten des Deutschen Reiches hinweisen. Wer im Osten vergewaltigt und vertrieben wurde, machte naturgemäß andere Erfahrungen als der oder die, welche im Westen mit Ausgangssperren konfrontiert waren, um ihre physische und kulturelle Existenz aber nicht fürchten mussten. Der Prozess bürgerlicher Normalisierung vollzog sich jedenfalls außerordentlich disparat; ja in gewisser Weise konnte er in der Sowjetischen Besatzungszone gar nicht stattfinden. Die Impulse zu marxistisch-leninistischer Gleichschaltung in Wirtschaft (Enteignungen) und Kultur – wenn hier auch anfänglich noch subtil – setzten frühzeitig und umfassend ein.[25]

In jedem Fall bleibt das Heraustreten der Deutschen aus dem politischen, kulturellen und kommunikativen Gefüge der NS-Diktatur aber einer der ganz eigenartigen Befunde ihrer neueren Mentalitätsgeschichte. Hatten sie teilweise noch nach dem Stauffenberg-Attentat vom 20. Juli 1944 durchaus freiwillig und intentional dem Regime akklamiert und der „Vorsehung" für das Überleben ihres so genannten Führers gedankt, so standen sie nun wie betäubt neben sich und sahen, dass von all den Ideologemen des Nationalsozialismus nichts mehr da war, nur rauchende Trümmer. Das bedeutet allerdings keineswegs, dass bereits eine reflektierte Auseinandersetzung mit dem soeben Vergangenen und dessen Gründen eingesetzt hätte. Noch bis weit in die 1950er Jahre wurden bestimmte Vorgehensweisen und Resultate der NS-Diktatur wie der Abbau der Arbeitslosigkeit in demoskopischen Erhebungen sehr positiv gewürdigt, ohne dass man zugleich die totalitären und terroristischen Voraussetzungen bzw. Begleitumstände dieser Politik wahrnehmen wollte. Auch wenn der nationalsozialistische Repressionsapparat die „alten" Eliten von Weimar, soweit nur möglich, terrorisiert und beseitigt hatte,

---

25 Zum allmählichen Aufeinanderzugehen von okkupierenden Siegern und vielfach kontaminierten Besiegten im Westen Klaus-Dietmar Henke: Die amerikanische Besetzung in Deutschland, München 1995. Die Eroberung Aachens durch amerikanische Truppen am 21. Oktober 1944 stellte den Beginn alliierter Okkupation im Westen Deutschlands dar und schuf auf lokaler Ebene, mehr als ein halbes Jahr vor Kriegsende, Voraussetzungen für den Neuaufbau von Strukturen. Das sowjetische Eindringen in Ostdeutschland hingegen war östlich der Oder-Neiße-Linie vor allem durch eine Gemengelage von Zerstören, Vergewaltigen und Morden, westlich davon auf dem Gebiet der späteren DDR von Anfang an insbesondere durch die Schaffung von Voraussetzungen für den Aufbau kommunistischer Hegemonie geprägt. Für die SBZ vgl. Norman M. Naimark: Die Russen in Deutschland. Die sowjetische Besatzungszone 1945 bis 1949, Berlin 1997. Manfred Wilke: Nach Hitler kommen wir – die Planung der Moskauer KPD-Führung 1944/45 für Nachkriegsdeutschland, Arbeitspapiere des Forschungsverbundes SED-Staat der Freien Universität Berlin Nr. 11/1994, Berlin 1994. Vgl. auch Hartmut Mehringer/Michael Schwartz/Hermann Wentker (Hrsg.): Erobert oder Befreit? Deutschland im internationalen Kräftefeld und die Sowjetische Besatzungszone (1945/46), München 1999.

insbesondere in einer letzten Welle nach dem 20. Juli 1944, gab es doch immer noch, v. a. unterhalb der nationalen Ebene, Restbestände, an die wieder angeknüpft wurde.

Es zeigte sich jetzt, dass Teile der alten Sozialmilieus von politischer Mitte und demokratischer Linker überlebt hatten. Sie fanden sich wieder, kommunizierten mit den Besatzern und gingen in der Fläche des Landes daran, Politik im wirklichen Sinne zu rekonstruieren. War die Weimarer Demokratie an einem Defizit an Demokraten gescheitert, so gab es immerhin doch noch ein gewisses Reservoir, das nun in Rathäusern und Landratsämtern Verantwortung trug, Landesregierungen bildete, die Verfassunggebung in den Ländern trug, die undankbare Aufgabe der Entnazifizierung übernahm und in der Summe das Gemeinwesen neu einrichtete. So tief greifend die Zäsuren durch den Nationalsozialismus gewesen waren, haben sie doch nicht alles ausschalten und vernichten können, was sich aus den rechtsstaatlichen und auch demokratischen Traditionen des Landes seit dem 19. Jahrhundert speiste.

3.4. Das Ende der zwanziger Jahre und die Rückkehr des Nationalismus

Die Annahme einer zentralen Zäsur für die späten 1920er und die frühen 1930er Jahre bedarf auch ihrer je eigenen Begründung. Gängig waren und sind 1918/19, 1933 und 1939. Die Wucht des nationalsozialistischen Zivilisationsbruches, der mit singulären Verbrechen verbundenen Absage an die Moderne bei gleichzeitiger Inanspruchnahme spezifischer Instrumente, etwa in den Bereichen Technik, Medien und Körperkult, verdient naturgemäß eine eigene und besondere Hervorhebung. Aber bereits die Jahre vor dem Machtantritt der NS-Diktatur tragen innen- und außenpolitisch den Charakter einer deutlichen Zäsur. Deutschland „militarisiert" sich, auch ohne Vergrößerung der auf insgesamt 115.000 Mann (Heer und Flotte) beschränkten Reichswehr. Die Parteiarmeen, ob im antidemokratischen oder im demokratischen Lager, wachsen, die Jahrgänge der um Zwanzigjährigen, in den letzten Jahren vor dem Ersten Weltkrieg geboren, sind, etwa im dezidierten Gegensatz zur Französischen Republik, außerordentlich stark. In Verbindung mit vielfacher Arbeitslosigkeit, mit Perspektivproblemen von jungen Akademikern bis zu jungen Arbeitern, mit Neigung zu Konformität und Gewalt führt dies zu einem Bild von kollektiver Unrast.[26] Auch wenn die Weimarer Republik viel für die Emanzipation der Frau gebracht hat, das aktive und passive Wahlrecht und neue Chancen an Universitäten und im Berufsleben, so verstärkt sich jetzt doch eher der Charakter einer pseudovitalen Machogesellschaft. Kraftmeiertum auf der einen Seite, Ängste und Neurosen auf der anderen schaukeln einander hoch. Wer noch Arbeit hat, fürchtet die Arbeitslosigkeit, wer Besitz hat und sich als Teil der bürgerlichen Welt begreift, ob tatsächlich oder imaginiert, fürchtet den bolschewistischen Umsturz, während die KPD selbst in den weiteren zwanziger Jahren zum reinen Ausführungsorgan der Stalinschen Politik degeneriert ist. Wer konservativen Lebensentwürfen in Kleinstädten und auf dem Land folgt, befürchtet die Zerstörung der Ruhe durch stete Unruhe. Fontanes Roman „Stechlin", in dem gegen Ende des 19. Jahrhunderts zwar das politisch Linke und Liberale, dazu das bildungslose Wirtschaftsbürgertum heraufscheinen, gleichwohl aber die adelige Güterwirtschaft als integrierendes Strukturmodell wenigstens noch den Vordergrund bestimmt, wird förmlich eingetauscht gegen Alfred Döblins „Berlin Alexanderplatz", den Roman einer Großstadt, in der der Lärm nie ein Ende findet, in der Menschen der Vereinzelung überantwortet sind, alles dynamisch anmutet,

---

26 Vgl. Wirsching: Vom Weltkrieg zum Bürgerkrieg? (Anm. 20).

voranschreitet und doch kein Ziel, geschweige denn ein Ruhe- oder Fluchtpunkt dieser unablässigen Bewegung erkennbar wird.

Angst hat man schließlich in Deutschland auch vor dem Ausland, mehr als noch kurz zuvor in der Mitte der zwanziger Jahre – und umgekehrt gilt das Gleiche. Die kurze Hochphase kollektiver Verständigungspolitik nach der europäischen Katastrophe des Ersten Weltkrieges mit dem Dawes-Abkommen 1924 zu Verstetigung und Abmilderung der Reparationsbelastungen, mit dem Locarno-Vertrag 1925 und der erreichten Übereinkunft zur friedlichen Regelung der Verhältnisse am Rhein, 1926 mit der Aufnahme Deutschlands in den Völkerbund, zugleich mit einem ständigen Sitz auf dessen Großmächtebank, dem Völkerbundsrat – diese Zeit internationaler Konsolidierung geht bereits während der noch laufenden – besser: auslaufenden – Amtszeit von Reichsaußenminister Gustav Stresemann zu Ende.[27] Stresemann ist zum Synonym, zur Metapher für die innen- und außenpolitisch angeblich goldenen Jahre der Weimarer Republik geworden – mehr, als es der persönlichen Leistung wohl entsprechen kann. Gleichwohl: Auch Symbole haben faktische Bedeutung. Schon in dieser Schlussphase der zwanziger Jahre gewinnen die Antagonismen in der europäischen Politik wieder an Bedeutung, tritt das kooperative Moment zurück.

Die Weimarer Republik macht sich anheischig, den europäischen Südosten als Raum für Hegemonialpolitik zu gewinnen und ihre Potenz als, auch in der Wirtschaftskrise, ökonomisch stärkstes Land des Kontinents auszuspielen. Nach Stresemann wird diese Linie verwegen und forciert entwickelt. Sie scheitert zunächst mit dem Fiasko der deutsch-österreichischen Zollunion von 1931, die an der französischen Politik vorbei lanciert worden war und die vielerlei Befürchtungen, über eine rein deutsch-österreichische Anschlusspolitik hinaus, wachrufen musste. Im Ausland wird das Schreckgespenst einer im Verborgenen aufrüstenden Reichswehr nicht nur wahrgenommen, sondern teilweise auch aufgebauscht und als Instrument einer sicherheitspolitischen Abschottung gegenüber Deutschland eingesetzt. So wächst das Misstrauen auf beiden Seiten: Frankreich zögert die ersehnte Räumung des Rheinlandes bis 1930 hinaus, Polen sorgt sich vor der längst nicht mehr geheimen Rüstungskooperation zwischen der Weimarer Republik und der Sowjetunion, während umgekehrt in Berlin polnische Übergriffe auf Ostpreußen und Schlesien, ja in manchen Imaginationen polnische Kavallerieraids bis nach Berlin befürchtet werden. Mit der Regierung Brüning, seit den Septemberwahlen des Reichstages von 1930 durch das sprunghafte Ansteigen der NSDAP auf 114 Abgeordnete vom Notverordnungsrecht des Reichspräsidenten abhängig, ist ein neues Profil in die

---

27 Schlusspunkt ist das berühmte Frühstück zwischen Stresemann und dem französischen Außenminister Aristide Briand von Thoiry 1926, bei dem beide ein großes deutsch-französisches Gegengeschäft projektieren, das nie zur Ausführung gelangen konnte: deutsche Kapitalhilfe für Frankreich gegen beschleunigte Freigabe des Saargebietes und die Rückgabe der belgischen Annexion Eupen-Malmedy an die Weimarer Republik. Für den Gesamtzusammenhang Peter Krüger: Die Außenpolitik der Republik von Weimar, Darmstadt 1985. Deutlich wird hier die Zäsur für die deutsche Außenpolitik, die mit dem Tod Gustav Stresemanns am 3. Oktober 1929 und dem Ende der Großen Koalition Hermann Müllers rund ein halbes Jahr später verbunden war. Personifiziert drückte dies die Ablösung des Staatssekretärs Carl von Schubert aus, der unter Stresemann der eigentliche Motor einer multilateralen Verständigungspolitik gewesen war. Vgl. ebd., S. 503. Zur deutschen Völkerbundspolitik bis 1926 siehe jetzt Joachim Wintzer: Deutschland und der Völkerbund 1918–1926, Paderborn u. a. 2006. Für die außenpolitische Übergangsphase der Präsidialkabinette Brüning, Papen und Schleicher siehe auch Hermann Graml: Zwischen Stresemann und Hitler. Die Außenpolitik der Präsidialkabinette Brüning, Papen und Schleicher, München 2001; Josef Becker/Klaus Hildebrand (Hrsg.): Internationale Beziehungen in der Weltwirtschaftskrise 1929 bis 1933, München 1980.

politische Führung gelangt, ein „Kabinett der Frontsoldaten".[28] Es ist eine tendenziell rechtsbürgerliche Regierung, die sich auf die Reichswehr stützt oder stützen muss, die keine Wohlfahrtsdemokratie erstrebt, sondern das Unterlaufen des Versailler Vertrages durch buchstabengetreue Erfüllung der Reparationsverpflichtungen mit der Folge, dass ein Deutschland, das keinerlei inflationäre Tendenzen zulässt, auf dem Weg über das Absenken der Löhne und Preise auf den internationalen Märkten dominant und so zum konkurrierenden Ärgernis wird. Politisch könne es dann in Europa auftrumpfen. Irgendwie scheinen sich damals alle Staaten einzuigeln: Frankreich schon physisch sichtbar hinter der Maginot-Linie, welche die scheinbare Sicherheit alles militärischen Perfektionismus verheißt, die USA, indem sie an den europäischen Angelegenheiten nur mittelbar Anteil nehmen und nach dem Ausbruch der Weltwirtschaftskrise fast panikartig Kredite aus Europa und namentlich Deutschland abziehen und so die unruhige Mitte des Kontinents ihres ökonomisch fast einzigen wirklich stabilisierenden Elementes berauben. Mit den Heeren der Arbeitslosen wachsen die Heere der Marschierenden und Uniformierten, kollabieren die unfertigen Demokratien in Mittel- und Osteuropa. Österreich sei nur als ein Beispiel erwähnt: 1929 geht es in Form eines Kompromisses in Anlehnung an die Weimarer Reichsverfassung zu einer quasi präsidialen Verfassung über, gleichwohl belauern sich weiterhin die Lager von Sozialisten mit dem „Schutzbund" als paramilitärischer Parteiarmee und bürgerlich-katholischer Mitte im Verbund mit den so genannten Heimwehren – im Gegensatz zur Weimarer Republik also noch nicht einmal die parteipolitischen Extreme von Kommunisten und Nationalsozialisten. In Österreich fallen die Milieus der linken und rechten Mitte übereinander her, 1933 wird das Parlament entmachtet, die sozialistische Opposition im Bürgerkrieg des Februar 1934 politisch, rechtlich und teilweise auch physisch eliminiert und die Diktatur des Austrofaschismus geschaffen.[29]

Polen hat schon 1926 als Folge des Staatsstreichs von Marschall Piłsudski in erheblichem Maße die Bahnen des demokratischen Verfassungsstaates verlassen. Ob die baltischen Staaten, Jugoslawien, das Horthy-Regime in Ungarn – sie alle mögen keine Extremdiktaturen wie das spätere nationalsozialistische Deutschland oder auch die Sowjetunion sein, aber sie alle besitzen autoritäre und undemokratische Regimes.[30] So ist gegen Ende der 1920er und zu Beginn der 1930er Jahre die Demokratie der große Verlierer in Europa, nach dem Spanischen Bürgerkrieg von 1936 bis 1939 und der Zerschlagung der Tschechoslowakei schließlich allein beschränkt auf Großbritannien und Frankreich, die Schweiz, die heutigen Beneluxstaaten und Skandinavien. Sie ist an die Peripherie des Kontinents gerückt.

Und Deutschland? Gewiss ist der 30. Januar 1933, auf den Tag bezogen, die schließlich große und einschneidende Zäsur. Aber der Diktatur, deren Konsequenzen niemand im Spätwinter 1932/33 erahnen kann, geht die (Selbst-)Preisgabe der Demokratie voraus. Ohne sie wäre die Diktatur nicht möglich und durchsetzbar. Symbolhafter Höhepunkt ist der Staatsstreich gegen die preußische Regierung vom 20. Juli 1932 durch die Reichsregierung Papen, gestützt auf den Reichspräsidenten in Marschalluniform von

---

28 Vgl. Karl Dietrich Bracher: Die Auflösung der Weimarer Republik. Eine Studie zum Problem des Machtverfalls in der Demokratie, 5. Aufl., Villingen 1971, S. 287–294; Heinrich August Winkler: Der Weg in die Katastrophe. Arbeiter und Arbeiterbewegung in der Weimarer Republik 1930 bis 1933, Berlin/Bonn 1987; Herbert Hömig: Brüning. Kanzler in der Krise der Republik. Eine Weimarer Biografie, Paderborn u. a. 2000, S. 149–160; Gerhard Schulz: Von Brüning zu Hitler, Berlin/New York 1992.
29 Vgl. Hugo Portisch: Österreich I. Die unterschätzte Republik, Wien 1989.
30 Vgl. Erwin Oberländer (Hrsg.): Autoritäre Regime in Mittel- und Südosteuropa 1919 bis 1944, Paderborn u. a. 2001.

Hindenburg und auf die Reichswehr selbst. Die Verjagung der preußischen Minister, der Polizeipräsidenten, Oberpräsidenten und Regierungspräsidenten aus ihren Ämtern ist nicht nur Staatsstreich schlechthin; sie legt auch die Hand an eines der Strukturprinzipien deutscher Staatlichkeit, an ihren Mehrebenenaufbau von Territorien, später Ländern und Gesamtstaat. Dass hier eine Ebene der anderen schlicht Gewalt antut, zeigt einen politisch-kulturellen Abstieg ganz eigener Art an. Noch im Kaiserreich hatte es zwar vielerlei Grummeln zwischen bayerischen Eigenheiten und den monarchischen Verstiegenheiten Kaiser Wilhelms II. gegeben; eine schlichte Usurpation wäre aber niemandem in den Sinn gekommen, selbst diesem Hohenzollern auf dem preußischen Thron und im Amt des Deutschen Kaisers nicht.

Die Demokratie ist in Deutschland schwach, freilich nicht nur in ihren Quantitäten, auf einen schmalen Korridor von SPD, Zentrum und Demokraten zusammengeschrumpft, bei der Reichstagswahl vom 31. Juli 1932 in eine hoffnungslose Minderheit gegenüber den Extremen gedrängt. Allein NSDAP und KPD verfügen jetzt im Parlament über die Mehrheit, von den Deutschnationalen und anderen radikalen Kräften ganz abgesehen. Vor allem aber ist die Demokratie nicht norm- und stilgebend. Die Publizistik, ob von links oder von rechts, denunziert sie als „System". Dass die rechte „Konservative Revolution", z. B. mit Edgar Julius Jung und dem Tatkreis, dies so hält, gilt heute als selbstverständlich, dass auch die „linke" Weltbühne mit Carl von Ossietzky und Kurt Tucholsky dazu einen Teil beiträgt, dringt erst wieder ins historisch-kritische Bewusstsein. Und dass Demokratie mühselig ist, Abstimmung und Kompromisse verlangt, gilt in nahezu allen Lagern als nicht hinnehmbar.[31] Man glaubt an das zwingend „weltanschaulich" Vorgegebene, an das von oben nach unten Agierende und schließlich an das Ganze, nicht an die in den Parteien zum Ausdruck kommende Differenzierung. Diese Stereotype sind selbst in der Hochphase der Weimarer Republik nie überwunden worden und machen sich jetzt als Belastung doppelt bemerkbar. So senken sich die Schatten bereits auf das Land, bevor die nationalsozialistischen Diktatoren an die Schalthebel der Macht gelangt sind.

3.5. Vom Bismarckreich zur wilhelminischen Weltpolitik

Weshalb gerade 1898 bis 1900 als eine weitere Zäsur? Diese Jahre liegen etwa nach drei Fünfteln der gesamten Zeitstrecke des Kaiserreiches, ein Jahrzehnt nach der Entlassung des „Eisernen Kanzlers" Fürst Bismarck. Das Reich ist mittlerweile demografisch und ökonomisch am Kontinentalrivalen Frankreich deutlich vorbeigezogen, das Verhältnis zu Russland hat sich bereits in der Spätphase der Regierungszeit Bismarcks – Bulgarienkrise 1887 – gefährlich verschlechtert, die Allianz zwischen Frankreich und Russland, zwischen den vermeintlichen Antipoden Republik und Autokratie, ist seit 1892/94 fest gefügt.[32] Noch aber ist das deutsche Verhältnis zu Großbritannien so gut, dass es wenigstens einigermaßen belastbar erscheint. Selbst ein Bündnis zwischen Berlin und London wird noch für kurze Zeit bis zur Jahrhundertwende verschiedentlich ventiliert werden.

---

31 Für die ideologische In-Frage-Stellung der Republik von rechts Kurt Sontheimer: Antidemokratisches Denken in der Weimarer Republik. Die politischen Ideen des deutschen Nationalismus zwischen 1918 und 1933, 4. Aufl., München 1994; für die In-Frage-Stellung von links Riccardo Bavaj: Von links gegen Weimar. Linkes antiparlamentarisches Denken in der Weimarer Republik, Bonn 2005.

32 Zur deutschen Außenpolitik nach Bismarck Konrad Canis: Von Bismarck zur Weltpolitik: Deutsche Außenpolitik 1890 bis 1902, Berlin 1997. Zum Entstehen der französisch-russischen Allianz George F. Kennan: Bismarcks europäisches System in der Auflösung. Die französisch-russische Annäherung, Frankfurt a. M. u. a. 1981; ders.: Die schicksalhafte Allianz. Frankreich und Russland am Vorabend des Ersten Weltkrieges, Köln 1990.

Freilich hat bereits die Phase der Provokationen Großbritanniens durch Wilhelm II. wie dessen selbstherrliche Politik der Gebärden und Parolen begonnen. 1896 provoziert er London mit der Krüger-Depesche, in der er dem Präsidenten von Transvaal zur Abwehr einer Invasion britischer Freischärler gratuliert. Zwei Jahre später findet die große Orientreise des Kaisers u. a. nach Istanbul, Damaskus und Jerusalem statt. Sie markiert eine Zone künftiger deutscher Präsenz oder doch ostentativer Ambitionen schwarz-weiß-roter Präponderanz und ist geeignet, das Deutsche Reich in eine gefährliche Konfliktstruktur mit Großbritannien und Russland zu führen. Das Projekt der Bagdad-Bahn wird sich bald anschließen.[33]

Wichtig ist die grundlegende Umorientierung der Politik, die mit neuen Namen und Parolen verbunden wird: Deutschland verabschiedet 1898 das erste und 1900 das zweite Flottengesetz und macht sich daran, den maritimen Hegemon Großbritannien an seiner existenziell empfindlichsten Stelle herauszufordern. Damit identifizieren sich auch viele der führenden, in ihren innenpolitischen Ansichten durchaus liberalen, teilweise demokratischen Vertreter der Sozial- und Staatswissenschaften, mit dem jungen Stern Max Weber am akademischen Firmament.[34] Bernhard von Bülow, Adept von Welt- und Imperialpolitik, avanciert 1897 zum Staatssekretär im Auswärtigen Amt und damit zum Kronprinzen für das Kanzleramt, das er drei Jahre später von dem inzwischen greisen Fürsten Chlodwig Hohenlohe-Schillingsfürst übernehmen wird.[35] Die Zeit der Übergangskanzler Caprivi und Hohenlohe mit einer eher tastenden Politik der Mitte ist vorbei. Insgesamt gebärdet sich das Land wie eine Kraftnatur, die weder Maß noch Ziel kennt. Gewiss, die großen deutschen Kolonialakquisitionen liegen zu diesem Zeitpunkt bereits einige Jahre zurück. Sie fallen, zumal in Afrika, ganz überwiegend in die Mitte der achtziger Jahre des 19. Jahrhunderts. Aber jetzt erst wird „Weltpolitik" wirklich Programm. 1898 bis 1900 wird so, trotz aller bereits zuvor eingetretenen langfristigen Belastungen, zur Chiffre einer von den Zeitgenossen als perspektiv- und erwartungsreich empfundenen, im Nachhinein als deutlich verhängnisvoll erkennbaren Weichenstellung.

Freilich stellen auch die 16 Jahre von 1898 bis 1914 nicht eine Einbahnstraße in den Ersten Weltkrieg ohne Abbiege- und Wendemöglichkeiten hinein dar. Es werden Voraussetzungen geschaffen, nicht Determinanten bestimmt. Wie wir heute wissen, zeichnen sich die letzten Jahre vor Ausbruch des Ersten Weltkrieges durch Spannungsaufbau wie Entspannung aus. Der Wechsel im Reichskanzleramt von Fürst Bernhard von Bülow

---

33 Zur so genannten Krüger-Depesche John C. G. Röhl: Wilhelm II. Der Aufbau der persönlichen Monarchie, München 2001, S. 871–882. Röhl arbeitet heraus, dass hinter dem Vorstoß weniger die Person des Kaisers als Scharfmacher im Auswärtigen Amt stand. Zur deutschen Orientpolitik, insbesondere ab 1898, Gregor Schöllgen: Imperialismus und Gleichgewicht. Deutschland, England und die Orientalische Frage 1871 bis 1914, 2. Aufl., München 2000, S. 86–106. Siehe auch Klaus Hildebrand: Das vergangene Reich. Deutsche Außenpolitik von Bismarck bis Hitler, Stuttgart 1995, S. 190–200.

34 Nach Joachim Radkau: Max Weber. Die Leidenschaft des Denkens, München/Wien 2005, gingen die berühmten Zentralsätze in der Freiburger Antrittsvorlesung Max Webers vom 13. Mai 1895 zwar um einige Zeit den Stimmungslagen in breiten Kreisen der Bevölkerung voraus. Insofern handelte es sich um typisch professorale Fanfarenstöße, denen die breiten Milieus im Lande nur mit Verzug und auch nur teilweise folgen würden. Aber immerhin signalisierten sie das Kommende, das Beharren auf dem „Platz an der Sonne": „Wir müssen begreifen, dass die Einigung Deutschlands ein Jugendstreich war, den die Nation auf ihre alten Tage beging und seiner Kostspieligkeit halber besser unterlassen hätte, wenn sie den Abschluss und nicht der Ausgangspunkt einer deutschen Weltmachtpolitik sein sollte." Zitiert nach ebd., S. 216.

35 Zur Übergangszeit zwischen Bismarck und Bülow vgl. John C. G. Röhl: Deutschland ohne Bismarck. Die Regierungskrise im Zweiten Kaiserreich 1890 bis 1900, Tübingen 1969; ders.: Wilhelm II. (Anm. 33); Fürst von Bülow: Denkwürdigkeiten, Bd. I: Vom Staatssekretariat bis zur Marokko-Krise, Berlin 1930.

zu Theobald von Bethmann Hollweg im Jahr 1909 führt, ohne durchgreifenden Richtungswechsel, doch immerhin zu einer moderateren Gesamtpolitik.[36] Gewiss scheitert im Jahr 1912 der Besuch des britischen Kriegsministers Richard Haldane in Berlin – es kommt nicht zu einer Vereinbarung über Rüstungsbegrenzung im maritimen Bereich gegen eine britische Neutralitätszusage. Aber gleichwohl tritt vor dem Hintergrund wachsender Landrüstungen eine Dämpfung der deutschen Flottenrüstung ein. Zwar kommt es nun ab 1912 zu einem Rüstungswettlauf zwischen Deutschland auf der einen Seite, Frankreich und Russland auf der anderen Seite bei ihren Landstreitkräften – Österreich-Ungarn bleibt hier mangels finanzieller Möglichkeiten und wegen seines wenig leistungsfähigen politischen Systems zurück. Auch diese Tendenzen konnten den Krieg mit herbeiführen, mussten es aber nicht. Denkbar war ebenfalls eine Stabilisierung auf hohem Rüstungsniveau. Gleichwohl wirkten die immer kürzeren Mobilisierungs- und Eskalationszeiten deutlich eskalierend. Wie die jüngste Forschung zeigt, standen in jenen Jahren die europäischen Höfe und Ministerien in sehr enger Interaktion und Kommunikation miteinander – aber gerade diese zeitigten eben auch eine Fülle an Interpretationen und damit zugleich Missperzeptionen.

Deutschland gelang am Vorabend der Schüsse von Sarajewo vom 28. Juni 1914 in doppelter Hinsicht ein Ausgleich mit Großbritannien, wie er über Jahrzehnte zuvor nicht gefunden worden war: Die Auseinandersetzungen um die Bagdad-Bahn wurden beigelegt und ein Arrangement für eine künftige Aufteilung der portugiesischen Kolonien Angola und Mosambik im südlichen Afrika gefunden.

Gewiss gab es in Deutschland seit dem so genannten „Kriegsrat" Wilhelms II. vom 8. Dezember 1912[37] Präventivkriegsneigungen. Ein ihn alarmierender Bericht des deutschen Botschafters in London Fürst von Lichnowsky über die britische Ablehnung einer deutschen Hegemonie auf dem Kontinent hatte den Kaiser geradezu aus der Fassung gebracht und die führenden Militärs zusammenrufen lassen. Präventivkriegsüberlegungen wurden nunmehr – jedenfalls auch – angestellt. Aus den Konsultationen des deutschen und des österreichisch-ungarischen Generalstabschefs Helmuth von Moltke und von Conrad Hötzendorf im Frühjahr 1914 gehen sie eindeutig hervor, ebenso aus dem berühmten Gespräch Moltkes mit dem Staatssekretär im Auswärtigen Amt, Gottlieb von Jagow, am 10. Mai 1914 mit dem Tenor, er, Moltke, wisse nicht mehr, wie man sich in zwei oder drei Jahren Russlands mit seinem dann erreichten Rüstungsstand noch erwehren könne. Auch Fatalismus sollte in dieser letzten Phase vor Ausbruch des Ersten Weltkrieges keineswegs unterschätzt werden. Trotzdem haben wir es wiederum, analog zu 1866–1870, mit Prädispositionen, nicht mit zwingenden Entwicklungen und Festlegungen zu tun.

---

36 Vgl. Michael Stürmer: Das ruhelose Reich. Deutschland 1866 bis 1918, Berlin 1983, S. 355–361. Zur Dialektik von Spannung und Entspannung jetzt Friedrich Kießling: Gegen den „Großen Krieg"? Entspannung in den internationalen Beziehungen 1911 bis 1914, München 2002.

37 Eine wohl überzogene Rolle spielt das so genannte „Kriegsrat" vom 8. Dezember 1912 bei Fritz Fischer: Krieg der Illusionen. Die deutsche Politik von 1911 bis 1914, 2. Aufl., Düsseldorf 1969, S. 232–241. Die neuere Forschung zum Ausbruch des Ersten Weltkrieges u. a: Johannes Burghardt u. a. (Hrsg.): Lange und kurze Wege in den Ersten Weltkrieg. Vier Augsburger Beiträge zur Kriegsursachenforschung, München 1996; Gregor Schöllgen (Hrsg.): Flucht in den Krieg? Die Außenpolitik des kaiserlichen Deutschland. Darmstadt 1991. Insgesamt darf bei aller Fokussierung auf die Rolle Deutschlands und Österreich-Ungarns in der Juli-Krise 1914 nicht verkannt werden, welche Rolle das Bekanntwerden einer britisch-russischen Marinekonvention im Frühjahr 1914 in Berlin spielen musste – mit drohenden britisch-russischen Operationen in der Ostsee – und welche Bedeutung in den letzten Tagen vor Ausbruch des Krieges der Beginn der russischen Generalmobilmachung am 30. Juli 1914 spielte. Vgl. auch die kluge Abwägung der jeweiligen Berliner, Wiener und St. Petersburger Anteile bei Sönke Neitzel: Kriegsausbruch. Deutschlands Weg in die Katastrophe 1900 bis 1914, München 2002.

3.6. Großdeutsch oder kleindeutsch

Die Entscheidung über „großdeutsch" oder „kleindeutsch" entwickelt sich über einen langen Zeitraum von mehr als einer Generation. Der große Einschnitt der Revolution von 1848/49 mit Schwerpunkten in allen repräsentativen Hauptstädten des Deutschen Bundes – Wien, Berlin, München, Dresden[38] –, zugleich mit dem Zusammentreten der Nationalversammlung am Ort der früheren Kaiserwahlen und späteren Kaiserkrönungen wie am Sitz des Bundestages – in Frankfurt am Main – bezeichnet so selbst noch keinen Eckpunkt der Gesamtentwicklung. Einen relativ plausiblen Beginn markiert hingegen das Inkrafttreten des deutschen Zollvereins 1834 unter Ausschluss Österreichs. Man mag in diesem Beginn, der u. a. Preußen und Bayern vereint, ein zentrales Datum für die Herausbildung der deutschen Volkswirtschaft in den Grenzen des späteren Bismarckreiches, damit zugleich dessen politische Vorwegnahme und, über alle staatlich-territorialen Änderungen der Folgezeit hinweg, auch einen Ordnungsrahmen für die Grenzen der heutigen Bundesrepublik sehen. Freilich sei auch hier vor Determinismus gewarnt: Im Krieg von 1866 stehen die meisten Partner Preußens im Zollverein, ob Bayern, Württemberg, Sachsen oder Hannover, auf der für Berlin politischen und militärischen Gegenseite. Was eine Niederlage Preußens für Struktur und Kohärenz der deutschen Volkswirtschaft bedeutet hätte, muss dem Moment des Spekulativen überlassen bleiben. Österreich hätte nun zwar wohl politisch seine Einbeziehung in den Zollverein durchgesetzt – vielleicht gegen den Willen mancher Mittelstaaten und mit äußerst problematischen Folgen. Am Ausgang der Revolution von 1848/49, als Preußen mit der „Erfurter Union" erstmal sein kleindeutsches Modell zu realisieren versucht hatte und dagegen am Widerstand Österreichs mit Russland im Hintergrund gescheitert war, hatte Preußen doch immerhin die Verfremdung des Zollvereins durch die Einbeziehung Österreichs mit seiner so ganz anderen Wirtschaftsstruktur zu verhindern verstanden. In Ölmütz unterwarf sich Berlin damals politisch dem Diktat des österreichischen Ministerpräsidenten Fürst Schwarzenberg und kehrte in das System des Frankfurter Bundestages zurück, konzedierte Wien aber auf den sich anschließenden Dresdener Konferenzen nicht die sichere Aufnahme in den Zollverein. Und dem Anschluss Preußens 1862 an das freihändlerische westeuropäische System (Vertrag mit Frankreich) hatte Österreich mangels Konkurrenzfähigkeit nicht folgen können, dagegen blieb den deutschen Mittelstaaten, trotz einigen Widerstrebens, keine Wahl. Sie mussten sich dieser Option fügen. Österreich hingegen hätte sich auch im militärischen Erfolgsfall 1866 realiter gewiss nicht leicht getan, seine mit den westeuropäischen Ökonomien im Zeichen der anhebenden industriellen Revolution wenig wettbewerbsfähige Volkswirtschaft in einen umgebauten Zollverein einzubringen. Ferner hätte sich die Frage gestellt, ob ein Beitritt zum Zollverein überhaupt für die gesamte Donaumonarchie hätte gelten können – so wäre wohl ökonomisch wieder eine Fragestellung aufgetreten, die politisch schon 1848 bis 1850 die Durchsetzung des großdeutschen Modells ausgeschlossen hatte, nämlich die für Wien existenzielle Entscheidung, ob man nur mit den deutschsprachigen Teilen der Monarchie Deutschland beitreten, oder die Gesamtmonarchie in den deutschen Staatsverbund einbeziehen sollte. Nur Letzteres war damals für Wien in Frage gekommen, aber zugleich für Restdeutschland wie vor allem die europäischen Großmächte inakzeptabel gewesen. Hinzu kommt: Frankreich – das bei einem österreichischen Sieg 1866 auf der mitteleuropäischen Bühne gewiss eine zentrale Rolle gespielt, das Wiener Auskosten des Erfolges in Grenzen gehalten und auch eine

---

38 Vgl. die klassische Gesamtdarstellung bei Veit Valentin: Geschichte der deutschen Revolution 1848 bis 1849, 2 Bde., Nachdruck, Weinheim/Berlin 1998; Dieter Dowe/Heinz-Gerhart Haupt/Dieter Langewiesche (Hrsg.): Europa 1848. Revolution und Reform, Bonn 1998.

völlige Marginalisierung Preußens verhindert hätte – wäre wohl mit Großbritannien im Hintergrund gegen eine Abschottung des deutsch-mitteleuropäischen Raumes gegen Westeuropa und dessen freihändlerische Exportinteressen eingetreten.[39] Die hier nur angerissene ökonomisch-politische Gemengelage führt somit in Aporien, die als Denkspiele reizvoll anmuten, aber nicht den Weg in plausible Alternativen vorgeben.

Grundsätzlich wird man für die ganze Phase vom Wiener Kongress und der Einrichtung des Deutschen Bundes 1814/15 bis zu dessen Ende 1866 politisch eine Linie aufsteigender Intensivierung bei der Frage „kleindeutsch" respektive „großdeutsch" konstatieren müssen. Zunächst ist die unmittelbar nachnapoleonische Ära im Verhältnis der beiden deutsch-europäischen Großmächte primär durch eine kooperative Haltung geprägt, wie sie uns als weitgehender Grundzug dieser so genannten Restaurationsepoche überhaupt begegnet. Im völligen Kontrast zum relativen Wiener und Berliner Konsolidierungsbedürfnis tritt dann jene demokratisch-großdeutsch-republikanische Orientierung auf, die stark idealistisch geprägt ist und die antihegemoniale Statik des europäischen Großmächtesystems nach 1815 weitgehend ausblendet. Denn ein demokratisches Großdeutschland in der Mitte des Kontinents war mit französischen wie russischen und britischen Vorstellungen schwerlich vereinbar. Beim Hambacher Fest in der bayerischen Pfalz 1832 zelebriert, findet diese Orientierung ihren symbolhaft-blutigen Abschluss mit der Hinrichtung des demokratisch orientierten Abgeordneten der Frankfurter Nationalversammlung Robert Blum am 9. November 1848 in der Brigittenau bei Wien, durch die österreichische Staatsmacht ohne Rücksichtnahme auf seine parlamentarische Immunität vollzogen. Bereits jetzt zeigt sich, dass die alten Mächte, die die überkommen monarchischen und etatistischen Strukturen repräsentieren, einen völligen Wandel in Mitteleuropa zu einer demokratischen Großstruktur, möglicherweise zugleich unter Verletzung von Minderheitenrechten wie im Falle der Tschechen, Polen und Dänen, zur Erfolglosigkeit verdammen und dass jetzt „Realpolitik" angesagt ist. Wie dann deren Resultate sein werden, bleibt einstweilen offen. Aber schon die Bestellung des, in der Diktion seiner damaligen Gegner, preußischen Junkers und Erzreaktionärs Otto von Bismarck als Gesandter seines Königs beim Bundestag in Frankfurt im Mai 1851 zeigt an, dass auch die Großmacht im deutschen Nordosten nun, nach Abschluss und Überwindung der Revolution, zu einer erfolgsorientierten und strikteren Realpolitik überzugehen beabsichtigt.

Auf verschiedenen Ebenen kommen die Dinge in Deutschland voran und führen schließlich eine Entscheidungssituation herbei:

Der Ausbau des Eisenbahn- und Telegrafensystems befördert die Entwicklung von Kommunikation und politischem Massenmarkt. Zeitungen werden jetzt vielfach per Bahn in andere Städte und Regionen transportiert und treiben so die politische Mobilisierung voran. Abgeordnete können beschleunigt per Bahn zu ihren Parlamentssessionen in den Hauptstädten reisen und sich dabei das Land auch in Gänze besser erschließen.[40]

---

39 Für den Gesamtzusammenhang Lutz: Zwischen Habsburg und Preußen (Anm. 1). Ferner Thomas Nipperdey: Bürgerwelt und starker Staat, München 1993, S. 670–673; Helmut Böhme: Deutschlands Weg zur Großmacht. Studien zum Verhältnis von Wirtschaft und Staat während der Reichsgründungszeit 1848 bis 1881, Köln/Berlin 1966.

40 Zur soziologischen Nachgeschichte der Revolution von 1848, d. h. zur Frage, was aus ihren Akteuren wurde, Christian Jansen: Einheit, Macht und Freiheit. Die Paulskirchenlinke und die deutsche Politik in der nachrevolutionären Epoche 1849 bis 1867, 2. Aufl., Düsseldorf 2005.

Die Geschichtswissenschaft, deren große Akteure wie Heinrich von Sybel[41] oder Theodor Mommsen publizistisch und politisch aktiv sind, entwickelt ein neues und vertieftes historisches Bewusstsein, an das sich die Frage nach der Finalität der deutschen Entwicklung knüpft. Dabei sind es zunehmend nicht mehr die idealistischen Demokraten, sondern die kompromissorientierten Liberalen, welche den Ton bestimmen. Damit schrumpft aber zugleich, der Abstand zur agierenden Politik in den deutschen Hauptstädten, auch in Berlin. Allerdings tritt hier einstweilen noch der preußische Verfassungskonflikt, verstärkt seit 1862 (parlamentarische Ablehnung der Haushaltsmittel für eine Vergrößerung der Armee bei dreijähriger Dienstpflicht der Rekruten), als retardierendes Moment auf. Denn er befördert zunächst einen Antagonismus zwischen Liberalen auf der einen Seite, König und Regierung auf der anderen Seite. Aber auch in dieser Konstellation hütet man sich, die Dinge bis zum Äußersten zu treiben. Es kommt weder von Regierungs- und Militärseite zu Staatsstreich und Aufhebung der preußischen Verfassung von 1850 noch von Seiten der Opposition zur Revolution.

So entfaltet sich in den sechziger Jahren des 19. Jahrhunderts auf kleindeutscher wie auch auf großdeutscher Seite eine Agglomeration der politischen Willensbildung, der Verbandsbildungen, der intensiven Bearbeitung des politischen Meinungsmarktes. Die „Kleindeutschen" formieren 1859 den „Deutschen Nationalverein", eine liberal-akademische Holding mit 25.000 Mitgliedern, die ihren Sitz im thüringischen Coburg hat, jener Residenz, die immer mehr zu einer Art Topos für die Nationalbewegung wird. Im Zeichen einer Liberalisierung in Österreich wie zugleich gestärkter nationaler Ambitionen (Bundesreform mit föderalen Komponenten) der Wiener Politik bildet sich dagegen im Oktober 1862 der großdeutsche „Deutsche Reformverein".[42]

Ferner die offizielle Politik selbst, auf innerdeutscher wie auf europäischer Ebene: Innerdeutsch ist der sächsische Außenminister Friedrich Ferdinand Beust[43] eine treibende Figur. Er ventiliert mehrfach Kompromisskonzepte. Sie zielen darauf ab, Österreich in einer Form bei Deutschland zu erhalten, die im Wesentlichen staatenbündisch bleibt, aber doch auch bundesstaatliche Züge annimmt. Neben dem von Regierungs- und Fürstenseite bestimmten Bundestag soll es Mitsprache und Vertretung der Nation selbst, freilich auf indirektem Wege über Vertretungen der Landtage in den deutschen Staaten, geben. Gegen die Mitte der sechziger Jahre hin wächst die österreichische Bereitschaft, sich wieder aktiver an den deutschen Angelegenheiten zu beteiligen – was auf preußischer Seite die Furcht vor Fremdbestimmung und politischer Marginalisierung forciert.

Schließlich die beiden großen kriegerischen Konflikte der fünfziger Jahre des 19. Jahrhunderts, der Krimkrieg 1853 bis 1856 und die Auseinandersetzung zwischen Österreich und Savoyen mit Frankreich als dessen Bündnispartner 1859. Diese Konflikte richten wesentlich die Bühne für die innerdeutsche Konfrontation von 1866 ein. Der Krimkrieg hat für Mitteleuropa zweierlei Konsequenzen: Zum einen führt die Niederlage Russlands dazu, dass es sich für einige Zeit weitgehend auf sich zurückzieht, nicht mehr wie noch 1849 zur Intervention in Mitteleuropa bereit oder sogar unmittelbar engagiert ist, wie bei der Niederwerfung der ungarischen Aufstandsbewegung gegen die

41 Vgl. Volker Dotterweich: Heinrich von Sybel: Geschichtswissenschaft in politischer Absicht (1817 bis 1861), Göttingen 1978; Hans-Ulrich Wehler: Deutsche Gesellschaftsgeschichte, Bd. 3: 1849–1914, München 1995, S. 239–245.
42 Vgl. Nipperdey, Bürgerwelt und starker Staat (Anm. 39), S. 709–712.
43 Vgl. Jonas Flöter: Beust und die Reform des Deutschen Bundes 1850 bis 1860. Sächsisch-mittelstaatliche Koalitionspolitik im Kontext der Deutschen Frage, Köln u. a. 2001.

Habsburger. Zum Zweiten schwindet die russische Neigung, österreichische Positionen mit zu tragen. Denn Österreich hatte gegen Ende des Krimkrieges die Bereitschaft zu erkennen gegeben, auf der Seite der Westmächte – England, Frankreich und Savoyen – gegen Russland in den Konflikt einzutreten. So gewinnt Preußen ein wesentliches Stück an Manövrierraum.

Der Krieg von 1859 schließlich kann nur so geführt werden, wie er geführt wird, weil er lediglich eine Front in Oberitalien kennt. Die zweite am Rhein wird gar nicht eingerichtet. Piemont-Italien entreißt Österreich auf dem Weg über seinen dominanten Verbündeten, das Frankreich Napoleons III., die Lombardei, freilich auch nicht mehr: Denn Österreich und Frankreich schließen eiligst am 11. Juli 1859 den Vorfrieden von Villafranca, um einer Intervention Berlins gegen Paris zuvorzukommen, von der sie beide nur Nachteile zu erwarten gehabt hätten: Preußen wäre gewissermaßen im Auftrag der romantisch-antifranzösischen Nationalbewegung über das in seinem Norden von eigenen Truppen entblößte Frankreich hergefallen, Frankreich wäre unmittelbar Verlierer der Auseinandersetzung gewesen, Österreich freilich in der machtpolitischen Konsequenz ebenfalls, wenn auch nur mittelbar; denn Preußen hätte die Rolle der Vergeltung für die österreichischen Niederlagen von Magenta und Solferino in Oberitalien angenommen und sich so enormes nationales Prestige erworben. Zwar hat die österreichische Seite auf dem Höhepunkt der Krise einem preußischen Oberbefehl für die Kontingente des Deutschen Bundes zugestimmt, aber Preußen seinerseits fürchtete, dadurch von Österreich und den ihm nahe stehenden Mittelstaaten im Deutschen Bund instrumentalisiert zu werden.[44]

Damit es dann freilich zu Königgrätz kommen kann, bedarf es noch mindestens zweier Voraussetzungen: Einmal einer rücksichtslosen Staatsleitung unter dem neuen preußischen Ministerpräsidenten Otto von Bismarck (seit 1862), der die Auseinandersetzung tatsächlich nicht scheut, ja sie in einer brachial-undiplomatischen Weise ankündigt; zum anderen der Tatsache, dass gleichzeitige Ausgleichsmodelle, die es bis zuletzt auch gegeben hat, so u. a. wohl die Alternativposition Bismarcks, sich eine Teilung Deutschlands an der Mainlinie vorzustellen, nicht zur Ausführung gelangten.

Damit zeigt die ganze Schürzung des Konfliktknotens, etwa von der Einrichtung des deutschen Zollvereins bis zum Abend der Schlacht von Königgrätz am 3. Juli 1866, als die österreichischen Truppen, in die Zange genommen, ungeordnet, ja panisch in diese mährische Festung zurückfluten, dass das Bild von Entwicklung und Exposition einerseits, nicht unbedingt Determinierung andererseits aufscheint. Es mochte mit Wahrscheinlichkeit, aber es musste nicht so kommen, wie es kam.

3.7. Napoleon und die Flurbereinigung in der Mitte Europas

Das Vierteljahrhundert vom Ausbruch der Französischen Revolution bis zum Wiener Kongress firmiert in der deutschen historiografischen Terminologie gerne als „Sattelzeit" (Reinhard Koselleck). Gemeint ist die Scheidung zwischen einem qualitativ sehr verschiedenen Davor und Danach, mit grundstürzenden Wandlungen, ohne dass doch in Deutschland eine Revolution stattgefunden hätte, jedenfalls keine Revolution im Sinne fundamentaler Änderungen „von unten".

Wie so oft zeigt sich bei genauerem Hinsehen, dass Veränderungsprozesse bereits vor den eigentlichen Daten einsetzten. Je erodierter das Alte Reich anmutet, desto inten-

---

44 Vgl. Huber: Verfassungsgeschichte, Bd. 3 (Anm. 10), S. 257–265.

siver wird über Reformprojekte nachgesonnen, auch wenn sie am Ende nicht mehr greifen können. In den achtziger Jahren des 18. Jahrhunderts agiert ein „Fürstenbund" mit Goethes Landesherr Herzog Carl August von Sachsen-Weimar-Eisenach als integraler Figur.[45] Es geht darum, der de facto-Zerreißung des Alten Reiches durch den Dualismus Österreich-Preußen zu begegnen. Noch weiter zurück reicht die Konstruktion einer deutschen Nation als Identitätskörper und Orientierungsmuster, die kein Produkt der Französischen Revolution war. So stellte die zentrale Parole der revolutionären Ereignisse vom Herbst 1989 in der DDR, „wir sind ein Volk", keineswegs eine sprachliche Neuschöpfung dar, sondern entstammte vielmehr Friedrich Karl von Mosers, eines der wichtigsten Reichspublizisten, Schrift „Von dem deutschen Nationalgeist" (erschienen in zweiter Auflage 1766 in Frankfurt am Main).[46] Im Hintergrund ging es um die von österreichischer Seite intendierte Herstellung eines gesamtdeutschen Reichspatriotismus, der dem preußisch-evangelisch-aufgeklärten Nationalgefühl, das sich nach den Erfolgen Friedrichs II. im Siebenjährigen Krieg zunehmend breit gemacht hatte, begegnen sollte. Sprachnation, Kulturnation, Erinnerungsgemeinschaft und – auf das Reich bezogene – Staatsnation gehen hier bereits eine bemerkenswerte Verbindung ein. Lessings „Minna von Barnhelm" mit antifranzösischen Zügen von 1764, unmittelbar nach dem Siebenjährigen Krieg, weist ebenso in eine analoge Richtung wie Goethes Drama „Götz von Berlichingen", Ende 1771 geschrieben, das das 18. Jahrhundert mit seinen Postulaten in den revolutionären Umbrüchen des frühen 16. Jahrhunderts spiegelt.

Schließlich sind die vielen konstitutiven Wandlungen schon vor Ausbruch der Französischen Revolution, die die innerdeutschen Diskurse nicht unbeeinflusst lassen, zu berücksichtigen: der amerikanische Unabhängigkeitskrieg 1776 bis 1783, das liberale Verfassungskonzept des Habsburgischen Großherzogs Leopold,[47] des späteren vorletzten römisch-deutschen Kaisers, in der Toskana, die polnischen Verfassungsbewegungen und die evolutionären Entwicklungen um das Westminster-Parlament in England.

---

45 Vgl. von Aretin: Das Alte Reich, Bd. 3 (Anm. 9), S. 301–306. Herzog Carl August von Sachsen-Weimar-Eisenach fasste in einem Schreiben vom 30. März 1788 die Motive zusammen, die ihn und andere kleinstaatliche Fürsten zu dieser Kooperation gegen die deutschen Großmächte veranlasst hatten: „Man hoffte […], dass mit diesem Kranze die deutsche Union sich als ein wahres wirkliches Corps zur Aufrechterhaltung deutscher Freiheit, Sitten und Gesetze zuletzt schmücken sollte." Es sei darum gegangen, „dass der Nationalgeist in unserem Vaterlande erwecket werden könnte". Zitiert nach Maiken Umbach: Reich, Region und Föderalismus als Denkfiguren in politischen Diskursen, in: Dieter Langewiesche/ Georg Schmid (Hrsg.): Föderative Nation. Deutschlandkonzepte von der Reformation bis zum Ersten Weltkrieg, München 2000, S. 195.

46 Vgl. Peter März: Territorien, Nation, Föderation, Europa. Plädoyer für Ergänzungen zu einer deutschen Gesamtgeschichte, in: Günther Heydemann/Eckhard Jesse (Hrsg.): 15 Jahre deutsche Einheit. Deutsch-deutsche Begegnungen, deutsch-deutsche Beziehungen, Berlin 2006, S. 35. Zur Konstruktion einer deutschen Nation als kulturell imaginiertes Intellektuellprojekt, literarisch gestützt auf Klopstock und den jungen Goethe, in den Anfängen seit der Mitte des 18. Jahrhunderts allenfalls von wenigen tausend bürgerlichen Intellektuellen getragen, vgl. T. C. W. Blanning: Das Alte Europa 1660–1789. Kultur der Macht und Macht der Kultur, Darmstadt 2006. Vgl. insbesondere auch Langewiesche/Schmid: Föderative Nation (Anm. 45); Jörg Echternkamp/Sven Oliver Müller (Hrsg.): Die Politik der Nation. Deutscher Nationalismus in Krieg und Krisen 1760 bis 1960, München 2002; Hans-Martin Blitz: Aus Liebe zum Vaterland. Die deutsche Nation im 18. Jahrhundert, Hamburg 2000; Jörg Echternkamp: Der Aufstieg des deutschen Nationalismus (1700–1840), Frankfurt a. M./New York 1998; Matthias Schnettger (Hrsg.): Imperium Romanum – Irregulare Corpus – Teutscher Reichs-Staat. Das Alte Reich im Verständnis von Zeitgenossen und der Historiographie, Mainz 2002.

47 Noch vor der Französischen Revolution führte der spätere Kaiser Leopold II. (1790–1792) als Großherzog Peter Leopold in der Toskana eine Justizreform mit Abschaffung von Folter und Todesstrafe durch und projektierte den Übergang zu wirklichen konstitutionellen Verhältnissen mit Selbstverwaltung und Volksvertretung.

Die Französische Revolution zeitigt zunächst in Deutschland antipodische Entwicklungen, einmal jene Mainzer Jakobinerrepublik, die als Vorfahr der Radikaldemokratie interpretiert werden kann, im strikten Gegensatz dazu die 1793 scheiternde Intervention der Großmächte Österreich und Preußen im Namen des absolutistischen europäischen Legitimismus gegen die Pariser Revolutionäre. Von nun an beginnt die Phase territorialer und etatistischer Wandlungen, den französischen Vorgaben folgend wie im abwehrenden Modernisierungssinne gegen sie gerichtet.

Der Verlust der linksrheinischen Territorien 1799 führt dazu, dass sich die rechtsrheinischen deutschen Länder an all den Reichsständen schadlos halten, die nun zum Untergang verurteilt sind, an Reichsstädten – als „Freie Städte" überleben am Ende nach dem Wiener Kongress nur die drei Hansestädte Hamburg, Lübeck und Bremen sowie Frankfurt am Main –, Grafschaften und Fürstentümern, die vielfach nicht sehr viel kleiner und schwächer sind, als die größeren Staaten, in denen sie nun aufgehen werden. Ein Beispiel sind die Hohenloheschen Fürstentümer in der Übergangszone zwischen dem neuen Nordbayern im fränkischen Gebiet und Württemberg. Vor allem verschwindet binnen kürzester Zeit die „Germania Sacra", das weite Gefilde an geistlichen Fürstentümern. Dieses Netz, das das Reich in der Kombination von Politik, Kultur und Spiritualität seit mehr als neun Jahrhunderten, seit der Zeit Ottos des Großen, zusammengehalten hat, geht unwiederbringlich in der Säkularisierung unter. Manche Staaten „wandern", wie Bayern. Es wächst bis zum Wiener Kongress aus einem in den altbayerischen Regionen situierten Kurfürstentum in ein Königreich, das nun ganz an die mitteldeutschen Kernzonen, bis zum thüringischen Rennsteig und bis an die thüringischen Höfe, grenzt, dazu nahezu bis an die Tore Frankfurts am Main. Und mit der linksrheinischen Pfalz erhält Bayern 1815/16 eine schon westeuropäische Komponente.[48] Bayern gibt wie Württemberg und Baden das Beispiel für Staaten, die im Schatten des napoleonischen Empire durchgreifende, in vielem linear-abstrakte staatliche Modernisierungen erfahren, weitestgehend noch nicht liberal-konstitutiv, wohl aber funktional. Die Französische Revolution transferiert in dieser Phase noch nicht die politische Partizipation der Bürger über den Rhein, jedenfalls nicht auf staatlicher Ebene, aber einen Status, der für höfische Verspieltheiten und kostspieliges Prestigedenken der Monarchen kaum mehr Raum lässt. Teilweise verbürgerlichen sie und leben bürgerliches Familiendasein vor wie König Friedrich Wilhelm III. mit seiner zur Ikone stilisierten Gemahlin Königin Luise in Preußen. Preußen gibt auch das Beispiel für eine gegen Frankreich, nicht im Windschatten Frankreichs vollzogene Modernisierung: Freilich ist erneut von längerfristigen Entwicklungen auszugehen, die nicht nur durch bestimmte Ereignisse angestoßen werden. Schon vor dem Kollaps der preußischen Armee bei Jena und Auerstedt im Oktober 1806 gibt es eine Reformbewegung im Potsdamer Militärapparat. Das 1794 in Kraft getretene preußische Allgemeine Landrecht schließlich geht noch auf Vorarbeiten zurück, die Friedrich II. bereits ab etwa 1780 angestoßen hat und ist schon 1791 weitgehend fertig gestellt. Es beruht auf einem Vertragskonstrukt im naturrechtlichen Sinne, bei dem die Bürger dem Regenten zur Schaffung des *bonum commune* die Gesamtverantwortung übertragen haben. Der Monarch ist nicht Despot, sondern Funktionsträger. Ansätze zu einem Grundrechtskatalog im Landrecht gelangten dann freilich eben noch nicht zur Ausführung.[49]

---

48 Für die bayerischen Entwicklungen dieser Zeit Eberhard Weis: Die Begründung des modernen bayerischen Staates unter König Max I. (1799–1825), in: Das Neue Bayern von 1800 bis zur Gegenwart. Handbuch zur bayerischen Geschichte, Bd. IV, 1, 2. Aufl., München 2003, S. 4–95; ders.: Montgelas, 2. Bd.: Der Architekt des modernen bayerischen Staates 1799–1838, München 2005.

49 Vgl. Gerd Roellecke: Von der Lehnstreue zum allgemeinen Landrecht. Preußens geliehene Modernität, in: Patrick Bahners/ders. (Hrsg.): Preußische Stile. Ein Staat als Kunstwerk, Stuttgart 2001, S. 15–31.;

Die deutsche Topografie wird bis zum Wiener Kongress mehrmals regelrecht durchgeschüttelt. Dabei gibt es Zonen wie insbesondere das Gebiet der thüringischen Fürstentümer, die wie das Auge des Taifuns anmuten, in denen die Flurbereinigung der Zeit förmlich ausfällt. Es existieren kurze, dem napoleonischen Clandenken entsprechende Fürstentümer wie das Königreich Westfalen mit König Jérôme, die mit dem Zusammenbruch des Empire verschwinden. Süddeutschland erfährt im Ergebnis die Reduktion auf im Wesentlichen drei Staaten, das neue Großherzogtum Baden und die beiden neuen Königreiche Württemberg und Bayern. Letzteres, das zeitweise bis an den Gardasee reichte, wird nun nach Norden und Westen transferiert. Im Ergebnis der napoleonischen Ära wächst Österreich spürbar aus Deutschland heraus, obwohl es aus dem ursprünglichen bayerischen Reichskreis das Salzburger Hochstift erhält. Aber es verliert seine alten Positionen ("Vorderösterreich") am Oberrhein und in Oberschwaben nördlich des Bodensees. Preußen schließlich – und das deutet schon spätere Entwicklungen an – wächst nach Deutschland hinein: Mit der Rheinprovinz und Westfalen gewinnt es strategisch bedeutsame Positionen im Westen. Was das für die ökonomische Potenz und die politische Kultur des Landes künftig bedeuten wird, kann man freilich zur Zeit des Wiener Kongresses bestenfalls erahnen: Preußen erreicht mit diesen Landstrichen katholische Traditionszonen und liberale Bastionen sowie an Rhein und Ruhr jene Bereiche, in denen sich schwerpunktmäßig die industrielle Revolution auf deutschem Boden entwickeln wird. Im Resultat der napoleonischen Ära wird Preußen so in die Lage versetzt, Katalysator künftiger deutscher Entwicklungen zu werden. Dazu trägt die Modernisierungsentwicklung im Lande bei, so widersprüchlich in sich sie auch sein mag. Einmal fehlt, wie auch in den anderen deutschen Staaten, der Durchbruch zur konstitutionellen Verfassung mit parlamentarischer Mitsprache. Zum anderen liegen die Entwicklungen einerseits auf der Linie einer strikt liberalen Wirtschaftspolitik, für die der Name von Staatskanzler Fürst Hardenberg steht, aber auch auf der Linie einer Gemeinschaftsbildung, die sich in der Militärpolitik – Landwehr und allgemeine Wehrpflicht – wie in den am genossenschaftlichen Denken orientierten Kommunalreformen des Reichsfreiherrn von Stein[50] ausdrückt.

Mit dem Wiener Kongress wird Deutschland nicht etatistisch neu geschaffen – dazu sind die internen Kräfte zu schwach, die externen Widerstände zu groß. Und was hätte man neu schaffen können? Auch wenn das Alte Reich, zumal für die kleineren Reichsstände, wohl doch mehr war als eine sehr lose Konföderation, führte in seine komplexen Ordnungen kein Weg zurück. Aber dass Deutschland keineswegs nur ein geografischer, vielleicht auch kultureller Begriff war, zeigte immerhin die Einrichtung des „Deutschen Bundes". Ohne staatenübergreifende Organisation, wie sie etwa für Italien weiterhin völlig fehlte, war das Friedenswerk des Wiener Kongresses für Deutschland nicht denkbar. Über die tatsächlichen oder angeblichen Verheißungen der Bundesakte mochte man lange und trefflich streiten, etwa darüber, was die Einführung von „landständischen" Verfassungen bedeutete. Hier konnte der Interpretationsbogen von vorabsolutistischen, mittelalterlichen ständischen Mitsprachen bis zu modernen konstitutionellen Verfas-

---

Reinhard Koselleck: Preußen zwischen Reform und Revolution. Allgemeines Landrecht, Verwaltung und soziale Bewegung von 1791–1848, 2. Aufl., München 1981, S. 147. Das Landrecht schaffte noch nicht die ständische Gliederung der preußischen Gesellschaft ab, wohl aber funktionalisierte es sie. Zu den Hintergründen vgl. auch Otto Hintze: Die Hohenzollern und ihr Werk. Fünfhundert Jahre vaterländischer Geschichte, Berlin 1915, S. 410 f.; Hermann Conrad: Das Allgemeine Landrecht von 1794 als Grundgesetz des friderizianischen Staates, in: Otto Büsch/Wolfgang Neugebauer (Hrsg.): Moderne preußische Geschichte 1648 bis 1947. Eine Anthologie, Berlin/New York 1981, Bd. 2, S. 598–621.

50 Vgl. die beiden Biografien Ingo Hermann: Hardenberg. Der Reformkanzler, Berlin 2003; Gerhard Ritter: Stein. Eine politische Biografie, 4. Aufl., Stuttgart 1958.

sungen gespannt werden.[51] Und streiten mochte man ebenso über die nationalen Erwartungen des Bürgertums in Deutschland: War Nation als Bezugsfaktor schon vor 1789 für schmale Eliten durchaus wirkmächtig geworden, so trafen umgekehrt nicht jene Klischees zu, die aus der preußischen Erhebung von 1813, ob in Schlesien oder in Ostpreußen, in der ideologischen Rückschau des späten 19. und frühen 20. Jahrhunderts auf eine machtvolle Volksbewegung in ganz Deutschland schlossen.[52] Politiken, Staaten und Bevölkerungen blieben in vielem gesondert. Immerhin: Die mitteleuropäische Bühne von 1815 war eine gänzlich andere als die von 1789. Aber welche Akteure nun welche Rollen einnehmen und welches Spiel spielen würden, ließ sich noch keineswegs gültig vorhersagen.

3.8. Wandel zur Mitte des 18. Jahrhunderts

Die Umstellung der innerdeutschen Struktur vom Beginn des österreichischen Erbfolgekrieges 1740 nach dem Aussterben der Habsburger im Mannesstamm bis zum Ende des Siebenjährigen Krieges 1763 tritt in der Diskussion über zentrale Zäsuren in der deutschen Geschichte bestenfalls wenig in Erscheinung. Dies kann nicht verwundern. Denn die sich wandelnden Mächtekonfigurationen aus der Zeit des Absolutismus muten wie ein scheinbar wertneutrales Spiel analoger Größen an und sind gewiss kein prioritäres Thema in einer Zeit, die vor allem nach konstitutivem und sozialem Wandel fragt. Gleichwohl lohnt es sich, näher hinzusehen und das Veränderungspotenzial auch dieser Epoche zu erfassen. Wir haben es dann immerhin mit dreierlei Wandlungen zu tun, einmal hinsichtlich der Austarierung von Gewichten im Alten Reich wie in Europa überhaupt,[53] zum Zweiten hinsichtlich der Frage, wie Reichsstände in dieser Friedensordnung miteinander umgehen, und zum Dritten hinsichtlich der Frage, was sich in dieser Zeit politisch-kommunikativ – man mag auch sagen: hinsichtlich der Mobilisierung von Bewusstwerdung und Meinungsbildung – ändert.

Der Aufstieg Brandenburg-Preußens zur beherrschenden Größe auf der deutschen Bühne war ebenso wenig determiniert wie der vorausgehende der habsburgischen Ländermasse um die österreichischen Gebiete. Beide Male entwickelten sich Territorien am strukturschwachen östlichen Rand des Heiligen Römischen Reiches wie jenseits seiner Grenzen zu Vormächten auch für die innerdeutsche Szenerie. Umgekehrt formuliert: Die strukturstarken Gebiete in den vorderen und mittleren Reichskreisen, teilweise seit dem Hohen Mittelalter mit überdurchschnittlicher Bevölkerungsdichte, größeren Städten, Gewerbe, Fernhandel und vielfachen kulturellen Ausprägungen, brachten es allesamt nicht zu Machtzentren von europäischer Bedeutung. Das gilt für die Rheinschiene, den Bereich der Hansestädte, Südwestdeutschland, Franken – beide extrem territorial zersplittert –, nach mancherlei Ambitionen auch Bayern und zuletzt auch das wettinische Sachsen.[54] In der zweiten Hälfte des 17. Jahrhunderts scheint sich im Reich

---

51 Entstehung und Strukturen des Deutschen Bundes bei Ernst Rudolf Huber: Deutsche Verfassungsgeschichte seit 1789, Bd. 1: Reform und Restauration 1789 bis 1830, Stuttgart u. a. 1960, S. 475–674.

52 Zur Dimension der „Mobilisierung" in Preußen 1813 bis 1815 Rudolf Ibbeken: Preußen 1807 bis 1813. Staat und Volk als Idee und Wirklichkeit, Köln/Berlin 1970. Nicht nur ist die preußische „Erhebung" von 1813 in einem schwarz-weiß-roten Geschichtsbild im Nachhinein vielfach übertrieben dimensioniert worden. Man muss sich vor allem davor hüten, von der in Preußen erreichten Reichweite des Befreiungsimpulses auf die anderen deutschen Staaten zu schließen.

53 Vgl. von Aretin: Das Alte Reich, Bd. 3 (Anm. 9).

54 Ideologiekritisch ist interessant, dass Heinrich von Treitschke aus einer borussisch-deutschnationalen Sicht die von ihm unterstellte machtpolitische Superiorität des ostelbischen Deutschlands bei kulturellen

eine Art, freilich nicht völlig statisches Gleichgewicht zwischen Österreich auf der einen Seite, welches durch das Roll back der Osmanen seit 1683 zunehmend an Gewicht gewinnt, und der Gruppe jener größeren anderen Reichsstände einzustellen, die sich auch an der europäischen Politik beteiligen, ohne doch erstrangige europäische Größen sein zu können. Dies gilt umso mehr, als die genannte Gruppe bei ihren Ambitionen auf das habsburgische Kaiserhaus angewiesen ist, sodass die je eigene Politik vor allem in Abstimmung mit dem Wiener Hof erfolgen muss. Dies trifft auch für die sächsisch-polnische Verbindung zu, die die Dresdner Wettiner seit Ende des 17. Jahrhunderts, nunmehr katholisch geworden, für rund zwei Generationen eingehen, indem ihnen die Personalunion zwischen der Königswürde in der polnischen Adelsrepublik und dem Kurfürstenhut in Dresden gelingt. Das Beispiel zeigt ebenso, wie der Aufstieg der Hohenzollern zu Königen „in Preußen" 1701, also zunächst nur außerhalb der Reichs-grenzen, welch zentrale Bedeutung Status und Standeserhebungen für die Dynastien der Zeit haben.[55] Weitgehend gegen Österreich wird allein das Projekt einer bayerischen Großmachtpolitik unter Kurfürst Max Emanuel in der Zeit des Spanischen Erbfolge-krieges 1701 bis 1714 verfolgt. Seine Bemühungen, im Verein mit Frankreich eine neue Ländermasse in Mitteleuropa zu gewinnen, ob in den Niederlanden oder in den öster-reichischen Erblanden, schlagen ebenso blutig (Schlacht bei Höchstädt an der Donau 1704) wie grandios fehl. Das mag neben aller Hybris daran gelegen haben, dass Bayern geopolitisch zu sehr in unmittelbarer Nähe anderer und um vieles stärkerer Mächte lag und so eben nicht im Windschatten, wie kurz darauf Preußen, zunächst das eigene Ge-wicht deutlich erhöhen konnte.[56] Ebenso grandios, wenn auch weniger blutig, scheitert das bayerische Nachhutgefecht des Kaisertums von Kurfürst Karl Theodor als römisch-deutscher Kaiser Karl VII. 1742 bis 1745.[57] Dieses Kaisertum, das vom Aussterben der Habsburger im Mannesstamm 1740 profitiert, entbehrt von vornherein jeder eigenen Potenz, ist ganz von der dosierten Unterstützung Frankreichs und Preußens abhängig.

---

und sozioökonomischen Defiziten positiv interpretierte. Pluralität und intellektuelle wie ästhetische Differenziertheit erschienen aus dieser Perspektive rein negativ. Vgl. Heinrich von Treitschke: Deutsche Geschichte im 19. Jahrhundert, Nachdruck, Leipzig 1927, Bd. 1, S. 24 f.: „Die zähe Willenskraft der norddeutschen Stämme war dem weicheren und reicheren oberdeutschen Volkstum in der Kraft der Staatenbildung von alters her überlegen [...]. Dort in den Marken jenseits der Elbe war aus dem Grund-stock der niedersächsischen Eroberer, aus Einwanderern von allen Landen deutscher Zunge, aus geringen Trümmern des alteingesessenen Wendenvolkes ein neuer deutscher Stamm emporgewachsen, hart und wetterfest, gestählt durch schwere Arbeit [...] wie durch unablässige Kämpfe des Grenzerlebens [...]. Der Römischen Kirche ist aus dem Sande der Marken niemals ein Heiliger erwachsen; selten erklang ein Minnelied an dem derben Hofe der askanischen Markgrafen [...]. Allein durch kriegerische Kraft und starken Ehrgeiz ragte der Staat der Brandenburger über die Nachbarstämme hervor."

55 Vgl. Rainer Groß: Die Geschichte Sachsens, Leipzig 2001, S. 127: „Der [sächsische] Kurfürst Friedrich August I. strebte eine Ranggleichheit mit den Inhabern der deutschen Königswür-de an. Der Erwerb einer Krone war aber nur außerhalb der Grenzen des Heiligen Römischen Reiches deutscher Nation möglich. Das war den Reichsfürsten immer bewusst, den Wittelsbachern ebenso wie den Welfen, Hohenzollern und Wettinern. Als erstem Reichsfürsten gelang es Friedrich August I., eine günstige europäische Mächtekonstellation zu nutzen [...]. Nach 1697 [Erwerb der polnischen Krone durch die Wettiner] gelang dieser Schritt auch den Hohenzollern, den Welfen [englischer Thron] und 1720 den Landgrafen von Hessen-Kassel. Die Welfen und die Hohenzollern schufen dabei Bleibendes, die polnische Königswürde der albertinischen Wettiner hatte nur zwei Generationen Bestand." Zu den reichsrechtlichen und reichspolitischen Konsequenzen der wettinischen Königswürde in Polen Jochen Vötsch: Kursachsen, das Reich und der mitteldeutsche Raum zu Beginn des 18. Jahrhunderts, Frankfurt a. M. u. a. 2003.

56 Vgl. Ludwig Hüttl: Max Emanuel. Der Blaue Kurfürst 1679 bis 1726. Eine politische Biografie, Mün-chen 1976.

57 Peter Claus Hartmann: Karl Albrecht – Karl VII. Glücklicher Kurfürst. Unglücklicher Kaiser, Regensburg 1985.

Der Aufstieg Brandenburg-Preußens zu einem finanziell ungewöhnlich soliden, zugleich mit weit überproportionaler Armee ausgestatteten Staat bis 1740 erfolgt noch ganz ohne europäischen Großmachtstatus, wohl aber, wenn schon nicht intentional, so doch de facto, derart, dass dafür erste substanzielle Voraussetzungen geschaffen werden. Die Inanspruchnahme Schlesiens mit Beginn des Österreichischen Erbfolgekrieges 1740 durch den neuen König Friedrich II. stellt dann jenes Überschreiten des Rubikon dar, mit dem sich die brandenburgisch-preußische Monarchie auf das Spielfeld der europäischen Premiere League begibt. Das folgende Vierteljahrhundert, bis zum Ende des Siebenjährigen Krieges 1763, zeigt im Kern nur die Erhärtung und schließliche Verbriefung des 1740 angemeldeten Großmachtstatus. Freilich verbergen sich dahinter auch ganz andere strukturelle Wandlungen in Innen- und Außenpolitiken:

Einmal der große Wechsel der Bündnisse in Europa vor Ausbruch des Siebenjährigen Krieges, durch die neue Koalition von Habsburgern und französischen Bourbonen, welche die europäischen Antagonismen des 16. und 17. Jahrhunderts förmlich auf den Kopf stellt, sodann durch die Verbindung zwischen Potsdam und London. Sie zerreißt das traditionelle Band zwischen Wien und London, auf das noch ganz die Konstellation des Spanischen Erbfolgekrieges gegründet gewesen war. Und schließlich geht es um das Eindringen des zarischen Russland als Teilnehmer des Siebenjährigen Krieges ins unmittelbare europäische Zentrum: Hatte Peter der Große als Begründer der russischen Großmacht zu Beginn des 18. Jahrhunderts zunächst „nur" die schwedische Dominanz im Ostseeraum wie in Ostmitteleuropa beendet und Russland selbst hier die hegemoniale Position erkämpft, so waren die Russen damals noch kein Faktor, der seinen Schatten mitten in das Heilige Römische Reich hinein warf. Das änderte sich jetzt, symbolhaft mit der Schlacht bei Kunersdorf am 12. August 1759 an der Oder.[58] Die Truppen der Zarin Elisabeth drohten die preußische Armee nahezu zu vernichten und einen für Friedrich II. negativen Kriegsausbruch zu besiegeln. Zugleich beginnt damit jene Linie russischer Präsenz in Deutschland, die über die russische Einbeziehung in die deutschen Verhältnisse beim Bayerischen Erbfolgekrieg (Aussterben der Münchner Wittelsbacher) 1779,[59] die Mitwirkung an den Befreiungskriegen 1813 bis 1815, die Interventionsneigungen in der Revolution von 1848/49 – bei gleichzeitiger faktischer Intervention in Ungarn –, die preußisch-russische „special relationship" bis in die siebziger Jahre des 19. Jahrhunderts, die Frage einer Kooperation zwischen Weimarer Republik und Sowjetrussland[60] gegen die Sieger des Ersten Weltkrieges und gegen Polen – bei gleichzeitigen sowjetischen Beteiligungen an kommunistischen Aufstandsversuchen in Deutschland während der zwanziger Jahre – bis schließlich zur sowjetischen Position an der Elbe in der Zeit des Kalten Krieges reicht. Insofern führt von Kunersdorf 1759 bis zum Zwei-Plus-Vier-Vertrag vom 12. September 1990, der auch den sowjetischen Rückzug aus den Bastionen zwischen Ostsee und Thüringer Wald festlegt, eine Linie russisch-sowjetischer Präsenz in Deutschland. Ihr korrespondiert allerdings auch die kriegerische deutsche Präsenz in Russland während der beiden Weltkriege.

---

58 Vgl. Johannes Kunisch: Friedrich der Große als Feldherr, in: Bernd Heidenreich/Frank-Lothar Kroll (Hrsg.): Macht oder Kulturstaat? Preußen ohne Legende, Berlin 2002, S. 31–41; ders.: Friedrich der Große. Der König und seine Zeit, München 2004, S. 402–408.

59 Vgl. für die Einbindung Russlands in die Stabilitätsordnung des Heiligen Römischen Reiches durch den Frieden von Teschen 1779, der den Bayerischen Erbfolgekrieg beendete, von Aretin: Das Alte Reich, Bd. 3 (Anm. 9), S. 325–330.

60 Siehe für diese spätere Zeit Gerd Koenen: Der Russland-Komplex. Die Deutschen und der Osten 1900 bis 1945, München 2005.

Preußen, das am Ende den Siebenjährigen Krieg in Mitteleuropa mit einem Remis beenden kann, ist zunächst zwar ausgeblutet und erschöpft, aber es vermag doch die neue offiziöse Großmachtposition zu wahren und ihr allmählich strukturell weitere Kräfte zuzuführen – durch inneren Landesausbau und „Peuplierung", wie durch seine nächsten territorialen Akquisitionen in Gestalt von Gewinnen bei den drei polnischen Teilungen von 1772, 1793 und 1795.

Vor allem aber ist durch die geschilderte Entwicklung das innere Gefüge der Reichsstruktur im Kern und dauerhaft beschädigt. Die Potsdamer Militärmonarchie hat mehrfach, gravierend und ohne im Resultat wirklich spürbare Sanktionen den Reichsfrieden gebrochen, am massivsten durch den Überfall auf Sachsen bei Beginn des Siebenjährigen Krieges 1756. Die gegen Preußen verhängte Reichsexekution[61] und die Aufbietung des herkömmlichen militärischen Aufgebotes des Heiligen Römischen Reiches, der Reichsmatrikel entsprechend, verpufften am Ende wirkungslos, weil sich Macht gegen Recht durchsetzte. Die Folgen mag man als für die preußisch-deutsche Geschichte erheblich ansehen: Der Sieg der preußischen Armee über die Reichstruppen und ihre französischen Verbündeten am 5. November 1757 bei Roßbach wurde, vor allem in Norddeutschland, nicht als Triumph von Vergewaltigung gegen Recht interpretiert, sondern als Sieg des Neuen, Starken und Effizienten gegen das Überlebte. Schon daraus leite sich Legitimation ab. Gewiss führt in verschiedener Hinsicht kein unmittelbarer Weg von dieser Konstellation in die Realpolitik und das Machtstaatsdenken des 19. und 20. Jahrhunderts, zumal auch andere Mächte solche Wege einschlagen werden und gerade Preußen über lange Strecken auch ein Staat von Rechtlichkeit und skrupulöser Politik bleiben wird. Sowohl die prinzipientreue konservative als auch die liberal-demokratische Opposition gegen die Realpolitik des frühen preußischen Ministerpräsidenten Bismarck wird solche Positionen vertreten. Aber so wenig der Siebenjährige Krieg von 1756–1763 und die innerdeutsche Auseinandersetzung von 1866 unmittelbar miteinander vergleichbar sind, begegnen uns doch in beiden Fällen Züge eines Spielregeln und Fundamentalnormen verletzenden, rein machtorientierten Agierens. Symptomatisch ist zugleich, dass der Überfall auf Dresden 1756, bei dem die Preußen mit der sächsischen Dynastie wie mit der sächsischen Hauptstadt auf eine für das 18. Jahrhundert ungewöhnlich brachiale, Kulturgüter zerstörende Weise verfahren, gleichsam den Schlussstein auf die Machtverhältnisse im nördlichen Ostmitteleuropa setzt: Die sächsisch-polnische Union – sie endet wie der Siebenjährige Krieg 1763 durch den Tod von Kurfürst Friedrich August II. als polnischem König August III. – ist ein loser Verbund. In ihm dominieren ineffiziente Liebhabereien der Dynastie. Unter dem Regime des Preußen verhassten Ministers Graf Brühl herrscht jene Verschwendung, die Dresden, trotz der Bomben vom Februar 1945, zur Perle an der Elbe auch für unsere Gegenwart macht, eine Zone der Sinnlichkeit mit handwerklich-technischer Verfeinerung. Ein solcher Raum hat nicht die geringste Chance, sich gegen den aufgeklärten Machtstaat von nördlich der Lausitz zu behaupten.

Schon in dieser Phase, eine Generation vor Ausbruch der Französischen Revolution, kommt es in Deutschland zu einem politisch-kommunikativen Quantensprung. Der Siebenjährige Krieg ist auch ein Propagandakrieg des reichisch-herkömmlichen Legiti-

---

61 Vgl. von Aretin: Das Alte Reich, Bd. 3 (Anm. 9), S. 99–107. Zwar kam es zur Reichsexekution gegen Friedrich II., weil er durch den Überfall auf Sachsen den Allgemeinen Landfrieden verletzt hatte. Die Reichsexekution schlug dann allerdings militärisch fehl. Das vom Wiener Kaiserhof gegen den preußischen König und als Reichsfürst brandenburgischen Kurfürsten angestrengte Achtverfahren versandete.

mismus gegen das Moment des Aufgeklärt-Etatistischen, für das Preußen zu stehen ver-
meint und das bereits damals so etwas wie einen (nord)deutschen Patriotismus hervor-
bringt. So sehr Friedrich II., nicht nur gestützt auf die Verbindung zu Voltaire, in den
Bahnen französischen Intellekts denkt und empfindet, aus dieser Perspektive auch den
anhebenden deutschen „Sturm und Drang" in der Literatur missachtet bzw. verkennt,
so sehr erscheint der durch ihn verkörperte Machtstaat doch auch als eine Art nordost-
deutsche Bastion gegen die „Überfremdung" Mitteleuropas durch kulturelle wie politische französische Hegemonie. Preußen kultiviert nicht nur die militärisch gestützte
Großmachtpolitik, sondern auch den effizienten und fürsorglichen Staatsapparat, die
Welt paternalistischer Fürsorge in der Güterwirtschaft, des Verzichts auf höfische Verschwendung und Mätressenwirtschaft zugunsten einer an Effizienz orientierten Öko-
nomie. Für sie steht wie eine Chiffre die Kartoffel, als Grundnahrungsmittel betriebs-
wirtschaftlich und propagandistisch zur Ikone erhoben. Natürlich ist dies alles nicht
nur Klischee, sondern wird in der Realität auch ganz unmittelbar durch Friedrichs II.
Nachfolger Friedrich Wilhelm II. konterkariert. Unter ihm halten ab 1786 gerade die
zuvor verachteten Züge von Verschwendung, Vettern- und Mätressenwirtschaft (Gräfin
Lichtenau) vortrefflich in Berlin und Potsdam Einzug. Gleichwohl: In Preußen wird
eine auf Macht wie Askese gegründete Ideologie aufgebaut, deren Fernwirkungen, trotz
manch abweichender Praxis, bis in unsere Gegenwart spürbar sind.

3.9. Konfessionelle Parität und Pluralität

Die Geschichte der Reformation, der konfessionellen Spaltung und ihrer schließlichen
– im Rahmen des Möglichen – politischen Bewältigung ist für das Gesamtbild deutscher Entwicklungen von integraler Bedeutung. Einmal geht es um die Herausbildung
unterschiedlicher politisch-kultureller Milieus, die mindestens bis in die siebziger Jahre des 20. Jahrhunderts zentrale Bedeutung für Wahlverhalten und Orientierungen in
Deutschland haben. Zum Zweiten bildet sich mit dem Erhalt der konfessionellen Spaltung ein so, wenigstens was die großen Länder in Europa anlangt, nur in Deutschland
gegebenes Interaktionsmuster heraus. In allen anderen großen europäischen Ländern
– Spanien, Frankreich, England, Italien, eine relative Ausnahme zeigt allein Polen – obsiegt am Ende der Religionsauseinandersetzungen nur eine Konfession, zuletzt radikal
in Frankreich mit der Aufhebung des Ediktes von Nantes 1685 und dem weitgehenden
Verlassen des Landes durch die calvinistischen Hugenotten.[62] Am rigidesten ist die Monopolisierung auf eine Konfession oder auch Religion – Muslime und Juden werden
hier unterdrückt, ermordet und vertrieben – in Spanien; in Italien behauptet sich das
katholische Bekenntnis nahezu monopolartig, obwohl das Land keine politische Einheit
darstellt. In England überleben katholische Restbestände, aber über sehr lange Zeit in
eine marginale Diaspora verdrängt. So ist Deutschland die große Ausnahme. Dass es zu
einer auf lange Zeit gewiss nicht friedlichen Koexistenz der Konfessionen kommt, resul-
tiert zunächst und vor allem aus der diversifizierten territorialen Struktur des Landes.
Es gibt keine Kapitale, von der aus mit politischem Imperativ eine Konfession monopolistisch geschützt oder neu eingeführt werden kann. Es gibt freilich weithin auch
keine individuelle, an eine Person gebundene Konfessionsfreiheit. Entscheidend ist die
Option des jeweiligen Reichsstandes, Territorialherr oder Reichsstadt.

---

62 Vgl. Thomas Klingebiel: Die Hugenotten in der frühmodernen Migrationsgeschichte, in: Zuwanderungs-
land Deutschland. Die Hugenotten, Ausstellungskatalog, Berlin 2005, S. 11–16. Ferner Jean Meyer:
Frankreich im Zeitalter des Absolutismus 1515 bis 1789, Geschichte Frankreichs, Bd. 3, Stuttgart 1990,
S. 357 f.

Die Einführung der Reformation ist zunächst Ausdruck von Orientierungskrise und kritischen Fragen am Beginn der Neuzeit, die sich seit langem angedeutet hatten. Dieses Suchen verbindet sich mit konkreter Kritik an der katholischen Kirche (Verweltlichung im Zeichen der Renaissance), zugleich auch mit einer antirömischen, nationalen Orientierung. Und als drittes Moment kommt das Kalkül zahlreicher Landesherren, zugleich Führungen in Reichsstädten hinzu, die sich vom Konfessionswechsel und damit von der Aufhebung und Vereinnahmung der Klöster und geistlichen Herrschaften gestärktes politisches und ökonomisches Gewicht versprechen.

Definitiv zeigt sich am Ende zweimal, beim Augsburger Religionsfrieden von 1555 und beim Frieden von Münster und Osnabrück 1648, dass die wechselseitigen Bastionen von katholischem und lutherischem Bekenntnis, im Ergebnis des Dreißigjährigen Krieges um das reformierte ergänzt, nicht mehr von einer Seite aus beseitigt werden können. Dazu ist die kaiserliche Gewalt zu schwach und wird zugleich als zu bedrohlich angesehen. Und auch die evangelische Seite vermag sich nicht monopolistisch durchzusetzen. Die um die „teutsche libertät"[63] fürchtenden Reichsstände wollen dem katholischen Haus Österreich keinesfalls die Errichtung oder Wiedererrichtung einer katholisch unterlegten Herrschaft konzedieren. Wie im europäischen Spiel von „Hegemonie und Gleichgewicht" scheitert zweimal der Versuch des Kaisertums, sich die oppositionellen Reichsstände gefügig zu machen: Zunächst, nachdem Kaiser Karl V. die evangelische Opposition in Gestalt des Schmalkaldischen Bundes gespalten und Herzog Moritz von Sachsen – belohnt mit der Kurfürstenwürde – auf seine Seite gezogen hatte. Nach dem Überwechseln dieses überaus geschickten wettinischen Fürsten ins Lager der Gegner des Kaisers[64] muss dann Karls Bruder und Nachfolger, Kaiser Ferdinand I., im Augsburger Religionsfrieden von 1555 die Parallelexistenz von katholischer und evangelischer Konfession im Heiligen Römischen Reich konzedieren. Dasselbe Muster wiederholt sich gut zwei Generationen später während des Dreißigjährigen Krieges.

Das in Gestalt des Restitutionsedikts elf Jahre nach dem Beginn des Dreißigjährigen Krieges von Kaiser Ferdinand II. 1629 eingeleitete katholische Roll back (Wiederherstellung der konfessionellen Verhältnisse von 1552) scheitert schon kurz darauf an der Intervention Schwedens und einer forcierten evangelischen Bündnispolitik. Am Ende dieser Phase steht ein militärisches Patt. Der in der Konsequenz vereinbarte Prager Frieden von 1635 beendet im Grunde den konfessionellen Antagonismus des Krieges. Nun stehen sich Kaiser und Reichsstände, darunter viele evangelische Reichsstände wie die Kurfürsten von Sachsen und Brandenburg, auf der einen Seite und die Interventen Schweden und Frankreich auf der anderen Seite, gegenüber. So beschließt der Friede von Münster und Osnabrück 1648 nicht oder weniger die konfessionellen Konflikte an sich, welche mit entscheidend für die Kriegseröffnung gewesen waren. Es geht jetzt vielmehr um die europäische Verankerung der Reichsverfassung und eine Austarierung der Gewichte zwischen Kaisertum und Reichsständen unter der Observanz außerdeutscher Faktoren. Und im engen Zusammenhang mit einer so hergestellten friedlichen Koexistenz in Mitteleuropa bringt der Frieden auch die kodifizierte Parallelexistenz der drei Konfessionen, Katholiken, Lutheraner und Reformierte. Umgekehrt schlägt sich der festgeschriebene wie moderierte konfessionelle Gegensatz nun in der Realverfassung des Reiches dauerhaft nieder. Am Reichstag bilden sich ein *corpus catholicorum* wie ein

---

63 Diese antihabsburgische Position historiografisch besonders bei Günter Barudio: Der teutsche Krieg 1618 bis 1648, Frankfurt a. M. 1985.
64 Vgl. Johannes Herrmann: Moritz von Sachsen (1521 bis 1553). Landes-, Reichs- und Friedensfürst, Leipzig 2003, S. 73–82.

corpus evangelicorum, in denen jeweils zunächst intern abgestimmt wird. So trägt die konfessionelle Differenzierung zu einer Verfassungsstruktur bei, die, jedenfalls in der Verfassung des späten Alten Reiches, jede Monokratie ausschließt.

Die Zäsur des Dreißigjährigen Krieges bringt für Deutschland nicht nur einen erheblichen demografischen und sozioökonomischen Rückschlag, sondern im Ergebnis auch eine Form von Pluralität, für die es in Europa so fast keine Parallele gibt. Die Reichsstände sind nunmehr sogar befugt, mit auswärtigen Mächten Bündnisse einzugehen, die sich nur nicht gegen „Kaiser und Reich" richten dürfen. Ein Jahrzehnt nach dem Ende des Dreißigjährigen Krieges formiert sich der erste Rheinbund,[65] ein Zusammenschluss von vor allem westdeutschen Reichsständen, die in Frankreich eine Schutzmacht gegen antizipierte habsburgische Übergriffe sehen. Aber kurz darauf wird sich die Lage mit der imperialen Politik Ludwigs XIV., die auf Vorherrschaft in Europa und Territorialgewinne weit ins Reich hinein gerichtet ist, grundlegend wandeln. Es bildet sich nun ein weithin überkonfessioneller Reichspatriotismus, der sowohl die Abwehr dieses Vordringens in der zweiten Hälfte des 17. Jahrhunderts trägt, als auch die Abwehr der osmanischen Offensiven, kulminierend in der zweiten Belagerung Wiens 1683, mit gewährleistet. Aber aus diesen Bedrohungen wächst jeweils nur eher situative Geschlossenheit, gewiss kein Nationalstaat.

Schließlich eine historische Fernwirkung der Festschreibung konfessioneller Koexistenz: Der konfessionelle Pluralismus in Deutschland mündet in den Zeiten moderner konstitutioneller Verhältnisse, allgemeiner Parlamente und Parteibildungen ab dem frühen 19. Jahrhundert in die Ausprägung politisch-kultureller konfessioneller Milieus. Sie prägen über die katholische Zentrumspartei und den Kulturkampf wie zugleich liberale und deutschnationale Aversionen gegen den politischen Katholizismus die politische Topographie des Landes bis in die sechziger und siebziger Jahre des 20. Jahrhunderts. Die Gründung von CDU und CSU als bewusste interkonfessionelle Sammelparteien steht in der Kontinuität dieser Entwicklungen und ist zugleich Antwort auf sie. So waren und bleiben Augsburg 1555 und Münster wie Osnabrück 1648 für das moderne Deutschland mehr als eine hinter dem Horizont verschwundene Vorvergangenheit.

3.10. Vom Stammesverbund zum selbstbewussten Territorium

Die spezifische Ausprägung der deutschen Territorialstruktur stellt einen der wohl längsten Prozesse in der mitteleuropäischen Geschichte dar und lässt sich noch weniger als andere einschneidende Geschehnisse auf ein Ereignis und ein Datum hin fokussieren. Vielmehr haben wir es mit einer Entwicklung zu tun, die im Frühen Mittelalter beginnt und in der Frühen Neuzeit zumindest eine gewisse Konsolidierung erreicht zu haben scheint. Sicher sind die nach der Agoniephase des Karolingerreiches revitalisierten, auf germanische Ethnien zurückgehenden Stammesherzogtümer in der späteren Historio-

---

65 Dieser so genannte „erste Rheinbund" wurde 1658, d. h., noch unter dem Druck der Sorge zahlreicher westdeutscher Reichsstände formiert, das habsburgische Kaiserhaus könne doch noch die Ambition einer repressiven Politik gegen die Reichsstände an den Tag legen, und dagegen bedürfe es nicht zuletzt einer Anlehnung an die französische Monarchie. Herausragend war die Rolle des Mainzer Erzbischofs und Reichserzkanzlers Johann Philipp von Schönborn, mit dem die zentrale Bedeutung dieser ursprünglich ministerialen Familie in der Reichskirche der zweiten Hälfte des 17. und der ersten Hälfte des 18. Jahrhunderts beginnt. Vgl. Peter Claus Hartmann (Hrsg.): Die Mainzer Kurfürsten des Hauses Schönborn als Reichserzkanzler und Landesherren, Frankfurt a. M. 2002.

grafie oft idealisierte Größen gewesen. Gleichwohl waren sie über einige Zeit wirkungsmächtig, wurden zeitweise sogar, wie das bayerische Stammesherzogtum, als „regnum" bezeichnet, also als eine Art Königreich. Ob darin völlige Verselbstständigungstendenzen angelegt waren, soll dahingestellt bleiben. Immerhin umfasste das Heilige Römische Reich seit dem Hohen Mittelalter in Gestalt der Länder der Wenzelskrone mit Böhmen im Zentrum ein veritables Königreich, das sich freilich stets in einem mehr oder weniger autonomen Sonderverhältnis zum römisch-deutschen Reich stehend betrachtete[66]. Die Stammesherzogtümer erfuhren vor allem seit der Regierungszeit Ottos I. 936–973 n. Chr. einen Disziplinierungsprozess, blieben aber mit territorialen Einbußen und vielerlei strukturellen Wandlungen im Wesentlichen bis zum 12. Jahrhundert bestehen. Franken allerdings hatte sich zwischenzeitlich bereits weitgehend aufgelöst, im Gefolge der Absetzung Heinrichs des Löwen 1179/80 war das sächsische Stammesherzogtum in hohem Maße fragmentarisiert worden; im Grunde trifft dieses Urteil auch auf Bayern zu, von dem im Zuge der Gesamtlösung des Jahres 1156 („privilegium minus") Österreich abgetrennt und für die Familie der Babenberger zum eigenen Herzogtum erhoben worden war, nachdem sich bereits zuvor Kärnten von Bayern gelöst hatte. Am markantesten zerfiel das schwäbische Stammesherzogtum in jene Vielfalt an südwestdeutschen Territorien, die dann erst viele Jahrhunderte später im Königreich Württemberg und im Großherzogtum Baden zu einer neuen und transparenten räumlichen Struktur fanden.

Das wirklich Eigentümliche an der deutschen Entwicklung ist allerdings, dass die Marginalisierung der großen Einheiten, der Stammesherzogtümer, in eine Vielzahl von Territorien nicht mit einer grundlegenden Stärkung der Zentralgewalt einherging, wie es im Ergebnis schließlich in Frankreich der Fall sein sollte. Obwohl bis zur Revolution von 1789 regionale Faktoren dort ein größeres Gewicht behielten als lange vor allem in Deutschland angenommen, wurde hier in den Grundzügen doch bis zur Frühen Neuzeit der souveräne Staat im Sinne des nationalen Gesamtstaates erreicht. Die deutschen Territorien hingegen, obwohl oder vielleicht auch weil räumlich viel geringer dimensioniert als die einstigen Stammesherzogtümer, entwickelten sich zu den eigentlichen etatistischen Größen im Alten Reich. Im Wege von machtpolitischen Tauschgeschäften rangen sie der Reichsebene bedeutungsvolle Zuständigkeiten – Regalien – ab und bauten so, vor allem in der Zeit Kaiser Friedrichs II. (1220 „confoederatio cum principibus ecclesiasticis" mit den geistlichen Fürsten, 1231/32 „statutum in favorem principum" mit den weltlichen Fürsten)[67] in der ersten Hälfte des 13. Jahrhunderts, ihre Eigenkompetenzen aus. In Gestalt ständischer Mitsprache, vorrangig an der, modern gesprochen, Haushaltspolitik der Fürsten, prägten sie vielfach zugleich ein internes eigenes Verfassungssystem aus.

Die kaiserliche Seite hat in Deutschland diese Entwicklung im Übrigen weitgehend deshalb nicht, wie in einem System kommunizierender Röhren, als Verlust gesehen, weil die Reichsoberhäupter sich selbst auch und vor allem als Territorialfürsten verstanden

---

66 Zur verfassungsrechtlichen Sonderstellung Böhmens bzw. der Länder der Wenzelskrone im Heiligen Römischen Reich Alexander Begert: Böhmen, die böhmische Kur und das Reich vom Hochmittelalter bis zum Ende des Alten Reiches. Studien zur Kurwürde und zur staatsrechtlichen Stellung Böhmens, Husum 2003. Die Erhebung Böhmens zum Königreich fand ad personam für Herzog Vladislav II. im Konsens mit Kaiser Friedrich I. Barbarossa 1158, in institutionalisierter Form 1198 statt.
67 Hartmut Boockmann: Stauferzeit und spätes Mittelalter. Deutschland 1125 bis 1517, Berlin 1987, S. 166; Wolfgang Stürner: Friedrich II., Bd. 1: Die Königsherrschaft in Sizilien und Deutschland 1194 bis 1220, Darmstadt 1992, S. 236–239; Bd. 2: Der Kaiser 1220 bis 1250, Darmstadt 2000, S. 280 f.

und ihren Stellenwert für die Reichspolitik aus dieser Rolle ableiteten – ob die Luxemburger im 14. und frühen 15. Jahrhundert als Inhaber der böhmischen Königswürde oder die Habsburger als Herzöge von Österreich.

Schließlich verstärkten die Reichsfürsten ihre Partizipation an der Reichspolitik. Aus eher informellen Hoftagen der Kaiser wurden „Reichstage" mit formalisierter Mitwirkungsbefugnis, abgestuft der Kurfürsten, der geistlichen wie weltlichen Fürsten, der Grafen und freien Städte. Die Reichsreformen am Übergang zur Frühen Neuzeit unter Kaiser Maximilian I. sollten einerseits, etwa durch die Einführung der Reichskreise, die Effizienz der Reichspolitik stärken; sie formalisierten freilich auch die Mitwirkung der Reichsstände. Am Ende stand die Formel „Kaiser und Reich". Sie drückte das tatsächliche, förmlich elliptische Duopol der beiden Größen des Reichsganzen aus, der monarchischen Spitze in Gestalt des Kaisers und der Struktur der Reichsstände mit dem Reichserzkanzler, dem Erzbischof von Mainz, an erster Stelle. Insofern war das Reich einerseits im eingeschränkten Sinne Wahlmonarchie – eingeschränkt, weil es trotz der Kaiserwahlen zugleich dynastische Kontinuitäten gab – und Republik, d. h. Organismus von über 400 Reichsständen. Ihre Mitwirkung betraf u. a. das militärische Aufgebot für den Fall des Reichskrieges nach der Reichsmatrikel von 1521, in der buchhalterisch exakt festgelegt war, welche Kontingente die einzelnen Territorien und Städte aufzubieten hatten, die Bewilligung von Reichssteuern, seit dem 16. Jahrhundert insbesondere zur militärischen Abwehr der drohenden osmanischen Invasionen, oder auch die Festlegung der konstitutiven Regularien für das Reich selbst, ohne dass dieses doch je eine definitive Verfassung besessen hätte.

Die Frage, ob das Alte Reich am Ende Staatenbund oder Bundesstaat[68] war, wie Karl Otmar von Aretin konstatiert, lässt sich vor einem derartigen Hintergrund wohl nicht im Sinne eines definitiven Entweder-Oder beantworten. Die Wirkungsfähigkeit des Reiches war in seinen Regionen unterschiedlich. Das Reich trat mit seinen Einrichtungen, Verfahrensweisen und Statussymbolen vor allem in jenen Regionen in Erscheinung, die durch eine Vielzahl kleiner, in ihrem Aktionsradius deutlich limitierter Herrschaften gekennzeichnet war. Das gilt insbesondere für Schwaben, Franken und die Rheinschiene. Je größer ein Territorium war, je mehr es sich selbst als namhafter Akteur auf der deutschen und europäischen Bühne verstand und je topografisch peripherer es zu Süd- und Westdeutschland lag, desto weniger war das Reich vor Ort präsent, desto staatenbündischer mochte es in solchen, vielfach großen Territorien anmuten. Ein mutwilliges Verlassen des Reiches oder In-Frage-Stellen des Reichsverbandes hat es freilich bis zuletzt, bis zum Ausbruch der Französischen Revolution, nahezu von keiner Seite gegeben, am Ende noch nicht einmal von Preußen. Auch die preußische Monarchie wusste bei allen Übergriffen, die sie sich selbst erlaubte, doch zu schätzen, dass der Organismus des Reiches ihr vielerlei Instrumente an die Hand gab, die eigene operative Politik zu flankieren und zu legitimieren. Bester Beweis ist das Eintreten Preußens für die Wahrung des bayerischen Kurfürstentums als eigener Reichsstand im Bayerischen Erbfolgekrieg 1779/80, als das österreichische Kaiserhaus Bayern nach dem Aussterben der Münchener Linie der Wittelsbacher als erledigtes Lehen einziehen und sich so eine Kompensation für den vorausgegangenen Verlust Schlesiens an Preußen zu verschaffen suchte.

Gewiss war das Alte Reich nicht die moderne föderale Ordnung des Grundgesetzes mit ihren Eigenheiten – und Beschwernissen. Aber dass in Deutschland Föderalismus

---

68 Vgl. von Aretin: Das Alte Reich, Bd. 1 (Anm. 5), S. 43.

historisch begründet wird, ist ohne die skizzierte Entwicklung vom Frühen Mittelalter bis zur Frühen Neuzeit nicht erklärbar. Nur dieser Prozess macht plausibel, warum territoriale Einheiten, Länder, sich in Deutschland noch heute selbst als Staaten verstehen und zugleich als mitbestimmende Akteure auf der nationalen Bühne.

4. Schlussbetrachtung

Wenn wir nach wesentlichen Zäsuren in der deutschen Geschichte fragen, so geht es nicht nur darum, sich entweder auf einzelne Daten und die mit ihnen verbundenen unmittelbaren Ereignisse oder auch auf längere Prozesse mit tief einschneidendem Charakter festzulegen. Beiden Momenten kommt Bedeutung zu. In diesem Beitrag wird gleichwohl eine Präferenz für letzteres Modell zum Ausdruck gebracht und zugleich dafür plädiert, hinter den Bereich der Zeitgeschichte und sogar hinter die revolutionäre Umstellungsphase in Europa vom 18. auf das 19. Jahrhundert zurückzugehen. Wir finden in diesen Zeitstrecken, vielleicht sogar vor allem in ihnen, Entwicklungen, die dauerhaft prägend wurden.

Über die Betrachtung deutscher Geschichte allgemein hinaus scheint es vor allem lohnend zu sein, solche Züge und Eigenheiten zu bezeichnen, die als deutsche Spezifika bzw. als differente deutsche Beiträge zu europäischen Geschichtsbildern gelten können. Sowohl die Moderne als auch die Vormoderne versieht uns dazu mit reichem Stoff. Für die Moderne müssen wir an erster Stelle den Zivilisationsbruch der nationalsozialistischen Diktatur benennen. Er hebt sich in seiner Rigidität des Bösen aus der Tradition einer hoch stehenden kulturellen und rechtsstaatlichen Entwicklung heraus, differiert damit gegenüber anderen europäischen „Übergriffen", darunter den imperialen Ambitionen des napoleonischen Empire, sowie gegenüber der leninistischen und stalinistischen kommunistischen Diktatur in der Sowjetunion und im östlichen Europa mit ihren massenhaften Verbrechen. Daneben sind die spezifischen deutschen Erfahrungen der Nachkriegszeit ab 1945 zu betrachten, der Aufbau einer gefestigten, in manchem postnationalstaatlichen Demokratie auf tatsächlichen wie moralischen Schuttbergen und die Erfahrung mit der Teilung des Landes und seiner doppelten Diktaturerfahrung. Das Deutschland der Nachkriegszeit war nicht nur in singulärer Weise moralisch diskreditiert gewesen. Es hatte auch in hohem Maße den inneren Bezug zum Nationalstaat als sozusagen nicht mehr hinterfragter normativer Vorgabe für politisch-historisches Bewusstsein und politische Orientierung bemerkenswert weitgehend suspendiert, deutlich mehr als andere europäische Staaten, wenn es auch dort zu einer Relativierung des Nationalstaates kam: Durch den Verlust von Großmachtpositionen im Zeichen des Kalten Krieges, den Großbritannien und Frankreich, eingeschränkt auch Italien, erleiden mussten, durch den Rückzug aus kolonialen Positionen, die eben auch prestigeträchtiges Dekor nationalstaatlichen Agierens gewesen waren, und durch eine auch hier spürbar gestärkte Ausrichtung an supranationalen Entwicklungen. Gleichwohl kam es nicht von ungefähr, dass die Formel eines „Verfassungspatriotismus", die eben auch Surrogat für den zertrümmerten Nationalstaat war, gerade in Deutschland aufkam und hier vor allem ernsthaft diskutiert wurde. Dass Deutschland dann gleichwohl 1989/90 zur Form eines erneuerten Nationalstaates fand, lag zwar auf der Linie des seit 1949 von der Bundesrepublik kontinuierlich verfolgten Wiedervereinigungspostulates. Vielfach war es aber doch zu einer formalen Hülse mutiert, entsubstantiiert worden. So mag man es als Paradoxie ansehen, dass am Ende doch etwas Realität wurde, was gerade vielen Intellektuellen als gefährlich überholt oder zumindest als verstaubt gegolten hatte. Dass die

Wiederherstellung des Nationalstaates auch ein ganz unmittelbarer revolutionärer Befreiungsakt von 17 Millionen Deutschen war und sich damit unmittelbar auch auf Verfassungspatriotismus und Grundgesetz bezog, fand gerade in solchen Kreisen vielfach nicht Wahrnehmung und Anerkennung. Freilich war und ist der erneuerte Nationalstaat ein „postklassischer", was immer das auch in semantischen Details bedeuten mag. Er entbehrt jedenfalls des Großmachtstatus, dazu, wenn schon nicht völkerrechtlich so doch politisch, in weiten Teilen der herkömmlichen Souveränität; er ist auf Integration mit anderen hin angelegt und er versteht sich weiterhin nicht als Staat an sich, sondern als in Staatsform gegossene Werteordnung. Das Weiterleben der „alten" verfassungspatriotischen Bundesrepublik im neuen postklassischen deutschen Nationalstaat ist angesichts der gewollten Abwendung vom herkömmlichen etatistischen Großmachtanspruch nach 1949 einerseits zentraler Faktor auch künftiger deutscher Orientierung. Andererseits wird die Zukunft neue Herausforderungen mit sich bringen, die sich heute ebenso wenig übersehen lassen wie die dann zu findenden Antworten. Nicht wenige der nach wie vor für Deutschland geltenden Spezifika haben weiterhin ihre Wurzeln und Gründe nicht nur in der Zeitgeschichte, damit zugleich in jenem kurzen Jahrhundert von 1914 bis 1989/90, das die Welt förmlich auf den Kopf stellte. Der historische Blick muss daher auch künftig, wenn er die Koordinaten deutscher Existenz und Staatlichkeit bestimmen will, frühere Jahrhunderte, Prozesse und Zäsuren mit in den Augenschein nehmen.

Für diese Vormoderne sollten wenigstens drei Tatbestände festgehalten werden, die anhaltend deutsche Eigenheiten im europäischen Rahmen markieren: die schließlich dauerhafte konfessionelle Spaltung mit den aus ihr gespeisten besonderen Anstrengungen der Konfessionen, sich kulturell und intellektuell darzustellen, wie mit sehr langfristigen Folgen für das Entstehen politisch-kultureller Milieus. Hinzu kommen die zur Staatlichkeit mutierte Territorienvielfalt im Lande, ohne dass dies zum völligen Verschwinden einer gesamtstaatlichen Ebene geführt hätte, und die Tradition eines Aufgeklärten Absolutismus, um Effizienz und vielfach Wohlfahrt bemüht, aber weitgehend ohne Partizipation der Bürger, die in vielem Untertanen bleiben. Ob Letzteres tatsächlich zu einem singulär gravierenden Zurückbleiben an demokratischer politischer Kultur im Deutschland des späteren 19. und des frühen 20. Jahrhunderts geführt hat, wie vor allem in den 1960er und 1970er Jahren gerne konstatiert wurde, soll als abschließende Frage nur formuliert werden.

Einzug Napoleons an der Spitze seiner Truppen durch das Brandenburger Tor nach der siegreichen Schlacht bei Jena und Auerstedt. Berlin, 27. Oktober 1806
Quelle: Charles Meynier, Öl auf Leinwand, 1810. Versailles, Château et Trianons

HANS-CHRISTOF KRAUS

Das Ende des Alten Reiches 1806: der deutsche Weg ins 19. Jahrhundert

1. Einleitung

Vergleicht man den Niedergang und das Ende des Alten Reiches – des altehrwürdigen Heiligen Römischen Reiches Deutscher Nation, wie sein voller Name lautete[1] – mit den beiden anderen „Reichsuntergängen" des 20. Jahrhunderts, also mit dem Untergang des Deutschen Kaiserreichs nach dem verlorenen Ersten Weltkrieg im November 1918 und vollends erst mit der säkularen Katastrophe des in einem Inferno von Blut, Feuer und Schande untergehenden nationalsozialistischen „Großdeutschen Reiches" im Frühjahr 1945, dann nehmen sich die Ereignisse des Sommers 1806 als eine vergleichsweise harmlosere, auf den ersten Blick auch als unbedeutendere Zäsur aus.

Den wichtigsten Grund hierfür wird man wohl in zwei Hauptfaktoren erkennen können: *Erstens* ist das Alte Reich nicht plötzlich und unerwartet untergegangen, sondern einen sehr langsamen Tod gestorben; spätestens bei Beginn der Französischen Revolution lag es in Agonie, veranlasst durch eine Fülle innerer und äußerer Gebrechen. Gemeint sind damit die deutschen „Staatskrankheiten", über die man sich seit 1745 im damals umfangreichsten deutschen Konversationslexikon des Johann Heinrich Zedler in einem eigenen Artikel („Teutsche Staats-Kranckheiten oder Staats-Kranckheiten des Heil. Römischen Reichs Teutscher Nation") informieren konnte.[2] Bereits mehr als sechs Jahrzehnte vor dem Ende des Reiches las sich dieser Artikel tatsächlich wie ein „ärztliche[s] Bulletin".[3] Und *zweitens* ist nicht zu verkennen, dass der – schon lange Zeit vor seinem Eintreten absehbare – Tod des Alten Reiches von der großen Mehrheit der Deutschen, durchaus im Gegensatz zu den Ereignissen von 1918 und 1945, eben nicht als Katastrophe empfunden und wahrgenommen worden ist. Zwar fehlte es auch damals durchaus nicht an überzeugten „Reichspatrioten", doch sie bildeten nur noch eine verschwindende Minderheit unter ihren deutschen Zeitgenossen. Vor allem diejenigen weinten dem dahingehenden Alten Reich noch eine Träne nach, die von dem ausgedehnten, in seinen Ausmaßen kaum noch überschaubaren Pfründen- und Klientelsystem der alten Ordnung profitiert hatten. Die Mehrheit der Deutschen, mochten sie nun preußische, bayerische, württembergische, sächsische oder andere „Staatspatrioten" sein oder vielleicht bereits Anhänger der Idee einer politisch neu geeinten, bürgerlichen Nation, empfanden den Schlussstrich unter das Alte Reich – den kein Geringerer als sein letzter Kaiser Franz II. höchstpersönlich zog – im Grunde als historisch wie politisch notwendigen Abschluss einer Tradition, die sich seit langem überlebt hatte, ja die inzwischen zur Last geworden war.

---

1 Zu diesem Namen vgl. Hans Boldt: Deutsche Verfassungsgeschichte. Politische Strukturen und ihr Wandel, Bd. 1: Von den Anfängen bis zum Ende des älteren deutschen Reiches 1806, München 1984, S. 34.

2 Johann Heinrich Zedler, Großes vollständiges Universal-Lexikon Aller Wissenschaften und Künste, Bd. 43, Leipzig/Halle 1745, Sp. 184–196.

3 So zutreffend Helmut Neuhaus: Das Ende des Alten Reiches, in: Helmut Altrichter/ders. (Hrsg.): Das Ende von Großreichen, Erlangen/Jena 1996, S. 191.

Freilich dürfen auf der anderen Seite ebenfalls die bedeutenden Leistungen des Reiches und der Reichsverfassung[4] nicht verkannt werden, die gerade von der neueren historischen Forschung nicht zu Unrecht besonders in den Vordergrund gerückt worden sind.[5] Durch ein ausgeklügeltes System der paritätischen Entscheidungsfindung auf dem Reichstag ist in schwieriger Zeit der Zusammenhalt der konfessionell gespaltenen und nach dem schrecklichen Dreißigjährigen Krieg tief zerrissenen deutschen Nation gewahrt worden. Trotz eines leichten katholischen Übergewichts (es gab im Reich niemals einen protestantischen Kaiser) wurden doch die Gleichberechtigung der Konfessionen und die – freilich territorial gebundene – Glaubensfreiheit der Untertanen weitgehend gewahrt. Und auch in der Epoche der „äußeren Doppelbedrohung des Reiches durch die expansive Politik des französischen Königs Ludwigs XIV. von Westen und durch die mohammedanischen Türken von Osten"[6] gelang es dem Reich immerhin, wenigstens seinen inneren staatsrechtlich-politischen Zusammenhang zu erhalten – trotz immer wieder eintretender, sehr bitterer territorialer Verluste, etwa Straßburgs und der alten deutschen Kulturlandschaft des Elsass im 1697 abgeschlossenen Frieden zu Ryswik.[7]

Seit der Mitte des 18. Jahrhunderts jedoch befand sich das Reich im unübersehbaren Niedergang. Denn es krankte an schweren strukturellen und institutionellen Defiziten, und diese wiederum ermöglichten gravierende politische Entwicklungen, die den Abstieg der kaiserlichen Macht begünstigten und dem Machtverlust der Reichsinstitutionen zuarbeiteten. Die obersten Reichsbehörden, belastet durch eine verkrustete Bürokratie, arbeiteten langsam und schwerfällig; die Prozesse an den beiden obersten Reichsgerichten, dem Reichshofrat in Wien und vor allem dem Reichskammergericht in Wetzlar, dauerten manchmal mehrere Jahrzehnte. Der Reichsverband war in der Tat „morsch und labil" geworden; die das Alte Reich tragende Gesellschaftsordnung erwies sich mit der Zeit immer deutlicher als „nicht mehr haltbar", und vor allem wurde mit jedem Jahr die Tatsache klarer erkennbar, dass sich die alte, auf dem Reich basierende „ständisch-feudale Welt [...] als anachronistisch und für Innovationen zu unbeweglich"[8] herausstellte. An der immer wieder aufs Neue sich erweisenden Unfähigkeit des Reiches zu grundlegenden, vor allem institutionellen Reformen konnte auch die Tatsache nichts ändern, dass in diesen Jahren eine weit ausgreifende – freilich fast nur auf Spezialisten beschränkte – publizistische Reichsreformdebatte in Deutschland geführt wurde.[9]

---

4   Bester neuerer Überblick mit exzellentem Forschungsbericht und umfangreichem Literaturverzeichnis: Helmut Neuhaus: Das Reich in der Frühen Neuzeit, München 1997.

5   Statt vieler sei an dieser Stelle nur verwiesen auf die beiden neuesten und umfangreichsten Gesamtdarstellungen: Karl Otmar Freiherr von Aretin: Das Alte Reich 1648–1806, 3 Bde., Stuttgart 1993–1997; Georg Schmidt: Geschichte des Alten Reiches. Staat und Nation in der Frühen Neuzeit 1495–1806, München 1999.

6   Neuhaus: Das Ende (Anm. 3), S. 194.

7   Vgl. Bernhard Erdmannsdörffer: Deutsche Geschichte vom Westfälischen Frieden bis zum Regierungsantritt Friedrichs des Großen 1648–1740, Meersburg/Naunhof/Leipzig 1932, hier Bd. 2, S. 62–86; Heinrich Ritter von Srbik: Wien und Versailles 1692–1697. Zur Geschichte von Straßburg, Elsaß und Lothringen, München 1944; Aretin: Das Alte Reich (Anm. 5), Bd. 2, S. 28–41.

8   Volker Press: Der Untergang des Heiligen Römischen Reiches deutscher Nation, in: Eberhard Müller (Hrsg.): „... aus der anmuthigen Gelehrsamkeit". Tübinger Studien zum 18. Jahrhundert. Dietrich Geyer zum 60. Geburtstag, Tübingen 1988, S. 81. Vgl. zum Zusammenhang der Entwicklung u. a. Schmidt: Geschichte (Anm. 5), S. 245–346; John G. Gagliardo: Reich and Nation. The Holy Roman Empire as idea and reality, 1763–1806, Bloomington/London 1980.

9   Dazu grundlegend Wolfgang Burgdorf: Reichskonstitution und Nation. Verfassungsreformprojekte für das Heilige Römische Reich Deutscher Nation im politischen Schrifttum von 1648 bis 1806, Mainz 1998, S. 131–383.

Der Ritter Karl Heinrich von Lang, als hoher Verwaltungsbeamter im preußischen Franken und später in Bayern tätig, hat als junger Mann in amtlicher Funktion die Krönung des vorletzten Kaisers Leopold II. im Jahr 1790 in Frankfurt am Main vor Ort miterlebt und später in seinen berühmten „Memoiren" mit fast grausam zu nennender satirischer Schärfe beschrieben: Die Darstellung reicht von einer präzisen Schilderung der „herabwürdigenden Zeremonien", denen sich der neu gewählte Herrscher des Reiches unterziehen musste, über die Beschreibung des Kaiserornats, der den Eindruck machte, „als wär' er auf dem Trödelmarkt zusammengekauft", und der kaiserlichen Krone, die aussah, „als hätte sie der allerungeschickteste Kupferschmied zusammengeschmiedet und mit Kieselstein und Glasscherben besetzt", bis hin zum „kahlen Throne, der aussah wie eine Hennensteige" und zum „abgeschabten Mantel" des Monarchen sowie den ebenso „alten Kaiserpantoffeln", mit denen Leopold II. vom Dom zum Römer „über gelegte Bretter" gehen musste, „die man mit rotem Tuche bedeckte, welches aber die gemeinen Leute auf dem Boden kniend und mit Messern in den Händen hart hinter seinen Fersen herunterschnitten und zum Teil so gewaltsam in Fetzen herunterrissen, daß sie den vorn laufenden Kaiser beinahe damit niederwarfen".[10]

Die fast bis zur Lächerlichkeit ihrer äußeren Form veralteten Institutionen des Reiches stellten, besonders in der zweiten Hälfte des 18. Jahrhunderts, jedoch keineswegs das schlimmste Defizit dieses überalterten politischen Gebildes dar. Noch weitaus gefährlicher wirkte sich die – von manchen neueren Autoren gerne vernachlässigte oder gar unterschlagene – Tatsache der äußerst defizitären Reichskriegsverfassung aus.[11] Nimmt man die Tatsache in den Blick, dass zwischen Staatsverfassung und Heeresverfassung in der Frühen Neuzeit ein fundamentaler, eigentlich untrennbarer Zusammenhang bestand,[12] dann wiegt das Faktum der strukturellen Verteidigungsunfähigkeit des Heiligen Römischen Reiches Deutscher Nation nur umso schwerer, wenn es in der Rückschau darum geht, dessen Lebensfähigkeit angemessen einzuschätzen.[13]

Diese schwer wiegenden Defizite verschiedenster Art hingen nun wiederum aufs Engste mit den politischen Entwicklungen im Reich und in Europa seit den Schlüsseljahren 1740 und 1789 zusammen. Nachdem im Reich der Habsburger ein männlicher Erbe ausgeblieben war, kam es 1740 mit dem doppelten Regierungsantritt von Maria Theresia als Königin von Böhmen und von Ungarn sowie von Friedrich dem Großen als König von Preußen zu schweren inneren Auseinandersetzungen im Reich: Mit dem Kampf des Kurfürstentums Brandenburg-Preußen um seinen Aufstieg in den drei Schlesischen

---

10 Alle Zitate in: [Karl Heinrich Ritter von Lang]: Die Memoiren des Ritters von Lang 1774–1835, hrsg. v. Hans Haußherr, Stuttgart 1957, S. 114 f.; die Zuverlässigkeit dieser Darstellung Langs wird bestätigt durch die Untersuchung von Adalbert von Raumer: Der Ritter von Lang und seine Memoiren. Aus dem Nachlaß hrsg. v. Karl Alexander von Müller/Kurt von Raumer, München/Berlin 1923, S. 98 f.

11 Darauf hat bereits hingewiesen in einer klassischen, noch heute grundlegenden Studie: Heinrich Ritter von Srbik: Das Österreichische Kaisertum und das Ende des Heiligen Römischen Reichs (1804–1806), in: Archiv für Politik und Geschichte, 8 (1927), S. 147, und neuerdings vor allem: Neuhaus: Das Ende (Anm. 3), S. 194–199; vgl. ebenfalls ders.: Das Problem der militärischen Exekutive in der Spätphase des Alten Reiches, in: Johannes Kunisch/Barbara Stollberg-Rilinger (Hrsg.): Staatsverfassung und Heeresverfassung in der europäischen Geschichte der frühen Neuzeit, Berlin 1986, S. 297–346.

12 Klassisch hierzu noch immer: Otto Hintze: Staatsverfassung und Heeresverfassung, in: ders.: Gesammelte Abhandlungen, Bd. 1: Staat und Verfassung, hrsg. v. Gerhard Oestreich, 3. Aufl., Göttingen 1970, S. 52–83.

13 Vgl. dazu besonders auch die von Neuhaus: Das Ende (Anm. 3), S. 199, Anm. 73, vorgebrachte, in der Sache überaus berechtigte Kritik an der Darstellung der späten Reichsgeschichte in dem bekannten Werk von Karl Otmar Freiherr von Aretin: Heiliges Römisches Reich 1776–1806. Reichsverfassung und Staatssouveränität, 2 Bde., Wiesbaden 1967.

Kriegen bis zum Hubertusburger Frieden von 1763 wurde die bisher weitgehend un-angefochtene Dominanz der Habsburger im Reich auf einmal ernsthaft in Frage ge-stellt.[14] Die Herrscher beider Seiten, der preußische König ebenso wie Maria Theresias Gemahl Kaiser Franz I. und anschließend ihr Sohn, Kaiser Joseph II., begannen damit, die Reichsverfassung für ihre jeweiligen Zwecke zu instrumentalisieren. In Wien ver-stand der Leiter der kaiserlichen Politik, Fürst Kaunitz-Rietberg, das Reich nur noch als „eine Quelle der Macht des Kaiserhauses, als Geld- und Soldatenreservoir, aber auch als Quelle des Ansehens, weil an ihm das Kaiseramt hing";[15] kurzum: Es ging zuerst und vor allem um die Machtsteigerung der Dynastie Habsburg, nicht mehr um das Reich. Und im Norden des Reiches wiederum nutzte Friedrich der Große ohne Skrupel die Möglichkeiten, die ihm die Reichspolitik immer noch bieten konnte, wenn es darum ging, den Machterweiterungsbestrebungen des deutschen Konkurrenten Habsburg ent-gegenzutreten: Um das große Projekt Josephs II., den Tausch der habsburgisch regierten südlichen Niederlande gegen Bayern, zu verhindern, gründete er 1785 den deutschen Fürstenbund, der das „bayerische Tauschprojekt" des Wiener Kaiserhauses schließlich erfolgreich zum Scheitern brachte.[16]

Kurz gesagt: Die beiden wichtigsten deutschen Mächte, das alte Habsburgerreich und der Aufsteiger Brandenburg-Preußen, erkannten im Reich bestenfalls noch ein willkom-menes Mittel zur Beförderung ihrer jeweiligen Interessen, damit zur Steigerung eigener Macht und eigenen Einflusses. Die kleineren Reichsfürsten, die sich vom Fürstenbund eine Erneuerung, wenigstens aber eine Stärkung des Reichsverbandes gegen ein selbst-herrlich agierendes und letztlich nur die eigenen Interessen egoistisch bedienendes habs-burgisches Kaisertum erhofft hatten, sahen sich am Ende düpiert und bitter getäuscht – und zwar von Wien ebenso wie von Berlin.[17] In dieser Lage also befand sich das Reich am Vorabend der 1789 ausbrechenden Französischen Revolution.

2. Die Französische Revolution als Herausforderung für Deutschland

Die Auseinandersetzung des Alten Reiches mit der Revolution in Frankreich[18] ist nur ein Teilthema dieser alle bisherigen Verhältnisse gründlich umwälzenden historischen Epoche, die man unter dem allgemeinen Nenner „Europa und die Französische Revo-

14 Vgl. dazu neuerdings die zusammenfassende Darstellung von Wolfgang Neugebauer: Die Hohenzollern, Bd. 2: Dynastie im säkularen Wandel. Von 1740 bis in das 20. Jahrhundert, Stuttgart 2003, S. 9–54, 201–206 (Literatur).
15 Neuhaus: Das Ende (Anm. 3), S. 203.
16 Vgl. dazu statt vieler die beiden Studien von Volker Press: Friedrich der Große als Reichspolitiker, in: ders.: Das Alte Reich. Ausgewählte Aufsätze, hrsg. v. Johannes Kunisch, Berlin 1997, S. 260–288; ders.: Bayern am Scheideweg – Die Reichspolitik Kaiser Josephs II. und der Bayerische Erbfolgekrieg 1777–1779, in: ebd., S. 289–325; wichtig ebenfalls Karl Otmar Freiherr von Aretin: Bayerns Weg zum souveränen Staat. Landstände und konstitutionelle Monarchie 1714–1818, München 1976, S. 64–119. Umfassend zu Friedrichs später antihabsburgischer Reichspolitik immer noch: Reinhold Koser: Geschichte Friedrichs des Großen, 4.–5. Aufl., Bd. 3, Stuttgart/Berlin 1913, S. 383–410, 485–507.
17 Wichtig hierzu Dieter Stievermann: Der Fürstenbund von 1785 und das Reich, in: Volker Press/ders. (Hrsg.): Alternativen zur Reichsverfassung in der Frühen Neuzeit?, München 1995, S. 209–226; aus der älteren Literatur vor allem Aretin: Heiliges Römisches Reich (Anm. 13), Bd. 1, S. 162–240.
18 Bester Überblick immer noch bei Kurt von Raumer: Deutschland um 1800 – Krise und Neugestaltung 1789–1815, in: Leo Just (Hrsg.): Handbuch der Deutschen Geschichte, Bd. 3/I, 1. Teil, Wiesbaden 1980, S. 1–430, hier S. 24–119.

lution" zusammenfassen kann.[19] Der Krieg, den das Reich seit 1792 gegen den revolutionären Nachbarn im Westen zu führen begann,[20] war von Anbeginn an – obwohl so etwas vielleicht nahe gelegen hätte – kein „Weltanschauungskrieg" der Kräfte des Alten gegen die Vertreter des Neuen, sondern es ging um ganz konkrete Rechtsverletzungen, die von der Pariser Revolutionsregierung begangen worden waren: Denn trotz der Annexion des Elsass und Lothringens (dessen dauerhafte Angliederung an Frankreich allerdings erst in der zweiten Hälfte des 18. Jahrhunderts erfolgte) im Zuge der von Ludwig XIV. unternommenen Raubkriege am Ende des 17. Jahrhunderts existierten in diesen Gebieten noch einige Exklaven des Reiches, kleinere Fürstentümer und Reichsgrafschaften, die ringsum von französischem Territorium umschlossen waren. Diese Exklaven waren von der revolutionären Pariser Zentralregierung annektiert und umstandslos dem französischen Staatsgebiet eingegliedert worden, und damit hatte sie gegen die entsprechenden Festlegungen in den Friedensverträgen von Nymwegen (1678), Ryswik (1697) und Rastatt (1714) verstoßen, also gegen geltendes Völkerrecht. Darüber hinaus verletzte Frankreich „die Rechte des Reichs als des Garanten der Rechte seiner Glieder",[21] und dem Kaiser als Reichsoberhaupt blieb letztlich gar nichts anderes übrig, als dieser schwer wiegenden Provokation wirksam – und falls notwendig, ebenfalls mit den militärischen Mitteln, die ihm zur Verfügung standen – entgegenzutreten. Auch der Regensburger Reichstag erklärte den Krieg gegen Frankreich, wenn auch erst nach langwierigen internen Verhandlungen, im März 1793, also lange nach dem Ausbruch der Kampfhandlungen.[22]

Unter anderen Vorzeichen hätte dieser Krieg, der im Juli 1792 begann, vielleicht zu einem neuen deutschen Gemeinschaftsbewusstsein, damit eventuell sogar „zu einer neuerlichen Vereinigung des Reichsverbandes"[23] führen können. Doch es kam anders: Die „Kampagne" der Reichsarmee blieb schon nach einigen Anfangserfolgen wenige Wochen später stecken; ihr Befehlshaber, Herzog Karl Wilhelm Ferdinand von Braunschweig, beging auch auf propagandistischem Gebiet Fehler über Fehler, und die Kräfte der von der Pariser Regierung mobilisierten, hoch motivierten Revolutionsarmeen erwiesen sich dem schwerfälligen System der deutschen Reichsarmee als unverkennbar überlegen.[24] Militärische Erfolge der Reichsarmee blieben aus, während die Kräfte Frankreichs, trotz kleinerer Rückschläge, im Ganzen deutlich an Boden gewinnen konnten; schon Ende des Jahres drangen sie in Deutschland ein und eroberten mehrere linksrheinisch gelegene Städte, darunter Speyer, Worms und Mainz.

Es sollte sich bald zeigen, dass der Reichsverband sich in seinem letzten Reichskrieg als nicht sehr mobil erwies, denn „es waren zunehmend die beiden deutschen Großmächte,

19 So auch der Titel der bis heute umfassendsten und unersetzten Gesamtdarstellung von Albert Sorel: L'Europe et la Révolution Française, 8 Bde., Paris 1893–1912.
20 Vgl. dazu u. a. die immer noch wertvollen älteren Darstellungen von Karl Theodor Heigel: Deutsche Geschichte vom Tode Friedrichs des Großen bis zur Auflösung des alten Reiches, Bd. 2: Vom Feldzug in der Champagne bis zur Auflösung des alten Reiches (1792—1806), Stuttgart/Berlin 1911, S. 3–74, und Adalbert Wahl: Geschichte des Europäischen Staatensystems im Zeitalter der Französischen Revolution und der Freiheitskriege (1789–1815), München/Berlin 1912, S. 34–92; neuerdings auch, knapp zusammenfassend, Michael Erbe: Revolutionäre Erschütterung und erneuertes Gleichgewicht. Internationale Beziehungen 1785–1830, Paderborn u. a. 2004, S. 293–315.
21 Ernst Rudolf Huber: Deutsche Verfassungsgeschichte seit 1789, Bd. 1: Reform und Restauration 1789 bis 1839, 2. Aufl., Stuttgart u. a. 1975, S. 21.
22 Vgl. Karl Härter: Reichstag und Revolution 1789–1806. Die Auseinandersetzung des Immerwährenden Reichstags zu Regensburg mit den Auswirkungen der Französischen Revolution auf das Alte Reich, Göttingen 1992, S. 240–285.
23 Press: Der Untergang (Anm. 8), S. 86.
24 Vgl. die zusammenfassende Überblicksdarstellung bei Wahl: Geschichte (Anm. 20), S. 36–55.

die die eigentlich Krieg führenden Kräfte stellten. Das Reich trat in ihren Schatten – der eigentliche Reichskrieg hatte sich bald totgelaufen".[25] Unter dem Eindruck der Hinrichtung König Ludwigs XVI. in Paris am 21. Januar 1793, die im übrigen Europa vielfach als Angriff auf die geheiligten Prinzipien des Königtums und der Legitimität angesehen wurde,[26] schlossen sich im Rahmen der Ersten Koalition gegen das revolutionäre Frankreich bald auch eine Reihe weiterer Mächte dem Reich an, darunter Großbritannien, die Niederlande, Spanien, Portugal, Piemont-Sardinien und Neapel. Dennoch hatten die beiden deutschen Mächte Habsburg und Preußen die Hauptlast des Krieges zu tragen, und dies sollte bald gravierende Folgen haben. Denn die fortwährenden Misserfolge der Koalitionstruppen, verbunden mit den militärischen Siegen und den Gebietsgewinnen der französischen Revolutionsarmeen, veranlassten den preußischen König Friedrich Wilhelm II., aus der Front der antifranzösischen Koalitionäre auszuscheren. Dabei ging es ihm nicht zuletzt um die sich plötzlich eröffnende Möglichkeit zu großen Gebietsgewinnen im Osten, denn die wesentlich von Russland ins Werk gesetzte dritte Teilung Polens stand unmittelbar bevor.[27]

Mit dem Sonderfrieden von Basel, der von Preußen am 5. April 1795 mit der revolutionären französischen Republik geschlossen wurde, vollzog das norddeutsche Königreich seinen Austritt aus dem Reichskrieg[28] – und dies war, so Volker Press, „ein konsequenter Schritt, der weitgehend der Stimmung im Reich entsprach, aber er war zugleich ein schwerer Verstoß gegen die Reichsverfassung und gegen die Loyalität zum Kaiser".[29] Denn der König von Preußen verstieß hierdurch nicht nur eklatant gegen seine Pflichten als Reichsstand, sondern er erkannte damit auch die revolutionäre Republik sowie die Abtretung der von ihr bereits erworbenen linksrheinischen Gebiete an; außerdem warf sich das Königreich „ohne Ermächtigung zum Wortführer und Protektor der norddeutschen Reichsstände auf", indem es gleich ganz Norddeutschland zur neutralen Zone zwischen den weiter Krieg führenden Mächten erklärte. Und in einem im August 1796 geschlossenen Zusatzabkommen verzichtete Preußen schließlich endgültig auf das linke Rheinufer gegen in Aussicht gestellte Gebietsentschädigungen rechts des Rheins. Damit wurde in der Tat ein großer „Abfall vom Reich"[30] in Gang gesetzt, der das letzte Jahrzehnt und damit zugleich die traurige abschließende Epoche dieses Staatsgebildes einleitete.

Der Friede von Basel, den man als den Anfang vom Ende des Alten Reiches auffassen darf, hat in späterer Sicht eine durchaus unterschiedliche Beurteilung gefunden. Leopold von Ranke, der Altmeister der deutschen Geschichtswissenschaft, hat das Jahrzehnt der „Ruhe des Nordens"[31] zwischen 1795 und 1805 als Ergebnis des Basler Friedens nachdrücklich verteidigt, denn nur durch die von Preußen erreichte Neutralität seien die politischen Rahmenbedingungen geschaffen worden, unter denen sich die deutsche

---

25 Press: Der Untergang (Anm. 8), S. 86.
26 Vgl. dazu u. a. Heigel: Deutsche Geschichte (Anm. 20), Bd. 2, S. 75–79.
27 Vgl. dazu zusammenfassend Eberhard Weis: Der Durchbruch des Bürgertums 1776–1847, Frankfurt a. M. u. a. 1975, S. 209–212; Erbe: Revolutionäre Erschütterung (Anm. 20), S. 232–236.
28 Hierzu immer noch grundlegend: Willy Real: Der Friede von Basel, in: Basler Zeitschrift für Geschichte und Altertumskunde, 50 (1951), S. 27–112, 51 (1952), S. 115–228; ders.: Von Potsdam nach Basel. Studien zur Geschichte der Beziehungen Preußens zu den europäischen Mächten vom Regierungsantritt Friedrich Wilhelms II. bis zum Abschluß des Friedens von Basel 1786–1795, Basel/Stuttgart 1958; ausführlich neuerdings auch Wilhelm Bringmann: Preußen unter Friedrich Wilhelm II. (1786–1797), Frankfurt a. M. 2001, S. 516–561.
29 Press: Der Untergang (Anm. 8), S. 87.
30 Beide Zitate aus: Huber: Deutsche Verfassungsgeschichte, (Anm. 21), Bd. 1, S. 30.
31 Press: Der Untergang (Anm. 8), S. 87.

Klassik und Romantik, überhaupt die große Blütezeit des deutschen Geisteslebens in Nord- und Mitteldeutschland habe entfalten und entwickeln können.[32] Aus anderer, d. h. machtpolitischer und strategischer, aber auch aus reichshistorischer Perspektive gesehen, muss das Urteil über den preußischen Sonderfrieden freilich ganz anders ausfallen. Denn dieses Abkommen, das vom Königreich Preußen mit der revolutionären Republik Frankreich, dem geschworenen Feind des alten Europa, geschlossen wurde, zerstörte nicht nur die bis dahin noch mühsam aufrecht erhaltene Einheit des Reiches, sondern es war ebenfalls, so das Urteil Adalbert Wahls, „der erste Schritt auf dem unheilvollen Weg der politischen Sünde, durch schlaue Berechnung, während andere sich schlugen, unblutige Vorteile zu erhandeln[,] und die Politik des folgenden Jahrzehnts war doch nur die logische, wenn auch nicht notwendige Fortsetzung der des Jahres 1795".[33]

So kam es, wie es unter diesen ungünstigen Voraussetzungen wohl kommen musste: Die tapfer weiter fechtenden kaiserlichen, also im Wesentlichen österreichischen Armeen wurden von den französischen Kräften, die infolge der Entlastung im Norden noch verstärkt werden konnten, hart bedrängt, und in Oberitalien machte in dieser Zeit erstmals der junge korsische Revolutionsgeneral Napoleon Bonaparte von sich reden, der auf diesem Nebenkriegsschauplatz letztlich die Entscheidung herbeiführen konnte, denn im Frühjahr 1797 bedrohten seine Truppen bereits die österreichischen Erblande.[34] Dem durch die militärischen Erfolge der Franzosen massiv geschwächten Kaiser blieb – da sich nun auch die verbündeten Mächte, vor allem England und Russland, aus dem Kampf zurückzuziehen begannen – kaum etwas anderes übrig, als auf die vom Sieger verlangten Friedensbedingungen einzugehen. Im Frieden von Campo Formio (17. Oktober 1797), den Franz II. allerdings nur für die habsburgischen Erblande, also in seiner Eigenschaft als König von Böhmen und Ungarn, jedoch nicht als Kaiser des Reiches abschloss, musste er nun die bereits im Frieden von Basel getroffenen Regelungen, darunter die Abtretung des größten Teils der linksrheinischen Territorien Deutschlands an Frankreich, auch seinerseits anerkennen. Immerhin kam es nun zu der reichlich paradoxen, aber eben für den damaligen Zustand Deutschlands auch bezeichnenden Situation, dass Berlin und Wien Frieden mit Paris geschlossen hatten, während das Reich sich offiziell noch weiterhin mit der Französischen Republik im Kriegszustand befand.

Als zu Anfang des Jahres 1798 nach und nach die Einzelheiten des Friedens von Campo Formio bekannt wurden, war die Empörung am Reichstag zu Regensburg groß, denn gerade diejenigen unter den alten Reichsständen, die traditionell zur treuesten Klientel des Kaisers gehört hatten, darunter besonders die geistlichen Kurfürstentümer mit großem Territorialbesitz westlich des Rheins, fühlten sich von Wien verraten.[35] Ausrichten konnten sie jetzt freilich nichts mehr, und die endgültige Annexion der Rheinlande, über die auf einem Friedenskongress in Rastatt beraten werden sollte, schien ohnedies nur noch eine Frage der Zeit zu sein. Freilich gab es damals auch in Deutschland selbst, nicht zuletzt in den Rheinlanden, entschiedene Anhänger der Französischen Revolu-

---

32 Vgl. Leopold von Ranke: Denkwürdigkeiten des Staatskanzlers Fürsten von Hardenberg bis zum Jahre 1806, Bd. 1, Leipzig 1877, S. 332.
33 Wahl: Geschichte (Anm. 20), S. 67; ähnlich kritisch auch Aretin: Heiliges Römisches Reich (Anm. 13), Bd. 1, S. 318–333.
34 Vgl. zusammenfassend: Wahl: Geschichte (Anm. 20), S. 71–92; zum politischen Zusammenhang auch Anton Ernstberger: Österreich und Preußen von Basel bis Campo Formio 1795–1797, Prag 1932.
35 Vgl. Aretin: Heiliges Römisches Reich (Anm. 13), Bd. 1, S. 346–349 u. a.; Härter: Reichstag und Revolution (Anm. 22), S. 538–548.

tion, und einer von ihnen (dessen politische Überzeugungen sich später allerdings entschieden wandeln sollten) war der junge Koblenzer Publizist Joseph Görres. Seine mit beißender Ironie formulierte „Todesanzeige" auf das Reich fiel zwar etwas verfrüht aus, sie illustriert jedoch anschaulich, wie die Ereignisse des Jahres 1797 von manchen Deutschen empfunden wurden: „Am dreysigsten December 1797 am Tage des Uebergangs von Maynz, Nachmittags um drey Uhr starb zu Regensburg in dem blühenden Alter von 955 Jahren 5 Monathen, 28 Tagen, sanft und seelig an einer gänzlichen Entkräftung, und hinzugekommenen Schlagflusse, bey völligem Bewußtseyn, und mit allen heiligen Sakramenten versehen, *das heilige römische Reich*, schwerfälligen Andenkens".[36]

Auch ein anderes Zeugnis des Nachdenkens über das sterbende Reich aus dieser Zeit ist von Interesse: Um 1797/98 verfasste Schiller sein (erst lange nach seinem Tode aus dem Nachlass veröffentlichtes) berühmtes Fragment „Deutsche Größe", in dem er die Frage nach dem sich immerhin schon unübersehbar als Möglichkeit abzeichnenden Untergang des Reiches ganz offen stellte. Seine Antwort lautete: „Deutsches Reich und deutsche Nation sind zweierlei Dinge. Die Majestät des Deutschen ruhte nie auf dem Haupt s[einer] Fürsten. Abgesondert von dem politischen hat der Deutsche sich einen eigenen Wert gegründet, und wenn auch das Imperium unterginge, so bliebe die deutsche Würde unangefochten". Der Dichter, der – aus Süddeutschland kommend – in der durch den Basler Frieden ermöglichten „Ruhe des Nordens" Asyl gefunden hatte, beschwor dagegen die „deutsche Würde" als eine „sittliche Größe, sie wohnt in der Kultur und im Charakter der Nation, die von ihren politischen Schicksalen unabhängig ist. – Dieses Reich blüht in Deutschland, es ist in vollem Wachsen, und mitten unter den gotischen Ruinen einer alten barbarischen Verfassung bildet sich das Lebendige aus".[37] Im Grunde hatten also, wie diese Zeilen belegen, die führenden geistigen Gestalten und Kräfte bereits vor 1800 mit dem Reich als einer lebendigen und wirksamen politischen Institution abgeschlossen.

Besonders eindrucksvoll lässt sich diese Tatsache im Übrigen auch noch anhand einer weiteren, nicht weniger berühmten Äußerung zeigen – ebenso wie Schillers „Deutsche Größe" ein Dokument intensivster Reflexion über Deutschlands Gegenwart und Zukunft in dieser Zeit: Gemeint sind Hegels „Fragmente einer Kritik der Verfassung Deutschlands", entstanden zwischen 1799 und 1801.[38] „Daß eine Menge einen Staat bilde", heißt es in diesem Text des damals noch ganz unbekannten jungen Denkers, „dazu ist nothwendig, daß sie eine gemeinsame Wehre und Staatsgewalt bilde". Mit Blick auf die Zeitereignisse und auf die unmittelbare Gegenwart wird freilich klar, dass genau dies in Deutschland nicht mehr der Fall ist. Deshalb lautet seine Kerndiagnose klar und einfach: „Deutschland ist kein Staat mehr". Während die Juristen und Staatsgelehrten sich über den Begriff einer deutschen Verfassung nicht hätten einig werden können, aber darüber doch immerhin noch gestritten hätten, so sei in der Gegenwart „kein Streit mehr darüber, unter welchen Begriff die deutsche Verfassung falle", möglich, denn „was nicht mehr begriffen werden kann, ist nicht mehr; sollte Deutschland

36 Joseph Görres: Gesammelte Schriften, Bd. 1: Politische Schriften der Frühzeit (1795–1800), hrsg. v. Max Braubach, Köln 1928, S. 95; vgl. auch Heribert Raab: Joseph Görres. Ein Leben für Freiheit und Recht, Paderborn u. a. 1978, S. 26 f.

37 Die Zitate aus: Friedrich Schiller: Sämtliche Werke, hrsg. v. Herbert G. Göpfert, 8. Aufl., München 1987, Bd. 1, S. 473 f.; siehe dazu auch Rüdiger Safranski: Friedrich Schiller oder Die Erfindung des Deutschen Idealismus, München/Wien 2004, S. 496 f.

38 Jetzt nach den verschiedenen Manuskriptfassungen zuzüglich der dazugehörigen Exzerpte und Notizen historisch-kritisch neu ediert in: Georg Wilhelm Friedrich Hegel: Gesammelte Werke, hrsg. v. d. Nordrhein-Westfälischen Akademie der Wissenschaften, Bd. 5: Schriften und Entwürfe (1799–1801), hrsg. v. Manfred Baum/Kurt Rainer Meist, Hamburg 1998.

ein Staat seyn, so könnte man diesen Zustand der Auflösung des Staats nicht anders als [...] Anarchie nennen".[39] Diese bittere und harte, aber realistische Diagnose war erst, auch das betont Hegel, durch das Erlebnis des jüngsten, für Deutschland so tragisch verlaufenen Krieges möglich geworden.

Doch noch schien nicht alles verloren zu sein. Wie mit dem Sieger vereinbart, trat im November 1797 der Reichsfriedenskongress in Rastatt zusammen, der nach den beiden Friedensschlüssen in Basel und Campo Formio nun auch den Frieden zwischen Frankreich und dem Reich bringen sollte.[40] Während sich die Verhandlungen mühsam dahinschleppten ohne zu einem Ergebnis zu gelangen, schufen die Sieger des letzten Krieges neue Fakten, indem sie weitere linksrheinische Gebiete, darunter die Stadt Mainz, militärisch besetzten. Inzwischen hatte sich allerdings die gesamtpolitische Lage wieder merklich zu Ungunsten der Franzosen verändert, denn seit dem Sommer 1798 bereitete sich die Bildung der zweiten gegen die Französische Republik gerichteten Koalition vor, zu der neben Österreich auch Russland und Großbritannien gehören sollten. Nachdem französische Truppen im Februar 1799 den Rhein überschritten hatten, erfolgte am 1. März die Kriegserklärung Frankreichs an Österreich. Trotzdem dauerten die Friedensverhandlungen noch bis Ende April weiter an. Erst nachdem die österreichischen Bevollmächtigten die Festung Rastatt verlassen hatten, entfernten sich auch die französischen Unterhändler vom Verhandlungsort, kurz darauf wurden sie – noch vor den Toren der Stadt – am 28. April von österreichischen Truppen überfallen; zwei von ihnen kamen dabei um. Dieser bis heute noch nicht in allen Details geklärte Rastatter Gesandtenmord[41] warf einen dunklen Schatten auf die Zukunft; der Reichskrieg brach erneut aus und wurde fortan vor dem Hintergrund jener „skandalösen Vergewaltigung des Völkerrechts"[42] auf beiden Seiten mit vermehrter Erbitterung geführt.

3. Stufen des Reichsverfalls 1801–1805

Auch der nächste Krieg, den die nunmehr zweite Koalition gegen das revolutionäre Frankreich unternahm, verlief für die verbündeten Mächte nach anfänglichen kleineren Erfolgen höchst unglücklich,[43] was nicht zuletzt damit zusammenhing, dass sich auch der soeben zur Regierung gekommene junge preußische König Friedrich Wilhelm III. entschloss, an der strikten Neutralitätspolitik seines Vaters festzuhalten, und das bedeutete: Ganz Norddeutschland hielt sich weiterhin aus dem Krieg heraus. Im Verlauf des Jahres 1800 gelang es den Franzosen nach heftigen und wechselvollen Kämpfen schließlich, erneut weit nach Süddeutschland und sogar bis nach Österreich vorzustoßen. Nachdem sich die anderen am Krieg beteiligten Reichsstände nach und nach aus dem Krieg zurückgezogen hatten, blieb dem Kaiser nichts anderes übrig, als erneut um Frieden zu bitten. Dem Waffenstillstand im Dezember 1800 folgte am 9. Februar 1801

---

39 Die Zitate Hegel: Gesammelte Werke (Anm. 38), Bd. 5, S. 166, 161.
40 Vgl. dazu Heigel: Deutsche Geschichte (Anm. 20), Bd. 2, S. 291–294; Huber: Deutsche Verfassungsgeschichte (Anm. 21), Bd. 1, S. 34–36; Aretin: Heiliges Römisches Reich (Anm. 13), Bd. 1, S. 345–354; Härter: Reichstag und Revolution (Anm. 22), S. 539–560.
41 Vgl. dazu aus der älteren Forschung: Karl Theodor Heigel: Der Rastatter Gesandtenmord, in: ders.: Essays aus neuerer Geschichte, München u. a. 1892, S. 199–217, sowie die Bemerkungen bei Wahl: Geschichte (Anm. 20), S. 100 f.; neuerdings auch die Hinweise bei Härter: Reichstag und Revolution (Anm. 22), S. 560 f.
42 Raumer: Deutschland um 1800 (Anm. 18), S. 114.
43 Zu den Einzelheiten siehe die Darstellung bei Wahl: Geschichte (Anm. 20), S. 93–108, 114–131.

der Friedensvertrag von Lunéville,[44] der dieses Mal nicht nur im Namen Habsburgs, sondern auch für das gesamte Reich abgeschlossen wurde; mit der Zustimmung durch den Reichstag trat der Vertrag schließlich am 16. März in Kraft – und zwar nicht nur als völkerrechtlicher Vertrag, sondern auch als neues Reichsgrundgesetz.[45]

Wenn die deutsche „Staatskrankheit" spätestens im Jahre 1648 begonnen hatte und das langsame Sterben des Reiches nach 1789 einzusetzen begann, dann wird man den Frieden von Lunéville wohl als den Anfang seines Todeskampfes bezeichnen müssen. Denn Kaiser Franz II. war nun mehr oder weniger gezwungen, auch im Namen des Reiches auf das *gesamte* linksrheinische Gebiet Deutschlands zugunsten Frankreichs zu verzichten; diese Territorien wurden – und zwar von Deutschland jetzt offiziell anerkannt – in das Gebiet der Republik Frankreich eingegliedert. Als ob dies nicht schon genug gewesen wäre, musste sich das Reich darüber hinaus ebenfalls verpflichten, die östlich des Rheins gelegenen Festungen Breisach, Kehl, Philippsburg, Kastel, Ehrenbreitstein und Düsseldorf zu schleifen. Österreich selbst freilich kam, darauf hatte der Kaiser natürlich geachtet, noch vergleichsweise glimpflich davon, denn für seine Verluste in Belgien und in Norditalien erhielt es ansehnliche Kompensationen in Venetien, Istrien und Dalmatien zugesprochen. Für das Reich sah es allerdings auch im Blick auf seine traditionelle innere Struktur bitter aus, denn mit der Preisgabe des linken Rheinufers hatte man auf die alten und angestammten Territorien von vier Kurfürsten und zahlreichen anderen Reichsständen verzichten müssen. Die Konsequenz war nichts Geringeres als „der Zusammenbruch der traditionellen kaiserlichen Klientel", die vor allem in den geistlichen Kurfürstentümern und den kleineren katholischen Reichsständen bestanden hatte, denn nun sollte darüber hinaus auch auf rechtsrheinischem Gebiet „durch Mediatisierung bzw. Säkularisation der Stifte und der meisten Reichsstädte [...] für die überlebenden weltlichen Reichsstände eine Entschädigungsmasse geschaffen werden"[46] – und dies natürlich, wie zu erwarten war, auf Kosten der kleineren und wehrlosen unter ihnen.

Aus verfassungshistorischer Perspektive gesehen war der Frieden von Lunéville freilich nichts weniger als „ein Akt des Umsturzes; man ist versucht, ihn eine ‚*legale Revolution*' zu nennen",[47] denn mit der Auslieferung des linksrheinischen Deutschland an Frankreich, die eine tief eingreifende territoriale Umgestaltung auch im rechtsrheinischen Teil des noch verbliebenen Reichsgebiets zur Folge hatte, vollzog sich eine Änderung der Grundverfassung des Reiches, die bereits dessen Ende fast vorweg nahm und die in der Sache genau den Interessen Frankreichs entsprach. Indem nämlich „an die Stelle einer unüberschaubaren Vielzahl kleiner und kleinster Herrschaftsbereiche, die, um ihren Bestand zu wahren, des Rückhalts am Reich bedurften", ein übersichtlicheres System gefestigter deutscher Mittelstaaten – und zwar, das war entscheidend, mit dem Anspruch auf eigene Souveränität – geschaffen wurde, erreichte Frankreich sein schon seit Jahrhunderten verfolgtes Ziel, nämlich „die sinnzerstörende Übersteigerung des deutschen Föderalismus zum Partikularismus und Separatismus".[48] Und damit war zugleich die Suprematie Habsburgs über Deutschland gebrochen. Freilich: Die endgültige Entschei-

---

44 Vgl. Heigel: Deutsche Geschichte (Anm. 20), Bd. 2, S. 367 f., 375–379; Huber: Deutsche Verfassungsgeschichte (Anm. 21), Bd. 1, S. 39–42; Raumer: Deutschland um 1800 (Anm. 18), S. 118 f.
45 Vgl. Huber: Deutsche Verfassungsgeschichte (Anm. 21), Bd. 1, S. 39–42.
46 Volker Press: Altes Reich und Deutscher Bund – Kontinuität in der Diskontinuität, München 1995, S. 12.
47 Huber: Deutsche Verfassungsgeschichte (Anm. 21), Bd. 1, S. 40.
48 Die Zitate: Ebd., S. 41.

dung war 1801 noch nicht gefallen, und „mithin war auch der Friede von Lunéville nur als Waffenstillstand anzusehen, der entscheidende Gang nur aufgeschoben".[49]

Der nächste Akt des Dramas, als das man den Untergang des Alten Reiches wohl bezeichnen kann, folgte auf dem Fuße, denn die Aufhebung der zahlreichen größeren und kleineren geistlichen Herrschaften machte eine umfassende politisch-territoriale Flurbereinigung in Deutschland notwendig, die zwei Jahre nach Lunéville, im Jahre 1803, durch den Reichsdeputationshauptschluss ins Werk gesetzt wurde.[50] Hiermit wurde, wie Heinrich Ritter von Srbik es formuliert hat, „mit beispielloser Verletzung alles positiven Rechts und aller geschichtlichen Kontinuität der geistliche Fürstenstand vernichtet und der Gier der weltlichen Fürsten überantwortet". Und nicht zuletzt brachen damit „die Pfeiler, auf die das Kaisertum sich gestützt hatte", endgültig weg.[51] Das Reich hatte also „seine eigenen Glieder nicht vor der Vernichtung retten können und damit selbst den letzten Rest der Daseinsberechtigung verloren".[52] Die großen Gewinner dieses „Hauptschlusses" jener für die Durchführung der Säkularisation zuständigen „Reichsdeputation", dem der Rang eines neuen Reichsgrundgesetzes zukam, waren, wie bemerkt, die mittleren und größeren Territorialstaaten.

Wie schwach das Reich bereits geworden war, sollte sich schon im folgenden Jahr zeigen, als die Affäre um die Entführung und Hinrichtung des Herzogs von Enghien die Gemüter in ganz Europa bewegte. Nachdem Napoleon eine gegen ihn selbst gerichtete bourbonische Verschwörung in Frankreich niedergeschlagen hatte, wollte er ein Exempel statuieren: Er ließ den jungen Herzog von Enghien, einen nach Deutschland emigrierten Angehörigen der alten französischen Königsfamilie, am 15. März 1804 im badischen Ettenheim durch französische Truppen entführen und nach Frankreich verschleppen – ohne Zweifel ein gravierender Bruch des Völkerrechts. Obwohl der Prinz nachweislich an der Verschwörung unbeteiligt gewesen war, wurde er auf Befehl Napoleons schon sechs Tage später in Vincennes zum Tode verurteilt und anschließend sofort hingerichtet.[53] Dieser brutale Justizmord erregte ungeheures Aufsehen, und „zur Vorbereitung der Erhebung der übrigen Völker hat gewiß kaum etwas so viel beigetragen wie diese Handlung der Unrechtlichkeit und Unritterlichkeit, welche, wie mit einem Schlage, den Völkern, und zwar gerade auch den Deutschen, Napoleon zeigte, wie er war, und so den Nimbus, der ihn umgab, zu zerstören half".[54]

Die Reaktion der deutschen Fürsten auf diesen eklatanten Völkerrechtsbruch war an Peinlichkeit kaum noch zu überbieten: Weder Baden – immerhin der von der Gewaltaktion direkt betroffene deutsche Staat – noch der Reichstag wagten ein offenes Wort gegen diese Tat des Ersten Konsuls der Französischen Republik. Erst als die Könige

---

49 Heigel: Deutsche Geschichte (Anm. 20), Bd. 1, S. 379.
50 Vgl. dazu u. a. Aretin: Heiliges Römisches Reich (Anm. 13), Bd. 1, S. 436–454; Huber: Deutsche Verfassungsgeschichte (Anm. 21), Bd. 1, S. 42–61; Härter: Reichstag und Revolution (Anm. 22), S. 570–597.
51 Die Zitate aus: Srbik: Das Österreichische Kaisertum (Anm. 11), S. 147.
52 Fritz Hartung: Deutsche Verfassungsgeschichte vom 15. Jahrhundert bis zur Gegenwart, 8. Aufl., Stuttgart 1964, S. 161.
53 Vgl. dazu u. a. August Fournier: Napoleon I. – Eine Biographie, Bde. 1–3, 4. Aufl., Wien/Leipzig 1922, hier Bd. 2, S. 41–45; Heigel: Deutsche Geschichte (Anm. 20), Bd. 2, S. 481–488; Raumer: Deutschland um 1800 (Anm. 18), S. 138 f.; Jean Tulard: Napoleon oder der Mythos des Retters. Eine Biographie, Tübingen 1978, S. 189 f., 196 f.
54 So treffend Wahl: Geschichte (Anm. 20), S. 148; Raumer: Deutschland um 1800 (Anm. 18), S. 139, betont hingegen die auf die Zustände in Frankreich berechnete innenpolitische Funktion dieser Tat als einen „Akt des Schreckens, gerichtet gegen Napoleons innere Gegner, von denen die Jakobiner ihn fortan als rechten Sohn der Revolution erkennen und respektieren, die Royalisten aber entmutigt und schon im voraus zum Schweigen gebracht werden sollten".

von England und Schweden (in ihrer Eigenschaft als deutsche Reichsstände) in Regensburg aktiv wurden und als dort ebenfalls der russische Zar (in seiner Eigenschaft als Garant der Reichsverfassung) offiziell Protest einlegte, bequemten sich auch die beiden deutschen Großmächte Österreich und Preußen zu „äußerst schwächliche[n] Erklärungen"[55] vor dem Reichstag. Baden, von Frankreich massiv unter Druck gesetzt, sah sich gezwungen, eine „beruhigende" Erklärung vor der Regensburger Versammlung abzugeben, die zudem noch vorher mit Talleyrand, dem französischen Außenminister, abgestimmt worden war! Schließlich beugte sich die Mehrheit der Reichsstände dem Druck aus Paris: Ohne auf den Protest aus Großbritannien und Schweden Rücksicht zu nehmen, wurden im Juli 1804 kurzerhand Reichstagsferien anberaumt und die Verhandlungen ohne weitere Erklärungen geschlossen. In der Tat wurde der Reichstag damit „zum Erfüllungsgehilfen Napoleons degradiert", indem er zwei „Reichsständen ihr verfassungsmäßiges Recht auf einen Protest gegen die französische Verletzung der Reichsintegrität"[56] verwehrte.

Dagegen hatte sich der Reichstag noch kurz zuvor durchaus beeilt, die Erhebung Napoleons zum erblichen „Kaiser der Franzosen" am 18. Mai 1804, gewissermaßen in vorauseilendem Gehorsam, umgehend anzuerkennen, und der Kaiser des untergehenden Heiligen Römischen Reiches Deutscher Nation ließ in Regensburg offiziell erklären: „Daß die französische Nation die erbliche Souveränität wiederherstellen und sie ihrem bereits an der Spitze der Regierung stehenden Oberhaupte übertragen will, ist als Gegenstand der inneren Verwaltung eines fremden Staates von der Beschaffenheit, daß Sr. Majestät demselben Ihre Anerkennung auf keine Art versagen können"[57] – und so geschah es denn auch. Der österreichische Außenminister Johann Ludwig von Cobenzl ließ sich etwas später sogar so weit herab, vor den Augen des französischen Botschafters eine Protestnote des bourbonischen Thronanwärters, der darin gegen die napoleonische Kaiserwürde Einspruch erhob, zu verbrennen.[58] Freilich löste Napoleons Erhebung (die Selbstkrönung in der Kathedrale Notre Dame fand erst im Dezember 1804 statt) in Wien auch einige Bedenken und Befürchtungen aus, denn man fürchtete am dortigen Kaiserhof nun eine Herabsetzung der kaiserlichen Würde des Hauses Habsburg.

Der letzte Kaiser des Heiligen Römischen Reiches, Franz II. von Habsburg-Lothringen, machte politisch wie auch als Mensch keine besonders gute Figur: Als Persönlichkeit ohne Charisma, als Herrscher ohne Ideen, als Politiker ohne Weitblick und strategische Fähigkeiten war er hauptsächlich auf das Wohlergehen seiner Dynastie und der ihr zugehörigen Erblande bedacht. Nach dem Urteil eines der besten Kenner der Geschichte der Habsburger, Heinrich Ritter von Srbik, hatte Franz „keinen tiefen Geist und [...] kein reiches, heiß schlagendes Herz"; zudem reichte „sein Gesichtskreis [...] nicht viel über den engeren Bereich seines erblichen Herrschaftsgebietes hinaus und sein Gefühlsleben kannte nicht die große Leidenschaft in Liebe und Haß",[59] – schon aus diesem Grund kam er als auch nur halbwegs gleichgewichtiger Gegenspieler Napoleons nicht in Betracht. Immerhin gelang es ihm, im Laufe der Zeit einige besonders fähige leitende Politiker an seiner Seite zu versammeln, unter denen seit 1805 vor allem Johann

---

55 Wahl: Geschichte (Anm. 20), S. 148; vgl. zum Ganzen auch die Darstellung bei Härter: Reichstag und Revolution (Anm. 22), S. 625–627.
56 Ebd., S. 626 f.
57 Nach den Akten zitiert ebd., S. 627.
58 Vgl. Raumer: Deutschland um 1800 (Anm. 18), S. 166; Srbik: Das Österreichische Kaisertum (Anm. 11), S. 162.
59 Ebd., S. 149. Etwas positiver wird der letzte Kaiser beurteilt von Walter Ziegler: Franz II. 1792–1806, in: Anton Schindling/ders. (Hrsg.): Die Kaiser der Neuzeit 1519–1918. Heiliges Römisches Reich, Österreich, Deutschland, München 1990, S. 289–306.

Philipp Graf Stadion und ebenfalls der spätere Fürst Clemens Metternich hervorragen sollten.[60]

Ein Jahr vorher hatte es noch anders ausgesehen: An der Spitze der Wiener Politik standen damals zwei eher unbedeutende Figuren: der bereits erwähnte Cobenzl sowie – als höchster Reichsbeamter am Wiener Hof – der Reichsvizekanzler Graf Franz Colloredo, den urteilsfähigen Zeitgenossen bekannt als „ein Mann von sprichwörtlicher Unfähigkeit".[61] Freilich befanden sie sich zusammen mit dem Kaiser angesichts der französischen Forderung, Österreich habe die neue Kaiserwürde Napoleons umgehend anzuerkennen, in einer doppelten Zwangslage. Denn zum einen drohte Paris, sollte die Anerkennung ausbleiben, wenn auch vorerst nur verhüllt, mit einem neuen Krieg. Und zum anderen ging es um den künftigen Rang des Erzhauses selbst: Denn die römische Kaiserwürde verlieh bekanntlich „seinem Oberhaupt den Vorrang vor allen europäischen Herrschern, den russischen Kaiser nicht ausgenommen",[62] und es stellte sich die Frage, ob dieser Anspruch noch aufrecht erhalten werden, ja ob angesichts der Schwäche des Reiches der alte Kaisertitel künftig überhaupt noch dem Hause Habsburg erhalten bleiben konnte.

Aus der österreichischen Perspektive lief dieses schwer wiegende, für die Zukunft der Dynastie entscheidende Problem letztlich auf die Frage einer Rangerhöhung des Erzhauses hinaus – eine Rangerhöhung, in deren Folge sich die Habsburger im doppelten Sinne gegen eventuelle französische Zumutungen wehren konnten: Es galt, den Titel eines Kaisers unverbrüchlich an das Haus Habsburg zu knüpfen, und es galt, eben diesen Titel nicht mehr von den Unwägbarkeiten eines Wahlverfahrens abhängig werden zu lassen, und das hieß: erblich zu machen. Die Erhebung des Erzhauses Habsburg zum Träger der erblichen Würde eines Kaisers von Österreich, die damit im Raum stand, wurde von den Wiener Politikern denn auch zielsicher und nicht ungeschickt in Angriff genommen;[63] freilich erforderte diese – nach deutschem Reichsrecht ausgesprochen bedenkliche, im Grunde unmögliche – Rangerhöhung ebenfalls eine internationale Anerkennung, vor allem natürlich durch Frankreich. Da bot es sich für die Wiener Politik durchaus an, die notwendige wechselseitige Anerkennung des soeben neu geschaffenen französischen wie auch des neu zu schaffenden habsburgischen Titels als ein Geschäft auf Gegenseitigkeit ins Werk zu setzen.

Ein erbliches „österreichisches Kaisertum" war aus mehr als nur einem Grund eine reichsrechtliche Unmöglichkeit. Stellte man jedoch dem *de-jure*-Prinzip die *de facto* bereits vorhandene Entwicklung der deutschen Verhältnisse gegenüber, dann konnte man in der Tat zu der Auffassung gelangen, „daß die Annahme der österreichischen Erbkaiserwürde nur die rechtsförmliche Vollendung eines tatsächlich schon dem Abschluß nahen geschichtlichen Prozesses sei: die Privilegien des Erzhauses sind von solchem Umfang, daß sie ihre Reichslehen zu einem vollkommen souveränen und vom Reich in der Tat unabhängigen Besitz erheben".[64] Und im Weiteren konnte man – damals jedenfalls – die Befürchtung hegen, dass Gefahr im Verzuge sei: Denn es war immerhin

---

60 Vgl. Hellmuth Rössler: Graf Johann Philipp Stadion. Napoleons deutscher Gegenspieler, 2 Bde., Wien/München 1966; Heinrich Ritter von Srbik: Metternich. Der Staatsmann und der Mensch, 2 Bde., München 1957.

61 Ders.: Das Österreichische Kaisertum (Anm. 11), S. 150.

62 Ebd., S. 151.

63 Vgl. zum Ganzen die bis heute grundlegende Darstellung und Analyse Srbiks, ebd., S. 152–171; sodann Heigel: Deutsche Geschichte (Anm. 20), Bd. 2, S. 505 f.; Raumer: Deutschland um 1800 (Anm. 18), S. 165–168; Huber: Deutsche Verfassungsgeschichte (Anm. 21), Bd. 1, S. 62–64.

64 Srbik: Das Österreichische Kaisertum (Anm. 11), S. 155.

denkbar, dass Napoleon beabsichtigen könnte, selbst nach der Krone Karls des Großen zu greifen. Sein kurz nach seiner Rangerhöhung zum Kaiser unternommener Besuch in Aachen, um ausgerechnet hier, in der Pfalz des ersten römisch-deutschen Kaisers, „unter seinen deutschen Untertanen Hof zu halten und deren Huldigung zu empfangen"[65] und um damit gleichzeitig wohl auch den „Schimmer einer Erneuung karolingischen Kaisertums auf seine ‚Stegreifkrone'" zu leiten,[66] schien alle bereits umgehenden Vermutungen und Gerüchte zu bestätigen.

Die Juristen und Politiker am Wiener Hof, von denen die Rangerhöhung des eigenen Herrschers vorbereitet wurde, konnten sogar noch ein weiteres Argument anführen: Denn wenn Peter I. von Russland und soeben auch der Erste Konsul der Republik Frankreich sich selbst zum Kaiser erhoben hatten, dann konnte man dem Herrscher Österreichs, das immerhin eine der ersten Mächte in Europa darstellte, dieses Recht ebenfalls nicht verwehren.[67] Freilich übersahen diejenigen, die diese Deutung vertraten, dass sich der König von Böhmen und von Ungarn in einer staats- und verfassungsrechtlich ganz anderen Lage befand: Denn das immer noch geltende Staatsrecht des Reiches erkannte der Landeshoheit – der eben auch der rechtliche Status der habsburgischen Erblande, soweit sie zum Reich gehörten, unterlagen – keine „Vollsouveränität" zu. Und das bedeutete wiederum: „Solange das Reichsband wenigstens formell erhalten war, enthielt der Begriff und Name ‚erblicher Kaiser von Österreich' eine Contradictio in adjecto".[68] Allenfalls wäre es möglich gewesen – und auch dieser Fall wurde wenigstens erwogen –, Franz von Habsburg-Lothringen zum „Kaiser von Ungarn und Galizien" (beide Länder lagen außerhalb der Reichsgrenzen) zu erheben.[69]

Doch man entschied sich schließlich für die radikalste und letztlich auch konsequenteste Lösung: Am 10. August 1804 erklärte Kaiser Franz II. die Annahme seiner neuen Würde als erblicher „Kaiser von Österreich" – hier war er nach der neuen Zählung Franz I. –, und nur wenige Tage später wurden die Regierungen der anderen europäischen Mächte über diesen Schritt informiert.[70] Diese Rangerhöhung kraft eigenen Rechts war indes nicht nur aus reichs- und verfassungsrechtlichen Gründen hochproblematisch, sondern vor allem auch deswegen, weil Franz in seiner Wahlkapitulation des Jahres 1792 einen Schwur auf das geltende Reichsverfassungsrecht geleistet hatte: Danach war es ihm nicht nur verboten, die deutsche Krone von einer Wahl- in eine Erbkrone zu verwandeln, sondern er hatte ebenfalls feierlich geschworen, keine Veränderungen innerhalb der Reichsverfassung ohne vorherige Zustimmung des Reichstags vorzunehmen.[71] Doch unter dem Druck der Ereignisse schien ihm keine andere Möglichkeit mehr zu verbleiben, denn Napoleon übte bald massivsten Druck aus, und in Wien meinte man, die

---

65 Fournier: Napoleon I. (Anm. 53), Bd. 2, S. 67; vgl. auch Raumer: Deutschland um 1800 (Anm. 18), S. 163.
66 So Heigel: Deutsche Geschichte (Anm. 20), Bd. 2, S. 506.
67 Vgl. Srbik: Das Österreichische Kaisertum (Anm. 11), S. 156.
68 Ebd., S. 156 f.; vgl. auch Raumer: Deutschland um 1800 (Anm. 18), S. 166 f.; Heigel: Deutsche Geschichte (Anm. 20), Bd. 2, S. 505.
69 Vgl. Srbik: Das Österreichische Kaisertum (Anm. 11), S. 157.
70 Vgl. ebd., S. 162; der neue Titel lautete: „Erwählter Römischer Kaiser, erblicher Kaiser von Österreich, König in Germanien, zu Ungarn und Böhmen etc. Erzherzog zu Österreich..." (ebd., S. 170); vgl. ebenfalls Rudolf Hoke: Der Kaiser von Österreich und der Römische Kaiser, in: Wilhelm Brauneder (Hrsg.): Heiliges Römisches Reich und moderne Staatlichkeit, Frankfurt a. M. u. a. 1993, S. 115 f.
71 Vgl. Srbik: Das Österreichische Kaisertum (Anm. 11), S. 153; siehe auch Fritz Hartung: Die Wahlkapitulationen der deutschen Kaiser und Könige, in: ders.: Volk und Staat in der deutschen Geschichte. Gesammelte Abhandlungen, Leipzig 1940, S. 91 f.

einmalige Gelegenheit zur gegenseitigen Anerkennung *beider* Rangerhöhungen nicht vorübergehen lassen zu können.[72]

Rechtlich gesehen, handelte es sich um einen klaren Verfassungsbruch, der zu einer geradezu absurden Situation führte: Der Erbkaiser von Österreich wurde nun – und dazu noch in eigener Person – Vasall des Kaisers des Heiligen Römischen Reiches Deutscher Nation. Damit gab Franz II., um die bedrohte kaiserliche Würde für das eigene Haus zu retten, die Reichsverfassung endgültig preis, denn „dieses reichsrechtlich ganz unmögliche Doppelkaisertum"[73] konnte keinen langen Bestand mehr haben. Das Hauptziel der Wiener Politik, also die *gegenseitige Anerkennung* der neuen Rangerhöhungen in Wien und Paris, wurde indes tatsächlich erreicht – nach dem Urteil von Volker Press wohl „der einzige glänzende Schachzug der Wiener Politik jener Jahre".[74] Ein Erfolg war dieser Schachzug auch insofern, als nun ebenfalls die meisten anderen Mächte, darunter Großbritannien, Russland und Preußen, die neue österreichische Kaiserwürde diplomatisch anerkannten, wenn auch aus durchaus unterschiedlichen Motiven. Lediglich König Gustav IV. von Schweden erhob als Reichsstand schärfsten Protest gegen den unzweifelhaften Verfassungsbruch des Kaisers, doch die einflussreichen österreichischen Diplomaten am Reichstag sorgten dafür, dass der schwedische Protest in Regensburg folgenlos versickerte.[75]

Diese Rangerhöhung samt Anerkennung des bonapartischen Kaisertums kann man als einen „Akt unausweichlicher, bitterer Staatsnotwendigkeit"[76] bezeichnen, und die Wiener Politiker haben es vermutlich genau so gesehen, doch außerhalb der Staatskanzleien und der diplomatischen Kreise erfuhr dieser Schritt des Habsburgers, der „gleichsam über Nacht seine alte Krone neu vergoldet hatte",[77] vielfach scharfe Missbilligung. Das bezog sich nicht nur auf „die Art, in der sich Franz II. aller Rücksicht auf das Reichsrecht enthoben glaubte, die Landeshoheit seiner Staaten als Vollsouveränität interpretierte und [...] die ihm übertragene römische Kaiserkrone wie sein persönliches Eigentum behandelte",[78] sondern auch auf den nun fast vollendeten Ruin der alten deutschen Reichsverfassung: Die Art und Weise, in der „das zum Hüter des Reichs und seiner Verfassung bestellte Reichsoberhaupt die Reichsverfassung" ignoriert hatte, brachte es mit sich, dass sich fortan „jeder andere Reichsstand [...] durch das Beispiel Österreichs zur gleichen Nichtachtung der Reichsverfassung ermutigt fühlen"[79] konnte.

Kurz nach der Etablierung der beiden neuen Kaiserwürden in Europa überschlugen sich die Ereignisse: Die dritte Koalition gegen Frankreich begann sich zu bilden, der zuerst nur Großbritannien und Russland angehörten; bald jedoch, im Sommer 1805, trat Österreich ihr bei, während Preußen wie schon zuvor abseits blieb. Der erneut ausgebrochene Krieg[80] entwickelte sich für die Koalitionsmächte zur Katastrophe – trotz

---

72 Vgl. Srbik: Das Österreichische Kaisertum (Anm. 11), S. 160–163 u. a.; vgl. ebenfalls Hoke: Der Kaiser von Österreich (Anm. 70), S. 115 f.

73 So Dietmar Willoweit: Deutsche Verfassungsgeschichte. Vom Frankenreich bis zur Wiedervereinigung Deutschlands, 4. Aufl., München 2001, S. 228.

74 Press: Altes Reich (Anm. 46), S. 14.

75 Vgl. Srbik: Das Österreichische Kaisertum (Anm. 11), S. 164–168; Raumer: Deutschland um 1800 (Anm. 18), S. 167.

76 Srbik: Das Österreichische Kaisertum (Anm. 11), S. 169.

77 Raumer: Deutschland um 1800 (Anm. 18), S. 168.

78 Ebd., S. 166.

79 Huber: Deutsche Verfassungsgeschichte (Anm. 21), Bd. 1, S. 63.

80 Vgl. den Überblick bei Wahl: Geschichte (Anm. 20), S. 145–157; Heigel: Deutsche Geschichte (Anm. 20), Bd. 1, S. 533–594.

des legendären Sieges der britischen Flotte unter Admiral Nelson über die französische bei Trafalgar (21. Oktober 1805). In Deutschland gelang es Napoleon, seine neuen Verbündeten Bayern, Württemberg und Baden gegen Österreich zu mobilisieren – ein erneuter Bruch der Reichsverfassung –, und spätestens nach seinem glänzenden Sieg über die habsburgischen Truppen bei Austerlitz (2. Dezember 1805) blieb der Wiener Regierung gar keine andere Wahl mehr, als den Sieger um einen schnellstmöglichen Frieden zu bitten. Der kurze dritte Koalitionskrieg wurde schließlich nach nicht allzu langen Verhandlungen am 26. Dezember 1805 durch den für Österreich überaus harten Frieden von Pressburg beendet.[81] Zugleich besiegelte nach dem Urteil Ernst Rudolf Hubers die in diesem Vertrag vollzogene „Veränderung der deutschen Staatsverhältnisse [...] den Untergang des Reichs".[82]

Das zeigte sich schon darin, dass – obwohl es selbst unmittelbar betroffen war – das Deutsche Reich im offiziellen französischen Vertragstext[83] nicht einmal mehr beim Namen („Empire Germanique") genannt, sondern nur noch, in geradezu verächtlicher Weise, als „deutsche Konföderation" („Confédération Germanique") bezeichnet wurde,[84] diese Vorgehensweise machte in der Tat „die Autorität des Kaisers zu einem lächerlichen Schein".[85] Der Kaiser in Wien hatte nicht nur erhebliche Gebietsverluste in Italien (Venetien, Istrien, Dalmatien), sondern auch in Deutschland hinzunehmen, wo jetzt Vorarlberg, Tirol, Brixen und Trient an das mit Napoleon verbündete Bayern abgetreten werden mussten. Und schließlich – das war besonders bitter, wenn auch, denkt man an 1804, der Sache nach konsequent – musste Franz II. die von Napoleons Gnaden zuerkannte neue Königswürde der Herrscher von Bayern und Württemberg billigen.

Doch auch das mit Mühe neutral gebliebene Preußen ließ das Reich – oder besser gesagt dasjenige, was von ihm noch übrig geblieben war – nun endgültig im Stich, denn die Berliner leitenden Politiker ließen sich von Napoleon zu einem Bündnis mit Frankreich überreden, was ihnen zwar die widerrechtliche Annexion Hannovers einbrachte,[86] zugleich aber auch die seit dem Frieden von Basel (1795) bestehende „Ruhe des Nordens" beendete, und zwar unwiderruflich. Es war ein außerordentlich verhängnisvoller Schritt, der das norddeutsche Königreich nun vollends von Napoleon abhängig machte, indem es den alten Verbündeten Großbritannien vor den Kopf stieß; die Folge – nämlich die englische Kriegserklärung an Preußen im Juni 1806 – blieb nicht aus. Jedenfalls war es, vom Standpunkt der alten Reichsverfassung aus geurteilt, „unentschuldbar, daß Preußen sich durch einen Vertrag mit einer nichtdeutschen Macht zur Totalannexion des Gebiets eines deutschen Reichsstandes, dazu noch eines reichsrechtlich besonders privilegierten Kurfürstentums, ermächtigen ließ".[87] Kurz gesagt: Das Reich war um die

81 Hierzu grundlegend: Rudolfine Freiin von Oer: Der Friede von Preßburg. Ein Beitrag zur Diplomatiegeschichte des napoleonischen Zeitalters, Münster 1965; vgl. auch Heigel: Deutsche Geschichte (Anm. 20), Bd. 1, S. 607 f.; Raumer: Deutschland um 1800 (Anm. 18), S. 158 f.; Huber: Deutsche Verfassungsgeschichte (Anm. 21), Bd. 1, S. 66–68.

82 Ebd., S. 66.

83 Abgedruckt in: Oer: Der Friede von Preßburg (Anm. 81), S. 271–279; Auszug auch in: Hanns Hubert Hofmann (Hrsg.): Quellen zum Verfassungsorganismus des Heiligen Römischen Reiches Deutscher Nation 1495–1815, Darmstadt 1976, S. 368–374.

84 Vgl. Oer: Der Friede von Preßburg (Anm. 81), S. 273, Art. 7.

85 Press: Altes Reich (Anm. 46), S. 14.

86 Zum Thema zuletzt umfassend: Brendan Simms: The impact of Napoleon. Prussian high politics, foreign policy and the crisis of the executive, 1797–1806, Cambridge 1997, S. 230–265; vgl. auch Thomas Stamm-Kuhlmann: König in Preußens großer Zeit – Friedrich Wilhelm III. – der Melancholiker auf dem Thron, Berlin 1992, S. 180–214; Raumer: Deutschland um 1800 (Anm. 18), S. 154–158.

87 Huber: Deutsche Verfassungsgeschichte (Anm. 21), Bd. 1, S. 66.

Jahreswende 1805/06 buchstäblich am Ende, und seine beiden vornehmsten Fürsten, der Habsburger ebenso wie der Hohenzoller, hatten tatkräftig daran mitgewirkt, diesen Zustand herbeizuführen.

4. Das Ende des Reiches in der Krise von 1806

Es ist treffend gesagt worden, dass zu Beginn des Jahres 1806 „die Verfassungseinrichtungen des Reiches weitgehend funktionsunfähig waren und seine hoheitlichen Befugnisse kaum noch respektiert wurden".[88] Die eigentliche Zentrale der Macht, in der jetzt und für die nächste Zeit über Deutschlands künftige innere Gestaltung entschieden werden sollte, befand sich nun in Paris. Bereits seit 1804 hatten französische Diplomaten bei den leitenden Politikern der größeren unter den deutschen Mittelstaaten die Idee eines mit Frankreich verbündeten deutschen „Rheinbundes" ventiliert, ein Gedanke, der sich auf Vorbilder aus dem 17. und 18. Jahrhundert berufen konnte und der nun von Talleyrand erneuert und dem aktuellen Zustand Deutschlands angepasst worden war.[89] Nach dem Pressburger Frieden begannen diese Ideen Gestalt anzunehmen. Indessen verzögerte sich der endgültige Zusammenschluss dieses „dritten Deutschland" zu einem von Paris dominierten Bund noch um einige Monate, da zuerst noch einige lästige Streitigkeiten zwischen den beteiligten deutschen Ländern selbst zu regeln waren. Zudem fürchteten die neuen Könige von Bayern und Württemberg – der stolze Freiherr vom Stein pflegte sie verächtlich als deutsche „Zaunkönige" zu bezeichnen[90] –, man werde gezwungen sein, die soeben erst errungene Souveränität an einen Bund abzugeben, „dessen Protektor fähig schiene, eine Tyrannei auszuüben, zu der kein deutscher Kaiser in der Lage gewesen wäre".[91]

Es blieb den „Zaunkönigen" und den meisten anderen deutschen Kleinfürsten aber letztlich nichts anderes übrig, als sich dem eisernen Willen des „Empereurs" zu beugen, und am 12. Juli 1806 kam es schließlich in Paris zur Gründung des neuen „Rheinbundes". Mit der an diesem Tag unterzeichneten, französisch abgefassten „Rheinbundakte"[92] sagten sich vier Kurfürsten und zwölf weitere deutsche Fürsten[93] von Kaiser und Reich los; gleichzeitig begründeten sie eine neue deutsche Konföderation unter dem offiziellen Namen „Rheinische Bundesstaaten".[94] Alle größeren Mitgliedsländer sollten, so hieß es, ungeschmälerte Souveränitätsrechte erhalten, dazu wurden ihnen mehr oder weniger ansehnliche Gebietserweiterungen – natürlich auf Kosten der ehemaligen kleineren und kleinsten Reichsstände – zugesprochen. Die zweifellos wichtigsten Bestimmungen dieses Vertragswerks waren die bündnispolitischen und militärischen Abmachungen in

---

88 Gero Walter: Der Zusammenbruch des Heiligen Römischen Reichs deutscher Nation und die Problematik seiner Restauration in den Jahren 1814/15, Heidelberg/Karlsruhe 1980, S. 25.

89 Grundlegend zur Vorgeschichte und Gründung des Rheinbundes: Eberhard Weis: Napoleon und der Rheinbund, in: ders.: Deutschland und Frankreich um 1800. Aufklärung – Revolution – Reform, hrsg. v. Walter Demel/Bernd Roeck, München 1990, S. 187–199 (mit umfassenden Angaben zur älteren Forschung); vgl. ebenfalls Huber: Deutsche Verfassungsgeschichte (Anm. 21), Bd. 1, S. 68–70.

90 Vgl. Willy Andreas: Das Zeitalter Napoleons und die Erhebung der Völker, Heidelberg 1955, S. 338.

91 Weis: Napoleon und der Rheinbund (Anm. 89), S. 190.

92 Zweisprachig abgedruckt in: Hofmann: Quellen zum Verfassungsorganismus (Anm. 83), S. 374–393.

93 Es waren: Die Könige von Bayern und Württemberg, der Erzkanzler „Fürstprimas" Dalberg, die (neu in diesen Rang erhobenen) Großherzöge von Baden, von Berg und von Hessen-Darmstadt, die Herzöge von Nassau-Usingen und von Arenberg, die Fürsten von Nassau-Weilburg, von Hohenzollern-Hechingen, von Hohenzollern-Sigmaringen, von Salm-Salm, von Salm-Kyrburg, von Isenburg-Birstein, von Liechtenstein und von der Leyen; vgl. Huber: Deutsche Verfassungsgeschichte (Anm. 21), Bd. 1, S. 68.

94 Vgl. Hofmann: Quellen zum Verfassungsorganismus (Anm. 83), S. 377 (Rheinbundakte, Art. 1).

den Artikeln 35 bis 38, in denen die Rheinbundstaaten ein Offensivbündnis mit dem Kaiser der Franzosen schließen mussten, eine „Allianz [...], kraft welcher jeder Kontinental Krieg, welcher einer der kontrahirenden Theile zu führen hätte, für alle Anderen zur gemeinsamen Sache wird".[95] Diese Bestimmungen, in denen sogar genau festgelegt war, wie viele Soldaten jedes beteiligte Land im Kriegsfall zu stellen hatte,[96] sicherten Napoleon in der Tat die von ihm „erstrebte mitteleuropäische Machtbasis", indem sie, nach einer Formulierung Kurt von Raumers, „einen ansehnlichen Teil Deutschlands zum Rekrutendepot"[97] für die künftigen Kriege des allmächtigen Empereurs machten, der sich selbst gleichzeitig zum „Protecteur" dieses neuen Bundes erhob.[98]

Natürlich war auch die Gründung des Rheinbundes ein erneuter massiver Verfassungsbruch,[99] denn „weder moralisch noch rechtlich waren die Rheinbundstaaten zu einer solchen Absage an das Reich befugt. Das Reich war ein ewiges und unauflösliches Verhältnis; in diesem Charakter war es auch durch den Westfälischen Frieden bestätigt".[100] Freilich – und dies konnte wiederum zugunsten der Rheinbundfürsten angeführt werden – reagierten sie auf eine Situation, die im Wesentlichen durch die bereits vorangegangenen Verfassungsbrüche der beiden deutschen Großmächte Habsburg und Preußen, vor allem in deren Verträgen mit Napoleon im Jahr 1805, herbeigeführt worden war, und natürlich ebenfalls durch die faktische, im Moment jedenfalls unüberwindbar erscheinende militärische Dominanz des französischen Kaiserreichs. In der älteren deutschen Geschichtsschreibung ist gerade der Rheinbund außerordentlich negativ beurteilt worden: Für Heinrich von Treitschke, der aus der nationalliberal-kleindeutschen Perspektive des zweiten Kaiserreichs urteilte, brach hiermit „die Anarchie eines neuen Interregnums [...] über Deutschland herein; das Faustrecht herrschte, nicht mehr von adligen Wegelagerern, sondern von fürstlichen Höfen gehandhabt",[101] und später wiederum sollte ebenfalls der „gesamtdeutsch" orientierte Österreicher Heinrich von Srbik in ähnlich pauschaler Weise den „Reichsverrat des deutschen Südens"[102] anprangern.

Heute dagegen weiß man, dass sich die Rheinbundfürsten nicht nur massivstem Druck zu beugen hatten, sondern vor allem auch mit Blick auf die Zukunft der jeweils eigenen Territorien handelten. Und die führenden Rheinbundpolitiker, etwa Maximilian Graf Montgelas in München,[103] vermochten unter Hinweis auf den äußeren Druck ihre jeweiligen Landesherrscher leichter für die unbedingt notwendigen Reformen zu gewinnen, die jetzt und in den folgenden Jahren – parallel zu den bekannteren Stein-Hardenbergschen Reformen in Preußen – ebenfalls in den meisten Rheinbundstaaten durchgeführt wurden.[104] Vor allem aber rechneten viele der führenden Politiker in München, Stuttgart, Karlsruhe und anderswo im Allgemeinen nicht mit der „Solidität und Dauerhaftigkeit der französischen Hegemonie".[105] Das bedeutete, der Rheinbund konnte in mancher Hinsicht *auch* als eine Art Keimzelle für ein nach-napoleonisches Deutschland

---

95 Ebd., S. 391 (Rheinbundakte, Art. 35).
96 Vgl. ebd., S. 391 (Rheinbundakte, Art. 38).
97 Die Zitate: Raumer: Deutschland um 1800 (Anm. 18), S. 169.
98 Vgl. Hofmann: Quellen zum Verfassungsorganismus (Anm. 83), S. 377 (Rheinbundakte, Art. 12).
99 Vgl. hierzu besonders Walter: Der Zusammenbruch (Anm. 88), S. 70.
100 Huber: Deutsche Verfassungsgeschichte (Anm. 21), Bd. 1, S. 69.
101 Heinrich von Treitschke: Deutsche Geschichte im neunzehnten Jahrhundert, Leipzig 1927, Bd. 1, S. 229.
102 So prononciert Srbik: Das Österreichische Kaisertum (Anm. 11), S. 316; vgl. auch S. 171.
103 Grundlegend und erschöpfend jetzt: Eberhard Weis: Montgelas, Bd. 2: Der Architekt des modernen bayerischen Staates 1799–1838, München 2005.
104 Guter Überblick bei Weis: Der Durchbruch des Bürgertums (Anm. 27), S. 278–307.
105 Weis: Napoleon und der Rheinbund (Anm. 89), S. 194.

angesehen werden, und in der Tat weisen manche Aspekte des Zusammenschlusses von 1806, auch wenn eine eigentliche Rheinbundverfassung nicht verwirklicht worden ist, voraus auf den Deutschen Bund von 1815.[106]

Wie stand es nun nach der Gründung des Rheinbundes mit dem Rumpf-Reich? Es war jedenfalls, um das Mindeste zu sagen, „kein von Leben erfüllter Körper mehr, es war ohne Willen",[107] – und im Grunde genommen galt es nur noch, der altehrwürdigen Institution, deren Ableben spätestens mit dem Datum des 12. Juli 1806 konstatiert werden konnte, den Totenschein auszustellen. Auch Napoleon war nun entschlossen, dem Reich den Garaus zu machen. Hatte er noch ein Jahrzehnt zuvor als junger Revolutionsgeneral einmal bemerkt, wenn es das Reich nicht gäbe, müsse es geschaffen werden[108] – eben weil Frankreich immer von der Schwäche der Reichsverfassung und der Uneinigkeit der deutschen Fürsten profitiert habe –, so war er jetzt entschlossen, reinen Tisch zu machen. Schon am 31. Mai 1806, noch vor der Gründung des Rheinbundes, hatte er diesen Entschluss in einem Brief an Talleyrand formuliert: Es werde keinen Reichstag mehr geben, weil Regensburg ohnehin an Bayern komme, und es werde ebenfalls kein Reich mehr geben, weil dessen Existenz dem Interesse Frankreichs widerspreche.[109] Napoleon hielt nun den Zeitpunkt für gekommen, mit dem Regensburger „Affenhaus", wie er die oberste deutsche Ständekammer zu nennen beliebte,[110] endgültig aufzuräumen, und Kaiser Franz II. sollte gewissermaßen „durch fortschreitende Auflösung des Reiches [...] zur Niederlegung der Krone"[111] gezwungen werden.

In Wien hatte man sich, als die Gründung des Rheinbundes abzusehen war, bereits mit dem Gedanken eines von Napoleon erzwungenen Reichsendes vertraut machen müssen; es ging dabei, wie die politisch Verantwortlichen sehr wohl wussten, im Grunde nur noch um die Frage, zu welchem Zeitpunkt und in welcher Form dieses Ende sowie die damit verbundene Niederlegung der römisch-deutschen Kaiserkrone durch Franz II. vor sich gehen konnte. Im Mai 1806 hatten diese Überlegungen bereits konkretere Formen angenommen, in Gestalt zweier Gutachten über jene ungemein problematische Frage, die vom Kaiser kurz zuvor angefordert worden waren. Zwei versierte Reichskenner und politische Praktiker hatten sie verfasst: Das erste stammte von dem angesehenen „Konkommissär" am Regensburger Reichstag, Johann Alois Freiherr von Hügel, dem das Verdienst zukam, im Jahr 1800 die altehrwürdigen Reichskleinodien vor dem Zugriff der Franzosen nach Wien gerettet zu haben.[112] Und das andere hatte Graf Friedrich Lothar von Stadion ausgearbeitet, ebenfalls in Regensburg als kurböhmischer Gesandter am Reichstag tätig und Bruder des neuen österreichischen Außenministers Johann Philipp von Stadion.

106 Vgl. hierzu vor allem Georg Schmidt: Der napoleonische Rheinbund – ein erneuertes Altes Reich?, in: Press/Stievermann: Alternativen zur Reichsverfassung (Anm. 17), S. 227–246; Volker Press: Das Ende des Alten Reiches und die deutsche Nation, in: Kleist-Jahrbuch 1993, hrsg. v. Hans Joachim Kreutzer, Stuttgart/Weimar 1993, S. 42 f.; wichtig zum Verständnis der zeitgenössischen Debatte ebenfalls Gerhard Schuck: Rheinbundpatriotismus und politische Öffentlichkeit zwischen Aufklärung und Frühliberalismus. Kontinuitätsdenken und Diskontinuitätserfahrung in den Staatsrechts- und Verfassungsdebatten der Rheinbundpublizistik, Stuttgart 1994.
107 Raumer: Deutschland um 1800 (Anm. 18), S. 170.
108 Vgl. Correspondance de Napoléon Ier, publiée par ordre de l'Empereur Napoléon III, Bd. 3, Paris 1859, S. 97.
109 Vgl. Correspondance de Napoléon Ier, publiée par ordre de l'Empereur Napoléon III, Bd. 12, Paris 1862, S. 509.
110 Vgl. Heigel: Deutsche Geschichte (Anm. 20), Bd. 2, S. 605.
111 Srbik: Das Österreichische Kaisertum (Anm. 11), S. 304.
112 Vgl. ebd., S. 305 f.

Dem Gutachten Hügels war übrigens noch eine weitere – von Hügel als Grundlage seiner eigenen Ausführungen angeforderte – gutachterliche Äußerung vorausgegangen; diese sehr bemerkenswerte „Skizze über die dermalige Lage des deutschen Reichs, Mai 1806"[113] stammte von Joseph Haas, dem Kanzleidirektor der Prinzipalkommission, einer Institution, die den Kaiser auf dem Reichstag offiziell vertrat.[114] Der mit innerer Anteilnahme geschriebene Text legte die aktuelle Lage mit schonungsloser Klarheit dar: „Das deutsche Volk", heißt es darin, habe „aufgehört ein Staat zu seyn, nicht um der Unabhängigkeit seiner Stände willen, sondern um denselben ein fremdes Joch desto schwerer aufzulegen"; die kaiserliche Macht sei dabei mittlerweile auf ein geradezu schmähliches Mindestmaß geschrumpft, denn man müsse „jetzt auf deutschem Boden die Stelle suchen, wo die Autorität des deutschen Kaisers noch anerkannt werde". Mit der „Zertrümmerung" des alten deutschen Reichsrechts stelle sich, so Haas abschließend, lediglich noch die Frage: „Welcher Fürst wird künftig wohl die erste Krone von Europa übernehmen wollen, wenn sie nicht derjenige aus unbegränzter Ehrsucht sucht, welcher ihre Gewalt usurpiert hat?"[115]

Eben diese Befürchtung, die in der von Haas formulierten Frage zum Ausdruck kam, bestimmte auch das – im Tonfall allerdings wesentlich neutraler und distanzierter gehaltene – Gutachten Hügels vom 17. Mai 1806.[116] Hügel ging dabei allerdings nur von einem einzigen Leitgedanken aus: den Interessen Österreichs. Sein Plädoyer läuft darauf hinaus, mit der an sich bereits als unvermeidlich angesehenen Niederlegung der Krone so lange zu warten, bis Napoleon seine wirklichen Absichten mit Deutschland endgültig enthüllt habe. Vor allem *eines* sei dabei zu berücksichtigen: Es müsse klargestellt werden, dass das Haus Österreich im Falle der Niederlegung der Kaiserkrone sämtliche angestammten, mit der Herrscherposition traditionell verbundenen Privilegien behalten dürfe, – für den Fall, dass Napoleon in einem prekären verfassungsrechtlichen Interregnum die Kaiserwürde in Deutschland an sich reißen würde. Und im Übrigen setzte Hügel den Grundsatz fest, „die Kaiserkrone sobald zurückzugeben, als es ohne die oben berührten Nachteile für die österreichische Monarchie [...] geschehen kann".[117] Die Reichskrone wurde für ihn damit sozusagen zur Verhandlungsmasse im, wie er meinte, demnächst beginnenden Feilschen zwischen Wien und Paris um das Ende des römisch-deutschen Kaisertums.

Auch Stadion hat in seinem Gutachten vom 24. Mai 1806[118] die Kronfrage letztlich nur „als Rechenexempel mit dem Maßstab des Vorteils und Nachteils des Erzhauses behandelt".[119] Auch für ihn war es abzusehen, dass die Kaiserkrone in nicht allzu langer Zeit niedergelegt werden müsse, um bestimmte Kollisionen zu vermeiden, die Gefahren „für die wichtigen und wahren Interessen der Monarchie" mit sich bringen könnten. Der Zeitpunkt freilich müsse klug gewählt werden, denn: „So wenig reelle Wirkung mit dem Besitz dieser Krone verbunden ist, so hat sie doch durch die Opinion noch einen Wert, den der allerhöchste Hof in Anrechnung bringen kann und muß, um gegen die

---

113 Erstmals abgedruckt in: Walter: Der Zusammenbruch (Anm. 88), S. 132–144.
114 Vgl. die Angaben ebd., S. 131; Srbik: Das Österreichische Kaisertum (Anm. 11), S. 306.
115 Die Zitate: Walter: Der Zusammenbruch (Anm. 88), S. 132 f., 144.
116 Erstmals vollständig publiziert in: Kurt von Raumer: Hügels Gutachten zur Frage der Niederlegung der deutschen Kaiserkrone (17. Mai 1806), in: Zeitschrift für bayerische Landesgeschichte, 27 (1964), S. 399–408; vgl. dazu auch Srbik: Das Österreichische Kaisertum (Anm. 11), S. 306–308; Walter: Der Zusammenbruch (Anm. 88), S. 71 f.
117 Raumer: Hügels Gutachten (Anm. 116), S. 405.
118 Abgedruckt in: Aretin: Heiliges Römisches Reich (Anm. 13), Bd. 2, S. 334–344; vgl. dazu auch Srbik: Das Österreichische Kaisertum (Anm. 11), S. 308–310; Walter: Der Zusammenbruch (Anm. 88), S. 72.
119 Srbik: Das Österreichische Kaisertum (Anm. 11), S. 308.

Aufgebung dieser Krone sich andere Vorteile zu verschaffen". Deshalb sei es notwendig, „den Wert der reichsoberhauptlichen Würde im höchsten Lichte darzustellen, um den Preis des Opfers zu erhöhen, das man etwa darbringen müßte" bei jenem „Geschäft" mit dem Empereur in Paris. Stadion schloss mit den bezeichnenden Worten: „Die großen Verhältnisse werden über die deutsche Kaiserkrone entscheiden. Eine geschickte Einleitung kann aber die Vorteile bestimmen, die noch bei dieser Entscheidung für die österreichische Monarchie erhalten werden könnten".[120]

Kaiser Franz II. schließlich hat sich, nachdem Stadion ihm am 17. Juni 1806 die Quintessenz der in beiden Gutachten enthaltenen Lageanalysen vorgetragen hatte, den Empfehlungen Hügels und Stadions uneingeschränkt angeschlossen. In einer handschriftlichen Notiz hierzu, deren geistige Schlichtheit nur noch durch die Dürftigkeit ihrer Diktion überboten wird,[121] bemerkte der Kaiser: „Der Zeitpunkt der Abtretung der Kaiserwürde ist jener, wo die Vortheile, die aus selber für Meine Monarchie entspringen, durch die Nachtheile, die durch eine fernere Beibehaltung derselben entstehen können, überwogen werden, wo Ich Meine beschwornen kaiserl. Pflichten nicht mehr zu halten im Stande seyn solle und wo eine solche Einschränkung der kaiserlichen Würde und Vorrechte vorauszusehen ist, daß deren Abtretung und Verlust ohne einigen Vortheil für Meine Monarchie zu erhalten ebenfalls nothwendig und unausweichlich werden müste". Auch ihm, der offensichtlich „für das Reich nie etwas gefühlt"[122] und stets nur den Vorteil des Hauses Habsburg-Lothringen im Blick gehabt hatte, ging es also in erster Linie darum, aus der nicht mehr zu vermeidenden Niederlegung der Kaiserkrone noch ein Geschäft zu machen. Und es war nur, wie treffend gesagt worden ist, der Entschlossenheit Napoleons und dem falschen – nämlich zu langen – Taktieren der Wiener Politiker zuzuschreiben, dass aus „diesem unwürdigen Handel nichts wurde".[123]

Ein immerhin einleuchtendes Motiv für die Hinauszögerung der Kronniederlegung mochte in der ernsthaften, damals in Wien gehegten Befürchtung liegen, Napoleon beabsichtige, sich die Krone Karls des Großen selbst aufs Haupt zu setzen.[124] Hat der Kaiser der Franzosen tatsächlich, so ist an dieser Stelle zu fragen, nach der „Karlskrone" gegriffen, wie manche Historiker behaupteten, und ist es wirklich nur dem entschlossenen Vorgehen der Wiener Politiker zu verdanken, dass der Usurpator dieses Ziel nicht erreichen konnte?[125] Hat Bonaparte tatsächlich, wie etwa Srbik meinte, „den Traum des Kaisertums Karls des Großen in der Seele" getragen,[126] nicht zuletzt da bekanntermaßen der erste römisch-deutsche Kaiser doch „neben Alexander und weit mehr noch als Caesar sein am häufigsten beschworenes Vorbild geworden ist"[127] – ein Vorbild zudem,

120 Alle Zitate aus: Aretin: Heiliges Römisches Reich (Anm. 13), Bd. 2, S. 343 f.
121 Erstmals vollständig abgedruckt bei Gerd Kleinheyer: Die Abdankung des Kaisers, in: Gerhard Köbler (Hrsg.): Wege europäischer Rechtsgeschichte. Karl Kroeschell zum 60. Geburtstag, Frankfurt a. M. u. a. 1987, S. 138, sowie anschließend (mit etwas abweichender Orthographie) noch einmal bei Ziegler: Franz II. (Anm. 59), S. 303 f.
122 Aretin: Heiliges Römisches Reich (Anm. 13), Bd. 1, S. 504.
123 So Aretin, ebd.; ähnlich auch Srbik: Das Österreichische Kaisertum (Anm. 11), S. 316. – Milder beurteilt wird der Kaiser dagegen von Hellmuth Rössler: Napoleons Griff nach der Karlskrone. Das Ende des alten Reiches 1806, München 1957, S. 54 f., und Ziegler: Franz II. (Anm. 59), S. 305.
124 Vgl. Raumer: Deutschland um 1800 (Anm. 18), S. 170.
125 Diese These hat vor allem vertreten: Rössler: Napoleons Griff nach der Karlskrone (Anm. 123), passim; ders.: Graf Johann Philipp Stadion (Anm. 60), Bd. 1, S. 225–255 u. passim. – Zur Kritik an Rösslers These vgl. u. a. Raumer: Deutschland um 1800 (Anm. 18), S. 164 f., sowie die Bemerkungen und Hinweise bei Weis: Napoleon und der Rheinbund (Anm. 89), S. 205, Anm. 37.
126 Srbik: Das Österreichische Kaisertum (Anm. 11), S. 151.
127 Raumer: Deutschland um 1800 (Anm. 18), S. 141; vgl. auch Heinz Gollwitzer: Europabild und Europagedanke. Beiträge zur deutschen Geistesgeschichte des 18. und 19. Jahrhunderts, 2. Aufl., München 1964, S. 109.

das von ihm nicht zufällig bei seinem berühmten und viel beachteten Besuch in Aachen unmittelbar nach seiner Erhebung zum Kaiser der Franzosen beschworen worden ist?

Und muss man in diesem Zusammenhang nicht ebenfalls die Tatsache berücksichtigen, dass es nicht wenige deutsche Zeitgenossen gab, die große Hoffnungen auf den französischen Herrscher setzten – angefangen bei denen, die allein von ihm die Wiederherstellung der Ordnung in Mitteleuropa erwarteten, die auf seine „Universalmonarchie" als Zentrum und tragendes Prinzip eines unter dem Zeichen der Trikolore politisch geeinten Europas hofften? Besonders ist in diesem Zusammenhang der berühmte und berüchtigte Karl Theodor von Dalberg zu nennen, letzter Kurerzkanzler des Heiligen Römischen Reiches und letzter Primas der deutschen Kirche. Denn Dalberg war es, der zeitweilig die subjektiv ehrliche, wenn auch in der Sache ungemein törichte Hoffnung hegte, Napoleon sei nicht nur imstande, sondern auch willens, durch Übernahme der Krone Karls des Großen das zerfallende Reich zu retten, und der im Frühjahr 1806 – inzwischen „Fürstprimas" des Rheinbundes – dem schon den Untergang des Reiches vorbereitenden Empereur in naivster Weise in die Hände spielte.[128]

Bei näherem Hinsehen kann jedenfalls unter keinen Umständen die Rede davon sein, es sei Napoleons ernsthaft verfolgtes Ziel gewesen, nach der Karlskrone zu greifen, selbst wenn sich in einzelnen seiner Äußerungen gelegentlich Andeutungen über ein künftiges „Kaisertum des Okzidents" oder ein „Kaisertum Europa" finden mögen.[129] Drei zentrale Gegengründe lassen sich anführen: *Erstens* verstand sich Bonaparte auch als Kaiser *der Franzosen* (und nicht etwa Kaiser von *Frankreich*) als genuiner Revolutionär, der es für nötig befand, seine neue monarchische Würde plebiszitär abzusichern. Der im mittelalterlichen Denken wurzelnde, sakrale Charakter des alten römisch-deutschen Kaisertums war mit dem vom Denken der Aufklärung geprägten Selbstverständnis Bonapartes kaum zu vereinbaren. Auch als Kaiser der Franzosen blieb Napoleon ein „Sohn der Revolution" – ungeachtet allen pseudo-traditionalistischen Beiwerks wie etwa der kurzzeitigen Schöpfung eines „neuen Adels".[130] In der Tat war es angesichts dieser Sachlage nur sehr schwer vorstellbar, auf welche Weise sich der plebiszitär legitimierte Kaiser mit der alten überkommenen Reichstradition hätte arrangieren können.[131]

Zweitens ist ein realpolitisch-geostrategisches Argument zu nennen: Ein dreigeteiltes Deutschland, bestehend aus den im Innern geschwächten und territorial zusammengeschrumpften Mächten Österreich und Preußen sowie aus den nominell souveränen, gleichwohl vom „Protecteur" abhängigen und von Paris aus kontrollierten Rheinbundstaaten passte weit eher in das traditionelle, nun auch von Napoleon umgehend erneuerte Machtkalkül Frankreichs, das der alten Staatsräson Richelieus entsprach, ein möglichst schwaches, uneiniges Deutschland als die unabdingbare Voraussetzung für ein starkes Frankreich anzusehen. Nicht zuletzt ermöglichte es diese Dreiteilung, den Rheinbund als „Puffer und Glacis gegenüber den nach Osten abzudrängenden ehemaligen deutschen Vormächten Österreich und Preußen"[132] zu instrumentalisieren, und

---

128 Vgl. Srbik: Das Österreichische Kaisertum (Anm. 11), S. 310–314, sowie die Bemerkungen und Hinweise bei Andreas: Das Zeitalter (Anm. 90), S. 337 f.; Raumer: Deutschland um 1800 (Anm. 18), S. 163, 168 f.; Gollwitzer: Europabild und Europagedanke (Anm. 127), S. 114–116; Press: Der Untergang (Anm. 8), S. 92 f.

129 Vgl. Srbik: Das Österreichische Kaisertum (Anm. 11), S. 321, Raumer: Deutschland um 1800 (Anm. 18), S. 175.

130 Sehr aufschlussreich hierzu Tulard: Napoleon (Anm. 53), S. 364–375.

131 Vgl. hierzu besonders die Bemerkungen bei Press: Das Ende (Anm. 106), S. 43; ders.: Altes Reich (Anm. 46), S. 13.

132 Schmidt: Geschichte (Anm. 5), S. 345 f.

damit die Sicherheit des Mutterlandes noch zu erhöhen. Jeder Versuch einer Erneuerung des Kaisertums Karls des Großen – in welcher Form und unter welchen Umständen auch immer – hätte diesen klaren Geboten französischer Staatsräson widersprochen, denn ein (und sei es auch noch so schwaches) einigendes Element hätte solch eine monarchische Erneuerung ohne Frage mit sich gebracht.

Und *drittens* gibt es genügend Zeugnisse Napoleons, die eindeutig belegen, dass er niemals die Absicht hegte, sich ausgerechnet die alte deutsche Kaiserkrone aufs Haupt zu setzen,[133] auch wenn er eine kurze Zeit lang aus taktischen Gründen Dalberg gegenüber etwas anderes geäußert haben sollte. Das traditionelle deutsche Wahlkaisertum erschien ihm nicht nur aus ideologischen und aus taktisch-strategischen Gründen als wenig erstrebenswert, sondern auch aus historischen, denn er misstraute den Deutschen von Grund auf. Einige Jahre nach dem Ende des Reiches, 1810, hat er sich hierüber einmal – nach einem Bericht von Dalbergs Minister Joseph Karl Theodor Freiherr von Eberstein – mit bemerkenswerter Offenheit ausgesprochen: „Ihr wollt keine Ordnung bei euch, ich habe euch eine Verfassung geben wollen, ihr habt keine gewollt. Ihr habt vermutet, daß ich mich zum Kaiser von Deutschland machen wollte. Glaubt dies nur nicht, ich wollte eure Krone nicht. Lest in der Geschichte nach: Zu allen Zeiten habt ihr eure Kaiser schikaniert, so daß diejenigen unter ihnen, die das Gute wollten, nichts haben ausrichten können. Ich habe kein Interesse daran, euer Oberhaupt zu sein. Ich habe die Hand freier, wenn ich euch fremd bleibe, und ich verstehe es sehr wohl, euch mir willfährig zu machen."[134]

Dieser Haltung hatte Napoleons Handeln vier Jahre zuvor tatsächlich entsprochen. Als nämlich die Österreicher zehn Tage nach der Gründung des Rheinbundes immer noch keine Anstalten machten, das staats- und völkerrechtliche Ende des Heiligen Römischen Reiches einzuleiten, griff er zu drastischeren Mitteln. Er befahl den österreichischen General von Vincent, der als Diplomat den abwesenden Gesandten Habsburgs in Paris vertrat, am 22. Juli 1806 zur Audienz und überschüttete ihn mit den heftigsten Vorwürfen, ohne ihn selbst überhaupt zu Wort kommen zu lassen.[135] Österreich habe, so der Hauptpunkt seiner Ausführungen, nicht nur die Bedingungen des Pressburger Friedens unerfüllt gelassen, sondern es beanspruche für Kaiser Franz II. weiterhin den „Vorrang vor dem Kaiser der Franzosen". Und dies werde er, Napoleon, umso weniger hinnehmen, als ein Deutsches Reich faktisch schon gar nicht mehr bestehe. Der Empereur kündigte anschließend nicht nur an, dass der Gesandte Frankreichs demnächst vor dem Reichstag in Regensburg eine entsprechende Erklärung abgeben werde, sondern er setzte dem überraschten Österreicher ein Ultimatum: Für den Fall, dass Kaiser Franz II. bis zum 10. August seine Zustimmung zur Auflösung des Reiches verweigere, werde das kaiserlich französische Heer „den Inn überschreiten und Österreich bis Linz sowie Salzburg besetzen"; mit anderen Worten: Der erst vor einem halben Jahr beendete Krieg werde erneut beginnen.[136]

Die von Spiegel und Stadion im Mai empfohlene und von Kaiser Franz anschließend zwei Monate lang verfolgte Taktik: Abwarten, Verzögern, Verschleppen, Hinhalten, war damit fehlgeschlagen. Der Auftritt Napoleons am 22. Juli hatte die Wiener Politiker

---

133 Vgl. etwa die Hinweise bei Weis: Napoleon und der Rheinbund (Anm. 89), S. 199.

134 Ohne Nachweis zitiert in Weis: Der Durchbruch des Bürgertums (Anm. 27), S. 255 f.

135 Der Bericht über diese Audienz wurde erstmals ausgewertet von Srbik: Das Österreichische Kaisertum (Anm. 11), S. 320 f.; nach dieser Darstellung auch das Folgende.

136 Vgl. hierzu auch Raumer: Deutschland um 1800 (Anm. 18), S. 171 f.; Fournier: Napoleon I. (Anm. 53), Bd. 2, S. 129.

in der Tat „jäh aus ihren Träumen geweckt und den Schneckengang ihrer Diplomatie in Sturmesschritt verwandelt“,[137] denn einen neuen Krieg konnte und wollte man aus nachvollziehbaren Gründen nicht mehr riskieren. Fortan konnte alles gar nicht schnell genug gehen, denn der Kaiser der Franzosen machte seine erste Ankündigung umgehend wahr. Am 1. August 1806 gaben die „rheinischen Bundesstaaten“ vor dem aus den Ferien noch einmal zusammengerufenen Reichstag zu Regensburg eine offizielle Erklärung über ihren gemeinsamen Austritt aus dem Heiligen Römischen Reich ab[138] – ein im Übrigen sehr aufschlussreiches Dokument, in dem sie gleich zu Beginn auf die spätestens seit 1795 sichtbar gewordene „traurige Wahrheit“ hinwiesen, „dass das Band, welches bisher die verschiedenen Glieder des deutschen Staatskörpers miteinander vereinigen sollte, [...] in der That schon aufgelöst sei“. In der Argumentation keineswegs ungeschickt, verwiesen sie auf das Verhalten der beiden deutschen Vormächte Österreich und Preußen während des letzten Jahrzehnts: Deren Politik habe letztlich dazu geführt, dass man „Deutschland mitten im deutschen Reichskörper“ vergeblich gesucht habe. Indem sich, so lautete die Quintessenz dieses Dokuments, „die Souverains und Fürsten des mittäglichen und westlichen Deutschlands“ nunmehr „von ihrer bisherigen Verbindung mit dem deutschen Reichskörper lossagen, befolgen sie blos das durch frühere Vorgänge, und selbst durch Erklärungen der mächtigern Reichsstände aufgestellte System. Sie hätten zwar den leeren Schein einer erloschenen Verfassung beibehalten können, allein sie haben im Gegentheil ihrer Würde und der Reinheit ihrer Zwecke angemessener geglaubt, eine offene und freie Erklärung ihres Entschlusses und der Beweggründe, durch welche sie geleitet worden sind, abzugeben“.[139]

Sehr geschickt hatten die Rheinbundfürsten damit den beiden deutschen Großmächten den Schwarzen Peter zugeschoben, und sie konnten keineswegs ohne Grund darauf verweisen, dass der Reichszerfall seit Beginn der 1790er Jahre zuerst und vor allem auf das eigensüchtige Verhalten des Hohenzollernstaats einerseits und des Habsburgerreichs andererseits zurückgeführt werden müsse. In der Tat: Wenn sich „der Kaiser als Legitimationsquelle selbst abgeschafft hatte“,[140] dann blieb den Ländern des „dritten Deutschland“ gar nichts anderes mehr übrig, als auf ihre eigene Souveränität zurückzugreifen. Und wo anders hätten die aus dem Westen bedrängten mittleren und kleineren deutschen Staaten, so argumentierten sie, denn Schutz finden können, als eben unter dem großen Dach „des französischen Kaiser-Staates“?[141] Vorausgegangen war dieser Austrittserklärung eine in der Sache klar und unmissverständlich formulierte diplomatische Erklärung des französischen Gesandten am Reichstag, Théophile Bacher, der im Namen Napoleons verkündete, dass Frankreich die Existenz des Reiches nicht mehr anerkenne, im Gegenzug aber fortan allen deutschen Fürsten die volle Souveränität zubilligen werde, und dass Napoleon im Übrigen seinen vielen offiziellen Titeln noch einen weiteren hinzugefügt habe, nämlich denjenigen eines „Protecteur de la Confédération du Rhin“.[142] Den am Reichstag noch anwesenden Diplomaten und Vertretern, die diese beiden Erklärungen vernommen hatten, war nunmehr klar, was die Stunde geschlagen hatte: „Die Reichsverfassung war zum wesenlosen Schein geworden, am 1. August 1806 um 4 Uhr nachmittags wurde auch dieser ehrwürdige Schein ver-

137 Raumer: Deutschland um 1800 (Anm. 18), S. 172.
138 Abgedruckt in: Hofmann: Quellen zum Verfassungsorganismus (Anm. 83), S. 392–394.
139 Die Zitate ebd., S. 392 f.
140 Neuhaus: Das Ende (Anm. 3), S. 206.
141 Hofmann: Quellen zum Verfassungsorganismus (Anm. 83), S. 394.
142 Die Erklärung ist abgedruckt in: Karl Zeumer (Hrsg.): Quellensammlung zur Geschichte der Deutschen Reichsverfassung in Mittelalter und Neuzeit, 2. Aufl., Tübingen 1913, S. 536 f. (Nr. 215).

nichtet; es fehlte nur noch das Siegel, das der deutsche Kaiser der Auflösung des Reichs aufdrücken mußte".[143]

In Wien ging nun alles sehr schnell:[144] Bereits am 30. Juli hatte Kaiser Franz II. in einer Besprechung mit seinen Mitarbeitern seine Bereitschaft erklärt, gemäß den Forderungen Napoleons der Krone zu entsagen, und einen Tag später verlangte er von seinem Außenminister Graf Philipp Stadion, den Gang der Dinge weiter zu beschleunigen, um die offizielle Abdankung möglichst noch vor dem 10. August, also vor Ablauf des Ultimatums, vollziehen zu können. Gleichzeitig wurden militärische Maßnahmen angeordnet, um einem eventuellen neuen Angriff der französischen Truppen entgegentreten zu können. In fliegender Hast wurden inzwischen von Hügel und Friedrich Stadion die Dokumente für den bevorstehenden Staatsakt ausgearbeitet. Man darf in diesem Zusammenhang immerhin die Tatsache nicht vergessen, dass seit dem letzten Friedensschluss immer noch österreichisches Gebiet von französischen Truppen besetzt gehalten wurde; der französische Herrscher besaß damit ein Druckmittel von nicht zu unterschätzender – gerade auch psychologischer – Wirkung in der Hand.

Und dieses Druckmittel wirkte, denn der Kaiser hegte entsprechende konkrete Befürchtungen, die auch in seinen Anweisungen für Philipp Stadion zum Ausdruck kamen, die er dem Außenminister am 1. August für dessen bevorstehende Verhandlungen mit dem französischen Gesandten La Rochefoucauld erteilte; er befahl ihm darin, „möglichste Vorteile für meine Monarchie und mein Haus zu ziehen, dabei aber erstere von allem Einfall der französischen Truppen oder neuem Krieg mit Frankreich zu bewahren".[145] Natürlich ließen sich auch in den neuerlichen Verhandlungen mit Napoleons Statthalter in Wien keinerlei weitere Vorteile für die Habsburgermonarchie erreichen, zumal man selbst als Gegenleistung, da die Abdankung ja bereits feststand, nichts mehr zu bieten hatte. Ohne weitere Drohungen, also verbindlich im Ton, doch unerbittlich hart in der Sache beharrte La Rochefoucauld darauf, dass die Forderung und das Ultimatum seines Herrschers nicht mehr verhandelbar seien. Seit dem 2. August bereiteten Hügel und Friedrich Stadion die Urkunden für den bevorstehenden traurigen Staatsakt vor.

Am 6. August 1806 schließlich unterzeichnete der Kaiser seine „Abdicationsurkunde" für das Heilige Römische Reich Deutscher Nation.[146] Der Text dieses Dokuments war überaus sorgfältig komponiert; die Drohungen des französischen Gewaltherrschers wurden, wie sich versteht, darin mit keinem Wort erwähnt, denn „die Würde des deutschen Kaisers verbot es ebenso wie die Rücksicht auf Napoleon, die Ablegung der heiligsten Krone anders denn als freiwilligen Akt erscheinen zu lassen".[147] Die allgemeine Ent-

---

143 Srbik: Das Österreichische Kaisertum (Anm. 11), S. 322; vgl. auch Raumer: Deutschland um 1800 (Anm. 18), S. 172; Huber: Deutsche Verfassungsgeschichte (Anm. 21), Bd. 1, S. 70.

144 Das Folgende nach Srbik: Das Österreichische Kaisertum (Anm. 11), S. 323–325; Rössler: Graf Johann Philipp Stadion (Anm. 60), Bd. 1, S. 252 f.

145 Nach dem Abdruck (aus den Akten) bei Srbik: Das Österreichische Kaisertum (Anm. 11), S. 324; vgl. auch Rössler: Graf Johann Philipp Stadion (Anm. 60), Bd. 1, S. 254.

146 Das berühmte Dokument ist in allen wichtigen Quellensammlungen zur deutschen Verfassungsgeschichte zu finden, so in: Zeumer: Quellensammlung (Anm. 142), S. 538 f. (Nr. 217); Hofmann: Quellen zum Verfassungsorganismus (Anm. 83), S. 394–396 (Nr. 70. b); Ernst Rudolf Huber (Hrsg.): Dokumente zur deutschen Verfassungsgeschichte, Bd. 1: Deutsche Verfassungsdokumente 1803–1850, 3. Aufl., Stuttgart u. a. 1978, S. 37 f. (Nr. 5). – Zum Zusammenhang siehe auch Srbik: Das Österreichische Kaisertum (Anm. 11), S. 325–327; Raumer: Deutschland um 1800 (Anm. 18), S. 172; Huber: Deutsche Verfassungsgeschichte (Anm. 21), Bd. 1, S. 71 f.; Walter: Der Zusammenbruch (Anm. 88), S. 71–81.

147 Srbik: Das Österreichische Kaisertum (Anm. 11), S. 326.

wicklung im Reich seit dem Pressburger Frieden sowie erst recht der am 12. Juli des Jahres abgeschlossene Rheinbundvertrag machten es – so hieß es dort in schwerfälligem Kanzleistil – dem Kaiser fortan unmöglich, seine Pflichten als Reichsoberhaupt zu erfüllen. Insofern sei er es seinen Grundsätzen und seiner Würde schuldig, auf die Krone des Reiches zu verzichten: „Wir erklären demnach durch Gegenwärtiges, dass Wir das Band, welches Uns bis jetzt an den Staatskörper des deutschen Reiches gebunden hat, als gelöst ansehen, dass Wir das reichsoberhauptliche Amt und Würde durch die Vereinigung der conföderirten rheinischen Stände als erloschen und Uns dadurch von allen übernommenen Pflichten gegen das deutsche Reich losgezählt betrachten, und die von wegen desselben bis jetzt getragene Kaiserkrone und geführte kaiserliche Regierung, wie hiermit geschieht, niederlegen".[148]

Verfassungsrechtlich und nicht zuletzt politisch hoch bedeutend waren ebenfalls die dann folgenden Regelungen: Zuerst wurden sämtliche Reichsstände – d. h. diejenigen, die dem schmal gewordenen Phantomreich des Sommers 1806 noch verblieben waren – sowie alle Angehörigen der obersten Reichsbehörden ihren Verpflichtungen gegenüber der Kaiserkrone entbunden, und zum anderen löste der Kaiser wechselseitig alle Verpflichtungen, durch welche die habsburgischen deutschen Provinzen und Reichsländer bisher an das Reich gebunden waren; sie alle wurden nun auch staatsrechtlich mit dem österreichischen Staatskörper endgültig vereint. Mit diesen Bestimmungen sollte unmissverständlich klar gemacht werden, dass *nicht nur der Kaiser die Krone niedergelegt*, also abgedankt hatte, sondern dass damit auch *das Reich als solches zu existieren aufgehört* hatte. Nichts fürchtete Franz II. offenbar mehr, als dass sich Napoleon eventuell doch noch der „Karlskrone" bemächtigen und dadurch auf quasi-legalem Boden eventuell sogar in die inneren Angelegenheiten der habsburgischen Lande eingreifen könnte. Auch mit seinen etwas später getroffenen weiteren Regelungen, die etwa die Versorgung des jetzt plötzlich überflüssig gewordenen „Reichspersonals"[149] oder auch die Verfügungen über die Wiener Gebäude der ehemaligen Reichshofkanzlei betrafen, unterstrich der Kaiser, dass mit seiner Abdankung nicht etwa nur eine Unterbrechung der Reichsverwaltung eingetreten war, sondern ein unwiderrufliches Ende. Er selbst hat genau dies am 20. Dezember 1806 auch noch einmal schriftlich klar gestellt: „Durch die am 6. August laufenden Jahres von mir bewirkte Niederlegung der deutschen Reichsregierung ist nicht eine abermalige Unterbrechung, sondern ein gänzliches Aufhören derselben eingetreten."[150]

Dieser letzte Akt der Reichsgeschichte, den Kaiser Franz II. als „der zweiundzwanzigste deutsche Herrscher aus habsburgischem Stamme, der vierundfünfzigste seit Karl dem Großen"[151] vornahm, – stellte er wirklich „ein würdiges Ende der großen Tradition"[152] dar oder doch eher ein „unwürdiges" Schauspiel,[153] das in allzu nüchterner, geschäftsmäßiger Weise einen Schlusspunkt unter die wechselreiche, aber eben zeitweilig auch glanzvolle Geschichte eines ganzen Jahrtausends setzte? Das ist im Nachhinein schwer zu entscheiden, wobei man immerhin den übergroßen Druck zu berücksichtigen hat,

---

148 Zeumer: Quellensammlung (Anm. 142), S. 538 f.
149 Vgl. dazu Kleinheyer: Die Abdankung des Kaisers (Anm. 121), S. 139, 141.
150 Zitiert nach den Akten bei Ziegler: Franz II. (Anm. 59), S. 305.
151 Srbik: Das Österreichische Kaisertum (Anm. 11), S. 146.
152 Ziegler: Franz II. (Anm. 59), S. 306; die gleiche Einschätzung auch bei Srbik: Das Österreichische Kaisertum (Anm. 11), S. 326, und Press: Der Untergang (Anm. 11), S. 95.
153 So etwa Aretin: Heiliges Römisches Reich (Anm. 13), Bd. 1, S. 504–506; Heinz Angermeier: Deutschland zwischen Reichstradition und Nationalstaat. Verfassungspolitische Konzeptionen und nationales Denken zwischen 1801 und 1815, in: ders.: Das alte Reich in der deutschen Geschichte. Studien über Kontinuitäten und Zäsuren, München 1991, S. 449.

den Napoleon auf die Wiener Politik im Allgemeinen und Franz II. im Besonderen ausübte; im Grunde blieb dem Kaiser gar nichts anderes übrig, als der Gewalt zu weichen, wollte er nicht den Zusammenbruch seines ihm allein noch verbliebenen neuen Kaisertums Österreich riskieren. Man wird abschließend wohl mit Heinrich Ritter von Srbik sagen können: „Die Form wurde von dem Reichsoberhaupt in vollendeter Weise gewahrt; der Ehrfurcht gebietenden Institution aber, die nun erlosch, hätte es besser entsprochen, wenn der Erwählte Römische Kaiser um Wochen früher und ohne an Vorteile für seine Monarchie zu denken, dem unhaltbaren Scheinzustand seines Kaisertums ein Ende gesetzt hätte".[154]

Eine ganz andere Frage betrifft freilich die *Rechtmäßigkeit* der kaiserlichen „Abdication" und der damit verbundenen Reichsauflösung – ein Problem, das die deutschen Staats- und Verfassungshistoriker immer wieder eingehend erörtert haben.[155] Franz II. hatte am 6. August 1806 *zwei staatsrechtliche Akte zugleich* vollzogen: Er hatte zuerst als Kaiser abgedankt und sodann die Auflösung des Reiches verkündet. Die persönliche Niederlegung der Krone, für die es bereits einen historischen Präzedenzfall gab, nämlich die Abdankung Karls V. im Jahr 1558,[156] stellte als solche kein eigentliches verfassungsrechtliches Problem dar, zumal die Zulässigkeit einer solchen Abdankung nach dem bekannten Vorgang aus dem 16. Jahrhundert nicht mehr fraglich sein konnte. Zudem enthielt die Abdankungsurkunde eine ausführliche Begründung, die auf die bestehende schwere verfassungsrechtliche Notlage hinwies: Kaiser Franz II. berief sich damit auf den althergebrachten juristischen Grundsatz *„ultra posse nemo obligatur"*, und insofern entsprach die „Abdication" auch dem „seit der Resignation Karls V. geltenden Grundsatz, daß ein so schwerwiegender Akt einer tragfähigen Begründung bedürfe".[157]

Ganz anders dagegen verhielt es sich mit der vom Kaiser gleichzeitig vollzogenen Reichsauflösung. Die Rechts- und Verfassungshistoriker, die sich mit diesem Problem eingehend befasst haben, sind sich darin einig, dass Kaiser Franz II. hierzu in keiner Weise befugt gewesen ist. Selbst dann, wenn es sich um die Inanspruchnahme eines (im offiziellen Reichsstaatsrecht freilich nicht vorhandenen) Notrechts gehandelt hätte,[158] wäre es die Pflicht des Kaisers gewesen, die Angelegenheit vor die Reichsstände zu bringen. Er, der noch nicht einmal berechtigt war, ein einziges Reichsgesetz einseitig zu ändern oder aufzuheben,[159] war zu einem solchen fundamentalen, „das Reich in seinem existenziellen und institutionellen Bestand vernichtenden Akt weder befugt noch imstande", und das bedeutet wiederum: „Seine dahin gehende Verlautbarung war ein reichsverfassungswidriger Akt; sie war null und nichtig", denn nur Kaiser und Reichs-

---

154 Srbik: Das Österreichische Kaisertum (Anm. 11), S. 326; diesem Urteil hat sich auch Aretin: Heiliges Römisches Reich (Anm. 13), Bd. 1, S. 505, angeschlossen. – Das einprägsame, auch in manche spätere Darstellung eingegangene Bild des Reichsuntergangs, mit dem Aretin (ohne allerdings Belege anzuführen) sein Werk beschließt: Am Vormittag des 6. August 1806 sei „von der Balustrade der Kirche Von den neun Chören der Engel" in Wien die Abdankungserklärung des Kaisers „durch den Reichsherold dem rasch zusammengelaufenen Volk" kundgegeben worden (ebd., S. 506), entspricht offenkundig nicht den historischen Tatsachen; vgl. hierzu neuerdings die aufschlussreichen Bemerkungen bei Eric-Oliver Mader: Die letzten „Priester der Gerechtigkeit". Die Auseinandersetzung der letzten Generation von Richtern des Reichskammergerichts mit der Auflösung des Heiligen Römischen Reiches Deutscher Nation, Berlin 2005, S. 150–155.
155 Statt vieler sei hier nur hingewiesen auf Huber: Deutsche Verfassungsgeschichte (Anm. 21), Bd. 1, S. 71–74; Walter: Der Zusammenbruch (Anm. 88), S. 76–81; Kleinheyer: Die Abdankung (Anm. 121), S. 124–136.
156 Dazu eingehend Kleinheyer: Die Abdankung (Anm. 121), S. 124–136.
157 Die Zitate: ebd., S. 139; vgl. Huber: Deutsche Verfassungsgeschichte (Anm. 21), Bd. 1, S. 72.
158 Vgl. dazu die Bemerkungen bei Walter: Der Zusammenbruch (Anm. 88), S. 77–80.
159 Vgl. ebd., S. 77; vgl. auch Kleinheyer: Die Abdankung (Anm. 121), S. 142–144.

stände *gemeinsam* hätten über das Ende des Reichs beschließen können, und so war „die einseitige Erklärung des Kaisers [...], soweit sie das Ende des Reichs und seiner Einrichtungen aussprach, rechtsunwirksam".[160] Dies wäre – streng formalrechtlich betrachtet – auch dann der Fall gewesen, wenn der Kaiser in der Abdankungsurkunde wenigstens ein einziges Wort über die infolge der bestehenden Notlage unabdingbar gewordene „Überschreitung des Rechts" hätte fallen lassen.[161]

Die höchsten Juristen am Reichskammergericht haben, wie man neuerdings weiß, sich noch nach dem 6. August in ausführlichen Gutachten über die rechtliche Problematik der vom Kaiser vorgenommenen faktischen Reichsauflösung geäußert; hier dominierte die Auffassung, dass sowohl der Austritt der Rheinbundstaaten wie auch die Abdankung des Kaisers „Verstöße gegen die Reichsverfassung darstellten",[162] und dass die obersten Reichsorgane, darunter auch die beiden Reichsgerichte, erst dann als aufgelöst angesehen werden könnten, wenn dies in formal korrekter Weise durch die Reichsstände beschlossen worden sei. Immerhin war dies im Sommer 1806, wie treffend gesagt worden ist, noch keine völlig realitätsfremde Position, denn ein erneuertes Zusammentreten des Reichstages (vielleicht eines „Rumpfreichstages") war durchaus denkbar, zumal es weiterhin einige mittlere und kleinere Reichsstände gab, die, wie etwa Kursachsen, dem Rheinbund bislang nicht beigetreten waren.

Gleichwohl war das Reich, was immer auch seine „letzten Priester der Gerechtigkeit" denken und schreiben mochten, seit jenem 6. August politisch tot und daher auch *staatsrechtlich* erloschen. Von einem „virtuellen Fortbestehen" des Reiches kann daher keine Rede sein. Es ist, so haben es die Rechtshistoriker formuliert, gewissermaßen eines „natürlichen Todes"[163] gestorben, da seine staatlichen Funktionen und Organe erloschen sind und da es auch in der nachnapoleonischen Zeit nicht wiederbelebt worden ist. Ernst Rudolf Huber hat diese Deutung sehr einleuchtend formuliert: „Es war *das Erlöschen des Willens zum Reich* nicht nur bei seinen legitimen Trägern, den Reichsständen, sondern in der Nation selbst, das nach dem Verzicht des Kaisers auf Krone und Regierung nicht nur faktisch, sondern auch staatsrechtlich den Untergang des Reiches herbeiführte. So wie der Staat in seiner Entstehung nicht nur das Erzeugnis eines Rechtsaktes ist, sondern die staatsbegründende Aktion [...] einen verbindenden politischen Willen, den Glauben an eine die Einheit konstituierende Idee voraussetzt, so tritt der Untergang eines Staates nicht nur de facto, sondern auch de jure notwendig ein, wenn mit der Zerstörung oder Preisgabe seiner äußeren Form auch das Leben, der Wille und der Glaube aus dem zersprengten Staatskörper entschwinden".[164] Nicht der Akt des 6. August an sich, wohl aber das Erlöschen des Willens zum Reich bei den damals lebenden Deutschen hat die Auflösung dieser uralten Institution bewirkt.

Auch in völkerrechtlicher Hinsicht war das am 6. August 1806 vom Kaiser verkündete Ende des Reiches heftig umstritten. Vor allem Russland und Großbritannien erhoben sofort entschiedenen Protest gegen die kaiserliche Erklärung,[165] der englische König

---

160 Die Zitate: Huber: Deutsche Verfassungsgeschichte (Anm. 21), Bd. 1, S. 72; mit gleicher Tendenz auch Srbik: Das Österreichische Kaisertum (Anm. 11), S. 327; Kleinheyer: Die Abdankung (Anm. 121), S. 143 f.; Walter: Der Zusammenbruch (Anm. 88), S. 77 f.; Gagliardo: Reich and Nation (Anm. 8), S. 281; Wilhelm Brauneder: Österreichische Verfassungsgeschichte, 9. Aufl., Wien 2003, S. 109.
161 Das betont vor allem Srbik: Das Österreichische Kaisertum (Anm. 11), S. 326 f.
162 So Mader: Die letzten „Priester der Gerechtigkeit" (Anm. 154), S. 193.
163 So Kleinheyer: Die Abdankung (Anm. 121), S. 144.
164 Huber: Deutsche Verfassungsgeschichte (Anm. 21), Bd. 1, S. 73; siehe auch Neuhaus: Das Reich (Anm. 4), S. 55.
165 Vgl. Srbik: Das Österreichische Kaisertum (Anm. 11), S. 331.

Georg III. in seiner Eigenschaft als Reichsstand, der auf diese Weise noch einmal gegen die fatale Annektierung seines Kurfürstentums Hannover durch das mit Napoleon verbündete Preußen protestierte.[166] König Georg, der übrigens noch bis zum Oktober 1814 seine offiziellen Titel „Herzog zu Braunschweig und Lüneburg, des heiligen Römischen Reiches Erzschatzmeister und Churfürst"[167] weiter führte, konnte in dieser Zeit auf dem Kontinent nicht mit militärischen Mitteln in den Gang der Dinge eingreifen, doch sein durchaus wirksamer, in Deutschland auch beachteter Protest schloss jedenfalls „die Annahme aus, die Auflösung des Reiches sei durch die reichstreuen Stände stillschweigend genehmigt worden".[168]

Die Auflösung des Reiches im Sommer 1806 habe, so die bis heute gängige Auffassung, „unter den Deutschen keinen Aufschrei, keine tiefe Empörung, ja nicht einmal einen stillen nagenden Schmerz ausgelöst, der die Menschen in all ihrer Ohnmacht, den Gang der Dinge aufzuhalten, erfüllt hätte".[169] Diese Deutung lässt sich, auch wenn der „Aufschrei" sicherlich gefehlt hat, in dieser Form nicht mehr halten. Sicher war es nur eine kleine Minderheit in Deutschland, die das Ende des alten Heiligen Römischen Reiches aufrichtig bedauerte, doch die Äußerungen tiefer Trauer und ehrlicher Empörung – auch wenn sie nach Lage der Dinge sich zumeist nicht öffentlich äußern konnten – sollten nicht unterschlagen werden.[170] Und dennoch bleibt festzuhalten: Als säkulare Katastrophe aber ist das Reichsende von den damaligen Deutschen, von ganz wenigen Ausnahmen vielleicht abgesehen, jedenfalls nicht empfunden worden.[171] Eher noch finden sich Äußerungen verhaltener Trauer, wie in jenem nachmals viel zitierten, berühmten Brief, den die alte Frau Rat Goethe am 19. August 1806 aus Frankfurt am Main (in eigenwilliger Orthographie) an ihren berühmten Sohn in Weimar richtete: „Mir ist übrigens zu muthe als wenn ein alter Freund sehr kranck ist, die ärtzte geben ihn auf mann ist versichert daß er sterben wird und mit all der Gewißheit wird mann doch erschüttert wann die Post kommt er ist todt. So geht's mir und der gantzen Stadt – Gestern wurde zum ersten mahl Kaiser und Reich aus dem Kirchengebet weggelaßen".[172]

Goethe selbst hat bekanntlich nur knappe und etwas enigmatische Tagebuchaufzeichnungen aus dem August 1806 hinterlassen: Auf der Rückreise von Karlsbad nach Weimar notiert er am 6. August: „Abends um 7 Uhr in Hof. Nachricht von der Erklärung des rheinischen Bundes und dem Protektorat. Reflexionen und Diskussionen". Und einen Tag später: „Zwiespalt des Bedienten und des Kutschers auf dem Bocke, welcher uns mehr in Leidenschaft versetzte als die Spaltung des römischen Reichs".[173] Die aus der zweiten Bemerkung vom 7. August häufig abgeleitete Interpretation, Goethe habe das Ende des Reiches nur en passant zur Kenntnis genommen, im Übrigen aber ignoriert, ist unhaltbar; die Notiz über „Reflexionen und Diskussionen" vom Tag zuvor widerlegt diese Deutung – worauf im Übrigen seit Heinrich von Srbik immer wieder

166 Ausführlich hierzu: Walter: Der Zusammenbruch (Anm. 88), S. 83–91.
167 Vgl. ebd., S. 94.
168 Ebd., S. 91.
169 Raumer: Deutschland um 1800 (Anm. 18), S. 172.
170 Vgl. etwa die Bemerkungen und Hinweise bei Srbik: Das Österreichische Kaisertum (Anm. 11), S. 327–335; Heigel: Deutsche Geschichte (Anm. 20), Bd. 2, S. 667–671.
171 Eine hiervon abweichende Auffassung wird in der noch ungedruckten Münchner Habilitationsschrift von Wolfgang Burgdorf: Ein Weltbild verliert seine Welt. Der Untergang des Reiches und die Generation 1806, München 2005, vertreten.
172 Karl Robert Mandelkow (Hrsg.): Briefe an Goethe, Bd. 1, München 1982, S. 452 f.
173 Beide Zitate: Johann Wolfgang Goethe: Sämtliche Werke, Briefe, Tagebücher und Gespräche, II. Abt., Bd. 6, Frankfurt a. M. 1993, S. 74 f.

hingewiesen worden ist.[174] Andererseits aber muss ebenfalls gefragt werden, wie ausführlich und tief jene Reflexionen tatsächlich gewesen sein können, wenn sie keinen weiteren schriftlichen Niederschlag im Leben eines so überaus schreibfreudigen Mannes gefunden haben? Und das ausführliche, mit Recht später berühmt gewordene Gespräch, das Goethe nur wenige Tage später, am 19. August 1806, mit dem Jenenser Historiker Heinrich Luden über weit ausgreifende Themen der Dichtung und der Geschichte geführt hat,[175] enthält tatsächlich keine einzige Bemerkung über das Reichsende, nicht einmal die kleinste Anspielung.

Wie zu erwarten, fielen die Reaktionen unter den deutschen Politikern und Diplomaten eindeutiger aus, und insofern ist in der Tat nach einer Bemerkung Srbiks „die Bedeutung des Weltmoments [...] am deutschen Bewußtsein nicht ganz vorübergegangen".[176] Neben Gleichgültigkeit und Nichtbeachtung standen eben auch Empörung und Bestürzung, Niedergeschlagenheit und Ohnmachtsgefühle.[177] Im Ganzen gesehen wird man jedoch darauf hinweisen müssen, dass in zunehmendem Maße der „graue Alltag" jener Jahre das politische Dasein der Deutschen zu bestimmen begann, – und insofern war jetzt kaum der richtige Augenblick, „der verlorenen Größe eines ‚Reiches' nachzutrauern, das für viele zuletzt nur noch ein Name war".[178]

Die deutschen Historiker des 19. Jahrhunderts haben das Reichsende im Allgemeinen nicht als bedeutenden Verlust für Deutschland angesehen. Diese skeptisch nüchterne Einschätzung der Ereignisse des Jahres 1806 lässt sich etwa bei Ludwig Häusser finden, der bemerkte, das Reich sei „in seiner letzten Lebensperiode [...] doch zu machtlos und erstarrt gewesen, als daß ein besonders tiefes Gefühl des Umschwunges die Gemüther hätte überkommen können"; allenfalls war noch in denen, „die nicht von dem Bonaparte'schen Blendwerk gefesselt waren, das Bewußtsein wach, daß hier ein langes geschichtliches Dasein zu Ende gehe, von dem es noch zweifelhaft war, ob ihm ein neues folgen werde".[179] Und Leopold von Ranke wies gelegentlich darauf hin, das römisch-deutsche Kaisertum Franz' II. sei „dem neuen Cäsar" schon deshalb unterlegen – und letztlich zum Scheitern verurteilt – gewesen, weil die Idee eben jenes alten Kaisertums „mit den damaligen Zuständen der Welt in schneidendem Widerspruch" gestanden habe.[180] Heinrich von Treitschke wiederum – zu seiner Zeit ein Mann mit enormem Einfluss auf die historisch-politische Urteilsbildung der Deutschen – vertrat die Auffassung, „durch einen Staatsstreich des letzten Habsburgerkaisers" sei jene Krone zugrunde gegangen, „die seit tausend Jahren mit den stolzesten und schmachvollsten Erinnerungen des deutschen Volkes verwachsen war. [...] Den ganzen Umkreis irdischer Schicksale hatte sie durchmessen, aus einer Zierde Deutschlands war sie zu einem widrigen Zerrbilde geworden, und als sie endlich zusammenbrach, da schien es, als ob ein Gespenst versänke".[181]

174 Vgl. Heinrich Ritter von Srbik: Goethe und das Reich, Leipzig 1940, S. 6 f., ähnlich später Raumer: Deutschland um 1800 (Anm. 18), S. 173; neuerdings die entsprechenden Bemerkungen bei Schmidt: Geschichte (Anm. 5), S. 346; Mader: Die letzten „Priester der Gerechtigkeit" (Anm. 154), S. 155, 157.
175 Neuester Abdruck in: Goethe: Sämtliche Werke, Briefe (Anm. 173), II. Abt., Bd. 6, S. 79–111.
176 Srbik: Das Österreichische Kaisertum (Anm. 11), S. 327.
177 Vgl. ebd., S. 328 f.; Heigel: Deutsche Geschichte (Anm. 20), Bd. 2, S. 666–668.
178 Raumer: Deutschland um 1800 (Anm. 18), S. 174.
179 Ludwig Häusser: Deutsche Geschichte vom Tode Friedrichs des Großen bis zur Gründung des deutschen Bundes, 4. Aufl., Berlin 1869, Bd. 2, S. 698.
180 Ranke: Denkwürdigkeiten Hardenbergs (Anm. 32), Bd. 1, S. 490.
181 Treitschke: Deutsche Geschichte (Anm. 101), Bd. 1, S. 228.

Die neuere Geschichtsschreibung betont immerhin die europäische Bedeutung des Einschnitts und zudem die besonderen strukturellen Ursachen des Reichsendes: „Der ungeheure Akt der Auslöschung des wichtigsten mitteleuropäischen Staatsgebildes", so Heinz Angermeier, habe weit über die deutschen Grenzen hinaus „doch einen tiefen Einschnitt in die geistige und politische Kultur in ganz Europa" dargestellt.[182] Helmut Neuhaus streicht stark die verfassungspolitischen Ursachen des Reichsuntergangs von 1806 heraus, indem er betont, dass es vor allem „in Reichsverfassung und Reichskriegsverfassung grundgelegte strukturelle Gründe gewesen [sind], die das Ende herbeiführten, das lange Zeit vorbereitet war".[183] Der Jurist Gerd Roellecke wiederum hat die Funktionslosigkeit des römisch-deutschen Kaisertums als Folge des grundlegenden Wandels der europäischen Gesellschaft hervorgehoben.[184] Und Horst Möller schließlich bemerkt mit Blick auf die Zukunft, dass „mit der Zerstörung des Reiches" auch „notwendige Modernisierungen" verbunden gewesen seien, – und „insofern war sie nicht bloß destruktiv, sondern auch konstruktiv vorausweisend".[185] Denn erst der unwiderrufliche Abschluss des Alten machte Platz für das Neue, und damit wurde endlich auch den Deutschen ihr Weg ins 19. Jahrhundert eröffnet.

5. Der Weg ins 19. Jahrhundert

Das Ende des Reiches war tatsächlich, wie sich zeigen sollte, unwiderruflich, auch wenn sich zuweilen immer noch einmal die Hoffnung auf seine Erneuerung artikulieren sollte. Denn mit der napoleonischen Herrschaft über Deutschland als vermeintlich unveränderlicher Tatsache wollte und konnte sich die große Mehrheit der Deutschen nicht abfinden.[186] Dazu trug der Gewaltherrscher immer wieder selbst bei, wie gerade durch ein Ereignis dokumentiert wird, das genau zwanzig Tage nach dem Ende des Alten Reiches stattfand: die außerordentliches Aufsehen erregende Festnahme, Verurteilung und Erschießung des Nürnberger Buchhändlers Johann Philipp Palm am 26. August 1806 durch französische Truppen in Braunau. Dieser Mann war der Verbreitung einer – im Übrigen nicht verbotenen – anonymen Broschüre mit dem Titel „Deutschland in seiner tiefen Erniedrigung" beschuldigt worden,[187] in der sich keinerlei kämpferische oder gar zum gewaltsamen Widerstand gegen die Fremdherrschaft aufrufende Formulierungen fanden.

Diese extreme Härte des französischen Herrschers war es, die den Widerstand gegen ihn anfachte und gleichzeitig dem Hass gegen alles Französische immer mehr Nahrung gab. Gerade Napoleon, der so hervorragend auf der Klaviatur des französischen Nationalstolzes zu spielen wusste, trat das eben in dieser Zeit erwachende deutsche Nationalgefühl – dessen Gefahrenpotenzial für seine Herrschaft er durchaus erkannte – immer wieder brutal mit Füßen, sogar noch in dessen harmloser Form eines sich nur sehr vorsichtig artikulierenden Rheinbundpatriotismus. Dieses in der Tat übertrieben harte

182 Angermeier: Deutschland (Anm. 153), S. 449 f.
183 Neuhaus: Das Ende (Anm. 3), S. 199.
184 Gerd Roellecke: Das Ende des römisch-deutschen Kaisertums und der Wandel der europäischen Gesellschaft, in: Brauneder: Heiliges Römisches Reich (Anm. 70), S. 106.
185 Horst Möller: Fürstenstaat oder Bürgernation. Deutschland 1763–1815, Berlin 1989, S. 589.
186 Eine Fülle wichtiger Quellenzeugnisse hierzu findet sich in der vorzüglichen Dokumentation von Hans-Bernd Spies (Hrsg.): Die Erhebung gegen Napoleon 1806–1814/15, Darmstadt 1981.
187 Vgl. Martin Riegel: Der Buchhändler Johann Philipp Palm, Hamburg 1938; die Schrift „Deutschland in seiner tiefen Erniedrigung" ist dort (S. 107–193) vollständig erneut abgedruckt; ein knapper Auszug auch in: Spies: Die Erhebung (Anm. 186), S. 13–18.

Vorgehen, zu dem Napoleon offenbar keine Alternative zu sehen vermochte, ließ für die Deutschen, wie Volker Press zutreffend festgestellt hat, „die Züge eines aggressiven französischen Nationalismus und Imperialismus um so schärfer hervortreten. Es hatte sich entschieden, dass sich das deutsche Nationalgefühl mehrheitlich gegen Napoleon formieren musste".[188]

Vor der am Ende erfolgreichen Selbstbefreiung von der Fremdherrschaft jedoch stand erst einmal noch eine weitere schmerzliche Niederlage, der Krieg der Habsburgermonarchie gegen Napoleon von 1809.[189] Heinrich von Kleist verfasste gegen Ende des in ganz Deutschland mit großen Hoffnungen begleiteten Befreiungskampfes seine Betrachtung „Über die Rettung von Österreich", die mit dem Entwurf einer „Proklamation" des Kaisers von Österreich endet, deren erster und vierter Punkt lauten: „1) Von dem Tage dieses Beschlusses an soll das deutsche Reich wieder vorhanden sein. [...] 4) Nach Beendigung des Krieges sollen die Stände zusammenberufen, und, auf einem allgemeinen Reichstage, dem Reiche die Verfassung gegeben werden, die ihm am zweckmäßigsten ist".[190] Ruft man sich allerdings die Umstände, unter denen das Reich endete, sowie die Formulierungen der Wiener Abdikationsurkunde vom 6. August 1806 ins Bewusstsein, dann ist es vollkommen klar, dass der Kaiser von Österreich ein solches Manifest – auch im Falle eines österreichischen Sieges – niemals erlassen hätte.[191]

Dieser Text des preußischen Dichters, der in tiefer, auch aus politischer Verzweiflung resultierender Depression am 21. November 1811 am Wannsee bei Berlin freiwillig aus dem Leben schied, zeigt indes deutlich genug, dass viele deutsche Zeitgenossen, die auf ein baldiges Ende der „Franzosenzeit" hofften, drei Jahre nach dem Untergang des Reiches selbstverständlich dessen umgehende Restitution nach einem Sieg über Napoleon erwarteten, wenn auch in reformierter und erneuerter Form (worauf der vierte Punkt des Kleistschen Entwurfs hinweist). Diese Erwartung sollte in den folgenden Jahren, vielleicht auch unter dem Eindruck der vielen umwälzenden Ereignisse inner- und außerhalb Europas, die jene Epoche kennzeichnen, allerdings nach und nach zurückgehen. Immerhin kann, wie dieses aufschlussreiche Zeugnis Kleists zeigt, von einem abrupten Aufhören eines noch explizit am Alten Reich orientierten und auf dessen Wiederherstellung hoffenden deutschen Patriotismus nicht die Rede sein.

Die Befreiungskriege von 1813/14, die sich während der „Hundert Tage" Napoleons im Frühjahr 1815 noch einmal fortsetzten,[192] brachten Deutschland und dem größten Teil des Kontinents schließlich die Selbstbefreiung von der Gewaltherrschaft eines Usurpators, dem es nicht gelungen war, seine brutale Hegemonie dauerhaft zu verankern. Vielleicht gehörte es zu den unabdingbaren Voraussetzungen des „Zeitalters der deutschen Erhebung", wie Friedrich Meinecke es im Titel seiner klassischen Monographie genannt hat,[193] dass der Untergang des Reiches dem Vorgang der Selbstbefreiung vorangehen

188 Press: Das Ende (Anm. 106), S. 44.

189 Gute Überblicke über die Ereignisse bei Wahl: Geschichte (Anm. 20), S. 187–195; Andreas: Das Zeitalter (Anm. 90), S. 391–414.

190 Heinrich von Kleist: Sämtliche Werke und Briefe, hrsg. v. Helmut Sembdner, 7. Aufl., München 1984, Bd. 2, S. 382; grundlegend hierzu die Bemerkungen bei Press: Das Ende (Anm. 106), S. 31–33 u. passim.

191 Darauf weist mit Recht ebenfalls Press hin: Das Ende (Anm. 106), S. 31; vgl. auch Ziegler: Franz II. (Anm. 59), S. 305.

192 Grundlegend und erschöpfend hierzu immer noch: Heinrich Ulmann: Geschichte der Befreiungskriege 1813 und 1814, Bde. 1–2, München 1914/15; vgl. ebenfalls Wahl: Geschichte (Anm. 20), S. 222–243, 249–254; Andreas: Das Zeitalter (Anm. 90), S. 527–601.

193 Friedrich Meinecke: Das Zeitalter der deutschen Erhebung (1795–1815), 6. Aufl., Göttingen 1957 [zuerst 1906].

musste, um die Deutschen aus ihrer Lethargie zu wecken. Das von Napoleon etablierte System der Frankreich flankierenden Satellitenstaaten brach sofort in sich zusammen, auch der Rheinbund hörte rasch auf zu existieren.

Damit aber erschien umgehend die Frage einer Neuordnung Deutschlands, die Napoleon 1806 auf seine Weise gelöst zu haben glaubte, erneut auf der Tagesordnung der europäischen Politik. Zu den vier denkbaren Formen einer staatlichen Neukonstituierung Deutschlands nach dem Ende der Fremdherrschaft[194] gehörte, neben dem nationalen Einheitsstaat, dem Bundesstaat und dem Staatenbund, ebenfalls die Wiederherstellung des Reichs. In der Tat schien eine solche Restituierung zu Beginn der Befreiungskriege sich durchaus im Bereich des Möglichen zu befinden, hatte doch Zar Alexander I. schon im März 1813, als die soeben befreiten Gebiete noch von einem provisorischen „Zentralverwaltungsrat" unter dem Freiherrn vom Stein regiert wurden,[195] dem österreichischen Kaiser das Angebot unterbreitet, er möge die alte deutsche Kaiserkrone wieder annehmen, und auch König Friedrich Wilhelm III. und Hardenberg hatten dieses Angebot bald darauf wiederholt. Doch bei näherem Hinsehen erweist sich sehr rasch, dass man hiermit weniger konkrete Pläne und Überlegungen für eine kommende Neuordnung Deutschlands verbunden hatte, sondern dass diese Angebote lediglich taktisch motiviert waren, um das im Frühjahr 1813 noch zögernde Österreich in die antinapoleonische Koalition mit hineinzuziehen.[196]

Auch von anderer Seite wurde seit Anfang 1813 die Idee der Wiederherstellung des Reiches ventiliert, doch man hat hierbei allerdings zu unterscheiden erstens zwischen der Auffassung vom *ununterbrochenen rechtlichen Fortbestand des Reiches* auch während der Jahre 1806 bis 1813, und zweitens der Forderung nach einer *grundsätzlichen konstitutionellen Erneuerung des Reiches*. Die erste Auffassung vertrat mit besonderer Vehemenz der englische Minister für hannoversche Angelegenheiten, Ernst Graf zu Münster, der im Auftrag seines Herrschers, König Georgs III., seit Januar 1813 mit einer Reihe von verfassungspolitischen Denkschriften in die Debatte um eine künftige Ordnung Deutschlands eingriff.[197] Doch Münsters Auffassung sollte, wie sich recht bald schon herausstellte, eine Außenseiterposition bleiben, da selbst der Freiherr vom Stein in seiner berühmten „Denkschrift über Deutschlands künftige Verfassung" vom September 1812 zwar dafür plädiert hatte, das alte deutsche Kaisertum wiederherzustellen, aber eben auf keinen Fall in derjenigen Form, die einst der Westfälische Friede errichtet hatte; bezogen auf 1806 stellte Stein ausdrücklich fest: „Die Wiederherstellung der alten Monarchie ist unmöglich".[198] Im Verlauf des Wiener Kongresses ging lediglich der diplomatische Vertreter einer der deutschen Kleinstaaten, der allgemein hoch angesehene Reichsfreiherr

---

194 Vgl. Huber: Deutsche Verfassungsgeschichte (Anm. 21), Bd. 1, S. 482–487; Wolf D. Gruner: Österreich zwischen Altem Reich und Deutschem Bund (1789–1816), in: Wilhelm Brauneder/Lothar Höbelt (Hrsg.): Sacrum Imperium. Das Reich und Österreich 996–1806, Wien u. a. 1996, S. 337.

195 Vgl. Huber: Deutsche Verfassungsgeschichte (Anm. 21), Bd. 1, S. 487–493.

196 Vgl. Michael Hundt: Hardenbergs deutsche Verfassungspolitik in den Jahren 1780 bis 1815, in: Thomas Stamm-Kuhlmann (Hrsg.): „Freier Gebrauch der Kräfte". Eine Bestandsaufnahme der Hardenberg-Forschung, München 2001, S. 180.

197 Vgl. hierzu Walter: Der Zusammenbruch (Anm. 88), S. 92–95 u. passim; Huber: Deutsche Verfassungsgeschichte (Anm. 21), Bd. 1, S. 484; Gruner: Österreich (Anm. 194), S. 339 f.; zum Zusammenhang immer noch wichtig die Übersicht von Wilhelm Adolf Schmidt: Geschichte der deutschen Verfassungsfrage während der Befreiungskriege und des Wiener Kongresses, 1812 bis 1815, Stuttgart 1890.

198 Die Denkschrift Steins vom 18. September 1812 ist in deutscher Übersetzung abgedruckt in: Georg Heinrich Pertz: Das Leben des Ministers Freiherrn vom Stein, 7 Bde., Berlin 1850–1855, Bd. 3, S. 143. – Zutreffend hierzu, Ernst Rudolf Hubers Darstellung in diesem Punkt korrigierend, Walter: Der Zusammenbruch (Anm. 88), S. 93.

Hans Christoph von Gagern, vom unmittelbaren staats- und völkerrechtlichen Fortbestand des Heiligen Römischen Reiches Deutscher Nation aus.[199]

Die zweite Version, also diejenigen Pläne, die ein deutsches Kaisertum erstrebte, allerdings nicht als Restauration des 1806 untergegangenen, sondern in Form einer – sich von den problematischen Traditionen der Zeit von 1648 bis 1806 bewusst absetzenden – Neugründung des Kaiserreichs, wurde von den Vertretern einer Gruppe deutscher Klein- und Mittelstaaten angestrebt, doch diese Position konnte sich letztlich ebenfalls nicht durchsetzen, da vor allem die beiden deutschen Großmächte jeden Gedanken an eine Neugründung des Reiches strikt von sich wiesen. Dies entsprach ihrer klaren Interessenlage, die sich schon daraus ergab, dass eine grundsätzliche Revision der seit 1803 veränderten deutschen Landkarte – und damit eben auch eine In-Frage-Stellung der durch Säkularisierung und Mediatisierung fundamental neu geordneten staatlichen Grundlagen Deutschlands – unbedingt vermieden werden sollte. Daneben wird man die Tatsache mit einbeziehen müssen, dass der König von Preußen wahrlich nicht danach strebte, sich noch einmal einem habsburgischen Kaisertum zu unterstellen, während der Kaiser von Österreich wiederum an einem machtlosen Kaisertitel, der ihn in allerhand deutsche und europäische Händel hätte verwickeln können, kaum ein Interesse haben konnte.[200]

So entbehrte der von einigen wenigen Politikern und Diplomaten vertretene „Reichs-Legitimismus"[201] letztlich jeder realen Grundlage. Und das hing nicht nur damit zusammen, dass die immerhin bereits achtjährige Distanz zum Reichsende und zur kaiserlichen Abdankung von 1806 eine so ungeheure Fülle von Ereignissen und Umbrüchen mit sich gebracht hatte, dass schon aus diesem Grund eine bloße Rückkehr zum Status quo ante fast allen Zeitgenossen unmöglich erschien. Nicht das Reichsende an sich markierte die tiefe Zäsur, sondern die außerordentliche Ereignisfülle der napoleonischen Zeit zwischen dem massiven Übergriff auf Deutschland nach dem Frieden von Lunéville bis zur zweiten großen Niederlage bei Waterloo im Sommer 1815. In Goethes Epos „Hermann und Dorothea", in dem die Zeiterfahrungen der Revolutionskriege des letzten Jahrzehnts des 18. Jahrhunderts thematisiert werden, findet sich diese allgemein verbreitete Empfindung der damaligen Zeitgenossen in die Worte gefasst: „Denn wer gestern und heut in diesen Tagen gelebt hat, / Hat schon Jahre gelebt: so drängen sich alle Geschichten".[202] Diese „Beschleunigung" der Zeit, die vor allem „in Krisenzeiten des Verfassungslebens registriert wird",[203] hat nicht zum geringsten dazu beigetragen, dass den Deutschen der Zeit um 1815 die alte Reichsordnung eben nicht mehr „als eine legitime Form ihres politischen Zusammenhalts", und ebenfalls nicht mehr „als eine wenigstens vorläufige Garantie der Unabhängigkeit und Sicherheit, als ein Hort der angestammten und neu erworbenen Freiheiten und des Anspruchs der Einzelnen auf einen Anteil an der Bildung und dem Vollzug des politischen Gesamtwillens"[204] erschienen ist.

---

199 Vgl. Hellmuth Rössler: Zwischen Revolution und Reaktion. Ein Lebensbild des Reichsfreiherrn Hans Christoph von Gagern 1766–1852, Göttingen u. a. 1958, S. 151–186 u. passim; Press: Altes Reich (Anm. 46), S. 26 f.

200 Vgl. hierzu statt vieler immer noch die grundlegende Darstellung von Karl Griewank: Der Wiener Kongreß und die europäische Restauration 1814/1815, 2. Aufl., Leipzig 1954, S. 154–179; siehe ebenfalls Huber: Deutsche Verfassungsgeschichte (Anm. 21), Bd. 1, S. 543–563.

201 Ebd., S. 484.

202 Goethe: Sämtliche Werke, Artemis-Gedenkausgabe, hrsg. v. Ernst Beutler, Bd. 3, München 1977, S. 206 (Hermann und Dorothea, V, 31–32).

203 Reinhart Koselleck: Gibt es eine Beschleunigung der Geschichte?, in: ders.: Zeitschichten. Studien zur Historik, Frankfurt a. M. 2000, S. 167.

204 Huber: Deutsche Verfassungsgeschichte (Anm. 21), Bd. 1, S. 484.

Noch etwas anderes darf nicht vergessen werden, das in der heutigen Betrachtung häufig unterschlagen wird: der Überdruss vieler Deutscher – darunter nicht zuletzt der meisten Vertreter des in jener Zeit neu aufblühenden Kultur- und Geisteslebens – an der Enge des bisherigen deutschen Daseins, an der geistigen und realhistorischen Fragmentierung der intellektuellen wie auch der politischen Existenz der Deutschen. Jene später sprichwörtlich gewordenen „Idyllen im deutschen Sonderleben" wie Jean Pauls „Reichsmarktflecken Kuhschnappel" oder, etwas später, William M. Thackerays deutsches Kleinstfürstentum „Pumpernickel" mochten (und mögen sicher noch in der Gegenwart) dem Amüsement und der Erbauung des in die längst entrückte Zeit vor zweihundert Jahren zurückblickenden heutigen Lesers dienlich sein, doch vielen damals lebenden Deutschen von Geist, Bildung und politischem Bewusstsein war jene Welt längst unerträglich geworden, denn sie verbanden mit ihr, wie treffend gesagt worden ist, „nur Krähwinkel, Spießbürgertum, Schlafmützigkeit, Philisterunwesen, Korruption", auch wenn dies ein allzu pauschales und daher ungerechtes Urteil gewesen sein mag. Sie weinten aus allen diesen Gründen dem Alten Reich keine Träne nach, sondern empfanden sein Ende und die damit verbundene Chance zum verfassungspolitischen Neubeginn „als Erlösung aus dumpfer Provinzialität",[205] und nichts hätte ihnen ferner gelegen, als etwa seine Wiederauferstehung nach dem Ende der napoleonischen Herrschaft über Europa und Deutschland anzustreben.

Die in den Jahren 1813 und 1814 vom Freiherrn vom Stein, von Karl August von Hardenberg, von Wilhelm von Humboldt, aber auch von österreichischen Autoren wie Graf Kaspar Spiegel und Peter Anton von Frank vorgelegten Denkschriften und Konzepte zur deutschen Verfassungsfrage haben denn auch die Idee einer eigentlichen *restitutio imperii*, also einer Reichserneuerung, gar nicht mehr zum Thema gemacht.[206] Stein ging es, wie bereits erwähnt, um ein neues deutsches Kaisertum, nicht aber um ein erneuertes Heiliges Römisches Reich; seine am Hohen Mittelalter orientierten Reichsträume, denen er sich zuweilen noch gerne hingab, hat er unter dem Eindruck der realen Verhältnisse rasch ad acta gelegt. 1813 trat er für ein deutsches Triasmodell ein: Den Kern dieses neuen Reiches sollte das „dritte Deutschland" der Mittel- und Kleinstaaten bilden; für diesen Bereich – und nur für ihn – sollte Habsburg die deutsche Kaiserwürde zufallen. Diesem kleinen Kernreich sollten sich Österreich und Preußen sodann im Rahmen eines „weiteren Bundes" anschließen.[207] Dagegen standen Hardenbergs Ideen ganz im Zeichen des preußischen Machtinteresses. Er entwarf einen föderativen Bund, „der formal die Souveränität der Mitgliedsstaaten respektierte, tatsächlich aber auf eine weitreichende Vorherrschaft weniger größerer Staaten, letztlich auf die Preußens und Österreichs, abzielte".[208] Insofern betrieb der preußische Staatskanzler seine deutsche Verfassungspolitik als preußische Außenpolitik, nämlich als „Mittel zur Steigerung der Macht des Einzelstaates".[209]

---

205 Die Zitate aus Eberhard Straub: Eine kleine Geschichte Preußens, Berlin 2001, S. 14 f.

206 Verwiesen sei an dieser Stelle nur auf die grundlegenden Beiträge von Michael Hundt: Stein und die deutsche Verfassungsfrage in den Jahren 1812 bis 1815, in: Heinz Duchhardt/Andreas Kunz (Hrsg.): Reich oder Nation? Mitteleuropa 1780–1815, Mainz 1998, S. 141–180; Hundt: Hardenbergs deutsche Verfassungspolitik (Anm. 196), passim, bes. S. 182–190; Siegfried A. Kaehler: Wilhelm von Humboldt und der Staat. Ein Beitrag zur Geschichte deutscher Lebensgestaltung um 1800, 2. Aufl., Göttingen 1963, S. 271–279; Press: Altes Reich (Anm. 46), S. 6 f.; immer noch wichtig für den Zusammenhang: Friedrich Meinecke: Weltbürgertum und Nationalstaat (Werke, Bd. 5), 9. Aufl., München 1969, S. 143–177.

207 Vgl. hierzu vor allem (auch in kritischer Auseinandersetzung mit der älteren Forschung) Hundt: Stein und die deutsche Verfassungsfrage (Anm. 206), S. 150–152 u. passim.

208 Ders.: Hardenbergs deutsche Verfassungspolitik (Anm. 196), S. 182 f.; vgl. auch Peter Gerrit Thielen: Karl August von Hardenberg 1750–1822. Eine Biographie, Köln/Berlin 1967, S. 304 f.

209 Hundt: Hardenbergs deutsche Verfassungspolitik (Anm. 196), S. 190.

Das genaue österreichische Pendant zu Hardenbergs Ideen findet sich – wie zu erwarten, mit deutlich antipreußischer Tendenz – in den Denkschriften der Wiener Diplomaten Spiegel und Frank, auf die erstmals Volker Press hingewiesen hat.[210] Die beiden Österreicher entwickelten darin ein bundesstaatliches Modell für ein künftiges Deutschland, das zwar die Souveränität der ehemaligen Rheinbundstaaten achten wollte, dennoch deutliche unitarische Tendenzen enthielt, die natürlich im Sinne einer habsburgischen Dominanz gedacht waren, denn Österreich sollte entweder als Schutzherr, als „Protektor wie Napoleon für den Rheinbund" oder sogar als Kaiser an die Spitze eines „Deutschen Reichsbundes" treten – und diese Bezeichnung sollte als bewusster „Hinweis auf die Traditionen des Alten Reiches" gewählt werden. Insofern ging es, wie Press feststellt, „auch in Wien um den Zusammenhalt der deutschen Nation".[211]

Am weitesten im Blick auf ein enger geeintes künftiges Deutschland ging unter diesen Autoren wohl Humboldt in seiner „Denkschrift über die deutsche Verfassung an den Freiherrn vom Stein" vom Dezember 1813.[212] Der unitarische Charakter dieses Entwurfs gründete sich vor allem auf die Idee eines deutschen Verteidigungsbündnisses, an dessen Spitze gleichberechtigt Österreich und Preußen stehen sollten. In manchen Formulierungen deutete sich hierin sogar bereits die Idee des modernen Nationalstaats an,[213] so etwa, wenn Humboldt anmerkt, Deutschland müsse als „grosse Nation [...] frei und stark seyn, nicht bloss, damit es sich [...] gegen jeden Feind vertheidigen könne, sondern deswegen, weil nur eine, auch nach aussen hin starke Nation den Geist in sich bewahret, aus dem auch alle Segnungen im Innern strömen; es muss frei und stark seyn, um das [...] nothwendige Selbstgefühl zu nähren, seiner Nationalentwicklung ruhig und ungestört nachzugehen, und die wohlthätige Stelle, die es in der Mitte der Europäischen Nationen für dieselben einnimmt, dauernd behaupten zu können".[214] Diese Bemerkungen deuteten bereits eine weitergehende, den Nationalstaat in den Blick nehmende politische Perspektive an, wenngleich Humboldt in der *konkreten Ausformung* seiner aktuellen – deutlich auf die Situation von 1813 Bezug nehmenden – verfassungspolitischen Empfehlungen noch sehr stark an traditionsgebundenen bundesstaatlichen Konzepten und Ideen festhielt.[215]

Es ist richtig, dass die Neukonstituierung Deutschlands in der Form eines modernen Nationalstaates etwa nach den Beispielen Großbritanniens oder Frankreichs im Jahr 1815 nicht zur Diskussion stand, und zwar nicht nur, wie Meinecke einmal anmerkte, weil „die Elemente der alten Staatenwelt" sich jetzt gegen die neuen Ideen richteten und diejenigen „zur Ruhe verwiesen",[216] die ein Deutschland mit einer stärker unitarischen und vor allem innerlich freieren Verfassung begehrten. Denn der 1815 begründete Deutsche Bund entsprang, was oft übersehen wird, nicht zuletzt außenpolitischen Zwängen und internationalen Machtlagen dieser Zeit: Das Desinteresse der anderen Wiener Vertragsmächte von 1815 an einem stärker unitarisch geprägten Deutschland drückte sich in der Bundesverfassung ebenso aus wie die innerdeutsche Rivalität zwischen dem Habsburgerreich und dem Hohenzollernstaat. Der letztere musste sich im

---

210 Vgl. Press: Altes Reich (Anm. 46), S. 6 f., der ausdrücklich feststellt, diese beiden Gutachten könnten „sich durchaus neben jenen von Stein, Humboldt und Hardenberg sehen lassen".
211 Die Zitate ebd., S. 7, 6.
212 Wilhelm von Humboldt: Werke, hrsg. v. Andreas Flitner/Klaus Giel, Bd. 4: Schriften zur Politik und zum Bildungswesen, Darmstadt 1982, S. 302–322.
213 Darauf hat vor allem Meinecke: Weltbürgertum und Nationalstaat (Anm. 206), S. 167–177, hingewiesen.
214 Humboldt: Werke (Anm. 212), Bd. 4, S. 303.
215 Zur Kritik an Meinecke vgl. Angermeier: Deutschland (Anm. 153), S. 476–478.
216 Meinecke: Das Zeitalter (Anm. 193), S. 127.

Rahmen des neuen Bundes schließlich der lockeren Führung des ersteren unterstellen – und zwar schon aus Gründen der Bewahrung innerer Ruhe in der Epoche der anbrechenden Restauration –, aber auch, weil es Metternich gegen Hardenberg gelungen war, mittels einer diplomatischen „Meisterleistung" schließlich noch einmal „die alte österreichische Vormacht in Deutschland zu stabilisieren".[217] Doch es war angesichts der territorialen Ausweitung und der ökonomisch-politischen Stärke Preußens bereits früh absehbar, dass die Entwicklung faktisch auf eine österreichisch-preußische Doppelhegemonie in Deutschland hinauslief, die, wenn überhaupt, nur so lange funktionieren konnte, wie sich beide Mächte im Prinzip über die einzuschlagende Entwicklung einig waren. Der Sprengsatz, der 1866 explodieren sollte, war in diese Verfassung also bereits von Anfang an eingebaut.

Auch wenn die Deutsche Bundesakte[218] nicht mehr unbesehen als „dürftige[s] Machwerk"[219] abgetan werden kann, so war die hiermit begründete deutsche Bundesverfassung doch ein überaus problematisches Gebilde. Und wenn man aus einer stark verengten reichsgeschichtlichen und habsburgzentrierten Perspektive mit gewissem Recht darauf verwiesen hat, dass der Deutsche Bund von 1815 „doch ein beträchtliches Stück Kontinuität zum Alten Reich" dargestellt habe, dass er die Einheit Deutschlands bewahrt und auch „vielfach effektiver als der erstarrende Reichsverband" funktioniert habe, ja wenn man in ihm sogar mit Blick auf den Rheinbund „eine Modernisierung der deutschen Verfassung [...], die die napoleonische Neuordnung fortschrieb und stabilisierte", sehen zu können meint, dann geht doch die Schlussfolgerung, der Bund sei „keine restaurative Lösung, sondern die Absicherung revolutionärer Erneuerung" gewesen, eindeutig zu weit. Dabei ist freilich einzuräumen, dass um 1815 mit Blick auf die Realitäten der Epoche eine moderne nationalstaatliche Alternative für Deutschland noch nicht gegeben war.[220]

Von wirklicher „Erneuerung", schon gar von „revolutionärer Erneuerung", konnte nach 1815 in Deutschland indes keine Rede sein. Den Schritt vom Staatenbund zum Bundesstaat vermochte der Bund nicht zu gehen, und er blieb ebenfalls, wie Thomas Nipperdey zutreffend herausgearbeitet hat, entgegen den Erwartungen weiter Kreise der deutschen Öffentlichkeit „in den wichtigsten Fragen, in denen er aktiv hätte werden können, untätig", vor allem in den Bereichen von Wirtschaft, Recht, Kirchenpolitik.[221] Er machte sich zum Instrument einer engherzigen Bewahrung der einzelstaatlichen Souveränität und der dynastischen Legitimität, und er wurde in erster Linie dann auf gesamtdeutscher Ebene aktiv, wenn es galt, wirkliche oder vermeintliche Gefahren – darunter vor allem die Aktivität der liberalen und nationalen Bewegung – abzuwehren: „Einheit war nur Einheit der Reaktion gegen die Einheit der Nation", und in letzter Konsequenz war der Bund damit, wie ebenfalls treffend gesagt worden ist, „nichts anderes als das Instrument der Restauration, des Systems Metternich, der Gegnerschaft gegen den liberalen und nationalen Geist der Zeit".[222] Der Deutsche Bund war und blieb bis 1866 nur ein Deutschland der Fürsten, zusammengehalten durch den Minimalkonsens eines restau-

---

217 So Press: Altes Reich (Anm. 46), S. 27.

218 Vgl. zur Bundesverfassung immer noch grundlegend: Huber: Deutsche Verfassungsgeschichte (Anm. 21), Bd. 1, S. 583–674.

219 So Meinecke: Das Zeitalter (Anm. 193), S. 134.

220 Alle Zitate aus: Press: Altes Reich (Anm. 46). S. 28 f.; in gleicher Weise argumentierte bereits vorher Angermeier: Deutschland (Anm. 153), S. 452 u. passim; Boldt: Deutsche Verfassungsgeschichte (Anm. 1), Bd. 1, S. 285, spricht dagegen von einem „revolutionäre[n] Bruch" zwischen Altem Reich und Deutschem Bund, ungeachtet einer „politischen Kontinuität" bei der Bewahrung der Einheit Deutschlands.

221 Thomas Nipperdey: Deutsche Geschichte 1800–1866. Bürgerwelt und starker Staat, München 1983, S. 355.

222 Die Zitate: ebd., S. 355 f.

rativen Festklammerns am Status quo, und diese Tendenz ist durch die Ereignisse von 1848/49 nur noch verstärkt worden.

Das halbe Jahrhundert des Bundes war denn konsequenterweise auch nur eine Ära des Übergangs vom Alten zum Neuen, vom Heiligen Römischen Reich zum modernen deutschen Nationalstaat des Kaiserreichs von 1871.[223] Das Kaiserreich, konzipiert als Bundesstaat mit stark unitarischen Elementen, bot den Deutschen eine Verfassungsordnung, in der sich, ungeachtet einiger restaurativer und autoritärer Bestandteile, dennoch – auch dank des allgemeinen, freien und gleichen Reichstagswahlrechts – ein deutlich freieres politisches Leben entfalten konnte als zuvor. Schon aus diesen Gründen konnte sich mit dem Reich eine weitaus größere Zahl von Deutschen positiv identifizieren, und diese Zahl dürfte nach der Überwindung mancher Anfangsschwierigkeiten und innerer Konflikte während der Bismarckzeit noch gestiegen sein. Diese Identifikation ging auch darauf zurück, dass es sich beim neuen Reich um einen – in mancher Hinsicht problematischen, in anderer Hinsicht gelungenen – Kompromiss handelte: um einen Kompromiss zwischen nationaler Einheit und föderaler Vielfalt, auch zwischen Partikularismus und Nationalstaatsdenken sodann ebenfalls zwischen Altpreußentum und liberaler Nationalbewegung, Adel und Bürgertum, zwischen protestantischem und katholischem Volksteil, zwischen norddeutscher und süddeutscher Kultur und schließlich auch, im Rahmen der monarchisch-konstitutionellen Verfassungsordnung, zwischen autoritärer und liberal-parlamentarischer Staatsform.[224] Mit dem kleindeutschen Kaiserreich endet der deutsche Weg ins 19. Jahrhundert.

6. Schlussbetrachtung

Den modernen Nationalstaat kann man aus sehr unterschiedlicher Perspektive beurteilen. Um die und nach der Wende vom 20. zum 21. Jahrhundert liegen im Rückblick seine Stärken und seine Leistungen ebenso wie seine Schwächen und Entartungsformen klar auf der Hand. Zu welchem Urteil man dabei auch immer gelangen mag – es ist jedenfalls weder zu verkennen noch zu leugnen, dass die allgemeine politische und wirtschaftlich-soziale Entwicklung in Europa und Amerika seit den beiden demokratischen und nationalen Revolutionen von 1776 und 1789 auf die Verwirklichung der politischen Form des modernen Nationalstaats hinauslief. Die Ideen von 1789, die das folgende Jahrhundert zutiefst prägen sollten, verlangten, wie zutreffend gesagt worden ist, „für alle Völker Teilung an Stelle bisheriger Gemeinsamkeit und zugleich Zusammenschluss an Stelle bisheriger Trennung; sie forderten für alle Völker Freiheit von beherrschendem und bevormundendem Zwang und riefen zugleich die dynamischen Kräfte neuer Machtbildung auf; sie forderten für alle Völker die Teilnahme der Einzelnen an der Ausübung der Staatsgewalt und zugleich die Unterwerfung der Einzelnen unter die alles überwältigende Bestimmungsmacht des nationalen Gemeinwillens", und sie taten dies unter dem Kampfruf, der gleichzeitig die Hauptforderungen des Zeitalters formulierte: „Einheit, Freiheit und Mitbestimmung".[225]

---

223 Als zusammenfassende und tief dringende Würdigung immer noch unüberholt: Theodor Schieder: Das deutsche Kaiserreich von 1871 als Nationalstaat, Köln/Opladen 1961. Die herausragende, an Faktenreichtum, Substanz und Deutungskraft bisher unübertroffene Gesamtdarstellung bleibt: Thomas Nipperdey: Deutsche Geschichte 1866–1918, 2 Bde., München 1990–1993.
224 Vgl. Schieder: Das deutsche Kaiserreich (Anm. 223), S. 14.
225 Huber: Deutsche Verfassungsgeschichte (Anm. 21), Bd. 1, S. 9.

Vorbedingung für die Realisierung dieser Forderungen aber war und blieb der Nationalstaat, vor allem dort, wo er nach 1815 noch nicht bestand und wo dessen Realisierung von nicht unbeträchtlichen Teilen der intellektuellen Eliten nachhaltig angemahnt und endlich immer entschiedener gefordert wurde: in Deutschland und Italien. Das Beispiel der anderen Nationen war dabei nicht zu verkennen, so die beiden Vorbilder Großbritannien, das sich gerade anschickte, sein Empire zu begründen und als Vormacht der Industrialisierung hervorzutreten, und sodann Frankreich, das die schwere Krise von 1814/15 erstaunlich rasch zu überwinden vermochte und bald wieder in der ersten Reihe der europäischen Mächte stand. Die Vereinigten Staaten entwickelten sich fernab von Europa, aber in der „alten Welt" keineswegs unbeachtet, zum starken, sich immer weiter ausbreitenden republikanischen Nationalstaat, und auch das Zarenreich (das sicher nicht unbesehen als politisches Vorbild dienen konnte) verdankte seine relative politische Stärke als europäische Großmacht dennoch nicht zum wenigsten seiner stark unitarisch ausgerichteten politischen Ordnung. Selbst die kleineren Staatswesen der Epoche, etwa die skandinavischen sowie die belgisch-niederländischen Monarchien und sogar die neu entstehenden lateinamerikanischen Republiken, organisierten sich – aller sonstigen Unterschiede ungeachtet – in der Form des Nationalstaats.[226]

Unter diesen Umständen kann es niemanden, selbst in der Rückschau nicht, verwundern, dass auch die Mehrheit der Deutschen, und unter ihnen vor allem die bürgerlichen und intellektuellen Eliten, den modernen Nationalstaat für das eigene Land – wenngleich in spezifisch deutscher Form – erstrebten; das zeigt sich in kaum etwas anderem so deutlich wie im Wirken, aber auch im Scheitern der Paulskirchenverfassung von 1848/49. Das Vorbild der anderen Nationalstaaten war dabei ebenso präsent wie die Erfahrung jahrhundertelanger innerer und äußerer Schwäche – und zwar sowohl vor 1806 wie auch in der Zeit zwischen 1806 und 1815.

Wenn der deutsche Ruf nach Einheit und Freiheit sich fast immer zugleich erhob, dann in dem Bewusstsein, dass das eine ohne das andere nicht zu haben war. Und dies aus gleich drei unterschiedlichen, aber miteinander eng zusammenhängenden Gründen: *Erstens*, weil Sicherheit nach außen nur durch innere Stärke gewährleistet werden konnte, und die Kraft zur Verteidigung ganz Deutschlands ergab sich nicht bloß aus der Summe der vorhandenen Kräfte seiner Teile. *Zweitens*, weil die Grundrechte und die bürgerlichen Freiheiten, darunter Standes- und Rechtsgleichheit, für alle Deutschen eben nur im gesamtstaatlichen, d. h. also nationalstaatlichen Rahmen durchgesetzt werden konnten, ohne Rücksicht auf die Eigenheiten partikularistischer Rückständigkeiten nehmen zu müssen. Und *drittens*, weil es auch um wirtschaftliche Freiheit ging, die in dem von Zollgrenzen zerschnittenen, von differierenden Währungen und den verschiedensten Gesetzen und Regeln bestimmten Deutschen Bund kaum zu erreichen war.

Aus allen diesen Gründen war eine politische Ordnung, durch welche die alten partikularen (nicht die föderalen) Traditionen Deutschlands fortgesetzt wurden, auf kürzere wie auf längere Sicht zum Scheitern verurteilt.[227] Die Errichtung auch eines deutschen Nationalstaats war daher im Grunde seit 1815 abzusehen – fraglich und umstritten waren lediglich dessen territorialer Umfang sowie der Termin seiner Verwirklichung. Man kann darüber streiten, ob sich der Deutsche Bund zu einem gemäßigt unitarischen Nationalstaat hätte weiterentwickeln können – manches spricht dafür, doch letztlich noch

---

226 Einen guten Gesamtüberblick vermittelt Hans Fenske: Der moderne Verfassungsstaat. Eine vergleichende Geschichte von der Entstehung bis zum 20. Jahrhundert, Paderborn u. a. 2001.
227 Vgl. dazu auch Hartung: Deutsche Verfassungsgeschichte (Anm. 52), S. 175.

mehr dagegen; man denke etwa an die überaus zögerlichen und anschließend rasch
gescheiterten Reformansätze des Frankfurter Fürstentages von 1863.[228] Als sicher aber
kann gelten, dass eine bruchlose Umformung des Alten Reiches zur nationalstaatlichen
Form unmöglich gewesen wäre. Das Heilige Römische Reich Deutscher Nation war
nicht nur bereits per definitionem übernational, also universalistisch angelegt, sondern
auch in seinen Institutionen derart veraltet, dass selbst eine „Reform an Haupt und
Gliedern" hieran nichts hätte ändern können. Wäre Napoleon nicht auf der Bühne der
deutschen Geschichte erschienen, so wäre das Ende des Reiches vermutlich irgendwann
in der ersten Hälfte des 19. Jahrhunderts in einer noch weniger spektakulären Weise
eingetreten.

Die Ereignisse von 1806 samt ihrer Vor- und Nachgeschichte sind nicht leicht auf
eine zusammenfassende, griffige Formel zu bringen. Die mit dem Ende des Heiligen
Römischen Reiches Deutscher Nation verbundene Zäsur war, anders als vergleichbare Ereignisse der jüngeren deutschen Geschichte, kein verhältnismäßig kurzfristig,
in wenigen Wochen oder gar Tagen sich vollziehendes Geschehen, sondern es umfasst
einen längeren Zeitraum. Das Alte Reich starb auf Raten und die politische Erneuerung Deutschlands sollte wiederum lange Jahre dauern. Auch von einem politischen
„Systemwechsel", der für die neueren und neuesten Brüche besonders kennzeichnend
ist, lässt sich nur sehr bedingt sprechen, denn die alte Reichsverfassung war eine so
eigentümliche, derart spezifisch auf die seit der Reformation ungemein prekären deutschen Zustände zugeschnittene Ordnung, dass sie kaum unter diesen Begriff zu bringen
ist – einmal abgesehen davon, dass ihre Funktionsfähigkeit im Sommer 1806 bereits
seit langem erloschen war: Der Scheintod ging beinahe bruchlos in den Tod über, und
mit dem Heiligen Römischen Reich starb nicht nur das alte Deutschland, sondern im
Grunde auch das alte Europa.

Das Element der Kontinuität in der Diskontinuität der Jahre zwischen 1795 und 1815,
dem Beginn des Reichszerfalls und der Begründung des neuen deutschen Staaten-
bundes, bildete freilich die Idee der deutschen Kulturnation, die zwar die politische
Nation auf Dauer nicht ersetzen kann, die aber doch deren unabdingbarer Bestandteil
ist. Zu ihr gehören nach Friedrich Meinecke in erster Linie „Gemeinsprache, gemeinsame Literatur und gemeinsame Religion"[229] – und sie ist es zuerst und vor allem gewesen, von der in jener Umbruchsära die Verbindung zwischen den Zeiten und Epochen
hergestellt wurde, so wie es Schiller schon um 1800 mit den Worten angedeutet hatte:
„[…] indem das politische Reich wankt, hat sich das geistige immer fester und voll-
kommener gebildet"[230]. Das ändert freilich nichts daran, dass der deutsche Weg ins
19. Jahrhundert ohne den entschiedenen verfassungspolitischen und institutionellen
Bruch zwischen dem Heiligen Römischen Reich und einer den Grundbedingungen der
Epoche angepassten neuen politischen Form nicht möglich gewesen wäre. Die schweren
Probleme und die Folgelasten allerdings, die sich aus der – auch durch die überlange
Lebensdauer des Reiches wenigstens mit verursachten – verspäteten Nationalstaatsgrün-
dung schließlich ergaben, haben die Weltgeschichte des 20. Jahrhunderts entscheidend
mitbestimmt.

---

228 Vgl. Huber: Deutsche Verfassungsgeschichte (Anm. 21), Bd. 3, S. 421–435.
229 Meinecke: Weltbürgertum (Anm. 206), S. 10.
230 Schiller: Sämtliche Werke (Anm. 37), S. 474 („Deutsche Größe").

Anton von Werner: Kaiserproklamation in Versailles, Schlossfassung 1877
Quelle: Anton von Werner: Kaiserproklamation in Versailles, Schlossfassung 1877, Öl auf Leinwand, zerstört, Fotografie in: Monika Flacke (Hrsg.): Mythen der Nationen: Ein europäisches Panorama, München/Berlin 1998, S. 121.

Wolfram Siemann

Reichsgründung 1871: die Schaffung des ersten deutschen Nationalstaates

1. Einleitung

„Niemand kann zweimal in denselben Fluss steigen" – dieser Satz des antiken Vorsokratikers Heraklit von Ephesos formuliert bildhaft die Grunderfahrung, der sich auch der wissenschaftlich arbeitende Historiker nicht entziehen kann: Der Blick auf die Vergangenheit wird durch ihren Fortgang ein anderer.[1] Dies gilt umso mehr für historische Großgebilde wie Staaten, „Reiche" und Nationen, die sich einem „Ursprung" verpflichtet fühlen und mit einer Epochenscheide – eben einer „Zäsur" – ihren Anfang definieren. Noch stärker macht sich die Standortbezogenheit bemerkbar, wenn es sich um den ersten Nationalstaat der Deutschen handelt, der in einer historischen Fluchtlinie zu stehen scheint, die geradewegs in die Katastrophen des 20. Jahrhunderts hineinführt. Es ist unmöglich, sich mit der Geschichte des 1871 gegründeten Deutschen Kaiserreichs auseinander zu setzen, ohne die eigene Zeitgenossenschaft als Urteilsbasis zu verleugnen. Im Extremfall drohte, wie eine nach 1945 beliebte Sichtweise nahe legte, eine historische Finalität, mit der sich in einer Linie „von Luther über Friedrich den Großen und Bismarck zu Hitler" auch das Kaiserreich in die Verantwortung ziehen ließ. Thomas Mann urteilte am 29. Mai 1945 kurz nach der völligen Kapitulation des Dritten Reiches: „Durch Kriege entstanden, konnte das unheilige Deutsche Reich preußischer Nation immer nur ein Kriegsreich sein. Als solches hat es, ein Pfahl im Fleische der Welt, gelebt, und als solches geht es zugrunde."[2]

Mittlerweile hat die historische Forschung jedoch ein Maß an Distanz gewonnen, dass sie sich ihrerseits über die eigenen Voraussetzungen Rechenschaft abzulegen imstande und auch bereit ist.[3] Die Erfahrungen von mindestens fünf fundamentalen Systemumbrüchen in der deutschen Geschichte grundieren die Kaiserreich-Deutungen. Man kann sie mit Generationserfahrungen korrelieren, wenn man unter „Generation" die Epoche der Mitlebenden versteht, welche durch ein gemeinsames kollektives (Generationen-)Gedächtnis verbunden sind. Es handelt sich um die Erfahrungshintergründe 1. des Kaiserreichs selbst, 2. des Ersten Weltkriegs und der neuen Weimarer Republik, 3. des „Dritten Reiches", 4. der zwischen Bundesrepublik Deutschland und Deutscher Demokratischer Republik gespaltenen Nachkriegserfahrung sowie 5. des Miterlebens Deutscher Einheit seit 1990.

---

1 Vgl. zur 1989/90 ausgelösten Neubesinnung auf das 19. Jahrhundert Wolfram Siemann: Vom Staatenbund zum Nationalstaat. Deutschland 1806–1871, München 1995, S. 15–18.
2 Zitiert nach Dieter Langewiesche: Entwicklungsbedingungen im Kaiserreich, in: Georg Jäger/ders./Wolfram Siemann (Hrsg.): Geschichte des Deutschen Buchhandels im 19. und 20. Jahrhundert, Teil 1, Bd. 1: Das Kaiserreich 1870–1918, Frankfurt a. M. 2001, S. 42.
3 Vorzügliche aktuelle Einstiege in die Kaiserreich-Deutungen vermitteln Hans-Peter Ullmann: Politik im Deutschen Kaiserreich 1871–1918, München 2005, sowie Ewald Frie: Das Deutsche Kaiserreich, Darmstadt 2004.

Das Kaiserreich steht hierbei im Brennpunkt einer Langzeitdiskussion, welche mit Rücksicht auf historische Verantwortlichkeit nach einem so genannten „deutschen Sonderweg" fragte, und dies eigentlich von Anfang an. Inzwischen heben sich, teilweise in Abhängigkeit zu den Generationserfahrungen, „vier Phasen der Sonderwegsdebatte" ab.[4] Im Prinzip erweist sich der Begriff des Sonderwegs dabei als „Kernbegriff historischer Interpretation, geschichtlichen Bewusstseins und nationaler Identität",[5] und er ist eng an die Zäsur von 1871 geheftet.

Aus der Sicht der preußenzentrierten Kaiserreichshistoriker – der so genannten „borussischen Schule" – verband sich die erste Vorstellung von „deutschem Sonderweg" mit dem Hochgefühl gelungener nationaler Reichseinigung und einem Nimbus der kulturellen Überlegenheit einer deutschen gegenüber einer westeuropäischen, den „Ideen von 1789" verpflichteten Entwicklung. Die negative, nach 1945 formulierte zweite Variante machte den mit der Reichseinigung eingeschlagenen Weg verantwortlich für die Ursachen der „deutschen Katastrophe" (Friedrich Meinecke). Durch die historischen, dem Modernisierungskonzept verpflichteten Sozialwissenschaften verschärfte sich das Verdikt; am Kaiserreich wurde eine nur halb gelungene Modernisierung diagnostiziert, welche die Entwicklung der westeuropäischen Industriestaaten zu Demokratisierung und Parlamentarisierung des politischen Systems verfehlt habe. Bemerkenswerterweise unterschieden sich hierin die west- und ostdeutsche Reichsdeutung nur geringfügig, weil für beide Seiten der „Weg in die Katastrophe des deutschen Faschismus" als Hypothek des Kaiserreichs erschien. Diese entschiedene Position des negativen Sonderwegs ist inzwischen ins Kreuzfeuer der Kritik geraten und „dekonstruiert" worden. Gegenüber einem behaupteten „Sonderweg" fiel es zunehmend schwerer, einen „Normalweg" zu entdecken, und das viel bemühte angelsächsische Vorbild erschien seinerseits in Europa mehr als Sonder- denn als Normalfall. Hinzu kam eine dem „postmodernen" Wissenschaftsverständnis verpflichtete Skepsis gegenüber einem linearen Entwicklungsdenken. In ganzheitlichen „Systemen" „gesamtgesellschaftlich" zu operieren und Geschichte in der so genannten „Meistererzählung" von einer historischen Makroebene her zu deuten wurde zunehmend als fragwürdig betrachtet.[6] An deren Stelle trat schließlich das Plädoyer für die Offenheit historischer Entwicklungen; das Kaiserreich erschöpfe sich keineswegs in der Vorgeschichte des „Dritten Reiches". Aus dieser skeptischen Grundhaltung gewann die Erforschung des Kaiserreichs neue fruchtbare Impulse. In der derzeit vierten Phase ermuntert die These von der 1871 etablierten Doppelgesichtigkeit des Kaiserreichs,[7] genauer nach der gebremsten, widersprüchlichen Modernisierung zu fahnden, nach den fortschrittlichen Elementen der vordringenden Bürgergesellschaft und den verharrenden Tendenzen des monarchischen Obrigkeitsstaates zu suchen und das Mischungsverhältnis der ambivalenten Traditionen neu zu verhandeln.

---

4   Vgl. Ullmann: Kaiserreich (Anm. 3), S. 53–62.
5   Ebd., S. 53.
6   Vgl. Konrad H. Jarausch/Michael Geyer: Zurück zur Nationalgeschichte? Die Krise der nationalen Meistererzählung, in: dies.: Zerbrochener Spiegel. Deutsche Geschichten im 20. Jahrhundert, München 2005, S. 54–76.
7   Vgl. Dieter Langewiesche (Hrsg.): Ploetz. Das deutsche Kaiserreich. 1867/71 bis 1918. Bilanz einer Epoche, Freiburg/Würzburg 1984, S. 13 f.

2. Ursachen für das Ende des „alten Systems" im Horizont unterschiedlicher Zeitgeschwindigkeiten

Je nachdem, in welchen zeitlichen Dimensionen die Epochen vor der Reichsgründung gesehen werden, offenbaren sich unterschiedliche Ursachen für den Systemwandel von 1870/71. Um schärfer trennen zu können, sei hier in kreativer Anverwandlung Fernand Braudels Modell unterschiedlicher Zeitgeschwindigkeiten übernommen. Es sind deren drei, die zugleich eine lange, mittlere und kurze Epochenspanne umfassen.

1. In der „longue durée" ist die Reichsgründung das Resultat einer Entwicklung, deren Fundament nach dem Zusammenbruch des Alten Reiches von 1806 mit der neuen Wiener Ordnung von 1815 gestiftet wurde. Die damals geschaffene Neugliederung Deutschlands veranlasste Thomas Nipperdey zu dem Urteil: „Die Versetzung Preußens an den Rhein ist eine der fundamentalen Tatsachen der deutschen Geschichte, eine der Grundlagen der Reichsgründung von 1866/1871."[8] Preußen wurde demzufolge die hegemoniale Macht des Nordens und folgte der „stärksten Antriebskraft preußischer Machtpolitik" (Nipperdey): der geopolitischen „Mission", die künstlich anmutende Spaltung in eine Ost- und Westhälfte zu überwinden. Patrioten erblickten darin einen „deutschen Beruf Preußens", die kommende Einheit Deutschlands zu verwirklichen.

Das Pendant der Westverschiebung Preußens lag in der Ostverlagerung der Habsburger-monarchie: Österreich zog sich nicht nur aus seinen früheren niederländischen, sondern auch aus den oberdeutschen Gebieten zurück und verzichtete zugleich darauf, eine neue Position am Mittelrhein (Mainz, Pfalz) aufzubauen. Es gab den deutschen Süden und Westen als Einflusssphären preis und konzentrierte sich auf den deutschen Südosten, wo es Tirol und Salzburg neu gewann. Elisabeth Fehrenbach erkannte zu Recht als das „eigentliche Integrationsproblem" die Tatsache, „dass Österreich keinen Brückenkopf mehr im ehemaligen Alten Reich besaß";[9] stattdessen baute es seine Macht in Italien aus und verstärkte seinen Charakter als übernationalen Herrschaftsverband, dessen Schwergewicht zu mehr als der Hälfte des Staatsgebietes außerhalb des Deutschen Bundes im europäischen Osten und Südosten lag (Galizien, Ungarn, Dalmatien, Militärgrenze).

Der neu gestiftete Deutsche Bund bot das lockere völkerrechtliche Gehäuse Deutschlands, das weitgehend den alten Reichsgrenzen folgte. Er vereinte Österreich, die alte Führungsmacht des deutschen Kaisertums und neue Präsidialmacht in der Deutschen Bundesversammlung zu Frankfurt am Main, Preußen als neue Vormacht im Norden, das heterogene „Dritte Deutschland" sowie drei ausländische Oberhäupter: den englischen Herrscher als König für Hannover (bis 1837), den dänischen König als Herzog von Holstein und Lauenburg (bis 1864) sowie den niederländischen König als Großherzog von Luxemburg (bis 1866). Die Frage scheint müßig zu sein, ob der lockere Bund von 1815 „ein Unglück für die deutsche Geschichte" gewesen sei,[10] weil jede engere nationale Integration den habsburgischen Staatsverband gesprengt hätte. Der weitere Gang des Jahrhunderts zeigte, dass die habsburgische Politik alle Versuche, stärkere nationale Elemente in die Bundesverfassung einzubinden, konsequent blockierte, sei es bei der Herstellung einer einheitlichen Währung, eines Postverbandes oder auch einer Zollunion, wie es seit dem Vormärz von Seiten des Bundestages versucht wurde.

---

8 Thomas Nipperdey: Deutsche Geschichte 1800–1866. Bürgerwelt und starker Staat, München 1983, S. 91.
9 Elisabeth Fehrenbach: Verfassungsstaat und Nationsbildung 1815–1871, München 1992, S. 111.
10 Nipperdey: Deutsche Geschichte 1800–1866 (Anm. 8), S. 97.

Den Musterfall stellt der 1834 gegründete Deutsche Zollverein dar, den die österreichische Politik zu verhindern versuchte. Gleichsam seherisch warnte der österreichische Staatskanzler Metternich Kaiser Franz I. im Juni 1833 in einem Bericht: „Mit allen Künsten diplomatischer Tätigkeit, mit allen Verlockungen durch materielle Interessen wird daher in der Zukunft Preußen dahin streben, an den seinem System verschriebenen Höfen den Einfluß Österreichs zu schwächen, deren Beziehungen mit uns zu mindern, die Höfe daran zu gewöhnen, ihre Blicke der Furcht wie der Hoffnung nur nach Berlin zu richten, Österreich endlich als das, was es in kommerzieller Beziehung allen diesen Staaten gegenüber allerdings bereits ist, [...] als Ausland ansehen zu machen."[11] Bemerkenswerterweise schmälert die neuere Forschung den Anteil des Zollvereins an der Industrialisierung in Deutschland und bezweifelt überhaupt eine langfristige, klare staatliche Industrialisierungsstrategie; verschiedene Motive durchkreuzten einander, etwa augenblicksbezogene Rücksichten oder das Interesse der süddeutschen Staaten, Zolleinnahmen als Finanzmittel außerhalb der Kontrolle der Landtage zu gewinnen.[12] Diese Erkenntnis verleiht solchen macht- und nationalpolitischen Motiven größeres Gewicht, wie sie der preußische Finanzminister Friedrich von Motz König Friedrich Wilhelm III. gegenüber im Juni 1829 entwickelte, indem er prophezeite, „daß Einigung dieser Staaten zu einem Zoll- und Handelsverbande zugleich Einigung zu einem und demselben politischen System mit sich führt. [...] Und in dieser auf gleichem Interesse und natürlicher Grundlage beruhenden und sich notwendig noch in der Mitte von Deutschland erweiternden Verbindung wird erst wieder ein real verbündetes, von innen und von außen wahrhaft freies Deutschland unter dem Schutz und Schirm von Preußen erstehen und glücklich sein."[13] Im Juni 1833 warnte Metternich den österreichischen Kaiser, was diese Zollvereinigung ohne Österreich in der Mitte Deutschlands langfristig bedeutete: „daß die Beziehungen Österreichs zu den anderen deutschen Bundesstaaten [...] auf die Länge erschlaffen und schließlich ganz abreißen würden".[14] Ohne ihre Sorgen oder Hoffnungen untereinander ausgetauscht zu haben, gelangten der preußische und österreichische Politiker zu der gleichen, sich historisch bewahrheitenden Prognose. Nicht nur die Zollvereinigung, sondern auch andere wirtschaftliche Weichenstellungen seit 1815 verstärkten den Trend der zentrifugalen Entwicklung der beiden deutschen Großmächte. Der Erwerb der Rheinprovinz stärkte Preußens Wirtschaftsmacht und damit seinen Standortvorteil in Deutschland beträchtlich.

Metternich unterstellte, der Ausgrenzungsprozess sei einseitig von Preußen ausgegangen; das unterschlug den österreichischen Anteil: Denn andererseits gab es zahlreiche Sonderentwicklungen, welche den bundeszugehörigen Teil Österreichs – den mehrheitlich deutschen! – immer stärker vom übrigen Deutschen Bund abschnitten. Man könnte geradezu von einem bisher viel zu wenig beachteten österreichischen „Sonderweg" sprechen, wenn der Begriff nicht so stark vorbelastet wäre.[15] Es ist ein falsches Bild, die Industrialisierung bis zur Mitte des 19. Jahrhunderts als flächendeckenden Prozess zu begreifen, der „Preußen" oder gar ganz „Deutschland" erfasst habe. Tatsächlich ent-

11 Metternich an Kaiser Franz I. Juni 1833, abgedruckt bei Wolfgang Lautemann/Manfred Schlenke (Hrsg.): Geschichte in Quellen. [Bd. 5:] Das bürgerliche Zeitalter 1815–1914, bearbeitet von Günter Schönbrunn, München 1980, S. 104.
12 Vgl. Hans-Werner Hahn: Die industrielle Revolution in Deutschland, München 1998, S. 80.
13 Denkschrift des Finanzministers von Motz an Friedrich Wilhelm III., auszugsweise abgedruckt bei Lautemann/Schlenke: Geschichte in Quellen (Anm. 11), S. 103.
14 Bericht Metternichs an Kaiser Franz I. vom Juni 1833, abgedruckt in: Ebd., S. 104.
15 Bisher am konsequentesten erörtert bei Dieter Langewiesche: Deutschland und Österreich: Nationswerdung und Staatsbildung in Mitteleuropa im 19. Jahrhundert, in: ders. (Hrsg.): Nation, Nationalismus, Nationalstaat in Deutschland und Europa, München 2000, S. 172–189, besonders ab S. 181.

faltete sie sich in wenigen kleinen Regionen, vor allem in Sachsen, Oberschlesien, Brandenburg, im Rheinland und in Westfalen. Die Impulse gingen von der Region aus. Ausschlag gebend war hierbei allerdings, in welche Richtungen grenzüberschreitende Wirtschaftsbeziehungen gepflegt wurden; für Preußen und zunehmend auch für die anderen Zollvereinsstaaten wiesen diese nach Frankreich, Belgien, England, Schweden oder Russland, kaum aber nach Österreich.[16]

Überdies behinderte ein geradezu hermetisch wirkendes System der Zensur- und Geisteskontrolle in Österreich den freien Verkehr der Studierenden und der Bücher ihrer Lehrer in das übrige Bundesgebiet hinein; das im Vormärz entstehende Vereinswesen der Sänger, Schützen, Turner und Freireligiösen Gemeinden schuf nationale Netzwerke; die Gesinnungsgenossen trafen sich zu Versammlungen und Festen, unter denen die nationalen Feste der Turner und Sänger in den 1840er Jahren die berühmtesten waren. Die rigide Selbstabschirmung schwächte auch auf diesen Handlungsfeldern Österreich nationalpolitisch, denn sie bewirkte einen „Selbstausschluss von diesem wichtigen Teil der Nationsbildung und der nationalen Bewegung".[17]

So merkwürdig es erscheint: Das betraf nicht nur den Vormärz, sondern die ganze lange Epoche zwischen 1815 und 1866; nicht einmal der gemeindeutsche nationale Aufbruch in den Märztagen 1848, gefeiert in den deutschen Farben Schwarz-Rot-Gold von Wien bis Berlin, vermochte die bisher zu beobachtende Abgrenzung nachhaltig zu durchbrechen; auch während der vermeintlich gesamtdeutschen Revolution von 1848/49 reichten trotz „Kommunikationsrevolution" die entstehenden nationalen Organisationsnetze der Liberalen, der Demokraten und der Arbeiterverbrüderung nur selten über die Grenzen nach Österreich hinein. Nach der gewaltsamen Niederschlagung der Wiener Revolution im Oktober 1848 entfremdeten sich die Akteure aus der Habsburgermonarchie dem eigentlich gemeinsamen Revolutionsschicksal vollends: Die Mitstreiter in der Reichsverfassungskampagne seit April 1849 agierten nur noch mit Streitern aus „Kleindeutschland", hier aber mit europäischer Unterstützung polnischer und ungarischer Legionäre.

Und auch nach der Reaktionsdekade verfolgte Österreich den Sonderweg, als Prinzregent Wilhelm – der spätere preußische König (1861) und Deutsche Kaiser (1871) – in seinem Regierungsprogramm zu Antritt seiner Regentschaft proklamierte: „In Deutschland muß Preußen moralische Eroberungen machen, durch eine weise Gesetzgebung bei sich, durch Hebung aller sittlichen Elemente und durch Ergreifung von Einigungselementen, wie der Zollverband es ist."[18] Im Gegensatz zur hier postulierten kleindeutschen Einigungsvision und der damit verbundenen Toleranzpolitik Preußens in der „Neuen Ära" verbot die österreichische Regierung den Turn- und Gesangvereinen im Lande, sich den nationalen Vereinigungen im anderen Teil des Deutschen Bundes anzuschließen.

Die wachsende Distanz zwischen der deutschen und der einzelstaatlichen österreichischen Politik – die ja ursprünglich im Rahmen des Deutschen Bundes auch als deutsche begriffen wurde – vergrößerte sich noch mehr durch den deutschen expandierenden Konstitutionalismus, dem sich die Habsburgermonarchie ebenfalls lange verwei-

---

16 Vgl. Toni Pierenkemper: Gewerbe und Industrie im 19. und 20. Jahrhundert, München 1994, S. 101 f.
17 Vgl. Langewiesche: Deutschland und Österreich (Anm. 15), S. 182 f.
18 Abgedruckt in: Ernst Rudolf Huber (Hrsg.): Dokumente zur deutschen Verfassungsgeschichte, Bd. 2: Deutsche Verfassungsdokumente 1851–1900, 3. Aufl., Stuttgart u. a. 1986, S. 37.

gerte. Die Deutsche Bundesakte hatte in ihrem dreizehnten Artikel vorgeschrieben: „In allen Bundesstaaten wird eine landständische Verfassung stattfinden."[19] Diese Vorschrift schien ursprünglich den Partikularismus der Einzelstaaten zu befestigen. Das Gegenteil trat aber ein: Der von Süddeutschland ausgehende, nach der Julirevolution 1830 immer mehr deutsche Bundesstaaten erfassende Landesparlamentarismus erwies sich als eine kaum zu überschätzende Plattform einer gemeinsamen politisch-parlamentarischen Kultur. Denn einerseits lernten die Abgeordneten der Landeskammern mit Wahlen, Geschäftsordnungen, Gesetzgebungsverfahren, Petitionen und Fraktionsbildungen umzugehen; sie übten sich als Redner vor einem öffentlichen Publikum in den Landtagen, im Wirtshaus, im Verein oder gar auf dem Marktplatz. Andererseits blickten sie über die Bänke ihrer eigenen Parlamente hinaus auf diejenigen anderer deutscher Staaten; sie waren begierig, hochpolitische Debatten andernorts gleichsam im Stellvertreterdialog mit zu erleben und daheim zu kommentieren, denn es ging um Fragen allgemeinpolitischen Interesses wie die Unabhängigkeit des Abgeordneten, die Vereidigung des Militärs auf die Verfassung, die Trennung von Schule und Kirche, die Ministerverantwortlichkeit, Geschworenengerichte, Pressefreiheit – und wenn die erregtesten und gefährlichsten Themen angesprochen wurden, dann waren dies die deutsche Einheit, die nationalen Aufgaben des Deutschen Bundes im Kriegsfalle wie etwa 1840 in der Rheinkrise oder auch der „deutsche Beruf Preußens". Besonders mutige Parlamentarier wie der badische Staatsrechtler Karl Theodor Welcker im Jahre 1831 forderten in ihrer Abgeordnetenkammer die heimische Regierung auf, sich für die Errichtung eines deutschen Parlaments einzusetzen, das als „Zweite Kammer" neben den Bundestag in Frankfurt treten sollte. Anfang 1848 wiederholte der badische Kammerabgeordnete Friedrich Daniel Bassermann diese Forderung. Von diesem Prozess des nationalen gemeinsamen Diskurses hielt sich Österreich über Jahrzehnte fern; nach der Episode von 1848/49 begann es erst 1861 allmählich, sich eine Konstitution anzueignen. Unterdessen hatte die konkurrierende Führungsmacht Preußen auch auf diesem Feld seit 1848 einen nicht wieder wettzumachenden Vorsprung, dessen Impuls über die Verfassung des Norddeutschen Bundes hinaus in die Reichsverfassung von 1871 reichte. Die scheinbar desintegrierende landespolitische Wirkung des Konstitutionalismus konsolidierte und homogenisierte in Wirklichkeit die politische Kultur im Inneren, und hier insbesondere in den Formen des parlamentarischen Lebens. Denn der deutsche Konstitutionalismus der einzelnen Bundesstaaten prägte gemeinsame politische Rituale und Verfahrensweisen, die eine vergleichbare politische Kultur begründeten. Ohne diesen Prozess innerer nationaler Kommunikationsverdichtung wäre es undenkbar gewesen, binnen kürzester Zeit aus allen Teilen des Deutschen Bundes für den März 1848 ein „Vorparlament" in Frankfurt am Main einzuberufen, und in der Tat waren unter den 574 Teilnehmern in der Hauptsache erfahrene und zumeist auch prominente Kammerabgeordnete, welche sich zur Vorbereitung einer großen deutschen Nationalversammlung einfanden, darunter aber nur zwei Österreicher.[20] Der Konstitutionalismus schuf mithin die Voraussetzung wechselseitiger Verständnisfähigkeit auf nationaler Ebene: Man verfügte über eine gemeinsame politische Sprache und Erfahrung, zu der später auch tief reichende, scheinbar spaltende Verfassungskonflikte wie der preußische seit 1862 oder der badische Kulturkampf der 1860er Jahre gehörten. In diesen Auseinandersetzungen vergewisserten sich die politischen, insbesondere konstitutionell-liberalen Eliten wechselseitig, was sie wollten und was sie ablehnten. Diese inzwischen in der Forschung angekommene stär-

---

19 Abgedruckt in: Ebd., Bd. 1: Deutsche Verfassungsdokumente 1803–1850, 3. Aufl., Stuttgart u. a. 1978, S. 88.
20 Vgl. Manfred Botzenhart: Deutscher Parlamentarismus in der Revolutionszeit 1848–1850, Düsseldorf 1977, S. 121.

kere Beachtung der „inneren" Nationsbildung vor 1871 schwächte zugleich die Sonder-
wegsthese und machte die Reichseinigung nicht mehr nur als „Revolution von oben"
begreifbar.[21]

2. Die Phase von zeitlich mittlerer Reichweite umfasst jene zwei Jahrzehnte der nachrevolutionären Ära, in der sich die Deutschen erstmals als „Gesellschaft im Aufbruch" erfuhren.[22] Die Einheit der Epoche lässt sich einerseits ökonomisch definieren, denn diese
Phase umspannte in der deutschen Wirtschaft die entscheidende Wachstumsphase vor
der Reichsgründung. Nicht die Erfindung einzelner neuartiger Maschinen, nicht der
sich entfaltende Zollverein, sondern die plötzliche und massenhafte Verwertung fossiler
Energieressourcen kann als Indikator für den qualitativen Sprung in die Industrialisierung angesehen werden. In der Verwertung von Energie kulminierten unterschiedliche
Wachstumsvorgänge: die Gewinnung von Roheisen, die Erzeugung von Stahl, der Bau
von Maschinen, besonders von Lokomotiven, deren Einsatz im Verkehr und die nachfolgende Verkehrsverdichtung – alle diese ineinander greifenden Vorgänge bedurften
der massenhaften Verwertung fossiler Energien, und zwar in Form des „Energie-Kon-
zentrats Steinkohle", womit zugleich das jahrhundertealte „hölzerne Zeitalter" (Werner
Sombart) verlassen wurde.[23] Erstmals entfaltete sich mithin in der Phase zwischen 1850
und 1873 durch konzentrierte Ausbeutung der Energieressourcen, Industrialisierung
und Wachstum ein System der Wechselwirkungen, welches ein anhaltendes, sich selbst-
tragendes wirtschaftliches Wachstum hervorbrachte.[24] Reinhard Spree hat zahlreiche
ökonomische Einzelentwicklungen in das augenfällige Konzentrat einer Kurvengraphik
integriert.[25]

Abb. 1: Wachstumszyklen in der deutschen Wirtschaft 1840–1880

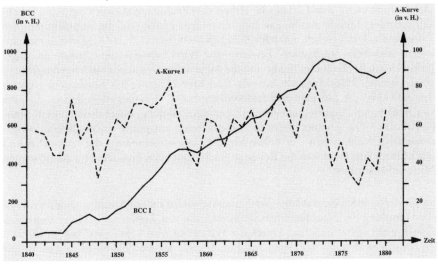

Quelle: Wolfram Siemann: Gesellschaft im Aufbruch. Deutschland 1849–1871, Frankfurt a. M. 1990, S. 116.

21 Vgl. Fehrenbach: Verfassungsstaat (Anm. 9), S. 108 f.
22 Vgl. Wolfram Siemann: Gesellschaft im Aufbruch. Deutschland 1849–1871, Frankfurt a. M. 1990.
23 Vgl. zu den umweltpolitischen Aspekten Siemann: Staatenbund (Anm. 1), S. 131–148, in Bezug auf die
   Industrialisierung S. 167–177.
24 Vgl. ders.: Gesellschaft im Aufbruch (Anm. 22), S. 92–96.
25 Vgl. ebd., S. 116.

Die Referenzkurve als Inbegriff sämtlicher ausgewählter Konjunkturdaten trägt in der Tabelle das Zeichen BBC (für „Business Cycle Curve"). Die Grafik zeigt noch eine zweite, mit „A" bezeichnete Kurve. Sie veranschaulicht nach einem komplizierten Berechnungsvorgang das jeweilige „Konjunkturklima"; die steigende A-Kurve signalisiert also ein günstiges, die fallende ein ungünstiges Klima. Insgesamt dokumentiert die Grafik in eindrucksvoller Weise den ersten modernen, voll ausgebildeten, industriell geprägten Konjunkturzyklus der deutschen Geschichte zwischen 1850 und 1873. Er legte für die vehemente Hochindustrialisierung des Kaiserreichs das Fundament.

Diese Phase mittlerer Reichweite lässt sich auch als Prozess einer der Reichseinigung vorauslaufenden Rechtsvereinheitlichung beschreiben. Die bisher wenig beachtete innere Gesetzgebungsarbeit des Deutschen Bundes, die deutlich besser gewürdigte Arbeit des nachfolgenden Norddeutschen Reichstags und des Deutschen Zollparlaments vor 1871 schufen eine wesentliche Basis, von der aus das Reich von 1871 als ein strukturell in wesentlichen Feldern bereits geeintes zu operieren vermochte.

Erstmals ist neuerdings beschrieben worden, in welchem Maße bereits der Deutsche Bund um ein nationales Recht bemüht war. Wenn auch vieles in mühevoller Kommissionsarbeit erst angedacht worden war, lagen doch auch handfeste Ergebnisse vor. Das betraf im Einzelnen ein „Allgemeines Deutsches Handelsgesetzbuch", Gesetze über gegenseitige Rechtshilfe, über Rechtsgeschäfte und Schuldverhältnisse, zum Schutz gegen Nachdruck und für ein Urheberrecht; hinzu kamen Initiativen für eine Allgemeine Deutsche Zivilprozessordnung, ein einheitliches Patentrecht, ein verbindliches Heimatrecht sowie eine Auswanderungsgesetzgebung.[26]

Der Norddeutsche Bund setzte die Arbeit der Rechtsvereinheitlichung noch erheblich intensiver fort. Er regelte das Pass-, Post- und Zinswesen, die Verpflichtung zum Kriegsdienst, Freizügigkeit, Eheschließung, einheitliches Maß und Gewicht, Bundesanleihen, öffentliche Spielbanken, Erwerbs- und Wirtschaftsgenossenschaften, die Allgemeine Deutsche Wechselordnung und die Allgemeine Deutsche Handelsgesetzgebung, einen obersten Handelsgerichtshof, die Gleichberechtigung der Konfession, zugleich den Abschluss der Judenemanzipationsgesetzgebung, eine Gewerbeordnung, Ausgabe von Banknoten, Staatsbürgerrecht, Urheberrecht, Aktiengesellschaften und ein Strafgesetzbuch.[27] Die gesamte Rechtsvereinheitlichung entsprach einem „liberal-gouvernementalen Kompromiss"; er bekundete die „Übereinstimmung der nationalen und machtstaatlichen Interessen der Reichsgründer: Bismarcks, Preußens und des deutschen Nationalliberalismus".[28]

Schließlich wurden die süddeutschen Staaten in diesen Prozess hineingezogen, denn mit der Gründung des Norddeutschen Bundes konnte der Zollverein in seiner bisherigen Gestalt nicht weiter bestehen. Durch die Verfassung vom 1. Juli 1867 hörten nämlich die teilnehmenden Bundesstaaten auf, Einzelmitglieder des Zollvereins zu sein. Es galt also, ein neues zollpolitisches Band zu den vier süddeutschen Staaten zu knüpfen. Auf

---

26 Vgl. dazu nun insgesamt Jürgen Müller: Deutscher Bund und deutsche Nation 1848–1866, Göttingen 2005.
27 Vgl. Klaus Erich Pollmann: Parlamentarismus im Norddeutschen Bund 1867–1870, Düsseldorf 1985, S. 457–497.
28 Hans Boldt: Deutsche Verfassungsgeschichte, Bd. 2: Von 1806 bis zur Gegenwart, München 1990, S. 184 f.

der Grundlage eines neuen Zollvereinsvertrages, der am 1. Januar 1868 mit den Organen Zollbundesrat und Zollparlament ins Leben trat, wurde in Zoll- und Handelssachen bereits der geeinte nationale Bundesstaat vorweggenommen. Der Zollbundesrat war nichts anderes als eine Erweiterung des norddeutschen Bundesrats um Vertreter der süddeutschen Regierungen. Das Zollparlament wurde nach dem allgemeinen, gleichen und direkten Männerwahlrecht berufen; es wurde gebildet, indem der Norddeutsche Reichstag um die Anzahl hinzuzuwählender Abgeordneter der süddeutschen Staaten ergänzt wurde. In Hessen, Baden, Württemberg und Bayern wurden eigens Wahlen zum Zollparlament anberaumt. In drei Sitzungsabschnitten zwischen 1868 und 1870 trieb es für die süddeutschen Staaten die nationale Wirtschaftseinheit voran. Prinzipienfragen wie Schutzzoll oder Freihandel, verzwickte Detailfragen wie Tabak- und Zuckersteuer oder Petroleumzoll, aber auch die große Frage eines neuen Handelsvertrages mit Österreich standen auf der Tagesordnung.

Ein weiteres Element, das der langwierigen Entwicklung bedurfte, lag in dem multinationalen Charakter des Deutschen Bundes, der in dieser Eigenschaft eher das Alte Reich vor 1806 abbildete als einen modernen Nationalstaat, der tendenziell Kulturvolk und Staatsgrenzen zur Deckung zu bringen bestrebt ist. Die Multinationalität, anfangs verstärkt durch drei ausländische Herrscher, die gleichzeitig Mitglieder des Deutschen Bundes waren (Großbritannien, Dänemark, Niederlande), verkörperte überkommene rechtliche Ordnungsmöglichkeiten, wie sie mit ihren Überschneidungen im Ancien Régime noch möglich waren: Historisches, dynastisches, ständisches und internationales Recht konnten in Symbiose bestehen, wie es kein moderner Staat zulässt. Der Fall Schleswig-Holstein war ein Musterbeispiel: In seine Rechtsverhältnisse verflochten waren der dänische König, die schleswig-holsteinischen Stände („up ewig ungedeelt"), der Herzog von Augustenburg als potenzieller Thronanwärter, die europäischen Signatarmächte der Wiener Kongressakte und nicht zuletzt der Deutsche Bund. Vor diesem rechtlich diffusen, nur historisch erklärbaren Hintergrund musste eine Frage nach der nationalstaatlichen Zugehörigkeit Schleswigs – das nicht zum Deutschen Bund gehörte – schlichtweg als falsch gestellt, aber unvermeidlich und damit kriegsträchtig erscheinen. Es wird zum Thema der deutschen Geschichte, dass sich diese nationalen Misch- und Grenzzonen zu klären oder zurückzuziehen hatten. Betrachtet man die Mittellage Deutschlands auf dem Kontinent, muss man feststellen: Es existiert kein anderer Staat im Europa des 19. und auch des 20. Jahrhunderts, der so viele verschiedene Nachbarn unterschiedlicher Nationalität um sich herum vorfindet. Bei nicht fest ausgebildeter, frühneuzeitlich geprägter Staatlichkeit mochten die Grenzzonen mit gemischten Nationalitäten noch kein Problem darstellen. Schwierig wurde es unter den Bedingungen moderner Staatlichkeit mit zentralisierter Verwaltung, einheitlichem Staatsbürgerrecht und den dann folgenden normierenden Zwängen gemeinsamer Sprache, Erziehung, des Rechts und des Verkehrs. Der Systemwechsel 1871 baute auf einem langfristigen Prozess durchfochtener Nationalitätenkonflikte auf.

3. Die Einigungskonflikte gipfelten in der dritten, kurzen Phase der so genannten Reichseinigungskriege gegen Dänemark 1864, gegen Österreich und dessen Bundesgenossen 1866 und schließlich gegen Frankreich 1870/71. Der letztere, begonnen als preußischer und geendet als deutscher, verdichtete sich in der Erfahrung der Zeitgenossen als wesentliche, die Nation schöpfende Kraft. Die Kaiserdeputation, welche König Wilhelm I. im Auftrage des Norddeutschen Reichstages in einer Adresse die Kaiserkrone antrug, drückte das in den Worten aus: „Dank den Siegen, zu denen Ew. Majestät die Heere Deutschland in treuer Waffengenossenschaft geführt hat, sieht die Nation

der dauernden Einigung entgegen."[29] Sie brachten zum Ausdruck, was selbst die groß-deutsch ausgerichtete Presse wie die Augsburger „Allgemeine Zeitung" kurz nach der französischen Kriegserklärung eingestand: „Es gibt jetzt keine Preußen, Bayern, Würt-temberger mehr, sondern nur begeisterte, von dem freudigsten Vaterlandsgefühl erfüllte Deutsche."[30] Es hat den Anschein, dass dieser Gewaltakt, aus dem der Nationalstaat hervorging, tatsächlich nur um den Preis eines Krieges zu haben war, nicht auf dem Wege friedlicher evolutionärer Reform. Das Eigengewicht des „Dritten Deutschland" war zu mächtig, um ohne das Argument der nationalen Bedrohung wesentliche Souve-ränitätsrechte hinzugeben. Erst, als „das Volk [...] mit Heldenkraft das frevelhaft heraus-geforderte Vaterland" verteidigt habe – wie die Adresse urteilte –, war der Augenblick für die „Reichsgründung" auch realpolitisch, nicht nur im Mythen bildenden Diskurs, gegeben. Das legt jedenfalls die Erkenntnis der Forschung nahe, die eindringlich nach dem Zusammenhang von europäischer Nationalstaatsbildung und Krieg fragt: „Ohne Krieg kein Staat – diese Ursprungsregel kennt kaum eine Ausnahme. Das gilt auch für die modernen europäischen Nationalstaaten, wie sie seit dem ausgehenden 18. Jahr-hundert entstanden. Bis zum Ende des 19. Jahrhunderts gingen sie allesamt aus Kriegen hervor."[31]

3. Voraussetzungen für die Institutionalisierung des neuen Reiches: der nationale Umbruch

Die Frage, wann und wie sich das neue System des Reiches 1870/71 institutionali-sierte, verweist zunächst auf den ambivalenten Charakter der Reichsgründung. Denn unbezweifelbar beruhte diese neue Konstruktion auf Kontinuitäten, die prägender und langfristiger waren, als es sich die Zeitgenossen eingestanden, wenn sie sich dessen über-haupt bewusst waren, und auch die zunächst rein deutsch-preußisch orientierte Ge-schichtsschreibung, dann aber auch die neuere historische Forschung war eher geneigt, die Reichsgründung als das Ereignis einer großen Persönlichkeit, nämlich Bismarcks, unter günstigen nationalen und internationalen Bedingungen zu begreifen. Darüber wurde übersehen, dass es handgreifliche Kontinuitäten selbst zur Konstruktion des vo-rausgegangenen alten Deutschen Bundes gab, welcher üblicherweise in seiner staatli-chen Eigenschaft in Frage gestellt oder in seiner Bedeutung marginalisiert, wenn nicht übersehen wurde. Hier liegt ein blinder Fleck der großen historischen Synthesen zur deutschen Geschichte, unabhängig davon, ob sie aus der Hand so unterschiedlicher Autoren wie Thomas Nipperdey, Hans-Ulrich Wehler, Jürgen Kocka oder Klaus Hil-debrand stammen. Gemeinsam ist bei ihnen die Ignoranz gegenüber dem Deutschen Bund, was gleichbedeutend ist mit der Abwesenheit Österreichs als Teil der deutschen Geschichte selbst da, wo es noch präsent ist. Es ist auch kaum verwunderlich, dass angelsächsische Historiker mit ihrer unbefangenen Sicht von außen dieses ahistorische Defizit erkennen, dabei aber nicht sogleich in Verdacht geraten wie deutsche Historiker, die bei gleichen Vorbehalten abqualifiziert werden, „eine partielle Rückkehr zu neu-al-

29 Abgedruckt in: Huber: Dokumente, Bd. 2 (Anm. 18), S. 353.
30 Zitiert nach Nikolaus Buschmann: „Im Kanonenfeuer müssen die Stämme Deutschlands zusammenge-schmolzen werden". Zur Konstruktion nationaler Einheit in den Kriegen der Reichsgründungsphase, in: ders./Dieter Langewiesche (Hrsg.): Der Krieg in den Gründungsmythen europäischer Nationen und der USA, Frankfurt a. M. 2003, S. 115; außerdem Frank Becker: Bilder von Krieg und Nation. Die Eini-gungskriege in der bürgerlichen Öffentlichkeit Deutschlands 1864–1913, München 2001.
31 Dieter Langewiesche: Krieg im Mythenarsenal europäischer Nationen und der USA. Überlegungen zur Wirkungsmacht politischer Mythen, in: Buschmann/ders.: Krieg (Anm. 30), S. 13.

ten Mustern" zu verfolgen, „die schon vor dem Ersten Weltkrieg entstanden" seien, als sollte ein „großdeutsches" Gerippe wiederbelebt werden.[32]

Diese scheinbar nebensächliche Kontroverse zielt elementar auf die Stellung des Deutschen Kaiserreichs in der Geschichte des „langen 19. Jahrhunderts". Von angelsächsischer Seite wird beobachtet, dass die Vorgeschichte auf dem Boden des Deutschen Bundes behandelt werde als „eine antizipierende Geschichte des Gebiets des Zweiten Reiches".[33] Ganz gleich ist der Einwand einzuschätzen, wenn Preußen und die preußischen Reformen weit größere Aufmerksamkeit erhalten als Österreich oder auch die Rheinbundstaaten: „Dies kann nicht wirklich gerechtfertigt werden mit dem Anspruch einer ausgewogenen deutschen (!) Geschichte der Epoche: es kann nur gerechtfertigt werden mit dem, was danach kam, nämlich der Einigung Deutschlands unter preußischer Vorherrschaft."[34] Nipperdey und die „kritischen" Historiker teilten „das Festhalten an einer im Kern kleindeutschen Sicht der deutschen Identität und eine übertriebene Konzentration darauf, die deutsche Geschichte des 19. Jahrhunderts im Hinblick auf die Ursprünge der deutschen Einigung hin zu interpretieren".[35] Will man sich aus dieser historiographischen Falle befreien, bleibt nur der Weg, Kontinuitäten zwischen dem Deutschen Bund und dem Kaiserreich nicht auszuschließen, die Institutionalisierung 1870/71 zugleich aber auch als fundamentalen Neubeginn zu begreifen, der ein Teil deutscher Identität (nämlich Österreich) abgestreift hat – möglicherweise gezwungenermaßen, solange diesem Kaisertum die übergeordnete Klammer der Dynastie wichtiger erschien als die Selbstständigkeit der innewohnenden Nationalitäten.

Welche Kontinuität blieb bei der Institutionalisierung wirksam? Die föderative Struktur, welche der Deutsche Bund nach der so genannten „territorialen Flurbereinigung" zwischen 1803 und 1815 als Erbe des Alten Reiches übernommen hatte, blieb noch 1870/71 weitgehend unangetastet. Wenn auch alte Dynastien wie das Königreich Hannover und das Kurfürstentum Hessen, das Herzogtum Nassau sowie ein alter Stadtstaat wie die Freie Stadt Frankfurt im norddeutschen Einigungsprozess 1866 von Preußen annektiert worden waren, blieben von ursprünglich neununddreißig Bundesstaaten (1818/19) im Rahmen des neuen Reichsverbandes fünfundzwanzig erhalten (1871). Das Reich definierte sich auch als „ewiger Bund", zu dem die Landesherren sich zusammengeschlossen hatten. Man hat die Beschreibung des Reiches als „Fürstenbund" als Legende qualifiziert: Die Fiktion vom „Fürstenbund" unterschlägt allerdings den im Krieg stimulierten Einheitswillen großer Teile der Bevölkerung und die Zustimmung der gewählten Nationalrepräsentation.[36] Die Ausgangslage an der Epochenscheide ist insgesamt wohl am zutreffendsten mit der Formel Dieter Langewiesches charakterisiert: „Föderativer Nationalismus als Erbe der deutschen Reichsnation".[37]

---

32 Jürgen Kocka: Das lange 19. Jahrhundert, Stuttgart 2001, S. 39.
33 John Breuilly: Auf dem Weg zur deutschen Gesellschaft? Der dritte Band von Wehlers „Gesellschaftsgeschichte", in: Geschichte und Gesellschaft, 24 (1998), S. 139.
34 Richard J. Evans: Nipperdeys Neunzehntes Jahrhundert. Eine kritische Auseinandersetzung, in: Geschichte und Gesellschaft, 20 (1994), S. 125.
35 Ebd.
36 Vgl. Ernst Rudolf Huber: Deutsche Verfassungsgeschichte seit 1789. Bd. 3: Bismarck und das Reich, 2. Aufl., Stuttgart u. a. 1970, S. 788.
37 Vgl. Dieter Langewiesche: Föderativer Nationalismus als Erbe der deutschen Reichsnation. Über Föderalismus und Zentralismus in der deutschen Nationalgeschichte, in: ders.: Nation, Nationalismus, Nationalstaat (Anm. 15), S. 55–79.

4. Konsolidierung der neuen Ordnung: Probleme der zweiten „inneren" Reichsgründung

Ungeachtet reichlicher Anfangsbegeisterung über die gewonnene Einheit lehrten die Tatsachen andere Erfahrungen: Der Zustand des Reiches war zunächst als sehr brüchig anzusehen, und es bedurfte zahlreicher Anstrengungen bis in die Endphase vor dem Ausbruch des Ersten Weltkrieges, um eine innere Konsolidierung zu bewerkstelligen, und letztlich erfolgreich waren diese Anstrengungen nicht. Genau gesagt ist von einer Zwiespältigkeit auszugehen, denn einerseits stellte „die unvollendete Nation" (Friedrich Lenger)[38] durch ihre neuartige Machtkonzentration in der Tat ein stabileres politisches Fundament dar, andererseits hatte der Reichseinigungsprozess aber zugleich die inneren Gegensätze der deutschen Gesellschaft in einer Weise offenbart, dass auch der so genannte Reichsgründer seinerseits begann, von „Reichsfeinden" zu sprechen, und diese machte Bismarck nach wechselnder Zeitlage zunächst im Bereich der Katholiken und der Hannoveraner aus; Letztere entwickelten eine bis in die Militanz reichende Oppositionshaltung, als die treuesten Anhänger des abgesetzten Welfenkönigs eine selbstständige Legion aufzustellen begannen. Sie organisierten sich als der „innere Feind". Die Katholiken zogen den Verdacht unter anderem deshalb auf sich, weil sie sich einer „auswärtigen Macht" – dem ultramontanen („jenseits der Berge befindlichen") Papsttum im Kirchenstaat – verpflichtet fühlten.

Sodann zählten zu dem Kreis der potenziellen Reichsfeinde die nationalen Minoritäten, die mehr oder weniger gegen ihren Willen in das Reich gezwungen worden waren, besonders wie die deutschsprachigen Elsässer und Lothringer, die sich als französische Staatsbürger begriffen. Bis zum Ende des Kaiserreichs blieb das neu errichtete Reichsland „ein vorwiegend verwaltungstechnisches Konstrukt, eine Region ohne Regionsidee" und damit auch dem Reich nicht integrierbar.[39] Aber auch die Polen in den preußischen Ostgebieten, deren politischer Traum an der Wiederherstellung eines unabhängigen Staates hing, wurden kaum im neuen Reich heimisch. Als eigentlicher innerer Feind stellte sich bis 1878 in den Augen des Reichskanzlers der Katholizismus dar. Der Kulturkampf, der innerhalb Deutschlands keineswegs der erste war, wenn man an vergleichbare einzelstaatliche Konflikte in Bayern um 1819, in Baden in den 1860er Jahren denkt, bedeutete die erste substanzielle Zerreißprobe für das neu geeinte Reich.

Erst die von den Zeitgenossen freilich überschätzte Depression und Wirtschaftskrise des Reiches nach der Hausse der „Gründerjahre" samt der damit verbundenen Umstellung der Wirtschaftspolitik von Freihandel auf Schutzzoll führte zu einer Neuausrichtung der Allianzen, auf die sich Bismarck im Reichstag stützte. Das Zentrum erschien als potenzieller Bündnispartner, die Liberalen traten in den Hintergrund, und die Sozialdemokraten erwiesen sich, propagandistisch verstärkt nach zwei Attentatsversuchen auf den Kaiser, als Ideologen und Aktivisten einer kommenden Weltrevolution, kurzum: nach 1878 als neue „innere Feinde" par excellence. Bismarck verfolgte bei seinem Kurs der inneren Konsolidierung eine doppelte Strategie: Einerseits setzte er auf politische Repression, sprich die Sozialistengesetzgebung; andererseits kalkulierte er mit der Möglichkeit, durch eine neuartige und international als ungeheuer modern angesehene Sozialpolitik der Sozialdemokratie die Anhänger abzuwerben.

---

38 Vgl. zum Folgenden Friedrich Lenger: Industrielle Revolution und Nationalstaatsgründung (1849 bis 1870er Jahre), Stuttgart 2003, S. 366.

39 Günter Riederer: Feiern im Reichsland. Politische Symbolik, öffentliche Festkultur und die Erfindung kollektiver Zugehörigkeiten in Elsaß-Lothringen (1871–1918), Trier 2004, S. 442.

Die scheinbar als innere Konsolidierung angesehene Politik erwies sich tatsächlich als eine der inneren Sammlung, unter deren Einfluss der Liberalismus seine emanzipatorischen Elemente abstreifte und sich zunehmend in das Sammelbecken eines integralen Nationalismus verwandelte, für den Kolonien und Weltmachtgeltung zur bevorzugten Maxime wurden.

5. Qualität der Zäsur: Revolution von oben, Geschichtsbruch oder evolutionärer Wandel?

Will man die Qualität der Zäsur bestimmen, die mit der Gründung des Deutschen Kaiserreiches 1871 gesetzt wurde, gelingt keine eindeutige Kennzeichnung. Weder der Begriff der Revolution, der Reform, des Wandels, des Zusammenbruchs oder Umsturzes wäre für sich treffend. Zweifellos hat sich in der Diskussion die Formel der „Revolution von oben" mit einer gewissen Berechtigung etabliert. Sie bringt zum Ausdruck, dass es sich bei der Reichsgründung nicht um einen Akt unter Beibehaltung eines bestehenden Systems gehandelt habe. Es lohnt, diesen bereits von den Zeitgenossen verwendeten Begriff der „Revolution von oben" genauer zu erwägen.[40]

Der moderne Revolutionsbegriff gehört zu den Bewegungsbegriffen der Aufklärungsära und bezeichnet eine „politisch-soziale Umwälzung, in der sich Neues, nie zuvor Dagewesenes durchsetzt", begleitet von Gewalt und orientiert an einem in der Zukunft liegenden programmatischen Entwurf.[41] 1870/71 war die tragende Massenbewegung weniger ausgeprägt als der durch militärische Aktion bewirkte Umbruch. Deshalb kommt das Attribut „von oben" hinzu. Das eigentlich Revolutionäre lag in den Augen der Zeitgenossen in zwei Merkmalen: zum einen im erreichten Neuen, der Errichtung eines deutschen Nationalstaats, der zugleich Verfassungsstaat war, zum anderen in dem radikalen Bruch mit der historisch gewachsenen, dynastischen Legitimität: Das Einigungswerk ließ im Horizont der Reichsgründungsära 1866 vier selbstständige deutsche Staaten auf der Strecke. Erschien den Zeitgenossen bereits der Reichsdeputationshauptschluss von 1803 in der napoleonischen Ära – die so genannte „territoriale Flurbereinigung" – als „Revolution von oben", so bediente man sich nun 1866 wie zum Beispiel der österreichische Feldmarschall Freiherr Heinrich von Hess abermals dieser Formel; er schrieb an den preußischen General Friedrich von Wrangel: „Nun ist aber die Revolution von oben durch Euch in Mode gekommen."[42]

Als völkerrechtliches Subjekt stellte das Kaiserreich einen Bruch mit dem Gewesenen, also einen Neubeginn dar. Erstmals war die bisher für die deutsche Geschichte traditionelle staatliche Verbindung mit der supranationalen Habsburgermonarchie gelöst. Der Kieler Historiker Georg Waitz hatte zweifellos Recht, als er in der Österreich-Debatte der Frankfurter Nationalversammlung 1848 feststellte: „Der deutsche Bund ist nur die Kontinuität des Reichs", und zwar „ein Zustand, wo Österreich Einfluß auf Deutschland übte, aber Deutschland niemals auf Österreich".[43] Der Deutsche Bund war unter

---

40 Beste Herleitung und Begründung für 1870/71 bei Dieter Langewiesche: „Revolution von oben"? Krieg und Nationalstaatsgründung in Deutschland, in: ders. (Hrsg.): Revolution und Krieg. Zur Dynamik historischen Wandels seit dem 18. Jahrhundert, Paderborn 1989, S. 117–133.

41 Vgl. ebd., S. 117 f.

42 Zitiert nach ebd., S. 123 f.

43 Franz Wigard (Hrsg.): Stenographischer Bericht über die Verhandlungen der constituirenden [!] Nationalversammlung zu Frankfurt am Main, Bd. 4, Frankfurt a. M. 1848, S. 2788.

dem Blickwinkel moderner Nationalstaatsbildung ein der Frühen Neuzeit verpflichteter fortdauernder Anachronismus, der es möglich machte, „ausländische" Herrscher wie den niederländischen, englischen oder dänischen König als „Bundesmitglied" an der Staatsorganisation teilhaben zu lassen, die sich laut Bundesakte „Deutschland" nannte. Diese Art Deutschland gab es definitiv nicht mehr.

Aufschlussreich für Kontinuitäten und Brüche kann die Definition des Staatsterritoriums sein, denn hierin offenbaren sich deutlich Rückbezüge, wenn sie denn vorhanden sind. Die Deutsche Bundesakte vom 8. Juni 1815 legte in ihrem ersten Artikel fest: „Die souveränen Fürsten und freien Städte Deutschlands, [...], der Kaiser von Österreich, der König von Preußen, beide für ihre gesamten vormals zum deutschen Reich gehörigen Besitzungen, der König von Dänemark für Holstein, der König der Niederlande für das Großherzogtum Luxemburg, vereinigen sich zu einem beständigen Bunde, welcher der deutsche Bund heißen soll."[44] Fraglos blieb das Territorium des Alten Reiches Richtschnur: für alle ehemals darin befindlichen Fürsten und Städte unausgesprochen, wenn sie denn bis in den Deutschen Bund überlebt hatten. Wo es aber zweifelhaft war wie im Falle Preußens und Österreichs, wird die alte Reichsgrenze expressis verbis die Norm. Auch die Hineinnahme Holsteins und Luxemburgs beruht auf dem alten Reichsumfang, während das ehemals nicht zugehörige Schleswig eben deshalb auch nicht dem Deutschen Bund angehörte. Diese viel zu wenig beachtete nationale Rechtskontinuität zum Alten Reich rückt das Deutschland des 19. Jahrhunderts in der Tat näher an die Frühe Neuzeit heran, trennt es somit von der mit der Reichsgründung beginnenden Epoche. Im Detail ließen sich diese 1866/71 abbrechenden Traditionen noch vermehren: Einige Mitglieder des Regensburger Reichstags tauchten als Bundestagsgesandte wieder auf; die Mediatisierten richteten ihre Klagen und Entschädigungsforderungen, die aus dem Alten Reich herrührten, nun an die Bundesversammlung in Frankfurt; die Bundesakte verbürgte weiterhin zahlreiche Rechte der Standesherren – des alten Reichsadels, nachdem sogar Napoleon sie unangetastet gelassen hatte. Mit alledem war 1866/71 Schluss.

Die Verfassung des Deutschen Reiches vom 28. März 1849 konnte sich der alten Traditionen gleichfalls nicht entziehen, denn sie dekretierte in ihrem ersten Paragraphen: „Das deutsche Reich besteht aus dem Gebiete des bisherigen deutschen Bundes. Die Festsetzung der Verhältnisse des Herzogtums Schleswig bleibt vorbehalten."[45] Um aber Bundesgebiet zuverlässig definieren zu können, bedurfte es logischerweise implizit wiederum des Rückgriffs auf das Alte Reich. Diese gleichfalls zu wenig beachtete Tatsache, demzufolge die Grenzen des Deutschen Bundes der 1849er Reichsgründung zugrunde zu legen, erzwang es geradezu, umfangreiche Gebiete mit nichtdeutschen Nationalitäten in das neue „Deutsche" Reich hineinzuziehen: Tschechen in Böhmen und Mähren, Italiener in Südtirol, Slowenen in Kärnten und Krain. Im Prinzip wollte die Reichsgründung die einem Nationalstaat widrige Häufung verschiedener Nationalitäten fortsetzen. Im Idealfall hätte das Reich nach schmerzlichen Geburtswehen zu einer Eidgenossenschaft nach dem Muster der Schweiz werden müssen, was nicht einmal eine Minderheit der Abgeordneten anstrebte. Allerdings blieben die Abgeordneten nicht konsequent, denn sie annektierten die bundesfremden Gebiete Preußens (Ost-, Westpreußen, Posen) und schufen dadurch ein weiteres Nationalitätenproblem im Reichsinnern. Streng genommen verfuhren die Abgeordneten hier völkerrechtswidrig – anders als im Falle

---

44 Abgedruckt in: Huber: Dokumente, Bd. 1 (Anm. 19), S. 85.
45 Ebd., S. 375.

Schleswigs, wo sie nach anfänglichem Annexionsversuch schließlich doch davor wegen des drohenden europäischen Krieges zurückschreckten.

Die Reichsverfassung in der gesetzlichen Form vom 16. April 1871 ließ demgegenüber alle Anspielungen auf vorausgegangene Formationen vermissen und dokumentierte dadurch die definitive Zäsur; denn sie verfügte im ersten Artikel: „Das Bundesgebiet besteht aus den Staaten [...]" und begnügte sich dann damit, alle fünfundzwanzig Mitgliedstaaten in einer langen Reihe einzeln vom größten Staat Preußen über Bayern und Württemberg bis zu „Bismarcks Zaunkönigen" Reuß ältere und Reuß jüngere aufzuzählen.[46]

Auch wenn 1871 die Art der Gründung als Vertrag zwischen deutschen Fürsten zu einem „ewigen Bund" der Stiftung von 1815 „zu einem beständigen Bunde" zu gleichen schien, trat eine völkerrechtliche Neuschöpfung ins Leben. Unterstrichen wurde diese Tatsache noch durch den Verzicht der Einzelstaaten auf das Recht eigenständiger diplomatischer Vertretungen im Ausland. An deren Stelle war nun das neu gegründete Auswärtige Amt in der Berliner Wilhelmstraße getreten. Hinzu kamen die zahlreichen Kompetenzen, welche die Reichsgewalt im Innern an sich gezogen hatte.

Der Charakter des Bruches wird zusätzlich betont durch die bereits erwähnte Art der Entstehung, hervorgegangen aus einem preußisch-französischen Krieg, welcher dank der „Schutz- und Trutzbündnisse" der süddeutschen Staaten mit Preußen zu einem nationalen geworden war. Für die Qualifizierung als „Geschichtsbruch" gar führt Dieter Langewiesche vier Argumente an: (1) Deutschland schrumpfte territorial, indem es die alte deutsche Kaisermacht Österreich aus der deutschen Geschichte ausschloss; (2) durch die Auflösung des Deutschen Bundes wurde das kommende Reich protestantischer, die Katholiken gerieten in eine Minderheit; (3) es gingen 1866 traditionsreiche Staaten unter; (4) die bürgerlichen, besonders im Süden und Südwesten beheimateten Demokraten – Vorkämpfer gegen eine „Verpreußung" des Reiches – erlitten 1870 eine Niederlage, von der sie sich „nie wieder erholt" hatten.[47]

6. Inszenierung des Umbruchs und historische Mythenbildungen

Die Proklamation des Deutschen Kaisers am 18. Januar 1871 im Spiegelsaal von Versailles war an Inszenierung nicht zu überbieten: Der erste Kaiser des neu gegründeten Deutschen Reiches nahm im Königsschloss der Franzosen die Kaiserwürde an. Ein in der französischen Geschichte tief verankerter „Erinnerungsort" wird zum Fundament eines deutschen Gründungsmythos. Hierin lag eine tiefere Bedeutung: Es wurde „ein Ort okkupiert, der mit dem Ausgreifen der Franzosen auf Deutschland unter Ludwig XIV. und Napoleon verbunden war".[48] Frankreich wurde zur „Projektionsfläche der Nation seit 1806",[49] das heißt für die Zeitspanne unterbrochener Reichstradition zwischen 1806 und 1871. Die Vorstellung von der Wiederauferstehung des Reiches lag nahe.

---

46 Vgl. Huber: Dokumente, Bd. 2 (Anm. 18), S. 383; vgl. auch Helmut Reichold: Bismarcks Zaunkönige. Duodez im 20. Jahrhundert. Eine Studie zum Föderalismus im Bismarckreich, Paderborn 1977.
47 Vgl. Langewiesche: Entwicklungsbedingungen (Anm. 2), S. 45 f.
48 Monika Flacke: Deutschland. Die Begründung der Nation aus der Krise, in: dies. (Hrsg.): Mythen der Nationen: Ein europäisches Panorama, München/Berlin 1998, S. 124.
49 Ebd.

Der feierliche Augenblick der Inszenierung wurde nachträglich festgehalten in dem wohl berühmtesten Beispiel deutscher, das Reich verherrlichender Historienmalerei: in der monumentalen Visualisierung des Berliner Hofmalers Anton von Werner. Fast jedes Schulbuch nimmt sie auf und dokumentiert darin zugleich die Akzeptanz einer offensichtlich gelungenen Inszenierung. Die fotografisch anmutende Präzision, in welcher die versammelte Gesellschaft erscheint, suggeriert Realitätsnähe. Tatsächlich verkörpert die Darstellung hohenzollernsche Staatsideologie. In der Regel wird nicht beachtet, dass es unterschiedliche Versionen des Gemäldes gab, welche im Vergleich die vermeintliche Abbildung der Realität als „invented tradition" erweisen. Mit der ersten Fassung hatte der badische Großherzog den erst neunundzwanzigjährigen Maler beauftragt. Sie hing im Weißen Saal des Berliner Stadtschlosses und ist im Zweiten Weltkrieg zerstört, aber als Fotografie überliefert worden (s. Seite 103). Sie inszeniert die Staatsideologie, indem es den künftigen Kaiser Wilhelm im Kreis der vor ihm stehenden deutschen Fürsten darstellt. Der „Reichsgründer" Bismarck ist keineswegs sonderlich hervorgehoben. Die Reichsgründung erscheint als Akt der sich verbündenden Fürsten. Das betroffene „Volk" und dessen mögliche nationale Begeisterung werden durch keinerlei symbolischen Hinweis sichtbar.

Das Bild übergeht die Schwierigkeiten dieses Aktes. Bismarck offenbarte drei Tage später in einem Brief gegenüber seiner Frau: „Diese Kaisergeburt war eine schwere, und Könige haben in solchen Zeiten ihre wunderlichen Gelüste wie Frauen, bevor sie der Welt hergeben, was sie doch nicht behalten können. Ich hatte als Accoucheur [Geburtshelfer] mehrmals das dringende Bedürfnis, eine Bombe zu sein und zu platzen, daß der ganze Bau in Trümmer gegangen wäre."[50] Er spielt nicht zuletzt auf die Szene an, als sich die Fürsten nicht einigen konnten, ob König Wilhelm den Titel „Kaiser der Deutschen" oder – wie Wilhelm I. es wünschte – „Kaiser von Deutschland" erhalten sollte und der Großherzog von Baden die Situation rettete, indem er ausrief: „Seine Kaiserliche und Königliche Majestät, Kaiser Wilhelm lebe hoch! Hoch! Hoch!" Das Bild hält diesen Moment als symbolische Geste der Proklamation fest. Vergleicht man diese Inszenierung beispielsweise mit derjenigen Napoleons am 2. Dezember 1804 in Paris, wie sie Jacques Louis David festgehalten hat, mutet der Vorgang geradezu prosaisch an: Kein geistlicher Nimbus schmückte den Festakt, und die eigentliche Rechtshandlung bestand darin, die Kaiserproklamation schlicht zu verlesen, was Werner erst gar nicht dargestellt hat.

Nach der Fertigstellung der für das Schloss bestimmten Fassung malte Werner für die Ruhmeshalle im Berliner Zeughaus eine neue Version, die den Wandel des Reichsgründungsmythos augenfällig macht; zwar ist auch dieses 1882 fertig gestellte Wandgemälde 1945 zerstört worden.[51] Doch die heute bekannteste und regelmäßig abgebildete Friedrichsruher Fassung hat die einschneidenden Änderungen übernommen. Sie war als Geschenk zu Bismarcks achtzigstem Geburtstag 1885 bestimmt; hier rückt der Maler den Standpunkt des Betrachters näher an das Geschehen heran und verringert zugleich die Zahl der Personen erheblich; die Fürsten reduziert er, verweist sie in die zweite Reihe und hebt stattdessen den breitbeinig platzierten Bismarck ins Zentrum des Blickfelds. Er steigert die Perspektive noch, indem er Bismarck tatsachenwidrig eine optisch hervorstechende weiße statt einer blauen Uniform anlegt. Er setzte damit den Alleinanspruch Preußens auf Gründung und Führung des Reiches ins Bild.

---

50 Wiedergegeben in: Deutsches Historisches Museum (Hrsg.): Bismarck – Preußen, Deutschland und Europa, Berlin 1990, Kap. „Reichsgründung im Krieg – Versailles", S. 345.
51 Vgl. die erhaltene Federzeichnung als Vorstudie und eine Fotografie der Zeughaus-Version bei Flacke: Begründung der Nation (Anm. 48), S. 122.

Neben der hochoffiziellen Inszenierung der fürstlich-aristokratischen und militärischen Elite des Reiches ereignete sich eine zweite, welche höchst symbolträchtig und zugleich für die Hohenzollerndynastie sehr prekär erscheinen musste: die Kaiserdeputation des Norddeutschen Reichstages, welche sich nach Versailles begeben hatte, um dem preußischen König eine am 10. Dezember 1870 beschlossene Adresse zu überreichen. Dadurch erhielt der Reichsgründungsakt eine demokratische Legitimation. Diese Darbietung war höchst zwiespältig für die Beteiligten: Sowohl Kaiser Wilhelm I. als ehemaliger preußischer Prinzregent als auch Martin Eduard Simson als Leiter der Kaiserdeputation waren 1849 und 1870 leibhaftig anwesend. Wilhelm – im Revolutionsjahr als „Kartätschenprinz" gebrandmarkt – stand damals neben seinem Bruder Friedrich Wilhelm IV. Nur widerwillig hatte er sich 1870 auf die Zeremonie eingelassen, weil sie doch immer noch hochgradig durch die Revolutionserinnerung aufgeladen zu sein schien. Martin Eduard Simson, der alte Präsident der Frankfurter Nationalversammlung und neue Präsident des Norddeutschen und dann Deutschen Reichstags (1867–73), mied aber jegliche 1848er Erinnerung, indem er lediglich den zurückliegenden glorreichen Sieg beschwor, dem „ein verderblicher Heereszug gegen unser Vaterland" vorausgegangen sei.[52]

Im Gegenteil knüpfte er an andere Traditionen an: Er erinnerte an Paris gleichsam als „Erinnerungsort" für die Deutschen, in dessen Nähe die Rheinbundverträge geschlossen worden seien, „in deren unmittelbarer Folge das Reich zusammenbrach".[53] Die Adresse, welche er überbrachte, gab sich „dem wieder aufgerichteten Reiche deutscher Nation" anheim, als stünde das Kunstreich von 1871 in einer nur kurz unterbrochenen Reichstradition.[54] „Kaiser" und „Reich" bezeichnete er als Benennungen, „auf denen die Ehrfurcht langer Jahrhunderte geruht, auf deren Herstellung das Verlangen des deutschen Volkes sich zu richten niemals aufgehört hat".[55] Eine der Inszenierung immanente Botschaft lag darin, dass Simson als deutscher Jude sowohl 1849 als auch 1870 an exponiertester Stelle durch seine symbolische Handlung zugleich die gewollte und erreichte vorbehaltlose Emanzipation der Juden in Deutschland verkörperte.[56] Auch das war eine Zäsur.

Eine dritte Inszenierung erfolgte am 16. Juni 1871, als die preußischen Truppen von den französischen Schlachtfeldern nach Berlin zurückkehrten. In der Allee „Unter den Linden" errichtete man Tribünen für die Invaliden von 1813 und 1815. Die Kriegsveteranen der so genannten „Befreiungskriege" dienten „als Zeugen für die Erfüllung des preußischen Berufs in der deutschen Geschichte".[57] Eine besondere religiöse Aura erhielt der Mythos, wenn er sich mit dem religiösen Kult vermählte. Das war in Gestalt der neu gestifteten Gründungsfeiern des Reiches – der Erinnerung an die Schlacht bei Sedan – der Fall.

---

52 Wiedergegeben bei: Huber: Dokumente, Bd. 2 (Anm. 18), S. 354.
53 Ebd.
54 Ebd., S. 353.
55 Ebd., S. 354.
56 Siehe die entsprechenden Abbildungen: „Die Kaiserdeputation im königl. Schlosse in Berlin am 2. April 1849", Lithographie C. G. Lohse, Dresden 1849, in: Lothar Gall (Hrsg.): 1848. Aufbruch zur Freiheit, Berlin 1998, S. 380; Wilhelm I. wird durch eine Abordnung des Reichstages am 18. Dezember 1870 formell die deutsche Kaiserwürde angetragen, in: Deutscher Bundestag (Hrsg.): Wege – Irrwege – Umwege. Die Entwicklung der parlamentarischen Demokratie in Deutschland, Berlin 2002, S. 97.
57 Vgl. Buschmann: „Im Kanonenfeuer" (Anm. 30), S. 99 f., mit sehr gedankenreichen Überlegungen zu Eigenart und Funktionsweise historischer Mythen sowie deren geglaubte „Wahrheit" im Gegensatz zur wissenschaftlichen.

Ein Foto zum fünfundzwanzigjährigen Jubiläum stellte diese Botschaft mit prächtiger Illumination in Szene.[58] Freilich darf angesichts aller auf Integration bemühten Anstrengungen nicht übersehen werden, dass diese Feiern nicht wahrhaft national angenommen wurden. Bei genauerer Prüfung zeigt sich, wie brüchig selbst in angeblich nationalen Feiern die innere Einheit war.[59] Dieser Rückgriff steht im Zusammenhang mit der modernen Mythenbildung, wie sie den europäischen Nationalstaaten des 19. Jahrhunderts eigen ist. Den eigentlichen Bruch umkleiden sie mit einer historischen Ursprungslegende. Was für das Deutsche Kaiserreich als „Wiedergeburt" aufschien, war in den Augen der Italiener ein „Risorgimento".

Als ein besonders prominentes Denkmal deutscher Reichseinheit aus dem Krieg überlebte die Berliner „Siegessäule" alle Umbrüche und Versuche eines Denkmalsturzes. Sie war bestimmt, die künftigen Generationen an die preußischen Siege in den Jahren 1864 (Dänemark), 1866 (Österreich) und 1870 (Frankreich) zu erinnern. Sie stilisierte die preußischen Kriege als nationale Einigungskriege, wodurch Preußen und deutsche Nation deckungsgleich wurden und die Kriege zum Inbegriff der Nationsbildung. Die Kriege selbst verkörperte die Säule materiell nach Art eines Reliquienkultes, denn in den Kannelierungen des Schaftes waren dänische, österreichische und französische Kanonenrohre eingelassen – die Schlachtbeute des Feindes „auf ewig" im Denkmal! Das Basisrelief auf den Seiten des Unterbaues stellt verschiedene Episoden des Feldzuges dar, unter anderem den Einzug der Preußen in Paris im Jahre 1871.[60]

Das Mythenarsenal der Deutschen wurde 1871 reichlich bestückt und öffentlich gemacht. Als die fünf prominentesten Typen ragten heraus: Die Schlacht im Teutoburger Wald 9 n. Chr. mit Hermann, dem ersten Deutschen, der Tod Kaiser Friedrichs I. (1190) mit der Legende „Barbarossa schläft im Kyffhäuser", Luther, der als deutscher „Freiheitskämpfer" die Bannandrohungsbulle verbrannte (1520) und die Emanzipation von Rom zu bewirken schien, der Aufruf der Freiwilligen im Jahre 1813 und die Verteidigung der Deutschen gegen Napoleon sowie schließlich die Kaiserproklamation 1871 als die Gründung der Nation.[61] Kulturgeschichtlich kann man ab 1871 die Inszenierung in Permanenz erkennen, artikuliert in der für das Kaiserreich typischen Denkmalsflut, wobei die zentralen Geschichtslegenden im Hermanns-, Kyffhäuser- und Völkerschlachtdenkmal zum Sinnbild wurden, ergänzt um die hundertfachen Bismarcksäulen, die den „Reichsgründer" selbst zum Mythos machten. Vertieft wurden diese Bemühungen noch auf literarischem Feld im Hohenzollernkult, obwohl auch hier der Chor vielstimmig und nicht durchweg harmonisch ausfiel. Am stärksten wurde der Einschnitt dort empfunden und gefeiert, wo sich Bildungsbürgertum, Protestantismus und Herkunft aus Norddeutschland zusammenfanden. Zwischen 1871 und 1881 erschienen im deutschsprachigen Raum 184 Gesamtdarstellungen der deutschen Literaturgeschichte, davon 50 Erstauflagen, von denen keine aus Österreich stammte. Diese Flut war beispiellos und definierte das Jahr 1871 „als Höhe- und Endpunkt".[62]

---

58 Siehe die Fotografie des Brandenburger Tors in Berlin im Festschmuck 1895 zum 25. Jahrestag der Schlacht bei Sedan, in: Langewiesche: Ploetz (Anm. 7), S. 33.
59 Vgl. Nils Freytag: Sedantage in München. Gemeindefeiern, Komiteefeste und Vereinsgedenken, in: Zeitschrift für bayerische Landesgeschichte, 61 (1998), S. 383–406.
60 Vgl. Ruth Glatzer: Berlin wird Kaiserstadt. Panorama einer Metropole. 1871–1890, Berlin 1993, S. 66.
61 Vgl. Flacke: Begründung der Nation (Anm. 48).
62 Vgl. insgesamt Andreas Schumann: Glorifizierung und Enttäuschung. Die Reichsgründung in der Bewertung der Literaturgeschichtsschreibung, in: Klaus Amann/Karl Wagner (Hrsg.): Literatur und Nation. Die Gründung des Deutschen Reiches 1871 in der deutschsprachigen Literatur, Köln u. a. 1996, S. 31–43. Der Band behandelt Schriftsteller und Dichter aus dem Deutschen Reich, der Habsburgermonarchie und der Schweiz.

7. Rückbezüge und Rückgriffe

Abgesehen von Mythenbildung und Inszenierungen existierten realgeschichtliche Kontinuitäten, welche die Zäsur von 1871 überbrücken. In erster Linie ist auf die föderative Grundstruktur des deutschen Staatslebens bis zurück in die Zeit des Mittelalters zu verweisen. Anders als die Nationalstaatsbildungen in Frankreich oder Großbritannien existierte in Deutschland immer ein einzelstaatlicher Unterbau, welcher den im konstitutionellen 19. Jahrhundert gewählten Abgeordneten in ihren Landtagen ein Forum schuf. Jede Verfassungsbildung – 1815, 1849, 1867/71 – respektierte die Vielgliedrigkeit, und wo man Mediatisierungen von Ländern ins Auge fasste wie 1848, scheiterte dies auf breiter Front. Nur mit militärischer Macht wie 1866 waren einzelne Länder zu beseitigen und in Provinzen zu verwandeln: Hannover, Kurhessen, Nassau und Frankfurt blieben unter Verletzung der Prinzipien von dynastischer Legitimität und Verfassungsbindung auf der Strecke. Die neueste Forschung entdeckte für diesen Tatbestand der fundamentalen Kontinuität jenseits kleindeutscher Engführungen – verstärkt wohl unter dem Eindruck der wiederhergestellten neuen Länder nach 1989 – die Formel von der „föderativen Nation".[63] In der Reichsverfassung bekundete der Bundesrat die Kontinuität zur alten Ländervertretung der Deutschen Bundesversammlung von 1815 bis 1866, und zwar bis in die Substanz hinein. Denn nicht unabhängige Abgeordnete wie im amerikanischen Senat vertraten die Länderinteressen, sondern Bevollmächtigte der einzelstaatlichen Regierungen, die ihre Stimme für das von ihnen vertretene Land abgaben und von Instruktionen abhängig waren, welche eine einheitliche Stimmabgabe erforderten – und das blieb deutsches Strukturprinzip in der Beteiligung der Länder bis in das Grundgesetz von 1949 hinein und ist somit weiterhin verfassungswirksam.[64]

Der Kompetenzkatalog der Reichsgewalt ging gleichfalls auf die Reichsverfassung von 1849 zurück, denn er bot im Einzelnen die auswärtigen Beziehungen, Recht zur Kriegsführung, Post-, Telegraphen-, Münz- und Bankwesen, einheitliches Zoll- und Handelsgebiet, wobei bis auf Post und Marine der Verwaltungsapparat in den Händen der Länder lag.

Doch auch der Reichstag war in einer frappierenden Weise auf dem Weg über das allgemeine Männerwahlrecht der Revolution von 1848/49 verpflichtet. Bis in den Wortlaut des Bündnisvertrages Preußens mit den Norddeutschen Staaten vom 18. August 1866 hinein zog sich die Traditionsspur, denn in dessen fünftem Artikel hieß es: „Die verbündeten Regierungen werden gleichzeitig mit Preußen die auf Grund des Reichswahlgesetzes vom 12. April 1849 [!] vorzunehmenden Wahlen der Abgeordneten zum Parlament anordnen".[65] Was sich hier als Kontinuität bekundete, klang in österreichischen Ohren wie ein Sprengsatz, denn ein nach diesem Modus gewähltes Bundesparlament hätte mit Sicherheit den Vielvölkerstaat paralysiert. Nicht umsonst hatte Österreich auf dem Frankfurter Fürstentag 1863 mit seinem Bundesreformprogramm als äußerstes Angebot eine lockere Delegiertenversammlung angeregt. In der Bundesversammlung wirkte der Antrag auf ein nach allgemeinem Wahlrecht zu bildendes Nationalparlament denn auch als eine Initialzündung zur Zerstörung des Bundes. Es stellte sich das durch Bismarck bewusst herbeigeführte paradoxe Muster der Entzweiung durch Kontinuität ein.

---

63 Vgl. Langewiesche: Föderativer Nationalismus (Anm. 37).
64 Vgl. Boldt: Verfassungsgeschichte, Bd. 2 (Anm. 28), S. 178.
65 Wiedergegeben bei: Huber: Dokumente, Bd. 2 (Anm. 18), S. 269.

8. Entwicklungen in Politik, Gesellschaft, Wirtschaft und Kultur: Konvergenzen, Divergenzen, Ungleichzeitigkeiten

Versucht man, die Entwicklungen im politisch-institutionellen Feld zu vergleichen mit denjenigen in sozio-ökonomischer und politisch-kultureller, stellen sich bemerkenswerte Ungleichzeitigkeiten ein. Auffällig sind einerseits die retardierenden Tendenzen der konservativ-aristokratischen Eliten vor allen Dingen in der Verwaltung, dem Militär und dem diplomatischen Dienst. Hier äußerte sich das Kaiserreich mit jener Prägung, die oft als charakteristisch insbesondere für die Epoche des Wilhelminismus angesehen wurde. Für die Zeit des Übergangs oder Umbruchs gibt es zweifellos Kongruenzen aller drei Dimensionen.

Dem von Krieg und dem energischen politischen Willen der preußischen politischen Führung unter Bismarck getragenen Wandel hin zur Reichseinigung entspricht auch eine entsprechende Dynamik in sozio-ökonomischer Entwicklung. Hier wirkte sich die seit den frühen 1860er Jahren von Preußen aus betriebene Freihandelspolitik aus: Sie führte zu einer Ausgrenzung der österreichischen Politik, die letztlich im Ende des Deutschen Bundes ihr Ziel fand, andererseits im Binnenraum der Zollvereinsstaaten sich durch eine Phase wirtschaftlichen Aufschwungs äußerte. Dieser erste vollständig durchgeführte Konjunkturverlauf in der deutschen Industrialisierungsgeschichte bildete im Wirtschaftsbürgertum den Erfahrungshintergrund, auf die Reichseinigung als ein erstrebenswertes Ziel zur Vergrößerung der wirtschaftlichen Potenzen zu setzen. Politische und wirtschaftliche Entwicklung verzahnten sich in der Tätigkeit des Zollvereinparlaments, das die juristischen Grundlagen für eine Angleichung wichtiger wirtschaftlicher Prinzipien vorantrieb, insbesondere im Hinblick auf Gleichheit der Münze, des Maßes, der Zölle und Steuern usw. Politisch-kulturell schien mit dem Einigungskrieg auch in den breiten Kreisen des Bürgertums die Reichseinigung ein Kulminationspunkt zu sein, und in den Kreisen der Sozialdemokratie, nicht zuletzt sichtbar in Äußerungen von August Bebel, Karl Marx und Friedrich Engels über die Reichseinigung, wurde diese Veränderung als eine Chance begriffen, die eigenen Ziele effektiver voranzutreiben.

Insgesamt gesehen schuf die Reichsgründung durch ihre Qualität als Rechts-, Wirtschafts- und Verkehrseinheit die Voraussetzungen für den Durchbruch der eigentlichen Hochindustrialisierung, nicht zuletzt angeschoben durch die Kriegskontributionen Frankreichs. Komplexe Wandlungsvorgänge, welche mit den Stichworten „Durchbruch zur Wissensgesellschaft", „zweite Leserevolution", „Entwicklung von Großforschung", „Bevölkerungsexplosion, „Urbanisierung", „Kommunikationsverdichtung" auf Begriffe gebracht werden, schienen der inneren Integration zur Staatsbürgernation Impulse zu verleihen.[66]

Demgegenüber gab es aber zugleich auch „Sonderwege", bei denen die Integration (zunächst) nicht gelang. Das wird sichtbar an der Ausbildung solcher für das Kaiserreich charakteristischer Sozialmilieus. Gleichsam in Form von binnenkulturellen Parallelgesellschaften organisierten sich die Katholiken und die Arbeiter, die sich in Opposition zum neuen Staat begriffen. Ähnlich erlebten die Juden ihre Rolle in dem neuen Reich, das ihnen formal die Gleichberechtigung reichsweit garantierte, das aber verstärkt seit

---

66 Vgl. Langewiesche: Entwicklungsbedingungen (Anm. 2), S. 50.

1878 einen Antisemitismus hervorbrachte, welcher die Juden immer mehr in ein eigenes kulturelles Milieu drängte.[67]

Auffällig ist für die Wirkung der Reichseinigung, dass von ihr einerseits ökonomisch potenzierende Prozesse ausgingen, dass sie andererseits den Prozess der Binnenkorporierung der Gesellschaft in Form von Vereinen und Lobbies mit eigenen Interessenvertretungen und Vereins-, Fach- und Branchenzeitschriften hervorbrachte. Die Pluralisierung der Gesellschaft ist zusammengenommen als Zeichen einer vehementen Modernisierung zu begreifen. Zu ihr gehörte auch, dass sich die traditionellen Parteiorientierungen teilweise auflösten, weil sie neuen Loyalitäten weichen mussten. Gegen Ende des Reiches war die SPD von der Wählerbasis her nicht mehr vornehmlich Arbeiterpartei, noch wurde sie zu einer die sozialen Gruppen überspannenden Volkspartei: Entgegen dem üblichen Blick der früheren historischen Forschung entwickelte sie sich zu einer Interessenvertretung der Konsumenten und zog ihre Wähler aus der Klientel der Mittelparteien. Sie profitierte von der Zuspitzung des Gegensatzes zwischen Verbrauchern und landwirtschaftlichen Produzenten: Indem der Anteil der Konsumenten an der Wählerschaft beständig wuchs, erweiterte die SPD ihre soziale und ökonomische Rekrutierungsbasis. Die soziale Basis von gelernter Industriearbeiterschaft evangelischer Konfession erweiterte sich durch ihre Selbstdarstellung als Anwältin von Konsumenteninteressen zu einer Wahlalternative für ungelernte und katholische Arbeiter, für Angestellte und Beamte aus dem neuen Mittelstand.[68]

9. Öffentliche Wahrnehmungen des Umbruchs

Die fundamentale Zäsur wurde von den Zeitgenossen keineswegs einhellig begrüßt. Im Gegenteil gab es einen doch erheblichen Kreis an Kritikern und Skeptikern in allen politischen Lagern. Selbst auf der konservativen Seite der preußischen Hochkonservativen, welche preußische Tugenden und Traditionen durch eine Überformung von Seiten des Reiches in Gefahr sahen, bestanden Zweifel, nicht zuletzt gegenüber dem revolutionär wirkenden allgemeinen Männerwahlrecht, dem noch das Odium der Revolution von 1848 anhaftete und das bis weit in die Kreise der Liberalen hinein nur als schwer erträglich erschien. Andere Minderheiten, die dem Reich kritisch gegenüberstanden, waren die Polen in den preußischen Ostgebieten, vor allem auch die Hannoveraner, welche sich nach Absetzung ihres Herrscherhauses und der Annexion von 1866 als die Verlierer der Einigung betrachteten. Der Kreis der Kritiker und Distanzierten reichte aber auch weit nach Süddeutschland hinein, insbesondere in katholische Kreise, welche bedauerten, dass in die Verfassung kein Grundrechtskatalog aufgenommen worden war, eine Kritik, welche auch die Sozialdemokraten teilten. Von demokratischer und sozialdemokratischer Seite, aus den Volks- und Arbeitervereinen kamen überdies Zweifel, weil man hier die Preisgabe der gesamtdeutschen Vision, sprich der Deutsch-Österreicher seit 1866, noch nicht verkraftet hatte. Auch aus grundsätzlichen Rücksichten auf demokratische Werte hegte man Zweifel gegenüber der Reichseinigung, wurde sie doch durchgeführt von einem Meister parlamentarischer Disziplinierung und Repression, wie sich seit dem Verfassungskonflikt in Preußen das Bild von Bismarck vornehmlich in den

---

67 Vgl. Peter Alter/Claus-Ekkehard Bärsch/Peter Berghoff (Hrsg.): Die Konstruktion der Nation gegen die Juden, München 1999, darin besonders: Hermann von der Dunk: Antisemitismus zur Zeit der Reichsgründung. Unterschiede und Gemeinsamkeiten: ein Inventar, S. 65–91.

68 Vgl. Christoph Nonn: Verbraucherprotest und Parteiensystem im wilhelminischen Deutschland, Düsseldorf 1996, S. 313 f.

Köpfen der süd- und südwestdeutschen Demokraten festgesetzt hatte. Wollte man die Vorbehalte auf einer Landkarte abbilden, könnte man gewisse, wenn auch nicht völlige Koinzidenzen mit dem Wahlverhalten der Abgeordneten von 1849 beobachten, welche der Wahl des preußischen Erbkaisers ihre Zustimmung versagten.[69]

Bei den Reichstagswahlen vom 3. März 1871 übte nur die Hälfte der Wahlberechtigten, das heißt der Männer über 25 Jahre, ihr Wahlrecht aus. Gegen Ende des Reiches waren Wahlbeteiligungen über 80 Prozent keine Seltenheit.

Abb. 2: Die Stimmanteile der Hauptparteien 1871–1912

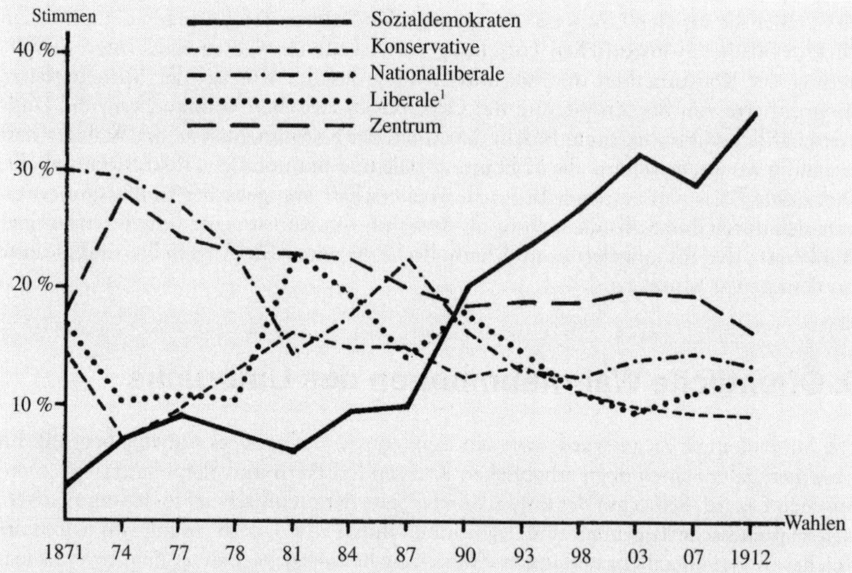

Stimmen

40 % —   ——————— Sozialdemokraten
               – – – – – – Konservative
               – · – · – · – Nationalliberale
               •••••••••••• Liberale[1]
               – – – – – – Zentrum

Für die Daten vgl. Tab. 4.

1	1871–1878	Liberale, Deutsche Fortschrittspartei und Deutsche Volkspartei
	1881	Liberale Vereinigung, Deutsche Fortschrittspartei und Deutsche Volkspartei
	1884–1890	Deutsch Freisinnige Partei und Deutsche Volkspartei
	1893–1907	Freisinnige Volkspartei, Freisinnige Vereinigung und Deutsche Volkspartei
	1912	Fortschrittliche Volkspartei

Quelle: Gerhard A. Ritter/Merith Niehuss: Wahlgeschichtliches Arbeitsbuch. Materialien zur Statistik des Kaiserreiches 1871–1918, München 1980, S. 54.

Etwa die Hälfte stimmte 1871 für die reichsbejahenden, die andere Hälfte für die vorerst als „reichsfeindlich" angesehenen Parteien. Werner Conze erkennt eine „gespaltene Willensbildung der Deutschen", sodass die Reichsgründung „nicht einfach als Vollendung der deutschen Nationalbewegung oder als einzig mögliche Lösung der ,deutschen Frage'" angesehen werden könne.[70]

---

69 Vgl. Heinrich Best/Wilhelm Weege: Biographisches Handbuch der Abgeordneten der Frankfurter Nationalversammlung 1848/49, Düsseldorf 1996, S. 490 f.
70 Werner Conze: Das Deutsche Reich in der deutschen Geschichte: Bruch oder Kontinuität, in: Langewiesche: Ploetz (Anm. 7), S. 15.

Gegenüber dem hier deutlich beschriebenen Kreis der Kritiker gab es den großen Chor der begeistert Zustimmenden. Ein viel zitiertes Schreiben Heinrich von Sybels an den liberalen Gesinnungsgenossen Hermann Baumgarten vom 27. Januar 1871 bekannte: „Wodurch hat man die Gnade Gottes verdient, so große und mächtige Dinge erleben zu dürfen? Und wie wird man nachher leben? Was 20 Jahre der Inhalt alles Wünschens und Strebens gewesen, das ist nun in so unendlich herrlicher Weise erfüllt! Woher soll man in meinen Lebensjahren noch einen neuen Inhalt für das weitere Leben nehmen?"[71] Für alle der Monarchie ergebenen und dem konstitutionellen Prinzip anhängenden Liberalen bedeutete die Reichseinigung zunächst die Erfüllung ihrer Sehnsüchte. Für Hans Blum, den Sohn des in Wien 1848 hingerichteten Demokraten und Frankfurter Abgeordneten, war Bismarck „der größte realpolitische Staatsmann Deutschlands und vielleicht aller Völker": „So hat denn die Bewegung von 1848 die Saat ausgestreut zu der großen deutschen Ernte, die 1866 begonnen und erst 1870/71 vollendet werden konnte."[72]

Wollte man es weniger pathetisch sehen, erwarteten viele von der Einigung auch ökonomische und rechtliche Vorteile. Die endlich vorbehaltlos verbürgte Gleichheit vor dem Gesetz, Bekenntnisfreiheit und Gleichberechtigung der Konfessionen gewährte den Juden erstmals jene Emanzipation, um die sie ein Jahrhundert gerungen hatten. Überhaupt ist es schwer zu ermessen, wie die unzweifelhaft als Zäsur wahrgenommene Erfahrung überdimensionale Hoffnungen freisetzte, welche keine konkrete Politik erfüllen konnte. Ein vergleichbares Phänomen hatte es auch in den Märztagen zu Ausbruch der Revolution 1848 in Deutschland gegeben.

Generell gilt aber: Was 1848 revolutionäre Euphorie bedeutete, war 1871 die aus einem erfolgreichen nationalen Einigungskrieg hervorgegangene Begeisterung, welche gleichermaßen das Gefühl vermittelte, einem nun geeinten Deutschland anzuhängen. Freilich gilt es zu bedenken, dass die öffentliche Meinung, welche sich den Historikern in der Regel durch publizierte Journalistik, Flugschriften und andere Zeugnisse wie politische Symbole artikulierte, zugleich immer auch nur die veröffentlichte Meinung darstellte, mit anderen Worten: Jene, welche nicht über diese Medien verfügten, mussten zwangsläufig unberücksichtigt bleiben, und das betraf etwa die große Masse der ländlichen Bevölkerung, für die es dahinsteht, wie weit die nationale Erregung sie überhaupt erfasste. Da die Reichseinigung insbesondere mit der Person Bismarcks als Exponenten einer protestantischen Vormacht verbunden war, eröffnete sich auf der Kanzel und in ländlichen Predigten ein großer Spielraum, auch Ressentiments gegenüber dieser Einigung zu entwickeln.

Wo das der Fall war, herrschte jedenfalls keine Gleichgültigkeit mehr, sondern Nationalisierung in defensiver Wirkung. Eine Karte des Deutschen Reiches mit den bis 1914 gebauten und geplanten Bismarck-Denkmälern und -Türmen verzeichnet über 700, von denen 1914 mindestens 500 realisiert worden waren. Danach lagen Hochburgen der Bismarck-Verehrung in den industriellen Ballungszentren in Westfalen, in Thüringen und in Sachsen. In den dünner besiedelten Regionen wie Pommern und in den „traditionell antipreußisch eingestellten Reichsgebieten" Bayern, Hannover oder auch Elsass-Lothringen tauchten Denkmäler nur spärlich auf. An den äußeren Grenzen des Reiches hingegen, etwa in Schlesien, Konstanz, Metz, Aachen, Borkum und Herings-

---

71 Zitiert nach Dieter Langewiesche: Liberalismus in Deutschland, Frankfurt a. M. 1988, S. 128.
72 Hans Blum: Die deutsche Revolution 1848–49. Eine Jubiläumsausgabe für das deutsche Volk, Florenz/Leipzig 1898, S. 6.

dorf an der Ostsee wurden die Monumente demonstrativ als Symbol gegen die angebliche Bedrohung durch den äußeren Feind errichtet.[73]

Andererseits ist die verblüffende Tatsache zu beobachten, dass auf dem Boden des geeinten Reiches diejenigen, die regionalen und dynastischen Loyalitäten verpflichtet waren, im Laufe des Kaiserreiches ihre heimatlichen, landsmannschaftlichen Gefühle und Bestrebungen in Form von Geschichts- und Heimatvereinen organisierten, äußerten und auf diesem Wege das Reich als Ganzes akzeptierten. Es mag wie ein dialektischer Vorgang erscheinen, dass die Hinwendung zur Heimat und Region als „kultureller Föderalismus" zugleich affirmativ gegenüber der Nation wirkte.[74]

10. Schlussbetrachtung

Die großen Darstellungen Thomas Nipperdeys und Hans-Ulrich Wehlers zur deutschen Geschichte des 19. Jahrhunderts oder auch diejenige Klaus Hildebrands über „Das vergangene Reich" legen, wie näher erläutert wurde, einen Geschichtsentwurf zu Grunde, welcher von Anfang an die kleindeutsche Reichseinigung als eine gedachte voraussetzt, denn es beschäftigt sie nicht erheblich, wie die föderative, teilweise zum Partikularismus neigende Gestalt des vormodernen „Heiligen Römischen Reiches deutscher Nation" über drei Generationen hinweg zu einer nationalen Integration geführt wurde. Die ordnende Kraft des modernen geeinten Nationalstaats ist augenscheinlich zu suggestiv, um demgegenüber eine lockerere innere Staatenverbindung nach Art des Deutschen Bundes einer intensiveren Betrachtung für Wert zu erachten. Dieser wird bei allen fundamental vernachlässigt; sie schreiben eine deutsche Geschichte im Deutschen Bund, nicht des Deutschen Bundes. Hildebrand meint sogar in Verkennung der reichshistorisch geprägten Sicht Metternichs, dieser habe Deutschland lediglich als „geografischen Begriff" betrachtet.[75]

Andererseits plädiert Hildebrand: „Aus den Verschüttungen der Vergangenheit gilt es auch jene Tatsachen und Zusammenhänge der Geschichte freizulegen, die sich nicht zu entfalten vermocht haben. Als Möglichkeiten des Verlaufs haben sie, ohne das zum Zuge Gekommene letztlich zu bestimmen, zur Wirklichkeit gehört. Nicht selten verweisen sie auf das Ungewisse eines Weges und seine zahlreichen Gabelungen, die jeweils Entscheidungen erforderten. Dem Vergeblichen der Geschichte gebührende Beachtung zu schenken, bewahrt davor, die Entwicklung eines Volkes als Einbahnstraße misszuverstehen." Er warnt geradezu davor, „das Gesamte vom Anfang bis an sein Ende mit faszinierender Einseitigkeit und formelhafter Suggestion scheinbar schlüssig erklären" zu wollen.[76]

Eine solche Voraussetzung scheint die problematische Frage nach den Alternativen der Geschichte begrenzt zu legitimieren. Es sind eigentlich vier Optionen, mit denen im Laufe des 19. Jahrhunderts der Umgang versucht wurde, wenn man den Mitteleuropa-Plan des Fürsten Schwarzenberg von 1849, ein „70-Millionen-Volk" zusammenzufassen, vernachlässigt. Da ist einerseits die großdeutsche Option einer lockeren Föderation

73 Vgl. Deutsches Historisches Museum: Bismarck (Anm. 50), S. 474, die Karte S. 472 f.
74 Vgl. Langewiesche: Föderativer Nationalismus (Anm. 37), S. 77, zu „Region und Nation" S. 78 f.
75 Vgl. Klaus Hildebrand: Das vergangene Reich. Deutsche Außenpolitik von Bismarck bis Hitler, 2. Aufl., Stuttgart 1996, S. 863.
76 Ebd., S. 849.

im Gehäuse des Deutschen Bundes (1), eine Zukunftserwartung, die in der Rezeption aus der Sicht österreichischer Historiker im Rahmen der Europapolitik und zuletzt unter den Bedingungen der Wiedervereinigung des Jahres 1989/90 noch einmal virulent wurde. Für die Zeitgenossen öffnete sich diese Option in erster Linie im Jahr 1863 auf dem Frankfurter Fürstentag, der eine Reform des Deutschen Bundes mit einer Delegiertenversammlung anstrebte, welche den Charakter einer Quasi-Nationalrepräsentation erhalten sollte. Dieser Weg scheiterte freilich am Widerstand der preußischen Seite.

Die zweite Option wäre der dreigeteilte Weg Deutschlands durch Österreich, das so genannte „Dritte Deutschland" und Preußen. Die Trias-Idee (2) ist eine durchgehende Komponente deutscher föderativer Politik seit dem 18. Jahrhundert, verstärkt wieder aufgebracht nach der Gründung des Deutschen Bundes im Jahr 1815. Sie lebte nach der Revolution 1848/49 wieder auf unter der Federführung der deutschen Mittelstaaten Bayern und Sachsen. Hier stach der Versuch des Vierkönigsbündnisses vom 7. Februar 1850 hervor, worin die Königreiche Bayern, Sachsen, Hannover und Württemberg die Konzentration der Mittel- und Kleinstaaten zu einer eigenen Formation anstrebten.[77] Größte Realitätsnähe erhielt das Konzept eines „Dritten Deutschlands" nach dem Ende des Deutschen Bundes durch die Friedensregelung des Prager Friedens von 1866. Dieser sah im vierten Artikel als Zukunftsperspektive für die Staaten südlich der Mainlinie einen Südbund als „internationale unabhängige Existenz" vor.[78] Es gab auch entsprechende Initiativen Württembergs und Bayerns nach 1866; jedoch scheiterten diese Südbundpläne, welche in eine eigene staatliche Formation hätten münden können – analog zum Norddeutschen Bund unter der Ägide Preußens – eben nicht am Einfluss oder den Drohungen der preußischen Regierung, sondern an der Unfähigkeit oder Rivalität der süddeutschen Vormächte, wem die Dominanz in diesem Südbund zukommen sollte.

Nach Abwägung aller Faktoren politischer, militärischer, machtpolitischer, geopolitischer, sozialer und ökonomischer Art deutet vieles auf die Entscheidung der kleindeutschen Art (3) als schließlich realisierter Option hin, wenn man die Schwierigkeiten einer großdeutschen Föderation auf Bundesebene für unüberwindbar ansieht. Hierbei gilt es zu bedenken, dass nicht nur die Einigungsfähigkeit der österreichischen und preußischen Politiker maßgeblich war, sondern die eigenartige Struktur der Habsburgermonarchie mit ihren zentrifugalen Nationalitäten, die letztlich eine Integration in eine Suborganisation nach Art des Deutschen Bundes auf Dauer nicht ertragen konnte. Vorsichtig gesagt, blieb als vierte Option im Revolutionsjahr 1848/49 nur die dann 1879 im Zweibund realisierte lockere Verbindung; 1849 hatte diese Heinrich von Gagern in Gestalt eines Engeren und Weiteren Bundes (4) angestrebt, doch war sie von dem österreichischen Ministerpräsidenten Schwarzenberg, der den Weg in den Neoabsolutismus ansteuerte, kategorisch abgelehnt worden.

Insofern ist wohl Thomas Nipperdey Recht zu geben, dass die entscheidende Weichenstellung zugunsten der dann 1870/71 realisierten Reichsgründung bereits mit den Regelungen des Wiener Kongresses getroffen worden ist: Ihr zu Folge war die Westverlagerung Preußens und die Schwerpunktbildung Österreichs im europäischen Südosten bei gleichzeitigem Rückzug aus dem deutschen Westen entscheidend. Wie instabil aber politische Konstellationen unter den Bedingungen der Geschichte sein können, hat sich einmal mehr im Jahre 1989 erwiesen, als die für unverrückbar angesehene Grenze des so genannten Eisernen Vorhanges in Mitteleuropa zusammenbrach. Warum sollten in

---

77 Vgl. Siemann: Staatenbund (Anm. 1), S. 393.
78 Huber: Verfassungsgeschichte, Bd. 3 (Anm. 36), S. 576.

anderen historischen Konstellationen nicht auch andere Wege denkbar gewesen sein? Die historische Forschung hat bisher noch längst nicht nachdrücklich genug wahrgenommen und dargetan, wie hart am Rande der Auflösung die Habsburgermonarchie sich im Frühjahr und Sommer 1848 befunden hatte. Tiefer blickende Zeitgenossen hatten das zustimmend oder sorgenvoll registriert.

Die Erklärung, warum etwas so und nicht anders gekommen war, ist aus der Rückschau leicht zu geben. Die Alternative eines anderen Weges demgegenüber ist nicht zu beweisen. Was sich aber sagen lässt, ist die Offenheit der Geschichte, die sich in Situationen erweisen kann, die dem Zeitgenossen des Augenblicks aus seinem Erfahrungshorizont nicht realisierbar sind. Hatte man beispielsweise mit der Zäsur von 1989/90 das „Ende der Geschichte" – oder was durchaus mitgedacht worden war – das Ende der großen Kriege auf dem Wege zu einer liberalen und sozialen Weltbürgerordnung prophezeit, so hat sich nun die damals vollkommen undenkbare neue Realität eines alle Staaten übergreifenden inneren Bürgerkrieges durch Terroristen erwiesen, welcher die traditionellen Kriege zwischen Staaten in den Hintergrund rücken ließ, obwohl diese keineswegs verschwunden sind.

Scheidemann ruft von einem Balkon des Berliner Reichstags am 9. November 1918 die Republik aus.
Quelle: Deutsches Historisches Museum

Alexander Gallus

Deutsche Revolution 1918/19: die Etablierung der Weimarer Republik

1. Einleitung

Es ist eigentümlich still geworden um den ersten Systemwechsel in der deutschen Geschichte des 20. Jahrhunderts. Weder in der öffentlichen Erinnerung noch in den Spalten des Feuilletons noch in den Debatten der Fachhistoriker spielt der Umbruch von 1918/19, der zur Etablierung der ersten deutschen Demokratie führte, gegenwärtig eine bedeutende Rolle. Offenbar ist etwas an dieser Revolution, das sie der Erinnerungskultur entzieht oder sie zumindest „geschichtspolitisch" wenig attraktiv erscheinen lässt. Während die Revolution von 1848, die wenigstens insofern als gescheitert gelten muss, als sie keine neue Verfassung und Staatsordnung durchsetzen konnte, 150 Jahre nach dem Geschehen große Aufmerksamkeit erfuhr und eine Vielzahl von Publikationen zum Thema erschien, verstreichen fast unbemerkt die Jubiläen der Revolution von 1918/19, die wenigstens insofern als erfolgreich gelten muss, als sie eine neue Verfassung und Staatsordnung durchsetzen konnte. Auch weitere Wendepunkte der jüngeren deutschen Geschichte, die etwa mit den Daten 1933, 1945, 1953, 1968 oder 1989 verbunden sind, finden mehr Widerhall als die Zäsur von 1918/19, die sich zu einer vergessenen Revolution entwickelt hat. Sie erhielt „keinen prominenten Ort im nationalen Mythenhaushalt".[1] Ein wesentlicher Grund dafür dürfte in einem Mangel klarer Anhänger bestehen: Von Beginn an litt die Revolution von 1918/19 daran, dass sich keine politische Richtung mit ihr gänzlich identifizieren konnte und sich an ihr rasch die Geister schieden.

Auch wenn davon heute nur noch wenig zu spüren ist, forderte die Bewertung der Revolution zu Streit und Widerspruch heraus. Innerhalb der Historikerzunft war es ebenfalls nicht immer so ruhig, vielmehr entspann sich um die Würdigung der Ereignisse von 1918/19 manche Kontroverse. Wer sich den Gang der Forschung vergegenwärtigt,[2] stellt mehrere – durchaus hochsteigende – Wellen fest, die jeweils die Spitzen der einzelnen Positionen bezeichnen. Ab den fünfziger Jahren bis weit in die siebziger Jahre hinein gehörte die deutsche Revolution 1918/19 zu den favorisierten Themen der hiesigen Zeitgeschichte. Dabei dominierten zu den verschiedenen Zeiten unterschiedliche Deutungen des Geschehens.

Die erste entscheidende Wegmarke setzte Karl Dietrich Erdmann. In seinem Aufsatz „Die Geschichte der Weimarer Republik als Problem der Wissenschaft" formulierte er ein pointiertes Entweder-Oder: Entweder kooperierten die Sozialdemokraten unter

---

1 Dieter Langewiesche: 1848 und 1918 – zwei deutsche Revolutionen, Bonn 1998, S. 6.
2 Ausgezeichnete Überblicke bieten Eberhard Kolb: Die Weimarer Republik, 5. Aufl., München 2000, S. 157–168 und Heinrich August Winkler: Ein umstrittener Wendepunkt: Die Revolution von 1918/19 im Urteil der westdeutschen Geschichtswissenschaft, in: ders. (Hrsg.): Weimar im Widerstreit. Deutungen der ersten deutschen Republik im geteilten Deutschland, München 2002, S. 33–42; zur Revolution im Spiegel der DDR-Geschichtswissenschaft siehe Jürgen John: Das Bild der Novemberrevolution 1918 in Geschichtspolitik und Geschichtswissenschaft der DDR, in: ebd., S. 43–84.

Friedrich Eberts Führung mit den alten Eliten in Bürokratie, Justiz und Militär, um eine parlamentarische Ordnung zu installieren, oder es drohten sich die linksextremen Kräfte durchzusetzen, die in Deutschland ein Rätesystem nach sowjetischem Vorbild einführen wollten. In Erdmanns Worten lautete die Alternative: „soziale Revolution im Bündnis mit den auf eine proletarische Diktatur hindrängenden Kräften" oder „parlamentarische Republik im Bündnis mit den konservativen Kräften wie dem alten Offizierskorps".[3] Nach dieser Sicht hatten die Mehrheitssozialdemokraten wenig Handlungsoptionen und erscheint ihr Verhalten ebenso richtig wie zwangsläufig.

Das Bild einer akuten Bolschewismusgefahr,[4] die im Bündnis mit den alten Kräften abgewehrt werden musste, wandelte sich erst im Laufe der sechziger Jahre, als der Kalte Krieg in eine Phase der Entspannung einmündete und die Historiker neue Quellenbestände erschlossen. Die eingehendsten Einschätzungen zum Charakter der Rätebewegung stammten von Eberhard Kolb und Peter von Oertzen. Sie führten zu einer grundlegenden Revision der bis dahin „herrschenden Lehre".[5] Auf einem überaus tragfähigen empirischen Fundament wiesen sie nach, dass die Räte nur zu geringen Teilen kommunistisch ausgerichtet und organisiert waren. Sie wirkten vielmehr häufig improvisiert und favorisierten Positionen der Unabhängigen und Mehrheitssozialdemokraten. Insofern boten sie, entgegen Erdmanns These, keinen Nährboden für eine Bolschewisierung Deutschlands. Die Furcht der sozialdemokratischen Führung vor einem kommunistischen Umsturz sei unbegründet, die Situation grundsätzlich offen gewesen. Vor allem aber ließ die SPD das in den Räten schlummernde Demokratisierungspotenzial ungenutzt.

Mit der These von der objektiven Schwäche der linksextremen Kräfte – in quantitativer wie organisatorischer Hinsicht – war der Vorwurf gegenüber der SPD-Spitze und insbesondere Ebert verbunden, notwendige und mögliche demokratische Reformen unterlassen zu haben. Die Perhorreszierung und Niederhaltung der Rätebewegung seitens der führenden Sozialdemokraten um Ebert, die sich als „Konkursverwalter" des alten Systems verstanden, habe die weitere politische und gesellschaftliche Modernisierung des Landes gehemmt. Die Deutung der Ereignisse um die Jahreswende 1918/19 firmierte danach unter dem Rubrum „versäumte Chance" – nämlich die Weimarer Republik in der Entstehungsphase unter Einbeziehung einer „basisdemokratischen" Volksbewegung nachhaltig zu konsolidieren.

Diese neue dominierende Sicht forderte zu Widerspruch heraus. Ernst Fraenkel sprach von der Schaffung eines „Rätemythos",[6] und für Horst Möller machte der geringe nu-

---

3   Karl Dietrich Erdmann: Die Geschichte der Weimarer Republik als Problem der Wissenschaft, in: Vierteljahrshefte für Zeitgeschichte, 3 (1955), S. 7.
4   Siehe dazu Peter Lösche: Der Bolschewismus im Urteil der deutschen Sozialdemokratie 1903–1920, Berlin 1967.
5   Vgl. Eberhard Kolb: Die Arbeiterräte in der deutschen Innenpolitik 1918–1919, Düsseldorf 1962; Peter von Oertzen: Betriebsräte in der Novemberrevolution. Eine politikwissenschaftliche Untersuchung über Ideengehalt und Struktur der betrieblichen und wirtschaftlichen Arbeiterräte in der deutschen Revolution 1918/19, Düsseldorf 1963; siehe auch die späteren Arbeiten von Reinhard Rürup: Probleme der Revolution in Deutschland 1918/19, Wiesbaden 1968; Francis L. Carsten: Revolution in Mitteleuropa 1918 bis 1919, Köln 1973; Susanne Miller: Die Bürde der Macht. Die deutsche Sozialdemokratie 1918–1920, Düsseldorf 1978; Ulrich Kluge: Soldatenräte und Revolution. Studien zur Militärpolitik in Deutschland 1918/19, Göttingen 1975; ders.: Die deutsche Revolution 1918/19. Staat, Politik und Gesellschaft zwischen Weltkrieg und Kapp-Putsch, Frankfurt a. M. 1985.
6   Ernst Fraenkel: Rätemythos und soziale Selbstbestimmung. Ein Beitrag zur Verfassungsgeschichte der deutschen Revolution, in: Ders.: Deutschland und die westlichen Demokratien, 5. Aufl., Stuttgart u. a. 1973, S. 69–100.

merische Anteil linksextremer Kräfte innerhalb der Räte diese keineswegs irrelevant und von vornherein ungefährlich für den jungen demokratischen Verfassungsstaat. „Der Hinweis auf den Minoritätscharakter dieser Gruppen ist kein Argument gegen die Reaktion der mehrheitssozialdemokratischen Führung, zumal Diktaturen gewöhnlich von radikalen Minderheiten errichtet werden."[7] Er betonte auch, dass es sich bei der neuen Orthodoxie im Grunde um eine alte Lehre handelte, die in Grundzügen bereits der linkssozialistische Historiker Arthur Rosenberg entworfen hatte. Rosenberg habe schon in seiner zuerst 1935 im Exil publizierten „Geschichte der Weimarer Republik" die Möglichkeit eines „dritten Weges" zwischen reformistischen und revolutionären Positionen formuliert.[8]

Die Kritik, wie sie Eckhard Jesse und Henning Köhler besonders dezidiert gegenüber der neu-alten Umdeutung vorbrachten, richtete sich gegen jene Interpretationen, die das demokratische Potenzial der Räte in ein allzu positives Licht rückten: „Rätedemokratie *und* parlamentarisch-demokratisches System", gaben sie aus einer vorrangig politikwissenschaftlich-systematischen Haltung zu bedenken, „ließen sich wegen der unterschiedlichen Strukturprinzipien nicht miteinander vereinbaren."[9] In der Tat wäre ein „reines Rätesystem", das betonte Heinrich August Winkler, „nichts anderes gewesen als die ‚Diktatur des Proletariats' – in der Praxis also die Diktatur einer revolutionären Avantgarde über das Proletariat und den Rest der Gesellschaft."[10]

Zudem sei bei der Bewertung der SPD-Führung während der Revolution ein „Anti-Chaos-Reflex" in Rechnung zu stellen, den der Politikwissenschaftler Richard Löwenthal für alle hoch entwickelten Industriegesellschaften, die einen beträchtlichen Grad an administrativer Kontinuität erforderten, reklamierte. Nicht nur die Führer, sondern auch die Anhänger der Sozialdemokratie hätten vor einem radikaleren Vorgehen gegen die alte staatliche Ordnung zurückgeschreckt, weil sie ansonsten chaotische, bürgerkriegsartige Zustände fürchteten.[11] Man kann demnach in der Begrenzung der Revolution auch ein Krisenmanagement mit Augenmaß erkennen.

Es gilt darüber hinaus einen weiteren Gesichtspunkt in Betracht zu ziehen: Auch wenn der Bolschewismus nach dem Ersten Weltkrieg in Deutschland kaum Chancen besaß, an die Macht zu gelangen, so sind doch die Ängste im bürgerlichen und sozialdemokratischen Lager vor einer solchen Entwicklung ernst zu nehmen. Nicht nur eine richtige, sondern auch eine falsche Wahrnehmung[12] kann handlungsleitend wirken und sollte

---

7 Horst Möller: Parlamentarismus in Preußen 1919–1932, Düsseldorf 1985, S. 25 f.; siehe dort überhaupt zur Kritik an den neuen Tendenzen der Revolutionsforschung S. 23–31.

8 Vgl. Arthur Rosenberg: Geschichte der Weimarer Republik, Neuausg., hrsg. von Kurt Kersten, Hamburg 1991; zur biografischen Einordnung siehe Mario Keßler: Arthur Rosenberg. Ein Historiker im Zeitalter der Katastrophen (1889–1943), Köln u. a. 2003, insbes. auch S. 191 f.

9 Eckhard Jesse/Henning Köhler: Die deutsche Revolution 1918/19 im Wandel der historischen Forschung. Forschungsüberblick und Kritik an der „herrschenden Lehre", in: Aus Politik und Zeitgeschichte, B 45/1978, S. 21 (Hervorhebung im Original); auch als Reaktion auf deren Ausführungen siehe Reinhard Rürup: Demokratische Revolution und „dritter Weg". Die deutsche Revolution von 1918/19 in der neueren wissenschaftlichen Diskussion, in: Geschichte und Gesellschaft, 9 (1983), S. 278–301.

10 Winkler: Ein umstrittener Wendepunkt (Anm. 2), S. 37.

11 Vgl. Richard Löwenthal: Die deutsche Sozialdemokratie in Weimar und heute. Zur Problematik der „versäumten" demokratischen Revolution, in: ders.: Gesellschaftswandel und Kulturkrise. Zukunftsprobleme der westlichen Demokratien, Frankfurt a. M. 1979, S. 197–211.

12 Vgl. die wenig ergiebige Schrift von Ralf Krumpholz: Wahrnehmung und Politik. Die Bedeutung des Ordnungsdenkens für das politische Handeln am Beispiel der deutschen Revolution von 1918–1920, Münster 1998.

nicht bloß aufgrund der Erkenntnisse nachlebender Historiker über das verschätzte Gefährdungspotenzial als illegitim und falsch abgetan werden.

Anders als in Russland stand in Deutschland, wie wir heute wissen, das schon erreichte Maß an Modernisierung – in wirtschaftlicher, gesellschaftlicher, aber auch politischer Hinsicht (bei allen Defiziten) – einer noch tiefer greifenden Umwälzung entgegen. Heinrich August Winkler knüpfte bei seiner Suche nach den tieferen Ursachen für das Ausbleiben einer weiteren Revolutionierung an diese Argumentation an. Schon Eduard Bernstein habe in seiner zeitgenössischen Revolutionsinterpretation ein ähnliches Argument vorgebracht: „Das Stück Demokratie, das in Reich, Staaten und Gemeinden zur Verwirklichung gelangt war", heißt es in dessen Darstellung der Revolution aus dem Jahr 1921, „hatte sich unter dem Einfluss der in die Gesetzgebungs- und Verwaltungskörper eingedrungenen Arbeitervertreter als ein wirkungsvoller Hebel zur Förderung von Gesetzen und Maßnahmen erwiesen, die auf der Linie des Sozialismus liegen, so daß selbst das kaiserliche Deutschland auf diesen Gebieten mit politisch vorgeschritteneren Ländern sich messen konnte."[13] Anders ausgedrückt: Die neu geschaffene demokratische Republik war nicht mehr das Resultat eines Traditionsbruchs, sondern entsprang auch einer gewissen Kontinuität. Die parlamentarische Demokratie habe sich damals „in der Logik der politischen Entwicklung Deutschlands" befunden.[14]

Auch in diesem aus den historischen Voraussetzungen zu erklärenden Ausbleiben eines radikaleren Wandels ist für Winkler ein Grund dafür zu erkennen, „dass die deutsche Revolution nicht zu den großen Revolutionen der Weltgeschichte gehört".[15] Die Attribute für diese Revolution sind vielfältig. Weitgehende Einigkeit besteht darüber, sie nicht länger als „Novemberrevolution" zeitlich eng zu fassen und sie stattdessen als „deutsche Revolution 1918/19" zu bezeichnen. Die wenigsten halten sie für einen bloßen Zusammenbruch und sprechen ihr den Charakter der Revolution ab wie beispielsweise Karl Heinrich Pohl. In seinen Augen sind damals zu viele „revolutionäre" Chancen vergeben und die verkrusteten Strukturen des Kaiserreiches nicht beseitigt worden.[16] Andere Historiker gehen nicht so weit, selbst wenn sie die Revolution für gescheitert, erfolglos oder zumindest „steckengeblieben"[17] halten. Die letztgenannte Zuschreibung deutet auf eine vermittelnde Position hin, welche die Leistungen der Revolution und das Erreichte ebenso würdigt wie ihre Mängel und Versäumnisse.[18]

Inzwischen sind mithin die Wogen abgeebbt, ohne dass allerdings ein wirklicher Konsens erzielt wurde. Dieser ist auch deswegen so schwer herbeizuführen: (1) Weil die Erörterung von verpassten Möglichkeiten, Handlungsspielräumen und Entscheidungs-

13 Eduard Bernstein: Die deutsche Revolution von 1918/19. Geschichte der Entstehung und ersten Arbeitsperiode der deutschen Republik, hrsg. und eingel. von Heinrich August Winkler und annotiert von Teresa Löwe, Bonn 1998, S. 237 f.

14 Winkler: Ein umstrittener Wendepunkt (Anm. 2), S. 38.

15 Ebd., S. 37.

16 Vgl. Karl Heinrich Pohl: Obrigkeitsstaat und Demokratie. Aspekte der „Revolution" von 1918/19, in: Manfred Hettling (Hrsg.): Revolution in Deutschland? 1789–1989. Sieben Beiträge, Göttingen 1991, S. 46–69.

17 So Eberhard Kolb: 1918/19: Die steckengebliebene Revolution, in: Carola Stern/Heinrich August Winkler (Hrsg.): Wendepunkte deutscher Geschichte 1848–1990, Neuausg., 2. Aufl., Frankfurt a. M. 2003, S. 99–125.

18 Eine solche abwägende Haltung nimmt etwa ein: Heinrich August Winkler: Vom Kaiserreich zur Republik. Der historische Ort der Revolution von 1918/19, in: ders.: Streitfragen der deutschen Geschichte. Essays zum 19. und 20. Jahrhundert, München 1997, S. 52–70; siehe auch mit anderer Schwerpunktsetzung: Wolfgang Mommsen: Die deutsche Revolution 1918–1920. Politische Revolution und soziale Protestbewegung, in: Geschichte und Gesellschaft, 4 (1978), S. 362–391.

alternativen stets das Nachdenken über ungeschehene, „kontrafaktische" Geschichte erfordert; (2) weil die Debatte zunehmend weniger über historische Ereignisse und Fakten als über normative Grundannahmen geführt wurde, ohne dass die einzelnen Streitparteien sich immer bereit fanden, diese einzugestehen und offen zu legen. Der Mangel an neuen Quellen-„Beweisen" mag mit dazu beigetragen haben, dass es zu einem merkwürdigen „Abbruch der einst breit geführten Debatte" kam, die „einen vor Klärung aller Fragen eingefrorenen Forschungsstand"[19] hinterlassen hat. Zu den einer intensiven Bearbeitung harrenden Fragen, die über die verengte Perspektive auf die Räteproblematik hinausweisen sollten, zählen zum Beispiel: Wie war die Revolution in den unterschiedlichen Regionen ausgeprägt?[20] Wie wurde sie von den diversen Milieus aufgenommen – gleichgültig, ablehnend oder zustimmend?[21] Oder: Warum ging die Monarchie fast lautlos unter und leisteten die bis zur Revolution souveränen Bundesfürsten dem Machtverlust keinen Widerstand?[22] Wie verhielten sich überhaupt die gesellschaftlichen und politischen Gegenkräfte der Revolution? Ungeachtet solcher Einzelprobleme, deren Lösung dem Bild der Revolution mehr Tiefenschärfe verleihen kann, erscheint eine wissenschaftliche Gesamtdarstellung der deutschen Revolution 1918/19 – frei von Tendenzen des „Zeitgeists" – als ein dringendes Desiderat.[23]

Dieser Aufsatz möchte eine Bilanz im Kleinen ziehen und dabei historische Revolutions- mit politikwissenschaftlicher Systemwechsel-Forschung verbinden. Erstaunlicherweise hat die Entstehung der Weimarer Republik wenig Aufmerksamkeit aus dieser Blickrichtung erfahren, anders übrigens als ihr Zusammenbruch, dem Juan J. Linz in seiner vergleichenden Pionierstudie zur Transformation politischer Systeme über den „Breakdown of Democratic Regimes" einigen Platz eingeräumt hat.[24] Wie vollzog sich der Systemwechsel von der konstitutionellen Monarchie hin zur parlamentarischen Demokratie? Im Allgemeinen lassen sich drei Phasen im Übergang von Autokratie zu Demokratie feststellen: erstens das Ende des autokratischen Systems, zweitens die Institutionalisierung der Demokratie, drittens die Konsolidierung der Demokratie.[25]

Für die erste Phase lassen sich nach Wolfgang Merkel Ursachen, die systeminterner (v. a. Legitimitätskrise) und systemexterner Natur (v. a. Kriegsniederlage) sein können, und Verlaufsformen unterscheiden. Im letzten Fall seien sechs Idealtypen zu differenzieren, die in realer Ausprägung auch oder sogar meist in gemischter Form anzutreffen sind:

19 Dieter Gessner: Die Weimarer Republik, Darmstadt 2002, S. 24.

20 Vergleichsweise gut erschlossen ist der bayerische „Sonderfall": Siehe zuletzt etwa Christoph Jahr: Revolution im Schatten: Kulturgeschichtliche Aspekte des Umsturzes in Bayern 1918/19, in: Riccardo Bavaj/ Florentine Fritzen (Hrsg.): Deutschland – ein Land ohne revolutionäre Traditionen? Revolutionen im Deutschland des 19. und 20. Jahrhunderts im Lichte neuerer geistes- und kulturgeschichtlicher Erkenntnisse, Frankfurt a. M. u. a. 2005, S. 43–59 sowie die vorbildliche Biografie von Bernhard Grau: Kurt Eisner 1867–1919. Eine Biografie, München 2001.

21 Siehe neuerdings die anregende Studie von Detlef Siegfried: Das radikale Milieu. Kieler Novemberrevolution, Sozialwissenschaft und Linksradikalismus 1917–1922, Wiesbaden 2004.

22 Dazu plant Lothar Machtan ein vielversprechendes Forschungsprojekt. Ich danke ihm für den Einblick in das Exposé „Die Entkrönung. Deutschlands Souveräne gegenüber der Novemberrevolution von 1918".

23 Vgl. Kolb: Die Weimarer Republik (Anm. 2), S. 168; ähnlich Andreas Wirsching: Die Weimarer Republik. Politik und Gesellschaft, München 2000, S. 51.

24 Vgl. Juan J. Linz: The Breakdown of Democratic Regimes, Bd. 1: Crisis, Breakdown and Reequilibration, Baltimore 1978; aus politikwissenschaftlich-vergleichender Perspektive auch Dirk Berg-Schlosser: Das Scheitern der Weimarer Republik – Bedingungen der Demokratie im europäischen Vergleich, in: Historical Social Research, 20 (1995), Nr. 4, S. 3–30.

25 Vgl. hierzu und zum Folgenden Wolfgang Merkel: Systemtransformation. Eine Einführung in die Theorie und Empirie der Transformationsforschung, Opladen 1999, S. 119–169; ders.: Transformation politischer Systeme, in: Herfried Münkler (Hrsg.): Politikwissenschaft. Ein Grundkurs, Reinbek bei Hamburg 2003, S. 207–245.

erstens eine lang andauernde, evolutionäre Demokratisierung, die nicht das Resultat einer dramatischen Zäsur ist; zweitens der von alten Regimeeliten gelenkte Systemwechsel, bei dem diese nicht zuletzt ihre politische Macht im neuen demokratischen System zu erhalten suchen; drittens der von unten erzwungene Systemwechsel, bei dem Verhandlungen zwischen Regime- und oppositionellen Eliten ausbleiben oder auf ein Minimum reduziert sind – in der Regel findet dabei eine vollständige Entmachtung der alten Herrschaftsträger statt; viertens der ausgehandelte Systemwechsel, bei dem die alten und neuen Eliten die neue Herrschaftsform über eine Reihe von verabredeten Kompromissen herbeiführen; fünftens der Regime-Kollaps, bei dem es – häufig aufgrund äußerer Ursachen – zu einem abrupten Zusammenbruch des alten Systems kommt; sechstens schließlich der Zerfall (von Imperien) und die Neugründung von Staaten.

Die zweite Phase, diejenige der Institutionalisierung, sieht Merkel mit der Verabschiedung einer neuen Verfassung als abgeschlossen an. „Damit ist die Demokratie zwar keineswegs gesichert und ihre Regression in autokratische Herrschaftsformen ausgeschlossen. Aber die Zeit der größten Unsicherheit ist nun vorbei."[26] Danach beginnt die dritte Phase der demokratischen Konsolidierung, in der die Politik an Berechenbarkeit gewinnt und sich an zumindest institutionell abgesicherten demokratischen Normen orientieren kann. Allerdings muss sich erst in dieser Phase erweisen, ob sich das in der Verfassungstheorie neu festgeschriebene System in der Verfassungswirklichkeit bewährt. Merkel unterscheidet mehrere Ebenen der Konsolidierung: neben der konstitutionellen Konsolidierung, die noch im engen Zusammenhang mit der erfolgreichen Institutionalisierung steht, die repräsentative und Verhaltenskonsolidierung, womit das formelle wie informelle Zusammenwirken der verschiedenen politischen Akteure (Parteien, Bewegungen, Militär, Wirtschaftsvertreter usw.) im neuen Gemeinwesen gemeint ist. Die gleichsam höchste Stufe der Konsolidierung stelle schließlich die Herausbildung einer „zivilgesellschaftlichen" Bürgerkultur dar, durch die Demokratien gegenüber Krisen erst nachhaltig immunisiert werden.

An diese Systematik angelehnt ergeben sich die erkenntnisleitenden Fragen: Was waren die Ursachen für das Ende des alten Regimes und wie verlief der Weg bis zur Institutionalisierung der neuen Ordnung? Wie verhielten sich Verfassung und Verfassungswirklichkeit zueinander? Worin zeigte sich die Konsolidierung des neuen politischen Systems, sofern diese überhaupt gelang? Oder verharrte die Weimarer Republik in einem Zustand der permanenten Krise[27] und strahlten selbst „Weimars beste Jahre 1924 bis 1929"[28] nur einen trügerischen Schein von Stabilität aus? Welchen Bewährungsproben und Belastungsfaktoren sah sich die erste deutsche Demokratie ausgesetzt? Waren deren Strukturdefekte irreparabel, und blieb ihr Scheitern somit ohne Alternative, oder unterschätzt eine solche Sicht den Gestaltungsspielraum des Politischen? Die Systemwechsel-Perspektive weist über die Ereignisse der Jahreswende von 1918/19 hinaus und stellt mit dem Blick zurück und nach vorn den Bezug zu den Zäsuren mit den Chiffren „1871" sowie „1933" her.

---

26 Ebd., S. 228.
27 Dazu jetzt Moritz Föllmer/Rüdiger Graf (Hrsg.): Die „Krise" der Weimarer Republik. Zur Kritik eines Deutungsmusters, Frankfurt a. M./New York 2005.
28 Wolfram Pyta: Die Weimarer Republik, Opladen 2004, S. 73.

2. Vom Kaiserreich bis zur Schaffung der Weimarer Republik

2.1. Ursachen für das Ende des Kaiserreiches

Es ist ebenso verlockend wie allzu einfach, das Ende des Kaiserreichs einzig auf die deutsche Niederlage im Ersten Weltkrieg zurückzuführen, mithin äußere Ursachen für einen abrupt herbeigeführten Kollaps des Regimes verantwortlich zu machen. Ebenso verlockend wie einfach wäre es, im Deutschen Kaiserreich eine von Beginn an wenig entwicklungsfähige, von vornherein zum Scheitern verurteilte politische Ordnung zu erkennen. Gleichwohl ist es geboten, weit vor das Epochenjahr 1918 zurückzugehen, um das Ende des Kaiserreichs, ja dieses im Spätherbst 1918 merkwürdig laut- und widerstandslose Vergehen der Monarchie in Deutschland besser zu verstehen. Es gilt dabei, nicht zuletzt Widersprüchlichkeiten und Ambivalenzen aufzuspüren, die das „ruhelose Reich",[29] das immerhin fast fünfzig Jahre währte, in seiner Stabilität tangierten. Nicht nur die Weimarer Republik, sondern auch das Deutsche Kaiserreich wies Strukturschwächen auf.[30]

Von Anfang an litt das neue staatliche Gebilde des Deutschen Reiches von 1871 an vielfältigen Ungleichzeitigkeiten: So stand der modernen, an Dynamik gewinnenden Industriegesellschaft ein autoritäres, status-quo-fixiertes Herrschaftssystem gegenüber. Aus dieser Diskrepanz leiteten manche Historiker sogar einen „deutschen Sonderweg"[31] ab, der bis in den Abgrund des „Dritten Reiches" und des Zweiten Weltkriegs führen sollte. Auch wenn diese These zu Recht mit Kritik belegt worden ist und mittlerweile nur noch wenige Anhänger findet, so krankte der erste deutsche Nationalstaat an erheblichen politischen und gesellschaftlichen Spannungen. Dies entsprach allerdings einer durchaus gemeineuropäischen Normalität. Die „innere Reichsgründung" wollte nicht recht gelingen. Die verschiedenen Konfliktlinien des innerlich zerklüfteten Deutschland verliefen zwischen Konfessionen und Territorien, zwischen Landwirtschaft und Industrie, Bürgertum und Adel, Arbeit und Kapital. Es fehlte eine ausgeprägte bürgerliche Kultur, eine Art *common sense*. So mag man auch später die rauschhafte nationale Aufbruchstimmung bei Ausbruch des Ersten Weltkriegs erklären. Endlich gab es, so mochte es scheinen, einen gemeinsamen „Geist von 1914",[32] der über die tiefen Brüche des Kaiserreichs, das zwischen Tradition und Moderne schwankte, ohne inneres Gleichgewicht auszubilden, hinwegtäuschte.

---

29 Michael Stürmer: Das ruhelose Reich. Deutschland 1866–1918, Berlin 1983.
30 Siehe zum Kaiserreich die Darstellung samt Forschungsdiskussion von Hans-Peter Ullmann: Politik im Deutschen Kaiserreich 1871–1918, 2. Aufl., München 2005 sowie den Beitrag von Wolfram Siemann in diesem Band.
31 Zur Kontroverse vgl. Hans-Ulrich Wehler: Das deutsche Kaiserreich 1871–1918, Göttingen 1973; Thomas Nipperdey: Wehlers „Kaiserreich". Eine kritische Auseinandersetzung, in: Geschichte und Gesellschaft, 1 (1975), S. 539–560; siehe auch Klaus Hildebrand: Der deutsche Eigenweg. Über das Problem der Normalität in der modernen Geschichte Deutschlands und Europas, in: Manfred Funke u. a. (Hrsg.): Demokratie und Diktatur. Geist und Gestalt politischer Herrschaft in Deutschland und Europa. Festschrift für Karl Dietrich Bracher, Düsseldorf 1987, S. 15–34 sowie die jüngere Bilanz von Hartwin Spenkuch: Vergleichsweise besonders. Politisches System und Strukturen Preußens als Kern des „deutschen Sonderwegs", in: Geschichte und Gesellschaft, 29 (2003), S. 262–293.
32 Vgl. Jeffrey Verhey: Der „Geist von 1914" und die Erfindung der Volksgemeinschaft, Hamburg 2000; Steffen Bruendel: Volksgemeinschaft oder Volksstaat. Die „Ideen von 1914" und die Neuordnung Deutschlands im Ersten Weltkrieg, Berlin 2003.

Bismarck vermochte es ebenso wenig wie seine Nachfolger, den innenpolitischen Spannungen des Reiches erfolgreich zu begegnen. Stattdessen unterteilte er die verschiedenen miteinander ringenden Gruppen in „Reichsfreunde" auf der einen und „Reichsfeinde" auf der anderen Seite. Letzteren begegnete er mit Ausnahmegesetzen. Zunächst trafen diese im „Kulturkampf" die katholische Zentrumspartei, Ende der siebziger Jahre des 19. Jahrhunderts setzte der Kampf gegen die Sozialdemokratie ein. Das zwölf Jahre gültig bleibende „Sozialistengesetz" aus dem Jahr 1878 zeitigte allerdings nicht das gewünschte Ergebnis. Die Sozialdemokraten, alles andere als geschwächt, gewannen stetig an Stimmen hinzu (in den Wahlkreisen traten sie weiter mit Kandidaten auf) und bildeten bald die stärkste deutsche Partei.

Mit dem Sozialistengesetz ging die schrittweise Einführung einer staatlichen Sozialversicherung im folgenden Jahrzehnt einher: 1883 Krankenversicherung, 1884 Unfallversicherung sowie 1889 Alters- und Invalidenversicherung. Diese Neuerungen, Vorbild für andere europäische Staaten, entsprangen freilich auch der Tradition des ostelbischen Paternalismus und stellten ursprünglich eine Abwehrstrategie gegen die Expansion der Sozialisten dar. Die staatliche Lösung der Sozialversicherung ergänzte mithin die „Repressionspolitik des ‚Sozialistengesetzes' um soziale Leistungen, welche die Arbeiter an den Staat binden, diesem durch Umverteilung Legitimation verschaffen sollten".[33] Eine Integration der Arbeiterschaft in das Kaiserreich gelang hingegen nur in beschränkter Weise. Die deutsche Gesellschaft zerfiel in widerstreitende Lager und Milieus.[34]

Unter Wilhelm II. sollten sich die innen- und gesellschaftspolitischen Spannungen ebenso wenig wie in den beiden vorherigen Jahrzehnten in Wohlgefallen auflösen. Der – in Abgrenzung zu Bismarck – anfänglich propagierte „Neue Kurs" zielte auf eine Politik des Ausgleichs und der Versöhnung anstelle einer Politik der Spaltung und Konfrontation. Die Reformbemühungen krankten an ihrer Halbherzigkeit. Im „Wilhelminismus" wurden zahlreiche Widersprüche und Konfliktsituationen von einem lautstarken, pompösen Politikstil und monarchischen Auftreten überdeckt. Hinter dieser Fassade gärte Unsicherheit, die sich zum Ende des Kaiserreichs fast zwangsläufig außenpolitisch auswirkte. Eine Militarisierung der gesamten Gesellschaft ließ zivile Gesinnung kaum aufkommen. Die unausgeglichene und angespannte politische Kultur des Kaiserreichs entlud sich im Ruf nach deutschen Kolonien und Weltmachtstreben. Weder unter Bismarck noch unter Wilhelm II. war Deutschland innenpolitisch jemals ein glückliches Reich. Immer wieder brach der Widerspruch zwischen mangelnder politischer und rascher wirtschaftlich-sozialer Modernisierung schmerzhaft auf. Gleichwohl eröffneten etwa die Parlamentsmacht im Reichstag, beflügelt durch das allgemeine Wahlrecht, oder das – nicht gering zu schätzende – rechtsstaatliche Fundament Möglichkeiten zu einer auch politischen Erneuerung. So muss der Reichstag, obgleich nicht an der Regierungsbildung beteiligt, als weit mehr denn ein „bloßes Feigenblatt eines autokratischen Regimes" gelten; vielmehr war er „mit seiner unerlässlichen Zustimmung zur Gesetz-

33 Hans-Peter Ullmann: Das Deutsche Kaiserreich 1871–1918, Frankfurt a. M. 1995, S. 178; vgl. im Detail Lothar Machtan (Hrsg.): Bismarcks Sozialstaat. Beiträge zur Geschichte der Sozialpolitik und zur sozialpolitischen Geschichtsschreibung, Frankfurt a. M./New York 1994; Jochen-Christoph Kaiser/Wilfried Loth (Hrsg.): Soziale Reform im Kaiserreich. Protestantismus, Katholizismus und Sozialpolitik, Stuttgart u. a. 1997.
34 Grundlegend hierzu Karl Rohe: Wahlen und Wählertraditionen in Deutschland. Kulturelle Grundlagen deutscher Parteien und Parteisysteme im 19. und 20. Jahrhundert, Frankfurt a. M. 1992; vgl. auch die richtungsweisende Detailstudie von Siegfried Weichlein: Sozialmilieus und politische Kultur in der Weimarer Republik. Lebenswelt, Vereinskultur, Politik in Hessen, Göttingen 1996; und zeitlich weit ausholend Frank Bösch (unter Mitarbeit von Helge Matthiesen): Das konservative Milieu. Vereinskultur und lokale Sammlungspolitik in ost- und westdeutschen Regionen (1900–1960), Göttingen 2002.

gebung ein wichtiger Gegenspieler und Partner der Reichsleitung".[35] Solche Elemente einer Demokratisierung Deutschlands auf evolutionärem Weg während des Kaiserreichs sind ebenfalls aufzuspüren, auch um ein besseres Verständnis für eine Epoche der deutschen Geschichte zu entwickeln, die insgesamt als explosives Gemisch aus Altem und Neuem, Rückschrittlichkeit und Modernisierung, Aufbruch und Umbruch, Selbstsicherheit und Zweifel, Fortschrittsoptimismus und Kulturpessimismus erscheint.

Auch die Außenpolitik des Deutschen Reiches zwischen 1871 und 1918 war durch ein ständiges Schwanken zwischen Ost und West gekennzeichnet.[36] Um die äußere Politik des Reiches richtig zu begreifen – oder besser: zu begehen –, muss man, einem eifrigen Wanderer gleich, Berge besteigen und Täler durchschreiten. Im Aufriss erscheint die Außenpolitik des Deutschen Reiches wie ein wellenförmiger dritter Weg. Er bezeichnet das Einheitliche der deutschen Außenpolitik zwischen 1871 und 1918, die Berge und Täler der Welle dagegen bezeichnen das Unterschiedliche. Die Epoche grob eingeteilt, steht die Ära Bismarcks derjenigen Wilhelms II. gegenüber. Bismarck erkannte Deutschlands Mittellage und seine „ungeschickte Größe" (Sebastian Haffner) als Grundproblematik des jungen Reiches. Dem ersten Kanzler glückte es, das Reich in seiner kleindeutschen Variante durch eine anspruchsvolle Bündnispolitik in die europäische Kräftekonstellation einzufügen.

Er versäumte es jedoch, seine Außenpolitik zu verstetigen und sie in ein einsichtiges System zu überführen. Sie litt an idealer Armut, und das Reich in der Folge an Wankelmut. Bereits sein Nachfolger im Amt des Reichskanzlers Leo von Caprivi war von Bismarcks Aushilfen-System hoffnungslos überfordert. Nahezu verzweifelt äußerte Caprivi, er könne nicht „mit fünf Glaskugeln spielen, er könne nur zwei Glaskugeln gleichzeitig halten".[37] Tatsächlich beruhte Bismarcks Bündnispolitik auf einer verwirrend komplizierten Diplomatie.

Mit Überforderung ging unter Wilhelm II. eine Überschätzung der eigenen Macht einher. Diese Haltung fand im Drang nach kolonialer Expansion („Platz an der Sonne") deutlichen Ausdruck. Die erste Talfahrt deutscher Außenpolitik nach der Reichsgründung bedeutete: von Multilateralität hin zur Bilateralität, Schaffung überschaubarer Fronten, Entpolitisierung und gleichzeitige Ideologisierung der Politik. Nach 1890 brach sich der „Neue Kurs" unter Wilhelm II. Bahn. Dieser verlief unkoordiniert in Zickzacklinien. Wie wenig durchdacht diese Außenpolitik sich gestaltete, ist beispielsweise daran zu erkennen, dass das Reich den Rückversicherungsvertrag mit Russland 1890 zwar nicht erneuerte, aber einen Handelsvertrag mit dem Zarenreich abschloss. Ebenso unüberlegt war der Schlieffen-Plan, der einem Zweifrontenkrieg mit einer raschen Invasion im Westen – durch das neutrale Belgien – begegnen wollte. Denn er wirkte, vom Verzicht auf defensive Dispositionen abgesehen, einer beabsichtigten, weiteren Verständigung mit England entgegen; die Verletzung der belgischen Neutralität

---

35 So Gerhard A. Ritter: Die Reichstagswahlen und die Wurzeln der deutschen Demokratie im Kaiserreich, in: Historische Zeitschrift, Bd. 375 (2002), S. 390; dies ist zugleich eine Besprechung des grundlegenden Bandes von Margaret L. Anderson: Practicing Democracy. Elections and Political Culture in Imperial Germany, Princeton, New Jersey 2000; siehe zur These einer „stillen Parlamentarisierung" auch schon Manfred Rauh: Die Parlamentarisierung des Deutschen Reiches, Düsseldorf 1977.

36 Vgl. das ebenso umfassende wie grundlegende Werk von Klaus Hildebrand: Das vergangene Reich. Deutsche Außenpolitik von Bismarck bis Hitler 1871–1945, Stuttgart 1995; auch Gregor Schöllgen: Das Zeitalter des Imperialismus, 4. Aufl., München 2000.

37 Zitiert nach Hildebrand: Das vergangene Reich (Anm. 36), S. 156.

würde das Vereinigte Königreich zum Kriegsgegner Deutschlands machen. So geschah es dann auch.

An beiden Beispielen ist eine neue Tendenz der deutschen Außenpolitik festzumachen: Militär und Wirtschaft, „Mars" und „Merkur", wurden die zentralen Machtelemente und gerieten in einen Gegensatz zur Politik. Die Spannung zwischen „Staatskunst und Kriegshandwerk" (Gerhard Ritter) steigerte sich bis zum Zerreißen, als das Deutsche Reich durch sein Engagement in Kleinasien (Bagdad-Bahn) und die verstärkte Flottenrüstung sein Verhältnis zu England vergiftete. Zudem war durch die beendete Rückversicherung mit Russland nun wieder ein französisch-russisches Bündnis möglich. Deutschland hatte sich auf diesem Wege selbst isoliert und war nur noch mit Österreich-Ungarn (und sehr fragil, mit Italien und Rumänien) verbunden, das durch seine Balkanfixierung eine große Gefahr für die Eskalation von Konflikten darstellte.

Wilhelm II. und seine Reichskanzler hatten das Reich Europa entfremdet und die anderen Mächte ermuntert, einen Ring um Deutschland zu schließen. Die lebendige Balance eines friedensfördernden Systems war durch ein mechanisch wirkendes, auf den Kriegsfall ausgerichtetes Mächte-Gleichgewicht ersetzt worden. Dennoch hätte der Krieg vermieden werden können, wäre mit Isolierung respektive Auskreisung Deutschlands nicht ein stark gestiegenes Kraftgefühl einhergegangen, das Hemmungen gegenüber einer kriegerischen Auseinandersetzung abbaute. Daran konnte auch Theobald von Bethmann Hollweg mit seiner Entspannungspolitik gegenüber England nichts ändern.

Die Krisenstrategie des Reichskanzlers scheiterte, und Deutschland wurde durch Österreichs Verwicklung auf dem unruhigen Balkan in die „Urkatastrophe des Jahrhunderts" (George F. Kennan), den Ersten Weltkrieg, hineingerissen. Militärs und Bevölkerung (wenn auch keineswegs so flächendeckend wie vielfach mit der Postulierung des „Augusterlebnisses" behauptet) waren anfangs begeistert. Doch rasch nahm der Krieg desillusionierende Züge an. Er unterschied sich von Kabinettskriegen früherer Jahrhunderte und war von großer Brutalität und Totalität[38] gekennzeichnet. Auch wenn Wilhelm II. zwischen 1914 und 1918 offiziell die Funktion des „Obersten Kriegsherrn" ausübte, trat er doch zunehmend in den Hintergrund, sodass man fast von einer Entmachtung des Monarchen vor dem eigentlichen Rücktritt sprechen möchte. Zwar hat er in seinen Reden nicht selten nach der Weltmacht gegriffen und zur Aufheizung der öffentlichen Meinung beigetragen, an der Diplomatie vor Kriegsausbruch und der Kriegsführung, die ab Sommer 1916 vollständig in den Händen der „Sieger von Tannenberg", Paul von Hindenburg und Erich Ludendorff, lag, blieb er nahezu unbeteiligt. Wer den Systemwechsel von 1918/19 und das Ende der Monarchie besser verstehen will, muss diese Verlagerung der eigentlichen Entscheidungsgewalt während des Ersten Weltkriegs in Betracht ziehen.

„Die größte aller Revolutionen", schrieb der Chefredakteur des „Berliner Tageblatts", Theodor Wolff, am 10. November 1918 euphorisch, „hat wie ein plötzlich losbrechender Sturmwind das kaiserliche Regime mit allem, was oben und unten dazu gehörte, gestürzt. Man kann sie die größte aller Revolutionen nennen, weil niemals eine so fest gebaute, mit soliden Mauern umgebene Bastille so in einem Anlauf genommen wurde."[39] Es dürfte nicht schwerfallen, den emotionalen Überschwang dieser zeitgenös-

---

38 Vgl. Roger Chickering/Stig Förster (Hrsg.): Great War – Total War. Combat and Mobilization on the Western Front, 1914–1918, Cambridge 2000.

39 Theodor Wolff: Der Journalist. Berichte und Leitartikel, hrsg. von Bernd Sösemann, Düsseldorf u. a. 1993, S. 127.

sischen Einschätzung nachzuvollziehen, doch entspricht diese Sicht eines plötzlichen, spontanen Umbruchs, der ein Produkt des verlorenen Krieges gewesen sei, nicht den heutigen Erkenntnissen. Vielmehr reifte die Umwälzung, wie an den vielfältigen Ambivalenzen des Kaiserreichs zu erkennen war, schon „lange im Schoße der wilhelminischen Gesellschaft"[40] heran.

Es vollzog sich ein schleichender Legitimitätsverfall der monarchischen Ordnung, wobei die Bedeutung des Ersten Weltkriegs entscheidend bleibt.[41] Ihm kommt mindestens eine katalytische Funktion zu, die das beschriebene Gemisch aus Widersprüchlichkeiten und Ungleichzeitigkeiten erst zur Reaktion brachte und eine Systemkrise auslöste. Schon ab Herbst 1915 fanden wiederholt so genannte Hungerrevolten statt, die Folge einer unzureichenden Versorgung mit Lebensmitteln waren. Diese Massenproteste, die sich im Januar 1918 in einer großen Streikbewegung entluden, galten Arthur Rosenberg als „Generalprobe" der Novemberrevolution. Eine solche gerade Linienziehung verkennt indes die vielfachen Stimmungsschwankungen in der deutschen Bevölkerung bis zum Sommer 1918. So keimten nochmals nach dem Diktatfrieden von Brest-Litowsk mit Sowjetrussland im März 1918 deutsche Hoffnungen auf den Sieg auf, bevor mit dem offenkundigen Scheitern der Westoffensive ab Mai 1918 jene Stimmen an Kraft gewannen, die für einen grundlegenden Wandel der Macht- und Herrschaftsverhältnisse votierten. Ab jener Zeit war ein klarer Autoritätsverlust der Monarchie und der staatlichen Machtträger ebenso wie ein Schwinden der militärischen Disziplin und Kampfbereitschaft zu registrieren, die sich in einer wachsenden Zahl von Desertionen ausdrückte. „So war der Prozess der Revolutionierung der wilhelminischen Gesellschaft", resümiert Volker Ullrich die Vorgänge, „bereits sehr weit fortgeschritten, als sich die Oberste Heeresleitung Ende September 1918 endlich zum militärischen Offenbarungseid entschloss und mit dem Wunsch nach Waffenstillstand zugleich den Weg frei machte für die Bildung einer Regierung auf parlamentarischer Grundlage."[42]

2.2. Phasen des Umbruchs

Die Nachricht der Obersten Heeresleitung über die nahende Niederlage löste einen Schock aus und desillusionierte augenblicklich nicht nur die Öffentlichkeit, sondern auch Regierung und Reichstag. Der nun einsetzende Umbruch lässt sich grob in zwei Phasen unterteilen: erstens eine „Revolution von oben" und zweitens eine „Revolution von unten". Letztere wiederum zerfiel nach überwiegender Auffassung in zwei Etappen: Phase eins von den Tagen des Staatsumsturzes ab Anfang November 1918 bis zum Zerbrechen der Regierungskoalition aus MSPD und USPD Ende Dezember und zur Konstituierung der Nationalversammlung im Januar 1919; Phase zwei von da an bis zum Frühjahr 1919, gekennzeichnet durch eine sich zunehmend radikalisierende Massenbewegung gegen die Reichsregierung, die dem drohenden Autoritäts- und Machtverlust mit militärischen Mitteln begegnete.[43]

---

40 Volker Ullrich: Zur inneren Revolutionierung der wilhelminischen Gesellschaft des Jahres 1918, in: Jörg Duppler/Gerhard P. Groß (Hrsg.): Kriegsende 1918. Ereignis, Wirkung, Nachwirkung, München 1999, S. 273, siehe auch ebd., S. 273–283, zum Folgenden.

41 Aus der Vielzahl der Darstellungen zum Ersten Weltkrieg siehe Gerhard Hirschfeld u. a. (Hrsg.): Enzyklopädie Erster Weltkrieg, 2. Aufl., Paderborn u. a. 2004; sowie kompakt Peter März: Der Erste Weltkrieg. Deutschland zwischen dem langen 19. Jahrhundert und dem kurzen 20. Jahrhundert, München 2004.

42 Ullrich: Zur inneren Revolutionierung (Anm. 40), S. 282.

43 Kritik an dieser „Periodisierung" üben Jesse/Köhler: Die deutsche Revolution 1918/19 (Anm. 9), S. 19: „Diese Phasenunterteilung wird jedoch der revolutionären Dynamik nicht gerecht. Tatsächlich hat es nämlich schon von Beginn der Revolution an beträchtliche sozialistisch-revolutionäre Strömungen gegeben, die sich keinesfalls mit einer ‚sozialen Demokratie' zufriedengeben wollten."

Die erste, von „oben" gelenkte Transformationsphase begann Ende September 1918, als die Oberste Heeresleitung einen Waffenstillstand gemäß den „Vierzehn Punkten" des amerikanischen Präsidenten Woodrow Wilson forderte. Die Alliierten waren zu diesem Zeitpunkt allerdings zu einem solchen Entgegenkommen nicht mehr bereit und boten einen Waffenstillstand an, der mit Abstrichen einer bedingungslosen Kapitulation entsprechen sollte. Außerdem wollten sie nicht länger mit Vertretern des deutschen Militärs verhandeln, verlangten vielmehr die Schaffung einer demokratisch legitimierten Regierung. So machte Wilson in der amerikanischen Note vom 23. Oktober unzweideutig klar, „dass beim Friedensschluss und beim Versuche, die endlosen Leiden und Ungerechtigkeiten dieses Krieges ungeschehen zu machen, die Regierung der Vereinigten Staaten mit keinem andern als mit den Vertretern des deutschen Volkes verhandeln kann, welche bessere Sicherheiten für eine wahre verfassungsmäßige Haltung bieten als die bisherigen Beherrscher Deutschlands".[44] Der von der Notenoffensive Wilsons im Oktober 1918 ausgeübte äußere Druck hatte gewiss einen wesentlichen Anteil an der Parlamentarisierung des Reiches. Wäre dies der allein entscheidende Faktor, müsste man von einer „Revolution von außen" sprechen, doch wird eine solche Sichtweise der Realität nicht gerecht. Es gilt mindestens zwei weitere Aspekte zu berücksichtigen.

So befürwortete erstens die militärische Führung des Reiches, wenn auch nicht ohne den Hintergedanken der bald ins Leben gerufenen „Dolchstoßthese", eine Verfassungsrevision in Richtung Parlamentarismus; zweitens plädierten insbesondere die Mehrheitsfraktionen im „Interfraktionellen Ausschuss" des Reichstags für eine solche Entwicklung, auch um das „Chaos" einer revolutionären Massenbewegung von unten zu verhindern. Die neu gebildete Regierung unter Reichskanzler Max von Baden, der auch Vertreter der Sozialdemokratie, des Zentrums und der Linksliberalen angehörten, brachte vor dem Hintergrund des durch den Notenwechsel Wilsons ständig gesteigerten Drucks die Verfassungsreform auf den Weg.

Wer an der These einer „Revolution von oben" festhalten will, muss in den Zirkel der Entscheidungsträger ab September und Oktober 1918 die im „Interfraktionellen Ausschuss" des Reichstags Ton angebenden Mehrheitsparteien mit in die Betrachtung einbeziehen. Diese trieben nämlich in eigenständiger Manier und nicht nur in Folge externer Zwänge und gedrängt durch die alte monarchische wie militärische Elite den Verfassungswandel voran. Diese „eigene parlamentarische Stoßkraft"[45] fand darin deutlichen Ausdruck, dass der Reichstag dem Reichskanzler Max von Baden, der vom Kaiser formal vorgeschlagen und von diesem am 3. Oktober ernannt worden war, am 24. Oktober das Vertrauen aussprach, ihn also genuin parlamentarisch legitimieren wollte. Zwei Tage später verabschiedete der Reichstag gegen die Stimmen der Unabhängigen Sozialdemokraten und der Konservativen jene Gesetzesänderungen, die am 28. Oktober 1918 in Kraft traten und als „Oktoberreformen" in die Geschichte des Deutschen Reiches eingehen sollten. Sie markierten förmlich den Übergang von der konstitutionellen zur parlamentarischen Monarchie. Zwar durfte der Kaiser nach wie vor den Kanzler nominieren, doch war dieser künftig vom Vertrauen des Reichstags abhängig. Bei einem erfolgreichen Misstrauensvotum hatte er zurückzutreten, und der Kaiser musste ihn entlassen.

---

44 Die amerikanische Note vom 23. Oktober 1918 (Auszug), abgedruckt in: Gerhard A. Ritter/Susanne Miller (Hrsg.): Die deutsche Revolution 1918/1919. Dokumente, Frankfurt a. M. 1983, S. 30.
45 Thomas Nipperdey: Deutsche Geschichte 1866–1918, Bd. 2: Machtstaat vor der Demokratie, 3. Aufl., München 1995, S. 866.

Der Kaiser akzeptierte die Änderung der Reichsverfassung vom 28. Oktober 1918, schien sie ihm immerhin das Fortbestehen der Monarchie zu gewährleisten. Auch durfte er noch auf eine Restauration der alten Ordnung hoffen, vermittelte das neue System doch einen improvisierten und vielfach inkonsequenten Eindruck, wie Thomas Nipperdey hervorgehoben hat: „Politisch war die Frage, ob der Kaiser und vor allem die bisher so mächtigen Militärs die aus der drohenden Niederlage geborene Parlamentarisierung wirklich und auf Dauer akzeptieren, sich zur ‚Revolution von oben‘ bekennen wollten oder sie nur als eine Art Stabilisierung der Militär-Position betrachteten."[46]

Allein aus dieser Überlegung heraus erscheint die schon von Arthur Rosenberg und später Golo Mann vertretene These fragwürdig, die Massen hätten in der Folge mit ihrer gewaltsamen Rebellion in letzter Konsequenz gegen sich selbst angekämpft und den Prozess der seit den Oktoberreformen eingeleiteten Parlamentarisierung hintertrieben.[47] „Der Grundwiderspruch des Kaiserreichs, der Gegensatz zwischen wirtschaftlicher und kultureller Modernität auf der einen und der Rückständigkeit seines vorparlamentarischen Regierungssystems auf der anderen Seite, war seit dem 28. Oktober 1918 aufgehoben – auf dem Papier jedenfalls."[48] Es ist allerdings alles andere als sicher, „ob die formale Parlamentarisierung langfristig in der Verfassungswirklichkeit zu mehr als nur einem mühsam verschleierten, in ruhigeren Zeiten wieder rückgängig zu machenden Krypto-Konstitutionalismus führen würde".[49]

Wenn die Novemberrevolution „verfassungsformal" vielleicht überflüssig erscheint, so war sie dies politisch keinesfalls.[50] Die „Oktoberreformen", so groß ihre Bedeutung aus einer Perspektive des Wandels der Staatsformen sein mag, wurden von der öffentlichen Meinung damals kaum wahrgenommen. Aus zeitgenössischer Sicht fehlt diesem ersten deutschen Systemwechsel im Jahr 1918 der Zäsurcharakter. Angesichts der materiellen Nöte, der auch psychologischen Verarbeitung der Niederlage, des Fortbestehens der Monarchie (wiewohl unter grundlegend gewandelten Bedingungen), des Militarismus und eines gesellschaftlichen Privilegienwesens war wenig Raum für die theoretische Diskussion über politische Ordnungsvorstellungen. Zumal fand eine wenig spektakuläre Reform, was bei nüchterner Betrachtung nur ein anderer Begriff für „Revolution von oben" ist, kaum öffentliche Aufmerksamkeit.

Die Verfassungsreform „brachte mit ihrer Prosa für die Lebenswelt und die wichtigen Symbole zu wenig, sie ergriff nicht das Meta-Politische, um das es damals ging".[51] Die öffentliche Stimmung gab sich nicht mit einer papiernen Reform zufrieden, sondern drängte auf ein deutliches Zeichen: die Abdankung des ins Große Hauptquartier in Spa geflüchteten Kaisers Wilhelm II. Am selben Tag, als die „Oktoberreformen" nahezu unbemerkt verabschiedet wurden, waren die ersten deutlichen Anzeichen der einsetzenden „Revolution von unten" wahrzunehmen, als es in Wilhelmshaven zur Befehlsverweigerung gegenüber einer Anordnung der Seekriegsleitung zu einem Flottenvorstoß in die Nordsee kam. Nach dem 4. November, als in Kiel der „Matrosenaufstand" – auch als Reaktion auf konterrevolutionäre Tendenzen in der Militärführung – ausbrach, entfaltete sich zusehends die revolutionäre Dynamik. In rasantem Tempo schlossen sich über-

46 Ebd., S. 868.
47 Dazu Bruno Thoß: Militärische Entscheidung und politisch-gesellschaftlicher Umbruch. Das Jahr 1918 in der neueren Weltkriegsforschung, in: Duppler/Groß: Kriegsende 1918 (Anm. 40), S. 20 f.
48 Heinrich August Winkler: Der lange Weg nach Westen, Bd. 1, München 2000, S. 366.
49 Gunther Mai: Das Ende des Kaiserreichs. Politik und Kriegführung im Ersten Weltkrieg, München 1987, S. 167.
50 Ebd., S. 169.
51 Nipperdey: Deutsche Geschichte (Anm. 45), S. 869.

all in Deutschland Arbeiter und Soldaten der Aufstandsbewegung an; und es bildeten sich – wenn auch in noch so improvisierter Weise – Arbeiter- und Soldatenräte, die an den verschiedenen Orten als oberste Machtinstanz fungierten und vorrangig eine Art Polizeigewalt ausübten.

Voller Euphorie rief die „Schleswig-Holsteinische Volkszeitung" am 5. November aus: „Die Revolution ist auf dem Marsche. Was sich gestern in Kiel ereignet hat, wird in den nächsten Tagen weitere Kreise ziehen und den Anstoß zu einer Bewegung geben, die durch ganz Deutschland gehen wird. Was die Arbeiter und Soldaten wollen, ist nicht das Chaos, sondern die neue Ordnung, ist nicht die Anarchie, sondern die soziale Republik. Lasst Euch darum nicht zu Unbesonnenheiten fortreißen! Glaubt nicht wilden Gerüchten, stellt Euch geschlossen hinter den Arbeiter- und Soldatenrat, folgt seinen Anordnungen und Beschlüssen, vermeidet alles, was gegen unsere Bewegung und ihren idealen Schwung ausgenutzt werden könnte. Es lebe die Freiheit! Hoch die soziale Republik!"[52]

In der Tat war in dieser Phase das hohe Maß an Friedfertigkeit und Disziplin bemerkenswert; außerdem kann aus dem Aufruf keineswegs der Wunsch nach einer bolschewistischen Revolution herausgelesen werden, wenn die meisten Revolutionäre neben einem höheren, oft nicht näher definierten Maß an Demokratie auch manche Sozialisierung forderten. So diffus die „Programmatik" sein mochte, in einem war sich die Aufstandsbewegung einig: Sie wollte dem alten politischen System den Todesstoß versetzen, und dies offen sichtbar durch die Abdankung der Fürsten und speziell des Kaisers. Bereits am 7. November stürzten in Bayern Regierung wie Monarchie, und Kurt Eisner rief die Republik aus. Am Tag darauf erzielte die Umsturzbewegung Erfolge in verschiedenen deutschen Großstädten von Köln über Frankfurt bis Leipzig. Als die Aufstandsbewegung am 9. November schließlich Berlin erreichte, machte Prinz Max von Baden – im Übrigen ohne offizielle Autorisierung und wenige Stunden vor dem Entschluss Wilhelms II. – die Abdankungserklärung des Kaisers sowie des Kronprinzen öffentlich. Das Amt des Reichskanzlers übertrug er – „ohne legale Kompetenz, aber mit der Ausnahmelegitimität der notwendigen Tat"[53] – dem Führer der Mehrheitssozialdemokraten Friedrich Ebert. Von den Sozialdemokraten war im Vorfeld der Druck auf Kanzler und Kaiser, die Abdankung zu vollziehen, in ultimativer Weise erhöht worden. Paradoxerweise sprachen sich selbst Monarchisten für den Sturz des Monarchen aus, hofften sie doch so die Institution der Monarchie retten und den Fortgang der Revolution aufhalten zu können. Auf Anraten der Obersten Heeresleitung flüchtete Wilhelm am 10. November in die Niederlande und unterzeichnete bald darauf – am 28. November – die Thronentsagung.

Kurze Zeit nach der Abdankung rief mit Philipp Scheidemann ein führender Sozialdemokrat am 9. November 1918 nachmittags gegen zwei Uhr von einem Balkon des Reichstagsgebäudes die Republik aus: „Das deutsche Volk hat auf der ganzen Linie gesiegt. Das alte Morsche ist zusammengebrochen; der Militarismus ist erledigt! Die Hohenzollern haben abgedankt! Es lebe die deutsche Republik! [...] Jetzt besteht unsere Aufgabe darin", fuhr Scheidemann beschwichtigend und voller Sorge vor anarchischen Zuständen fort, „diesen glänzenden Sieg, diesen vollen Sieg des deutschen Volkes nicht beschmutzen zu lassen, und deshalb bitte ich Sie, sorgen Sie dafür, dass keine Störung der Sicherheit eintrete! [...] Ruhe, Ordnung und Sicherheit, das ist das, was wir jetzt

52 Abgedruckt in: Ritter/Miller: Die deutsche Revolution (Anm. 44), S. 49.
53 Nipperdey: Deutsche Geschichte (Anm. 45), S. 874.

brauchen! [...] Sorgen Sie dafür, dass die neue deutsche Republik, die wir errichten werden, nicht durch irgend etwas gefährdet werde! Es lebe die deutsche Republik!"[54] Mit seiner improvisierten Rede verdeutlichte Scheidemann zweierlei: einmal den Führungsanspruch der Mehrheitssozialdemokraten innerhalb der Revolution, mit der sie sich nur schwer anfreunden konnten, zum anderen, dass die Revolution aus Sicht seiner Partei bereits an ihr Ziel gelangt sei und es fortan um die Festigung der neuen republikanischen Ordnung gehe.

Rund zwei Stunden später verkündete der Spartakist Karl Liebknecht im Lustgarten vor dem Schloss die „freie sozialistische Republik Deutschland", die für ihn nicht weniger als eine Zwischenetappe auf dem Weg zur kommunistischen Weltrevolution war: „Wenn auch das Alte niedergerissen ist, dürfen wir doch nicht glauben, dass unsere Aufgabe getan sei. Wir müssen alle Kräfte anspannen, um die Regierung der Arbeiter und Soldaten aufzubauen und eine neue staatliche Ordnung des Proletariats zu schaffen, eine Ordnung des Friedens, des Glücks und der Freiheit unserer deutschen Brüder und unserer Brüder in der ganzen Welt. Wir reichen ihnen die Hände und rufen sie zur Vollendung der Weltrevolution auf."[55]

Diese Doppelausrufung schwor bereits den Konflikt zwischen Linksradikalen und -extremen auf der einen Seite und gemäßigten Sozialdemokraten sowie Linksliberalen auf der anderen herauf, der die spannungs- und konfliktreiche zweite Phase der Revolution prägen sollte. Bis hierhin war die Revolution eigentümlich friedlich verlaufen, ja, man muss ihr eine „gewisse Liebenswürdigkeit"[56] zubilligen, denn „Tyrannen"-Blut floss nicht und den alten Trägern der Staatsgewalt geschah kein Leid. Auch formierte sich kein royalistischer Widerstand.[57]

Der Kampf um die Monarchie blieb aus; dafür entbrannte innerhalb des linken politischen Spektrums ein Streit über die künftige Gestaltung der Demokratie. Ebert an der Spitze der Mehrheitssozialdemokratie, dieser „Revolutionäre wider Willen",[58] und der Regierung versprach die baldige Einberufung einer Verfassunggebenden Nationalversammlung. Es galt, linkssozialistische Räte-Experimente und erst recht eine Revolution bolschewistischen Typs in Deutschland zu vereiteln. Die sozialdemokratische Partei hatte sich im Verlauf des Ersten Weltkriegs gespalten – 1917 in Mehrheits- und Unabhängige Sozialdemokratie, zu der in lockerer organisatorischer Verbundenheit auch die „Spartakus-Gruppe" um Karl Liebknecht und Rosa Luxemburg zählte. Heinrich August Winkler nannte die Spaltung der Arbeiterbewegung, so paradox dies zunächst erscheinen mag, mit einiger Überzeugungskraft „eine schwere Vorbelastung *und* eine Vorbedingung der ersten deutschen Demokratie".[59]

Während die „Spartakisten" nämlich den demokratischen Verfassungsstaat ebenso wie die parlamentarische Demokratie rundweg ablehnten und stattdessen am Ziel einer sozialistischen Demokratie, sprich: einer kommunistischen Diktatur, festhielten, waren die Unabhängigen innerlich zerrissen. Wollten die einen die Revolution fortsetzen und

---

54 Scheidemann ruft die Republik aus, 9. November 1918, abgedruckt in: Ritter/Miller: Die deutsche Revolution (Anm. 44), S. 77 f.
55 Karl Liebknecht proklamiert die sozialistische Republik, 9. November 1918 (Auszug), in: Ebd., S. 79.
56 Thomas Ellwein: Das Erbe der Monarchie in der deutschen Staatskrise. Zur Geschichte des Verfassungsstaates in Deutschland, München 1954, S. 7.
57 Vgl. den Überblick von Helmut Neuhaus: Das Ende der Monarchie in Deutschland 1918, in: Historisches Jahrbuch, 111 (1991), S. 102–136.
58 Nipperdey: Deutsche Geschichte (Anm. 45), S. 873.
59 Winkler: Vom Kaiserreich zur Republik (Anm. 18), S. 59 (Hervorhebung im Original).

ein Rätesystem durchsetzen, waren die anderen kompromissbereit und konnten sich mit dem Gedanken einer parlamentarischen Demokratie anfreunden. Und die Mehrheitssozialdemokraten setzten spätestens seit ihrem Engagement im Interfraktionellen Ausschuss, in dem sich die spätere „Weimarer Koalition" aus SPD, Zentrum und Linksliberalen bereits in präfigurierter Form zusammengefunden hatte, auf die Kooperation zwischen gemäßigten Kräften in Arbeiterschaft und Bürgertum.

Nach Verhandlungen am 9. und 10. November traten die Unabhängigen jedenfalls – trotz aller Diskrepanzen und Inkongruenzen – dem von Ebert faktisch geführten Kabinett, dem sechsköpfigen „Rat der Volksbeauftragten", u. a. unter der Bedingung bei, in gleicher Zahl wie die Mehrheitssozialdemokraten paritätisch repräsentiert zu sein. Eberts Bezeichnung dieses Rats als „Konkursverwalter des alten Regimes"[60] unterstrich indes noch einmal deutlich: Die Mehrheitssozialdemokratie wollte die Revolution nicht. Sie suchte jede weitere Radikalisierung zu vermeiden. So trat der Vorstand der SPD in einem Schreiben an denjenigen der USPD der Forderung, die Macht solle ausschließlich bei den gewählten Vertrauensmännern der gesamten werktätigen Bevölkerung und der Soldaten liegen, mit den Worten entgegen: „Ist mit diesem Verlangen die Diktatur eines Teils einer Klasse gemeint, hinter dem nicht die Volksmehrheit steht, so müssen wir diese Forderung ablehnen, weil sie unseren demokratischen Grundsätzen widerspricht."[61]

Das wesentliche Nahziel bestand für die Mehrheitssozialdemokraten folglich in der Einberufung einer demokratisch gewählten Nationalversammlung – ausgestattet mit der Legitimation zu weitreichenden Entscheidungen. Hier sollten ausschließlich die Weichenstellungen für die künftige Ausgestaltung von Staat und Gesellschaft erfolgen. In einem Flugblatt von Ende November 1918 hieß es entsprechend: „Wer den Frieden will, muss die Konstituante wollen, die freigewählte Vertretung des ganzen deutschen Volkes. Für Frieden, Freiheit und Brot haben sich die Proletarier in der Bluse und im grauen Rock am 9. November erhoben. Für Frieden, Freiheit und Brot haben sie gesiegt. Wer die Konstituante verhindert oder hinauszögert, bringt sie um Frieden, Freiheit und Brot, raubt ihnen die unmittelbaren Früchte des Revolutionssieges, ist ein Konterrevolutionär. [...] Die Arbeiter- und Soldatenräte waren Notbrücken, die in der Stunde des Kampfes geschlagen werden mussten. [...] Aber sollen wir deswegen", lautete die gegen alle Räteexperimente gerichtete rhetorische Frage, „die Notbrücken ewig bestehen lassen? Sollen wir deshalb darauf verzichten, einen soliden, dauerhaften Weg über den Strom zu legen?"[62]

Der erste Kongress der Arbeiter- und Soldatenräte Deutschlands stimmte mehrheitlich der mehrheitssozialdemokratischen Forderung nach Wahlen zur Verfassunggebenden Nationalversammlung am 19. Januar 1919 zu: Mit 344 gegen 98 Stimmen missbilligte er den Rätegedanken als Verfassungsgrundlage, und mit 400 gegen 50 Stimmen entschied er sich für den frühestmöglichen Wahltermin. Die USPD hatte für einen späteren Termin plädiert, um zunächst die Demokratisierung in Verwaltung, Wirtschaft und Militär zu forcieren. Die Diskussion darüber, ob nicht auch in dem kurzen Zeitraum bis zur Bildung der Konstituante im Januar mehr vorbeugende, in diese Richtung zielende Maßnahmen hätten durchgeführt werden können, darf nicht vernachlässigen,

---

60 Ansprache Eberts zur Eröffnung der Verfassunggebenden Nationalversammlung am 6. Februar 1919, abgedruckt in: Ritter/Miller: Die deutsche Revolution (Anm. 44), S. 208.
61 Schreiben des Vorstandes der SPD an den Vorstand der USPD vom 9. November 1918 (abends 20.30 Uhr), abgedruckt in: ebd., S. 89.
62 Flugblatt der SPD von Ende November 1918, zitiert nach Kolb: 1918/19 (Anm. 17), S. 114 f.

wie sehr sich der Rat der Volksbeauftragten mit einer ganzen Reihe vordringlicherer Probleme konfrontiert sah. So galt es, für den Zusammenhalt des Reiches ebenso zu sorgen wie für die geordnete Rückführung des Westheeres in die Heimat, die Sicherung der Volksernährung oder die Ankurbelung der Wirtschaft.

Wer der Sozialdemokratie politische Versäumnisse, Fehler und eine mangelnde Ausschöpfung der gegebenen Handlungsspielräume[63] vorwirft, muss die materiellen Nöte und unmittelbaren Herausforderungen der deutschen Zusammenbruchsgesellschaft am Ende des Ersten Weltkriegs berücksichtigen. Ebert hatte darauf bereits im Januar 1919 in seinem Rechenschaftsbericht zur Eröffnung der Nationalversammlung hingewiesen: „alle Scheuern, alle Läger waren leer, alle Vorräte gingen zur Neige, der Kredit war erschüttert, die Moral tief gesunken. Wir haben […] unsere beste Kraft eingesetzt, die Gefahren und das Elend der Übergangzeit zu bekämpfen."[64] Vor diesem Hintergrund und aus demokratietheoretischer Perspektive spricht einiges dafür, die Sozialdemokratie für ihr Verantwortungsbewusstsein und ihr unbeirrtes Festhalten am Ziel der parlamentarischen Demokratie zu loben. Und doch erscheint das Vorgehen der Sozialdemokratie in mancher Hinsicht allzu timide. So hat die Furcht vor dem Chaos und ihr Beharren auf Verwaltungskontinuität beispielsweise den alten Beamtenapparat in einem Maße verschont, das nicht notwendig gewesen wäre. Andererseits bot die Verwaltungselite zur Auswechslung auch deswegen wenig Anlass, weil sie in „guter" etatistischer Tradition – zumindest nach außen hin – Treue zur neuen staatlichen Ordnung und deren Repräsentanten bekundete. Ob ein breit angelegter Elitenaustausch in Bürokratie, Justiz und Militär für mehr Krisenfestigkeit und Stabilität gesorgt hätte, erscheint insofern fraglich, als die Bereitschaft der dann entmachteten Eliten, sich mit der neuen Ordnung anzufreunden, noch geringer ausgeprägt gewesen wäre. Und hinreichend kompetente alternative Eliten standen in genügender Zahl für den Gesamtbereich von Ministerien, Verwaltungen, Landratsämtern etc. schwerlich zur Verfügung. Wie so oft im Rahmen der Revolution von 1918/19 schließt sich eine kontrafaktische, letztlich spekulative Frage an: In welchem Maße hätte sich ein beträchtliches Desintegrationspotenzial entmachteter Alt-Eliten auf den Bestand des politischen Systems ausgewirkt? Gleich wie die Antworten ausfallen würden, gilt es, einen weiteren, oft verkannten Aspekt zum Verständnis des mangelnden Gestaltungs*willens* der Sozialdemokraten zu berücksichtigen: Sie blieben insofern Marxisten, als sie einem deterministischen Geschichtsbild anhingen und ihr Vertrauen in die Entwicklungskräfte eines sich selbst schrittweise entfaltenden sozialistischen Systems setzten.

Viele Aufständische empfanden die erste Phase der Revolution aufgrund eines unzureichenden Austauschs der Herrschaftseliten und geringer sozioökonomischer Wandlungen als eine „Zeit der Enttäuschungen".[65] Die Mitglieder der USPD im Rat der Volksbeauftragten schieden noch Ende Dezember 1918 wegen schwerwiegender Meinungsverschiedenheiten (insbesondere über den Militäreinsatz gegen eine Matrosenmeuterei an Weihnachten) aus der Regierung, und wenig später forderte mit Karl Liebknecht der Führer der neu gegründeten Kommunistischen Partei Deutschlands

---

63 Dazu komprimiert die Diskussion zwischen Reinhard Rürup: Friedrich Ebert und das Problem der Handlungsspielräume in der deutschen Revolution 1918/19 sowie Eckhard Jesse: Friedrich Ebert und das Problem der Handlungsspielräume in der deutschen Revolution 1918/19, beide in: Rudolf König u. a. (Hrsg.): Friedrich Ebert und seine Zeit. Bilanz und Perspektiven der Forschung, München 1990, S. 69–87, 89–110.
64 Ansprache Eberts (Anm. 60), S. 208 f.
65 Detlev Peukert: Die Weimarer Republik. Krisenjahre der Klassischen Moderne, Frankfurt a. M. 1987, S. 44.

in den ersten Januartagen dazu auf, die rein mehrheitssozialdemokratische Regierung Ebert-Scheidemann zu stürzen. Die Volksbeauftragten zeigten sich entschlossen, diesen linksextremen Putschversuch („Spartakusaufstand") gewaltsam niederzuschlagen. Bot sich dazu auch kaum eine Alternative, wollte die SPD nicht ihre politischen Ziel- und Ordnungsvorstellungen revidieren, so war doch das im Ganzen überzogen brutale Vorgehen unter der Ägide Gustav Noskes und mit Hilfe von hochgradig gewaltbereiten Freikorps-Verbänden überaus kritikwürdig. Symbolischer Höhe- oder vielmehr Tiefpunkt war die Ermordung Luxemburgs und Liebknechts durch Freikorps-Trupps am 15. Januar 1919.

Entschiedener Widerstand war notwendig, die geübte Schärfe im Verbund mit aggressiven Freiwilligenverbänden indes nicht, trug sie doch dazu bei, Deutschland im Frühjahr 1919 in einen bürgerkriegsähnlichen Zustand zu versetzen. Die sich radikalisierende Massenbewegung geriet in zunehmenden Gegensatz zur Reichsregierung, die zur Sicherung ihrer Autorität von nun an verstärkt auf militärische Mittel angewiesen war. Jetzt bewährte sich das am Abend des 10. November 1918 zwischen Ebert und – der in jenen turbulenten Monaten entscheidenden Persönlichkeit der Obersten Heeresleitung – General Wilhelm Groener getroffene Abkommen über die Loyalität des Militärs gegenüber der neuen Regierung, das später mitunter als verschwörerischer innenpolitischer Offensivpakt missinterpretiert wurde. Überhaupt darf die Klarheit darüber nicht verloren gehen, worin Ursache und Wirkung bestanden: Wer etwa die Sozialdemokraten für ihren Rechtsschwenk kritisiert, sollte nicht vergessen: Die linksextremen Aufstandsversuche trieben diese Polarisierung wesentlich voran.

Im Rückblick erscheint die erste Phase der „Revolution von unten" als die „formative",[66] wohingegen die zweite Phase der Radikalisierung und gewaltsamen Auseinandersetzung sich letztlich ohne Erfolg gegen die – zumindest aus Sicht der aufständischen Arbeiter – Versäumnisse der ersten Revolutionsperiode richtete. Schließlich waren die gesellschaftlichen Machtverhältnisse im Wesentlichen unangetastet geblieben. Die zweite Phase der Revolution trug das Antlitz der Gewalt. Vielerorts und insbesondere in den industriellen Zentren kam es zu General- und Massenstreiks, in Bremen und in München gründeten sich Räterepubliken. Nicht vor Mai 1919 beruhigte sich mit der Niederschlagung der zweiten Münchner Räterepublik vorerst die politische Lage.

Von Anfang an blieb der Systemwechsel von 1918/19 eine ungeliebte Revolution. Keines der großen politischen Lager wollte sich mit ihr identifizieren; eine fruchtbare Traditionsbildung konnte davon für das Staats- und Demokratieverständnis der Weimarer Republik kaum ausgehen. Es ist zwar erstaunlich, dass eine Revolution, die von allen politischen Richtungen – wenn auch aus ganz unterschiedlichen Motiven – abgelehnt wurde,[67] letztlich so erfolgreich war, Deutschland erstmals in eine parlamentarische Demokratie zu verwandeln. Es sollte sich aber bitter rächen, dass damit kein legitimierender, kraftvoller Gründungsmythos,[68] sondern vielmehr ein gehöriges Maß an Dissensstiftung verbunden war. Allein Hitler und die Nationalsozialisten leisteten eine Art negative Integration. In der Verzeichnung der NS-Propaganda schienen die viel geschmähten „November-Größen", „Novemberlinge", „Novemberverbrecher" an der

66 So Winkler: Vom Kaiserreich zur Republik (Anm. 18), S. 66.
67 Zur zeitgenössischen Bewertung der Revolution vgl. Eberhard Kolb: Revolutionsbilder: 1918/19 im zeitgenössischen Bewußtsein und in der historischen Forschung, Heidelberg 1993; Dieter Groh: Der Umsturz von 1918 im Erlebnis der Zeitgenossen, in: Hans Joachim Schoeps (Hrsg.): Zeitgeist der Weimarer Republik, Stuttgart 1968, S. 7–32.
68 So auch Peukert: Die Weimarer Republik (Anm. 65), S. 15 f.

Spitze der „Novemberrepublik" in einer Weise mit der „Novemberrevolution" in eins gesetzt, die in diametralem Gegensatz zu ihrem Selbstverständnis stand.

2.3. Verfassung und Verfassungswirklichkeit

Mit der Unterzeichnung des Versailler Vertrags am 28. Juni sowie mit der Verabschiedung der Weimarer Reichsverfassung am 31. Juli 1919 waren die äußeren und inneren Rahmenbedingungen für die weitere Entwicklung der ersten deutschen Demokratie geschaffen. Die Weimarer Reichsverfassung[69] wurde vom Reichspräsidenten am 11. August in Schwarzburg unterzeichnet und trat am 14. August 1919 in Kraft. Damit war – aus dem Blickwinkel des Systemwechsels – die Institutionalisierung der neuen politischen Herrschaftsordnung vollzogen. Ihren Ursprung hatte die neue Verfassung, um eine Terminologie Timothy Garton Ashs für den Weg zu den Umbrüchen von 1989/90 auf 1918/19 zu übertragen, in einer „Refolution". Ernst Rudolf Huber liefert dafür in seiner grundlegenden „Deutschen Verfassungsgeschichte" die Begründung: „Die Weimarer Reichsverfassung hatte ihr politisches Fundament zwar in einem Akt der Revolution. Nach ihrem ideellen Gehalt war sie dagegen zum großen Teil ein Akt der Reform, nämlich der fortbildenden Anpassung der alten Verfassungsverhältnisse an die veränderten Rechtserfordernisse der Zeit."[70]

Bei den Wahlen zur Verfassunggebenden Nationalversammlung am 19. Januar 1919 (erstmals in der deutschen Geschichte unter Beteiligung der Frauen) hatten die Parteien der „Weimarer Koalition" – die Mehrheitssozialdemokratie (37,9 Prozent), das Zentrum (19,7 Prozent) und die Deutsche Demokratische Partei (18,5 Prozent) – mehr als drei Viertel der Stimmen auf sich vereinigt. Wie dieses Ergebnis erneut unterstrich, befand sich die linksextreme Aufstandsbewegung in den ersten Monaten des Jahres 1919 in der Minderheit. Die Nationalversammlung trat am 6. Februar in Weimar zusammen. Am 11. Februar wählte sie Ebert zum provisorischen Reichspräsidenten, der Scheidemann als Ministerpräsident mit der Regierungsbildung beauftragte, bevor er schon zwei Tage später das neue Reichskabinett ernennen konnte.

Als die Nationalversammlung im Februar 1919 mit der Arbeit begann, widmete sie sich nicht mehr der Verfassungsschöpfung im engeren Sinne, denn wesentliche Entscheidungen über die künftige verfassungsmäßige Gestalt der Republik waren bereits gefallen. Schon Mitte November 1918 hatte Ebert den angesehenen linksliberalen Staatsrechtslehrer Hugo Preuß zum Staatssekretär im Reichsamt des Innern ernannt und damit beauftragt, einen Entwurf für die Reichsverfassung zu erarbeiten. Alles lief auf einen Verfassungskompromiss hinaus, der – gemäß der Zusammensetzung der „Weimarer Koalition" – sowohl sozialdemokratischen als auch vor allem bürgerlich-demokratischen Vorstellungen gerecht werden sollte. Während die Preuß'schen Verfassungsentwürfe noch erörtert wurden, konnte am 10. Februar bereits das – von Reichsregierung und Vertretern der Einzelstaaten ausgearbeitete – Gesetz über die vorläufige Reichsgewalt verabschiedet werden, das schon alle wichtigen Verfassungsorgane der Republik

---

69 Vgl. allgemein Christoph Gusy: Die Weimarer Reichsverfassung, Tübingen 1997; Hans Boldt: Die Weimarer Reichsverfassung, in: Karl Dietrich Bracher u. a. (Hrsg.): Die Weimarer Republik 1918–1933. Politik – Wirtschaft – Gesellschaft, 3. Aufl., Bonn 1998, S. 44–62; Eberhard Eichenhofer (Hrsg.): 80 Jahre Weimarer Reichsverfassung – Was ist geblieben?, Tübingen 1999; Andreas Rödder (Hrsg.): Weimar und die deutsche Verfassung. Zur Geschichte und Aktualität von 1919, Stuttgart 1999.

70 Ernst Rudolf Huber: Deutsche Verfassungsgeschichte seit 1789, Bd. 6: Die Weimarer Reichsverfassung, rev. Nachdruck, Stuttgart u. a. 1993, S. 6.

wie Reichspräsident, Reichsministerium, die Nationalversammlung als Legislative und den „Staatenausschuss" zur Vertretung der einzelnen Länder ins Leben rief.

Nach den Verfassungsberatungen im engen Rahmen des Verfassungsausschusses der Nationalversammlung über die Entwürfe des Reichsinnenministeriums unter Preuß' Ägide, die nicht zuletzt um das Verhältnis zwischen Reich und Ländern kreisten und am Ende die Beibehaltung der föderalen Reichsstruktur mit einem höheren Grad an Zentralismus als im Kaiserreich bestätigten, konstituierte die Weimarer Verfassung das Reich als parlamentarische Republik. Diese Grundentscheidung war dem ersten Hauptteil der Verfassung über „Aufbau und Aufgaben des Reichs" zu entnehmen, dem ein zweiter über „Grundrechte und Grundpflichten der Deutschen" beigefügt wurde.

In einem parlamentarischen System geht die Regierung aus dem Parlament hervor und ist diesem gegenüber verantwortlich. Dem Parlament gebührt das Recht zur Abberufung der Regierung. Bei einem erfolgreichen Misstrauensvotum ist die Regierung zum Rücktritt verpflichtet.[71] Die zentrale Konfliktlinie verläuft im parlamentarischen System zwischen Regierungsmehrheit und oppositioneller Minderheit. Die Parteien in der Weimarer Republik taten sich indes schwer, diese bis dahin wenig vertraute Konstellation rasch zu verinnerlichen. Vielmehr klammerten sie sich an die alte Trennlinie der konstitutionellen Monarchie – zwischen Regierung auf der einen Seite und Reichstag auf der anderen.

Dem Reichskanzler, der als Regierungschef wie später der Bundeskanzler der Bundesrepublik Deutschland die Richtlinien der Politik bestimmte,[72] stand als Staatsoberhaupt – ausgestattet mit weitreichenden Befugnissen – der Reichspräsident gegenüber. Er hatte Reichskanzler wie Minister zu ernennen und zu entlassen (Art. 53 WRV), den Reichstag aufzulösen (Art. 25), den Oberbefehl über die Reichswehr (Art. 47) sowie ein Notverordnungsrecht (Art. 48, Abs. 2) auszuüben. Stellung und Funktion des Reichspräsidenten waren in den Verfassungsberatungen besonders umstritten gewesen. Brachten manche, insbesondere aus den Reihen der USPD, aber auch der MSPD Bedenken gegen ein mögliches „Ersatzkaisertum" vor, so erkannte Preuß im starken Amt des direkt vom Volk gewählten Reichspräsidenten eine Schutzkonstruktion vor jeder Form des „Parlaments-Absolutismus".[73] Die dualistische Struktur zielte darauf, dem dynamischen, von Parteien beherrschten Parlament mit dem Amt des Reichspräsidenten ein stabilisierendes Widerlager gegenüberzustellen. Die Weimarer Verfassung wollte so den Missbrauch von Macht verhindern, doch richteten sich die entsprechenden Vorkehrungen in einem wenig ausbalancierten Verhältnis stärker gegen die Volksvertretung (auch wenn der Reichstag formal an die vorderste Stelle vor alle anderen Reichsorgane rückte) als gegen jene Kräfte, die in obrigkeitsstaatlicher Tradition standen.[74]

---

71 Zur systematischen Bestimmung des Strukturtyps eines parlamentarischen bzw. präsidentiellen Systems immer noch unerlässlich: Winfried Steffani: Parlamentarische und präsidentielle Demokratie. Strukturelle Aspekte westlicher Demokratien, Opladen 1979; siehe auch Arend Lijphart (Hrsg.): Parliamentary versus Presidential Government, Oxford 1992; Klaus von Beyme: Die parlamentarische Demokratie. Entstehung und Funktionsweise 1789–1999, 3. Aufl., Opladen/Wiesbaden 1999; Manfred G. Schmidt: Demokratietheorien. Eine Einführung, 3. Aufl., Opladen 2000.

72 Zum Vergleich Ludger Helms: Das Amt des Bundeskanzlers aus historisch und international vergleichender Perspektive, in: Zeitschrift für Parlamentsfragen, 27 (1996), S. 697–711.

73 Vgl. Reinhard Rürup: Entstehung und Grundlagen der Weimarer Verfassung, in: Eberhard Kolb (Hrsg.): Vom Kaiserreich zur Weimarer Republik, Köln 1972, S. 234 f.

74 Vgl. ebd., S. 236.

Von Anfang an gab es nicht zuletzt in der zeitgenössischen Staatsrechtslehre eine Diskussion darüber, ob das Weimarer Staatswesen nicht eher einer „Präsidentschaftsrepublik" entsprach als der parlamentarischen Regierungsweise.[75] Gerade angesichts der Mitte der zwanziger Jahre verstärkt einsetzenden Diskussion um die Krise des deutschen Parlamentarismus[76] und höchst instabiler Kabinette – so zerbrach die „Weimarer Koalition" bereits 1920 unwiederbringlich und amtierten in 14 Jahren 20 Regierungen neben acht Parlamenten und zwei Präsidenten – wuchs die Neigung des Reichspräsidenten, sich in die Regierungsgeschäfte einzumischen. Seine Reputation stieg, während diejenige des Reichstags als Folge einer weitverbreiteten „Parlamentsmüdigkeit" abnahm. Die „Krisis des Parlamentarismus" fand ihren Höhepunkt im Übrigen während der relativ stabilen mittleren Weimarer Jahre von 1924 bis 1929, also vor der eigentlichen Staatskrise ab 1929/30. Dies ist ein Beleg für die Fragilität und Anfälligkeit der konstitutionellen und repräsentativen Konsolidierung. Die Funktionsstörungen des Weimarer Regierungssystems waren nach dem Herbst der Putschversuche des Jahres 1923 nicht behoben, manche brachen danach sogar erst hervor.

Die Frage erscheint berechtigt, zu welchem Zeitpunkt die Weimarer Republik wie und in welcher Form demokratisch war. Karl Dietrich Bracher hat schon früh auf die Kompromissstruktur des politischen Systems Weimars und insbesondere auf die neben dem demokratischen Parlamentarismus existierende autoritäre Reserveverfassung des Präsidentialismus hingewiesen, die freilich unter Ebert eine gänzlich andere Ausformung erfuhr als unter Hindenburg.[77] Andere Historiker interpretierten dieses Regierungssystem sogar als ein „halb parlamentarisches, halb autoritäres Übergangssystem".[78] Die Weimarer Reichsverfassung als ein von vornherein missglücktes Gebilde zu bezeichnen, ist indes eine unhaltbare These – ungeachtet manch widersprüchlicher Anlage und ihres Kompromisscharakters. Erst die Verfassungswirklichkeit, die weit mehr entspringt als einer je eigenen Interpretation der Verfassungstheorie, vielmehr zeitbedingte, situative (außen-/innenpolitische, ökonomische, „national-psychologische") oder personelle Faktoren einbindet und verarbeitet, hat sich als wenig glücklich erwiesen.[79] Die konstitutionell-repräsentative Konsolidierung gelang zu keiner Zeit, selbst Mitte der zwanziger Jahre herrschte lediglich ein trügerischer Schein der Stabilität, der auch nicht durch eine erfolgreichere Konsolidierung im Bereich der politischen Kultur kompensiert werden konnte, die im Folgenden am Beispiel der Problemfelder „Geschichtsbild", „nationale Symbolik" und „Bürgerkrieg(sängste)" ins Blickfeld gerät.

---

75 Einen hervorragenden Überblick dazu bietet Hans Boldt: Die Stellung von Parlament und Parteien in der Weimarer Reichsverfassung. Verfassungstheorie und Verfassungswirklichkeit, in: Eberhard Kolb/Walter Mühlhausen (Hrsg.): Demokratie in der Krise. Parteien im Verfassungssystem der Weimarer Republik, München 1997, S. 19–58.
76 Dagegen betont Thomas Mergel: Parlamentarische Kultur in der Weimarer Republik. Politische Kommunikation, symbolische Politik und Öffentlichkeit im Reichstag, 2. Aufl., Düsseldorf 2005, ein bis 1930 höheres Maß an parlamentarischer Integrationskraft als bisher angenommen. Vgl. dazu Thomas Raithel: Funktionsstörungen des Weimarer Parlamentarismus, in: Föllmer/Graf: Die „Krise" der Weimarer Republik (Anm. 27), S. 243–266.
77 Vgl. Karl Dietrich Bracher: Die Auflösung der Weimarer Republik. Eine Studie zum Problem des Machtverfalls in der Demokratie, 5. Aufl., Düsseldorf 1978.
78 Peter Longerich: Deutschland 1918–1933. Die Weimarer Republik. Handbuch zur Geschichte, Hannover 1995, S. 17.
79 Vgl. Dieter Grimm: Mißglückt oder glücklos? Die Weimarer Reichsverfassung im Widerstreit der Meinungen, in: Winkler: Weimar im Widerstreit (Anm. 2), S. 151–161; eine überaus strukturierte Darstellung zur Realverfassung des politischen Systems Weimars bietet Hans-Ulrich Wehler: Deutsche Gesellschaftsgeschichte, Bd. 4: Vom Beginn des Ersten Weltkrieges bis zur Gründung der beiden deutschen Staaten 1914–1949, München 2003, S. 348–434.

3. Rückbezüge und Rückgriffe

In seinen Betrachtungen über das alte und das neue Deutschland vom November 1918 setzte der Historiker Friedrich Meinecke die gegenwärtige Zäsur mit jener von 1806/07 in Beziehung: „Mancher mag in diesen Tagen", schrieb er, „an das Unglück von 1807 gedacht haben, wo aus der Niederlage eines alten Staatssystems ein neuer freierer Aufbau des Staates sich erhob." Doch sah Meinecke einen deutlichen Unterschied zwischen dem von Friedrich dem Großen und dessen Neffen Friedrich Wilhelm II. organisierten Preußen von vor 1806 und dem Deutschen Kaiserreich, das „von vornherein bündnisfähiger war für die neuen Kräfte des Volkslebens, und dieses Volksleben war ja auch dynamisch ungleich stärker und reicher entwickelt wie das enge, noch halbmittelalterlich gebundene Dasein vor 1806". 1918 schien danach ein höheres Maß an Kontinuität und gleitendem Übergang möglich, weil das „Bismarcksche System", dem Meinecke sichtlich nachtrauerte, dank liberaler, sozialer und demokratischer Konzessionen besser „mit gewissen modernen Bedürfnissen und Entwicklungen" mithalten könne als einst das Alte Reich.[80] Der Vergleich diente dem Historiker mithin dazu, den in seinen Augen beträchtlichen Grad an Modernität des gerade vergangenen Ancien Régimes hervorzuheben. So einschneidend und revolutionär der Verfassungswandel 1918 war, markierte er keinen Sprung aus dem Halbdunkel des Mittelalters in eine im Licht erstrahlende Gegenwart.

Von größerer Bedeutung als die Zäsur von 1806 war der Rückbezug auf den nicht erreichten Systemwechsel von 1848. Nicht zuletzt suchten führende Vertreter der Mehrheitssozialdemokratie eine Verbindung zwischen den Revolutionen von 1918 und 1848 herzustellen. So zog der Abgeordnete und Repräsentant des Reformflügels der SPD, Wilhelm Keil, am 14. Februar 1919 eine direkte Linie zwischen beiden Ereignissen und interpretierte 1918 als Fortführung und Vollendung von 1848. Dieser Abschluss sei nur möglich gewesen dank einer Konvergenz von Sozialdemokratie und Bürgertum: „Mit einem Schlage", so trug er seine Sicht der Dinge vor, verwandelte sich das „alte konservative Deutschland zu einem freien demokratischen Staatswesen. Die Arbeiterklasse holte damit nach, was das deutsche Bürgertum versäumt hatte. War es England schon vor 300 Jahren gelungen, die Feudalherrschaft zu zertrümmern, war Frankreich vor 130 Jahren mit ihr fertig geworden, so hatte das deutsche Bürgertum nach der misslungenen Märzrevolution sich mit dem Fortbestehen der Junkerherrschaft abgefunden. Erst die Arbeiterschaft hat der Junkerherrschaft in Deutschland in der Novemberrevolution für immer ein Ende bereitet."[81] Für Keil stand die Sozialdemokratie in der Tradition demokratischer „bürgerlicher" Revolutionen. Die Revolution sollte auf gesetzlichem Wege und ohne Blutvergießen erfolgen. Indem sich die Mehrheitssozialdemokraten das Erbe von 1848 zu eigen machten, grenzten sie sich gegen restaurativ-monarchische Tendenzen von rechts wie revolutionär-diktatorische Tendenzen von links ab und schlugen eine Brücke hin zu den gemäßigten Demokraten und Liberalen von damals.

Keil befand sich mit dieser Sicht in großer Nähe zu den Linksliberalen, die sich ebenfalls der Tradition von 1848 bemächtigten. So bemerkte Eugen Katz im November 1918 in der Zeitschrift „Die Hilfe": „Wir sehen die Forderungen unserer Großväter von 1848 verwirklicht." Und mit Erich Koch-Weser erklärte im Februar 1919 ein einflussreicher Politiker der Deutschen Demokratischen Partei vor der Nationalversammlung, „dass

---

80 Friedrich Meinecke: Das alte und das neue Deutschland (1918), in: ders.: Politische Schriften und Reden, hrsg. von Georg Kotowski, Darmstadt 1958, S. 265 f.
81 Wilhelm Keil, zitiert nach Langewiesche: 1848 und 1918 (Anm. 1), S. 7 f.

eine große und gerade Linie von 1848 auf 1918 führt".[82] Linksliberale und gemäßigte Sozialdemokraten beriefen sich vorrangig auf die konstitutionelle und friedliche Tradition. Für sie symbolisierte der 18. Mai als Tag des Zusammentritts der Frankfurter Paulskirche die parlamentarische Seite der Revolution. Dem 18. März 1848 als Symbol für Gewalt und blutige Barrikadenkämpfe in Berlin standen sie indes mit gemischten Gefühlen gegenüber.

Gleichwohl feierten auch die Mehrheitssozialdemokraten regelmäßig den 18. März und wollten sich des Erbes der Märzgefallenen annehmen. So hieß es im „Vorwärts" vom 18. März 1919: „Gewalt und Aufruhr sind die Mittel gegen ein System, das den Willen der Bevölkerung erstickt und ihm die rohe Gewalt entgegensetzt. Deshalb danken wir den Männern des 18. März, weil sie mit ihrem Leben für ein rechtloses Volk eingetreten sind, das sich anders nicht Gehör und Geltung schaffen konnte. Weil sie sich dem Absolutismus, der Minderheitsherrschaft entgegenstellten, deshalb ehren wir sie heute als Helden. Nicht die Tatsache eines Kampfes auf Leben und Tod, nicht der rein physische Mut schafft für unsere Begriffe Helden, sondern die sittliche Berechtigung und das sittliche Ziel des Kampfes."[83]

Im Ganzen blieb der sozialdemokratische Umgang mit der 1848er Revolution ambivalent und uneinheitlich. Den Abschluss der Revolution in legalen Reformen und zügiger Parlamentarisierung zu erkennen, widersprach den Auffassungen der USPD. So lobte am 11. Juli 1919 mit Oskar Cohn ihr Sprecher in der Grundrechtsdebatte vor der Nationalversammlung zwar die Verfassung der Paulskirche, warnte aber vor einer zu starken Klammerung an sie. Schließlich reiche die eigene „Umwälzung" an „Größe und Tiefe weit über die von 1848 hinaus". Eine zu frühe „Kodifizierung" der Revolutionsergebnisse führe zu einer „Mumifizierung" und bremse jede weitere fruchtbare Dynamik.[84] Die USPD stellte sich vor allem in die Tradition des 18. März und befürwortete nachdrücklich, dass die Revolutionsopfer von 1918 ihre Ruhestätte auf dem Friedrichshainer Friedhof neben den Märzgefallenen finden sollten.

Auch die Spartakusgruppe und später die KPD veranstalteten regelmäßig Gedächtniskundgebungen am 18. März, der sich für sie schon deshalb hervorragend als „Feiertag" anbot, weil an diesem Tag im Jahr 1871 ebenfalls die Gründung der Pariser Kommune stattgefunden hatte. Das Bürgerliche an der Revolution von 1848 lehnten die Kommunisten naturgemäß ab und plädierten dagegen für die Durchsetzung einer „sozialistischen Republik" auf dem Weg des Bürgerkriegs: „Ihr Banner", hieß es am 10. November 1918 in der „Roten Fahne", „ist nicht die schwarzrotgoldene Fahne der bürgerlichen Republik von 1848, sondern die rote Fahne des internationalen sozialistischen Proletariats, die rote Fahne der Kommune von 1871 und der russischen Revolution von 1905 und 1917."[85] Rosa Luxemburg empfand die „Jämmerlichkeiten der deutschen März-Revolution" sogar als eine schwere „Fußkugel" der modernen deutschen Geschichte, was sich insbesondere am Verhalten der „offiziellen Deutschen Sozialdemokratie" zeige.[86]

82 Beide Zitate wiedergegeben bei Daniel Bussenius: Eine ungeliebte Tradition. Die Weimarer Linke und die 48er Revolution 1918–1925, in: Heinrich August Winkler (Hrsg.): Griff nach der Deutungsmacht. Zur Geschichte der Geschichtspolitik in Deutschland, Göttingen 2004, S. 102.

83 Der achtzehnte März, in: Vorwärts vom 18. März 1919, wiedergegeben in: ebd., S. 101.

84 Oskar Cohn, zitiert nach Langewiesche: 1848 und 1918 (Anm. 1), S. 16.

85 Die rote Fahne, in: Rote Fahne vom 10. November 1918, wiedergegeben in: Bussenius: Eine ungeliebte Tradition (Anm. 82), S. 97.

86 Rosa Luxemburg: Die Ordnung herrscht in Berlin, in: Rote Fahne vom 14. Januar 1919, wiedergegeben in: ebd., S. 98.

Während für die extreme Linke allein der gewaltsame Kampf der Revolution von 1848 zählte, grenzte sich die Rechte entschieden gegen jede Revolution ab und gründete ihr Geschichtsbild vielmehr auf dem Reich von 1871. Die Erinnerung an die Reichsgründung bezweckte oftmals eine Mobilisierung der nationalistischen Rechten gegen die Republik. Für alte Konservative wie Nationalliberale war 1871 der Zenit der bisherigen deutschen Geschichte erreicht, von dem aus sich verächtlich auf die Gegenwart hinabschauen ließ. Anfang 1919 interpretierte die rechtskonservative Zeitschrift „Tradition" die Revolution von 1918 als einen langfristig geplanten Staatsstreich liberaler und linker Kräfte gegen die „Schöpfung Bismarcks". Sie seien „Schänder seines geheiligten Namens" und hätten sich für ihr Zerstörungswerk vor der Geschichte zu verantworten.[87]

Doch der Reichsgründungsmythos stieß selbst innerhalb des rechten Spektrums – schon aufgrund der „kleindeutschen Lösung" der deutschen Frage – auf enge Grenzen. In je unterschiedlicher Ausprägung verfolgten Jungkonservative und Nationalsozialisten stattdessen einen „dritten Weg", der weder der Weimarer Republik noch dem Kaiserreich entsprechen sollte, wenn auch letzterem wesentlich stärker. Sechzig Jahre nach der Reichsgründung am 18. Januar 1931 hieß es im „Völkischen Beobachter" über die beiden abgelehnten politischen Systeme: „Kleindeutsch und feudal das eine, unfrei, korrupt und terroristisch das andere. Kein Haus für alle Deutsche, weder vor noch nach 1918. Das nationalsozialistische Deutschland, das das neue Deutschland erkämpfen wird, lehnt daher auch die Parole ‚Zurück zu Bismarck' ab. [...] Unser Ziel ist der großdeutsche Machtstaat der nationalen Ehre nach außen und der sozialen Gerechtigkeit im Innern."[88]

Der Streit um die Vergangenheit und Traditionen in der Weimarer Republik[89] verdeutlicht, wie wenig es ihr gelungen ist, konsensstiftende Mythen und Erinnerungsorte zu schaffen, die zur Festigung des Gemeinwesens hätten beitragen können. Nicht nur gegenwärtige Herausforderungen, sondern auch Kontroversen um die Vergangenheit belasteten die erste deutsche Demokratie. Keine der vorangegangenen Zäsuren, weder 1806 noch 1848 oder 1871, bot der neuen politischen Ordnung Halt oder stärkte das Gemeinschaftsgefühl. Schon die unterschiedliche Interpretation der Vergangenheit gab den verschiedenen Teilkulturen und widerstrebenden (intellektuellen) Milieus Ausdruck, die sich zu keiner Zeit zwischen 1918 und 1933 auf gemeinsame Symbole einigen konnten.

87 Die Tradition, 1 (1919), S. 19 f., wiedergegeben in: Robert Gerwarth: Republik und Reichsgründung. Bismarcks kleindeutsche Lösung im Meinungsstreit der ersten deutschen Demokratie (1918–1933), in: Winkler: Griff nach der Deutungsmacht (Anm. 82), S. 117.
88 Völkischer Beobachter vom 18. Januar 1931, wiedergegeben in: ebd., S. 129.
89 Dazu neuerdings Robert Gerwarth: The Past in Weimar History, in: Contemporary European History, 15 (2006), S. 1–22; siehe auch Edgar Wolfrum: Geschichte als Waffe. Vom Kaiserreich bis zur Wiedervereinigung, 2. Aufl., Göttingen 2002, S. 26–38.

4. Republik ohne äußere Insignien und inneren Kompass

4.1. Kampf um die Symbole

Der Kampf um Erinnerungen und Symbole stellte selbst einen wichtigen Belastungsfaktor für die Weimarer Demokratie dar – neben vielen anderen strukturellen Schwächen und Bewährungsproben.[90] An diesem Thema wie an einem weiteren, der Angst vor dem Bürgerkrieg, wird deutlich, wie wenig der Weimarer Republik eine tiefgreifende Konsolidierung gelang. Die Erörterung beider Sujets verleiht exemplarisch der Tatsache Ausdruck, dass das gesamte politische System Weimars keinen inneren Kompass ausbildete, der auch den Weg über die vielfältigen Krisen hinweg hätte erleichtern können. Der Systemwechsel geriet in die Sackgasse und gelangte über die Etappen der Institutionalisierung und bestenfalls partiellen konstitutionellen Konsolidierung kaum hinaus.

Mit den Sozialdemokraten waren sich die stetigsten Verfechter des neuen demokratischen Gemeinwesens der Bedeutung der symbolischen Dimension von Staat und Politik bewusst. Nicht erst das „Reichsbanner Schwarz-Rot-Gold" verkündete im Sommer 1932, ohne Gemüt und Seele des Volkes zu erreichen, könne auch die Vernunft keinen Sieg erringen.[91] Die Angehörigen dieses sozialdemokratisch dominierten Wehrverbandes, der für den Erhalt der Republik stritt, wussten wohl: Sollen Staat, Nation und Verfassung für die Masse der Bürger keine abstrakten Begriffe bleiben, müssen sie durch ebenso unverwechselbare wie markante Kennzeichen repräsentiert und vermittelt werden. Schließlich sind die Symbole des modernen Nationalstaats, wie Theodor Schieder im Jahr 1961 einmal treffend formulierte, ein „unerlässliches Zugeständnis an die irrationalen Bedürfnisse in einer sonst streng rational verfassten politischen Welt".[92]

Je mühsamer der Weg bis zur Einführung von Nationalsymbolen, je angestrengter das Bemühen um ihre Durchsetzung indes ist, desto eher drohen sie zu scheitern und mit ihnen manches Mal – wie im Falle Weimars – die durch sie verkörperte politische Ordnung. Ein tragfähiger Grundkonsens über die Insignien der neuen Staatsform, den alle Bevölkerungsschichten und Parteigruppierungen unterstützt hätten, bildete sich während der ersten deutschen Demokratie nicht heraus. Dabei waren die vierzehn Jahre bis zur Machtergreifung Hitlers keineswegs arm an Symbolen und Versuchen, vorrangig der Sozialdemokratie, für deren Popularität zu werben.[93]

Am Anfang jener Jahre stand ein Kompromiss, der niemanden glücklich machte. Die Weimarer Nationalversammlung entschied sich für eine Zwei-Flaggen-Lösung, machte Schwarz-Rot-Gold zu den Reichsfarben, ließ daneben aber die schwarz-weiß-rote Handelsflagge mit schwarz-rot-goldener Gösch gelten. Die „Sozialistischen Monatshefte"

---

90 Die beste komprimierte Darstellung hierzu bietet weiterhin Hagen Schulze: Das Scheitern der Weimarer Republik als Problem der Forschung, in: Karl Dietrich Erdmann/ders. (Hrsg.): Weimar. Selbstpreisgabe einer Demokratie. Eine Bilanz bis heute, Düsseldorf 1980, S. 23–41; siehe auch Berg-Schlosser: Das Scheitern der Weimarer Republik (Anm. 24).

91 Zum Reichsbanner immer noch grundlegend: Karl Rohe: Das Reichsbanner Schwarz Rot Gold. Ein Beitrag zur Geschichte und Struktur der politischen Kampfverbände zur Zeit der Weimarer Republik, Düsseldorf 1966.

92 Theodor Schieder: Das Deutsche Kaiserreich von 1871 als Nationalstaat, Köln/Opladen 1961, S. 72.

93 Vgl. Bernd Buchner: Um nationale und republikanische Identität. Die deutsche Sozialdemokratie und der Kampf um die politischen Symbole in der Weimarer Republik, Bonn 2001.

bemerkten damals bissig, das neue Deutschland sei „hier wie überall in die obere innere Ecke gestellt".[94] Und der langjährige preußische Ministerpräsident Otto Braun sprach im Rückblick von einer „Halbheit, die sich wie jede solche später bitter gerächt hat".[95]

Der Streit um die Trikoloren kam nicht zur Ruhe, nicht einmal in Weimars „stabilen" mittleren Jahren, führte 1926 zum Sturz von Reichskanzler Hans Luther und eskalierte zeitweilig in einer wahren Schlacht um die Flaggen. Das hing auch mit dem Wirken des paramilitärischen „Reichsbanners" – gegründet als Reaktion auf die vielfältigen Krisen des Jahres 1923 – zusammen. Wie keine zweite Organisation kämpfte es für die Stärkung der Republik und der Nationalfarben. Einerseits trug es dadurch zu deren Popularisierung bei, andererseits beförderte dies die weitere Polarisierung der ohnehin zerklüfteten Weimarer Gesellschaft und forderte antirepublikanisch gesinnte Kampfverbände zu Gegenmaßnahmen heraus.

Doch selbst in den Reihen der gemäßigten „Weimarer Koalition" sorgten die Reichsfarben von Anfang an für Streit, und bereits 1921 scherten das Zentrum und die Deutsche Demokratische Partei aus der schwarz-rot-goldenen Phalanx aus. Umso wichtiger dürfte es Reichspräsident Friedrich Ebert im Jahr 1922 erschienen sein, Hoffmann von Fallerslebens „Lied der Deutschen", unter Betonung der dritten Strophe („Einigkeit und Recht und Freiheit"), zur Nationalhymne zu küren. „Schätzen wir diese Symbolik nicht gering!", rief ein erleichterter Gustav Stresemann aus: „Wir flaggen vielfach gegeneinander. Wie traurig, wenn wir noch gegeneinander sängen! So haben wir wenigstens ein Nationallied, das alle Deutschen eint und das Symbol unseres Millionen-Volkes ist."[96]

Das Deutschlandlied war in der Tat das am wenigsten umstrittene Reichssymbol, aber gerade bei den republiktreuen Sozialdemokraten fand es keine einhellige Zustimmung, blieb „ein Außenseiter, ein ungeliebtes, ein adoptiertes Stiefkind der Partei".[97] Und das hatte seinen Grund: Die Nationalhymne ließ sich nie ganz aus dem „Dunstkreis der antidemokratischen Kräfte"[98] herauslösen, vereinigte sie doch ein ganzes Ideenkonglomerat und bot den Stoff für vielfältige, ja gegensätzliche Interpretationen: Symbolisierte sie für die einen Republik und demokratische Verfassung, so galt sie den anderen als Ausdruck des reichsdeutschen Machtstaats und Nationalismus.

Diejenigen Sozialdemokraten, die sich zum Deutschlandlied bekannten, stellten es wie schon die Reichsfarben in die Tradition von 1848. Mit diesem Rückgriff auf die Geschichte sollte die Verknüpfung zwischen nationaler und freiheitlich-demokratischer Staatsgesinnung sowie proletarischer Solidarität hergestellt werden. Während für die Parteiführung der Brückenschlag zwischen „rot" und „schwarz-rot-gold", zwischen 1. Mai und Verfassungstag als durchaus gelungen gelten kann, so trifft dies keineswegs auf radikale Sozialisten zu, auch wenn sie der SPD angehörten. Die „Diktatur des Proletariats" war ihnen ein höheres Ziel als „Einheit und Freiheit", was deutlich in dem zeitgenössischen Spruch „Republik ist nicht viel, Sozialismus ist das Ziel" zum Ausdruck kam. Selbst innerhalb der Sozialdemokratie lebten symbolpolitische Ambivalenzen fort, die sich aus der Spannung von marxistisch-revolutionärem, liberalem und nationalrepublikanischem Selbstverständnis ergaben.

94 Sozialistische Monatshefte, 25 (1919), S. 775, wiedergegeben in: ebd., S. 83.
95 Otto Braun: Von Weimar zu Hitler, 2. Aufl., New York 1940, S. 152.
96 Gustav Stresemann, zitiert nach Buchner: Um nationale und republikanische Identität (Anm. 93), S. 140.
97 Ebd., S. 167.
98 Ebd.

Die innerparteilichen Gefechte an den symbolischen Fronten, die sich leicht ausweiten ließen (etwa um jene der Gedenk- und Feiertage – ob Reichsgründungs-, Verfassungs- oder Revolutionstag[99]), waren indes gering im Vergleich zu den Auseinandersetzungen der Sozialdemokraten mit ihren Gegnern zur Linken wie zur Rechten, ob Kommunisten, Monarchisten oder Nationalsozialisten. Die SPD hatte nicht zuletzt mit dem zu hadern, was mit der Geburt der Republik aus dem „Geist von 1914" umschrieben werden kann.[100] Waren „Kriegsschuldlüge", „Dolchstoßlegende"[101] und der Vorwurf der nationalen Unzuverlässigkeit erst in Stellung gebracht, schritt die Desintegration der jungen Republik voran und geriet mit der SPD die – neben der ständig an Einfluss verlierenden Deutschen Demokratischen Partei – einzig dauerhaft staatstragende Partei in eine Defensivstellung, aus der sie sich kaum befreien konnte. Da mochte sie noch so viel gegen „Versailles" wettern – jenen symbolträchtigen Gedächtnisort, dessen psychologische Komponente als negatives Integrationsmoment der deutschen Nation zwischen den Weltkriegen nicht zu unterschätzen ist.[102]

Bei allem Bemühen der SPD, die Republik durch Symbole zu repräsentieren und zu legitimieren, sollte es ihr nicht gelingen, die zentralen Konflikte zwischen Demokratie und Nation, Republik und Vaterland zu überwinden. Hieran zeigte sich besonders deutlich, wie sehr das Weimarer Gemeinwesen unter einander widerstreitenden Loyalitäten litt.

4.2. Angst vor dem Bürgerkrieg

Zu den zentralen Herausforderungen der Weimarer Republik gehörte nicht nur die Gewaltsamkeit des rechten und linken Extremismus.[103] Auch die Angst vor dem Bürgerkrieg und entsprechende Vermeidungsstrategien entfalteten eine eigene Dynamik. Für den marxistischen Theoretiker August Thalheimer zählte es in seinen durchaus hellsichtigen Gedanken „Über den Faschismus" aus dem Jahre 1930 zu den wesentlichen faschistischen Strategien der Machteroberung, der bürgerlichen Gesellschaft „Ruhe und Ordnung" zu versprechen. Das hieß zugleich, für „beständige Unruhe und Unsicherheit" zu sorgen, um als permanenter und unentbehrlicher „Retter der Gesellschaft" erscheinen zu können.[104] Innerhalb dieses Spannungsfelds zwischen den Polen von Ordnung und Gewalt in Politik und politischer Kultur hatte sich der Staat der Weimarer Republik zu bewähren.

---

99 Dieser Aspekt ist besonders gut aufgearbeitet: Vgl. u. a. ebd., S. 301–360; auch Detlef Lehnert/Klaus Megerle (Hrsg.): Politische Identität und nationale Gedenktage. Zur politischen Kultur in der Weimarer Republik, Opladen 1989.

100 Dazu ausführlich Buchner: Um nationale und republikanische Identität (Anm. 93), S. 185–251.

101 Vgl. Boris Barth: Dolchstoßlegenden und politische Desintegration. Das Trauma der deutschen Niederlage im Ersten Weltkrieg 1914–1933, Düsseldorf 2003; Ulrich Heinemann: Die Last der Vergangenheit. Zur politischen Bedeutung der Kriegsschuld- und Dolchstoßdiskussion, in: Bracher u. a.: Die Weimarer Republik (Anm. 69), S. 371–386; Gerd Krumeich: Die Dolchstoßlegende, in: Etienne François/Hagen Schulze: Deutsche Erinnerungsorte, Bd. 1, München 2001, S. 585–599.

102 Vgl. Hagen Schulze: Versailles, in: Ebd., S. 407–421; Eberhard Kolb: Der Frieden von Versailles, München 2005.

103 Vgl. grundlegend Andreas Wirsching: Vom Weltkrieg zum Bürgerkrieg? Politischer Extremismus in Deutschland und Frankreich 1918–1933/39. Berlin und Paris im Vergleich, München 1999; auch Dirk Schumann: Politische Gewalt in der Weimarer Republik 1918–1933. Kampf um die Straße und Furcht vor dem Bürgerkrieg, Essen 2001.

104 August Thalheimer: Über den Faschismus, in: Gegen den Strom, 3 (1930), zitiert nach Bernd Weisbrod: Gewalt in der Politik. Zur politischen Kultur in Deutschland zwischen den beiden Weltkriegen, in: Geschichte in Wissenschaft und Unterricht, 43 (1992), S. 398.

„Als Erfahrungs- und Deutungskategorie der Mitlebenden", das betonen neuere Tendenzen der Weimar-Forschung, „erschließt der Begriff des Bürgerkrieges eine Konfiguration, die die Weimarer Staatsordnung von innen her zerstört hat."[105] Nicht zuletzt während der revolutionären Anfangszeit und während der Jahre 1930 bis 1933 waren Begriff und Phänomen in Politik und Öffentlichkeit überaus präsent. Spätestens 1932, als die Wahl- und Straßenkämpfe einen Blutzoll bis dahin ungekannten Ausmaßes forderten, avancierte „Bürgerkrieg" zum „politischen Schlagwort des Jahres".[106] Nicht nur die gerade im Sommer dieses Jahres nach Aufhebung des SA-Verbots akute Bürgerkriegslage mit allein 86 Toten im Juli trug zum Scheitern Weimars bei, sondern auch die Bürgerkriegsphobie, die zu Fehleinschätzungen führte und die politisch Verantwortlichen verunsicherte. In dieser angespannten Situation kam deutlich das mangelnde Selbstbewusstsein des ersten demokratischen Verfassungsstaats der deutschen Geschichte zum Ausdruck.

Die Erhaltung der Legalität und des Staates an sich, eben die Vermeidung des Bürgerkriegs, dominierte das Verhalten der politisch Verantwortlichen und selbst derjenigen, die der Weimarer Ordnung wohlwollend oder wenigstens neutral gegenüberstanden. Die Vereitelung eines antidemokratischen und unparlamentarischen Regierungssystems war dagegen auf der Prioritätenliste weiter unten angesiedelt. Die Angst vor der kommunistischen Gefahr, verbunden mit dem Wunsch nach bürgerlicher Sekurität, arbeitete den Nationalsozialisten in die Hände. Auch einer Reihe konservativer Meinungsführer schienen die alten „Honoratiorenparteien" behäbig und damit überfordert, den Kampf auf der Straße in den Griff zu bekommen.

In einem Prozess der Radikalisierung wurde *Bürgerkrieg* zum bestimmenden Faktor von Regierungspolitik".[107] In hohem Maße waren deutsche Politik und Öffentlichkeit damals noch von staatlichem Ordnungsdenken bewegt. Dagegen fiel die Wertbindung an den demokratischen Verfassungsstaat westlicher Provenienz überaus schwach aus. Es fehlte ein klarer Schnitt zwischen Demokratie hier und Extremismus sowie Diktatur dort. Unter dieser Voraussetzung konnte das Schreckbild des Bürgerkriegs wesentlich zum Erfolg Hitlers beitragen. Es ist paradox: Im Gewand der Antibürgerkriegspartei kamen die Nationalsozialisten im Januar 1933 an die Macht, um für den „Bürgerkrieg in Permanenz"[108] zu sorgen.

Von Beginn an, ab der Revolution von 1918/19, manifestierte sich der Bürgerkrieg nicht nur in Taten, sondern auch in Worten, Ideen und Ideologien. Die Intellektuellen von links(-außen) und rechts(-außen)[109] wirkten daran mit, die Stimmung zu vergiften. Für Karl Dietrich Bracher gehörte zu den tief verwurzelten Schwächen Weimars nicht

---

105 Dirk Blasius: Weimars Ende. Bürgerkrieg und Politik 1930–1933, Göttingen 2005, S. 20; siehe auch Heinrich August Winkler: Die Vermeidung des Bürgerkrieges. Zur Kontinuität sozialdemokratischer Politik in der Weimarer Republik, in: Manfred Hettling/Paul Nolte (Hrsg.): Nation und Gesellschaft in Deutschland. Historische Essays, München 1996, S. 282–304; Benjamin Ziemann: Germany after the First World War – A Violent Society? Results and Implications of Recent Research on Weimar Germany, in: Journal of Modern European History, 1 (2003), S. 80–95; Andreas Wirsching/Dirk Schumann (Hrsg.): Violence and Society after the First World War, München 2003.
106 Blasius: Weimars Ende (Anm. 105), S. 35.
107 Ebd., S. 15 (Hervorhebung im Original).
108 Ebd., S. 172.
109 Vgl. u. a. Kurt Sontheimer: Antidemokratisches Denken in der Weimarer Republik. Die politischen Ideen des deutschen Nationalismus zwischen 1918 und 1933, 3. Aufl., München 1992; Riccardo Bavaj: Von links gegen Weimar. Linkes antiparlamentarisches Denken in der Weimarer Republik, Bonn 2005; zur Maßstabfindung, was anti-/demokratisches Denken in der Weimarer Republik bedeutete, siehe Christoph Gusy (Hrsg.): Demokratisches Denken in der Weimarer Republik, Baden-Baden 2000.

nur eine labile Machtstruktur, sondern auch eine labile Bewusstseinsstruktur.[110] Bereits Zeitgenossen der Jahre 1918 bis 1933 sprachen von einer „Republik ohne Republikaner". Es gelang den die Republik tragenden oder sie zumindest nicht grundsätzlich ablehnenden Kräften nur in unzureichendem Maße, ein Demokratie und Republik geneigtes Meinungsklima zu schaffen. Ein „Verfassungspatriotismus" oder eine wirklich „lebende Verfassung" wie später in der zweiten deutschen Republik bildete sich nicht einmal im Ansatz aus, der Mangel an politischer Konsensstiftung und an innerem Zuspruch zum vielfach als „System" geschmähten Weimarer Staatsgebilde war eklatant. Nicht allein strukturelle Zwänge bestimmten den Ablauf der Weimarer Geschichte, sie lag mindestens ebenso in der Verantwortung des Handelns und Denkens einzelner Personen. „Bevölkerung, Gruppen, Parteien und einzelne Verantwortliche haben das Experiment Weimar scheitern lassen", pointierte Hagen Schulze diesen Sachverhalt, „weil sie falsch dachten und deshalb falsch handelten."[111]

5. Schlussbetrachtung

Wer die Dimension des Denkens und Handelns konkreter Akteure und nicht nur unverrückbare Strukturdefekte (ob „harter" institutioneller oder „weicher" politisch-kultureller Natur) berücksichtigt, stellt fast zwangsläufig die Frage, ob das Scheitern der Weimarer Republik und damit letztlich des Systemwechsels von der konstitutionellen Monarchie hin zur parlamentarischen Demokratie ohne Alternative war. War die erste deutsche Demokratie nur eine Übergangszeit zwischen Monarchie und Diktatur – mithin Transitorium wie Provisorium zugleich? Oder heißt dies, die Geschichte von 1933 aus rückwärts zu schreiben und ihr im Nachhinein ein unabänderliches „Telos" zuzuordnen?[112]

Musste „1918/19" in „1933" enden, war die Weimarer Republik von Anfang an eine Missgeburt mit geringer Überlebenschance? Hatte ihr zumindest bereits 1930 das Todesstündlein geschlagen, wie der Historiker Arthur Rosenberg nur wenige Jahre nach ihrem Untergang urteilte, oder erst nach Heinrich Brünings Abgang als Regierungschef im Jahr 1932? Stellte dessen Kanzlerschaft den letzten Versuch dar, die Weimarer Demokratie zu retten, oder bereitete sie im Gegenteil Hitlers Herrschaft den Boden? Aus dieser Perspektive, von 1933 aus betrachtet, gewinnt die Bewertung der Jahre 1930 bis 1932 an Brisanz – und lädt zu Gedankenspielen über alternative Geschichtsverläufe ein. Während die einen davon überzeugt sind, dass Brünings Regierungszeit am Übergang von einer einigermaßen parlamentarischen Regierungsform (die Große Koalition unter Hermann Müller 1928–1930 hatte schon daran gekrankt, dass die Minister wenig Rückhalt in ihren Fraktionen hatten) hin zu den präsidialen Kabinetten und der autoritären Demokratie der Notverordnungen im totalitären „Dritten Reich" münden musste, betonen die anderen die Offenheit der Geschichte. Für sie ist Hitlers Weg zur Macht[113] das Ergebnis einer Reihe von Zufällen, unglücklichen Umständen, von Unfähigkeit, Unprofessionalität und Fehleinschätzungen der Verantwortlichen,[114] ohne dass sie die Strukturdefekte des politischen Systems Weimars aus dem Blick verlieren. Die

---

110 Vgl. Bracher: Die Auflösung der Weimarer Republik (Anm. 77).
111 Hagen Schulze: Weimar. Deutschland 1917–1933, Neuaufl., Berlin 1998, S. 425.
112 Dazu kritisch Thomas Nipperdey: 1933 und die Kontinuität der deutschen Geschichte. in: ders.: Nachdenken über die deutsche Geschichte. Essays, 2. Aufl., München 1986, S. 186–205.
113 Siehe auch den Beitrag von Hans-Ulrich Thamer in diesem Band.
114 Besonders dezidiert vertritt diese Sicht Henry A. Turner: Hitlers Weg zur Macht. Der Januar 1933, München 1997.

Machtübertragung an Hitler sei „kein unabwendbares Schicksal"[115] gewesen. General Kurt von Schleicher hätte beispielsweise im Zeichen einer an Bedeutung verlierenden NSDAP (vgl. dazu ihre Verluste bei den Wahlen vom November 1932 zum Reichstag) eine „konstitutionelle Demokratie" oder wenigstens ein autoritäres Regime, eine Militärdiktatur, errichten können. Selbst letztgenannte Alternative wäre allemal besser gewesen als Hitlers totaler Staat. Ohne Zweifel ist es wichtig und mehr als intellektuelle Spielerei für Historiker, an politische Weggabelungen heranzuführen und auf das Ungewisse eines Geschichtsverlaufs, der uns erst im Rückblick wie selbstverständlich erscheint, sowie die Handlungsmöglichkeiten von Akteuren hinzuweisen.

Auf dem Feld der neueren Erforschung von Systemwechseln ist ebenfalls Kritik an einem zu hohen Maß an Determinismus nach dem Muster „Zusammenbruch der Diktatur – Sieg der Demokratie" geäußert worden.[116] Die Weimarer Republik ist ein Musterbeispiel dafür, welche Bewährungsproben Demokratien zu bestehen haben, um als „Sieger" aus dem Konkurrenzkampf der Systeme hervorzugehen und einen gegenüber Krisen gefestigten Status zu erreichen. Interpretiert man Revolution als abrupten, durch politische Unruhen oder eine Revolte herbeigeführten Wechsel von Staatsführung samt Staatsform und fokussiert sie auf einen engen Zeitraum oder sogar einen Tag wie den 9. November 1918, so darf die deutsche Revolution von 1918/19 als erfolgreich gelten. Die Kategorie des Systemwechsels indes kann – auch unter Zurückdrängung des umkämpften, stark normativ aufgeladenen, die Irreversibilität struktureller Veränderungen implizierenden Revolutionsbegriffs[117] – zu einem tieferen Verständnis der Vorgänge beitragen. Der schon weit vor der Jahreswende 1918/19 eingeleitete Transformationsprozess, der Mitte 1919 mit der Schaffung einer neuen Verfassung in beeindruckend kurzer Zeit in eine institutionalisierte Form gegossen wurde, scheiterte erst an mangelnder Konsolidierung. Sie sollte weder im konstitutionellen noch im repräsentativen oder im politisch-kulturellen Bereich gelingen.

Die tieferen Ursachen für das Ende der alten politischen Ordnung lagen in zahlreichen Ambivalenzen und Widersprüchlichkeiten des deutschen Kaiserreichs begründet, die unter dem Druck des Ersten Weltkriegs in eine Systemkrise führten. Es waren drei Faktoren, die den Weg in die parlamentarische Demokratie der Weimarer Republik forcierten: der äußere Druck des amerikanischen Präsidenten Woodrow Wilson, das Engagement der Mehrheitsparteien im Interfraktionellen Ausschuss sowie dasjenige der Obersten Heeresleitung, die allerdings von Beginn an ein falsches Spiel trieb.

Mit Blick auf die in der Einleitung vorgestellten Verlaufsformen entspricht dieser Systemwechsel einem stark gemischten Typus. Es lassen sich Ansätze für eine evolutionäre Demokratisierung (berücksichtigt man das allgemeine Wahlrecht, Vorgänge der „stillen Parlamentarisierung" und vielfältige rechts- und verfassungsstaatliche Strukturen im Kaiserreich) ebenso wie für einen von den alten Regimeeliten gelenkten Systemwechsel finden (berücksichtigt man das Engagement der Obersten Heeresleitung, aber auch das hohe Maß an Kontinuität zwischen dem Parteiensystem des Kaiserreichs und der Weimarer Republik, das in der Arbeit des Interfraktionellen Ausschusses deutlichen

115 Pyta: Die Weimarer Republik (Anm. 28), S. 7.
116 Vgl. Stephen White: Rethinking Postcommunist Transition, in: Government and Opposition, 38 (2003), S. 417–435.
117 Vgl. Reinhart Koselleck u. a.: Revolution, in: Otto Brunner u. a. (Hrsg.): Geschichtliche Grundbegriffe. Historisches Lexikon zur politisch-sozialen Sprache in Deutschland, Bd. 5, Stuttgart 1984, S. 653–788; Jack A. Goldstone (Hrsg.): Revolutions. Theoretical, Comparative, and Historical Studies, San Diego, CA 1986; Charles Tilly: Die europäischen Revolutionen, München 1993.

Ausdruck fand). Wer nicht von einer „Lenkung" sprechen will, muss zumindest ausgeprägte Züge eines zwischen alten und neuen Eliten ausgehandelten Systemwechsels in Rechnung stellen. Und doch gestaltete sich die „heiße" revolutionäre Phase im November 1918 als ein von unten forcierter Systemwechsel, der sich erst aufgrund des Regimekollapses im Ersten Weltkrieg entfalten konnte. Diese Melange aus Ursachen und Verlaufsformen verweist auf einen Mangel an Eindeutigkeit, der die weitere Transformation hin zu einer funktionierenden Demokratie belastete.

Die Transition in institutioneller, verfassungsrechtlicher und -politischer sowie politisch-ideologischer Hinsicht verlief unterschiedlich erfolgreich. Die ersten beiden Komponenten wurden von der Weimarer Republik erfüllt, wenn auch teilweise mehr schlecht als recht. Die Verwirklichung des dritten Aspekts, der erst den längerfristigen Erfolg einer gesamtstaatlichen Demokratisierung im Übergang von einem autoritären zu einem demokratischen politischen System ausmacht, scheiterte auf der ganzen Linie – ungeachtet des Engagements mancher „Vernunftrepublikaner" und ganz weniger „Herzensdemokraten". Der politisch-ideologische Wandel verlief nicht dergestalt, dass damit eine breite Akzeptanz der neuen Ordnung, ihrer Prozeduren, Spielregeln und normativen Grundlagen als „the only game in town"[118] einhergegangen wäre. Die bewusstseinsmäßige Befestigung und Verwurzelung der Weimarer Demokratie misslang. Eine „zivilgesellschaftliche" politische Kultur als beste Immunabwehr gegen Systemkrisen in der Demokratie war nicht einmal in Ansätzen vorhanden.

Die Weimarer Erfahrung belegt zweierlei: Erstens, wie unzureichend es ist, Demokratie bloß als institutionalisierte, gleichsam statische Staatsform zu betrachten; vielmehr sollte sie als ein bewegliches, entwicklungsfähiges und pflegebedürftiges politisch-gesellschaftliches Geschöpf begriffen werden. Zweitens, wie wenig Systemwechsel nur Ereignissen des Augenblicks entspringen; vielmehr handelt es sich um längere, dynamische Prozesse, die nicht vor Richtungswechseln und Umkehrungen gefeit sind.

---

118 Juan J. Linz/Alfred Stepan: Problems of Democratic Transition and Consolidation. Southern Europe, South America, and Post-Communist Europe, Baltimore/London 1996, S. 5.

Hitler als „Führer und Reichskanzler" am Fenster der Reichskanzlei, nach der Volksabstimmung am 19. August 1934
Quelle: Times Wide World Photos

Hans-Ulrich Thamer

Machtergreifung 1933:
die Begründung des „Dritten Reiches"

1. Einleitung

Am 5. April 1933 berichtete der französische Botschafter in Berlin, André François-Poncet, nach Paris: „Als am 30. Januar das Kabinett Hitler-Papen zur Macht kam, versicherte man, dass in der Regierung die Deutschnationalen Hitler und seinen Mitkämpfern Paroli bieten würden, dass die nationalsozialistische Partei mit der Feindschaft der Arbeiterklasse zu rechnen habe und dass schließlich die Katholiken der Zentrumspartei die Legalität verteidigen würden. Sechs Wochen später musste man feststellen, dass all diese Dämme, die die Flut der Hitlerbewegung zurückhalten sollten, von der ersten Welle hinweg gespült wurden."[1]

Wie war es möglich, dass Hitler und seine Massenbewegung in dem Machtbündnis, das zur Regierungsübertragung am 30. Januar 1933 geführt hatte, sich in so kurzer Zeit durchsetzen und in nur knapp fünf Monaten die politische Macht vollständig erobern und gleichschalten konnten; dass Hitler, wie der französische Botschafter ebenfalls bemerkte, in „fünf Monaten eine Wegstrecke zurückgelegt hat, für die der Faschismus [in Italien] fünf Jahre brauchte"?[2] In der Tat übertrafen Tempo und Radikalität der nationalsozialistischen Machteroberung die faschistische Machtergreifung in Italien unter Führung Benito Mussolinis, dessen Machtergreifungstechnik und Diktatur dem deutschen Nationalsozialismus in mancher Hinsicht als Vorbild dienten.[3] Wie war Hitler überhaupt „möglich"? Was bedeutet die Machtübertragung am 30. Januar für die deutsche Geschichte des 20. Jahrhunderts?

Was sich am 30. Januar 1933 im Regierungsviertel in Berlin wie auf Straßen und Plätzen überall im Reich ereignet hatte, war der Beginn eines Prozesses der Machtübertragung und Machtergreifung, wie er in der Geschichte kaum ein Beispiel hat. Seine Dynamik hatte Ursachen in der Auflösung der Weimarer Republik, aber auch in dem revolutionären Potenzial der nationalsozialistischen Massenbewegung. Die nationalsozialistische Propaganda hat die Machteroberung als „Revolution" bezeichnet, in der historischen Forschung gibt es eine Kontroverse darüber, ob mit dem Begriff der Revolution der Prozess der Machtergreifung zutreffend beschrieben ist.[4] Unabhängig von dieser Auseinandersetzung über den Charakter des Machtergreifungsprozesses steht fest,

---

1 Wiedergegeben bei Joseph Becker/Ruth Becker (Hrsg.): Machtergreifung 1933. Dokumente vom Machtantritt Hitlers am 30. Januar 1933 bis zur Besiegelung des Einparteienstaates 14. Juli 1933, München 1983, S. 366.
2 Ebd., S. 365.
3 Vgl. Hans-Ulrich Thamer: Der Marsch auf Rom – ein Modell für die nationalsozialistische Machtergreifung, in: Wolfgang Michalka (Hrsg.): Die nationalsozialistische Machtergreifung, Paderborn u. a. 1984, S. 245–260.
4 Vgl. Horst Möller: Die nationalsozialistische Machtergreifung. Konterrevolution oder Revolution?, in: Vierteljahrshefte für Zeitgeschichte, 31 (1983), S. 25–51; Hans Mommsen: Der Nationalsozialismus und die deutsche Gesellschaft. Ausgewählte Aufsätze, Reinbek bei Hamburg 1991.

dass dieser präzedenzlose Vorgang mehrere Ursachen hat, die in der fragilen, von wachsender Auflösung begriffenen Verfassungsstruktur und politischen Kultur der Weimarer Republik ebenso zu suchen sind wie in der Dynamik der nationalsozialistischen Massenbewegung.

Wie sehr die Weimarer Republik sich in Agonie befand, war fast allen Zeitgenossen bewusst. Sie war von der zunehmenden Handlungsunfähigkeit der Demokraten wie von der schrittweisen Verformung des parlamentarischen Staates durch autoritäre Kräfte in Bürokratie, Reichswehr und Großwirtschaft in ihrem politischen Gefüge nachhaltig unterhöhlt.[5] Das waren auch die Machtgruppen, die in einem Bündnis ungleicher Partner die Macht, wie sie selbst meinten, nur teilweise auf den Führer der NSDAP übertrugen. Aus dieser Perspektive handelte es sich nicht um eine Revolution, sondern um eine Fortsetzung und Festigung des Konzepts einer autoritären Regierungsform. Die nationalkonservativen Machteliten, als deren Repräsentant Franz von Papen in die Regierung Hitler als Vizekanzler und kommissarischer preußischer Ministerpräsident eintrat, waren sich zwar klar darüber, dass sie ihre Vision von einem autoritären Verwaltungs- und Militärstaat nicht ohne die Unterstützung der NSDAP und ihrer Massenbasis würden durchsetzen können, sie setzten aber auf ihre politisch-soziale Überlegenheit gegenüber der plebejischen nationalsozialistischen Protest- und Massenbewegung. Hitler stellte in seiner Regierung nur die Nationalsozialisten Wilhelm Frick als Reichsinnenminister und Hermann Göring als Minister ohne Geschäftsbereich, dafür allerdings als kommissarischen preußischen Innenminister. Überdies war Hitler in der praktischen Politik ein unbeschriebenes Blatt, hatte er doch noch keiner Regierung und keinem Parlament angehört.

Dass diese Bündniskonstruktion sich rasch verändern und das Machtkalkül der konservativen Eliten über den Haufen werfen würde, lag vor allem im Machtwillen der NS-Führung wie der Massenbewegung begründet. Hitler und Goebbels hatten sich vorgenommen, die eben errungene Macht auf keinen Fall wieder abzugeben und alle staatlichen wie parteipolitischen Mittel (einschließlich Gewalt) einzusetzen, um vor allem die politischen Gegner auszuschalten. Dabei stellte man sich aus taktisch-propagandistischen Gründen in die Tradition preußisch-konservativer Politikvorstellungen und betonte den Willen zur Kontinuität. Dass sich hinter diesen Kontinuitätskonstruktionen die revolutionäre Dynamik und Gewaltbereitschaft Hitlers wie der NSDAP verbargen und diese am Ende in einem revolutionären Prozess der allgemeinen Destruktion auch die Elemente der Tradition zerstören sollten, erwies sich erst schrittweise. Insofern handelt es sich bei der nationalsozialistischen Machtergreifung um eine eigentümliche Verschränkung von Tradition und Revolution, bei der das Gewicht der revolutionären Kräfte ständig zunahm.

Von den Zeitgenossen und der älteren historischen Forschung wurde nach einem einfachen und plausiblen Grund für den raschen Aufstieg der NSDAP zur Massenbewegung und für ihre Machteroberung gesucht. Heute besteht in der historischen Forschung Einigkeit darüber, dass es keine einfache Erklärung dafür gibt.[6] Wir können

---

5 Dazu u. a. Karl Dietrich Bracher: Die Auflösung der Weimarer Republik. Eine Studie zum Problem des Machtverfalls in der Demokratie, Villingen 1955; Hans Mommsen: Die verspielte Freiheit. Der Weg der Republik von Weimar in den Untergang 1918–1933, Berlin 1989.
6 Vgl. Martin Broszat: Die Machtergreifung. Der Aufstieg der NSDAP und die Zerstörung der Weimarer Republik, München 1994; Heinrich August Winkler (Hrsg.): Die deutsche Staatskrise 1930–1933. Handlungsspielräume und Alternativen, München 1992; Michael Burleigh: Die Zeit des Nationalsozialismus. Eine Gesamtdarstellung, Frankfurt a. M. 2000; Ian Kershaw: Hitler 1889–1936, Stuttgart 1998.

weder mit der nationalsozialistischen Ideologie und Propaganda allein die Massenwirksamkeit des Nationalsozialismus erklären, denn dort wurde nur verkündet, was man zum Teil auch anderswo hören konnte. Noch kann man auf die vermeintliche politische Genialität oder Suggestivkraft Hitlers verweisen, denn selbst wenn es sie gegeben hätte, wie das von der Parteipropaganda unaufhörlich herausgestellt wurde, bedurfte es erst einer entsprechenden Erwartungshaltung beim Publikum, damit der Führermythos politische Wirkung erzielen konnte. Auch der Terror der SA kann den Aufstieg des Nationalsozialismus allein nicht erklären, ebenso wenig die politischen und sozialen Umstände, die immer wieder genannt werden: der Versailler Vertrag und die bolschewistische Revolutionsdrohung aus Moskau, auch nicht die Massenarbeitslosigkeit oder die sozio-ökonomischen Interessen des großen Kapitals. Keiner dieser Faktoren kann bei einer historischen Erklärung übersehen werden, aber für sich allein reicht weder der eine noch der andere für die Erklärung des nationalsozialistischen Aufstiegs zur Macht noch für die Politik des Führerstaates aus. Sie verschränken sich vielmehr wechselseitig in einem zunehmend miteinander verwobenen Prozess des Machtverfalls oder -verlustes der Demokratie einerseits und der politisch-sozialen Expansion der nationalsozialistischen Massenbewegung andererseits. Der politische Handlungsspielraum zuerst der demokratischen, dann auch der konservativ-autoritären, aber nicht-nationalsozialistischen Kräfte nahm stetig ab, und am Ende, als die institutionellen Barrieren gefallen waren, beschleunigten politische Fehleinschätzungen, persönliche Machtkämpfe und Intrigen den Prozess der Auflösung und Machtübertragung.

Im Rückblick wird überdeutlich, dass mit dem 30. Januar 1933 eine tiefe Zäsur in der deutschen und europäischen Geschichte des 20. Jahrhunderts erfolgte und der Weg in die Katastrophe beschritten wurde;[7] dass mit der Durchsetzung nationalsozialistischer Herrschaftsansprüche der eigentliche deutsche Sonderweg begann, während für die Zeitgenossen im In- und Ausland zunächst die Momente der Kontinuität im politisch-administrativen, teilweise auch im außen- und militärpolitischen sowie im wirtschafts- und gesellschaftspolitischen Bereich zu dominieren schienen. Nur wenige erkannten, wie sehr die personellen, politischen, rechtlich-institutionellen und sozial-kulturellen Kontinuitäten durch die nationalsozialistische Herrschaftspraxis schrittweise aufgelöst wurden. Zunächst waren sie als Elemente der Stabilisierung und der Täuschung nach außen für die kritischen Anfangsjahre des nationalsozialistischen Regime unverzichtbar. Sie dienten der grandiosen Selbstverharmlosung des Regimes und der Fehleinschätzung durch die Deutschen. Jede Untersuchung der Bedingungen und Formen nationalsozialistischer Machteroberung muss diese Doppelstruktur von Verführung und Gewalt, von Tradition und Revolution, die zum Kern des Nationalsozialismus gehören, deutlich herausstellen.[8] Sie muss überdies den Prozess der Auflösung der Weimarer Republik wie den der nationalsozialistischen Machteroberung und Radikalisierung als einen schrittweisen Vorgang begreifen, der keineswegs eine Einbahnstraße darstellte, sondern Alternativen und Knoten- wie Wendepunkte hatte.

Auch wenn in der zeithistorischen Forschung nach langen und heftigen Kontroversen mittlerweile längst Einigkeit über die Doppelgesichtigkeit des Nationalsozialismus

---

7 Vgl. Wolfgang J. Mommsen: 1933: Die Flucht in den Führerstaat, in: Carola Stern/Heinrich August Winkler (Hrsg.): Wendepunkte deutscher Geschichte 1848–1990, Frankfurt a. M. 1994, S. 127–158; Thomas Nipperdey: 1933 und die Kontinuität der deutschen Geschichte, in: Ders.: Nachdenken über die deutsche Geschichte. Essays, 2. Aufl., München 1986, S. 186–205.
8 Vgl. Karl Dietrich Bracher: Tradition und Revolution im Nationalsozialismus, in: Manfred Funke (Hrsg.): Hitler, Deutschland und die Mächte, Düsseldorf 1976, S. 17–29; Hans-Ulrich Thamer: Verführung und Gewalt. Deutschland 1933–1945, Berlin 1986.

besteht und das Postulat der „Historisierung des Nationalsozialismus"[9] – d. h. seine Einbettung in die Entwicklungslinien deutscher Politik- und Gesellschaftsgeschichte – längst zum methodischen Grundpostulat gehören und wichtige Erkenntnisse für das „Nebeneinander und das Ineinander von Erfolgsfähigkeit und krimineller Energie, von Leistungsmobilisation und Destruktion, von Partizipation, und Diktatur"[10] liefern, so ist die Forschungsgeschichte des Nationalsozialismus längst noch nicht zu Ende. Allerdings haben sich die Themen der Forschung mittlerweile von der Betrachtung der Anfänge und der Durchsetzung des NS-Regimes hin zu dessen sich ständig radikalisierender Zerstörungs- und Vernichtungspolitik, zu seinen Mobilisierungspotenzialen und seinen Selbstzerstörungstendenzen verlagert.[11]

2. Krise und Scheitern der Weimarer Republik

Entstehung, Aufstieg und Herrschaft des Nationalsozialismus standen in einem nationalgeschichtlichen wie in einem europäischen Zusammenhang. Der Nationalsozialismus war ein Produkt der deutschen Geschichte; eine Folge der politischen und sozialen Spannungen bzw. historischen Ungleichzeitigkeiten im verspäteten deutschen Nationalstaat des Kaiserreichs, der unter der Pickelhaube des monarchischen Obrigkeitsstaates innerhalb von zwei Generationen einen rasanten Durchbruch zum modernen Industriestaat erlebt hatte. Diese Spannungen und Widersprüche wurden durch Folgen des Ersten Weltkrieges, der „Urkatastrophe" des 20. Jahrhunderts (George F. Kennan), entscheidend verschärft. Sie luden der Weimarer Republik eine schwere Erblast auf und gehörten zu den langfristigen Voraussetzungen für den Aufstieg der antidemokratischen, nationalsozialistischen Massenbewegung und ihres Bündnisses mit den konservativen Machteliten, die ihren Frieden mit der neuen parlamentarischen Demokratie nicht machen wollten.

Die Spannungen zwischen den rasanten industriewirtschaftlichen und gesellschaftlichen Entwicklungen einerseits, den starken sozialen und politischen Beharrungskräften andererseits waren Folgen eines spezifischen Modernisierungsdilemmas, das in Deutschland besonders ausgeprägt war und durch die Niederlage von 1918 wie durch die nachfolgende Revolution in seinen politischen und ideologischen Folgewirkungen noch verstärkt wurden.[12] Der Krieg von 1914–1918 traf Politik und Gesellschaft dort mit einer noch größeren Wucht und Langzeitwirkung, wo der Schock über die unerwartete militärische Niederlage zu einer Radikalisierung älterer Einstellungen führte und die Suche nach Sündenböcken verstärkte. Das war der Unterschied, der Deutschland und auch Italien von den anderen europäischen Demokratien der Nachkriegszeit trennte. Das fand seinen Niederschlag in einer Fülle von Schlagworten und Mythen, die zum gemeinsamen traumatischen Erbe vieler Bürger wurden und das Reservoir bildeten, aus dem sich radikale politisch-ideologische Entwürfe ableiten ließen: solche, die zur Revanche, zum Bürgerkrieg und zur individuellen wie zur nationalen Rettung und Wiedergeburt aufriefen. Das war zugleich die Schnittmenge, an der sich nationalsozialistische Parolen und Glaubenssätze mit Denkmustern trafen, deren Vertreter sich zwar

---

9 Vgl. Martin Broszat: Plädoyer für eine Historisierung des Nationalsozialismus, in: Hermann Graml/ Klaus-Dietmar Henke (Hrsg.): Nach Hitler. Der schwierige Umgang mit unserer Geschichte, München 1986, S. 150–177.
10 Ebd., S. 166.
11 Vgl. jetzt Michael Kißener: Das Dritte Reich, Darmstadt 2005.
12 Vgl. Detlev Peukert: Die Weimarer Republik. Krisenjahre der klassischen Moderne, Frankfurt a. M. 1987; Hans-Ulrich Wehler: Deutsche Gesellschaftsgeschichte, Bd. 4: 1914–1949, München 2003.

nicht als Nationalsozialisten im Sinne von Parteianhängerschaft, wohl aber als Anhänger einer von solchen Erfahrungen geprägten völkisch-nationalen Ideologie verstanden. Hier sollten später die Potenziale für die Zustimmungsbereitschaft zum „Führerstaat" Hitlers und seiner Radikalisierung im Krieg liegen.

Die Krise der liberalen Demokratie, die in Deutschland schließlich in die Staats- und Wirtschaftskrise der Jahre 1930–1932 und zur nationalsozialistischen Machtergreifung führen sollte, hatte zugleich eine europäische Dimension.[13] Überall stellte der Erste Weltkrieg die europäischen Staaten und Gesellschaften vor schwere materielle und soziale Belastungen und führte zu einer politischen Mobilisierung und Radikalisierung. Die revolutionäre Nachkriegskrise rief in vielen europäischen Staaten Protest- und Kampfbewegungen ins Leben, die sich durch eine militante antiliberale, antimarxistische, teilweise antibürgerliche Haltung auszeichneten und mit ihren Parteiarmeen der Schwarz-, Braun- oder Grünhemden Organisations- und Aktionsformen entwickelten, die jenseits der parlamentarischen Debatte politischen Kampf und Gehorsam, terroristische Einschüchterung und politische Gewalt als Inhalt von Politik predigten und als Bürgerkriegsparteien auch praktizierten.[14] Vorbild war die italienische faschistische Bewegung Mussolinis, der seine Fasci di combattimento 1919 gegründet und mit diesen Sturmtruppen seit 1920/21 im Norden des Landes durch politischen Terror zunehmend eine Nebenregierung errichtet hatte, bis er mit dem „Marsch auf Rom", der mehr ein inszeniertes Propaganda- und Drohmanöver als eine wirkliche Putschaktion darstellte, schon 1922 als Chef einer konservativen Koalitionsregierung an die Macht kam und diese bis 1925 zu einer faschistischen Führerdiktatur ausbauen konnte. Die frühe NSDAP orientierte sich am politischen Stil des italienischen Vorbildes, bis nach Hitlers Machtergreifung der Nationalsozialismus selber zum Gravitationszentrum autoritärer und faschistischer Bewegungen avancierte.

Vergleicht man die Entstehungsbedingungen der faschistischen Bewegung und Grüppchen, die sich in Frankreich ebenso finden wie in Spanien, Rumänien, Ungarn und Jugoslawien, dann lassen sich wichtige Voraussetzungen für den Durchbruch zur Massenbewegung und Regierungsbeteiligung oder umgekehrt für den Misserfolg der europäischen Faschismen bestimmen. Massenwirksamkeit und politische Erfolge erreichten sie dort, wo das überkommene bürgerlich-liberale Parteiensystem nicht zur stabilen Mehrheitsbildung fähig war und die politisch-soziale Mobilisierung mit einer starken Linksbewegung das bürgerliche Lager verunsichert hatte. Zu den politisch-sozialen System- und Orientierungskrisen kamen noch Belastungen der nationalen Identität durch die Niederlage im Ersten Weltkrieg und durch eine Friedensregelung hinzu, die als nationale Schmach und als Aufforderung zu einer radikalen Revisionspolitik empfunden wurden. Nur in Italien und Deutschland konnten die faschistischen-nationalsozialistischen Bewegungen darum zu einer Massenbewegung anschwellen und zu einem eigenständigen politischen Machtfaktor werden. In anderen westeuropäischen Ländern blieben die faschistischen Bewegungen Splitterparteien, da sich die liberale Verfassungsordnung als stabil erwiesen hatte oder weil – wie in Südosteuropa – die allgemeine politische Mobilisierung noch nicht so weit vorangeschritten war, dass sich die

---

13 Vgl. Gunther Mai: Europa 1918–1939. Mentalitäten, Lebensweisen, Politik zwischen den Weltkriegen, Stuttgart 2001.
14 Vgl. Wolfgang Wippermann: Europäischer Faschismus, im Vergleich 1922–1982, Frankfurt a. M. 1983; Christof Dipper/Rainer Hudemann/Jens Petersen (Hrsg.): Faschismus und Faschismen im Vergleich. Wolfgang Schieder zum 60. Geburtstag, Vierow 1998; Detlef Schmiechen-Ackermann: Diktaturen im Vergleich, Darmstadt 2002.

traditionellen Eliten verunsichert fühlten und nach einem Bündnis mit den jeweiligen radikalen faschistischen Bewegungen ihres Landes Ausschau hielten.

Die Weimarer Republik hatte es unter den genannten strukturellen Belastungen und politischen Erbschaften schwer, als neue politische und gesellschaftliche Ordnung von der Mehrheit der Deutschen anerkannt zu werden.[15] Zur Erblast, die sie vom Kaiserreich übernahm und die sie in der kurzen Zeit ihrer Existenz kaum abbauen konnte, gehörte ein obrigkeitsstaatliches Politikverständnis und eine autoritär geprägte politische Kultur, die über das national-konservative Spektrum hinaus in weite Teile der Gesellschaft reichten; ein zunehmend militantes Denken, das sich mit militärischen Leitbegriffen und Verhaltensmustern verband und auch das zivile Leben mehr und mehr prägte; mangelnde Erfahrungen mit demokratisch-parlamentarischen Entscheidungsprozessen und die Abneigung gegen politische Kompromisse und Koalitionen unter den Parteien wie unter ihren Wählern; die Orientierung der Parteien an den Weltanschauungsgeboten des sozial-moralischen Milieus, das sie jeweils repräsentierten und das ihrer Kompromissbereitschaft enge Grenzen zog; schließlich die materiellen und sozialen Belastungen durch permanente ökonomische Krisen, die eine Polarisierung der überkommenen Klassengesellschaft förderten und nicht deren Abbau durch den Weimarer Sozialstaat. Stetig an Tiefe gewinnende Gräben trennten die politischen Lager der Weimarer Republik. Das Freund-Feind-Denken wurde zu einem vorherrschenden politischen Schema und die Weimarer Republik zu „Jedermanns Vorbehaltsrepublik" (Karl Dietrich Bracher). Für die einen trug die ungeliebte Republik den Makel einer Geburt aus Niederlage und Revolution. Das machte sie reaktionären und restaurativen Kräften in Politik, Wirtschaft, Militär und Verwaltung zum bevorzugten Objekt des politischen Hasses. Strebten die traditionellen Gruppen, die überwiegend in der DNVP ihre politische Heimat fanden, zurück zur monarchischen Restauration, so bot die verhasste Republik der militanten Neuen Rechten einen Vorwand für ihre Agitation für eine nationale Diktatur. Für die anderen, im Lager der politischen Linken, waren die Strukturreformen, zu der die Republik anfangs noch Kraft hatte, nicht weit genug gegangen, was dem Radikalismus von links in der USPD 1919 und später in der KPD verstärkten Zulauf aus dem Lager der Enttäuschten sicherte.

Unter den ungünstigen politischen und wirtschaftlichen Bedingungen, mit denen die Republik vor allem in ihren Anfangs- und Schlussjahren zu ringen hatte, wurden die langfristigen mentalen politischen und sozialen Belastungen zu einer Bürde, an denen die von vielen Seiten belagerte Zivilgesellschaft von Weimar mit ihrem Verfassungsideal einer pluralistischen, die Menschen- und Bürgerrechte wie die sozialen Rechte garantierenden Demokratie zerbrach. Außenpolitische Belastungen, die mit dem Namen Versailles verbunden waren, verschärften die innenpolitische Lage von Anfang an. Auch wenn die tatsächlichen außenpolitischen und -wirtschaftlichen Verluste, gemessen an den viel weitergehenden Forderungen einiger Siegermächte, 1919 noch moderat ausfielen und sich mittelfristig mit einer klugen Politik durchaus hätten korrigieren lassen, so lagen die eigentlichen Belastungen im kollektivpsychologischen Bereich, in dem verbreiteten Gefühl nationaler Demütigung. Die deutsche Großmachtposition war in ihrer Substanz noch erhalten, und die internationalen Verhältnisse boten durchaus die Chancen zu einer friedlichen Politik, aber eben auch zu einer aggressiven Revisionspolitik.

Für sich genommen wäre jeder dieser Belastungsfaktoren vermutlich noch erträglich gewesen. Erst deren Bündelung wurde zu einer Gefahr für die Republik, die seit der

---

15 Dazu insgesamt Winkler: Die deutsche Staatskrise (Anm. 6).

Wahl des populären Weltkriegsgenerals Paul von Hindenburg zum Reichspräsidenten 1925 sich stärker nach rechts bewegte. Das gab jenen Kräften Auftrieb, die einen Verfassungswandel weg vom Parlamentarismus und Sozialstaat, hin zu einem autoritären Verwaltungsstaat anstrebten.[16] Verstärkt wurden solche Bemühungen durch die Krise des Parteiensystems selbst, das immer weniger zu notwendigen Kompromissen und Kursänderungen im Bereich der Finanz- und Sozialpolitik fähig war. Die Weltwirtschaftskrise von 1929/30 und die ungelösten Finanzprobleme des Deutschen Reiches boten die Möglichkeiten zu einer autoritären Verformung der Verfassung. Vor allem das Instrument der Notverordnungsmacht des Reichspräsidenten gelangte zum Einsatz. Außerdem rückten fast alle Parteien, nicht zuletzt die der bürgerlichen Mitte, ein Stück weit nach rechts, und die Präsenz paramilitärischer Kampfbünde nahm zu, die auf der Straße agitierten und ihre militante Bereitschaft demonstrierten – sei es für oder gegen die Republik. Die Folge war eine schleichende Militarisierung des politischen Lebens, in dem die Verfassungspraxis der parlamentarischen Demokratie immer mehr von Mustern eines politischen Voluntarismus und gewaltbereiten Aktionismus ersetzt wurde.

In dieser Situation erwies sich der Notstandsartikel 48 der Weimarer Verfassung, der dem demokratischen Reichspräsidenten Ebert bis 1925 mehrfach zur Stabilisierung der parlamentarischen Verfassung gedient hatte, als Hebel für eine Verfassungsrevision. Konnte Reichskanzler Heinrich Brüning (1930–1932), der selbst den Parlamentarismus beschneiden wollte und mit einer monarchisch-autoritären Restauration liebäugelte, sich im Reichstag noch auf eine freilich ungeliebte Tolerierungsmehrheit stützen, die in einer Präsidialregierung angesichts der drohenden Polarisierung und vor allem der nationalsozialistischen Wahlerfolge noch immer das kleinere Übel sah, so begab er sich sogleich immer mehr in die Abhängigkeit vom Reichspräsidenten und von den Machtgruppen, vorwiegend aus Reichswehr und Großagrariern, die unmittelbaren Einfluss auf den „Alten Herren" hatten. Damit wurde Brüning zum „ersten Kanzler der Auflösung der Weimarer Republik" (Bracher), dem mit Franz von Papen und Kurt von Schleicher Exponenten eines entschiedeneren autoritären Kurses folgen sollten, die Parteien und Parlamente gänzlich ausschalten wollten.

Mit der Wende zum autoritären Staat verschränkte sich die Geschichte der NSDAP mit der Politik- und Sozialgeschichte der Auflösung der Weimarer Republik. Die autoritäre Verformung der Verfassung ging dem Aufstieg des Nationalsozialismus voraus und war keineswegs eine bloße Abwehr- und Notreaktion auf die zunehmende antidemokratische Massenagitation wie auf die schwere ökonomische Krise mit der dramatischen Zunahme der Arbeitslosigkeit. Die Weimarer Republik war im Grunde bereits gescheitert, als der Durchbruch der NSDAP zur Massenbewegung im September 1930 die politische Landschaft veränderte.[17]

Nicht Hitlers Wahlerfolge und die Massenarbeitslosigkeit verursachten also die Krise des parlamentarischen Systems, sondern die beiden Faktoren konnten, indem sie sich wechselseitig verstärkten, ihre Wirkung erst entfalten, als die Auflösung der Weimarer Republik bereits im Gange war. Einen ersten Hinweis auf die politischen Auswirkungen der verbreiteten Krisen- und Proteststimmung gaben die Landtagswahlen in Thüringen im Dezember 1929, bei denen die NSDAP ihre Stimmenzahl verdreifachen konnte und zum ersten Mal auf über zehn Prozent anwuchs. Hier wurde dann auch die erste Regie-

---

16 Vgl. Hans Mommsen: Regierung ohne Parteien. Konservative Pläne zum Verfassungsumbau am Ende der Weimarer Republik, in: Winkler: Die deutsche Staatskrise (Anm. 6), S. 1–18.
17 Vgl. Broszat: Die Machtergreifung (Anm. 6).

rung unter Beteiligung der NSDAP mit Wilhelm Frick als Innen- und Volksbildungsminister gebildet, der alles tat, um Thüringen zum „nationalsozialistischen Modell"[18] zu machen.

Zu einem politischen Erdrutsch kam es bei den Septemberwahlen 1930. Die NSDAP konnte mit 6,4 Mio. Wählern (18,3 Prozent) das Achtfache der Wählerzahl von 1928 vorweisen; ihre Mandatszahl stieg von zwölf auf 107. Damit war sie hinter der SPD (24,5 Prozent) und vor dem Zentrum auf Anhieb zur zweitstärksten Partei geworden und hatte über Nacht die Parteienlandschaft verändert. Bereits die ungewöhnlich hohe Wahlbeteiligung von 82 Prozent, die fast an den Spitzenwert von 1919 heranreichte, zeigt das Ausmaß der Mobilisierung, die sich vor allem zugunsten der NSDAP auswirkte. Neben der hohen Wahlbeteiligung waren die Verluste der bürgerlichen Parteien für den Wahlerfolg der NSDAP verantwortlich. DVP und DDP sanken zu Splitterparteien herab, und auch Hugenbergs DNVP war auf sieben Prozent zusammengeschrumpft. Sonst hatten bei diesen „Erbitterungswahlen" nur noch die Kommunisten Gewinne erzielt, die mit 13,1 Prozent allerdings längst nicht so dramatisch ausfielen wie die der NSDAP.

Seit den Septemberwahlen von 1930 ging es in der deutschen Politik nicht länger nur um den Gegensatz zwischen parlamentarischer Demokratie und autoritärem, monarchischem Staat, sondern auch um die Frage, wie man sich gegenüber der neuen nationalsozialistischen Massenbewegung verhalten sollte. In Reichswehr und Politik wurden Überlegungen laut, die ähnlich wie in Italien im Jahre 1922 auf eine mögliche Regierungsbeteiligung der faschistischen Bewegung zielten, um diese zu „zähmen" und zu integrieren. Der andere Weg, der ebenfalls in Parteien und Parlament diskutiert wurde, war die Bildung einer geschlossenen Abwehrfront gegen diese Herausforderung. Es gab zunächst Anzeichen dafür, dass die Kräfte des Rechtsstaates und der Verständigung zusammenrückten. Eine erste Maßnahme war eine Notverordnung des Reichspräsidenten von 1931 gegen politische Gewalttätigkeit von links und rechts; die schärfste Form war die Notverordnung vom April 1932 „zur Sicherung der Staatsautorität", die ein Verbot von SA und SS aussprach. Doch prominente Förderer und Anhänger, bis hin zum Kaisersohn August Wilhelm von Preußen, sicherten der NSDAP nach wie vor eine große Reputation. Überlegungen der Reichswehr, die das Wehrpotenzial der SA für ihre Zwecke nutzen wollte, lösten die Abwehrfront noch weiter auf.

Nach der Septemberwahl war nicht absehbar, wie Hitler den Weg zur Macht fortsetzen wollte. Verhandlungen über eine direkte Beteiligung an der Regierung blieben ohne Erfolg, andererseits wuchs mit dem Erfolg der Erwartungsdruck der Anhänger. Die Frage, ob man den Legalitätskurs einhalten oder wieder zur revolutionären Strategie greifen sollte, war längst noch nicht entschieden. Eine weitere Möglichkeit bestand im Bündnis mit der nationalistischen Rechten. Sie wurde im Oktober 1931 in Gestalt der Harzburger Front, einer gemeinsamen Veranstaltung von Deutschnationalen, NSDAP und dem mächtigen konservativ-autoritären Frontsoldatenverband „Stahlhelm" für eine Weile durchgespielt, ohne sich zu einem geschlossenen Bündnis zu entwickeln.

Die Regierung Papen, die nach Brünings Sturz im Frühsommer 1932 gebildet wurde, meinte nun, sich angesichts ihrer weitgehenden politisch-parlamentarischen Isolierung

---

18 Fritz Dickmann: Die Regierungsbildung in Thüringen als Modell der Machtergreifung. Ein Brief Hitlers aus dem Jahre 1930, in: Vierteljahrshefte für Zeitgeschichte, 14 (1966), S. 462, 464; siehe auch Broszat: Die Machtergreifung (Anm. 6), S. 103–108.

die für die Etablierung eines konservativ-autoritären Regiments fehlenden Stimmen bei den Nationalsozialisten gleichsam als ihren Fußtruppen holen zu können. Damit aber unterschätzte sie die revolutionäre Dynamik der NSDAP und den diktatorischen Herrschaftsanspruch ihres „Führers". Nach den weiteren Wahlerfolgen der extremen Parteien blieben bald nur noch zwei Optionen: erstens eine autoritäre Regierung, gestützt auf die Verfügung des Reichspräsidenten über das Notverordnungsrecht und notfalls die Bajonette der Reichswehr, zweitens eine faschistische Lösung, d. h. die Machtübertragung an den Nationalsozialismus, der sich allenfalls noch in eine nationale Koalitionsregierung unter Hindenburg einbinden ließ.

Der Aufstieg der NSDAP zu einer Massenpartei bedeutete den Siegeszug einer Partei neuen Typs und eines veränderten Politikstils.[19] Die NSDAP war eine Glaubens- und Protestbewegung sowie eine charismatische „Führerpartei". Sie repräsentierte die politische Desintegration und Radikalisierung der Zwischenkriegszeit. Adolf Hitler verkörperte, von der Parteipropaganda unablässig verbreitet, das nationalsozialistische Programm und verband die Ängste und Erwartungen der Zeit mit der eigenen Biographie und seinen Glaubenssätzen. Hitlers Weltanschauung diente letztlich der Sicherung seines dogmatischen Selbstbewusstseins wie seines Machtanspruchs in der Partei und später in der Politik des NS-Regimes.[20] Ebenso wichtig für die Resonanz war jedoch, dass ein Teil der Hitlerschen Weltanschauungs- und Propagandaangebote schon in der Gesellschaft verbreitet und damit der Boden für ihre Umsetzung und Organisation vorbereitet war. Der ideologische Kern, nämlich Rassismus und Antisemitismus, war seit dem späten 19. Jahrhundert in kleinen Zirkeln bereits ideologisch miteinander verbunden und hatte durch die Agitation von Antisemitenparteien eine gewisse Popularität erreicht. Um den engeren „weltanschaulichen Kern" des Nationalsozialismus gruppierten sich andere Dogmen aus der imperialistischen und sozialdarwinistischen Denktradition des 19. Jahrhunderts und wurden durch die Erfahrungen von Krieg, Niederlage und Revolution Anknüpfungspunkt einer militanten antirevolutionären Massenbewegung. Dazu gehörten ideologische Anti-Positionen, wie sie sich in anderen nationalistischen und faschistischen Bewegungen der Zwischenkriegszeit ebenfalls fanden: Antimarxismus, Antiliberalismus, Antiparlamentarismus, Antikapitalismus und ein tendenzieller Antikonservatismus. Als „positive" Gegenbilder dienten Leitmuster des neuen radikalen Nationalismus, nämlich ein völkischer Nationalismus verbunden mit dem Konzept eines nationalen Sozialismus und einer nationalen Volksgemeinschaft. Diese sollte sich durch die Bereitschaft zum Glauben, zum Gehorsam und durch den Willen zur Tat auszeichnen. Daneben stellte das „Führer"-Prinzip ein konstitutives Element für Ideologie und Organisation des Nationalsozialismus dar: Es war Gegenmodell zu Liberalismus und Demokratie und zugleich Legitimations- und Integrationsmittel für die Partei. Die Vermittlung zwischen den verschiedenen Interessen und diffusen Zielen sollte nicht durch ein Programm, sondern durch Propaganda und das Charisma des „Führers" erfolgen.

Neben ihrem Charakter als „Führer"-Partei war die NSDAP durch ihre Parteiarmee und ein sich immer weiter ausdehnendes Netzwerk von Vorfeldorganisationen gekennzeichnet. Gerade in der „Kampfzeit" stellte die SA ein Massen mobilisierendes Instrument und eine Bürgerkriegstruppe dar, die sich beim Kampf um die Straße auszeichnete und einen Politikstil zum Ausdruck brachte, der Aktivismus und Jugendlichkeit zum In-

---

19 Vgl. Hans Mommsen: Die NSDAP. Typus und Profil einer faschistischen Partei, in: Dipper u. a.: Faschismus und Faschismen (Anm. 14), S. 23–38.
20 Dazu Ludolf Herbst: Das nationalsozialistische Deutschland 1933–1945, Frankfurt a. M. 1996, S. 25–58.

halt hatte und sichtbarer Beweis des antiparlamentarischen Impetus der Partei war. Die Propagandamärsche, die Plakate und Flugblattaktionen, die Werbetrupps und Musikzüge, die Suppenküchen und Spendenaufrufe erweckten den Eindruck permanenter Bewegungs- und Kraftentfaltung.[21] Aktionismus und Gewalt, die auch nicht vor Mordaktionen zurückschreckte, der Irrationalismus der Fahnenweihen und des Märtyrerkultes um die nationalsozialistischen Opfer der Straßenkämpfe, die zu „Gefallenen der Bewegung" stilisiert wurden, schließlich die Treue- und Opferschwüre – all das waren Elemente einer Heroisierung der Politik, eines aktivistischen Politikstiles, der sichtbares Zeichen dafür sein sollte, dass man sich in einem fundamentalen Gegensatz zur politischen Kultur der parlamentarischen Demokratie verstand.

Hitlers Charisma musste nicht jeden beeindrucken; auf viele wirkte das Ritual der nationalsozialistischen Propaganda und Rhetorik lächerlich oder abstoßend. Das galt vor allem für diejenigen, die über feste kulturelle Orientierungen verfügten und in einem ungebrochenen, sozial und moralisch geschlossenen Milieu lebten: für weite Teile des katholischen Deutschlands, vor allem dort, wo die Konfession noch eine starke Wirkungskraft besaß, und für die klassenbewusste, vorrangig die sozialdemokratische Arbeiterschaft, die in einem mentalen und sozialen Netzwerk der Arbeiterkultur verankert war. Umgekehrt gewann die Hitler-Partei mehr Anhänger unter der vorwiegend protestantischen Bevölkerung Nord- und Ostdeutschlands; und sie fanden mehr Zustimmung auf dem Land und in kleinen Städten als in industriellen Großstädten. Mitglieder und Wähler kamen vor allem aus den Schichten, die sich von der Krise in ihrer Existenz bedroht und um ihre Zukunft betrogen fühlten; die auf eine Veränderung drängten, ohne dass dies im Sinne der sozialistischen Parteien erfolgen sollte; die durch die Unbedingtheit jugendbewegter Forderungen und Verhaltensformen, durch antidemokratisches Gedankengut der so genannten „konservativen Revolution" umgetrieben wurden, das sich wie der traditionelle Konservatismus an vormodernen und vordemokratischen Verhältnissen orientierte, die politische Veränderung jedoch durch revolutionäre Maßnahmen durchsetzen wollte.

Aktive Mitglieder der NSDAP waren vor allem Männer und darunter wiederum Angehörige jüngerer Altersgruppen. In sozialer Hinsicht stammten die neuen Mitglieder der Jahre 1930–1932 zu 35,9 Prozent aus den Unterschichten, zu 54,9 Prozent aus der unteren Mittelschicht und zu 9,2 Prozent aus der Oberschicht. Im Vergleich zur Gesamtbevölkerung waren also untere Mittelschicht und Oberschicht deutlich überrepräsentiert, die Unterschichten unterrepräsentiert. Aber trotz des unverkennbaren „Mittelstandsbauches" (Jürgen W. Falter) der NSDAP war die Tatsache auffällig, dass sie quer durch alle Schichten Mitglieder und Wähler rekrutierte, was in der Parteienlandschaft der Weimarer Republik relativ ungewöhnlich war.[22] Immerhin zählte ein Drittel der Neuzugänge zu den Angehörigen der Unterschichten, und die NSDAP war neben ihrem deutlichen mittelständischen Kern auch eine „Arbeiterpartei", die bezogen auf ihre Rekrutierung im Arbeitermilieu nach SPD und KPD auf dem dritten Platz rangierte. Freilich handelt es sich um einen bestimmten Typus von Arbeitern, die nicht zur traditionsorientierten Arbeiterbewegung gehörten und in der Regel nicht im proletarischen Milieu des großstädtisch-industriellen Bereichs ihre Heimat fanden. Es waren vielmehr bislang nicht organisierte Arbeiter aus kleinen und mittleren Betrieben, aus Heimarbeit und Kleingewerbe und aus dem öffentlichen Dienst.

---

21 Vgl. Gerhard Paul: Aufstand der Bilder. Die NS-Propaganda vor 1933, Bonn 1990; zum Vergleich mit Italien: Sven Reichardt: Faschistische Kampfbünde. Gewalt und Gemeinschaft im italienischen Squadrismus und in der deutschen SA, Köln u. a. 2002.
22 Zum Gesamten siehe Jürgen W. Falter: Hitlers Wähler, München 1991.

Den ursprünglichen Kern der NSDAP bildeten Angehörige der unteren Mittelschicht, darunter vor allem Kaufleute und Gewerbetreibende (17,3 Prozent), kleine und mittlere Angestellte (45,6 Prozent), Freiberufler (3 Prozent), nicht akademische Fachleute und Bauern (14,1 Prozent). Die NSDAP entsprach insgesamt dem Typus einer Integrationspartei der verschiedenen sozialen Schichten, deren Gewicht sich im Laufe der Parteigeschichte stark veränderte. Den stabilen Kern der NSDAP-Wählerschaft bildeten Angehörige der alten städtischen Mittelschichten und der kleinen Landwirte; in der großen Krise kamen Protestwähler aus der neuen Mittelschicht der Angestellten sowie aus dem Rentnermilieu hinzu. Nach 1930 wuchs zudem die Neigung bürgerlicher Honoratioren, die NSDAP zu wählen, sehr stark an, und sie machten auf diese Weise die NSDAP auch für andere Gruppen zustimmungsfähig. Der Anteil der Frauen unter den NS-Wählern war 1930 im Vergleich zur Gesamtbevölkerung noch leicht unterrepräsentiert, was sich bis 1933 in Richtung eines leichten Übergewichts veränderte.

Die Integration der verschiedenen von der NSDAP und ihren Gliederungen angesprochenen Interessen und Erwartungen vollzog sich durch Charisma und Propaganda. Was die Hitler-Partei attraktiv machte, waren nicht konkrete soziale und politische Programme, die die widerstreitenden Erwartungen und Interessen der heterogenen Anhängerschaft ohnehin kaum hätten bündeln können. Es waren vielmehr die Wirksamkeit des Hitler-Kultes, die Sehnsüchte nach der Rückkehr zu traditionalen Sozialordnungen wie umgekehrt auch die Erwartung auf sozialen Aufstieg und Modernisierung, die sich in der Option für die NSDAP spiegelten und nur durch die Unverbindlichkeit der Propagandaformeln miteinander verbunden und befriedigt werden konnten. Dass der Kult um den charismatischen „Führer", der Rettung und Ordnung versprach, und der Appell zur Volksgemeinschaft so wirksam werden konnten, lag nicht an der vermeintlichen Genialität der NS-Propagandisten; es war vielmehr der Reflex der Legitimations- und Identitätskrise der deutschen Gesellschaft der frühen dreißiger Jahre, die sich in ihrer Mehrheit nach einfachen und radikalen Lösungen, nach gläubigem Bekenntnis zu einem Führer mit außeralltäglichen Qualitäten und nach der Flucht aus dem grauen Alltag sehnte.

Die Dynamik der nationalsozialistischen Massenbewegung kann auch nicht allein mit materiellen Unterstützungen und Manipulationen der Großindustrie oder andere kapitalkräftige Kreise erklärt werden. Die NSDAP finanzierte ihre aufwändigen Propagandakampagnen vielmehr in erster Linie durch ihre Mitglieder und deren Beiträge, durch Eintrittsgelder für ihre Massenversammlungen und dann auch mit finanzieller Hilfe von Sympathisanten aus dem bürgerlich-gewerblichen Bereich, vor allem von Inhabern kleiner und mittlerer Betriebe. Entscheidender als ihre finanziellen Zuwendungen waren die Einflussnahmen, die die Großwirtschaft im Verbund mit anderen traditionellen Machteliten zuvor bei der Zerstörung der parlamentarischen Demokratie zugunsten einer autoritären Staatsform gespielt hatte.[23]

3. Machteroberung oder Machtübertragung

Der Aufstieg der Hitler-Bewegung zur Massenpartei war Voraussetzung für das Interesse der traditionellen Machteliten an der NSDAP und für das Bündnis, das diese schließlich im Januar 1933 mit dem Nationalsozialismus schlossen und das Hitler in

---

23 Vgl. Hans Mommsen: Zur Verschränkung traditioneller und faschistischer Führungsgruppen in Deutschland beim Übergang von der Bewegungs- zur Systemphase, in: Wolfgang Schieder (Hrsg.): Faschismus als soziale Bewegung. Deutschland und Italien im Vergleich, Göttingen 1983, S. 157–181.

die Reichskanzlei brachte. Dem gingen freilich längere Auseinandersetzungen zwischen den deutschnationalen Kräften und dem aufsteigenden Nationalsozialismus sowie innerhalb der NSDAP über den Weg zur Macht voraus.[24] Innerhalb des Mächtespiels vor und nach der Machtübertragung vom 30. Januar waren die NSDAP und ihr paramilitärischer Verband der SA stets die unruhigen und treibenden, letztlich systembedrohenden Kräfte, und sie waren es auch, die nach der Machtübertragung die Dynamik der Machteroberung und politischen Gleichschaltung bestimmten. Der Aufstieg der NSDAP zur Massenpartei und ihr plebejisch-revolutionärer politischer Stil mussten neben den Erwartungen einer Zähmungsstrategie auch das Misstrauen im nationalen Lager und die eigenen Profilierungs- und Machtansprüche der konkurrierenden Parteien auf der Rechten verstärken. Deutlich wurde das bei den Reichspräsidentenwahlen von 1932, wo die bürgerliche Rechte und die NSDAP keinen gemeinsamen Kandidaten aufstellten und es am Ende zum Zweikampf zwischen Hitler und Hindenburg kam. Die Stichwahl am 10. April endete mit einer absoluten Mehrheit von 53 Prozent für Hindenburg, der ausgerechnet von einer „schwarz-roten" Koalition unterstützt wurde, und mit einer erneuten Stimmensteigerung Hitlers auf 36,8 Prozent der Stimmen. In der ungeduldigen Massenbewegung, besonders in der SA, wurde das als Niederlage empfunden, was erneut die Frage der richtigen politischen Strategie aufkommen ließ.

Die internen Zweifel und Gegensätze innerhalb der NSDAP wuchsen, als im „Superwahljahr" 1932 bei den Reichstagswahlen vom 31. Juli 1932 die NSDAP zwar noch einmal zulegen konnte (37,3 Prozent), aber ein Ende der Zuwachsraten absehbar war. Dieser Einsicht folgte ein interner Machtkampf zwischen denen, die am Legalitätskurs festhalten und denen, die sofort nach der ungeteilten Macht strebten. Während NS-Propagandaleiter Goebbels die Abkehr vom Legalitätskurs forderte, wollte Reichsorganisationsleiter Gregor Straßer, der um die prekäre Finanzsituation der Partei und um die Grenzen der Mobilisierungskräfte wusste, nach möglichen Koalitionen Ausschau halten.

Unterdessen hatte Hindenburg Ende Mai 1932 die Regierung Brüning fallengelassen und auf Einflüsterungen von General Kurt von Schleicher am 1. Juni 1932 mit Franz von Papen und seinem „Kabinett der Barone" eine Regierung installiert, die nach dem Willen ihrer Schöpfer eine neue und entscheidende Stufe im Prozess der autoritären Umgestaltung der Verfassung sein sollte; tatsächlich entstand damit ein politisches Machtvakuum, denn nun war einerseits die Rückkehr zu einer halb parlamentarischen, halb diktatorialen Regierungsform nach dem Muster Brünings verbaut, andererseits gab es im Reichstag eine Mehrheit der verfassungsfeindlichen Parteien von NSDAP und KPD. Damit waren rationale politische Entscheidungen oder gar der Versuch eines mehrheitsfähigen parlamentarischen Konsenses aussichtslos. Mit dem Machtvakuum, das sich nun im verfassungsmäßigen, institutionellen Raum gebildet hatte, war Zufällen, Intrigen und Massenemotionen Tür und Tor geöffnet.

In der kurzen Regierungszeit Papens wurden wichtige Weichen gestellt: Zunächst gelangten neue Minister aus dem Lager der politischen Rechten ins Amt, die außerhalb des parlamentarischen Spektrums standen und grundsätzlich zu einer Zusammenarbeit mit der NSDAP bereit waren. Es bereitete ihnen ebenso wenig Probleme, nach dem 30. Januar 1933 in der Regierung Hitler als Beleg für die Kontinuität der Regierungspolitik weiter mitzuarbeiten. Dem Gedanken einer temporären Außerkraftsetzung der

---

24 Vgl. Heinrich August Winkler: Weimar 1918–1933. Die Geschichte der ersten deutschen Demokratie, München 1993, S. 444–594.

Verfassung und einer autoritären Diktatur, gestützt auf die Reichswehr, standen die Mitglieder der Regierung Papen nicht ablehnend gegenüber, was seinen sichtbaren Ausdruck in der ersten spektakulären Aktion der Regierung, dem „Preußen-Schlag" vom 20. Juli 1932, fand. Mit dieser rechtswidrigen Absetzung der geschäftsführenden, ohne parlamentarische Mehrheit arbeitenden Regierung unter Otto Braun, getragen von SPD und Zentrum, wurde ein wichtiges Bollwerk der Republik geschleift. In den folgenden Wochen und Monaten wurden in Preußen sozialdemokratische oder demokratische Regierungspräsidenten, Polizeipräsidenten und Landräte ihrer Ämter enthoben und durch konservative Beamte ersetzt. Vor allem aber machte der Verlauf der Aktion, die auf wenig Widerstand stieß, deutlich, wie schwach die Seite der Demokratie nur noch war. Für die Nationalsozialisten sollte sich die Ausschaltung einer demokratischen Länderregierung und die sich daran anschließenden politischen Säuberungen in den Spitzen der Bürokratie als folgenreichste Vorleistung erweisen. Immerhin war damit ein antirepublikanischer Stützpunkt errichtet, der zum Ausgangspunkt der Gleichschaltungsaktionen im Februar und März 1933 werden sollte. Überdies erhielten die Nationalsozialisten eine Demonstration dessen, was man mittlerweile politisch veranstalten konnte, ohne auf nennenswerten Widerstand zu stoßen.

Noch eine andere Vorleistung hatte die Regierung Franz von Papen sofort gebracht: die Aufhebung des von Brüning und seinem Innenminister Wilhelm Groener verfügten SA-Verbots. Dies ließ die Welle der bürgerkriegsähnlichen Gewaltaktionen sofort wieder anschwellen und prägte die Atmosphäre, in der die Juliwahlen stattfanden. Als nach den Wahlen im August 1932 Hitler bei Sondierungsgesprächen enttäuscht feststellen musste, dass Schleicher, der das Reichswehrministerium übernahm, nicht bereit war, ihm die Reichskanzlerschaft zu übertragen, ließ sich die unruhige Massenbewegung zu einer Drohgebärde einsetzen, die an den „Marsch auf Rom" erinnerte: Hitler ließ um Berlin SA-Truppen zusammenziehen, um Druck auf die alten Machteliten auszuüben. Doch am Ende scheute der „deutsche Mussolini" eine offene Kraftprobe mit der Exekutive. In der SA lösten die Demütigungen, die mit der Presseerklärung über die ergebnislosen Gespräche mit Schleicher und Hindenburg vom 13. August deutlich wurden, sowie die zurückhaltende Taktik Hitlers eine neue Welle der Enttäuschung und der Wut aus.

Dass für Papen und seine Führungsgruppe ein Zurück zu einem parlamentarischen System völlig ausgeschlossen war, machten die Pläne für einen „Neuen Staat" deutlich. Eine autoritäre Staatsordnung ohne Einfluss der Parteien und mit einem schwachen Parlament, das in seinen Kompetenzen stark beschnitten werden sollte, wurde projektiert. Außerhalb des Reichstages hatten solche Vorstellungen, die zurück in die Bismarck-Zeit strebten, durchaus Anhänger: in Teilen der Industrie und unter Großagrariern, aber auch in Reichswehr und Bürokratie.

Mit seinen Plänen für einen autoritären „Neuen Staat" bewegte sich Papen zunehmend im politischen Niemandsland: Denn noch brauchte er nach den Bestimmungen der Verfassung für seine Notverordnungsregierung die parlamentarische Duldung, und die erhielt er nach den Wahlen vom Juli nicht mehr. Auch drohten die Gewerkschaften mit einem Generalstreik. Auf der anderen Seite ließ die wachsende Welle von Gewalt, die über das Land schwappte, zunehmend Zweifel an der Ordnungskraft dieser Regierungsform aufkommen. Der Streik bei den Berliner Verkehrsbetrieben, bei denen Nationalsozialisten und Kommunisten gemeinsame Sache machten, wurde zum Anlass für ein Planspiel im Fall eines militärischen Ausnahmezustands, das zeigte, wie weit die Vorbereitungen für einen „Staatsnotstand" schon gediehen waren. Der Plan von Reichswehrminister Schleicher und Oberstleutnant Eugen Ott ging von der Annahme eines von den Gewerkschaften und der kommunistischen RGO ausgerufenen Generalstreiks und von blutigen Auseinandersetzungen zwischen KPD und Polizei aus. Der NSDAP unterstellte man in diesem Sandkastenspiel eine abwartende, wenngleich feindliche Haltung bei gleichzeitiger örtlicher Unterstützung der Streikenden, was der von der NSDAP bisher verfolgten Strategie durchaus entsprach. Die Studie gelangte zu dem Schluss, die Ordnungskräfte wären bei einem Generalstreik überfordert und NSDAP wie SA bei gleichzeitigen Grenzunruhen mit Polen für die Verstärkung des Grenzschutzes unentbehrlich. Die Studie zeigte den Zielkonflikt der politischen Strategie Schleichers auf. Einerseits sollte die NSDAP nach wie vor gezähmt werden, andererseits wollte man Teile der NSDAP, falls die Zähmung scheiterte, in den Staat einbinden. Es war augenscheinlich, wie riskant die auf den militärischen Ausnahmezustand gestützten, verfassungspolitischen Experimente eines autoritären Staates sein konnten. Bevor Papen weiter handeln konnte, hatte ihm der neu gewählte Reichstag schon die Unterstützung verweigert, so dass es zu einer erneuten Auflösung des Parlamentes und zu Neuwahlen am 6. November kam. Nach den Wahlen war die Situation Papens noch schwieriger geworden, und nun sollte die Planstudie Otts den letzten Anstoß für das Auswechseln Papens durch Schleicher geben. Denn weder Hindenburg noch Schleicher wünschten den Bürgerkrieg.

Bei den Novemberwahlen waren die Stimmen der NSDAP von 37,3 auf 33,1 Prozent merklich zurückgegangen, während die KPD einen Zuwachs von 14,3 auf 16,9 Prozent verzeichnen konnte. Die beiden extremistischen Parteien verfügten damit über eine Blockademehrheit im Reichstag. Der Regierung Papen blieb nur noch der Rücktritt, wodurch die Phase konservativ-autoritärer Illusionen ein Ende fand. Es war nicht mehr möglich, allein die politischen Ziele und sozialen Ressentiments einer kleinen Oberschicht zum Fundament einer Regierung und eines Staates zu machen. Wollte Schleicher seine alternative Strategie, eine Einbindung der als „wertvoll" erachteten Teile der NSDAP in die Regierung, noch verwirklichen, musste er selbst das politische Ruder in die Hand nehmen und nicht länger im Hintergrund agieren. Er übernahm von Papen die Ministermannschaft, setzte aber auf ein alternatives politisches Programm, das auf die veränderten politischen Kräfteverhältnisse und auf mögliche interne Gegensätze in der NSDAP zu reagieren suchte. Im Gewand des „sozialen Generals" verkündete Schleicher in Anlehnung an die Erfahrungen der Kriegswirtschaft und die Sozialpolitik des Ersten Weltkrieges eine Politik des „Burgfriedens" zwischen den politisch-sozialen Lagern. Zudem propagierte er eine „Querfront",[25] nämlich den Versuch, freie Gewerkschaften einerseits und kooperationswillige Teile der NSDAP andererseits zur Unterstützung seiner Politik zu gewinnen, die u. a. auch Arbeitsbeschaffungsmaßnahmen vorsah. Er bot Gregor Straßer als dem vermeintlichen Exponenten solcher Kräfte in der NSDAP die Vizekanzlerschaft an, doch waren die Gräben zwischen den Lagern zu tief. Straßer nahm das Angebot zwar ernst, im entscheidenden Moment erwies er sich aber Hitler an politischer Willenskraft unterlegen und beugte sich dessen Kurs des Unbedingten. Mehr noch, er trat von allen Parteiämtern zurück und resignierte, was ihn nicht vor Hitlers späterer Rache bewahrte.

Schleichers Plan scheiterte darüber hinaus am Misstrauen der großen wirtschaftlichen Interessenorganisationen. Die Großagrarier wie Teile der Industrie lehnten seinen Kurs als „sozialistisch" ab und intervenierten beim Reichspräsidenten. Doch auch die wirt-

---

25 Vgl. Axel Schildt: Militärdiktatur mit Massenbasis? Die Querfrontkonzeption der Reichswehrführung um General von Schleicher am Ende der Weimarer Republik, Frankfurt a. M. 1981.

schaftlichen Interessenorganisationen waren gespalten: Die Mehrheit der Industrieverbände votierte nach wie vor für Papen, ein sehr viel kleinerer Teil sympathisierte mit Schleichers Integrationskonzept, ein dritter Flügel hatte bereits am 19. November 1932 zusammen mit einflussreichen Großagrariern in einer Erklärung für eine Regierungsübernahme durch Hitler plädiert.

In dieser Situation der Auflösung politischer Entscheidungsordnungen und tiefgreifender Interessendivergenzen, die eine Ausgleichspolitik unmöglich machten, aber auch auf den vorgesehenen verfassungsmäßig-institutionellen Wegen keine Lösung mehr zuließen, rückten Rachegefühle und Intrigen ebenso in den Vordergrund wie persönliche Beziehungen und politische Freundschaften.[26] Es begann der dramatische Schlussakt im Prozess des Untergangs der Weimarer Republik, im Übergang von einer autoritären Verfassungspraxis zu einer faschistisch-nationalsozialistischen Diktatur. Die entscheidende Rolle in dem politischen Intrigenstück, das sich nach dem Scheitern der Querachsen-Pläne Schleichers nun vollends entfaltete, spielte Papen, der nach wie vor das Vertrauen Hindenburgs genoss und bei seinem Machtpoker auch die NSDAP einzusetzen gedachte, die nach der Wahlniederlage vom November 1932, nach der Führungskrise um Gregor Strasser und durch erneute interne Konflikte mit rebellischen SA-Einheiten geschwächt war. Mit einer großen Mobilisierungsstrategie versuchten Hitler und Goebbels zwar ihrerseits bei den Landtagswahlen im Kleinstaat Lippe am 15. Januar 1933 noch einmal die Krise durch Aktion zu überwinden; die Wahl brachte immerhin einen Achtungserfolg. Aber grundsätzlich ähnelte die machtpolitische Lage der Verfechter des autoritären Staates wie der NSDAP derjenigen zweier politisch Gescheiterter, die nach einer letzten Stütze suchten, um sich zu behaupten.

Zum Jahreswechsel, als die politischen Leitartikler schon das baldige Ende des Hitlerismus voraussagten, hatte Papen hinter dem Rücken Schleichers seine Fühler ausgestreckt und sich im Haus des Kölner Bankiers Kurt von Schröder, einem der Unterzeichner der Industrielleneingabe zugunsten Hitlers, mit diesem und Hitler heimlich getroffen und Hitler schließlich die Reichskanzlerschaft in einem gemeinsamen Kabinett angeboten. Doch stand hinter diesem Ränkespiel keine breite politische Front. Papen musste deshalb alles unternehmen, um die Zustimmung des zögernden Hindenburg und seiner Umgebung zu erlangen.

Neben dem Reichslandbund, der Interessenvertretung der Großagrarier, der gegen Schleichers sozialpolitische Vorstellungen mobil machte, gab es einflussreiche Reichswehrgeneräle wie Werner von Blomberg, die gegen Schleichers neuerliche Pläne einer Militärdiktatur eintraten und ihrerseits eine Lösung mit Hitlers Person favorisierten. Hinzu kam bei einigen Generälen der verlockende Gedanke, mit der nationalsozialistischen Massenbewegung die nationalistische Integration der Mehrheit der Bevölkerung zu bewirken und damit die Stellung des Militärs in Staat und Gesellschaft zu stärken.

Damit waren die wichtigsten Entscheidungen hinter den Kulissen gefallen, und die Abneigung des greisen Reichspräsidenten gegen Hitler schwand dahin. Schließlich hatte man Hindenburg versichert, dass nun eine Regierung mit klaren Mehrheiten gefunden würde, dass sie ihm die Bürde der Verantwortung abnehmen und ihn von der Belastung eines möglichen Verfassungsbruchs und Bürgerkriegs befreien würde, in die ihn Schleicher mit seinen Staatsnotstandsplänen zu manövrieren drohte. Nach diesen Vor-

---

26 Vgl. Henry Ashby Turner: Hitlers Weg zur Macht. Der Januar 1933, München 1997.

entscheidungen wurden Schleicher am 28. Januar die Notverordnungsvollmachten des Präsidenten mit denselben Argumenten verweigert, die er Wochen zuvor selbst gegen Papen eingesetzt hatte. Es blieb dem politischen General nur noch der Rücktritt.

4. Errichtung der Diktatur

4.1. Die „nationale Revolution"

Der neue Reichskanzler Adolf Hitler tat nach der spektakulären Machtübertragung alles, um den Eindruck eines honorigen Staatsmannes und damit der Wahrung von Kontinuität zu erwecken. Die revolutionären Brüche, die die Machtübernahme des 30. Januar tatsächlich implizierten, wurden hinter einem Nebel von widersprüchlichen Propagandaformeln verdeckt. Das Bild von der „nationalen Erhebung", das sofort in die Welt gesetzt und am Abend des 30. Januar mit einem Fackelzug durch das Brandenburger Tor wirkungsvoll unterstrichen wurde, sollte davon ablenken, dass Hitler an der Spitze einer Koalitionsregierung stand und die NSDAP im Kabinett nur eine Minderheit bildete. Andererseits sollten damit und mit der bald üblich gewordenen Rede von der „legalen Revolution" die Erwartungen vor allem des bürgerlichen Publikums und der traditionellen Machtgruppen befriedigt und die unmittelbar nach dem 30. Januar einsetzenden Terror- und Repressionsmaßnahmen der Parteiaktivisten in dem Prozess der Machtergreifung verdeckt werden. Der politischen Machtübernahme wurde damit eine Legalität unterstellt, die schon längst unterminiert war. Denn nicht als Führer einer parlamentarisch tragfähigen Mehrheit kam Hitler an die Regierung, sondern durch die „autoritären Einbruchstellen der Weimarer Verfassung" (Bracher), die unter Ausnutzung des Notverordnungsartikels 48 schon zuvor von den Präsidialregierungen geöffnet worden waren und die auch die Grundlage von Hitlers Regierungstätigkeit in den ersten Wochen sein sollten.[27]

Zu den Illusionen, die den Prozess der Machteroberung begleiteten, gehörte das Konzept der „Zähmung", das von konservativen Machtgruppen, vor allem innerhalb der Reichswehr, seit 1930 vertreten wurde und mit dem die vorgeblich „positiven" Elemente der NSDAP an das konservative Establishment gebunden werden sollten. Tatsächlich war dem Zähmungskonzept eigentlich schon am Tag der Regierungsübertragung der Boden dadurch entzogen, dass Hitler sich mit der Forderung nach sofortigen Neuwahlen durchgesetzt hatte. Damit hoffte er im Machtkampf mit den deutschnationalen Bündnispartnern, die keine eigene Massenbasis besaßen, die nationalsozialistischen Stärken ausspielen zu können, zuvorderst die Fähigkeit zur Massenmobilisierung. Dass sich die nationalsozialistische Massenbewegung nicht nur auf die Inszenierung einer gewaltigen Propagandakampagne beschränken, sondern auch politische Gewalt anwenden würde, war angesichts der bisherigen Bürgerkriegspraktiken zu erwarten. Zugleich bot eine solche Mobilisierungskampagne die Chance, von den parteiinternen Konflikten mit einzelnen SA-Abteilungen, die im Januar 1933 noch bestanden, abzulenken und den ungeduldigen Aktivisten in Partei und SA eine politische Betätigung zu bieten.

---

27 Zum Gesamtzusammenhang Karl Dietrich Bracher/Wolfgang Sauer/Gerhard Schulz: Die nationalsozialistische Machtergreifung. Studien zur Errichtung des totalitären Herrschaftssystems in Deutschland, 3 Bde., Frankfurt a. M. 1974; Thamer: Verführung und Gewalt (Anm. 8).

Die paradoxe Mischung von scheinbarer Legalität und gleichzeitigem Terror, von ungezügelter Massenmobilisierung und der Kontinuität autoritärer Staatlichkeit auf der Grundlage des Notverordnungsrechts, diese Verbindung von Tradition und Revolution, von Rhetorik und Gewalt gehörte zu den wesentlichen Bestandteilen der Machteroberung einer modernen Diktatur. Trotz der vielfachen Kontinuitätskonstruktionen war sie in ihren Folgen von revolutionärem Ausmaß und hat seither unser Bild von totalitären Herrschaftstechniken entscheidend geprägt. Ob die Technik der Machteroberung, die im Rückblick von einer erstaunlichen Konsequenz und Logik bestimmt gewesen zu sein schien, tatsächlich einem großen Plan folgte oder „nur" Produkt politischer Improvisation, gepaart mit einem grundsätzlichen Machteroberungs- und -behauptungswillen war, hat die Wissenschaft und Politik schon immer beschäftigt. Dabei ist die anfängliche Annahme vom „Fahrplan" der Machteroberung in der wissenschaftlichen Diskussion zunehmend revidiert worden.[28]

Kaum etwas deutete am Morgen des 30. Januar 1933 darauf hin, dass mit der Vereidigung der Regierung Hitler, der feierlich erklärte, er werde die Verfassung respektieren und die Rechte des Reichspräsidenten achten, tatsächlich ein neues Kapitel in der deutschen Geschichte aufgeschlagen wurde. Vielmehr schienen zunächst die vertrauten Gesichter aus dem Kabinett Papen zu dominieren: Reichsaußenminister Konstantin von Neurath, Reichsfinanzminister Ludwig Schwerin von Krosigk, Reichsjustizminister Franz Gürtner, Reichsverkehrsminister Paul von Eltz-Rübenach. Als der eigentliche starke Mann im neuen Kabinett galt der neue „Wirtschaftsdiktator", der Parteiführer der DNVP, Alfred Hugenberg, der Wirtschafts- und Landwirtschaftsministerium übernahm und zusätzlich kommissarisch für die entsprechenden preußischen Ministerien zuständig war. Um das Konzept der Einrahmung zu vervollständigen, wurde der Führer des „Stahlhelms", Franz Seldte, zum Reichsarbeitsminister ernannt; vor der Vereidigung des übrigen Kabinetts war bereits der künftige Reichswehrminister, Generalleutnant Werner von Blomberg, vereidigt worden, um die Sonderstellung der Reichswehr herauszustreichen. Schließlich wurde Vizekanzler von Papen zum kommissarischen preußischen Ministerpräsidenten ernannt, um damit eine weitere Bastion gegen die Nationalsozialisten zu errichten. Keines der Kabinettsmitglieder der NSDAP verfügte über eine größere Regierungs- und Verwaltungserfahrung oder eine längere parlamentarische Routine, abgesehen von der kurzen Amtszeit Görings als Reichstagspräsident (nach den Juliwahlen 1932) und der 14-monatigen Ministertätigkeit Fricks in Thüringen. Hitler hatte zuvor den Reichstag nie betreten, und seine Unterführer hatten die Parlamente in Reich und Ländern nur als Bühne für ihr aggressives, agitatorisches Auftreten benutzt.

Dass die Dämme gegen Hitler dennoch nicht hielten, hatte viele Gründe. Einer davon lag in der Dynamik der nationalsozialistischen Bewegung begründet, die nun endlich ihre Chance zur Abrechnung mit dem politischen Gegner und zu Aufstieg und Macht gekommen sah. Zudem spielten die propagandistischen Verführungskünste der Nationalsozialisten, die ihre Parole von der „nationalen Erhebung" überall in Szene setzten, zusammen mit den nationalen Erlösungs- und Veränderungserwartungen des Publikums eine Rolle.[29] Skeptischen Intellektuellen galten die Fackelzüge und Demonstrationsmärsche noch als „ein wahrer Karneval". Sie hofften, dass es mit dem nationalsozialistischen „Spuk" bald ein Ende haben würde. Heute wissen wir, dass vom Mythos des

---

28 Vgl. Ian Kershaw: Der NS-Staat. Geschichtsinterpretationen und Kontroversen im Überblick, 2. Aufl., Reinbek bei Hamburg 1994.
29 Vgl. Martin Broszat: Zur Struktur der NS-Massenbewegung, in: Vierteljahrshefte für Zeitgeschichte, 31 (1983), S. 52–76.

„Retters" und „Führers" eine große Massenwirkung ausging und die dumpfe Gewalt der SA, die „Weltbühne"-Herausgeber Carl von Ossietzky einmal mit dem Treiben von „wildgewordene[n] Skatbrüdern"[30] verglich, ein Instrument der Machteroberungspolitik bildete.

Die politische Linke, der Hitler im Wahlkampf den Kampf angesagt hatte, sah den „Trommler" in der Abhängigkeit von Junkern und Schwerindustriellen und war überzeugt, dass sich Hitler und die Seinen in dieser Umklammerung bald verbrauchen würden. Politisch waren SPD und KPD schon längst zu sehr in der Defensive, um sich noch zu einer starken Gegenwehr formieren zu können. Das kommunistische Streben nach einer „Einheitsfront von unten" glich dem untauglichen Versuch, mit überholten Konzepten auf eine neue Situation zu reagieren. Im Übrigen war die einstmals mächtigste Arbeiterbewegung der Welt auch durch die Massenarbeitslosigkeit der Weltwirtschaftskrise zutiefst verunsichert und kaum zu einem Generalstreik zu bewegen. Es fehlte, wie Ossietzky resigniert feststellte, den Anhängern der Republik am notwendigen Lebenswillen.

Was die Nationalsozialisten in ihrer Propaganda als Revolution bezeichneten, war ein stufenförmiger Vorgang der Machtusurpation. Hitlers Weg zur Diktatur vollzog sich dabei von innen her, durch seine Stellung als Reichskanzler einer Präsidialregierung. Das bot den Vorteil, für den politischen Umsturz die Machtmittel des Staates zu besitzen; sich neben der eigenen Massenbewegung auf die autoritäre Herrschaftstradition und die Kontinuität der deutschen Geschichte berufen zu können; vor allem aber mit dem Notverordnungsrecht in der Anfangsphase über das entscheidende politische Instrument zu verfügen, das schon in der Zeit der Präsidialregierungen eingesetzt worden war und das dadurch die Mitwirkung der traditionellen Eliten in Bürokratie, Diplomatie, Militär und Wirtschaft sichern konnte.

Zu welchen Zielen Hitler die Macht in einem autoritären Führerstaat nutzen wollte, offenbarte er in einer vertraulichen Rede vor Truppen- und Wehrkreisbefehlshabern am 3. Februar 1933. Parlamentarismus und Demokratie sollten abgeschafft werden, um die „Wiederwehrhaftmachung" des deutschen Volkes zu erreichen. In einem Stichwortprotokoll eines Teilnehmers heißt es dazu: „ Völlige Umkehrung der gegenwärtigen Zustände in Deutschland. Keine Duldung der Betätigung irgendeiner Gesinnung, die dem Ziel entgegensteht (Pazifismus!). Wer sich nicht bekehren lässt, muss gebeugt werden. Ausrottung des Marxismus mit Stumpf und Stiel [...]. Todesstrafe für Landes- und Volksverrat. Straffste autoritäre Staatsführung. Beseitigung des Krebsschadens der Demokratie."[31]

Dass Hitler mit diesen antidemokratischen, antiliberalen und antimarxistischen Vorstellungen bei seinen Zuhörern auf weitgehende Zustimmung stieß, ist angesichts der Vorgeschichte des 30. Januar und einer zumindest partiellen Interessen- und Zielidentität von Deutschnationalen und Nationalsozialisten nicht verwunderlich. Über den Weg und die politischen Mittel der Machteroberung, die nichts weniger als eine Zerstörung des Rechtsstaates bedeuteten, gab es in der NS-Führung offenkundig keine genauen Vorstellungen. Wohl aber verfügten die Nationalsozialisten über Techniken der Mobilisierung von Massen, der Durchdringung und Unterwanderung von Institutionen und

---

30 Carl von Ossietzky: Brutus schläft, in: Die Weltbühne vom 3. Februar 1931, S. 157.
31 Handschriftliche Aufzeichnungen des Gen.Lt. Liebmann über die Ausführungen des Reichskanzlers Hitler vor den Befehlshabern des Heeres und der Marine vom 3. Februar 1933, wiedergegeben bei Thilo Vogelsang: Neue Dokumente zur Geschichte der Reichswehr 1930–1933, in: Vierteljahreshefte für Zeitgeschichte, 2 (1954), S. 434 f.

Verbänden, der Freisetzung von immer neuen Energien und über den Willen zur Selbstbehauptung und Unterwerfung anderer. Das führte zur ungehemmten, fast anarchischen Entladung von politischen Machtansprüchen einzelner Parteiführer und Parteigliederungen, die nun untereinander um die Ausweitung ihrer Macht und Einflusssphären in Ministerien, staatlicher Verwaltung und gesellschaftlichen Verbänden stritten. Das wiederum sollte teilweise zur Ablösung bisheriger politischer Führungsgruppen und zur schrittweisen, allerdings nicht gleichförmigen Gleichschaltung von Staat und Gesellschaft, aber auch zu völlig ungeklärten Kompetenzen zwischen den einzelnen nationalsozialistisch dominierten Ministerien und Ämtern oder Parteiapparaten führen. Einstweilen ging von den überkommenen Machtapparaten in Bürokratie und Reichswehr, die aus Gründen der eigenen Machterhaltung sich an den Machtkämpfen beteiligten, noch eine stabilisierende Wirkung aus. Langfristig mussten solche Herrschaftspraktiken jedoch zur Auflösung von rationaler Staatlichkeit und Politik führen.[32]

Schon in den ersten Tagen wurden Entscheidungen getroffen, die kaum noch als legal zu bezeichnen waren. So war weder die Versicherung Hitlers gegenüber Hugenberg, auch nach den Neuwahlen werde sich an der Zusammensetzung der Regierung nichts ändern, mit dem Geist der Verfassung in Übereinstimmung zu bringen, noch Papens Vorschlag in der zweiten Kabinettssitzung vom 1. Februar, „es sei am besten, schon jetzt festzulegen, dass die kommende Wahl zum Reichstag die letzte sein solle und eine Rückkehr zum parlamentarischen System für immer zu vermeiden sei".[33] Die Regierung Hitler setzte zunächst scheinbar die Praxis der Präsidialkabinette fort. Der Reichskanzler erwirkte vom Reichspräsidenten die Auflösung des Reichstages, der Wahlkampf machte aber die Differenzen im Politikverständnis der Koalitionspartner deutlich.

Die Neuwahlen wurden für den 5. März angesetzt. Damit war der zeitliche und politische Rahmen für die erste Phase der Machtergreifung abgesteckt, die ganz im Zeichen von Aufbruchsstimmung und von Massenmobilisierung einerseits, von Terror und Entrechtung andererseits stand. Der Wahlkampf war auf den kommenden charismatischen Staatslenker ausgerichtet, auf den „Retter" und „Erlöser", der die Ängste und Sehnsüchte der Wähler mobilisierte und die eigenen Absichten hinter einem Wust von Mythen und Bildern verbarg. Schon die Regierungserklärung vom 1. Februar 1933 legte davon Zeugnis ab.[34]

Kaum war der Wahlkampf eröffnet, tobten sich die terroristischen Instinkte der SA aus, die sich nun dadurch gerechtfertigt fühlte, dass die Regierung Hitler den Wahlkampf unter der Parole „Kampf dem Marxismus" gegen die beiden Linksparteien zu führen gedachte. Das entsprach nicht nur ihrem Selbstverständnis, sie konnte sich auch der breiten Zustimmung des bürgerlichen Deutschlands und der traditionellen Machtapparate sicher sein. Der gleich nach der Machtübertragung erfolgte kommunistische Aufruf zu einem Generalstreik (der kaum befolgt wurde) lieferte den Vorwand für eine Notverordnung des Reichspräsidenten „Zum Schutze des deutschen Volkes" vom 4. Februar. Mit ihr konnte die Presse- und Versammlungsfreiheit massiv eingeschränkt werden. Die entsprechenden Straftatbestände waren so dehnbar formuliert, dass man damit gegnerische

---

32 Zur Strukturanalyse des NS-Herrschaftssystems Martin Broszat: Der Staat Hitlers. Grundlegung und Entwicklung seiner inneren Verfassung, München 1981; Norbert Frei: Der Führerstaat. Nationalsozialistische Herrschaft 1933–1945, München 1993.

33 Akten der Reichskanzlei. Die Regierung Hitler, Bd. I: 1933/34, hrsg. für die Historische Kommission bei der Bayerischen Akademie der Wissenschaften von Konrad Repgen und für das Bundesarchiv von Hans Booms, Boppard am Rhein 1983, S. 9.

34 Ebd., S. 15.

Parteien nach Belieben mundtot machen konnte. Bis der immerhin noch vorgesehene Beschwerdeweg beim Reichsgericht ausgeschöpft war, hatte die Verordnung ihren politischen Zweck schon erfüllt. Das galt vor allem für Preußen, wo Göring die gnadenlose Verfolgung der politischen Gegner auf der Linken eröffnete.

Entscheidend dafür war die Verfügung über Polizei und Verwaltung. Die nach den politischen Säuberungen durch die Regierung Papen noch im Amt verbliebenen parlamentarischen Gegenkräfte sollten nun durch die Auflösung des preußischen Landtages, der Provinziallandtage und sämtlicher Kommunalvertretungen ausgeschaltet werden, denn noch bestanden auf Grund des Urteils des Staatsgerichtshofes vom 25. Oktober 1932 zwei Regierungen in Preußen: zum einen die Regierung Braun, deren Absetzung vom Staatsgerichtshof für ungültig erklärt, deren Entmachtung durch die Reichsregierung Papen aber zugleich anerkannt wurde, und zum anderen die Kommissariatsregierung Papen, deren Machteroberung per Staatsstreich vom Gericht gerechtfertigt, der aber das Recht abgesprochen wurde, eigene Bevollmächtigte in den Preußischen Staatsrat und in den Reichsrat zu entsenden; das stand nach wie vor der verfassungsmäßigen Regierung Braun zu. Die neue preußische Kommissariatsregierung, in die am 30. Januar vor allem Göring eingezogen war, konnte nicht sicher sein, ob die Regierung Braun über den Landtag und den Preußischen Staatsrat, wo NSDAP und DNVP noch nicht die Mehrheit besaßen, die eigenen Aktivitäten mit Misstrauensvoten nicht unterlaufen würde. Mit den Neuwahlen sollte daher vor allem die Zusammensetzung des Staatsrates verändert werden. Dass von dort Widerstand zu erwarten war, hatte sich schon bei dem Versuch gezeigt, den preußischen Landtag aufzulösen, der gerade vor zehn Monaten gewählt worden war. Ein nationalsozialistischer Auflösungsantrag war am 4. Februar mit 214 zu 196 Stimmen abgelehnt worden. Ein Dreimännerkollegium, bestehend aus dem Ministerpräsidenten Otto Braun, dem nationalsozialistischen Landtagspräsidenten Hanns Kerrl (NSDAP) und dem Staatsratspräsidenten, dem Kölner Oberbürgermeister Konrad Adenauer (Zentrum), das ebenfalls das Recht zur Landtagsauflösung besaß, hatte am selben Tag mit den Stimmen von Braun und Adenauer die Auflösung ebenfalls abgelehnt. Nun half nur noch ein zweiter Staatsstreich in Preußen, den wieder Papen besorgte. Mit der Notverordnung „Zur Herstellung geordneter Regierungsverhältnisse in Preußen" wurden kurzerhand alle der Regierung Braun noch verbliebenen Befugnisse, in erster Linie die Teilhabe an Reichs- und Staatsrat, auf den Reichskommissar übertragen. Das war glatter Rechtsbruch. Doch nun nahm Papen den Sitz Brauns im Dreimännerkollegium ein, und damit war trotz Adenauers Protests die Entscheidung für die Auflösung des Landtages noch am 6. Februar gefallen und der Weg für Göring endgültig frei, der sich trotz der Vorrechte des ihm übergeordneten Reichskommissars Papen durchzusetzen wusste.

Wer von den Sozialdemokraten nach dem 20. Juli 1932 noch in Spitzenstellungen der Verwaltung verblieben war, wie etwa der frühere sozialdemokratische Wehrminister Gustav Noske als Oberpräsident in Hannover, wurde ebenso entlassen wie Spitzenbeamte des Zentrums oder der demokratischen Staatspartei: neben Oberpräsidenten, Regierungspräsidenten, Landräten auch 14 Polizeipräsidenten in preußischen Großstädten. Es rückten vor allem konservative und deutschnationale Verwaltungsbeamte, adlige Gutsbesitzer und Industriemanager nach. Aus Rücksicht auf den deutschnationalen Partner (und weil die Nationalsozialisten selbst kaum über ein fachlich einigermaßen qualifiziertes Personal verfügten) musste Göring mit der Ernennung von Nationalsozialisten noch zurückhaltend sein.

Mit den personellen Umbesetzungen in der preußischen Innen- und Polizeiverwaltung fand eine folgenreiche organisatorische Veränderung statt. Oberregierungsrat Otto Diels übernahm Ende Februar unter dem neuen Berliner Polizeipräsidenten Magnus von Levetzow, einem Führer völkisch-nationaler Wehrverbände, die Leitung der Abteilung I A, Politische Polizei, die bald aus dem Verwaltungsgang herausgelöst und zum Geheimen Staatspolizeiamt (Gestapa) verselbstständigt wurde. Nun ließ Göring die Maske des jovialen Biedermannes fallen, mit der er vor allem das bürgerlich-nationale Publikum zu beschwichtigen verstand. Er verkündete in aller Öffentlichkeit, einerseits „die staatlichen und polizeilichen Machtmittel bis zum äußersten" zum Kampf gegen die Kommunisten einsetzen zu wollen, den eigentlichen „Todeskampf" mit den „Braunhemden" zu führen.[35] Das war das Programm eines revolutionären Terrorismus, der sich der traditionellen staatlichen Mittel nur zum Schein und aus Gründen des Opportunismus bediente.

Die Polizeibeamten hatte er schon am 17. Februar 1933 angewiesen, mit den „nationalen Verbänden" (SA, SS und Stahlhelm), „in deren Kreisen die wichtigsten staatserhaltenden Kräfte vertreten sind, das beste Einvernehmen herzustellen". Und er hatte gleich drohend hinzugefügt: „Polizeibeamte, die in Ausübung dieser Pflichten (gegen staatsfeindliche Organisationen) von der Schusswaffe Gebrauch machen, werden ohne Rücksicht auf die Folgen des Schusswaffengebrauchs von mir gedeckt; wer hingegen in falscher Rücksichtnahme versagt, hat dienststrafrechtliche Konsequenzen zu gewärtigen."[36] Das hatte die praktische Wirkung eines Schießbefehls und war die unverhohlene Aufforderung zu politischer Willkür. Um den Druck auf die Polizeibeamten noch zu verstärken, wurden den regulären Einheiten mit Erlass vom 22. Februar noch SA- und SS-Einheiten als Hilfspolizei zur Abwehr linksradikaler und insbesondere kommunistischer Ausschreitungen an die Seite gestellt. Zum ersten Mal kam es zu einer – noch improvisierten – Verschmelzung von staatlicher Polizei und Parteiarmee.

Mit den Erlassen wurde nicht nur eine ungleiche Behandlung der Wahlkampfparteien bewirkt, sondern auch der SA-Terror gedeckt. Die Polizei sah tatenlos zu, wie Teilnehmer republikanischer Wahlversammlungen von SA-Trupps angegriffen und niedergeschlagen wurden. Jeder Tag brachte neue Nachrichten über den SA-Terror bei Kundgebungen von SPD und Zentrum, von Verwüstungen bei Zeitungsredaktionen, von Überfällen auf Politiker der Linken. Mit einer Welle von willkürlichen Verhaftungen sollte der politische Gegner eingeschüchtert und ausgeschaltet werden. Insgesamt zählte man bis zu den Wahlen offiziell 69 Tote und Hunderte von Verletzten. Unter den Toten waren auch 18 NSDAP-Angehörige, die hinfort als „Märtyrer der Bewegung" Gegenstand des politischen Kultes sein sollten. Es gab auch besorgte Stimmen, Warnungen, Proteste, Versuche von Gegenwehr. Sie scheiterten an den inneren Gegensätzen und persönlichen Rivalitäten innerhalb des bürgerlich-konservativen Lagers wie an der Beschwichtigungs- und Verführungstaktik Hitlers: Er zeichnete gegenüber wichtigen gesellschaftlichen Interessenvertretern das um Vertrauen werbende Bild eines starken Staates und einer autoritären Wirtschaftsordnung.

Zuvor schon hatte sich Hitler die Unterstützung der Reichswehr gesichert, als er in der Besprechung vom 3. Februar der Armee seine „Zwei-Säulen-Theorie" entwickelte und ihr damit als einzigem Waffenträger der Nation eine tragende und autonome Rolle im

---

35 Ursachen und Folgen. Vom deutschen Zusammenbruch 1918 und 1945 bis zur staatlichen Neuordnung Deutschlands in der Gegenwart, hrsg. von Herbert Michaelis und Ernst Schraepler, Bd. IX, S. 74.

36 Zitiert nach Broszat: Der Staat Hitlers (Anm. 32), S. 95.

neuen Staat neben der NSDAP zugesichert hatte.[37] Hitler traf damit sehr wohl die Erwartungen der Armeeführung, die für die Zusage einer raschen Aufrüstung und einer Sicherung ihrer sozialen Autonomie zu ideologischen Verbeugungen vor dem NS-Regime bereit war.[38] Zu den Versprechungen und dem Werben um Vertrauen kamen die Propagandakampagnen der Partei, die nun mit prall gefüllten Wahlkampfkassen und dem Einsatz aller staatlichen Mittel eine Mobilisierung der nationalen Gefühlswelt betrieb und den Wahltag zum „Tag der erwachenden Nation" proklamierte. Mit pseudoreligiösen Formeln und Bildern wurden Erwartungen und Zustimmung stimuliert, die sich nicht auf ein politisches Programm, sondern auf den Hitler-Mythos stützten. Hitlers Rede im Berliner Sportpalast als Höhepunkt des Wahlkampfes war voller Drohungen an die politischen Gegner und voller werbender Worte an die Wähler. Er beschwor als Alternative zum parlamentarisch-demokratischen System pathetisch die Identität von „Führer" und Volk und bekräftigte diesen Anspruch mit quasi-religiösen Verheißungen, die Zeichen einer politischen Religion als Element des Nationalsozialismus erkennen ließen.[39]

Der terroristische Druck auf die Parteien der politischen Linken und das Zentrum musste bis zum Wahltag genügen, Verbote oder andere staatliche Zwangsmaßnahmen waren nur mit fadenscheinigem Vorwand und auf Zeit möglich. Die endgültige Abrechnung mit dem politischen Gegner und der Demokratie war in Hitlers Kalkül auf später zu verschieben – auf den Zeitpunkt, sobald er alle Machtmittel in den Händen halten sollte.

4.2. Reichstagsbrand und Ausnahmezustand

Ein unvorhersehbarer Zufall kam zu Hilfe, um dieses Vorgehen noch vor dem Wahltag zu beschleunigen und den scheinbaren Beweis für den kommunistischen Umsturzversuch zu liefern, den die Nationalsozialisten für die Rechtfertigung einer verschärften Repressionspolitik gebrauchen konnten. In der Nacht vom 27. auf den 28. Februar 1933 brannte der Berliner Reichstag. Der holländische Linksanarchist Marinus van der Lubbe wurde noch am Tatort festgenommen. Er gestand diese und drei vorausgehende, kleinere Brandstiftungen, die er aus Protest gegen das NS-Terrorregime verübt haben wollte. Für die Nationalsozialisten stand noch in der Brandnacht fest, dass es sich um eine kommunistische Verschwörung handelte. Umgekehrt waren die Gegner der Nationalsozialisten, die diesen mittlerweile jede Perfidie zutrauten, bald der Überzeugung, ein geheimes Kommando der Nationalsozialisten habe auf Befehl Görings den Brand selbst gelegt, um daraus politischen Gewinn für den Wahlkampf zu ziehen. Denn was war angesichts der Nutzanwendung, die die Nationalsozialisten aus dem Reichstagsbrand zogen, und der politischen Folgen dieses Ereignisses naheliegender, als den Reichstagsbrand auf das Schuldkonto der Nationalsozialisten zu schreiben und darin den Beweis für die Existenz eines ausgeklügelten Plans zur Errichtung einer totalitären Diktatur zu sehen. Mit der Publikation von Fritz Tobias (1962)[40] wurde die These von der Alleintäterschaft van der Lubbes mit überzeugenden Argumenten erneuert und vor allem die grundsätzliche Frage aufgeworfen, ob der Weg zur NS-Diktatur tatsächlich planvoll

---

37 Wiedergegeben bei Vogelsang: Neue Dokumente (Anm. 31), S. 434 ff.
38 Vgl. Klaus-Jürgen Müller: Das Heer und Hitler. Armee und nationalsozialistisches Regime 1933–1940, Stuttgart 1969.
39 Vgl. Burleigh: Die Zeit des Nationalsozialismus (Anm. 6).
40 Vgl. Fritz Tobias: Der Reichstagsbrand. Legende und Wirklichkeit, Rastatt/Baden 1962; später auch in Uwe Backes u. a.: Reichstagsbrand – Aufklärung einer historischen Legende, 2. Aufl., München 1987.

vorbereitet und beschritten wurde oder ob er nicht vielmehr Folge einer skrupellosen, aber improvisierten Instrumentalisierung von politischen Krisen und Konflikten war. Vieles spricht für die Alleintäterschaft des Marinus van der Lubbe.[41] Das bedeutet, dass zwar der Anlass für den entscheidenden Durchbruch zur Diktatur eher zufällig war, aber die Konsequenzen historisch umso folgenreicher waren. Die Maßnahmen der Regierung Hitler, denen sich niemand im Kabinett widersetzte, verrieten ihren entschlossenen Willen, die Ereignisse zur Vernichtung des politischen Gegners zu nutzen und die unbeschränkte Diktatur überfallartig und gewaltsam durchzusetzen.

Die nationalsozialistische Führung wurde vom Reichstagsbrand offensichtlich überrascht, sie reagierte zunächst hysterisch, aber wild entschlossen. Nach ersten Informationen über den Täter überboten sich Hitler und Göring noch am Tatort in der Androhung radikaler Verfolgungsmaßnahmen. „Es gibt kein Erbarmen; wer sich uns in den Weg stellt, wird niedergemacht. Das deutsche Volk wird für Milde kein Verständnis haben. Jeder kommunistische Funktionär wird erschossen, wo er angetroffen wird. Die kommunistischen Abgeordneten müssen noch in dieser Nacht aufgehängt werden. Alles ist festzusetzen, was mit den Kommunisten im Bunde steht. Auch gegen Sozialdemokraten und Reichsbanner gibt es jetzt keine Schonung mehr."[42] Nach diesem Ausbruch einer rücksichtslosen Bürgerkriegsmentalität überstürzten sich die Anordnungen an die Polizeibehörden: Alle kommunistischen Abgeordneten und Funktionäre sollten verhaftet werden, auch die SPD und ihre Presse wurden in die Verfolgung einbezogen. Zur Legalisierung der Aktionen schlug Staatssekretär Ludwig Grauert noch in der Nacht eine „Notverordnung gegen Brandstiftung und Terrorakte" vor; am nächsten Morgen wurde dann unter Verwendung entsprechender Pläne der Regierung Papen der Entwurf einer „Verordnung zum Schutz von Volk und Staat" vorgelegt. Der Text enthielt einen ganzen Katalog von Straftatbeständen, die mit der Todesstrafe bedroht wurden. Vor allem wurde im Unterschied zur ursprünglichen Vorlage der zivile und nicht der militärische Ausnahmezustand ausgerufen. Nicht die Reichswehr und der Reichspräsident, sondern die Reichsregierung konnte über die Ausführung des Ausnahmezustandes, der alle verfassungsmäßigen Grundrechte außer Kraft setzte, entscheiden oder im Falle des Ausnahmezustandes Reichskommissare in die Länder schicken. Die Hysterie der Brandnacht hatte es ermöglicht, nicht nur mit einem Federstrich alle Grundrechte der Weimarer Verfassung bis auf Weiteres außer Kraft zu setzen; sie hatte zugleich den Vorgang der Selbstlähmung der konservativen Bündnispartner beschleunigt, als diese die Entscheidung über den Ausnahmezustand in die Hände Hitlers und des Innenministers Frick fallen ließen. Mit der Begründung, dass man „staatsgefährdende kommunistische Gewaltakte" abwehren müsse, setzte die „Reichstagsbrandverordnung" unter Berufung auf den Artikel 48,2 der Weimarer Verfassung die verfassungsmäßigen Grundrechte wie die Freiheit der Person, die Meinungs-, Presse-, Vereins- und Versammlungsfreiheit, das Post-, Brief-, Telegraphen- und Fernsprechgeheimnis sowie die Unverletzlichkeit von Eigentum und Wohnung bis auf Weiteres außer Kraft. Verdächtige und missliebige Personen konnten jetzt ohne Anklage, ohne Beweise und Rechtsbeistand willkürlich verhaftet und festgehalten werden. Das war die Scheinlegalisierung der berüchtigten „Schutzhaft". Nicht weniger folgenreich war der Paragraph 2 der Verordnung. Er ermächtigte den Reichsinnenminister, in die Souveränität der Länder einzugreifen, wenn diese „die zur Wiederherstellung der öffentlichen Sicherheit und Ordnung nötigen

---

41 Vgl. Ulrich von Hehl: Die Kontroverse um den Reichstagsbrand, in: Vierteljahrshefte für Zeitgeschichte, 36 (1988), S. 259–280; Hans-Ulrich Thamer: Brandstifter und Ordnungshüter. Der Reichstagsbrand und die Folgen, in: Uwe Schultz (Hrsg.): Große Prozesse. Recht und Gerechtigkeit in der Geschichte, München 1996, S. 313–322.

42 Zitiert nach Rudolf Diels: Lucifer ante portas, Stuttgart 1950, S. 193.

„Maßnahmen" nicht ergreifen würden. Damit war der Gleichschaltung auch jener Länder der Boden bereitet, die noch nicht unter nationalsozialistischer Kontrolle standen.

Wie schon in früheren Fällen verzichtete die improvisierte Notverordnung auf konkrete Ausführungsbestimmungen und öffnete damit einer extensiven und willkürlichen Auslegung durch die Reichsregierung Tür und Tor. Die Begründung, dass man angebliche kommunistische Gewaltakte abwehren müsse, reichte aus, um den Abbau des Rechtsstaates einzuleiten. Damit wurde die scheinlegale Grundlage der nationalsozialistischen Diktatur gelegt, die durch den permanenten Ausnahmezustand gekennzeichnet war. Formal knüpfte die Reichstagsbrandverordnung an die bisherige Praxis der präsidialen Notverordnung der letzten Jahre an. Das und die Tatsache, dass sich die Verordnung gegen die politische Linke richtete, hat das Gewissen der Deutschnationalen besänftigt und jeden Widerspruch erstickt. Dass mit dem Urteil des Reichsgerichts im Reichstagsbrandprozess vom September 1933 die Begründung der Verordnung, nämlich die kommunistische Täter- oder Mittäterschaft, dann gar nicht nachgewiesen werden konnte und die Verordnung somit rechtlich eigentlich ungültig war, änderte daran nichts. Allein das beweist, wie es mit der Legalität des nationalsozialistischen Staates bestellt war, „der sich auf eine tatsachenwidrig begründete, permanente Ausnahmegesetzgebung stützte".[43]

Für die nationalsozialistische Führung wirkten die Verordnungen und die von ihnen legalisierten Verfolgungsmaßnahmen wie ein Stimulans, das ihre Aggressivität noch steigerte. Die meisten Deutschen nahmen die Gefährdung ihrer Freiheit nicht wahr. Die Abwehr von angeblicher Revolutionsgefahr und Chaos war ihnen wichtiger. Mit der Reichstagsbrandverordnung vom 28. Februar verstärkten sich die terroristischen Züge des Wahlkampfes. Tausende von Kommunisten wurden verhaftet und in improvisierte Konzentrationslager oder Folterkeller verschleppt. Bis Mitte März waren allein in Preußen mehr als 100.000 politische Gegner verhaftet worden. Umso erstaunlicher war, dass in diesem Klima von Rechtsunsicherheit und Gewalt bei den Reichstagswahlen am 5. März 1933 die NSDAP mit 43,9 und die Deutschnationalen mit 8 Prozent nur knapp die Mehrheit der abgegebenen Stimmen erhielten; dass umgekehrt das katholische Zentrum und die SPD ihren Stimmenanteil halten und sich damit zum letzten Mal auf die große Geschlossenheit ihres jeweiligen Wählerpotenzials stützen konnten. Auch die KPD erreichte trotz der massiven Behinderung und Verfolgung mit 12,3 Prozent ein bemerkenswertes Ergebnis. Die Parteien der bürgerlichen Mitte wurden hingegen endgültig zerrieben. Der an sich beträchtliche Stimmenzuwachs der NSDAP mit 10,8 Prozent gegenüber den Novemberwahlen und 6,5 Prozent gegenüber den Juliwahlen von 1932 ging vor allem auf das Konto Hitlers und des Hitler-Mythos, waren aber auch Folge einer nochmaligen Steigerung der Wahlbeteiligung. Die Nationalsozialisten feierten das Wahlergebnis als Votum für den „Volkskanzler" Hitler und ließen den deutschnationalen Partner im Kabinett deutlich die veränderten Machtverhältnisse spüren.

Das kam auch darin zum Ausdruck, dass in der offiziellen Sprachregelung nun nicht mehr von der „nationalen", sondern von der „nationalsozialistischen Revolution" oder einfach von „der Revolution" die Rede war. Das Besondere an ihr war, dass die Aktionen auf der Straße mit einer administrativen Gleichschaltung und formellen Legalisierung von oben verbunden waren. Das Ergebnis dieser eigentümlichen Revolution, die nicht

---

43 Bracher/Sauer/Schulz: Machtergreifung (Anm. 27), S. 85.

in das überlieferte Bild von politischen Revolutionen passt und einen neuen Typus der revolutionären Machteroberung aus dem politischen System heraus darstellt, war die politische Ausschaltung der gesamten bis dahin politisch führenden Gruppen und Organisationen, die Ausschaltung von Parteien, Parlament und autonomer Öffentlichkeit und schließlich die Durchdringung der Gesellschaft.

4.3. Gleichschaltung der Länder und Ermächtigungsgesetz

Mit dem Wahltag begann die zweite Etappe der nationalsozialistischen Machteroberung und mit ihr der Prozess der Gleichschaltung in Ländern und Kommunen, aber auch der Verbände und Vereine. Damit brach ein Erdrutsch über Deutschlands Städte und Dörfer herein, der die überlieferte politische Ordnung zertrümmerte, soziale Netzwerke teilweise zerstörte oder schrittweise auflöste. Es war ein Vorgang einer teils gewaltsamen, teils freiwilligen Gleichschaltung, in dem sich der Macht- und Ausgrenzungswille der nationalsozialistischen Führung mit den sozialen Ressentiments der zu kurz Gekommenen vor Ort, in dem sich Aufbruchs- und Erneuerungspathos mit Anpassungsdrang und Opportunismus verbanden.

Überall vollzog sich die Gleichschaltung der Länder zwischen dem 5. und 9. März 1933 in der bereits bewährten Taktik nationalsozialistischer Machteroberung durch das Ineinandergreifen zweier Strategien und Handlungsebenen: durch revolutionäre Aktionen auf der Straße von unten und scheinlegale, administrative Maßnahmen der Reichsregierung von oben. Begründet wurden die Aktionen überall mit dem Wahlsieg der NSDAP, den man nun in Ländern und Kommunen nachvollziehen müsse. Das entsprach weder den Wahlergebnissen noch den Verfassungsgrundsätzen des Föderalismus, aber das zählte nicht mehr. Überall forderten die Nationalsozialisten die Einsetzung von Reichskommissaren oder die Beteiligung an der Landesregierung sowie die Übernahme der Bürgermeisterämter und der Posten der Polizeipräsidenten. Der Kommissar wurde zur Leitfigur dieser Etappe der Machtmonopolisierung. Um den Forderungen Nachdruck zu verleihen, kam es zu organisierten Kundgebungen des „Volkszornes". Nationalsozialistische Demonstranten, meistens SA-Männer oder Parteiaktivisten, rückten vor die Rathäuser und Regierungsgebäude, verlangten das Hissen einer Hakenkreuzfahne und drohten mit Blockade und Erstürmung der Gebäude. Dies wiederum nutzte der Reichsinnenminister als Vorwand, um unter Berufung auf Artikel 2 der Reichstagsbrandverordnung einzugreifen, die Landesregierung abzusetzen, einen Kommissar, in der Regel den zuständigen NS-Gauleiter oder einen anderen führenden Nationalsozialisten, einzusetzen und kommissarische Polizeipräsidenten zu ernennen. Dass dies in der Regel reibungslos verlief, hatte auch mit der allgemeinen politischen Resignation der republikanischen Kräfte zu tun. Die eigentliche Schwäche der meisten Länderregierungen aber lag darin, dass sie wie in Bayern, Württemberg, Hessen, Sachsen und Hamburg keine parlamentarischen Mehrheiten mehr besaßen und nur noch geschäftsführend im Amt waren.[44] Besonders hartnäckig, wenn auch am Ende ebenso hilflos in ihrem Selbstbehauptungswillen war die bayerische Landesregierung. Der Versuch des Ministerpräsidenten Heinrich Held, die bayerische Reichswehr zum Schutz gegen die aufziehenden SA-Verbände einzusetzen, scheiterte zuerst am Befehl der Reichswehrführung aus Berlin, die Reichswehr müsse sich aus innenpolitischen Dingen heraushalten. Hitlers Bündnis

---

44 Zu den Gleichschaltungsvorgängen in der Region neuerdings die Beiträge in: Günther Heydemann/
    Heinrich Oberreuter (Hrsg.): Diktaturen in Deutschland – Vergleichsaspekte. Strukturen, Institutionen
    und Verhaltensweisen, Bonn 2003.

mit der Reichswehr machte sich bezahlt. Ein erneuter Versuch des Widerstandes Helds, diesmal beim Reichspräsidenten, ging ebenfalls ins Leere. Auf den Protest gegen den Rechtsbruch des Reichsinnenministers antwortete nicht der Reichspräsident, sondern Frick selbst, und zwar erneut mit Artikel 2 und der Einsetzung eines Reichskommissars in Gestalt des Nationalsozialisten Generalleutnant Franz Ritter von Epp.

Im Gefolge Epps rückte ein weiterer Parteigenosse in die Kommandostellen der Münchener und bayerischen Polizei ein, für den die Machtergreifung bisher eine Enttäuschung war: Heinrich Himmler, Reichsführer der noch kleinen und der SA unterstellten SS. Er hatte bislang vergeblich versucht, sich in die Polizeiarbeit zu drängen. Nun aber zog er in staatliche Funktionen ein. Er wurde Leiter der Polizeidirektion München und „Politischer Referent beim Staatsministerium des Innern". Damit war ihm die gesamte Politische Polizei in Bayern unterstellt. Mit ihm kam Reinhard Heydrich in die Politische Abteilung des Präsidiums in München. Damit begann beider Aufstieg in das Zentrum der politischen Macht. Der Reichsführer SS und sein Gehilfe setzten sich in Sicherheitsbürokratie und Exekutive fest und gelangten von München aus zwischen November 1933 und Januar 1934 überall in den gleichgeschalteten Ländern, mit Ausnahme von Preußen und Schaumburg-Lippe, durch Absprachen mit den regionalen NS-Führern in kurzer Zeit in den Besitz der wichtigsten Polizeifunktionen in Deutschland.

Wie eng die verschiedenen scheinlegalen Maßnahmen ineinander greifen und eine neue Stufe der Gleichschaltung begründen, zeigen die legislativen Akte, mit denen die Gleichschaltung der Länder besiegelt wurden. Hitler war mittlerweile durch das Ermächtigungsgesetz vom 23. März 1933 in die Lage versetzt worden, Reichsgesetze zu erlassen. Das „Vorläufige Gesetz zur Gleichschaltung der Länder mit dem Reich" vom 31. März ermächtigte die Landesregierungen, ohne Beschluss des Landtages Gesetze zu erlassen und die Landesverwaltung neu zu organisieren, d. h. auch politisch zu säubern. Gleichzeitig wurden die Landtage nach dem Reichstagswahlergebnis neu zusammengesetzt, wobei die Zahl der Mandate verringert und die KPD-Sitze gestrichen wurden. Mit dem „Zweiten Gesetz zur Gleichschaltung der Länder mit dem Reich" vom 7. April wurden elf Reichsstatthalter auf Vorschlag des Reichskanzlers durch den Reichspräsidenten ernannt. Sie hatten die Befugnis, „für die Beobachtung der vom Reichskanzler aufgestellten Richtlinien der Politik zu sorgen", die Vorsitzenden der Landesregierungen zu ernennen sowie die Landtage gegebenenfalls aufzulösen und Landesgesetze auszufertigen. In einer Doppelfunktion waren die Reichsstatthalter einerseits politische Beauftragte der Reichsregierung oder deren direkte Vertreter vor Ort, andererseits die eigentlichen Vertreter der Länderinteressen gegenüber dem Reich. In Preußen, dem wichtigsten und größten Land, das in der Machtergreifung bisher den Vorreiter gespielt hatte, wurden die politisch-administrativen Verhältnisse den neuen Entwicklungen angepasst. Hier ernannte der Reichskanzler den Reichsstatthalter bzw. Chef der Landesregierung aus eigener Machtvollkommenheit ohne Mitwirkung des Reichspräsidenten. Der amtierende Reichskommissar in Preußen, Franz von Papen, trat am 7. April zurück. Nachfolger als Reichsstatthalter in Preußen wurde Hitler, der das Amt durch den zum Ministerpräsidenten ernannten Hermann Göring verwalten ließ. Dieser übernahm das Amt, wie er am 18. Mai im Landtag erklärte, „vor allem und in erster Linie als treuer Paladin" seines „Führers".

Mit der Abschaffung des Föderalismus kündigte sich in der Verfassungsorganisation des Reiches der „Führer-Staat" an. Wer davon einen Durchbruch zum unitarischen und zentralisierten Einheitsstaat erwartet hatte, wurde durch den tatsächlichen Gleichschaltungsprozess in Ländern und Gemeinden bald enttäuscht. Es entstand eine verfassungspolitische Situation, die nie eindeutig geklärt wurde und die zu einem charakteristischen Merkmal der Herrschaftsstruktur des „Dritten Reiches", werden sollte: der Dualismus von Staat und Partei als erste Erscheinungsform des sich immer weiter entwickelnden polykratischen und unübersichtlichen Herrschaftssystems. Die meisten Reichsstatthalter besaßen als Gauleiter, die sie zugleich waren, oder als SA-Gruppenführer eine eigene Machtbasis und konnten sich durch ihr Parteiamt und den damit verbundenen direkten Zugang zu Hitler der staatlichen Autorität und Aufsicht, die formal der Reichsinnenminister über sie ausübte, jederzeit entziehen. Es entfaltete sich auf diese Weise in der politischen Wirklichkeit ein wildwuchernder Partikularismus. Konflikte zwischen den zuständigen Reichsministern und den „Vizekönigen" in Ländern und Gauen gehörten bald zum Regierungsalltag.

Von Anfang an weigerte sich Hitler, in dessen Person der Dualismus von Staat und Partei zusammenlief, eine klare Kompetenzregelung zu treffen. In seinem sehr personalisierten Verhältnis zu seinen getreuen Paladinen in den Reichsstatthalterschaften und Gauführungen kam seine Abneigung gegen regelhaftes Regierungs- und Verwaltungshandeln ebenso zum Ausdruck wie sein Politik- und Regierungsstil, mit dem er den Unterführern ein großes Maß an Freiraum ließ, um diese zur Entfaltung größtmöglicher Energien anzustacheln und durch die gleichzeitige Unsicherheit in den tatsächlichen Entscheidungskompetenzen die eigene Machtsphäre unabhängig zu halten.

Diese eigentümliche Strukturlosigkeit, die sich schon im Frühjahr 1933 ausbildete, relativierte alles, was die nationalsozialistische Propaganda über die Einheitlichkeit des neuen Staates und die Eindeutigkeit des „Führerwillens" behauptete. Der Herrschaftsalltag war geprägt von ungeregelten Zuständigkeiten zwischen Reich und Ländern, zwischen staatlicher Verwaltung und Parteidienststellen, zwischen Ministerien, Sonderbevollmächtigten und Beauftragten des „Führers" und damit von vielfältigen Kompetenzkonflikten, die keineswegs straff und streng nach einheitlichen Kriterien geregelt wurden. Vielmehr ließ Hitler sie oft treiben oder äußerte sich so vage, dass die rivalisierenden Unterführer Unterschiedliches daraus ableiten konnten. Das hatte meist eine Radikalisierung der Maßnahmen zur Folge, bei denen sich die stärkeren Machtgruppen durchsetzten.

Mit dem Aufbau der Konzentrationslager beispielsweise, der mit dem Lager Dachau im März 1933 begann, wurde der Terror nun nach einem System grausamer Strafen organisiert.[45] Mit der vermeintlichen Bedrohung durch die politische Linke und dem Hinweis auf das angebliche Sicherheitsbedürfnis der Bevölkerung wurde in aller Öffentlichkeit die Entstehung des neuen Terrorsystems im KZ Dachau angekündigt, das zum Modell für alle weiteren Konzentrationslager wurde. Zugleich wurde das Lager als Teil eines ideologischen Erziehungskonzeptes definiert, das nur die Umerziehung oder die „Ausmerzung" der Feinde der „Volksgemeinschaft" kannte.

Zur gleichen Zeit zeigte das Regime unter der Regie des neuen Propagandaministers Goebbels sein anderes Gesicht, das alle Möglichkeiten der modernen technischen Zivilisation nutzte und sich als populär darstellte. Gelegenheit dazu bot die feierliche Eröffnung des neuen Reichstages. Mit dem „Tag von Potsdam" zum Frühlingsanfang am

---

45 Vgl. Johannes Tuchel: Die Inspektion der Konzentrationslager 1938–1945. Das System des Terrors, Berlin 1994; Karin Orth: Das System der nationalsozialistischen Konzentrationslager. Eine politische Organisationsgeschichte, Hamburg 1999.

21. März inszenierten Hitler und Goebbels am Traditionsort preußischer Geschichte die „Versöhnung des alten mit dem jungen Deutschland". Alle waren zum Fest der nationalen Versöhnung geladen: Parteigenossen und Bündnispartner, SA-Führer und Reichswehroffiziere, Männer der Wirtschaft und der Verwaltung, ehemals gekrönte Häupter und Generäle des kaiserlichen Deutschlands. Nur Sozialdemokraten und Kommunisten fehlten. Sie waren, wie Innenminister Frick höhnisch bemerkte, „durch dringende und nützliche Arbeiten [...] in den Konzentrationslagern" am Erscheinen gehindert worden.[46] Der Tag in Potsdam, ein improvisiertes Meisterstück politischer Inszenierungen, war reich an geschichtsmächtigen Bildern, die sich eigneten, der „nationalen Einheit" Ausdruck zu verleihen. Die Begründung der nationalen Volksgemeinschaft bedeutete, was kaum einer sehen wollte, in Wirklichkeit zugleich die Ausgrenzung und Verfolgung der politischen Gegner und rassisch Verfemten.

Dem Akt der nationalen Versöhnung mittels der Möglichkeiten einer politischen Ästhetik sollte die Selbstabdankung des Reichstages folgen. Bei der Abstimmung über das Ermächtigungsgesetz in der Berliner Kroll-Oper hatte sich die Kulisse verändert, und es wurden die tatsächlichen Machtverhältnisse repräsentiert. Nicht der schöne Schein der Tradition, sondern die Drohgebärden der vor und in dem Gebäude aufmarschierten SA-Verbände bestimmten das Bild. Auch Hitler kam nun in Parteiuniform, und Göring als Reichstagspräsident hatte zuvor schon durch Manipulation und Rechtsbruch alle Vorkehrungen getroffen, damit die nötige doppelte Zweidrittelmehrheit der Anwesenden und der Stimmen erreicht wurde. Die 81 KPD-Abgeordneten waren rechtswidrig erst gar nicht eingeladen worden; 26 SPD-Abgeordnete waren bereits verhaftet oder geflohen. Durch einen Geschäftsordnungstrick wurden nun die unentschuldigt fehlenden oder ausgeschlossenen Abgeordneten als anwesend gerechnet. Damit war eine Verhinderung oder Verzögerung des Abstimmungsverfahrens durch die parlamentarischen Möglichkeiten der Geschäftsordnung von vornherein unmöglich. Nun hing alles vom Verhalten des Zentrums und der BVP ab.

Die Verhandlungen mit den Nationalsozialisten im Vorfeld der Reichstagssitzung hatten die Zentrumsfraktion vor eine schwere innere Zerreißprobe gestellt und das politische Interesse auf das Verhalten der Parteien gerichtet. Gegen den Willen einer Minderheit um Heinrich Brüning, Eugen Bolz und Adam Stegerwald setzte sich der Parteivorsitzende Prälat Ludwig Kaas, ohnehin ein Verfechter einer autoritären nationalen Sammlungspolitik, schließlich durch. Seine Argumente waren durchaus einleuchtend, gleichwohl verhängnisvoll: Das Ermächtigungsgesetz ändere an der politischen Wirklichkeit nichts; weite Teile der Basis der Zentrumspartei verlangten nach einem besseren Verhältnis zur NSDAP und seien kaum noch daran zu hindern, in das Lager Hitlers zu wechseln. Schließlich belastete das Zentrum das Trauma des Kulturkampfes unter Bismarck. Man wollte nicht noch einmal in die Rolle eines Reichsfeindes geraten. So verließ sich die Zentrumsführung auf die Zusage Hitlers, dass man die bestehenden Länderkonkordate zwischen dem Vatikan und Baden, Bayern und Preußen anerkenne, den christlichen Einfluss auf die Schule respektiere und zusammen mit dem Zentrum ein Gremium zur fortlaufenden Information über die Maßnahmen der Reichsregierung bilden werde. Umstritten und nicht belegbar ist die Vermutung, bei der Entscheidung des Zentrums für das Ermächtigungsgesetz hätten auch konkrete Absichtserklärungen

---

46 Zitiert nach Joachim C. Fest: Hitler. Eine Biographie, Berlin/Frankfurt a. M. 1973, S. 556; zur politischen Inszenierung Martin Sabrow: Der „Tag von Potsdam" – Zur Karriere eines politischen Symbols, in: Der Tag von Potsdam. Bildungsforum und Schülerprojekt, hrsg. vom Landtag Brandenburg, Potsdam 2003, S. 91–104.

über ein Reichskonkordat eine Rolle gespielt, das in der Tat einige Wochen später verhandelt und abgeschlossen wurde.[47]

Die Zustimmung zum Gesetz, die mit 444 Ja- gegen 94 Nein-Stimmen erfolgte, dürfte auch durch die Rede Hitlers verstärkt worden sein, die rhetorisch geschickt Werbung und Versprechungen mit Drohungen verband.[48] Aber was sollten alle Beschwichtigungen und Zusagen an die Parteien, wenn mit jedem Artikel des „Gesetzes zur Behebung der Not von Volk und Reich" ein Eckstein aus der Verfassung herausgebrochen wurde? Reichsgesetze konnten danach von der Reichsregierung beschlossen werden und durften von der Verfassung abweichen. Der Reichskanzler konnte anstelle des Reichspräsidenten die Gesetze ausfertigen und verkünden. Artikel 4 übertrug auch das Recht zum Vertrag mit fremden Staaten allein auf die Reichsregierung. Der fünfte und letzte Artikel war dazu angetan, trügerische Hoffnungen zu nähren: Die Gültigkeit des Gesetzes war auf vier Jahre beschränkt und an die Existenz der gegenwärtigen Regierung gebunden. Tatsächlich sollte das Ermächtigungsgesetz zweimal verlängert werden und wie die Reichstagsbrandverordnung bis zum Ende des „Dritten Reiches" in Kraft bleiben.

Die Debatte um das Ermächtigungsgesetz, bei der nur der Parteivorsitzende der SPD, Otto Wels, die Ablehnung des Gesetzes und die Solidarität seiner Partei mit allen Verfolgten ankündigte, bedeutete das vorübergehende Ende deutscher Parlamentstraditionen, das durch Selbstpreisgabe und Gewalt herbeigeführt wurde. In seiner zynischen Replik, die der SPD jeden Anspruch auf die Vertretung nationaler und sozialer Interessen bestritt, enthüllte Hitler das revolutionäre, gewalttätige Verständnis der Nationalsozialisten von Politik und Recht. Nur aus Gründen der plebiszitären Werbung habe man den scheinlegalen Weg des Ermächtigungsgesetzes gewählt, um eine politische Ordnung zu errichten, in der es nur Zustimmung oder Vernichtung geben könne. Tatsächlich beschloss das Ermächtigungsgesetz eine weitere Etappe der nationalsozialistischen Machtergreifung: Hitler hatte nur zwei Monate gebraucht, um sich von seinen konservativen Bändigern in Regierung, Verwaltung und Reichstag freizumachen. Er war nun unabhängig von der präsidialen Notverordnungsvollmacht und – im Kabinett – von den deutschnationalen Partnern. Hitler konnte nun das Gewicht der nationalsozialistischen Massenbewegung auch gegen die konservativen Regierungspartner ausspielen.

Das Ermächtigungsgesetz diente der Stabilisierung des Regimes. Es bot den im formalen Denken groß gewordenen konservativen Sympathisanten und Beamten die Möglichkeit, ihr Gewissen zu beruhigen und die positivistischen Vorstellungen von Staat und Recht scheinbar zu befriedigen. Es diente einer Kontinuitätskonstruktion, wo die politisch-rechtliche Kontinuität tatsächlich schon zerstört war. Beispielhaft für die Wirkungen dieses schönen Scheins von Recht und seine systemstabilisierende Wirkung sind die Überlegungen des deutschen Gesandten in Oslo, Ernst Freiherr von Weizsäcker: „Selbstverständlich treten an jeden einzelnen jetzt Entscheidungen heran, die ans Gewissen gehen. Aber eine einfache Wahrheit ist doch, dass man dieses Regime nicht umschmeißen darf. Denn welches Negative davon käme hinter ihm! Man muss ihm alle Hilfe und Erfahrung angedeihen lassen und mit dafür sorgen, dass die jetzt einsetzende zweite Etappe der neuen Revolution eine ernsthaft konstruktive wird."[49] Ähnlich be-

---

47 Vgl. Ludwig Volk: Das Reichskonkordat vom 20. Juli 1933, Mainz 1972; dagegen Klaus Scholder: Die Kirchen und das Dritte Reich, Bd. 1: Vorgeschichte und Zeit der Illusionen 1918–1934, Frankfurt a. M./Berlin 1977.

48 Wiedergegeben in: Ursachen und Folgen (Anm. 35), Bd. IX, S. 145.

49 Leonidas Hill (Hrsg.): Die Weizsäcker-Papiere 1933–1950, Berlin 1974, S. 70.

gründeten viele Angehörige des bürgerlich-konservativen Lagers ihre nun massiv einsetzende Unterstützung und Stärkung des Regimes. Bei ihrer Bereitschaft, dem „Führer" „entgegenzuarbeiten",[50] tröstete man sich über die „unschönen" Begleiterscheinungen der nationalsozialistischen Machtergreifung mit der Spruchweisheit hinweg, dass dort, wo gehobelt werde, eben auch Späne fielen.

4.4. Das Ende der Parteien

Mit der Zerstörung des Parlamentarismus und der Selbstausschaltung des Reichstags hatten die Parteien ihren Sinn bereits verloren, bevor sie zwangsweise aufgelöst wurden oder sich selbst auflösten.[51] Verbunden war dieser Vorgang mit der gleichzeitigen Selbstaufgabe und Gleichschaltung der wichtigsten gesellschaftlichen Organisationen und ihres jeweiligen sozialen Umfeldes, was Tempo und Wirkungsmacht der Gleichschaltung erklärt. So war die Zerstörung der Gewerkschaften, die am 1. und 2. Mai in einem Wechselspiel von Propaganda und Gewalt erfolgte, Voraussetzung und letzte Etappe im Prozess der Gleichschaltung der SPD.

Beim Untergang der Parteien gibt es gemeinsame Verlaufs- und Verhaltensmuster, die in einer charakteristischen zeitlichen Staffelung und in unterschiedlicher Dosierung des Zwanges und der Gewalt praktiziert wurden. Immer kamen Selbstanpassung, Opportunismus und Resignation, die Sorge um die materielle Existenz und berufliche Karriere sowie die nackte Angst vor Repressalien, Einschüchterungen und terroristischer Verfolgung zusammen und führten zu einem Abbröckeln der Mitgliederschaft, oft auch zu einem Streit in der Parteiführung, was den Nationalsozialisten den tödlichen Schlag erleichterte. Umgekehrt darf man die kriminellen Energien der Nationalsozialisten bei der Einschüchterung und Verfolgung der politischen Gegner nicht unterschätzen. Sie waren präzedenzlos und erreichten vor dem Hintergrund einer Verrohung der politischen Kultur und einer Bürgerkriegsmentalität eine neue Dimension. Die vernichtenden Schläge gegen die politische Linke kamen schnell und mit der ganzen Wucht des nationalsozialistischen Ausschaltungs- und Machtwillens. Der Vernichtungsfeldzug gegen die Kommunisten war von Anfang an Bestandteil und Rechtfertigung der Machtergreifungspolitik. Die endgültige Ausschaltung der Sozialdemokratie, die seit Februar schon keine geordnete Parteiarbeit mehr leisten konnte, eröffnete den Gleichschaltungsvorgang nach der Verabschiedung des Ermächtigungsgesetzes. Wesentlich moderater verfuhr man mit den bürgerlichen Parteien und ihren Anhängern. Drohungen und meist kurze Verhaftungen wurden als Druckmittel eingesetzt, um den Prozess der Selbstauflösung zu beschleunigen.

Zuerst aber und mit größter Wucht traf es die kommunistische Partei und ihre Nebenorganisationen. Sie waren schon seit dem Reichstagsbrand geächtet, zerschlagen, ihre Funktionäre verhaftet oder verfolgt. Die Partei wurde aus taktischen Überlegungen zunächst jedoch noch nicht verboten sondern erst, als im Zuge des ersten Gleichschaltungsgesetzes der Länder vom 31. März alle kommunistischen Mandate in Ländern und Kommunen kassiert wurden. Verheerend für die Situation vieler KPD-Mitglieder wirkte sich aus, dass sie infolge des radikalisierten allgemeinen Antikommunismus und einer großen Denunziationsbereitschaft kaum mit einer Unterstützung der Bevölkerung

---

50 Dies betont Kershaw: Hitler (Anm. 6), Kap. 13: „Dem Führer entgegen arbeiten", S. 663–744.
51 Dazu die klassische Studie von Erich Matthias/Rudolf Morsey (Hrsg.): Das Ende der Parteien 1933. Darstellungen und Dokumente, Bonn 1960.

rechnen konnten. Mit der Zerschlagung ihrer Kampforganisation und der Gewerkschaften waren auch der SPD ihre wichtigsten organisatorischen Säulen genommen. Mitglieder und Parteiführer waren durch permanente Drangsalierungen, Zeitungsverbote, Besetzungen von Parteihäusern demoralisiert und befanden sich in einem Zustand der Resignation. Es häuften sich die Austritte von Beamten und Angestellten, die um ihre Stellung fürchteten. Zur Auflösung und wachsenden Repression kam die innere Schwächung durch Streitigkeiten über den richtigen Kurs, schließlich die Spaltung der Parteiführung in Emigranten und Daheimgebliebene. Im Kern ging es bei den schweren innerparteilichen Konflikten um das angemessene Verhalten gegenüber der nationalsozialistischen Bedrohung. Sollte man sich an einen Kurs der strikten Legalität halten, um den Kern der eigenen Organisation zu retten und der NS-Regierung keinen Vorwand für ein Verbot zu liefern, oder sollte man sich zu einem entschiedenen Widerstand bekennen und dafür Verbot und Emigration, im schlimmsten Falle Verhaftung und Verfolgung hinnehmen. Zum offenen Konflikt kam es nach Hitlers propagandistisch geschickter Friedensrede am 17. Mai 1933, die die SPD vor die Alternative der Zustimmung oder der prinzipiellen Ablehnung stellte. Die Zustimmung der Reichstagsfraktion um Paul Löbe erfolgte aus dem Dilemma heraus, dass Innenminister Frick gedroht hatte, im Ablehnungsfalle wären Leib und Leben der bereits verhafteten Sozialdemokraten gefährdet. Am 21. Juni wurden der SPD die politische Arbeit untersagt, die Parlamentsmandate kassiert und die noch greifbaren Parteiführer verhaftet.

Mit der Vernichtung der größten Oppositionspartei war zugleich das Schicksal der kleinen bürgerlichen Parteien besiegelt. Fast unbemerkt vollzog sich ihre Selbstauflösung, der allerdings im Falle der Staatspartei die üblichen Drohungen der Nazis vorangegangen waren. Keiner Gewaltandrohung bedurfte es bei der DVP. Der Untergang des katholischen Zentrums und der bayerischen Schwesterpartei BVP verlief nach demselben Mechanismus von Anpassung und Resignation, von organisatorischen Selbstbehauptungsversuchen und Auflösungstendenzen, von staatlichem Zwang und politischen Verlockungen. Nach dem Verlust der parlamentarischen Schlüsselposition und nach der Zustimmung zum Ermächtigungsgesetz ging es auch für den politischen Katholizismus um die Existenzberechtigung. Zu dem wachsenden politischen Druck und den deutlichen Abwanderungsbewegungen der Anhängerschaft kam die Entscheidung der Oberhirten der katholischen Kirche in Deutschland, die der Behauptung der kulturpolitischen und seelsorgerischen Stellung der Kirche in Deutschland absoluten Vorrang vor der politischen Parteiorganisation geben wollten. Das war der Sinn der Erklärung der Fuldaer Bischofskonferenz vom 28. März, die zur loyalen Unterstützung des neuen Staates aufgerufen hatte. Auf dieser Linie bewegten sich auch die Verhandlungen über ein Reichskonkordat, die Prälat Kaas ab April zusammen mit Papen in Rom führte und dafür die eigene Partei führungslos zurückließ. Brüning, der mit umfangreichen Vollmachten ausgestattet, am 6. Mai den Parteivorsitz übernahm, konnte ebenso wenig den Überlebenswillen der Partei steigern. Völlig aussichtslos wurde die Situation der Partei schließlich durch das Reichskonkordat und die darin vom Vatikan gegebene Zustimmung zu einem Verbot der parteipolitischen Betätigung der katholischen Geistlichen. Es blieben Resignation und Selbstauflösung am 5. Juli, nachdem die BVP infolge von Massenverhaftungen ihrer Funktionäre denselben Schritt einen Tag vorher vollzogen hatte.

Das Ende des deutschnationalen Bündnispartners DNVP vollzog sich wechselvoller und verdeutlicht noch einmal das ganze Dilemma der konservativen Zähmungspolitik. Auch Hugenberg und seine Parteifreunde, die sich dagegen wehrten, in die Rolle des hilflosen Zauberlehrlings zu geraten, mussten am Ende einsehen, dass der Sog der Gleichschaltung dem zugute kam, der über die größeren Wählermassen und die größere Dynamik verfügte. Das geschah auf der Ebene der Regierungspolitik wie in der politischen Öffentlichkeit. Papen war gleich mehrmals als Kontrolleur überspielt worden und mit dem ungeschickten Taktieren Hugenbergs, das zunächst zu dessen Isolierung im Kabinett führte und dann mit seinem Rücktritt am 26. Juni 1933 endete, war der letzte Eckpfeiler der Zähmungsstrategie sang- und klanglos eingestürzt. In der Partei war nach dem Ermächtigungsgesetz die Tendenz zur Selbstbehauptung durch Anpassung in Organisation und politischem Stil gewachsen, doch konnten auch die neu gebildeten „Deutschnationalen Kampfringe" und ihre Sonderorganisationen die politische Bewegung nicht auffangen. Hinzu kamen Verleumdungen, Unterstellungen und Pressionen durch die Nationalsozialisten. Immerhin war die DNVP die einzige Partei, die als Belohnung für ihre Rolle als Steigbügelhalter der nationalsozialistischen Machteroberung durch ein „Freundschaftsabkommen" vom 27. Juni sich ihr Ende versüßen ließ. Alle verhafteten Mitglieder wurden entlassen, alle Abgeordneten als Hospitanten in die NSDAP aufgenommen, der „Stahlhelm" schließlich war schon am 21. Juni in die SA überführt worden.

Der Zufall des Kalenders wollte es, dass am Jahrestag der Französischen Revolution, am 14. Juli 1933, in Deutschland Parteiensystem und parlamentarische Demokratie mit dem „Gesetz gegen die Neubildung von Parteien" zu Grabe getragen wurden. Die NSDAP wurde zur einzigen politischen Partei in Deutschland erklärt. Die parlamentarische Willensbildung wurde mit dem „Gesetz über Volksabstimmungen" vom selben Tag durch die Einrichtung plebiszitärer Akklamationen ersetzt. Sie waren freilich nur für den Fall gedacht, dass das Regime es für notwendig erachtete, seinen Entscheidungen mit einer Volksabstimmung ein scheindemokratisches Mäntelchen umzuhängen. Dabei sollten Gegenstand und Formulierung der Befragungen so gewählt werden, dass sie sich einer breiten Zustimmung sicher sein konnten. Zwar verkündete Goebbels, der endgültige Sieg über den Geist der Französischen Revolution sei erzielt, aber das Gesetz über die Volksabstimmungen zeigte: Ohne eine plebiszitäre Komponente war selbst eine moderne charismatische Diktatur nicht zu legitimieren, und das Rad der Geschichte ließ sich nicht einfach in die Zeit vor 1789 zurückdrehen.

Mit diesem Akt, der von der NS-Propaganda als Schlussstrich unter die angebliche Misswirtschaft der Parteien der Weimarer Republik und als Ende der nationalsozialistischen Revolution gefeiert wurde, waren neue verfassungspolitische Probleme im Verhältnis von Monopolpartei und Staat entstanden und die Strukturen des künftigen Herrschaftssystems keineswegs festgeschrieben. Dass Hitler das immer komplexer und willkürlicher werdende Verhältnis von Parteiapparaten und „führerunmittelbaren" Machtträgern der Partei zum Staat und seiner Verwaltung weder auf der Reichsebene noch auf der Länderebene je eindeutig regelte, sondern bis zum Ende seiner Herrschaft in der Schwebe hielt, gehört zu den Eigentümlichkeiten seines polykratischen und personenorientierten Herrschaftsverständnisses.[52] Daran änderten weder das am 1. Dezember 1933 erlassene „Gesetz zur Sicherung der Einheit von Partei und Staat" noch die zahlreichen Proklamationen Hitlers über den Vorrang der Partei vor dem Staat etwas. Um die enge Zusammenarbeit von Partei und Staat zu gewährleisten, wurden Rudolf Heß als „Stellvertreter des Führers" und Ernst Röhm als Stabschef der SA Mitglieder der Reichsregierung ohne Geschäftsbereich. Wie bedeutungslos solche Maßnahmen im

---

52 Zum Konzept und zur Debatte um das Polykratie-Modell Peter Hüttenberger: Nationalsozialistische Polykratie, in: Geschichte und Gesellschaft, 2 (1976), S. 417–442; Ulrich von Hehl: Nationalsozialistische Herrschaft, München 1996, S. 60–65.

nationalsozialistischen Regime allerdings sein konnten, beweisen die innerparteilichen Machtkämpfe in den folgenden Monaten, die mit der „Röhm-Affäre" am 30. Juni 1934 und dem damit verbundenen Abschluss der Machtergreifung vorübergehend endeten, um sich anschließend im Verborgenen fortzusetzen.

4.5. Gleichschaltung der Verbände und Durchdringung der Gesellschaft

Zur politischen Gleichschaltung gehörte die Gleichschaltung im gesellschaftlichen Bereich. Sie vollzog sich ähnlich wie im politischen Bereich in unterschiedlichen Abstufungen und in ungleichmäßiger Intensität. Mitunter bedurfte es brutaler Gewalt, oft aber nur noch sanften Drucks. Der erste Schlag galt den Gewerkschaften, deren Ausschaltung integraler Bestandteil des Regierungsprogramms der „nationalen Erhebung" war. Wieder kamen innere Schwächen und Fehleinschätzungen auf Seiten der Opfer und die Verbindung von Propaganda und Gewalt bei den Verfolgern zusammen, um die einst mächtige Organisation der deutschen Arbeiterbewegung in kürzester Zeit zu eliminieren.

Auch die Freien Gewerkschaften versuchten nach den Wahlen vom 5. März der neuen „Zeit Rechnung zu tragen". Man suchte die Rettung des eigenen Verbandes durch die politische Trennung von der SPD und durch Konzentration auf die Erfüllung der sozialen Aufgaben der Gewerkschaften, „gleichviel welcher Art das Staatsregime ist". Aus Sorge um die Erhaltung der eigenen Organisation ließ sich die Gewerkschaftsführung auf ein Gespräch mit der bis dahin unbedeutenden Nationalsozialistischen Betriebszellenorganisation (NSBO) ein und sich von der trügerischen Verheißung einer Einheitsgewerkschaft verführen. Sie folgte dem Lockruf der Nationalsozialisten, als diese mit einer massenwirksamen Schau am 1. Mai 1933 die „Volksgemeinschaft aller schaffenden Stände" feierten. Goebbels' Kalkül, den 1. Mai, den traditionellen Feiertag der internationalen Arbeiterbewegung, zu einer „grandiosen Demonstration deutschen Volkswillens" zu gestalten, ging auf, vor allem als am 2. Mai die Gewerkschaftshäuser besetzt wurden.[53] Das Wechselbad von Verlockung und Drohung hätte nicht zynischer ersonnen sein können. Man hatte sich eine Doppelstrategie ausgedacht, die ähnlich wie mit dem „Tag von Potsdam" am 21. März Verwirrung stiften und den Widerstand brechen sollte.

Hatte Hitler noch am 1. Mai auf einer Massenkundgebung auf dem Tempelhofer Feld in Berlin von der „Volksgemeinschaft", zu der der „nationale Staat" erziehen werde, und von der „Erhebung" des Volkes über „Klassen, Stände und Einzelinteressen" gesprochen und damit Gefühle und Erwartungen angesprochen, die viele teilten, ohne Nationalsozialisten zu sein, so zeigte sich die andere, nicht minder charakteristische Seite der nationalsozialistischen Sozialpolitik am folgenden Tag bei der Partei- und SA-Aktion gegen den ADGB.[54] Alles verlief überfallartig: Gewerkschaftsführer, Büros, Banken und Redaktionen der Freien Gewerkschaften wurden besetzt, das gesamte Vermögen beschlagnahmt und eine Reihe führender Gewerkschafter in „Schutzhaft" genommen. Die Masse der Gewerkschaftsangestellten erhielt das Angebot, unter der Leitung von NSBO-Kommissaren weiter zu arbeiten. Alle Gewerkschaftseinrichtungen und -mit-

---

53 Vgl. Jens Flemming: Der 1. Mai und die deutsche Arbeiterbewegung. Politische Demonstration und sozialistische Festtagskultur, in: Uwe Schultz (Hrsg.): Das Fest. Eine Kulturgeschichte von der Antike bis zur Gegenwart, München 1988, S. 341–351.

54 Tim Mason: Arbeiterklasse und Volksgemeinschaft. Dokumente und Materialien zur deutschen Arbeiterpolitik 1936–1939, Opladen 1975, S. 17–30.

glieder wurden dem Aktionskomitee Robert Leys unterstellt, der sich unversehens an der Spitze einer neuen NS-Großorganisation, der „Deutschen Arbeitsfront", befand, freilich noch in Konkurrenz mit dem NSBO, der sich zunächst die illusionäre Hoffnung machte, der Sieger des 2. Mai 1933 zu sein.

Weniger dramatisch und weniger einschneidend verlief die Gleichschaltung der Industrie.[55] Die Einflussnahme in diesem wichtigen gesellschaftlichen Bereich geschah ebenfalls im Zusammenwirken von Parteimaßnahmen von außen und dem Durchsetzungswillen von Hitler-Anhängern innerhalb des Verbandes. Am Ende einiger Turbulenzen und Drohgebärden stand der Austausch des „Türschilds". Der Reichsverband, der sich am 22. Mai aufgelöst hatte, verwandelte sich, auch um die Kontrolle der NS-Kommissare loszuwerden, in eine autoritär geführte Zentralorganisation der Industrie. Das „Führerprinzip" wurde eingeführt, der RDI mit der Vereinigung deutscher Arbeitgeberverbände zum „Reichsstand der deutschen Industrie" verschmolzen. Man nahm den staatlichen Eingriff in die traditionelle Verbandsautonomie hin, ebenso wie die Ausschaltung von rassisch und politisch missliebigen Mitgliedern. Entscheidend aber war, dass der neue Staat sich mit seinen wirtschaftspolitischen Ordnungsmodellen scheinbar in Übereinstimmung mit den antigewerkschaftlichen Interessen der Unternehmer befand und mit seinen offen proklamierten Rüstungsabsichten auf eine Gemeinsamkeit der Interessen stieß. Es waren ihr wirtschaftliches Potenzial und ihre Unentbehrlichkeit in den Aufrüstungsplänen, die der Industrie hinter der Fassade der Gleichschaltung ein Eigengewicht gaben und ihr eine Art Teilhabe am Staat Hitlers sicherten. Nur das Militär konnte sich eine ähnliche Stellung bewahren. Beide aber, die Industriellen wie die Generäle, sollten durch dieses Bündnis auf Gegenseitigkeit immer mehr in eine Abhängigkeit vom Regime geraten, die zur Komplizenschaft mutierte.

Nicht nur das Tempo und die verwirrende Doppelstrategie von Machteroberung wie Gleichschaltung, sondern auch die Reichweite dieses Vorganges lähmten jede Gegenwehr. Die Gleichschaltungswelle reichte bis hinunter in die Gemeinden und ihr Vereinsleben. Überall in Rathäusern und Amtsstuben, in Hörsälen und Gerichtsgebäuden, vor Warenhäusern und Banken erschienen im Frühjahr 1933 SA-Leute; überall zwangen „Kommissare" mit fadenscheiniger Berechtigung die Organisationen und Institutionen, sich von „Demokraten und Juden" personell zu säubern und sich einem Nationalsozialisten zu unterstellen. Meist waren es Aktionen lokaler Aktivisten, die für sich selbst einen Platz an der „Futterkrippe" suchten und deren Aktivismus von der Parteiführung hingenommen oder unterstützt wurde, weil er einerseits in die Machteroberungs- und Einschüchterungsstrategie passte, andererseits den Unterführern und Parteiaktivisten die Möglichkeit politischer Betätigung gab, ohne dass dadurch die Doppelstrategie und Zielrichtung der Machteroberung grundsätzlich in Frage gestellt wurde. Wie groß auf der anderen Seite im Sommer 1933 die Zustimmungsbereitschaft gerade der lokalen Honoratioren, der „guten Gesellschaft" sowie der Vereine war, zeigten die traditionellen örtlichen Feiern der Schützen und Sänger, die in ihre Festzüge SA-Kapellen wie lokale NS-Größen integrierten und den Gleichschaltungsaktionen des „neuen Staates" in ihren Reden ausdrücklich zustimmten.[56] Noch waren die NS-Gruppen in den Festzügen

---

55 Dazu Henry Ashby Turner: Die Großunternehmer und der Aufstieg Hitlers, Berlin 1985; Reinhard Neebe: Großindustrie, Staat und NSDAP 1930–1933. Paul Silverberg und der Reichsverband der deutschen Industrie in der Krise der Weimarer Republik, Göttingen 1981.

56 Vgl. Hans-Ulrich Thamer: Gleichschaltung und nationaler Aufbruch in der Region. Die nationalsozialistische Machtdurchsetzung in der lokalen symbolischen Kommunikation, in: Wilfried Ehbrecht u. a. (Hrsg.): Der weite Blick des Historikers. Einsichten in Kultur-, Landes- und Stadtgeschichte. Peter Johanek zum 65. Geburtstag, Köln u. a. 2002, S. 777–788.

zwar nur ein Element unter anderen, doch ein Jahr später sollte sich das ändern, und die Stabilisierung der Macht des NS-Staates zeigte sich darin, dass nun der Ortsgruppenleiter an der Spitze des Zuges marschierte.

Zur erfolgreichen Eroberung der Macht gehörte ebenfalls die Durchsetzung des Totalitätsanspruches oder der Anpassungs- und Unterwerfungsbereitschaft im kulturellen Bereich.[57] Auch hier wirkte die Anziehungskraft des Nationalsozialismus, die sich freilich weniger auf die eigene ideologisch-kulturelle Attraktivität als auf die partikularen, teilweise fach- und berufsspezifischen Erwartungen derer stützte, die zur Mitarbeit im neuen Staat bereit waren. Zusammen mit dem Druck von Parteiaktivisten führte diese Einstellung zu einer raschen Gleichschaltung der kulturellen Organisationen. Wie in der politischen Sphäre, so suchte auch im geistigen Bereich die bürgerlich-nationale Intelligenz die Nähe zur neuen Macht und tat alles zu deren pseudo-intellektueller Überhöhung. Sicherlich waren Opportunismus und Karriereerwartungen dabei im Spiel. Einige wenige Intellektuelle erkannten dies früher oder später und versuchten einen Trennstrich zu ziehen. Einstweilen aber hatten sie eine nützliche Funktion ausgeübt, und die Praktiker der Macht hatten sich ohnehin kaum um die kulturphilosophischen Überlegungen gekümmert, die von den intellektuellen Mitläufern angestellt und auf den Nationalsozialismus projiziert worden waren. Umgekehrt kam für nicht wenige von ihnen nach der Säuberung der Akademien und Redaktionsstuben, der Universitäten und Rundfunkhäuser die Chance, die personellen Lücken zu schließen. Ehrgeizige Zweitrangige suchten die Plätze der Ausgestoßenen einzunehmen. Unerfüllte wissenschaftliche und kulturelle Erwartungen trieben manche zum Bündnis mit dem Nationalsozialismus.

Die Wellen kultur- und wissenschaftspolitischer Säuberungen begannen in der Regel mit Hetz- und Diffamierungskampagnen gegen politisch und „rassisch" missliebige Intellektuelle und Wissenschaftler, wobei die NS-Aktivisten auch vor physischer Gewalt nicht zurückschreckten.[58] Grundlage war das neue „Gesetz zur Wiederherstellung des Berufsbeamtentums" vom 7. April 1933, das jüdische Beamte wie Angehörige der politischen Linken aus dem Dienst verjagte. Bis zum Beginn des Sommersemesters wollte man die Aktion abgeschlossen haben, um „Unruhen zum Semesterbeginn" zu vermeiden. Tatsächlich gehörte aber die ständige Verunsicherung zum Herrschaftsprinzip, und sie sollte nicht abreißen.

Im März wurden die Mitglieder der Akademie zu einer unbedingten Loyalitätserklärung oder zum Rücktritt aufgefordert und ab April schwarze Listen mit Autoren und Büchern veröffentlicht, die aus dem Geistesleben des neuen Deutschland ausgeschlossen werden sollten. Es war ein dramatischer Bruch mit dem humanistisch-pazifistischen und demokratischen Strang deutschen Geisteslebens.[59] Bald prangten diese Listen an so genannten „Schandpfählen" vor deutschen Universitäten, und schließlich holte der NS-Studentenbund zur „Aktion wider den undeutschen Geist" aus. Am 10. Mai 1933 wurden auf den Plätzen der Haupt- und Universitätsstädte Bücher und Zeitschriften verbrannt, umrahmt von studentischen Fackelzügen, karnevalesken Zugaben zur Verspottung der gebrandmarkten Literatur und von Feuersprüchen einiger Professoren.

---

57 Vgl. Peter Reichel: Der schöne Schein des Dritten Reiches. Faszination und Gewalt des Faschismus, München 1991.
58 Vgl. Helmut Heiber: Universität unterm Hakenkreuz, 3 Bde., München 1991–1994.
59 Vgl. „Das war ein Vorspiel nur...". Bücherverbrennung Deutschland 1933. Voraussetzungen und Folgen, hrsg. von der Akademie der Künste, Berlin 1983.

Zu einem besonderen Schauplatz revolutionärer Gewalt von unten und nachvollziehender Legitimation von oben wurde die Politik der Judenverfolgung.[60] Schon Ende Februar 1933 kam es zu ersten antisemitischen Ausschreitungen von SA-Trupps, die sich seitdem ständig steigern sollten. Jüdische Geschäfte wurden geplündert, ihre Inhaber gequält, verschleppt und nicht selten zu Tode geprügelt. Bald richtete sich der Terror auch gegen jüdische Angehörige freier Berufe, gegen Anwälte und Ärzte. Die heftigen Reaktionen, die solche Nachrichten auch im Ausland fanden, steigerten noch die Verfolgungswut. Es bildete sich, von Goebbels propagandistisch angefeuert, ein „Zentralkomitee zur Abwehr der jüdischen Greuel- und Boykotthetze" unter Leitung des fanatischen Antisemiten und fränkischen Gauleiters Julius Streicher. Am 1. April standen dann überall im Reich SA-Posten vor jüdischen Geschäften und forderten die Kunden drohend auf, die Geschäftsräume nicht zu betreten. Hitler rechtfertigte im Kabinett in bewusster Umkehrung des Tatbestandes die Aktion als „Abwehraktion".

Gleichwohl hatte die Aktion auch im Inland nicht die gewünschte Wirkung. Selbst nationalsozialistischen Zeitungen war zu entnehmen, dass die Bevölkerung meist reserviert oder nur neugierig reagiert hätte. Der Boykott wurde darum nicht weitergeführt, sondern in eine wirkungsvollere Form verwandelt. Mit dem „Gesetz zur Wiederherstellung des Berufsbeamtentums" wurden gleich mehrere Aktionen gekoppelt: die politische Säuberung des öffentlichen Dienstes und die antisemitischen Säuberungen in staatlichen und kommunalen Verwaltungen. Zum ersten Mal fand damit, ohne dass einer der deutschnationalen Minister im Kabinett dagegen Einspruch eingelegt hätte, der staatlich verordnete Antisemitismus Eingang in ein Gesetz; freilich noch in abgeschwächter Form, da nach Intervention des Reichspräsidenten jüdische Frontkämpfer des Ersten Weltkriegs ausgenommen blieben. Der euphemistische Titel des Gesetzes sollte, wie in vielen anderen Fällen, über die furchtbaren Konsequenzen hinwegtäuschen. Andererseits sollte mit dem Vorgehen gegen so genannte Parteibuchbeamte, gemeint waren republikanische Beamte, die traditionelle Beamtenschaft in ihrem „überparteilichen" ständischen Selbstverständnis angesprochen und zur Mitarbeit im „nationalen Staat" gewonnen werden. Ein Kranz von weiteren Gesetzen umgab diese Verordnung. Ihr Ziel war, wo immer es staatliche Einflussmöglichkeiten gab, Juden aus dem staatlichen und kommunalen öffentlichen Dienst und dem Bereich der staatlich verwalteten Kultur zu verdrängen. Bis zum April 1934 hatten so einige hundert jüdische Hochschullehrer, etwa 4.000 jüdische Rechtsanwälte, 300 Ärzte, 2.000 Beamte und ebenso viele Schauspieler und Musiker ihre Arbeitsplätze verloren. Nur in der Wirtschaft blieb den deutschen Juden noch für einige Zeit ein Freiraum. Dort wurden sie noch gebraucht. Die jüdische Gegenwehr war auf Hilfe für die Verfolgten und auf behutsame Versuche beschränkt, wenigstens eine gewisse Autonomie jüdischen Lebens unter dem Regime zu bewahren. Schon nach einem Jahr nationalsozialistischer Herrschaft hatten rund 37.000 jüdische Flüchtlinge Deutschland verlassen. Die meisten Juden aber blieben in Deutschland, weil sie von einer allmählichen Beruhigung der Ausgrenzung und Verfolgungsnahmen ausgingen, für die es immerhin einige schwache Anzeichen gab. Sie gehörten in den Zusammenhang der allgemeinen Konsolidierungs- und Mäßigungspolitik, die das Regime vom Sommer 1933 an betrieb, um die in einem atemberaubenden Prozess eroberten Machtpositionen in Staat und Gesellschaft erst einmal zu sichern und die konservativen Eliten, die für die Stabilisierung des Regimes unverzichtbar waren, zu beruhigen.

---

60 Vgl. Saul Friedländer: Das Dritte Reich und die Juden. Die Jahre der Verfolgung 1933–1939, München 1997.

Auch wenn Hitler und die NSDAP sich nach einem halben Jahr auf der ganzen Linie durchgesetzt zu haben schienen und die Fundamente des Verfassungsstaates zerstört waren, so gab es noch Grenzen der Macht. Sie fanden ihren Ausdruck in der nach wie vor bestehenden Autonomie einiger gesellschaftlicher Macht- und Funktionsträger in Armee, Wirtschaft und Bürokratie, auf die das Regime angewiesen war. Schließlich lagen sie in einer prekären außenpolitischen Situation, die zur Mäßigung und Camouflage zwangen. Alle diejenigen Unterführer, die die nationalsozialistische Revolution weiter treiben wollten, mussten sich ab Juli 1933 von dem politischen Taktiker Hitler sagen lassen, dass nun die Revolution abgeschlossen sei und der „freigewordene Strom der Revolution in das sichere Bett der Evolution" hinüber geleitet werden müsse. Die Revolution dürfe kein Dauerzustand werden, vielmehr stehe man vor der „langsamen Vollendung des totalen Staates". Das wesentliche Ziel der kommenden Phase solle darum lauten: „Der Erringung der äußeren Macht muss die innere Erziehung des Menschen folgen."[61] Im Unterschied zu einer autoritären Ordnungsdiktatur, die sich auf die Kontrolle von Staat, politischer Öffentlichkeit, Verwaltung und Polizei konzentriert, versuchte die nationalsozialistische Herrschaftspolitik, den gesellschaftlichen Bereich total zu durchdringen.

4.6. Röhm-Affäre und Festigung der Macht

Exponenten der Unzufriedenen in der NSDAP nach dem vorübergehenden Abschluss der Machtergreifung waren Ernst Röhm und seine SA, die die bisherigen Erfolge nur als Teilstück auf dem Weg zum nationalsozialistischen Staat verstanden.[62] Ihre Ungeduld ist zugleich Hinweis auf die Spannungen, die sich aus dem Alleinherrschaftsanspruch der SA und den Autonomie-Vorstellungen der Reichswehr, die sich als zweite Säule im „Dritten Reich" definierte, ergaben. Die Machtverhältnisse am Ende der dritten Machtergreifungsphase im Sommer 1933 waren zwischen konservativen Machtgruppen in Armee, Bürokratie, Wirtschaft und im Reichspräsidentenamt einerseits, der nationalsozialistischen Staats- und Parteiführung andererseits sowie drittens der unruhigen Parteibasis, die von einer zweiten Revolution träumte, zu einem konfliktreichen Dreiecksverhältnis verschlungen, als der historische Zufall und die Instrumentalisierung der neuen Problemlage durch Hitler die Entwicklung wieder einmal beschleunigte. Das Regime trieb im Frühsommer auf eine ernste politische und ökonomische Krise zu, die Hitlers Machtstellung empfindlich treffen und vor allem seine Absicht gefährden musste, die Nachfolge des todkranken Reichspräsidenten anzutreten.

Hitler war zunächst mehr der Getriebene als der Treibende, als sich neben Versorgungsmängeln und einer noch hohen Arbeitslosigkeit die innerparteilichen Rivalen und vor allem die konservativen Opponenten rührten, die einen günstigen Moment gekommen sahen, um ihren Machtverlust, den sie nach dem 30. Januar 1933 erleben mussten, rückgängig zu machen und eine Stärkung Hitlers nach dem zu erwartenden Tod Hindenburgs zu verhindern. Als die Gegensätze eskalierten, nutzte Hitler im Bündnis mit der Reichswehrführung, die die Konkurrenz der SA fürchtete, und mit der SS die Röhm-Affäre, d. h. die angeblichen Putschpläne der SA-Führung, am 30. Juni 1934 zu einem Doppelschlag gegen die SA und die konservativen Gegenspieler. Was nach einem organisierten Bandenwesen und gewalttätigen Racheaktionen aussah, war tatsächlich

---

61 Ursachen und Folgen (Anm. 35), Bd. IX, S. 233 f.
62 Vgl. Peter Longerich: Die braunen Bataillone. Geschichte der SA, München 1989.

ein staatlich geplanter und im Nachhinein als Staatsnotwehr scheinlegalisierter Mord, der zur Vollendung der Machtergreifung genutzt wurde.

In der Öffentlichkeit wurden die Mordaktionen als Wiederherstellung von Recht und Ordnung gegen eine gewalttätige und moralisch pervertierte Parteitruppe wahrgenommen, und der „Führer"-Mythos strahlte umso mehr. Die Durchsetzung der „Führer"-Diktatur, der Übergang von der „kommissarischen zur souveränen Diktatur" (Ernst Fraenkel) wurde nicht nur staatsrechtlich legitimiert, sondern durch die Vereinigung der Ämter des Reichskanzlers und des Reichspräsidenten nach dem Tode Hindenburgs am 2. August 1934 in der einzigartigen Stellung des „Führers und Reichskanzlers" auch de facto vollzogen. Mit dem Eid der Reichswehr auf Hitler am selben Tag gab die Reichswehr in einem „Akt opportunistischen Übereifers" (Joachim C. Fest) ihre Autonomie und ihre politisch-moralische Unschuld auf. Der Gleichschaltung der Wehrmacht in die nationalsozialistische Weltanschauungspolitik waren alle Türen geöffnet.

5. Schlussbetrachtung

Mit der Konsolidierung des „Führerstaates", durch eine Volksabstimmung am 19. August 1934 mit 89,9 Prozent der Stimmen noch plebiszitär abgesichert, hatten sich die Grundzüge der nationalsozialistischen Herrschaft und die wichtigsten Herrschaftstechniken herausgebildet. Gleichwohl kennzeichnete das politische System des „Dritten Reiches" eine Dynamik, die mit dem Krieg eine ungebremste Entwicklung erfuhr und die Massenverbrechen erst ermöglichten. Der Weg dahin war im Prozess der nationalsozialistischen Machtergreifung und -eroberung zwar angelegt, aber zunächst weder vorhersehbar noch notwendig. Dass ein entsprechendes Potenzial der Radikalisierung und Destruktion dennoch bestand, hatte mit den politik- und sozialgeschichtlichen Bedingungen und Formen der NS-Machtergreifung zu tun, die dazu beitrugen, die institutionellen und kulturellen Barrieren niederzureißen, die sich der schrittweisen Entgrenzung der Macht hätten entgegenstellen können. Das Zerstörungspotenzial des Nationalsozialismus war im Sommer 1934 zu erkennen – ebenso wie das zunehmende Maß an Zustimmung und Loyalität, das aus der Gesellschaft dem charismatischen „Führer" entgegengebracht wurde.

Zu diesem entscheidenden Zeitpunkt des Sommers 1934 konnte man sich die verfassungs- und sozialpolitischen Folgen der Machteroberung kaum einschneidender vorstellen: Rechtsstaat und parlamentarische Demokratie waren beseitigt, die Gewaltenteilung war aufgehoben. Der Prozess der gesellschaftlichen Differenzierung in autonome gesellschaftliche Gruppen und organisierte Interessen war unterbrochen, einer weitgehenden Gleichschaltung und einem Autonomieverlust gewichen. Insofern hatte tatsächlich eine Revolution stattgefunden, die sich freilich von den bisherigen Formen revolutionärer Veränderungen dadurch unterschied, dass sie sich, begünstigt durch die (Selbst-)Auflösung der parlamentarisch-demokratischen Ordnung und durch die Schwäche wichtiger gesellschaftlicher Einrichtungen, in einer eigentümlichen Verbindung von Zustimmung und Gewalt schrittweise vollzog und aus dem politischen System samt seiner führenden sozialen Machtgruppen im Bündnis mit einer radikalen Massenbewegung selbst hervorging.

Verschwunden waren im Sommer 1934 alle Sicherungen gegen eine unbegrenzte Diktaturgewalt, es gab keine institutionelle Anknüpfungsmöglichkeit für legale Opposition.

Widerstand konnte hinfort nicht mehr aus dem System hervorgehen, sondern musste von außen oder aus den immer weiter ausgehöhlten, ursprünglich teilautonomen Bereichen gegen dieses und vor allem seinen „Führer" gerichtet werden. Denn in der ungeordneten, personenbezogenen und charismatischen „Führerherrschaft", die sich nun mit immer breiterer öffentlicher Zustimmung etablierte, liefen alle Macht- und Entscheidungsstränge bei Hitler zusammen oder rechtfertigten sich durch die Berufung auf ihn. Aus der außerordentlichen „Führermacht" konnte sich jede weitere Radikalisierung des Systems und seiner Weltanschauungspolitik ableiten, indem der Führerwille zum Motor immer neuer Radikalisierungsschübe wurde, die sich zugleich als Kompetenzkonflikte rivalisierender Unterführer und NS-Machtgruppen darstellten.

Die „Führerherrschaft" des „Dritten Reiches" nahm zu keinem Zeitpunkt eine feste Form an. Das äußere Bild des „Dritten Reiches", das nach dem Sommer 1934 Stabilisierung und konservativ-autoritäre Mäßigung widerspiegelte, verdeckte nur die inneren Strukturen und Wirkungsmechanismen der „Führer-Diktatur", die auf Machterweiterung und Krieg, auf Durchsetzung der rassenideologischen Prämissen und des ideologischen Vernichtungswillens angelegt waren. Den Weg dorthin wusste Hitler durch taktische Mäßigung und Verschleierung, durch geschicktes Ausnutzen von Krisensituationen und der Schwächen innen- wie außenpolitischer Gegner in kürzester Zeit sich zu ebnen.

Ganz ähnlich hatte der Weg von der Machtübertragung am 30. Januar 1933 zum „Führerabsolutismus" im Sommer 1934 geführt: nämlich durch einen ambivalenten Prozess, der Tradition und Revolution miteinander verband und dessen Auflösungs- und Zerstörungspotenziale sowie radikale Brüche sich hinter einer Fassade der scheinbaren Kontinuität und des schönen Scheins verbargen. Dabei konnte der „Führer" sich stets auf eine große Loyalitäts- und Zustimmungsbereitschaft in der deutschen Gesellschaft stützen und eine Konsensdiktatur entwickeln, die kaum eine Parallele kennt.[63]

---

63 Den Aspekt der Zustimmungs- und Mitwirkungsbereitschaft betont besonders Kershaw: Hitler (Anm. 6).

Feier des Jahrestags der Luftbrücke in Berlin, 1988
Quelle: SV-Bilderdienst

UDO WENGST

Kriegsende 1945:
auf dem Weg zur Teilung und zur Gründung
zweier Staaten in Deutschland

1. Einleitung

Die militärische Kapitulation am 8. Mai 1945 bezeichnet das definitive Ende des nationalsozialistischen „Dritten Reiches". Der 8. Mai markiert somit – um mit Richard von
Weizsäcker zu sprechen – einen „tiefen historischen Einschnitt, nicht nur der deutschen,
sondern auch der europäischen Geschichte".[1] Was die Bewertung dieses Einschnittes anbetrifft, scheint ein differenziertes Urteil notwendig zu sein. Denn der 8. Mai 1945 war
„ein Tag der Befreiung und der Niederlage, ein Tag des Endes und des Aufbruchs, ein
Tag der Vernichtung und der Hoffnung".[2] Der erste Bundespräsident Theodor Heuss
hat diese Zwiespältigkeit vier Jahre später als „die tragischste und fragwürdigste Paradoxie in der Geschichte" für einen Deutschen bezeichnet.[3] Jahrzehnte später, im Mai
1985, hat einer seiner Amtsnachfolger – Richard von Weizsäcker – den 8. Mai 1945
deutlich prononcierter als „Tag der Befreiung" bezeichnet[4] und damit der seit 1949 in
der Bundesrepublik vollzogenen Entwicklung Rechnung getragen. Aus der Perspektive
der damals noch in der DDR lebenden mitteldeutschen Bevölkerung konnte dies so
nicht ausgedrückt werden, denn ihr war „die kostbare Chance der Freiheit" bis 1990
vorenthalten worden,[5] obgleich in der „Phraseologie der DDR" dieser Teil Deutschlands von Anfang nicht „besetzt", sondern „befreit" worden war.[6]

In einem wissenschaftsgeschichtlich bedeutsamen Sammelband des Instituts für Zeit-
geschichte aus dem Jahr 1989 ist an der Konzentration auf das Datum des 8. Mai 1945
Kritik geübt und die These formuliert worden, dass der gesamte Zeitraum von der
Niederlage der 6. Armee der deutschen Wehrmacht in Stalingrad im Jahr 1943 bis zur
Währungsreform im Jahr 1948 in den Blick genommen werden müsse, da er „einen
epochalen Einschnitt in der neuesten deutschen Geschichte" markiere.[7] Klaus-Dietmar
Henke hat wiederum den Zeitraum vom Sommer 1944 bis zum Sommer 1945, in dem
sich die amerikanische Besetzung Deutschlands vollzog, als „Epochenjahr" bezeichnet[8]
und damit zwar auch den Einschnitt des 8. Mai problematisiert, dies aber mit anderen Zäsuren und Begründungen. Im Ansatz sind diese Periodisierungen letztlich auf

---

1   Richard von Weizsäcker: Der 8. Mai 1945. Ansprache bei einer Gedenkstunde im Plenarsaal des Deut-
     schen Bundestages, in: ders.: Reden und Interviews (1). 1. Juli 1984 – 30. Juni 1985, Bonn 1986,
     S. 285.
2   Horst Möller: Die Relativität historischer Epochen: Das Jahr 1945 in der Perspektive des Jahres 1989, in:
     Aus Politik und Zeitgeschichte, B. 18–19/1995, S. 3.
3   Theodor Heuss: 1949. Vor dem Parlamentarischen Rat, in: ders.: Die großen Reden. Der Staatsmann,
     Tübingen 1965, S. 86.
4   Von Weizsäcker: Der 8. Mai 1945 (Anm. 1), S. 280.
5   Ebd., S. 287.
6   Norman M. Naimark: Die Russen in Deutschland. Die sowjetische Besatzungszone 1945–1949, Berlin
     1997, S. 10.
7   Martin Broszat/Klaus-Dietmar Henke/Hans Woller: Einleitung, in: dies. (Hrsg.): Von Stalingrad zur
     Währungsreform. Zur Sozialgeschichte des Umbruchs in Deutschland, München 1989, S. XXV.
8   Klaus-Dietmar Henke: Die amerikanische Besetzung Deutschlands, 2. Aufl., München 1996, S. 25.

Westdeutschland bezogen und damit unter gesamtdeutscher Perspektive zu relativieren. Zudem ist daran festzuhalten, dass der 8. Mai selbst als – wie auch immer empfundene – Zäsur anzusehen ist, da mit ihm einerseits das Ende der nationalsozialistischen Diktatur und des Krieges in Europa verbunden war und andererseits die Besatzungsherrschaft begann, die eine neue Phase deutscher Geschichte einleitete. Sie unterschied sich in vielfältiger Weise von den Gegebenheiten, die bis dato die deutsche Politik und Gesellschaft geprägt hatten. Peter Graf Kielmansegg hat diesen Zusammenhang in die Worte gefasst, dass der 8. Mai „Ende und Anfang" in einem war, wobei die Chance des Anfangs – um das noch einmal zu wiederholen – zunächst nur den Bürgern im Westen Deutschlands gegeben wurde. So sieht es auch Kielmansegg, wenn er im Hinblick auf den 8. Mai 1945 von der Katastrophe spricht, „die Deutschland demokratiefähig gemacht hat", die es gelehrt habe, „sich in die europäische Staatengemeinschaft einzufügen", die es gezwungen habe, „sich selbst neu zu definieren".[9]

Der folgende Beitrag geht von dem Datum des 8. Mai 1945 aus und untersucht die hieran anschließende Entwicklung in den Besatzungszonen. Zunächst gilt es, die Grundzüge der Besatzungspolitik bis 1947 darzustellen, in deren Rahmen auch der politische Wiederaufbau deutscher Institutionen und Organisationen abgehandelt wird. Daran schließt sich eine Schilderung an, die ihren Ausgangspunkt im „Schicksalsjahr" 1948[10] nimmt und wiederum zunächst die Aktionen der Besatzungsmächte beleuchtet, um sodann auf die Ebene der deutschen Akteure herunterzusteigen. Abgeschlossen wird dieser Abschnitt mit der „doppelten Staatsgründung" (Christoph Kleßmann) in der zweiten Jahreshälfte 1949.[11] Danach soll der Frage nachgegangen werden, wie sich die beiden deutschen Staaten seit den 1950er Jahren entwickelt haben (Außenpolitik, innenpolitische und gesellschaftliche Entwicklungen unter Einbeziehung von Fragen der Wirtschaftsordnung bis hin zur politischen Kultur). Dabei geht es darum, zentrale Aspekte der Wirkungsgeschichte der Zäsur von 1945/49 in einem knappen Überblick anzureißen. In der Schlussbetrachtung sind nicht nur die Ergebnisse zusammenzufassen, sondern ist insbesondere auch den Fragen nachzugehen, ob es zur Teilung Deutschlands eine Alternative gegeben hat, inwieweit die Entwicklung in Deutschland durch restaurative oder modernisierende Tendenzen gekennzeichnet war und wo die Gemeinsamkeiten und Unterschiede der gesellschaftlichen und mentalen Wandlungsprozesse in der Bundesrepublik einerseits und der DDR andererseits zu verorten sind.[12]

9   Peter Graf Kielmansegg: Nach der Katastrophe. Eine Geschichte des geteilten Deutschland, Berlin 2000, S. 10.

10 Hans-Peter Schwarz: Die außenpolitischen Grundlagen des westdeutschen Staates, in: Richard Löwenthal/Hans-Peter Schwarz (Hrsg.): Die zweite Republik. 25 Jahre Bundesrepublik Deutschland – eine Bilanz, Stuttgart 1974, S. 29.

11 Christoph Kleßmann: Die doppelte Staatsgründung. Deutsche Geschichte 1945–1955, 5., überarbeitete und erw. Aufl., Bonn 1991.

12 Die hiermit skizzierte Abhandlung kann auf der Basis einer insgesamt weit fortgeschrittenen historischen Forschung erfolgen, über deren Details sich der Leser insbesondere in den entsprechenden Bänden der Reihen „Grundriss der Geschichte" und „Enzyklopädie der Geschichte" des Oldenbourg Wissenschaftsverlages informieren kann: Rudolf Morsey: Die Bundesrepublik Deutschland. Entstehung und Entwicklung bis 1969, 4., überarbeitete und erw. Aufl., München 2000; Adolf M. Birke: Die Bundesrepublik Deutschland. Verfassung, Parlament und Parteien, München 1997; Hermann Weber: Die DDR 1945–1990, 3., überarbeitete und erw. Aufl., München 2000; Günther Heydemann: Die Innenpolitik der DDR, München 2003; Joachim Scholtyseck: Die Außenpolitik der DDR, München 2003.

2. Besatzung und Neubeginn zwischen Einheitspostulat und Teilungsperspektive (1945–1947)

2.1. Potsdamer Konferenz und Alliierter Kontrollrat

Vom 17. Juli bis 2. August 1945 trafen in Potsdam die Regierungschefs und Außenminister der Sowjetunion, der USA und Großbritanniens zusammen, um „die weitere gemeinsame Politik der Hauptalliierten in Europa vor allem gegenüber Deutschland nach Beendigung des Krieges unter Berücksichtigung der früheren Vereinbarungen festzulegen und zu koordinieren".[13] Der Verlauf der Konferenz erwies jedoch, wie schwer sich die Alliierten taten, sich auf ein gemeinsames Vorgehen gegenüber Deutschland zu einigen. Die Ergebnisse der Konferenz sind auch aus diesem Grund nur in einem Bericht und einem ausführlichen Protokoll festgehalten worden, das gleichwohl unter dem Terminus „Potsdamer Abkommen" in die Geschichte eingegangen ist.

Mit Blick auf die „politischen Grundsätze" ist das „Potsdamer Abkommen" als ein „Formelkompromiss" bezeichnet worden.[14] Denn die in Potsdam beschlossenen „vier D", d. h. die Absicht, Deutschland zu demilitarisieren, zu denazifizieren, zu dekartellisieren und zu demokratisieren, waren nicht mehr als Worthülsen, da die mit diesen Begriffen im Westen und im Osten verbundenen inhaltlichen Vorstellungen letztlich nicht zu vereinbaren waren. Auf den ersten Blick konnte das „Potsdamer Abkommen" als Grundlage für die politische und wirtschaftliche Einheit des besetzten Deutschland angesehen werden. Das „Abkommen" enthielt nämlich den Passus, in „ganz Deutschland [...] alle demokratischen politischen Parteien zu erlauben und zu fördern".[15] Des Weiteren war zwar festgelegt, dass „bis auf weiteres keine zentrale deutsche Regierung errichtet" werden solle; darauf folgte jedoch sogleich die Absichtserklärung, „einige wichtige zentrale deutsche Verwaltungsabteilungen" unter der Leitung von Staatssekretären zu schaffen, „und zwar auf den Gebieten des Finanzwesens, des Außenhandels und der Industrie". Unter der Rubrik „Wirtschaftliche Grundsätze" hieß es im Folgenden ohne Wenn und Aber: „Während der Besatzungszeit ist Deutschland als eine wirtschaftliche Einheit zu betrachten."

Diese Absichtserklärung indes wurde durch die ebenfalls in Potsdam getroffene Reparationsregelung aufgehoben. Denn die Alliierten einigten sich darauf, Deutschland als Reparationsgebiet zu teilen, somit die Sowjets zur Befriedung ihrer Reparationsansprüche im Wesentlichen auf Entnahmen aus der SBZ zu verweisen und ihnen nur geringe Anteile aus den Westzonen zuzugestehen. Mit dieser Entscheidung war eine Realisierung des Beschlusses, Deutschland als Wirtschaftseinheit zu behandeln, kaum mehr möglich. Weitere Schwierigkeiten erwuchsen daraus, dass die französische Regierung an der Potsdamer Konferenz nicht beteiligt, aber als vierte Besatzungsmacht in Deutschland vorgesehen war. Frankreich akzeptierte das „Potsdamer Abkommen" nur unter Vorbehalten, die sich insbesondere auf die politische Einheit Deutschlands bezogen.

---

13 Boris Meissner: Die Potsdamer Konferenz, in: ders./Dieter Blumenwitz/Gilbert Göring (Hrsg.): Das Potsdamer Abkommen, Bd. 4/3: Rückblick nach 50 Jahren, Wien 1996, S. 11.

14 Morsey: Bundesrepublik Deutschland (Anm. 12), S. 3.

15 Dieses Zitat ist wie die folgenden Zitate der Amtlichen Verlautbarung über die Konferenz von Potsdam vom 17. Juli bis 2. August 1945 entnommen. Abgedruckt in: Ernst Deuerlein: Die Einheit Deutschlands. Ihre Erörterung und Behandlung auf den Kriegs- und Nachkriegskonferenzen 1941–1949. Darstellung und Dokumentation, Frankfurt a. M. u. a. 1957, S. 246–255.

Als oberstes Besatzungsorgan setzten die Besatzungsmächte einen Alliierten Kontrollrat ein, den die vier (militärischen) Oberbefehlshaber bildeten.[16] Dieser Kontrollrat sollte „für eine angemessene Einheitlichkeit des Vorgehens der einzelnen Oberbefehlshaber" Sorge tragen und im „gegenseitigen Einvernehmen Entscheidungen über alle Deutschland als Ganzes betreffenden wesentlichen Fragen" fällen. Alle Entscheidungen bedurften der Einstimmigkeit, was jeder beteiligten Macht die Chance bot, nicht genehme Entscheidungen durch die Einlegung eines Vetos zu blockieren. Die in diesem Mechanismus bereits angelegte Möglichkeit einer Selbstblockade des Alliierten Kontrollrates führte dazu, dass die bereits vor dem 8. Mai 1945 getroffene Entscheidung, „Deutschland für Besatzungszwecke in vier Zonen" aufzuteilen und jeder Besatzungsmacht eine Zone zuzuteilen, für die weitere Entwicklung großes Gewicht erhielt.

2.2. Berliner Erklärung und Zonenpolitik

Grundlage dieser jeweils eigenständigen Zonenpolitik war die Berliner Deklaration vom 5. Juni 1945, in der es u. a. hieß, dass die alliierten Oberbefehlshaber in ihren eigenen Zonen „auf Anweisung ihrer Regierungen" in eigener Zuständigkeit entscheiden konnten und in diesem Fall nicht auf schwierige Abstimmungsverfahren angewiesen waren. Dementsprechend gewann die Zonenpolitik fast zwangsläufig an Bedeutung und trug ihren Teil dazu bei, die im „Potsdamer Abkommen" angelegte Einheitlichkeit Deutschlands zu zerstören; auch deshalb, weil die Konzepte der Besatzungspolitik der Alliierten mehr oder weniger stark voneinander abwichen und unterschiedliche Entwicklungen in den Zonen einleiteten. Dies soll im Folgenden kurz skizziert werden, wobei die Darstellung über die Westzonen den Schwerpunkt auf die US-Zone legt, weil die Amerikaner sich zur westlichen Führungsmacht entwickelten und damit über weite Strecken als ausschlaggebender Faktor angesehen werden müssen. Auf die Behandlung des Sonderstatus von Berlin wird verzichtet.

Wie keine andere Besatzungsmacht verfügten die USA über ein ausgearbeitetes Programm, das ihrer Besatzungspolitik zugrunde liegen sollte. Dabei handelte es sich um die Direktive JCS 1067, die am 26. April 1945 verabschiedet worden war. Sie war in Inhalt und Terminologie noch weitgehend geprägt durch den so genannten Morgenthauplan von 1944, der darauf abzielte, Deutschland durch eine Deindustrialisierung auf Dauer die Möglichkeit zu nehmen, die Sicherheit Europas zu bedrohen. Als Hauptziel der Besatzungspolitik wurde die Absicht bezeichnet, „Deutschland daran zu hindern, je wieder eine Bedrohung des Weltfriedens zu werden". Ein ausführlicher Katalog führte schließlich die Maßnahmen auf, die die Amerikaner für erforderlich hielten, um das von ihnen grundsätzlich formulierte Ziel der Besatzung zu erreichen.[17]

In der Realität des Besatzungsalltags hat die Direktive JCS 1067 jedoch von Beginn an kaum eine Rolle gespielt. Denn bereits mit dem Übertritt der ersten amerikanischen Einheiten auf das Reichsgebiet trafen Sieger und Besiegte „in beiderseits kooperativer Grundeinstellung" aufeinander.[18] Nicht nur in Aachen, sondern auch an vielen anderen

---

16 Ausführlich und grundlegend zum Alliierten Kontrollrat siehe Gunther Mai: Der Alliierte Kontrollrat in Deutschland 1945–1948. Alliierte Einheit – deutsche Teilung?, München 1995.
17 Zitiert nach Klaus-Jörg Ruhl (Hrsg.): Neubeginn und Restauration. Dokumente zur Vorgeschichte der Bundesrepublik Deutschland 1945–1949, München 1982, S. 59–66.
18 Klaus-Dietmar Henke: Der freundliche Feind. Amerikaner und Deutsche 1944/45, in: Heinrich Oberreuter/Jürgen Weber (Hrsg.): Freundliche Feinde? Die Alliierten und die Demokratiebegründung in Deutschland, München/Landsberg am Lech 1996, S. 45.

Orten begrüßte die Bevölkerung in den folgenden Monaten die einrückenden Amerikaner mit unverhohlener Freude; und nicht selten bildeten sich in den Städten Zusammenschlüsse von Bürgern, die dafür sorgten, dass die Städte den einrückenden Truppen friedlich übergeben wurden.

Trotz aller Härten und Unbequemlichkeiten, die ein Militärregime für die Besiegten mit sich bringt, und trotz aller ideologischen Fixierungen, mit denen die Amerikaner in Deutschland einmarschierten, entwickelte sich zwischen Besatzern und Besetzten ein Verhältnis, das mit Recht als „kooperative Konfrontation" bezeichnet worden ist. Vor Anlaufschwierigkeiten und immer wieder auftauchenden Problemen war die Arbeit der amerikanischen Militärregierung gleichwohl nicht gefeit; sie muss aber dennoch als erfolgreich bewertet werden. Schon nach kurzer Zeit hatte die Mehrzahl der örtlichen Befehlshaber „großes Ansehen in der Bevölkerung" errungen.[19] Dies rührte nicht zuletzt daher, dass sich die Amerikaner der Sorgen der Bevölkerung annahmen und im Zusammenwirken mit deutschen Stellen bestrebt waren, die großen politischen, gesellschaftlichen und wirtschaftlichen Probleme der damaligen Zeit in den Griff zu bekommen.

Den von Beginn an eingeschlagenen Kurs einer Besatzungspolitik mit positiven Angeboten an den besiegten Gegner sanktionierte Washington offiziell erst mit der Direktive JCS 1779 vom 17. Juli 1947. Zwar war auch hierin noch die Rede von notwendigen Beschränkungen, „die die Garantie geben sollen, dass der destruktive Militarismus in Deutschland nicht wieder aufleben wird". Unabhängig hiervon stellte die US-Regierung den Deutschen aber ein „positives, sofort durchzuführendes Programm" in Aussicht, das zur „Herstellung von politischen, wirtschaftlichen und sittlichen Verhältnissen in Deutschland" führen sollte, „die den wirksamsten Beitrag für ein gesichertes und bleibendes Europa liefern werden". Darüber hinaus enthielt die Direktive ein indirektes Schutzversprechen. Denn in ihr hieß es, dass sich die amerikanische Regierung verpflichte, ihre Besatzungstruppen so lange in Deutschland zu belassen, „wie die fremde Besatzung Deutschlands andauern wird".[20]

In der Grundanlage stimmte die Besatzungspolitik der Briten mit jener der Amerikaner überein: Den Briten ging es wie ihrem amerikanischen Verbündeten um die „Regeneration of Germany", um die Erneuerung Deutschlands. Dabei stand das Wort für ein Vorhaben, dem zufolge Deutschland ein dem Vorbild westlicher Demokratien folgendes und damit vor allem auch den Menschenrechten und dem Frieden verpflichtetes Land im Herzen Europas werden sollte. Auf die Details dieses Konzeptes ist hier nicht näher einzugehen, da zunächst bestehende Unterschiede (z. B. in der Demontagepolitik) allmählich geringer wurden und die Briten das amerikanische Konzept weitgehend übernahmen.[21]

Im Unterschied zu der amerikanischen und britischen Zone galt die französische Zone lange Zeit als „Ausbeutungskolonie" (Theodor Eschenburg). Frankreich wurde darüber hinaus der Vorwurf gemacht, seine Zone isoliert und einen organisatorischen Wiederaufbau verhindert zu haben. Erst unter anglo-amerikanischem Druck hätten die Fran-

---

19 So die Feststellung im Hinblick auf Ansbach und Fürth von Hans Woller: Gesellschaft und Politik in der amerikanischen Besatzungszone. Die Region Ansbach und Fürth, München 1986, S. 72.
20 Zitiert nach Ruhl: Neubeginn und Restauration (Anm. 17), S. 375–382.
21 Dazu die beiden Sammelbände von Claus Scharf/Hans-Jürgen Schröder (Hrsg.): Die Deutschlandpolitik Großbritanniens und die britische Zone 1945–1949, Wiesbaden 1979 sowie Josef Foschepoth/Rolf Steininger (Hrsg.): Die britische Deutschland- und Besatzungspolitik 1945–1949, Paderborn 1985.

zosen einen Kurswechsel vollzogen und seien in die westliche Front eingeschwenkt. Diese Bewertung ist im Grundsatz sicherlich nicht falsch, bedarf aber der Erklärung und Relativierung. Denn obwohl die französische Politik wie vor dem Krieg eine Sicherheitspolitik gegenüber Deutschland verfolgte, ist ein Wandel dieses Konzeptes insofern zu erkennen, als sie nicht mehr nur militärische und wirtschaftliche Gesichtspunkte einbezog, sondern auch auf „Demokratisierung" des östlichen Nachbarn abzielte.[22] So ergaben sich durchaus Berührungspunkte mit den Amerikanern und Briten, die über einen längeren Zeitraum hinweg das Einschwenken der Franzosen in die westliche Phalanx erleichterten.

Unter vollkommen anderen Verhältnissen als in den westlichen Zonen erlebte die deutsche Bevölkerung in der Sowjetischen Zone die Besatzung. Im Unterschied zum Westen erfolgte die Einnahme des deutschen Ostens durch die Rote Armee in heftigen Kämpfen, und das Vorgehen der Rotarmisten gegenüber der Bevölkerung war durch große Brutalität gekennzeichnet. Insbesondere die Frauen sahen sich ständigen Übergriffen ausgesetzt, und die Zahl der Vergewaltigungen war immens.[23]

Die sowjetische Militäradministration verfügte über keinen „Gesamtplan" für die Besatzungspolitik. Es gab also kein Dokument, das der Direktive JCS 1067 entsprochen hätte. Wohl aber berücksichtigten die Sowjets eine „Reihe grundlegender Prinzipien", deren Umsetzung letztlich darauf hinauslief, in Deutschland eine „antifaschistisch-demokratische Umwandlung" herbeizuführen.[24] Die Sowjetunion sah sich „in jeder Hinsicht [als] eine Kolonialmacht", deren Sicherheitsapparat die Bevölkerung mit brutalen Vernehmungen und Denunziationen, mit Hilfe einer politischen Justiz sowie der Einrichtung von Lagern für politische Häftlinge terrorisierte.[25] Hinzu kamen Zwangsverpflichtungen deutscher Arbeiter für den Uranabbau, die rücksichtslose Demontage von Industriebetrieben und die Deportationen von deutschem Fachpersonal in die UdSSR. Mit all diesen Maßnahmen sorgten die Sowjets selbst dafür, dass aus „potentiellen Freunden Feinde" wurden und damit eine Entwicklung Platz griff, die in eine gänzlich andere Richtung als in den Westzonen, insbesondere in der amerikanischen und britischen Zone, führte.

2.3. Wiederaufbau deutscher Institutionen und Organisationen

2.3.1. Verwaltung

Trotz aller Restriktionen, die das „Potsdamer Abkommen" auf politischem und wirtschaftlichem Gebiet dem deutschen Volke auferlegte, enthielt es doch auch Grundlagen für den Neubeginn und sanktionierte somit bereits vorweg von den einzelnen Besatzungsmächten eingeleitete Entwicklungen. An erster Stelle ist in diesem Zusammenhang die Ermächtigung zur Wiederherstellung einer lokalen Selbstverwaltung „in ganz Deutschland nach demokratischen Grundsätzen" zu nennen. In Aussicht gestellt wurde

---

22 Dazu zusammenfassend Rainer Hudemann: Frankreichs Besatzung in Deutschland: Hindernis oder Auftakt der deutsch-französischen Kooperation?, in: Joseph Jurt (Hrsg.): Von der Besatzungszeit zur deutsch-französischen Kooperation, Freiburg 1993, S. 237–254.
23 Hierzu und zum Folgenden ausführlich: Naimark: Russen in Deutschland (Anm. 6), S. 91–179, sowie Jan Foitzik: Sowjetische Militäradministration in Deutschland (SMAD) 1945–1949. Struktur und Funktion, Berlin 1999.
24 Naimark: Russen in Deutschland (Anm. 6), S. 586.
25 Vgl. Sergej Mironenko/Alexander von Plato (Hrsg.): Sowjetische Speziallager in Deutschland 1945–1950, 3 Bde., Berlin 1998/99.

darüber hinaus die Einrichtung von Kreis-, Provinzial- und Landesverwaltungen, für die nach einer Bewährungsfrist von demokratischen Grundsätzen in der kommunalen Selbstverwaltung ebenfalls der „Grundsatz der Wahlvertretung" gelten sollte. Ein solches Angebot setzte die Zulassung von politischen Parteien voraus. Es war daher nur konsequent, dass das „Potsdamer Abkommen" ankündigte, „in ganz Deutschland [...] alle demokratischen politischen Parteien zu erlauben und zu fördern". Ergänzt wurde diese Ankündigung durch die Zusicherung, auch die Gründung freier Gewerkschaften zu gestatten.[26]

Da die amerikanische Militärregierung selbst weder über genügend Personal noch über die erforderliche Kompetenz verfügte, die notwendigen Verwaltungsarbeiten selbst zu übernehmen, sahen sich die Amerikaner gezwungen, möglichst umgehend in den besetzten Städten und Gemeinden neue Verwaltungsleiter einzusetzen. Diese hatten im Auftrag der Militärregierung für die Fortsetzung der Verwaltungsarbeit auf lokaler Ebene zu sorgen. Bei der Auswahl der Behördenleiter bedienten sich die Amerikaner in aller Regel des Rates kirchlicher Amtsträger, was tendenziell „zur Einsetzung bürgerlich-konservativ gefärbter lokaler Verwaltungen" führte.[27] Nicht selten handelte es sich bei den neuen Amtsinhabern um dieselben Personen, die schon vor der nationalsozialistischen Machtergreifung die entsprechenden Positionen innegehabt hatten.

Die Briten gingen im Prinzip nicht anders vor als die Amerikaner. Aus der besatzungspolitischen Maxime des „indirect rule" ergab sich als Konsequenz die Notwendigkeit der „funktionalen Kontinuität deutscher Administration". Das aber hieß, dass die Briten – ähnlich wie die Amerikaner – die nahezu bruchlose Weiterarbeit bestehender Verwaltungskörper förderten und nur an den Spitzen Auswechslungen vornahmen. In diesen Fällen bevorzugte die britische Besatzungsmacht die Berufung solcher Männer, „die aus der Weimarer und/oder NS-Zeit Verwaltungserfahrung mitbrachten".[28]

Nicht viel anders sah es anfangs in der Französischen Zone aus, da sich die Franzosen bei den „laufenden Vorbereitungen für die Einrichtung einer Besatzungsverwaltung zunächst vom amerikanischen Vorbild leiten" ließen.[29] Im Unterschied zu den Amerikanern und Briten hielten die Franzosen aber nichts von einem „System unter indirekter Kontrolle". Die französische Militärregierung behielt einen voll ausgebauten Apparat aus eigenem Personal auf der unteren Verwaltungsebene bei, der nicht nur Aufsichts- und Kontrollrechte über die lokalen deutschen Verwaltungsstellen beanspruchte, sondern sich „vielmehr auf allen Gebieten ein unmittelbares Einflussrecht" gesichert hatte.[30]

Ähnlich waren die Verhältnisse in der Sowjetischen Besatzungszone. Wie die Franzosen weigerte sich auch die sowjetische Siegermacht, „den Deutschen selbst in harmlosesten Fällen Entscheidungsfreiheit einzuräumen".[31] Dies erscheint auf den ersten Blick unverständlich, da die KPD unter der Führung Walter Ulbrichts von Beginn an eine forcierte Kaderpolitik betrieb und ihre Leute in die entscheidenden Positionen der Kommunal-

---

26 Deuerlein: Einheit Deutschlands (Anm. 15), S. 249 f.
27 Henke: Amerikanische Besetzung (Anm. 8), S. 377.
28 Ulrich Schneider: Nach dem Sieg: Besatzungspolitik und Militärregierung 1945, in: Foschepoth/Steininger: Britische Deutschland- und Besatzungspolitik (Anm. 21), S. 59–61.
29 Ulrich Springorum: Entstehung und Aufbau der Verwaltung in Rheinland-Pfalz, Berlin 1982, S. 219.
30 Klaus-Dietmar Henke: Politik der Widersprüche. Zur Charakteristik der französischen Militärregierung in Deutschland nach dem Zweiten Weltkrieg, in: Claus Scharf/Hans-Jürgen Schröder (Hrsg.): Die Deutschlandpolitik Frankreichs und die französische Besatzungszone 1945–1949, Wiesbaden 1983, S. 88.
31 Naimark: Russen in Deutschland (Anm. 6), S. 61.

verwaltung brachte. Dabei handelte es sich zum großen Teil um Funktionäre, die in der Sowjetunion ausgebildet und geschult worden waren und unter denen sich eine große Zahl von Agenten befand, die im Folgenden für die Sowjetunion Dienst taten und damit zur Sicherung sowjetischer Einflussnahme beitrugen.

Noch während der Auf- und Umbau der Kommunalverwaltung im Gang war, richtete die sowjetische Besatzungsmacht weitere deutsche Verwaltungen ein. So genehmigte die Sowjetische Militäradministration in Deutschland (SMAD) im Sommer 1945 nicht nur die Gründung von fünf Länderverwaltungen, sondern sie schuf auch elf deutsche, jeweils für die gesamte Zone zuständige Zentralverwaltungen, die vor allem mit KPD- bzw. SED-Kadern besetzt wurden. Hiermit korrespondierte die Zurückdrängung oder Ausschaltung politischer Gegner aus den Verwaltungen, wobei es sich zunächst um „prominente Bürokraten aus dem bürgerlichen Lager", dann aber auch – nach der Bildung der SED – zunehmend um ehemalige SPD-Mitglieder handelte.[32]

Als Instrument zur Ausschaltung dieser Kräfte diente die Entnazifizierung, in der die Betroffenen weniger mit Belastungen aus der NS-Zeit als mit einem „weiter gefassten Faschismusvorwurf" konfrontiert wurden. Dies eröffnete nicht nur schwer kontrollierbare personalpolitische Eingriffe in die Verwaltung, sondern besaß darüber hinaus auch eine allgemeine „disziplinierende Wirkung". So erwies sich die Entnazifizierung als ein „effektives Instrument", „das die Kommunisten unabhängig von individuellen Belastungsmomenten gegen die fortgesetzte Herrschaft des bisherigen administrativen Apparates" eingesetzt hatten.[33]

Einen vergleichbar tiefen Einschnitt hat es in den Verwaltungen in den Westzonen nicht gegeben, obwohl auch hier die Besatzungsmächte die Zurückhaltung, die sie anfangs gegenüber Eingriffen in die Verwaltungen geübt hatten, nicht aufrechterhielten.[34] Seit Anfang Juni 1945 entließ z. B. die amerikanische Militärregierung eine große Zahl von öffentlichen Bediensteten, von denen etwa 80.000 in „automatischen Arrest" genommen wurden. Als Grundlage für die weitere Säuberungspraxis diente eine Direktive vom 7. Juli, die die Überprüfung aller Inhaber „von relativ präzise definierten Schlüsselpositionen anhand eines großen Fragebogens" mit 131 Einzelfragen verlangte. Im Ergebnis führte die Entnazifizierung in der US-Zone 1945/46 zu einer vorübergehenden „tiefgreifenden Umstrukturierung" des Öffentlichen Dienstes. Eine große Zahl von Beamten (in Hessen über 50 Prozent) und eine etwas geringere Zahl von Angestellten wurde entlassen und im Wesentlichen durch Personen ersetzt, die erstmals ein Amt im Öffentlichen Dienst übernahmen.

In ihrer Entnazifizierungspolitik lehnten sich die Briten an die Amerikaner an. Sie handhaben die Bestimmungen aber wesentlich pragmatischer, da sie der Aufrechterhaltung einer arbeitsfähigen Verwaltung in aller Regel höhere Priorität einräumten als der Durchsetzung der Entnazifizierung. Großzügige Ausnahmeregelungen sorgten dafür, dass zahlreiche Beamte und Angestellte trotz ihrer Belastung im Amt verbleiben konnten.

---

32 Ebd., S. 62 f.
33 Damian van Melis: Entnazifizierung in Mecklenburg-Vorpommern. Herrschaft und Verwaltung 1945 bis 1948, München 1999, S. 330.
34 Zur Entnazifizierung in den Westzonen Clemens Vollnhals (Hrsg.): Entnazifizierung. Politische Säuberung und Rehabilitierung in den vier Besatzungszonen 1945–1949, München 1991.

Die Franzosen beabsichtigten zunächst, eine eigenständige Entnazifizierungspolitik durchzuführen. Sie stellten das Verfahren nicht so sehr auf den „moralischen Aspekt einer Bestrafung politisch schuldiger Nationalsozialisten" ab, sondern strebten danach, im Wege eines administrativen Verfahrens auch belasteten Personen eine Weiterbeschäftigung zu ermöglichen und damit den Zusammenbruch der Verwaltung zu verhindern. Die französische Militärregierung vermochte diesen eigenständigen Weg jedoch nur bis 1947 durchzuhalten. Von diesem Zeitpunkt an betrieb sie die Entnazifizierung durch ein „judiziäres Säuberungssystem", das auch in der Amerikanischen und Britischen Zone angewandt wurde.

Begründet wurde dieses System durch das Gesetz zur Befreiung von Nationalsozialismus und Militarismus (Befreiungsgesetz) vom 5. März 1946, mit dem die Amerikaner die Entnazifizierung in deutsche Hände gegeben hatten. Das Gesetz legte fest, dass unter einem „Minister für politische Befreiung" ein umfassender Spruchkammerapparat aufzubauen war. Auf der Grundlage von Fragebögen, die von jedermann auszufüllen waren, und hieran eventuell anschließenden schöffengerichtlichen Verfahren erfolgte eine Einstufung aller von diesem Gesetz betroffenen Bürger in fünf Kategorien: Hauptschuldige (I), Belastete (II), Minderbelastete (III), Mitläufer (IV) und Entlastete (V).

Der in der US-Zone aufgebaute Spruchkammerapparat umfasste über 2.000 Mitarbeiter. Bei diesem Apparat handelte es sich um eine Art Laienbürokratie mit schöffengerichtlicher Verfassung. Wenn sich in der deutschen Öffentlichkeit auch anfänglich Bedenken erhoben, weil es den Betroffenen oblag, die Schuldvermutung zu widerlegen, so zeigte die Praxis jedoch bald, dass dies nicht zu ihrem Nachteil ausschlug. Der politische Säuberungswille versackte rasch in der Masse der Bagatellfälle, die den Spruchkammerapparat monatelang weitgehend blockierten. Binnen kurzem wandelte sich das Entnazifizierungs- in ein Rehabilitierungsverfahren.

Die Zahl derjenigen, die in den Westzonen endgültig aus dem Öffentlichen Dienst ausscheiden mussten, war gering; die Mehrzahl der Beamten und Angestellten in den Anfangsjahren der Bundesrepublik hatte schon im „Dritten Reich" dem Öffentlichen Dienst angehört, was sehr oft mit einer Mitgliedschaft in der NSDAP verbunden war. Im Hinblick darauf ist von einem Scheitern der Entnazifizierung und von einer „Renazifizierung" der deutschen Verwaltung gesprochen worden. Mit guten Gründen kann aber gegen dieses Argument eingewendet werden, dass trotz der Rückkehr der Mehrzahl der belasteten Beamten und Angestellten keine „Renazifizierung" des Öffentlichen Dienstes erfolgte, da die eigentlichen NSDAP-Aktivisten nicht wieder eingestellt und die führenden Positionen durchweg von unbelasteten Amtsinhabern bekleidet wurden. Gegenüber „Minderbelasteten" und „Mitläufern" erzielte die Entnazifizierung darüber hinaus durchaus Erfolge, da sie ihnen zwar „Denkzettel" verpasste, ihnen aber zugleich die Integration in der Nachkriegsgesellschaft ermöglichte, aus der die NSDAP-Aktivisten auf Dauer ausgeschlossen blieben.[35]

Diese Feststellung trifft nicht nur auf die Kommunalverwaltungen, sondern auch auf die personelle Zusammensetzung der Provinzial-, Länder-, Zonen- und überzonalen Verwaltungen zu, die im Zeitraum zwischen 1945 und 1949 in den Westzonen eingerichtet worden sind. Im Unterschied zur SBZ wurde in den Westzonen eine Personalpolitik im Verwaltungsbereich betrieben, die mit den Termini „Kontinuität" und

---

35 So das Ergebnis der Regionalstudie von Woller: Gesellschaft und Politik (Anm. 19), S. 163–165.

„Tradition" gekennzeichnet werden kann. Diese Bewertung bezieht die rechtlichen Grundlagen mit ein. Denn den Versuchen vor allem der angelsächsischen Mächte zum Trotz, das öffentliche Dienstrecht nach dem Vorbild der USA oder Großbritanniens zu reformieren, hielten die deutschen Stellen an einem Dienstrecht fest, das sich am überkommenen Beamtenrecht orientierte. Trotz aller Bemühungen von alliierter Seite, bis 1949 ihre Reformvorstellungen gegenüber deutschen Widerständen durchzusetzen, ist es den politisch Verantwortlichen in Westdeutschland gelungen, diese Entscheidung nicht nur offen zu halten, sondern darüber hinaus auch Grundlagen zu schaffen, die die Geltung des spezifischen deutschen Beamtenrechts für die Zukunft sicherten. Hier ist insbesondere auf Artikel 33 Abs. 4 und 5 des Grundgesetzes hinzuweisen, mit dem es dem Parlamentarischen Rat gelang, die institutionelle Garantie des Berufsbeamtentums im Grundsatz zu verankern.[36]

Auch in diesem Punkt unterschieden sich die im Westen gültigen Regelungen grundsätzlich von den in der SBZ getroffenen Entscheidungen. Die erste Verfassung der DDR schweigt sich über die Rechtsstellung der „im Öffentlichen Dienst Tätigen" (Art. 3) aus. Sie war inzwischen anderweitig geregelt worden. Laut Mitteilung des Freien Deutschen Gewerkschaftsbundes (FDGB) vom 24. Januar 1949 war durch den Abschluss eines für alle im Öffentlichen Dienst stehenden Angestellten und Arbeiter geltenden Tarifvertrages ein einheitliches Arbeitsrecht herbeigeführt und das Beamtentum abgeschafft worden. Begründet wurde die Maßnahme damit, dass der kapitalistische Staat die Dreiteilung des Öffentlichen Dienstes in Beamte, Angestellte und Arbeiter wie auch die hierarchische Gliederung der Beamtenschaft selbst als Herrschaftsinstrument benutzt habe, „um die privatkapitalistische Ausbeutung der Werktätigen zu sichern".[37]

2.3.2. Länder und Landesverfassungen

Es gehört zu den Paradoxien der politischen Entwicklung im Nachkriegsdeutschland, dass Länder zunächst in der Sowjetischen Besatzungszone geschaffen wurden. Noch vor dem Zusammentritt der Potsdamer Konferenz unterteilte die SMAD mit Befehl Nr. 5 vom 9. Juli 1945 ihr Besatzungsgebiet in fünf Verwaltungseinheiten: in die Länder Mecklenburg, Sachsen und Thüringen sowie die Provinzen Brandenburg und Sachsen(Anhalt). Die beiden Provinzen erhielten erst nach der formellen Auflösung Preußens durch den Alliierten Kontrollrat im Jahr 1947 den Status von Ländern. Diese Länder nahmen in der „antifaschistisch-demokratischen" Machtausübung zunächst eine „Schlüsselstellung" ein, da sie im Oktober 1945 von der SMAD innerhalb ihrer Territorien die alleinige Gesetzgebungs- und Weisungskompetenz zuerkannt erhielten. Diese vermochten sie zunächst auch gegenüber den im Juli 1945 eingerichteten Zentralverwaltungen zu behaupten. Erst ab dem Jahr 1947 gewannen die Zentralverwaltungen, die im Juni des Jahres in die Deutsche Wirtschaftskommission (DWK) umbenannt wurden, gegenüber den Ländern an Gewicht. Durch den SMAD-Befehl Nr. 32 vom Februar 1948 wurden sie sodann mit erheblichen Kompetenzen ausgestattet. Von nun an begann der Prozess des Niedergangs der Länder in der SBZ, der 1952 mit ihrer Auflösung endete. Im sozialistischen Staat war nicht der Föderalismus gefragt, sondern der „demokratische Zentralismus", der als „Entwicklungsprinzip des neuen Staates" schon in der ausgehenden SBZ in den Vordergrund trat.[38]

---

36 Vgl. Udo Wengst: Beamtentum zwischen Reform und Tradition. Beamtengesetzgebung in der Gründungsphase der Bundesrepublik Deutschland 1948–1953, Düsseldorf 1988, S. 21–48.

37 Hans Hattenhauer: Geschichte des Beamtentums, Köln u. a. 1980, S. 429 f.

38 Barbara Fait: Landesregierungen und -verwaltungen. Einleitung, in: SBZ-Handbuch. Staatliche Verwaltungen, Parteien, gesellschaftliche Organisationen und ihre Führungskräfte in der Sowjetischen

Eine gänzlich andere Entwicklung ist in den Westzonen auszumachen, wobei es aber auch hier zwischen den einzelnen Zonen große Unterschiede gab. Am entschiedensten verfolgten die Amerikaner – nicht zuletzt eingedenk der eigenen verfassungspolitischen Tradition – ein föderalistisches Konzept beim Wiederaufbau deutscher Instanzen in ihrer Zone. Im September 1945 erließen sie die Proklamation Nr. 2, mit der sie die Länder Bayern, Groß-Hessen und Württemberg-Baden gründeten. Bremen kam erst im Januar 1947 dazu, als es in das amerikanische Besatzungsgebiet eingegliedert wurde. Die große Bedeutung der Länder in der amerikanischen Zone geht schon daraus hervor, dass ihnen bereits bei der Gründung – unter bestimmten Vorbehalten – die „volle gesetzgebende, richterliche und vollziehende Gewalt" übertragen wurde. Die herausgehobene Stellung der Länder wurde im Oktober 1945 noch dadurch unterstrichen, dass Clay mit dem Süddeutschen Länderrat eine Koordinierungsstelle einrichtete, die durch den Austausch von Informationen auf den Arbeitsgebieten der früheren Reichssonderverwaltungen den Ländern der US-Zone ihre Arbeit erleichtern sollte.[39]

Grundsätzlich anders als in der Amerikanischen Zone war die Ausgangslage in der Britischen Zone. Zum einen standen die Briten im Hinblick auf ihre eigene Tradition dem Föderalismus kritisch bis ablehnend gegenüber; zum anderen hatte sich in den Monaten nach dem Zusammenbruch eine unübersichtliche Gemengelage von (zumeist kleinen) Ländern und Provinzen herausgebildet, deren Neuordnung einige Probleme aufwarf. Um einer „möglicherweise kommunistisch beherrschten Zentralregierung entgegenwirken" zu können, entschied sich die britische Regierung im Sommer 1946 für die Gründung des Landes Nordrhein-Westfalen. Im Oktober desselben Jahres wurden sodann die Länder Oldenburg, Braunschweig, Schaumburg-Lippe und die Provinz Hannover in das Land Niedersachsen überführt. Die ehemalige preußische Provinz Schleswig-Holstein und auch Hamburg hatten schon zuvor den Länderstatus erhalten, sodass die regionale Neuordnung in der Britischen Zone im Herbst 1946 abgeschlossen war.[40]

Die Stellung der Länder in der Britischen Zone war jedoch nicht ähnlich stark wie die der Länder in der Amerikanischen Zone. Denn die britische Militärregierung übertrug bereits im November 1945 alle Zuständigkeiten der ehemaligen Reichssonderverwaltungen so genannten Zentralämtern, die sie vor allem aus Teilen ehemaliger Reichsministerien als unpolitische und fachliche Beratungsstellen für die Abteilungen der britischen Militärregierung bildete. Daneben richtete die Militärregierung noch einen „Zonenbeirat" ein, der sich im Frühjahr 1946 konstituierte. Ihm gehörten die Länderchefs und Oberpräsidenten der Provinzen, die Chefs der Zentralämter sowie Vertreter von Parteien, Gewerkschaften und Verbrauchergenossenschaften an, die alle von der Militärregierung ernannt wurden. Ohne eigentliche Kompetenzen zu besitzen, bildete sich im Zonenbeirat ein Diskussionsforum heraus, dessen Sekretariat jedoch nie den Status einer Zonenregierung erlangen konnte.

Frankreich betrieb zunächst in seiner Zone eine strikte Dezentralisierungspolitik, die durchaus auf „Zersplitterungsabsichten" schließen ließ. Vom Spätsommer 1945 an zeichnete sich jedoch eine veränderte Haltung ab, die sich aus der immer stärker wer-

Besatzungszone Deutschlands 1945–1949. Im Auftrag des Arbeitsbereiches Geschichte und Politik der DDR an der Universität Mannheim und des Instituts für Zeitgeschichte München, hrsg. von Martin Broszat/Hermann Weber, 2. Aufl., München 1993, S. 73–77.

39 Vgl. Lia Härtel: Der Länderrat des amerikanischen Besatzungsgebietes, Stuttgart u.a. 1951, S. IX f., 2–5.

40 Vgl. Wolfgang Hölscher: Die Länderbildung in der britischen Besatzungszone, in: Adolf Birke/Eva Mayring (Hrsg.): Britische Besatzung in Deutschland. Aktenschließung und Forschungsfelder, London 1992, S. 81–97.

denden Überzeugung speiste, dass eine extreme Dezentralisierung den französischen Interessen abträglich sei: Hinzu kam durch die Gründung und rasche Konsolidierung der Länder in der Amerikanischen Zone um die Jahreswende 1945/46 ein Anstoß von außen. Paris setzte künftig weniger auf eine Dezentralisierung denn auf eine Föderalisierung.

Im August 1946 wurde durch die Verordnung Nr. 57 der französischen Militärregierung das Land Rheinland-Pfalz gegründet. Im Oktober desselben Jahres erhielt (Süd-)Baden durch die Verordnung Nr. 65 die Rechtsstellung als Land, und ebenfalls im Oktober 1946 hatte Württemberg-Hohenzollern mit der Einsetzung des Ersten Staatssekretärs Carlo Schmid (SPD) den Landesstatus erlangt. Das bedeutete aber nicht, dass sich dadurch die Einflussnahme der Militärregierung verringerte. Auch nach der Länderbildung blieb die Besatzungsherrschaft in der Französischen Zone „ein allgegenwärtiges Interventions- und Kontrollregime", und alle Erlasse und Anordnungen bedurften – selbst wenn es sich um interne Runderlasse handelte – der Genehmigung durch den Militärgouverneur.[41]

Die Verfassungsberatungen in den Westzonen, die in der zweiten Jahreshälfte 1946 begannen, wurden von den Alliierten initiiert und kontrolliert; debattiert haben aber die Deutschen, die zudem auch weitgehend selbstständig entschieden haben. Soweit die Landesverfassungen vor der Verabschiedung des Grundgesetzes entstanden sind, waren sie als Bausteine für eine „künftige Reichsverfassung" angelegt. Zentral war fast überall das Bestreben, aufgrund der Erfahrungen in der Weimarer Republik in den Verfassungen Bestimmungen zu verankern, die zur Stabilisierung der jeweiligen Regierungen beitragen sollten. Ebenso wichtig war den Verfassungsgebern – nach den Jahren der Rechtlosigkeit im „Dritten Reich" – die Aufnahme von Katalogen individueller Grundrechte, die bis auf die Verfassung Bayerns stets am Anfang der Verfassungen aufgeführt und damit in ihrer konstitutiven Bedeutung herausgestellt wurden. Darüber hinaus gab es in allen Verfassungen Bestimmungen über eine Volksgesetzgebung (Volksbegehren und Volksentscheide), denen jedoch nur eine Hilfsfunktion gegenüber der ordentlichen Gesetzgebung zukam. Direkt oder indirekt bekannten sich sämtliche Verfassungen zur Gewaltenteilung sowie zur Unabhängigkeit der Rechtsprechung und damit zu den Grundprinzipien eines demokratisch-parlamentarisch verfassten Rechtsstaates.

Während die in den westdeutschen Ländern in den Nachkriegsjahren verabschiedeten Landesverfassungen fast alle bis heute Gültigkeit haben und allein nach der Entstehung des Landes Baden-Württemberg die Ausarbeitung einer neuen Verfassung notwendig war, hatten die Verfassungen für die Länder in der SBZ/DDR nur eine kurze Lebensdauer, da sie mit der Auflösung dieser Länder im Jahr 1952 hinfällig wurden. Gleichwohl soll auf die Verfassungen, die 1946 (Thüringen) und 1947 in Kraft traten, kurz eingegangen werden, um den großen Unterschied gegenüber den westlichen Ländern herauszustellen.

Die Landesverfassungen in der SBZ waren weitgehend das Ergebnis einer von der SED gesteuerten Blockpolitik, deren Ziel es war, eine Koordinierung der Verfassungsberatungen herbeizuführen, „um eine einheitliche Entwicklung in den Ländern zu gewährleisten". Obwohl die in der SBZ verabschiedeten Landesverfassungen auf den ersten

---

41 Vgl. Rainer Hudemann: Landesgründung und Verfassungsgebung im Spannungsfeld von Besatzungsmacht und deutscher Politik, in: Heinz-Günther von Borck/Dieter Kerber (Hrsg.): Beiträge zu 50 Jahren Geschichte des Landes Rheinland-Pfalz, Koblenz 1997, S. 62–69.

Blick den in den Westzonen entstandenen durchaus ähnlich erschienen, gab es doch gravierende Unterschiede. Zentral war die von der SED durchgesetzte Ablehnung der Gewaltenteilung. Als „höchstes demokratisches Organ" oder als „höchster demokratischer Willensträger" wurden in allen Verfassungen die Landtage eingesetzt. Sie sollten nicht nur das Gesetzgebungsrecht ausüben, sondern ihnen wurden auch – „gegen Widerstände der bürgerlichen Parteien" – umfassende Kontrollbefugnisse gegenüber der Verwaltung und Justiz verliehen.[42] Eine starke Stellung nahmen die Landtage gegenüber dem Ministerpräsidenten ein. Dieser besaß zwar die Richtlinienkompetenz, die aber dadurch eingeschränkt wurde, dass sie sich in die vom Landtag aufgestellten Grundsätze „fügen" musste.

2.3.3. Parteien und Verbände (Massenorganisationen)

Der Anstoß zur Bildung politischer Parteien ging von der SMAD in der SBZ aus, die in ihrem Befehl Nr. 2 vom 10. Juni 1945 die Bildung und Tätigkeit so genannter antifaschistischer Parteien erlaubte. Bereits einen Tag später trat das Zentralkomitee der KPD mit einem Gründungsaufruf an die Öffentlichkeit, vier Tage später folgte die SPD. Am 26. Juni veröffentlichte die Christlich-Demokratische Union in Berlin ihren Aufruf, am 5. Juli setzte schließlich die Liberal-Demokratische Partei den Schlusspunkt.

Alle Parteigründungen erfolgten – auch in diesem Punkt mit Unterstützung der Sowjets – mit einem gesamtdeutschen Führungsanspruch, der sich nicht zuletzt aus der Prominenz der jeweiligen Parteiführer ableitete. Von Beginn an standen die Berliner Parteigründungen unter dem Verdacht, wenn nicht bloßes Instrument der Sowjets, so doch zumindest in starker Abhängigkeit von diesen zu sein. Dies traf vor allem für die KPD zu. Schon frühzeitig begann die Führung dieser Partei, von der eigenen Erfolglosigkeit bei den bald anstehenden Wahlen überzeugt, auf eine Verschmelzung mit der SPD hinzuarbeiten. Obwohl es auch in dieser Partei unmittelbar nach dem Krieg durchaus Tendenzen in diese Richtung gegeben hatte (Ergebnis der Verfolgung und des Widerstands im „Dritten Reich"), war die SPD-Führung unter Grotewohl aufgrund der Erfahrungen mit der KPD im Jahr 1945 hiervon abgerückt. Es bedurfte schließlich eines massiven Drucks von Seiten der SMAD und der KPD, um die SPD-Führung zu ihrer Zustimmung zur Vereinigung mit der KPD zu bewegen. Sie erfolgte im April 1946. Die neue Partei hieß Sozialistische Einheitspartei Deutschlands (SED), und in ihr setzten sich innerhalb kurzer Zeit die Führungskader der ehemaligen KPD durch.[43]

Obwohl die Entwicklung in den Westzonen deutlich anders verlief als in der Ostzone, gab es anfangs doch auch eine Übereinstimmung. Sowohl im Osten als auch im Westen lizenzierten die Alliierten im Wesentlichen vier Parteien, nämlich die christdemokratische Union, die SPD, die KPD und die Liberalen. Dass es vor allem zu diesen Parteigründungen kam, ist jedoch nicht nur, ja nicht einmal vorwiegend Ausfluss der alliierten Lizenzierungspolitik gewesen, sondern entsprach auch Bestrebungen und Entwicklungen auf deutscher Seite, die eine Konzentration des Parteiensystems wollte und damit auf einen Neuanfang setzte.

---

42 Gerhard Braas: Die Entstehung der Länderverfassungen in der Sowjetischen Besatzungszone Deutschlands 1946/47, Köln 1987, S. 121 und 167 f.
43 Vgl. Beatrix Bouvier: Ausgeschaltet! Sozialdemokraten in der Sowjetischen Besatzungszone und in der DDR 1945–1953, Bonn 1996.

Die westlichen Alliierten gingen im Gegensatz zu den Sowjets erst nach dem Abschluss der Potsdamer Konferenz im Sommer 1945 dazu über, in ihren Besatzungszonen politische Parteien zu lizenzieren. Gleichwohl hat es schon vor der Lizenzierung, die sich bis zum Frühsommer 1946 hinzog, durch die westlichen Alliierten Parteitätigkeit in den Westzonen gegeben. Dies trifft vor allem für die SPD zu. Am 10. April 1945 wurde Hannover von amerikanischen Truppen eingenommen. Bereits wenige Tage später, am 19. April, fand eine erste Zusammenkunft von Sozialdemokraten statt, auf der beschlossen wurde, die SPD wieder aufzubauen. Die treibende Kraft hinter dieser Initiative war Kurt Schumacher, ein ehemaliger Reichstagsabgeordneter, der das „Dritte Reich" fast ausschließlich in Konzentrationslagern zugebracht hatte und bis zu seinem frühen Tod im Sommer 1952 die beherrschende Gestalt der SPD war.[44]

Handelte es sich bei der SPD um die Wiederbegründung einer alten Partei, die in ihrer Organisationsstruktur durch einen deutlichen Zentralismus geprägt war, so trifft beides für die Union nicht zu. Die Unionsparteien waren Parteineugründungen, in die die negativen Erfahrungen mit der Parteienzersplitterung in der Weimarer Zeit ebenso einflossen wie das Bewusstsein der verbindenden Gemeinsamkeiten im Kampf gegen das NS-Regime. Gründungszirkel entstanden überall in Deutschland, oft unabhängig voneinander, bisweilen aber auch in engem Kontakt miteinander.[45] Die größte Bedeutung erlangte neben Berlin das Rheinland mit dem Zentrum Köln. Dass die rheinische CDU im weiteren Verlauf des Parteigründungsprozesses eine überragende Rolle spielte, ist vor allem auf Konrad Adenauer zurückzuführen. Der ehemalige Kölner Oberbürgermeister, der im „Dritten Reich" Verfolgungen ausgesetzt war, startete ab 1946 eine parteipolitische „Blitzkarriere" (Rudolf Morsey), die den damals bereits Siebzigjährigen schnell zur einflussreichsten Persönlichkeit in der CDU werden ließ.

Von Beginn an spielte der bayerische Flügel der Union eine Sonderrolle. In der Tradition der Bayerischen Volkspartei in der Weimarer Republik, die sich nach 1920 ebenfalls vom Zentrum ferngehalten hatte, blieb die CSU eine eigenständige Partei. Zwar beteiligte sie sich von 1946 bis 1950 an der Arbeitsgemeinschaft der CDU/CSU Deutschlands, doch achtete sie stets auf deren schwache organisationspolitische Verklammerung. In der CSU selbst existierten seit ihrer Gründung zwei sich schroff gegenüberstehende Flügel. An der Spitze des einen stand Josef Müller („Ochsensepp"), der von 1946 bis Mai 1949 Parteivorsitzender war. Er vertrat das Konzept einer betont interkonfessionellen und auf einer breiten sozialen Basis ruhenden Massenpartei moderner Prägung. Der andere Flügel wurde von Alois Hundhammer und Fritz Schäffer geführt. Er stand viel deutlicher in der bayerisch-katholischen Tradition der Bayerischen Volkspartei (BVP). In den Anfangsjahren begegneten sich die beiden Flügel nicht nur mit ständiger Konfliktbereitschaft, sondern die Auseinandersetzungen wurden auch in zum Teil heftiger – bajuwarischer – Form ausgetragen.[46]

Uneinheitlich wie das Bild, das die Union abgab, waren ebenfalls die Vorgänge bei den Liberalen. Die beiden Hauptrichtungen des deutschen Liberalismus seit dem 19. Jahrhundert, der Nationalliberalismus und der Linksliberalismus, bestimmten auch die Entwicklung der Liberalen im westlichen Nachkriegsdeutschland. Dabei war der Gegensatz

44 Vgl. Kurt Klotzbach: Der Weg zur Staatspartei. Programmatik, praktische Politik und Organisation der deutschen Sozialdemokratie 1945–1965, Berlin u. a. 1982, S. 43–46, 52–54, 78–81.
45 Vgl. Hans-Otto Kleinmann: Geschichte der CDU 1945–1982, Stuttgart 1993, S. 23–49; Frank Bösch: Die Adenauer-CDU. Gründung, Aufstieg und Krise einer Erfolgspartei 1945–1969, Stuttgart/München 2001, S. 21–83.
46 Vgl. Thomas Schlemmer: Aufbruch, Krise und Erneuerung. Die Christlich-Soziale Union 1945–1955, München 1998, S. 9–329.

so stark ausgeprägt, dass von zwei unterschiedlichen Parteien gesprochen werden kann. Die eine lässt sich als liberale Milieupartei charakterisieren, die andere als nationale Sammlungsbewegung.[47] Das Zentrum der liberalen Milieupartei war der deutsche Südwesten, vor allem Württemberg. Das Gegenkonzept der nationalen Sammlungsbewegung, das erst später an Stärke gewann, wurde in seinen Kerngedanken jedoch auch schon im Jahr 1945 formuliert. Die regionalen Schwerpunkte dieser Richtung lagen vor allem in Nordrhein-Westfalen, Hessen und Niedersachsen. Trotz aller Gegensätze glückte im Dezember 1948 erstmals in der deutschen Geschichte die Gründung einer einheitlichen liberalen Partei.

Zu diesem Zeitpunkt hatten sich Ansätze, gesamtdeutsche Parteien zu gründen, allesamt als obsolet erwiesen. In der SPD hatten im August und Oktober 1945 zwar gemeinsame Tagungen stattgefunden, gleichwohl entwickelte sich die SPD im Westen und im Osten auseinander. Die sich allmählich abzeichnende Trennung hat Schumacher bewusst gefördert und die Zustimmung der ostdeutschen SPD unter Grotewohl zur Vereinigung mit der KPD zur SED als Anlass für einen endgültigen Bruch genommen.[48]

Auch innerhalb der CDU war das Verhältnis zwischen den Berlinern und den Parteigründungskreisen in den Westzonen von Beginn an durch Rivalitäten geprägt. Dabei scheiterte der Führungsanspruch der Berliner schließlich weniger an der Abwehrhaltung des Westens als an den Eingriffen der SMAD. Diese setzte nämlich Ende Dezember 1945 den CDU-Vorsitzenden der Ostzone, Andreas Hermes, und seinen Stellvertreter Walter Schreiber kurzerhand ab, als diese der Bodenreform nicht zustimmen wollten. Ihren Nachfolgern Jakob Kaiser und Ernst Lemmer erging es zwei Jahre später nicht anders, als sie sich gegen die Beteiligung der CDU an der demokratisch nicht legitimierten Volkskongressbewegung aussprachen. Der mit dem Segen der SMAD daraufhin gewählten neuen Parteiführung blieb verständlicherweise die Anerkennung aus den Westzonen verwehrt.[49]

Zur gleichen Zeit verspielte auch die sowjetzonale LPD den letzten Rest an Glaubwürdigkeit bei den Parteifreunden im Westen, da sich die Berliner Parteiführung an der Volkskongressbewegung beteiligte. Dies veranlasste die Liberalen in den Westzonen, die Zusammenarbeit in der im März 1947 gegründeten gesamtdeutschen „Demokratischen Partei Deutschlands" aufzukündigen, da sie angesichts der starken Abhängigkeit ihrer ostdeutschen Parteifreunde von den Sowjets keine Grundlagen für ein gemeinsames Handeln mehr sahen.[50]

Zudem waren sowohl die ostdeutsche CDU als auch die ostdeutsche LDP von Beginn an in den so genannten Block eingebunden, der stets von KPD- und SED-Vertretern dominiert wurde und für eine eigenständige Entwicklung kaum Raum bot.[51] Die Benachteiligungen, unter denen sowohl CDU wie LDP seit ihrer Gründung zu leiden hatten, sind ebenfalls auszumachen, wenn der Ablauf der Gemeinde-, Kreis- und Landtagswahlen im Jahr 1946 in den Blick genommen wird. Die Erwartungen von CDU und LPD, „in einem gleichberechtigten Wettbewerb um Wählerstimmen die Stärke der

47 Vgl. Dieter Hein: Zwischen liberaler Milieupartei und nationaler Sammlungsbewegung. Gründung, Entwicklung und Struktur der Freien Demokratischen Partei 1945–1949, Düsseldorf 1985, S. 13, 202–206.
48 Vgl. Klotzbach: Staatspartei (Anm. 44), S. 49–52, 66–77.
49 Vgl. Kleinmann: Geschichte der CDU (Anm. 45), S. 52 f., 62–68.
50 Vgl. Hein: Zwischen liberaler Milieupartei (Anm. 47), S. 278–316.
51 Siegfried Suckut (Hrsg.): Blockpolitik in der SBZ/DDR 1945–1949. Die Sitzungsprotokolle des zentralen Einheitsfront-Ausschusses, Köln 1986, S. 16–44, Zusammenfassung S. 45 f.

Parteien zu ermitteln", erfüllten sich dabei nicht. Insbesondere in den Gemeinde- und Kreistagswahlen griff die SMAD in einer Art und Weise ein, dass Christ- und Liberaldemokraten wenig Chancen hatten, ihr Wählerpotenzial auszuschöpfen. Nur bei den Landtagswahlen hatten die Bürger überall die Möglichkeit, sich alternativ für eine der Parteien zu entscheiden. Jedoch waren auch in diesen Wahlen die Voraussetzungen für Christ- und Liberaldemokraten ungünstiger als für die SED, da sie beispielsweise in ihrer Wahlpropaganda durch geringere Papierzuteilungen benachteiligt wurden und die Einheitspartei durch die Zulassung von Massenorganisationen zusätzlich profitierte.

Die SED ging daher auch als klarer Sieger aus den Wahlen hervor. Bei den Gemeindewahlen erzielte sie 57,1 Prozent, bei den Kreistagswahlen 50,3 Prozent der Stimmen. Bei den Landtagswahlen errang sie mit 47,6 Prozent der Stimmen immerhin noch eine relative Mehrheit. Da die 2,9 Prozent der Stimmen, die auf den Verein für gegenseitige Bauernhilfe gefallen waren, aber ebenfalls der SED gutgeschrieben werden konnten, hatte die SED auch hier gegenüber CDU und LPD, die 49,1 Prozent der Stimmen auf sich vereinigt hatten, den Sieg davon getragen. Gleichwohl war es der SED nicht gelungen, in allen Vertretungen die Mehrheit zu erringen. Etwaige Koalitionsbildungen gegen die SED waren aber auch dort durch das Blockprinzip ausgeschlossen. Dennoch war die SED durch den Ausgang der Wahlen von 1946 so verunsichert, dass es weitere „kompetetive Abstimmungen" in der Geschichte der SBZ und DDR (bis 1990) nicht mehr gegeben hat. Ab 1950 gab es nur noch Wahlen nach Einheitslisten, deren Ergebnisse zudem gefälscht wurden.[52] Darüber hinaus hatte die SED ihre Position gegenüber CDU und LPD zwischenzeitlich auch dadurch gestützt, dass im ersten Halbjahr 1948 mit der Nationaldemokratischen Partei Deutschlands (NDPD) und der Demokratischen Bauernpartei Deutschlands (DBD) zwei weitere Parteien gegründet und in den Block aufgenommen wurden, die unter der Ägide der SED standen und zur Transformation des bestehenden Parteiensystems dienten.

Ein gänzlich anderes Bild ergab sich im Hinblick auf die Wahlen in den Westzonen. Gemeindewahlen waren bereits im Januar 1946 in der Amerikanischen Zone abgehalten worden, während diese in der Britischen und Französischen Zone erst im September des Jahres stattfanden. Auch bei den Land- und Stadtkreiswahlen gingen die Amerikaner voran. Diese Wahlen gab es hier im April und Mai 1946, während die entsprechenden Abstimmungen in der Britischen und Französischen Zone wiederum in deutlichem Abstand im Herbst des Jahres folgten. Die ersten Wahlen auf der Landesebene fanden im Sommer (Verfassunggebende Landesversammlungen) und im November/Dezember 1946 in der Amerikanischen Zone (sowie in Bremen und Hamburg) statt. In der Britischen Zone war dies erst im April, in der Französischen Zone im Mai 1947 der Fall.

In allen Landtagswahlen der Jahre 1946/47 konzentrierten sich die Stimmen mehr oder weniger auf die Unionsparteien und die SPD. Von einigen Ausnahmen abgesehen erzielte die FDP Ergebnisse, die im zweistelligen Bereich lagen und in der liberalen Hochburg Württemberg-Baden mit annähernd 20 Prozent den höchsten Stand erreichten. Deutlich schwächer als die FDP, aber immer noch als eine Partei mit relativ starkem Anhang in der Wählerschaft (mit einer Spitze von 14 Prozent in Nordrhein-Westfalen) behauptete sich die KPD, deren politisches Gewicht jedoch nicht sehr hoch zu veranschlagen ist, da sie von den anderen Parteien zunehmend ausgeklammert wurde. Neben den genannten Parteien gab es mit der Wirtschaftlichen Aufbau-Vereinigung in Bayern, der Niedersächsischen Landespartei bzw. der Deutschen Partei in Niedersachsen

---

52 Günter Braun: Wahlen und Abstimmungen, in: SBZ-Handbuch (Anm. 38), S. 383–388, Zitate: S. 384, 388.

und Bremen, mit dem Zentrum in Nordrhein-Westfalen und mit dem Südschleswiger Wählerverband in Schleswig-Holstein Organisationen, die als Parteien mit regionalen Schwerpunkten vorübergehend Bedeutung erlangten, aber auf Dauer dem Konkurrenzdruck durch die großen Parteien nicht gewachsen waren.

Den Anstoß zur Bildung von Gewerkschaften und Massenorganisationen in der SBZ gab wie bei den Parteien wiederum die SMAD. Ihr Befehl Nr. 2 vom 10. Juni 1945 enthielt nämlich auch einen Passus, der den besiegten Deutschen „das Recht zur Vereinigung in freien Gewerkschaften und Organisationen" zugestand. Daraufhin bildete sich bereits fünf Tage später ein „Vorbereitender Gewerkschaftsausschuss für Groß-Berlin", der sogleich mit einem Gründungsaufruf an die Öffentlichkeit trat und die Leitung für den organisatorischen Aufbau der Gewerkschaften für die gesamte SBZ übernahm. Mit Unterstützung der Besatzungsmacht gelang es der KPD-Führung von Beginn an, trotz der historisch bedingten Minderheitsrolle von KPD-Vertretern in den meist SPD-dominierten Gewerkschaften die Mehrzahl der Leitungsfunktionen mit den eigenen Leuten zu besetzen und damit die weitere Entwicklung maßgeblich zu bestimmen.

Aufgebaut wurde mit dem Freien Deutschen Gewerkschaftsbund (FDGB) eine zentralistische Einheitsorganisation, die in Einzelgewerkschaften ohne Finanzhoheit gegliedert war. Mit 4,7 Millionen Mitgliedern war der FDGB Ende 1949 schon zahlenmäßig der mit Abstand größte Verband in der soeben gegründeten DDR. Dagegen fielen die anderen Massenorganisationen, die alle „die Ziele der SED zu propagieren und die Mitglieder der Organisationen für deren Durchsetzung zu mobilisieren" hatten,[53] deutlich ab.

Eine vollkommen andere Konstellation als in der SBZ gab es in den Westzonen. Die Westalliierten zeigten in der Frage der Zulassung von Gewerkschaften große Zurückhaltung. Insbesondere die Amerikaner erteilten Genehmigungen zunächst nur auf lokaler Ebene und betonten die Notwendigkeit eines Gewerkschaftsaufbaus, der von unten nach oben erfolgen sollte. Die westliche Führungsmacht hielt jahrelang an der Forderung nach einer Gewerkschaftsorganisation fest, „die für Demokratisierung und Kontrolle der Macht sorgt".[54] Das bedeutete die Ablehnung einer zentralistischen Einheitsgewerkschaft und das Festhalten an Einzelgewerkschaften, die zwar in einer zentralen Organisation zusammengefasst werden sollten, ohne dass dies aber die Aufgabe der Eigenständigkeit zur Folge haben durfte.

Ähnliche Konzepte wie die Amerikaner verfolgten die Briten und Franzosen, die sich ebenfalls gegen die Bildung von zentralen Einheitsgewerkschaften wandten. Als Aufgabe wiesen alliierte Dokumente den Gewerkschaften aber nicht nur die Rolle als Tarifpartner zu, sondern sie erwarteten von ihnen auch – wie es in einer Ausarbeitung eines Mitarbeiters der amerikanischen Militärregierung vom Januar 1948 heißt – einen Beitrag zur Aufrechterhaltung der „Freiheit von der Beherrschung durch Arbeitgeber, Politik, Religion oder Regierung".[55]

---

53 Vgl. Werner Müller: Freier Deutscher Gewerkschaftsbund (FDGB), in: SBZ-Handbuch (Anm. 38), S. 624–646.

54 Leo R. Wertz (US-Militärregierung): Bemerkungen über die Vorstellungen der USA zur Funktion und Struktur von Gewerkschaften vom 17. Januar 1948, in: Michael Fichter (Hrsg.): Einheit und Organisation. Der Deutsche Gewerkschaftsbund im Aufbau 1945–1949, Köln 1990, S. 133 (Dok. 12).

55 Ebd., S. 134.

Obwohl offensichtlich noch Anfang 1947 eine Mehrheit der Gewerkschaftsmitglieder eine zentralistische Organisation favorisierte, führten die speziellen Probleme vor Ort, die wirtschaftliche Entwicklung und nicht zuletzt die dezidierten Stellungnahmen der Alliierten dazu, dass die Anhängerschaft des Modells einer Einheitsgewerkschaft zusammenschmolz und sich das Industrieverbandsprinzip durchsetzte.

Zentrum der Gewerkschaftsgründungen auf der Ebene oberhalb der Länder war die Britische Zone. Hier wurde im April 1946 der Zonenverband aus der Taufe gehoben. Die Gründung des Deutschen Gewerkschaftsbundes (DGB) für das Bundesgebiet erfolgte im Oktober 1949. 16 Industriegewerkschaften schlossen sich zu einem Dachverband zusammen, an dessen Spitze Hans Böckler gewählt wurde. In jenen Tagen zählte der DGB knapp fünf Millionen Mitglieder, wobei die Verteilung auf die Einzelverbände sehr ungleichgewichtig war. Während die IG Metall 1,1 Millionen Mitglieder besaß, konnten kleinere Verbände wie beispielsweise die Gewerkschaft Erziehung und Wissenschaft nur 47.000 Mitglieder vorweisen.[56] Unter dem Aspekt der organisatorischen Einheitlichkeit war es schließlich aber doch mehr als ein Schönheitsfehler, dass das Industrieverbandsprinzip nicht konsequent durchgesetzt werden konnte. Dies gilt insbesondere für den Öffentlichen Dienst, wo gleich eine ganze Reihe von Gewerkschaften existierte.

Noch weitaus stärker als die Gewerkschaften unterlagen Unternehmer und Arbeitgeber koalitionspolitischen Restriktionen. Für die Sowjets war diese Haltung angesichts ihrer gesellschaftspolitischen Überzeugungen und ihrer Faschismusinterpretation selbstverständlich. Aber auch die Westalliierten hielten die führenden deutschen Industriellen für mitverantwortlich für das NS-System und den von ihm ausgelösten Krieg. Da angesichts dieser Ausgangsposition Zusammenschlüsse zu Unternehmer- und Arbeitgeberverbänden nicht möglich waren – und eine Kontrollratsdirektive vom Februar 1948 einen Zusammenschluss von Arbeitgeberverbänden verschiedener Wirtschaftszweige[57] verbot –, übernahmen zunächst die Industrie- und Handelskammern (IHK), die frühzeitig ihre Arbeit wieder aufnehmen durften, die Interessenvertretung der Arbeitgeber und Unternehmer. Während die Industrie- und Handelskammern in der SBZ relativ schnell ihre Funktion als Vertretungsorgane der Arbeitgeber einbüßten, da sie drittelparitätisch (Privatwirtschaft, FDGB, Vertreter der Landes- und Provinzialverwaltungen) besetzt und Arbeitgeber- und Unternehmerverbände spätestens 1946 liquidiert und aufgelöst wurden,[58] vollzog sich in den Westzonen eine andere Entwicklung.

Erste Anläufe zum Aufbau von Arbeitgeberverbänden auf Landesebene gab es 1946 in Nordrhein-Westfalen. Ein Jahr später entstand die Arbeitsgemeinschaft der Arbeitgeber in der Britischen Zone. Noch im selben Jahr versuchten Vertreter aus Arbeitgeberverbänden der Britischen und der Amerikanischen Zone eine Arbeitsgemeinschaft der Arbeitgeberverbände in den Westzonen zu gründen, was jedoch angesichts der noch geltenden alliierten Verbote scheiterte. Zu weiteren Vorstößen kam es im Frühjahr 1948. Im Juni des Jahres wurde ein Zentralsekretariat der Arbeitgeber des Vereinigten Wirtschaftsge-

---

56 Vgl. Quellen zur Geschichte der deutschen Gewerkschaftsbewegung, Bd. 6, S. 52 f., 983 (Dok. 328); Fichter: Einheit (Anm. 54), S. 83.
57 Vgl. Gerhard Erdmann: Die deutschen Arbeitgeberverbände im sozialgeschichtlichen Wandel der Zeit, Neuwied 1966, S. 228.
58 Vgl. Rüdiger Schmidt: Vom „autoritären Korporativismus" zur Planökonomie. Der gewerbliche Mittelstand in der Sowjetischen Besatzungszone Deutschlands, in: Dierk Hoffmann/Hermann Wentker (Hrsg.): Das letzte Jahr der SBZ. Politische Weichenstellungen und Kontinuitäten im Prozeß der Gründung der DDR, München 2000, S. 221–244.

bietes eingerichtet, das die Tätigkeit der einzelnen Arbeitgeberverbände koordinieren sollte. Im Januar 1949 gründeten schließlich die Vertreter aus 21 Arbeitgeberverbänden die Sozialpolitische Arbeitsgemeinschaft der Arbeitgeber des Vereinigten Wirtschaftsgebietes.[59] Da diese Gründung gegen die nach wie vor gültige Kontrollratsdirektive vom Februar 1948 verstieß, änderten die Militärgouverneure Clay und Robertson im April 1948 die Kontrollratsdirektive ab und gaben damit den Weg für eine ungehinderte Ausübung des Koalitionsrechts durch die Arbeitgeberverbände frei.

3. Durchsetzung des Teilungsprozesses (1948/49)

3.1. Verschärfung der Auseinandersetzung zwischen den Alliierten

Bis heute ist in der Forschung umstritten, welche Ziele die sowjetische Führung in den Jahren nach 1945 in ihrer Deutschlandpolitik verfolgte. Es ist davon auszugehen, dass Stalin verschiedene Optionen erwogen hat. Wichtig war ihm dabei stets, die Entscheidung für die Aufrechterhaltung eines Gesamtdeutschlands offen zu halten, aber gleichzeitig die Sowjetische Besatzungszone fest in seinen Herrschaftsbereich einzugliedern. Dabei setzte er auf das Modell der „gleitenden Machtübernahme" durch die Kommunistische Partei, das auch – in jeweils abgewandelten Ausprägungen – in den (mittel-) osteuropäischen Staaten angewandt wurde. Überall betrieben die Kommunisten zunächst eine „antifaschistisch-demokratische" Blockpolitik, wobei sie nie die Mehrheit anstrebten, aber stets die Schlüsselstellungen besetzten, „die Macht und Einfluss verhießen" (Innen- und Justizministerien).[60] Nach einer Übergangszeit von meist wenigen Monaten gelang es den Kommunisten jedoch überall, die Führung zu übernehmen und stalinistische Regime nach sowjetischem Vorbild zu installieren. Als entscheidender Schritt in diese Richtung ist in der SBZ die Zwangsvereinigung von SPD und KPD zur SED im April 1946 anzusehen.

Für die Briten war dieser Vorgang Anlass, ihr Teilungskonzept, das sie bereits 1945 in die Diskussion gebracht hatten, auszugraben. Die Briten hielten es nunmehr für bewiesen, dass sich die SBZ auf einem unumkehrbaren Weg zur Sowjetisierung befand und „für absehbare Zeit als Teil des sowjetischen Imperiums zu betrachten sei". Hieraus zogen sie die Schlussfolgerung, „die separate wirtschaftliche und politische Entwicklung der drei Westzonen zu fördern", da sie ansonsten befürchteten, dass die Russen über kurz oder lang am Rhein stehen würden.[61] Als Signal einer bevorstehenden Wende in der anglo-amerikanischen Politik ist die Rede Winston Churchills zu werten, die er am 5. März 1946 in Fulton, Missouri, hielt. Hierin fiel das später so populäre Wort vom „Eisernen Vorhang", den die Sowjets mitten durch Deutschland und Europa gezogen hätten. Unter Hinweis auf das damit verbundene Expansionsstreben der Sowjets sprach sich Churchill für eine anglo-amerikanische Allianz aus, um ein Gegengewicht zu bilden.

---

59 Vgl. Volker Berghahn: Unternehmer und Politik in der Bundesrepublik, Frankfurt a. M. 1985, S. 65 f.

60 Dietrich Geyer: Deutschland als Problem der sowjetischen Europapolitik am Ende des Zweiten Weltkriegs, in: Josef Foschepoth (Hrsg.): Kalter Krieg und deutsche Frage. Deutschland im Widerstreit der Mächte 1945–1952, Göttingen u. a. 1985, S. 58–63.

61 Hermann Graml: Die Alliierten und die Teilung Deutschlands. Konflikte und Entscheidungen 1941 bis 1948, Frankfurt a. M. 1985, S. 145 f.

Die amerikanische Administration war zu diesem Zeitpunkt noch nicht willens, sich dieser Auffassung anzuschließen. Insbesondere Außenminister James F. Byrnes hielt zunächst noch an einem Konzept fest, das eine Neutralisierung Deutschlands zum Inhalt hatte. Erst als der sowjetische Außenminister Molotow dieses auf der Pariser Außenministerkonferenz vom Juli 1946 zurückwies, schlug Byrnes einen Kurs ein, mit dem er weitgehend die Positionen der britischen Verbündeten übernahm. Öffentlich kundgetan hat das Byrnes erstmals in einer Rede am 6. September 1946 in Stuttgart.[62] Obwohl Byrnes ausdrücklich an den Richtlinien der Potsdamer Konferenz festhielt, machte er den Westdeutschen Hoffnung, indem er sich für eine erhöhte Industrieproduktion aussprach. Was die deutschen Zuhörer aber aufhorchen ließ, bezog sich nicht auf die Ausführungen zur wirtschaftlichen Entwicklung, sondern auf die Äußerungen des amerikanischen Außenministers zu politischen Fragen. Zentral war zunächst die Feststellung, dass die Vereinigten Staaten den Fehler, den sie nach dem Ersten Weltkrieg begangen hatten, nicht zu wiederholen gedachten, sondern „ihr Interesse an Europa und der Welt beibehalten" wollten. Hiermit war die Zusicherung einer dauernden Präsenz amerikanischer Truppen in Deutschland verbunden. In Stuttgart stellte Byrnes zudem in Aussicht, dass die USA die Absicht hätten, dem deutschen Volk dazu zu verhelfen, „die notwendigen Voraussetzungen für die Errichtung einer demokratischen deutschen Regierung zu treffen".

In den folgenden Monaten gewann in der Truman-Administration dann vollends diejenige Richtung die Oberhand, die davor warnte, die Fehler nach dem Ende des Ersten Weltkriegs zu wiederholen und durch eine politische Isolierung und wirtschaftliche Unterdrückung Deutschlands die Chancen für Demokratie und Wohlstand in ganz Europa zu verspielen. Von nicht geringer Bedeutung war darüber hinaus, dass im Januar 1947 der ehemalige General George C. Marshall Byrnes als Außenminister ablöste. Im Unterschied zu Letzterem war Marshall ein „Freund klarer Marschrouten und präziser Abgrenzungen" und eignete sich daher vorzüglich, den neuen Kurs der amerikanischen Politik umzusetzen.[63]

Ein erster Markstein dieser Politik war die so genannte Truman-Doktrin, die der amerikanische Präsident am 12. März 1947 vor dem Kongress verkündete. Truman nahm das Vordringen kommunistischer Kräfte im Norden Griechenlands und in der Türkei zum Anlass, um die Abwehr des kommunistischen Vormarsches in ganz Europa zur Leitlinie der amerikanischen Politik zu erheben („containment policy"). Wörtlich führte er aus, dass die Vereinigten Staaten den „freien Völkern beistehen müssen, ihr eigenes Geschick auf ihre Weise zu bestimmen". Truman sah die USA in der Pflicht, die bedrohten Völker „bei der Erhaltung ihrer Freiheiten" zu unterstützen, und er sah den Frieden in der Welt gefährdet, wenn die USA in ihrer „führenden Stellung schwankend" würden.[64]

Wollte diese Politik erfolgreich sein, so bedurfte sie gewaltiger finanzieller Unterstützung. Diese Erkenntnis war die Grundlage für den „Marshallplan", der das wirtschaftliche Gegenstück zur politischen Eindämmung bilden sollte. Verkündet wurde er von George C. Marshall am 5. Juni 1947 in einer Rede an der Harvard University. Dieser Plan, dessen offizielle Bezeichnung „European Recovery Program" (ERP) lautete, sollte die wirtschaftliche Krise in Europa beenden und den Europäern wieder Vertrauen in die

62 Vgl. Hans-Dieter Kreikamp: Die amerikanische Deutschlandpolitik im Herbst 1946 und die Byrnes-Rede in Stuttgart, in: Vierteljahrshefte für Zeitgeschichte, 29 (1988), S. 269–285 (dort auch Belege für die folgenden Zitate).
63 Graml: Die Alliierten (Anm. 61), S. 190.
64 Archiv der Gegenwart, 16/17 (1946/47), S. 1038 E.

Zukunft ihrer Länder und des gesamten Kontinents geben. Eine gesetzliche Grundlage für die Zahlung der Marshallplangelder durchlief im April 1948 den Kongress. Der Marshallplan ist daher mit Recht als „Mehrzweckwaffe" bezeichnet worden, die nicht nur zum Wiederaufbau einer liberalen Weltwirtschaft, sondern auch zur politischen Stabilität Westeuropas, insbesondere der deutschen Westzonen, und zur Vorbereitung der Westintegration gedient habe.[65] Damit verschärfte allerdings das ERP zwangsläufig den Ost-West-Konflikt, ohne dass dies von den USA beabsichtigt oder gar forciert worden wäre.

Seit dem Ausgang des Jahres 1947 war offensichtlich, dass die Blockbildung in Europa und damit die Teilung Deutschlands unvermeidlich geworden waren. Die Londoner Außenministerkonferenz ging im Januar 1948 zu Ende, ohne dass ein Termin für ein neues Treffen vereinbart wurde. Speziell in dieser Konferenz hatten sich die Teilnehmer nicht mehr bemüht, Lösungen für die deutsche Frage zu finden, sondern es war ihnen nur noch darum gegangen, jeweils der anderen Seite vor der Öffentlichkeit den „Schwarzen Peter" für das Scheitern der Verhandlungen zuzuschieben.

3.2. Scheitern des Alliierten Kontrollrats

Die sich ständig aufladenden Konflikte zwischen den Alliierten führten im März 1948 zum Ende des Alliierten Kontrollrats. Trotz der durch das Einstimmigkeitsprinzip von Beginn an erschwerten Entscheidungsfindung und der darüber hinaus bestehenden Schwerfälligkeit des Apparates hat sich der Kontrollrat anfangs (bis zum Sommer 1947) als arbeitsfähig erwiesen, auch wenn eine Einigung über die Einsetzung von Zentralverwaltungen scheiterte und zudem über die Behandlung der Reparationsfrage kein Einvernehmen erzielt werden konnte. Das wachsende Misstrauen zwischen den westlichen Alliierten einerseits und der UdSSR andererseits beeinträchtigte jedoch zunehmend die Arbeitsfähigkeit des Kontrollrats, dem es seit der zweiten Jahreshälfte 1947 immer schwerer fiel, Entscheidungen zu treffen.

Das Ende des Kontrollrats zeichnete sich schließlich mit dem Scheitern der Londoner Außenministerkonferenz im Dezember 1947 und der Einberufung der Londoner Sechs-Mächte-Konferenz Ende Januar 1948 ab. Insbesondere Amerikaner und Briten ließen in diesen Wochen deutlich erkennen, dass sie kaum noch ein Interesse an der Arbeit des Alliierten Kontrollrats besaßen und stattdessen eine Stabilisierung der Bizone betreiben wollten. Im Unterschied hierzu versuchte die französische Regierung, den „offenen Bruch" zu vermeiden und sich mit einer doppelbödigen Politik auch die Kontrollratsperspektive offen zu halten.

Undurchsichtig erscheint bis heute die Haltung der Sowjetunion. So gibt es Hinweise darauf, dass sich Stalin Anfang 1948 entschlossen hat, aus der SBZ einen sozialistischen Staat zu machen.[66] Andererseits beklagte sich Marschall Wassili Sokolowski noch im März 1948 bitter beim Militärgouverneur der amerikanischen Besatzungszone Lucius D. Clay über die Entstehung des „Westblockes" und zeigte sich enttäuscht über den „Umgangsstil und die Handlungsunfähigkeit" des Kontrollrats. Allerdings war sich

---

65 Morsey: Bundesrepublik Deutschland (Anm. 12), S. 148. Zu den unterschiedlichen Interpretationen des Marshallplans die Übersicht in: ebd., S. 148–150. Ausführlicher: Helge Berger/Albrecht Ritschl: Die Rekonstruktion der Arbeitsteilung in Europa. Eine neue Sicht des Marshallplans in Deutschland (1947 bis 1951), in: Vierteljahrshefte für Zeitgeschichte, 43 (1995), S. 473–519.
66 Vgl. Milovan Djilas: Gespräche mit Stalin, Frankfurt a. M. 1962, S. 195.

wohl auch die sowjetische Seite generell im Unklaren, „wie es im Kontrollrat weitergehen sollte, ob es überhaupt noch weitergehen konnte".[67] Aus dieser Unsicherheit heraus ist möglicherweise der Entschluss gefallen, den Alliierten Kontrollrat zu sprengen. Dies geschah am 20. März 1948, als Sokolowski die unter seinem Vorsitz stehende Sitzung des Kontrollrats mit der Begründung abbrach, dass die Beschlüsse der Londoner Sechs-Mächte-Konferenz, die die Errichtung eines westdeutschen Staats zum Ziel hatten, einen „Verstoß gegen die Rechte des Kontrollrats und des Außenministerrats" darstellten. Welche Absichten die Sowjetführung letztlich mit diesem Schritt verfolgte, lässt sich nicht eindeutig klären. Das Vorgehen der Sowjets kann sowohl als Versuch gedeutet werden, „die Westmächte zum Bruch [der Viermächteverwaltung] zu veranlassen", aber ebenso als eine „dramatische Geste" gewertet werden, die westlichen Alliierten weiterhin „zur Kooperation zu zwingen". Unabhängig von dieser Wertungsfrage ist jedoch festzuhalten, dass mit dem Auszug Sokolowskis die Arbeit des Alliierten Kontrollrats ihr definitives Ende gefunden hatte und alle späteren Versuche, ihn wiederzubeleben, ohne Erfolg blieben.

3.3. Bizone contra Ausbau der SBZ

Sowohl die Amerikaner und Briten als auch die Sowjets gingen nur mit Vorsicht ans Werk, wenn es darum ging, überzonale Einrichtungen zu schaffen oder die Zonenstruktur auszubauen. Zwar hatte die SMAD bereits mit dem Befehl Nr. 17 vom 27. Juli 1945 elf deutsche Zentralverwaltungen eingesetzt, denen Zuständigkeiten für die „Entwicklung der Wirtschaft und Wiederherstellung des Verkehrs- und Nachrichtenwesens, der Gesundheitsfürsorge und Volkserziehung" zugewiesen wurden.[68] Bis Mitte 1947 errichtete sie weitere fünf Zentralverwaltungen, von denen die am 30. Juli 1946 gegründete Deutsche Zentralverwaltung des Innern die größte Beachtung verdient. Obwohl diese Zentralverwaltungen anfänglich „mit keinen exekutiven Funktionen ausgestattet" waren, sondern nur als Informationsdienststellen dienen sollten und „Instruktionen" der SMAD auszuführen hatten,[69] war in ihnen eine eigenständige Zonenverwaltung bereits angelegt, die – auch wenn ihre Gründung möglicherweise zunächst unter gesamtdeutscher Perspektive erfolgt war – einer Separatentwicklung der SBZ Vorschub leistete.

Gleichwohl war Stalin bestrebt, den weiteren Ausbau einer Zonenverwaltung zu verzögern. Ulbrichts Drängen auf die Einsetzung eines „koordinierenden Verwaltungsorgans" wies er mit der Begründung zurück, dass er auf diesem Gebiet erst tätig werden wolle, falls eine „Zentralregierung oder Zentralverwaltung für Deutschland" nicht zustande komme.[70] Dies war inzwischen immer weniger wahrscheinlich geworden, da im Westen überzonale Strukturen entstanden waren, die zwar zunächst den wirtschaftlichen Bereich betrafen, aber doch die Tendenz zur politischen Verfestigung enthielten. Auf Vorschlag der Amerikaner waren im Herbst 1946 in der Amerikanischen und Britischen Zone fünf Verwaltungsräte (mit Verwaltungsämtern) mit der Zuständigkeit für Wirtschaft, Ernährung, Finanzen, Post und Verkehr eingesetzt worden. Da die damit verbundene Hoffnung auf eine Besserung der Wirtschafts- und Ernährungslage nicht eintrat, erfolgte im Mai 1947 eine Reorganisation der so genannten Bizone. Es wurde ein

---

67 Hierzu und zum Folgenden Mai: Alliierter Kontrollrat (Anm. 16), S. 463–478, Zitat: S. 463.
68 Helga Welsch/Wolfgang A. Zank: Zentralverwaltungen: Einleitung, in: SBZ-Handbuch (Anm. 38), S. 201.
69 Foitzik: Sowjetische Militäradministration (Anm. 23), S. 342.
70 Bernd Bonwetsch/Gennadij Bordjugow: Stalin und die SBZ. Ein Besuch der SED-Führung in Moskau vom 30. Januar bis 7. Februar 1947, in: Vierteljahrshefte für Zeitgeschichte, 42 (1994), S. 296.

Wirtschaftsrat für das „Vereinigte Wirtschaftsgebiet" gebildet, der eine staatsähnliche Struktur erhielt: mit Parlament, föderativer Kammer und Exekutive. Die Kompetenzen blieben mit Rücksicht auf die Empfindlichkeiten der Franzosen und Sowjets, aber auch wegen der Zurückhaltung einflussreicher westdeutscher Politiker auf den wirtschaftlichen Bereich beschränkt. Erst nach dem Scheitern der Londoner Außenministerkonferenz vom Dezember 1947 entschlossen sich Amerikaner und Briten, die „politische Struktur der Doppelzone ohne Zögern" auszubauen und die Bizone entsprechend zu reorganisieren.[71] Die westdeutschen Ministerpräsidenten stimmten diesem Vorgehen zu, verbanden es aber mit dem Bekenntnis zur Einheit Deutschlands und der Ablehnung der Bildung eines Weststaates.

Zu diesem Zeitpunkt hatte auch der Ausbau der zonalen Struktur in der SBZ weitere Fortschritte gemacht. Hier sanktionierte die SMAD mit dem Befehl 138 Anfang Juni 1947 eine Vereinbarung, derzufolge „die gesamte Zentralverwaltungen die Arbeit der Länder bei der Planung, Lenkung und Kontrolle von Industrie, Handwerk, Handel und Versorgung anleiten und koordinieren und zu diesem Zweck auch verbindliche Anordnungen" erlassen konnten. Zur Überwachung wurde den Zentralverwaltungen das Recht eingeräumt, „Kontrollbeauftragte in die Verwaltungen und Betriebe der Länder" zu entsenden.[72] Der Befehl Nr. 138 schuf auch eine „ständige Kommission", für die bald die Bezeichnung „Deutsche Wirtschaftskommission" (DWK) üblich wurde. Der Befehl Nr. 234 der SMAD vom 9. Oktober 1947, der in erster Linie auf eine Produktionssteigerung durch Verbesserung der Arbeitsmoral abzielte, stärkte darüber hinaus die Stellung der Deutschen Wirtschaftskommission, da sich ihre Sonderbeauftragten „zur führenden und richtungsweisenden obersten Instanz für die Durchführung des Befehls Nr. 234" entwickelten.[73] Profitiert hat von diesem Befehl schließlich auch die SED, die nunmehr „unmittelbar als zentralistischer Ordnungsfaktor" installiert wurde.

Den weiteren Ausbau der DWK machten die Sowjets wiederum von den Entscheidungen der Westmächte über die Ausgestaltung der Bizone abhängig. Drei Tage, nachdem das neue Statut für den Wirtschaftsrat verkündet worden war, erließ die SMAD am 12. Februar 1948 den Befehl Nr. 32 über die „Zusammensetzung und Vollmachten der Deutschen Wirtschaftskommission". Die Deutsche Wirtschaftskommission hatte die betreffenden Zentralverwaltungen zu koordinieren und besaß die Kompetenz, „sämtlichen deutschen Organen verbindliche Verfügungen und Instruktionen zu erteilen".

Die Reorganisation der DWK im Frühjahr 1948 fiel zeitlich mit dem Auszug der Sowjets aus dem Alliierten Kontrollrat und ersten Blockademaßnahmen der Sowjets in Berlin zusammen. Alle diese Vorgänge signalisierten, dass eine gemeinsame Wirtschaftspolitik kaum noch eine Grundlage besaß und sich die westlichen Besatzungszonen und die SBZ immer mehr auseinander entwickelten. Die Moskauer Zeitung „Prawda" vom 1. April spitzte diese Beobachtung in der Aussage zu: „Die Teilung Deutschlands ist eine vollendete Tatsache geworden."[74] Ähnlich äußerte sich fünf Wochen später der Leiter der Abteilung für Propaganda und Zensur der SMAD, Generalmajor Sergej Tjulpanow,

---

71 Tilman Pünder: Das bizonale Interregnum. Die Geschichte des Vereinigten Wirtschaftsgebiets 1946 bis 1949, Waiblingen 1966, S. 126.
72 Wolfgang Zank: Wirtschaftliche Zentralverwaltungen und Deutsche Wirtschaftskommission (DWK), in: SBZ-Handbuch (Anm. 38), S. 261 f.
73 Foitzik: Sowjetische Militäradministration (Anm. 23), S. 368 f.
74 Zitiert nach Mai: Alliierter Kontrollrat (Anm. 16), S. 468.

gegenüber der SED-Führung: „Faktisch ist eine Aufteilung Deutschlands in zwei Teile, welche sich nach verschiedenen Gesetzen entwickeln, zustande gekommen."[75]

3.4. Wirtschaftliche Entwicklung und Währungsreformen

Schon bald nach dem Ende des Krieges begannen sich die Westzonen einerseits und die SBZ andererseits wirtschaftlich auseinander zu entwickeln. Dies ist zunächst auf die Demontage- und Reparationspolitik zurückzuführen, von der die SBZ bedeutend stärker betroffen war als die Westzonen. Sehr viel gravierender waren jedoch die Eingriffe in die Wirtschaftsstruktur der SBZ, die eine Systemveränderung herbeiführten. Durch eine Bodenreform wurden bereits im September 1945 14.000 Betriebe, darunter 7.000 Großgrundbesitzer von über 100 Hektar, mit einer Gesamtfläche von 3,3 Millionen Hektar entschädigungslos enteignet und diese Fläche sodann an rund 500.000 Personen (landlose und landarme Bauern, Landarbeiter und Umsiedler) verteilt.[76] Einen Monat später erfolgte durch die Befehle Nr. 124 und 126 der SMAD eine „Industriereform". Sie verfügten die Beschlagnahme des gesamten Staatseigentums, des Eigentums der NSDAP und ihrer Amtsleiter sowie der Wehrmacht. Auf diese Weise wurden viele Betriebe der Schwerindustrie in „Sowjetische Aktiengesellschaften" (SAG) überführt oder deutschen Verwaltungsorganen unterstellt. Da seit dem Juli 1945 bereits Banken und Sparkassen verstaatlicht worden waren, waren die Signale in Richtung Staatswirtschaft gestellt. Bis zum Frühjahr 1948 wurden fast 10.000 Unternehmen in Staatsbesitz überführt. Ihr Anteil an der Industrieproduktion betrug zu diesem Zeitpunkt etwa 40 Prozent,[77] und er stieg bis 1950 auf mehr als 75 Prozent an.[78]

Ähnliche Eingriffe hat es in den Westzonen nicht gegeben. Hier wurde zunächst an der „Mangelbewirtschaftung" festgehalten, in der „Kompensationsgeschäfte" und „Schwarzmarkt" blühten, ohne dass an den Eigentumsverhältnissen etwas geändert wurde. Eine grundsätzliche Änderung des Wirtschaftssystems erfolgte im Juni 1948, als der bizonale Wirtschaftsrat das so genannte Leitsätzegesetz verabschiedete. Denn am Anfang des Gesetzes stand die Feststellung, dass die Einstellung der Bewirtschaftung der Beibehaltung der Bewirtschaftung vorzuziehen sei. Erst danach wurden diejenigen Güter und Leistungen aufgeführt, die vorerst weiter bewirtschaftet werden sollten: Nahrungsmittel und industrielle Grundstoffe, Wohnungen und Verkehrsmittel, Gas und Strom. Genauso hieß es mit Blick auf die Preise, dass ihre Freigabe einer behördlichen Festsetzung vorzuziehen sei. Erst im Anschluss daran folgte die Auflistung der Güter, für die eine Preisfestsetzung zunächst noch erforderlich erschien.[79] Im Prinzip hatte damit der bizonale Wirtschaftsrat die Preisgabe der Planwirtschaft ausgesprochen und den Weg zur Einführung der Marktwirtschaft eingeschlagen. Das Leitsätzegesetz stand im Zusammenhang mit einer Währungsreform, die im Juni 1948 sowohl in den Westzonen als auch in der SBZ durchgeführt wurde.

---

75 Zitat bei Rolf Badstübner/Wilfried Loth (Hrsg.): Wilhelm Pieck. Aufzeichnungen zur Deutschlandpolitik 1945–1953, Berlin 1994, S. 216.

76 Vgl. Hans-Georg Merz: Bodenreform in der SBZ. Ein Bericht aus dem Jahre 1946, in: Deutschland Archiv, 24 (1991), S. 1160.

77 Vgl. Weber: Die DDR (Anm. 12), S. 14.

78 Vgl. Jörg Roesler: Die Herausbildung der sozialistischen Planwirtschaft in der DDR. Aufgabe, Methoden und Ergebnisse der Wirtschaftsplanung in der zentralgeleiteten volkseigenen Industrie während der Übergangsperiode vom Kapitalismus zum Sozialismus, Berlin 1978, S. 5.

79 Vgl. Gerold Ambrosius: Durchsetzung der Sozialen Marktwirtschaft in Westdeutschland. 1945–1949, Stuttgart 1977, S. 171–181.

Notwendig war diese Währungsreform, weil als Ergebnis der vom „Dritten Reich" vorgenommenen Kriegsfinanzierung die öffentlichen Finanzen zutiefst zerrüttet waren. Das drastisch geschrumpfte Sozialprodukt und die relativ hohe umlaufende Geldmenge befanden sich nicht mehr im Gleichgewicht. Die Bewirtschaftungsmaßnahmen und der aufrechterhaltene Preisstopp verhinderten eine „offene Hochinflation" – wohl aber konnte man von einer „zurückgestauten Inflation" sprechen. Über längere Zeit hin gab es Bestrebungen, eine gemeinsame Währungsreform für alle vier Zonen durchzuführen. So fand beispielsweise im Februar 1946 ein Treffen von Fachleuten aus allen vier Zonen in Frankfurt am Main statt, in dem durchaus Übereinstimmung in grundlegenden Fragen erzielt werden konnte, obwohl die SMAD bereits im Mai 1945 durch Kontensperre und Schließung der Banken massiv in die Struktur des Währungssystems eingegriffen hatte.[80] Trotzdem hat es den Anschein, dass die Sowjets bis Anfang 1948 eine „Einigung in der Währungsfrage" erwarteten, obwohl sie im Alliierten Kontrollrat die Verhandlungen seit Beginn des Jahres 1947 verzögerten und erst nach dem Auszug Sokolowskis aus dem Kontrollrat die Signale auf eine gesonderte Währungsreform in der SBZ stellten. Als die Amerikaner im Lauf des Jahres 1947 feststellten, dass die Sowjets eine gesamtdeutsche Währungsreform verzögerten, beschlossen sie im September des Jahres, mit Briten und Franzosen, das Währungsproblem alleine zu lösen, selbst auf die Gefahr hin, dass dies nur für die Westzonen möglich sein sollte.

Die Währungsreform in den Westzonen erfolgte im Zeitraum vom 21. bis 27. Juni 1948 durch die Verkündung des Währungsgesetzes, des Emissionsgesetzes und des Umstellungsgesetzes. Das Währungsgesetz regelte die Einführung der Deutschen Mark sowie die Erstausstattung mit Zahlungsmitteln für die Bevölkerung, die Unternehmen sowie die Öffentliche Hand. Das Emissionsgesetz hatte bank- und währungstechnische Bestimmungen zum Inhalt, und das Umstellungsgesetz enthielt die Regelungen zur Umwandlung von Altgeldguthaben und -schulden.[81] Der durch die Währungsreform bewirkte Geldschnitt war beachtlich. Er lag mit 20,9 : 1 erheblich über den Empfehlungen deutscher und alliierter Sachverständiger.

Während die Währungsreform in der Bizone, die auch für die Französische Zone galt, bis heute im kollektiven Gedächtnis der Westdeutschen als ein „Mythos" fortlebt, handelt es sich bei dem parallel ablaufenden Vorgang in der SBZ um eine „vergessene Währungsreform".[82] Dies ist insbesondere darauf zurückzuführen, dass die Währungsreform keine Zäsur in der Wirtschaftspolitik der SBZ zur Folge hatte. Das umfassende Bewirtschaftungssystem wurde auch nach der Währungsreform aufrechterhalten. Im Mittelpunkt dieses Systems stand mit dem „Volkswirtschaftsplan ein Mengenplan", in dem die „Geld- und Währungspolitik [...] einen viel geringeren Stellenwert" als in einer Marktwirtschaft besaß.[83] Mit den Währungsreformen schlugen der Westen und der Osten gegensätzliche Wege in der Wirtschaftspolitik ein. Die Westzonen und die 1949 gegründete Bundesrepublik verfolgten den Kurs der sozialen Marktwirtschaft, die Ostzone und die DDR forcierten die Entwicklung zum Ausbau der Planwirtschaft, wie das in der Verabschiedung des Zweijahresplans für 1949 und 1950 zum Ausdruck kam.

80 Vgl. Frank Zschaler: Die vergessene Währungsreform. Vorgeschichte, Durchführung und Ergebnisse der Geldumstellung in der SBZ 1948, in: Vierteljahrshefte für Zeitgeschichte, 45 (1997), S. 194.

81 Vgl. Eckhard Wandel: Die Entstehung der Bank deutscher Länder und die deutsche Währungsreform 1948. Die Rekonstruktion des westdeutschen Geld- und Währungssystems 1945–1949 unter Berücksichtigung der amerikanischen Besatzungspolitik, Frankfurt a. M. 1980, S. 100–121.

82 Zschaler: Vergessene Währungsreform (Anm. 80).

83 Ebd., S. 223.

3.5. Auf dem Weg zur „doppelten Staatsgründung"

Die „doppelte Staatsgründung", die im Herbst 1949 vollzogen wurde und zur Teilung Deutschlands für mehr als 40 Jahre führte, begann im Jahr 1948 konkrete Gestalt anzunehmen. Es waren die westlichen Alliierten und die Benelux-Staaten, die aus dem Scheitern der Verhandlungen mit den Sowjets über gesamtdeutsche Lösungen im Januar 1948 die Schlussfolgerung zogen, einen westdeutschen Staat zu bilden. Auf der Londoner Sechs-Mächte-Konferenz vereinbarten sie, die Ministerpräsidenten der westdeutschen Länder aufzufordern, zum 1. September 1948 eine Verfassunggebende Versammlung einzuberufen.

Die Ministerpräsidenten taten sich schwer, dieser Aufforderung nachzukommen, da sie die Teilung Deutschlands verhindern wollten. Deshalb waren sie bestrebt, Lösungen zu finden, die auf ein Provisorium hinausliefen.[84] Aus diesem Grund votierten sie für die Einberufung eines Parlamentarischen Rates (und nicht einer Nationalversammlung); daher sprachen sie sich für die Bezeichnung „Grundgesetz" statt „Verfassung" aus, deshalb lehnten sie auch eine Ratifizierung durch eine Volksabstimmung ab und plädierten stattdessen für ein Zustimmungsverfahren durch die Landtage. Hiermit setzten sie sich durch – die Frage der Einheit war damit jedoch noch nicht vom Tisch. In den Beratungen des Parlamentarischen Rates wurde sie wiederholt aufgegriffen.

Trotz aller gesamtdeutschen Propaganda stellte sich auch die Sowjetunion und mit ihr die SED auf die Teilung Deutschlands ein. Dies lässt sich anhand zahlreicher Quellen aus dem Frühjahr 1948 belegen.[85] Im März 1948 wurde von der SED ein Deutscher Volksrat eingesetzt, der sich zwar als „gesamtdeutsches Vorparlament" verstand, „das jedoch im Falle eines Scheiterns konkrete Vorarbeit für die Bildung eines ostdeutschen Separatstaates" leisten sollte. Dies hat er im Folgenden auch getan, indem er einen Verfassungsausschuss einsetzte, der noch im April 1948 mit seiner Arbeit begann. Bereits im Juli 1948 legte der Ausschuss Richtlinien einer Verfassung für eine „deutsche demokratische Republik" vor. Diese wurden am 4. August vom Deutschen Volksrat angenommen. Der Verfassungsausschuss erhielt nunmehr den Auftrag, bis zum Herbst einen ausformulierten Entwurf vorzulegen. Er kam dieser Aufforderung nach, und der Deutsche Volksrat nahm den Entwurf Ende Oktober 1948 ohne Beratung an. Im Anschluss daran erfolgte eine von so genannten Volksausschüssen organisierte „Volksdebatte" in der Bevölkerung der Ostzone, die jedoch ohne grundsätzliche Auswirkungen auf den Verfassungsentwurf blieb.

Dieser Entwurf selbst, der am 30. Mai 1949 vom 3. Volkskongress gebilligt und im Oktober des Jahres als DDR-Verfassung in Kraft gesetzt worden war, vermittelte auf den ersten Blick das Bild einer bürgerlich-parlamentarischen Verfassung, die sich weitgehend an den Weimarer Vorgaben orientierte. Bei näherem Hinsehen ergibt sich jedoch, dass bereits diese Verfassung Strukturelemente der Volksdemokratie enthielt. Diesen Sachverhalt hat Siegfried Mampel in dem Satz zusammengefasst: „Mit der Übertragung des Blocksystems auf die Regierung, der schwachen Stellung des Staatsoberhauptes, der starken Stellung der Republik gegenüber den Ländern, der ungenügenden Untermau-

---

84 Hierzu zusammenfassend Udo Wengst: Zwischen Aufrechterhaltung der Einheit und Teilung der Nation: Das Jahr 1948 in der deutschen Geschichte, in: Hoffmann/Wentker: Das letzte Jahr der SBZ (Anm. 58), S. 37 f.

85 Zum Folgenden Gerhard Braas: Verfassungsgebung auf Landes- und zonaler Ebene, in: SBZ-Handbuch (Anm. 38), S. 365–368.

erung der Unabhängigkeit der Richter, der weiten Ausdehnung der Staatsaufsicht über die kommunale Selbstverwaltung und der spezifischen Gestaltung der Wirtschafts- und Sozialordnung waren aber bereits die Keime für eine Entwicklung in Richtung auf die Volksdemokratie gelegt."[86]

Die Verfassung verstand sich darüber hinaus als gesamtdeutsche Verfassung. Einen Hinweis darauf, dass ihr Geltungsbereich auf die DDR beschränkt war, enthielt der Text nur indirekt. Einen gesamtdeutschen Anspruch erhob auch das Grundgesetz. Jedoch verwiesen sowohl die Präambel als auch die Art. 23 und 146 darauf, dass das Grundgesetz nur für die Bundesrepublik galt, das für andere deutsche Länder nach deren Beitritt zur Bundesrepublik Geltung erlangen oder aber seine Gültigkeit verlieren werde, wenn das deutsche Volk in freier Entscheidung eine neue Verfassung verabschieden sollte. Die Mitglieder des Parlamentarischen Rates haben die Einheitsfrage wiederholt thematisiert. Dabei ist immer wieder zum Ausdruck gebracht worden, dass die Einheit Deutschlands das oberste Ziel bleiben müsse. Gleichwohl war die übergroße Mehrheit der Abgeordneten der Auffassung, dass eine Stabilisierung Westdeutschlands notwendig und nur „Einheit in der Freiheit" erstrebenswert sei – und nicht eine Einheit, die dem Westen die Freiheit raube.[87]

Das Grundgesetz ist nicht wie die Verfassung der DDR in einer öffentlichen Debatte entstanden, die indessen lediglich als pseudodemokratisch zu bezeichnen ist, sondern in den Beratungen eines aus 65 Mitgliedern bestehenden Gremiums, des Parlamentarischen Rates.[88] Dieses Gremium hat in langwierigen Verhandlungen vom September 1948 bis Mai 1949 das Grundgesetz ausgearbeitet, wobei die Alliierten, Ministerpräsidenten, Kirchen und Verbände interveniert und die Beratungen wie Entscheidungen mehr oder weniger stark beeinflusst haben. Nach der Ratifizierung durch die Landtage wurde das Grundgesetz am 23. Mai 1949 verkündet.

Auch das Grundgesetz stand wie die Verfassung der DDR in der deutschen Verfassungstradition. Der Parlamentarische Rat zog aber aus dem Scheitern der Weimarer Republik und den Erfahrungen mit der Diktatur des „Dritten Reiches" Konsequenzen, die anders geartet waren als in der SBZ und eine Verfassung zum Ergebnis hatten, die Bestimmungen enthielt, die in vielfacher Hinsicht neu waren. Zu nennen ist die Bindung aller staatlichen Gewalt an die Wahrung individueller Grundrechte des Menschen, die Betonung des Repräsentationsprinzips und schließlich die Sicherung des demokratischen Aufbaus des Staates gegen jede Verfassungsänderung. Was die Staatsorganisation anbetrifft, beseitigte der Parlamentarische Rat den noch in der Weimarer Verfassung bestehenden Dualismus von parlamentarischem und präsidialem System und entschied sich eindeutig für Ersteres; dies allerdings mit der Einschränkung, dass er Regelungen traf, die auf eine „Regierungsstabilität auf Kosten von Parlamentsfunktionen" abzielten.[89] Nach den Bestimmungen des Grundgesetzes ergibt sich „eine Führungskonzentration beim Regierungschef"[90], sodass bald der Begriff der „Kanzlerdemokratie" die Runde

---

86 Siegfried Mampel: Die Entwicklung der Verfassungsordnung in der sowjetisch besetzten Zone Deutschlands von 1945–1963, Tübingen 1964, S. 520.
87 Vgl. Wengst: Zwischen Aufrechterhaltung der Einheit und Teilung (Anm. 84), S. 37 f.
88 Zum Folgenden Michael F. Feldkamp: Der Parlamentarische Rat 1948–1949. Die Entstehung des Grundgesetzes, Göttingen 1998.
89 Volker Otto: Das Staatsverständnis des Parlamentarischen Rates. Ein Beitrag zur Entstehungspolitik des Grundgesetzes für die Bundesrepublik Deutschland, Düsseldorf 1971, S. 136.
90 Friedrich Karl Fromme: Von der Weimarer Verfassung zum Bonner Grundgesetz. Die verfassungspolitischen Folgerungen des Parlamentarischen Rates aus Weimarer Republik und nationalsozialistischer Diktatur, 2. Aufl., Tübingen 1967, S. 211.

machte. Als starke Gewichte wurden daneben jedoch die Ländervertretung, der Bundesrat und das Bundesverfassungsgericht installiert und damit insgesamt eine Konstruktion geschaffen, die sich über Jahrzehnte hinweg bewähren sollte.

4. Bundesrepublik und DDR ab 1949: zwei Wege deutscher Geschichte in der zweiten Hälfte des 20. Jahrhunderts

Nach 1945 ist das Jahr 1949 als eine weitere Zäsur in der deutschen Geschichte nach dem Ende des Zweiten Weltkriegs zu werten: Nunmehr begann eine Periode deutscher Zweistaatlichkeit, die seit 1945 eingeleitet worden war, aber erst ab 1949 definitiv umgesetzt wurde und schließlich 40 Jahre andauerte. Dies entsprach nicht den Erwartungen der politischen Akteure in der Phase der „doppelten Staatsgründung", die alle mehr oder weniger von einer kürzeren Dauer der Trennung ausgingen und zunächst mit einer baldigen Wiedervereinigung rechneten. Wohl aber lag die Verfestigung der Spaltung in der Logik der politischen Entwicklung, wie sie von 1949 an verlief.

Dies gilt zunächst für die internationalen Beziehungen, die den Rahmen für die Außenpolitik der beiden deutschen Staaten absteckten. Sowohl die Westmächte als auch die Sowjetunion waren nach 1949 in erster Linie bestrebt, den eigenen Machtbereich unter Einbeziehung der ihnen zugefallenen Teile Deutschlands zu sichern. Auch die in andere Richtung weisende Initiative der Stalin-Noten von 1952 oder aber die von der Eisenhower-Administration postulierte Politik des „roll back" können nicht über den durchgehend defensiven Charakter der jeweiligen Politik der beiden Blöcke hinwegtäuschen. Lediglich in der Phase der Zweiten Berlin-Krise und der Kuba-Krise scheint es – jedenfalls auf sowjetischer Seite – den Versuch gegeben zu haben, gegenüber der anderen Großmacht entscheidende Positionsvorteile zu erzielen. Seit dem Bau der Berliner Mauer 1961 und dem Ende der Kuba-Krise 1962 ist dann jedoch eine neue Phase in den internationalen Beziehungen eingetreten, die durch eine Stabilisierung und Entspannung gekennzeichnet war, ohne dass der Systemkonflikt als solcher aufgehört hätte.

Kennzeichnend für die außenpolitische Lage der beiden deutschen Staaten war von Beginn an ihre beschränkte Souveränität, die zunächst in der fortbestehenden Abhängigkeit von den ehemaligen Besatzungsmächten (Alliierte Hohe Kommission in Bonn, Sowjetische Kontrollkommission in Ost-Berlin) und danach durch die Einbeziehung in die jeweiligen Bündnissysteme zum Ausdruck kam. Damit ist nicht nur die Mitgliedschaft der Bundesrepublik in der NATO (seit 1955) und der DDR im Warschauer Pakt (ebenfalls ab 1955) gemeint. Bedeutsamer war – jedenfalls für die Bundesrepublik – die wirtschaftliche Verflechtung mit den westeuropäischen Staaten (OECD, Ruhrstatut, EGKS, EWG und EURATOM bis 1957). Das osteuropäische Pendant, der Rat für gegenseitige Wirtschaftshilfe, erlangte zwar nicht die Bedeutung der wirtschaftspolitischen Zusammenschlüsse im Westen – den Außenhandel betrieb die DDR aber von Beginn an in erster Linie mit den Ostblockstaaten, dabei insbesondere mit der UdSSR, die ihre Interessen dabei meist durchzusetzen wusste.

Die Außen- und Deutschlandpolitik der beiden deutschen Staaten korrespondierte mit diesen Rahmenbedingungen. Obgleich sowohl die Regierungen Adenauer (wie ihre Nachfolger) als auch anfangs die SED unter Ulbricht die Wiedervereinigung als oberstes und wichtiges Ziel ihrer Politik bezeichneten, ließen beide Seiten keinen Zweifel daran, dass diese nur zu den jeweils von ihnen vertretenen Bedingungen erfolgen könne: Für die Bundesrepublik kam ein wiedervereinigtes Deutschland nur auf der Basis einer politischen Ordnung gemäß Grundgesetz in Frage, für die DDR nur ein Gesamtdeutschland, in dem die politische, gesellschaftliche und wirtschaftliche Ordnung der DDR galt.

Adenauer betrieb eine Außenpolitik unter der Devise „Freiheit, Frieden, Einheit". Dies hatte zur Folge, dass er sich in erster Linie für die Integration der Bundesrepublik in das westliche Bündnis einsetzte, um damit nicht nur Sicherheit für die Bundesrepublik zu erlangen, sondern auch einen Beitrag zur Stabilisierung der demokratischen Ordnung zu leisten. Am Wiedervereinigungsanspruch hielt er gleichwohl fest – und er hoffte, ihn mit einer Nichtanerkennungspolitik (Hallstein-Doktrin) durchsetzen zu können, mit der es gelang, die DDR fast zwei Jahrzehnte lang außenpolitisch weitgehend zu isolieren.

Wohl nicht zuletzt aus der gegenüber der Bundesrepublik schwachen Position der DDR in der internationalen Politik und der Aussichtslosigkeit für die Durchsetzung ihres gesamtdeutschen Anspruches ist abzuleiten, dass die SED-Führung ab 1954/55 begann, eine Zwei-Staaten-Theorie zu verfolgen, die immer deutlichere Konturen gewann und schließlich dazu führte, dass die SED alle gesamtdeutschen Bezüge aus der DDR-Verfassung strich und die Wiedervereinigung als politisches Ziel von ihrer Agenda nahm.

Auch in der Bundesrepublik gab es Wandlungen in der Außen- und Deutschlandpolitik. Die 1969 gebildete sozialliberale Koalition leitete eine „neue Ostpolitik" ein, in deren Rahmen das Verhältnis zur DDR neu geregelt wurde. Der DDR wurde die politische Gleichberechtigung zugestanden, die volle völkerrechtliche Anerkennung aber verweigert. Es kam zu einer „Normalisierung" der gegenseitigen Beziehungen, die jedoch auch weiterhin nicht frei von Belastungen waren. Dies ist auch darauf zurückzuführen, dass die Bundesrepublik weiterhin am Ziel der deutschen Einheit festhielt. Darüber hinaus änderte sich nichts an der Existenz der Mauer und der innerdeutschen Grenze, und die Hoffnungen auf eine Lockerung des Regimes in der DDR erfüllten sich zunächst nicht.

Im Bereich der Wirtschaftspolitik vertieften sich die bereits in der Besatzungszeit zu beobachtenden Unterschiede zwischen West und Ost nach 1949 zusehends. In der Bundesrepublik setzte sich das Konzept der „sozialen Marktwirtschaft" Ludwig Erhards durch. Angesichts der hohen Wachstumsraten des Bruttosozialprodukts in den 1950er Jahren, die mit dem Verschwinden der Arbeitslosigkeit (Vollbeschäftigung) und beträchtlichen Lohnzuwächsen einherging, ist von einem „Wirtschaftswunder" gesprochen worden, das „Wohlstand für alle" geschaffen habe. Parallel dazu wurde der Ausbau des Sozialstaates vorangetrieben, der einen ersten Höhepunkt mit der Rentenreform von 1957 erlebte, die das Rentensystem auf eine neue Grundlage stellte und zu einer enormen Erhöhung der Rentenzahlungen führte.

Die DDR-Führung setzte im Unterschied zur Bundesrepublik auf die Planwirtschaft, die sie systematisch ausbaute und durch Kollektivierungsmaßnahmen im Bereich von Landwirtschaft, Handwerk, Industrie und Einzelhandel forcierte. Sie verband damit in den 1950er Jahren die Konzentration von Investitionen im Bereich der Schwerindustrie, was eine zu geringe Produktion im Bereich der Konsumgüterindustrie zur Folge hatte und damit zur Unterversorgung der Bevölkerung mit Produkten des täglichen Bedarfs führte. Mit dem Mauerbau von 1961 versuchte die SED, das eigene Wirtschaftssystem zu stabilisieren. Diesem Ziel diente auch die Einführung eines Neuen Ökonomischen Systems der Planung und Leitung der Volkswirtschaft (NÖSPL), das jedoch nicht erfolgreich war und 1970 abgebrochen wurde. Danach setzte die DDR-Führung auf ein System, das die „Einheit von Wirtschafts- und Sozialpolitik" vorsah, aber schließlich zur Entkoppelung von Konsum und Produktivität führte und zum wirtschaftlichen Niedergang der DDR entscheidend beitrug.

Auch in der Bundesrepublik gab es seit Mitte der 1960er Jahre gravierende wirtschaftspolitische Probleme (Stagnation des Wachstums, Anstieg der Arbeitslosigkeit), die durch Einführung von Instrumenten globaler Steuerung von Wirtschaftsprozessen zwar vorübergehend behoben, auf Dauer aber nicht beseitigt werden konnten. Ab Mitte der 1970er Jahre verlangsamte sich das Wachstum, stiegen die Arbeitslosigkeit und ebenso die Inflationsraten, schließlich auch noch die Staatsverschuldung. Trotz aller Gegenmaßnahmen verharrte insbesondere die Arbeitslosigkeit auf hohem Niveau. Dennoch ging der Ausbau des Sozialstaats weiter, der zunehmend immer größere Teile der staatlichen Haushalte beanspruchte und durch eine immer höhere Schuldenaufnahme finanziert wurde. Die Spezifik deutscher Sozialstaatlichkeit hat die Zäsur von 1945/49 ohne große Einschnitte überstanden und in beiden deutschen Staaten zwar zu etwas unterschiedlichen Ausprägungen geführt, die aber an der „Versorgungsmentalität" der Mehrheit der deutschen Bevölkerung insgesamt wenig geändert haben.

Sehr unterschiedlich, ja gegensätzlich waren die politischen Systeme, die sich in der Bundesrepublik und in der DDR herausgebildet haben. In der Bundesrepublik entstand erstmals in der deutschen Geschichte eine funktionierende parlamentarische Demokratie, die sich durch große Stabilität auszeichnete. Diese rührte insbesondere daher, dass es bereits in den 1950er Jahren zu einer Konzentration im Parteienfeld kam und die Parteien seit den 1960er Jahren (bis in die 1980er Jahre hinein) alle untereinander koalitionsfähig waren.

Ein Mehrparteiensystem gab es zwar auch in der DDR; doch waren alle Parteien in einem Block unter Führung der SED eingebunden und Wahlen fanden nur nach Einheitslisten statt. Die DDR verstand sich als „Volksdemokratie", in der der Staat „nichts anderes als der Vollstreckungsapparat der Partei" war.[91] Diese bediente sich zur Machtsicherung – außer den Parteien – der Massenorganisationen, der Justiz und des Ministeriums für Staatssicherheit und blieb dennoch letztlich von der Unterstützung der UdSSR abhängig. Im Unterschied zur Bundesrepublik war die DDR eine Diktatur, wobei es unterschiedliche Phasen und Formen der Unterdrückung gab.

Die unterschiedlichen politischen Systeme führten dazu, dass sich in beiden Staaten durchaus andere Formen der politischen Kultur herausgebildet haben. Während die Bundesrepublik durch einen Amerikanisierungs- oder auch „Westernisierungsprozess"[92] bis Ende der 1960er Jahre ideell in die westeuropäisch-atlantische Tradition eingebunden wurde und damit überlieferte obrigkeitsstaatliche Denk- und Vorstellungsmuster abgeschliffen wurden, fanden ähnliche Prozesse in der DDR nicht statt. So entstand auf der einen Seite in der Bundesrepublik erstmals in der deutschen Geschichte eine demokratisch geprägte politische Kultur, während die DDR-Gesellschaft unter einem

---

91 Kielmansegg: Katastrophe (Anm. 9), S. 578.
92 Vgl. Anselm Doering-Manteuffel: Wie westlich sind die Deutschen? Amerikanisierung und Westernisierung im 20. Jahrhundert, Göttingen 1999.

diktatorischen Regime leben musste, das in der Öffentlichkeit die Demonstration „sozialistischen Bewusstseins" verlangte, aber gleichzeitig ein Leben in privaten Nischen tolerierte, in dem andere Werte und Verhaltensmuster galten. Alles in allem blieben in der DDR-Gesellschaft obrigkeitsstaatliche Orientierungen dominant, da das System politische Grundsatzdiskussionen nicht zuließ und die Medien lediglich als Propagandainstrumente dienten.

Dies lässt sich in wenigen Worten am Problem der „Vergangenheitsbewältigung" veranschaulichen. In der DDR hat der Umgang mit dem Nationalsozialismus und seinen Folgen keine zentrale Rolle gespielt. Es gab einen „verordneten Antifaschismus", der die von der SED beherrschte DDR nicht nur vom Nationalsozialismus abgrenzte, sondern den „Antifaschismus" auch als ideologisches Kampfmittel gegen alle Abweichungen von der dogmatischen Linie der SED und gegen den „imperialistischen Klassenfeind" (Bundesrepublik) instrumentalisierte. Dagegen hat die Abgrenzung vom und die Auseinandersetzung mit dem Nationalsozialismus in der politischen öffentlichen Debatte in der Bundesrepublik stets einen hohen Stellenwert eingenommen. Diese Feststellung gilt – mit gewissen Einschränkungen – auch für die 1950er Jahre. Seit dem Ausgang dieses Jahrzehnts hat die Debatte über die „Vergangenheitsbewältigung" ständig an Kraft gewonnen; in vielen großen Prozessen sind zahlreiche NS-Verbrecher vor Gericht gestellt worden. Insofern lag die Bundesrepublik stets unter dem „langen Schatten" des Nationalsozialismus.[93]

5. Schlussbetrachtung

Am Ende des Zweiten Weltkrieges schienen die Alliierten bestrebt, die Einheit des besetzten Deutschland aufrechtzuerhalten. Dies lässt sich nicht nur aus zahlreichen Vereinbarungen des „Potsdamer Abkommens" schließen, sondern geht auch daraus hervor, dass ein Alliierter Kontrollrat eingesetzt wurde, der alle Deutschland als Ganzes betreffenden wesentlichen Fragen entscheiden sollte. Zugleich ermöglichte die Berliner Erklärung vom Juni 1945 aber auch eine jeweils eigenständige Zonenpolitik der Alliierten, die angesichts unterschiedlicher Konzepte der Besatzungsmächte, des wachsenden Misstrauens untereinander und der Schwierigkeiten der Entscheidungsverfahren im Alliierten Kontrollrat zunehmend an Bedeutung gewann.

Trotz gesamtdeutscher Bekenntnisse der Alliierten und der allmählich immer stärker in den Entscheidungsprozess eingebundenen deutschen Politiker kam es in den Westzonen einerseits und der SBZ andererseits zu einer anfänglich noch langsamen, dann aber deutlich an Fahrt gewinnenden Auseinanderentwicklung. Diese betraf alle Bereiche: die Verwaltung (sehr stark beeinflusst durch die jeweils unterschiedlichen Entnazifizierungsverfahren), die Länder und Landesverfassungen, die Parteien und Verbände. Als sich 1948 die Auseinandersetzung zwischen den Alliierten verschärfte und mit dem Scheitern des Alliierten Kontrollrats die gesamtdeutsche Klammer wegfiel, beschleunigte sich der Prozess der Teilung zwischen Ost und West. Dies kam in der Ausgestaltung der Bizone und im Ausbau der Zonenstruktur in der SBZ ebenso zum Ausdruck wie in der unterschiedlichen wirtschaftlichen Entwicklung und den im Jahr 1948 getrennt durchgeführten Währungsreformen. Der Weg zur „doppelten Staatsgründung" im Jahr 1949 war damit vorgezeichnet.

---

93 Peter Graf Kielmansegg: Lange Schatten. Vom Umgang der Deutschen mit der nationalsozialistischen Vergangenheit, Berlin 1989.

Gleichwohl stellt sich die Frage, ob es Alternativen zur Teilung Deutschlands gegeben hat. Die Forschungen zur Politik der Alliierten nach 1945 lassen daran berechtigte Zweifel aufkommen. Die sich allmählich herausbildenden „gewichtigen amerikanisch-sowjetischen Spannungen" (Hans-Peter Schwarz) und die kritische Sichtweise, die in Großbritannien mit Blick auf das Vorgehen der Sowjets in Ostmitteleuropa und in der SBZ seit 1946 immer stärkere Konturen annahm, ließen eine gemeinsame Deutschlandpolitik immer unwahrscheinlicher werden. Dazu kam anfangs Frankreichs Sonderrolle, die dazu beigetragen hat, gemeinsame Beschlüsse im Alliierten Kontrollrat zu blockieren, wobei offen bleiben muss, ob sie damit nicht den anderen alliierten Mächten, insbesondere der Sowjetunion, den gewünschten Vorwand für die Forcierung der eigenen Zonenpolitik lieferte.

Zu bedenken ist ebenfalls, dass die staatspolitischen Vorstellungen der Westmächte auf der einen Seite und der Sowjetunion auf der anderen Seite nicht auf einen Nenner zu bringen waren: Demokratie, wie sie in den Vereinigten Staaten und in Westeuropa praktiziert wurde, war etwas grundsätzlich anderes als die „Volksdemokratien", die in den Staaten östlich der Oder und Neiße nach und nach installiert wurden. Der dadurch entstehende Systemgegensatz hat sich fortwährend vertieft und als unaufhebbar erwiesen. Hiervon waren insbesondere die Westmächte überzeugt, die deshalb auch Angebote Stalins – wie im Jahr 1952 die so genannten Stalin-Noten – zurückgewiesen haben, in denen eine Aufhebung der deutschen Teilung unter der Bedingung der Neutralisierung vorgeschlagen worden war. Die Westalliierten befürchteten nämlich nicht zu Unrecht, dass dies zu einer Destabilisierung führen und die demokratische Entwicklung im Westen zerstören könnte.

Unter diesem Gesichtspunkt ist das Vorpreschen der Westmächte beim Aufbau überzonaler Strukturen und schließlich bei der Vorbereitung zur Gründung eines westdeutschen Staates zu verstehen, wobei zu berücksichtigen bleibt, dass die Zurückhaltung Stalins in diesen Fragen taktischen Motiven entsprang und auch er stets einer Stabilisierung der SBZ Priorität gegenüber gesamtdeutschen Zielsetzungen einräumte. Diese deutschlandpolitische Konfrontation ist zudem vor dem Hintergrund des sich weltweit herausbildenden Antagonismus der beiden führenden Siegermächte zu sehen, der an der Truman-Doktrin und dem Marshallplan festgemacht werden kann.

Das unterschiedliche Demokratieverständnis im Westen und im Osten des besetzten Deutschland erschwerte von Beginn an auch bei den deutschen Politikern die Zusammenarbeit. Trotz gesamtdeutscher Bemühungen, die insbesondere in der Münchener Ministerpräsidentenkonferenz von 1947 zum Ausdruck kamen, ergaben sich kaum Chancen für eine sinnvolle Kooperation. Die westdeutschen Parteien trugen mit Ausnahme der KPD die Stabilisierungs- und Ausbaumaßnahmen in der Bizone mit und übernahmen auch die Verantwortung, als es um die Vorbereitung der Gründung eines Weststaates ging. Nicht aufgegeben wurde dabei jedoch der gesamtdeutsche Vorbehalt, d. h. der Anspruch auf eine Wiedervereinigung in Frieden und Freiheit. Etwas anders verhielten sich die führenden Politiker der SED. Obwohl auch in diesem Fall der gesamtdeutsche Anspruch aufrechterhalten wurde, versuchten Ulbricht und seine Gefolgsleute schon frühzeitig Stalin davon zu überzeugen, dass es notwendig sei, einen separaten Oststaat zu bilden.[94] Schließlich nahmen sie nicht ohne Grund an, in freien Wahlen keine Chancen für die Mehrheit zu haben.

---

94 Dazu – jedoch mit überzogener Thesenbildung – Wilfried Loth: Stalins ungeliebtes Kind. Warum Moskau die DDR nicht wollte, Berlin 1994.

Bereits 1950 ist in Bezug auf die Westzonen von Walter Dirks die These vom „restaurativen Charakter" der Epoche formuliert worden.[95] Diese Feststellung ist vor allem in den 1970er Jahren wieder aufgenommen und in vielfältigen Variationen („verhinderte Neuordnung", „verordnete Demokratie", „erzwungener Kapitalismus") vorgetragen worden.[96] Dabei bezog sich die Mehrzahl der Autoren auf eine angeblich verpasste sozialistische Umwälzung, für die sie vor allem die Amerikaner verantwortlich machten. Als restaurativ wurde außerdem die Beamtenpolitik gegeißelt, da sie dazu geführt habe, dass der Öffentliche Dienst – nach einigen andersgearteten Neuansätzen in der Besatzungszeit – weitgehend mit Personen besetzt worden sei, die bereits dem NS-Staat gedient hätten.

Der Restaurationsvorwurf findet jedoch mittlerweile kaum noch Resonanz. Eine breit angelegte zeitgeschichtliche Forschung konnte nachweisen, dass die Jahre nach 1945 als eine Zeit der gesellschaftlichen Modernisierung angesehen werden muss, die West- wie Ostdeutschland (wenn auch auf andere Weise) grundlegend verändert hat. Dies ist auf eine ganze Reihe von Ursachen zurückzuführen. Als eine zentrale Voraussetzung müssen sicherlich die gewaltigen Bevölkerungsverschiebungen in Folge von Flucht und Vertreibung von rund zwölf Millionen Deutschen aus den Ostgebieten und der Tschechoslowakei in das Vierzonen-Deutschland, die Rückführung von über drei Millionen Evakuierten und die Heimkehr von über zehn Millionen Kriegsgefangenen angesehen werden. Die Nachkriegsgesellschaft war aufgrund dieser Wanderungsbewegungen durcheinandergewirbelt worden. Nicht zuletzt erfolgte eine konfessionelle Mischung, welche die seit Generationen bestehende Fraktionierung der deutschen Gesellschaft zumindest tendenziell aufbrach. Die Wanderungsbewegungen hielten auch nach der Bildung der beiden deutschen Staaten an. Bis zum Mauerbau 1961 verließen knapp drei Millionen Bewohner der DDR ihren Staat in Richtung Westen. Ab Mitte der 1950er Jahre und verstärkt ab 1961 setzte eine weitere Zuwanderung in die Bundesrepublik durch Anwerbung von Arbeitskräften aus dem europäischen Ausland ein. Damit begann in der Bundesrepublik die Herausbildung einer multikulturellen Gesellschaft.

In den 1950er Jahren erlebte die Bundesrepublik einen wirtschaftlichen Aufschwung, der die Gesellschaft strukturell veränderte. Der Anteil der in der Landwirtschaft beschäftigten Personen ging dramatisch zurück, wie auch die Zahl der Selbstständigen. Ebenso sank – allerdings im geringeren Ausmaß – der Anteil der Arbeiter, während der Anteil von Beamten und Angestellten steil anstieg. Als genereller Trend ist die Entstehung einer Dienstleistungsgesellschaft festzustellen, in der alte Schichten- und Einkommensunterschiede unscharf wurden und eine Verbreiterung der Mittelschicht konstatiert werden kann. Zudem wurde durch die Beschäftigung immer größerer Teile der Dorfbewohner in den Städten (Pendler) der Gegensatz von städtischer und ländlicher Existenz tendenziell aufgehoben.

Auch in der DDR kam es zu einschneidenden gesellschaftlichen Veränderungen, die jedoch weniger Ergebnis sich wandelnder gesellschaftlicher Rahmenbedingungen und des wirtschaftlichen Aufschwungs waren, sondern vielmehr Folgen politischer Maßnahmen der SED. Hinzuweisen ist etwa auf die Verstaatlichung von Banken und Sparkassen, die Boden- und die Industriereform. Durch die spezifische Form der Entnazifizierung

---

95 Walter Dirks: Der restaurative Charakter der Epoche, in: Frankfurter Hefte, 5 (1950), S. 942–954.
96 Vgl. Eberhard Schmidt: Die verhinderte Neuordnung 1945–1952, Frankfurt a. M. 1970 (8. Aufl. 1980); Theo Pirker: Die verordnete Demokratie. Grundlagen und Erscheinungen der „Restauration", Berlin 1977; Ute Schmidt/Tilman Fichter: Der erzwungene Kapitalismus. Klassenkampf in den Westzonen 1945–1948, Berlin 1973.

führte die SED zudem einen durchgreifenden Elitenaustausch herbei, und die Kollektivierung der Landwirtschaft sowie die massive Zurückdrängung von Selbstständigen und die extreme Förderung „volkseigener Betriebe" schufen gänzlich neue Wirtschaftsstrukturen. Im Unterschied zur Bundesrepublik war die Gesellschaft durch den Betrieb geprägt, in dem nicht nur gearbeitet wurde, sondern der auch Ort gesellschaftlicher Veranstaltungen und Garant vieler alltäglicher Versorgungsleistungen war. Die DDR ist während ihrer Existenz im stärkeren Maße als die Bundesrepublik Industriegesellschaft geblieben; dort arbeitete stets mehr als die Hälfte der Bevölkerung. Dennoch gab es auch in der DDR einen Prozess von sozialer Nivellierung und Homogenisierung, der noch stärker ausgeprägt war als in der Bundesrepublik.

Abschließend stellt sich die Frage nach den mentalen Auswirkungen der Teilung. Obwohl in soziologischen Untersuchungen nachgewiesen wurde, dass es in der Bundesrepublik wie der DDR – dort mit einer zeitlichen Verzögerung – einen Wertewandel gegeben hat, der die Prägekraft traditioneller Werte wie Gehorsam und Unterordnung oder wie Ordnungsliebe und Fleiß zugunsten von Individualismus, Lebensgenuss und der Durchsetzung der eigenen Bedürfnisse abgeschliffen hat,[97] sind doch im Westen und im Osten sehr unterschiedliche Gesellschaften entstanden. Offen bleibt, in welcher der beiden Gesellschaften die Veränderungen tief greifender waren. Das Urteil Hartmut Kaelbles, dass die beiden deutschen Nachkriegsgesellschaften außer der Sprache und der Geschichte bis 1945 nicht mehr viel gemeinsam hatten,[98] mag zwar etwas überzogen erscheinen, ist aber nicht gänzlich unbegründet. Zumindest belegen die Schwierigkeiten des Zusammenwachsens der beiden Teile Deutschlands nach der Wiedervereinigung von 1990, wie tief die Teilung reichte, die nach der Zäsur vom 8. Mai 1945 in nur wenigen Jahren vollzogen worden ist.

---

97 Vgl. Thomas Gensicke: Deutschland im Wandel. Sozialer Wandel und Wertewandel in Deutschland vor und nach der Wiedervereinigung, Speyer 1995.
98 Hartmut Kaelble: Die Gesellschaft der DDR im internationalen Vergleich, in: ders. u. a. (Hrsg.): Sozialgeschichte der DDR, Stuttgart 1994, S. 573.

Maueröffnung am 11. November 1989
Quelle: Keith Pannell/Mail on Sunday, London, via Reuters

WERNER MÜLLER

Friedliche Revolution 1989/90: von der Dauerkrise zum Umbruch in der DDR

1. Einleitung

Das „annus mirabilis" 1989 hat trotz des geringen zeitlichen Abstandes beachtliche Aufmerksamkeit in der Historiographie gefunden.[1] Auch der internationale Rahmen der deutschen Herbst-Revolution wurde früh und breit untersucht.[2] Immerhin haben sich zwei Enquete-Kommissionen des Deutschen Bundestages (in der 12. und 13. Wahlperiode) mit dem Problem der Hinterlassenschaft der DDR befasst – ein Novum in der deutschen Parlamentsgeschichte, wenn man vom Untersuchungsausschuss der Nationalversammlung und dann des Deutschen Reichstages zum Zusammenbruch 1918 absieht. Zugleich ist der Umbruch 1989/90 wie kaum ein anderer von einer Medienpräsenz begleitet gewesen, sodass nahezu jede Phase der Entwicklung von Oktober 1989 bis März 1990 publizistisch in einer Breite dokumentiert ist, die historisch keine Parallelen findet. Neue Fakten zu ermitteln, dürfte folglich schwer fallen. Im Gegenteil, der Historiker steht mehr als bei anderen Epochenbrüchen vor der Herausforderung, die Fakten zu ordnen, Handlungsstränge herauszuarbeiten, Wendemarken und Brüche zu bestimmen und Erklärungsansätze anzubieten.

Es gilt den Niedergang der SED-Herrschaft ebenso nachzuzeichnen wie die Formierung der Bürgerbewegung aus einem sich immer weiter verdichtenden Netzwerk von Oppositionsgruppen zu beleuchten und die Machtprobe Hunderttausender Demonstranten mit der Staatsmacht zu skizzieren, bevor die Marginalisierung der Bürgerbewegung vor der stetig lauter werdenden Forderung nach einer deutschen Einheit dargestellt werden soll. Das leitet den Blick hin zu der Neuformierung der Parteienlandschaft, schon unter kräftiger Beeinflussung der westdeutschen Parteirichtungen neben dem Versuch, die frühere Staatspartei neu zu orientieren und zu stabilisieren. Dem Sieg der „Wiedervereinigungsparteien" in den Volkskammerwahlen vom 18. März folgte eine Phase der Transformation der DDR-Gesellschaft in wesentlich von der Bundesrepublik vorgegebene Strukturen, die mit dem 3. Oktober 1990 zumindest in den Grundzügen abgeschlossen war. Dem folgte eine länger dauernde Zeit der Integration, deren Ende kaum absehbar ist.

---

1 Vgl. zum jüngeren Forschungsstand Detlef Pollack: Bedingungsfaktoren der friedlichen Revolution 1989/90, sowie Eckhard Jesse: Die friedliche Revolution 1989/90, beide in: Rainer Eppelmann u. a. (Hrsg.): Bilanz und Perspektiven der DDR-Forschung, Paderborn u. a. 2003, S. 188–195 und S. 196–202.
2 Vgl. Charles S. Maier: Das Verschwinden der DDR und der Untergang des Kommunismus, Frankfurt a. M. 1999; Philip Zelikow/Condoleezza Rice: Sternstunden der Diplomatie. Die deutsche Einheit und das Ende der Spaltung Europas, Berlin 1997.

2. Zwei Voraussetzungen

Für die Weimarer Republik gilt inzwischen fast als Gemeinplatz, dass sie nicht von ihrem Ende her interpretiert werden dürfe. Denselben Grundsatz für die Geschichte der DDR einzufordern, erscheint jedoch weniger zwingend. Zwar hat sie – einschließlich ihrer Vorgeschichte – rund das dreifache Lebensalter der ersten deutschen Republik erreicht, und war damit, formal betrachtet, eine der stabilsten Ordnungen der jüngsten deutschen Geschichte. Aber die DDR war nie eine autochthone deutsche Ordnung, sondern in entscheidendem Maße eine „importierte" Diktatur. Dem widerspricht nicht, dass sich der deutsche Kommunismus in Gestalt der KPD spätestens seit dem Ende der Stalinisierung in den Jahren zwischen 1925 und 1929[3] bedingungslos an dem jeweils zeitgenössischen Modell der Sowjetunion orientierte und damit auch die Generallinie der kommunistischen Weltbewegung adaptierte.[4]

Die DDR war ebenso wie die Bundesrepublik ein Produkt des Kalten Krieges, des Zerfalls der alliierten Siegerkoalition des Zweiten Weltkrieges und der Fundamental-Konfrontation der beiden „Lager" der Weltpolitik, die in der permanenten Berlin-Krise von 1958 bis 1961 und in der Kuba-Krise des Jahres 1962 ihre Höhepunkte fand.[5] Die Einbeziehung der SBZ und dann der DDR in die sowjetische Hegemonialsphäre bedeutete, wenn nicht die Übertragung, so doch zumindest die Adaption des sowjetsozialistischen Herrschafts-, Gesellschafts- und Wirtschaftsmodells. Das war bekanntlich gekennzeichnet von einem faktischen Monopol der „marxistisch-leninistischen" Partei, der Beseitigung der alten „bürgerlichen" Eliten, zentralistischer Planwirtschaft und der Dominanz einer Ideologie, die beanspruchte, allein im Besitz ewig gültiger Wahrheiten zu sein und für jede Lebenssituation eine richtige Lösung versprach. Hinzu kam ein diktatorisch-repressiver Charakter des Gesamtsystems. Als die Menschen in der DDR tatsächlich die Option nutzen konnten, über ihre politisch-gesellschaftlichen Grundlagen frei zu entscheiden, bedeutete das zugleich auch das Ende der DDR. Das setzte selbstverständlich unter gewandelten Bedingungen die Duldung oder Billigung der sowjetischen Führung voraus. Allein die Präsenz von mehr als 400.000 Sowjetsoldaten verbot zuvor jeden Gedanken an eine tatsächliche und nicht nur nominelle Souveränität der DDR. Die Bindung an die Besatzungs- und Hegemonialmacht schloss eine grundsätzliche alternative Ordnung aus.

Von sowjetischer Seite wurde das wiederholt deutlich zum Ausdruck gebracht. Auch nach der formellen Staatsgründung im Oktober 1949 blieb die Sowjetische Kontroll-Kommission (SKK) das letztlich entscheidende Machtorgan. Zwar gab es zu Stalins Lebzeiten keine formelle Existenzgarantie der Sowjetunion für die DDR, aber seine Nachfolger ließen keinen Zweifel daran, dass die Existenz der DDR von der Sowjetunion abhing. Der letzte blutige Machtwechsel in der Geschichte der Sowjetunion, die Entmachtung Lawrenti P. Berijas im Sommer 1953, besaß neben anderen auch eine

3   Zum Begriff vgl. Hermann Weber: Die Wandlung des deutschen Kommunismus. Die Stalinisierung der KPD in der Weimarer Republik, 2 Bde., Frankfurt a. M. 1969, insbes. S. 249–351.
4   Vgl. als Übersicht Werner Müller: Gab es in Deutschland einen demokratischen Kommunismus?, in: Uwe Backes/Stéphane Courtois (Hrsg.): „Ein Gespenst geht um in Europa". Das Erbe kommunistischer Ideologien, Köln u. a. 2002, S. 323–383.
5   Vgl. als Übersicht Wilfried Loth: Internationale Rahmenbedingungen der Deutschlandpolitik 1961 bis 1989, in: Deutscher Bundestag (Hrsg.): Materialien der Enquete-Kommission „Aufarbeitung von Geschichte und Folgen der SED-Diktatur in Deutschland" (12. Wahlperiode des Deutschen Bundestages), Bd. V/3: Deutschlandpolitik, innerdeutsche Beziehungen und internationale Rahmenbedingungen, Baden-Baden 1995, S. 1744–1765.

deutschlandpolitische Komponente. Ihm wurde vorgehalten: „Das feindliche politische Wesen Berijas ist in besonders anschaulicher Weise bei der Erörterung der deutschen Frage Ende Mai diesen Jahres zutage getreten. Die Vorschläge Berijas liefen darauf hinaus, den Weg des Aufbaus des Sozialismus in der Deutschen Demokratischen Republik zu verlassen und Kurs zu nehmen auf die Umwandlung der DDR in einen bürgerlichen Staat, was einer direkten Kapitulation vor den imperialistischen Kräften gleichgekommen wäre."[6] Chruschtschow hatte erstmals 1955 keinen Zweifel daran gelassen, dass auch im Falle einer deutschen Wiedervereinigung die „Errungenschaften" der DDR nicht zur Disposition stehen könnten.[7] Im Vorfeld des Machtwechsels von Ulbricht zu Honecker hatte Leonid Breschnew diesem gegenüber die Abhängigkeit der DDR von der Sowjetunion unmissverständlich zu verstehen gegeben. Im Juli 1970 hielt er Honecker vor: „Die DDR ist für uns, für die sozialistischen Bruderländer ein wichtiger Posten. Sie ist das Ergebnis des 2. Weltkrieges, unsere Errungenschaft, die mit dem Blut des Sowjetvolkes erzielt wurde. Ich habe bereits einmal gesagt, dass die DDR nicht nur eure, sondern unsere gemeinsame Sache ist. [...] Erich, ich sage dir offen, vergesse das nie: die DDR kann ohne uns, ohne die SU, ihre Macht und Stärke – nicht existieren. Ohne uns gibt es keine DDR. Die Existenz der DDR entspricht unseren Interessen, den Interessen aller sozialistischen Staaten. Sie ist das Ergebnis unseres Sieges gegenüber Hitlerdeutschland. Deutschland gibt es nicht mehr, das ist gut so."[8]

Besonders demütigend für Honecker war seine Reise nach Moskau vom 17. und 18. August 1984, als er auf sowjetischen Druck und nach „Beratung" durch Partei- und Staatschef Tschernenko sowie die Politbüro-Mitglieder Ustinow und Gorbatschow seine geplante Reise in die Bundesrepublik absagen musste.[9] Der sowjetischen Führung schien eine Annäherung und erst recht eine Abhängigkeit der DDR von der Bundesrepublik allzu bedrohlich. Unmittelbar nach seinem Amtsantritt hatte Gorbatschow noch unterstrichen, dass es „nur ein Modell, den marxistisch-leninistischen Sozialismus" gebe – und damit Honeckers Ablehnung eines „Modells DDR" bestätigt.[10] Erst ab 1986 zeichnete sich langsam eine Änderung der sowjetischen Haltung ab. Das begann offenbar an zwei unterschiedlichen Ansatzpunkten. Zum einen sah Michail Gorbatschow, der sich bei seinem Amtsantritt als Generalsekretär noch als Leninist verstanden hatte und zum Kern seiner Lehren zurückkehren wollte, mehr und mehr die Grundprobleme des

---

6 Beschluss des Plenums des ZK der KPdSU vom 7. Juli 1953, in: Viktor Knoll/Lothar Kölm (Hrsg.): Der Fall Berija. Protokoll einer Abrechnung. Das Plenum des ZK der KPdSU Juli 1953. Stenographischer Bericht, 2. Aufl., Berlin 1999, S. 335.

7 Chruschtschow hatte am 26. Juli 1955 auf einer Großkundgebung der SED ausgeführt, dass auf dem Gebiet Deutschlands „zwei Staaten mit unterschiedlicher gesellschaftlicher und wirtschaftlicher Ordnung" entstanden seien; eine „mechanische Vereinigung beider Teile Deutschlands" schloss er ebenso aus wie eine „Lösung auf Kosten der Interessen der DDR". Vgl. für vieles: Dokumente zur Außenpolitik der Deutschen Demokratischen Republik, Bd. III, hrsg. vom Deutschen Institut für Zeitgeschichte, Berlin (Ost) 1956, S. 222–228.

8 Protokoll einer Unterredung zwischen L. I. Breschnew und Erich Honecker am 28. Juli 1970, in: Peter Przybylski: Tatort Politbüro. Die Akte Honecker, Berlin 1991, S. 280 f.

9 Fred Oldenburg/Gerd-Rüdiger Stephan: Honecker kam nicht bis Bonn. Neue Quellen zum Konflikt zwischen Ost-Berlin und Moskau 1984, in: Deutschland Archiv, 28 (1995), S. 791–805; vgl. auch Niederschrift über das Geheimtreffen zwischen Erich Honecker, Generalsekretär der SED und DDR-Staatsratsvorsitzender, und Konstantin Tschernenko, Generalsekretär der KPdSU und Präsidiumsvorsitzender des Obersten Sowjets der UdSSR, in Moskau, am 17. August 1984 (Auszug), in: Detlef Nakath/Gerd-Rüdiger Stephan (Hrsg.): Die Häber-Protokolle. Schlaglichter der SED-Westpolitik 1973–1986, Berlin 1999, S. 398–421.

10 Protokoll eines Gesprächs zwischen Erich Honecker und Michail S. Gorbatschow am 5. Mai 1985 in Moskau, in: Daniel Küchenmeister (Hrsg., unter Mitarbeit von Gerd-Rüdiger Stephan): Honecker – Gorbatschow. Vieraugengespräche, Berlin 1993, S. 45.

Sowjetstaates in fehlender Demokratie, mangelnder Rechtskultur und dem Werte- und Normensystem des Marxismus-Leninismus begründet. Motiviert durch den Wandel seiner Prinzipien, die Suche nach einer neuen Weltordnung sowie das Bekenntnis zum „gemeinsamen europäischen Haus" relativierte er rasch die „Breschnew-Doktrin".[11] Im November 1986 nannte er vor den Parteichefs der RGW-Staaten folgende neue Prinzipien: „Selbständigkeit jeder Partei, ihr Recht auf souveräne Entscheidung über die Entwicklungsprobleme ihres Landes, ihre Verantwortung gegenüber dem eigenen Volk. Niemand könne eine besondere Rolle in der sozialistischen Gemeinschaft beanspruchen."[12] Die Konsequenzen schienen den Führungen der „Bruderparteien" nur langsam klar geworden zu sein und mündeten dann von Frühjahr 1987 an in eine wachsende Ablehnung der Perestroika. Gorbatschow hielt in seinen Erinnerungen fest: „Hier entstand eine peinliche Situation, denn der politische Kurs und die offizielle Propaganda der ‚Bruderparteien' basierten ja bis dahin auf der These von der führenden Rolle der KPdSU. Die Reformen, die jetzt in der Sowjetunion eingeleitet wurden, bedeuteten das Ende dieses Systems. Mit sowjetischen Panzern zum Erhalt der politischen Macht war nicht mehr zu rechnen. Plötzlich standen die sozialistischen Staatschefs ihrem Volk von Angesicht zu Angesicht gegenüber, gezwungen, die Berechtigung ihres Machtanspruchs durch Leistungen unter Beweis zu stellen. Sollten sie sich unter diesen Umständen für die Perestroika aussprechen? Das war eine qualvolle Entscheidung, und vermutlich haben nicht alle auf Anhieb verstanden, dass das Ende der Nachkriegsepoche unwiderruflich gekommen war."[13] Damit hatte er die Breschnew-Doktrin faktisch aufgegeben.

Selbst wenn man Zeitpunkt und Reichweite der Aussagen aus den Erinnerungen Gorbatschows in Betracht zieht, bedeutet das nicht unbedingt, dass er zu diesem Zeitpunkt bereit gewesen wäre, das Ende der DDR und eine deutsche Wiedervereinigung zu akzeptieren. Hier waren Politiker in seiner Umgebung und beratende Institute bereits weiter. Außenminister Schewardnadse gab in seinen Erinnerungen an, schon 1986 zu der Erkenntnis gekommen zu sein, dass eine deutsche Wiedervereinigung auf längere Sicht unvermeidlich sei.[14] Zu diesem Schluss hatten ihn die wachsende Krisenanfälligkeit der DDR, der zunehmende Rückstand in der wirtschaftlichen Entwicklung der Sowjetunion gegenüber dem Westen, der Modernisierungsdruck, der ohne die Hilfe der westlichen Industrieländer nicht bewältigt werden konnte, und nicht zuletzt die immensen Unterhaltskosten für die sowjetischen Truppen gezwungen. Freilich sah er es zu dieser Zeit noch als unmöglich an, dieses Problem in der Führung des Landes oder gar öffentlich zu erörtern. Ende 1987 gelang es Wjatscheslaw Daschitschew zumindest, die hier skizzierte Thematik, gestützt auf ein längeres Memorandum, in einer Sitzung des „Wissenschaftlichen Konsultativen Beirats" des Außenministeriums auf die Tagesordnung setzen zu lassen – freilich ohne Erfolg.[15] Beiden, dem Außenminister wie dem Planer, ging es selbstverständlich nicht um die DDR, sondern im Kern um eine Existenzfrage der Sowjetunion: Wie kann angesichts der Herausforderungen auf wirtschaftlichem, militärischem, technischem, gesellschaftlichem und politischem Feld die Überlebensfähigkeit des eigenen Systems gesichert werden? Die Erkenntnis verdichtete

---

11 Vgl. grundsätzlich Archie Brown: The Gorbachev Factor, Oxford/New York 1997.
12 Zitiert nach Küchenmeister: Honecker – Gorbatschow (Anm. 10), S. 15.
13 Michail Gorbatschow: Erinnerungen, Berlin 1995, S. 845 f. Vgl. Michael Ploetz: Wie die Sowjetunion den Kalten Krieg verlor. Von der Nachrüstung zum Mauerfall, Berlin/München 2000; Wilfried Loth: Die Sowjetunion und das Ende der DDR, in: Konrad Jarausch/Martin Sabrow (Hrsg.): Weg in den Untergang. Der innere Zerfall der DDR, Göttingen 1999, S. 119–152.
14 Eduard Schewardnadse: Die Zukunft gehört der Freiheit, Reinbek bei Hamburg 1991, S. 233.
15 Vgl. mit längeren Auszügen aus dem erwähnten Memorandum Wjatscheslaw Daschitschew: Moskaus Griff nach der Weltmacht. Die bitteren Früchte hegemonialer Politik, Hamburg u. a. 2002, S. 360–380.

sich bei ihnen im Laufe der Jahre ab 1986 zusehends, dass die DDR für die Zukunft der Sowjetunion kaum noch einen Aktivposten darstellte, sondern sich mehr und mehr zu einer Belastung entwickelte.

Das zweite grundlegende Faktum, im Kern ein Systemdefekt, das gegen eine „historisch offene" Betrachtungsweise der DDR-Geschichte spricht, ist ein immanenter Faktor: ihr Legitimationsdefizit. „Der Grunddefekt des DDR-Regimes war von Anfang bis Ende das Fehlen jeder demokratischen Legitimation", hielt Hermann Weber lapidar fest.[16] Die Stabilität von Staat und Gesellschaft wurde von außen gewährleistet; ob sie jemals von einer Mehrheit der Bevölkerung gestützt wurde, ist mehr als fraglich. Ein bloßes Sich-Einrichten der Menschen in einer gesellschaftlichen Ordnung, die man weder verändern noch verlassen konnte, kann kaum als Zustimmung interpretiert werden.[17]

Da eine Mehrheit bei Wahlen mit konkurrierenden Listen für die SED nie erreichbar war – das Ergebnis der noch halbwegs freien Wahlen im September und Oktober 1946 war für die Partei, die einen umfassenden Führungsanspruch erhob, ein Signal, solche Urnengänge nie wieder zuzulassen –, sah sie sich beständig gezwungen, ihren Herrschaftsanspruch in anderer Weise zu legitimieren. Dazu zählten historische und ideologische Argumentationsmuster, die den „Führungsanspruch" der „geeinten Arbeiterklasse" ebenso umfassten wie den Rekurs auf den Geschichtsdeterminismus im „Marxismus-Leninismus". Der „Antifaschismus" diente ebenso der Legitimationsbildung[18] wie die Versuche in den achtziger Jahren, Persönlichkeiten wie Luther oder Friedrich II. von Preußen in die Traditionslinien der DDR einzubetten.

Deutlicher zeigte sich hingegen wiederholt die Krisenanfälligkeit des Regimes. Der Aufstand im Juni 1953, der sich schnell vom Arbeiterprotest zum Volksaufstand wandelte und der nur durch die Besatzungsarmee niedergeschlagen werden konnte, der Mauerbau vom 13. August 1961, der den Flüchtlingsstrom aus der DDR in die Bundesrepublik abrupt beendete, die von Parteiführung und MfS argwöhnisch betrachteten Sympathie-Bekundungen für den „Prager Frühling" 1968, der Exodus eines großen Teils der künstlerischen und literarischen Elite nach der Biermann-Ausbürgerung im November 1976, die Reaktionen auf die fortschreitende Militarisierung (Wehrkunde-Unterricht 1978 und Verschärfung des Strafrechts 1979) und die erste Ausreisewelle 1984, der auch Botschafts-Besetzungen vorausgegangen waren, zeigen nur Momente einer stetig wiederkehrenden Krisenanfälligkeit.

Auf der anderen Seite steht dem gegenüber der Auf- und Ausbau eines Sicherheitsapparates, dessen Dimensionen in der Geschichte und im europäischen Vergleich ihresgleichen suchten. Das Ministerium für Staatssicherheit expandierte kontinuierlich von den sechziger bis in die frühen achtziger Jahre, als die wirtschaftlichen Möglichkeiten dem Wachstum der „Organe" Grenzen setzten.[19] Das Misstrauen, mit dem Partei- und Staatsführung der Bevölkerung gegenübertraten, kann kaum eindringlicher beschrieben werden.

---

16 Hermann Weber: Geschichte der DDR, aktualis. u. erw. Neuausg., München 1999, S. 16.
17 So der Fehlschluss bei Heinz Niemann: Meinungsforschung in der DDR. Die geheimen Berichte des Instituts für Meinungsforschung an das Politbüro der SED, Köln 1993, S. 31. Er berücksichtigt zu wenig, wie sehr Umfrageergebnisse unter Diktaturen erheblichen methodischen Zweifeln unterliegen.
18 Vgl. etwa Herfried Münkler: Antifaschismus als Gründungsmythos der DDR. Abgrenzungsinstrument nach Westen und Herrschaftsmittel nach innen, in: Manfred Agethen u. a. (Hrsg.): Der missbrauchte Antifaschismus. DDR-Staatsdoktrin und Lebenslüge der deutschen Linken, Freiburg u. a. 2002, S. 79–99.
19 Jens Giesecke: Die hauptamtlichen Mitarbeiter der Staatssicherheit. Personalstruktur und Lebenswelt 1950–1989/90, Berlin 2000, S. 391–397.

Wirtschaftliche Zwangslagen begleiteten und überlagerten diese Situation. Vor dem Hintergrund der nur mit großen Mühen bewältigten Kriegs- und Kriegsfolgelasten stellte die von Stalin gewünschte Aufrüstung der DDR seit 1952 die Wirtschaft vor eine Belastungsprobe, die letztlich in den Juni-Aufstand mündete. Die Kollektivierung der Landwirtschaft 1960 führte zu einer Versorgungskrise, die gerade noch ohne Zwangs-bewirtschaftung und Bezugsscheine überwunden werden konnte. Einer der Gründe für die Ablösung Walter Ulbrichts 1970/71 waren Krisensymptome in der Wirtschaft. Dass die DDR seit Mitte der 1970er Jahre in den Sog der Weltwirtschaftskrise geriet, deren deutlichste Symbole die beiden Milliardenkredite des Jahres 1983 waren, ist hinlänglich bekannt, ebenso die kontinuierlich steigende Devisenverschuldung, die 1989 ein nicht mehr beherrschbares Ausmaß angenommen hatte. Eindeutig ist allerdings: Alle diese Krisenerscheinungen verweisen ein Bild der inneren Stabilität der DDR in irgendeiner Phase ihrer Geschichte in das Reich der Legende.

Dass sich die SED-Herrschaft nie durch freie Wahlen legitimieren konnte, wurde oben bereits hervorgehoben. Bekanntlich versuchten die kommunistischen Führer dagegen beständig, ihren Führungsanspruch in Politik und Gesellschaft mit Täuschung, Druck, Manipulation und Gewalt durchzusetzen. Das belegen die Prozesse wie die kommu-nistische Mehrheitsbildung im „Freien Deutschen Gewerkschaftsbund" (FDGB), die erzwungene Bildung der SED durch Zwangsvereinigung, die „Volkskongressbewegung", die sich mit dem Modell von (gefälschten) Einheitslisten-Wahlen zur „Provisorischen Volkskammer" der DDR aufschwang oder zuletzt in der Unterwerfung der anfänglich mit der KPD/SED konkurrierenden Parteien CDU und LDP unter den Führungsan-spruch der „marxistisch-leninistischen" Partei.

Nicht erst die Stalinisierung der SED, von Staat und Gesellschaft ab 1948, sondern be-reits die grundlegenden Verletzungen des demokratischen Prinzips von 1945 an bedeu-teten – trotz gegenteiliger Programme und Beteuerungen – die Abspaltung Ostdeutsch-lands von der großen Mehrheit der deutschen Bevölkerung wie vom größten Teil des deutschen Staatsgebietes. Mit anderen Worten: Das „Modell SED" oder das „Modell DDR" waren nur in bescheidenem Maße im Westen attraktiv und akzeptabel.

Allerdings darf nicht außer Acht gelassen werden, dass SED und DDR mit ihrer Politik Zustimmung fanden, auch wenn sie nie über eine Minderheitensituation hinaus ka-men. Die sozialen und politischen Verheißungen der kommunistischen Bewegung, die Visionen einer Welt ohne Krieg, Ausbeutung und Krise hatten der KPD schon in der Weimarer Zeit einen beachtlichen Zulauf beschert, nicht nur unter Arbeitern, sondern auch in Teilen von intellektuellen und künstlerischen Eliten, für die beispielhaft das Umfeld der Zeitschrift „Weltbühne" steht. Opfer und Leistungen der Kommunisten im Widerstand brachten ihnen nach 1945 ebenso Anhang und Prestige ein wie die Rolle der Sowjetunion in der Anti-Hitler-Koalition. Wie auch nach 1918, hatte es in vielen Ländern Europas nach 1945 einen „Linksruck" im politischen Spektrum gegeben, der sich im Anhang der KPD in allen Besatzungszonen Deutschlands niederschlug. Zudem waren die Kommunisten im Gefolge der Roten Armee erstmals in ihrer Geschichte in der Lage, in breitem Umfang Stellen und Funktionen in Verwaltungen, Wirtschaft, Justiz und im Bildungswesen zu vergeben. Der von ihnen durchgesetzte Umbruch der Eliten unter dem Siegel des „Antifaschismus" bedeutete für viele Tausende junger Men-schen aus der Arbeiterschaft beachtliche Aufstiegs- und Karrierechancen, ab Ende der vierziger Jahre auch im Militär- und Sicherheitsapparat. Im Allgemeinen gewährleis-teten solche Karriereverläufe eine stabile Loyalität zum System. So verwundert nicht, wenn die „FDJ-Generation" der Nachkriegszeit zur wichtigsten Stütze der DDR in den achtziger Jahren avancierte – und damit zugleich nachrückenden „Kadern" die von ihnen begehrten Aufstiegspositionen verwehrte.

Diese Bindungen verloren sich in den nachwachsenden Generationen mehr und mehr; ihr Lebensbild und ihre Lebensziele waren nach dem Mauerbau und der DDR-weiten Verfügbarkeit elektronischer Medien überwiegend an Vorbildern westlicher oder internationaler Jugendkultur orientiert.[20] Die politisch vorgegebenen Maximen verloren indes mit den Systemkrisen des „sozialistischen Lagers" 1961, 1968 und seit 1975 ihre orientierende Funktion.

So bleibt zuletzt ein Blick auf die Arbeiterschaft, in deren Namen die SED ihre Herrschaft ausübte. Mit der Stalinisierung von Partei und Gewerkschaften waren traditionelle Organisations- und Aktionsformen der sozialen Bewegung gewaltsam niedergehalten worden, ohne dass die SED es vermocht hätte, mit „Aktivisten"-Bewegungen in der SED selbst oder in Gewerkschaften und Wirtschaft einen autochthonen und lebensfähigen Ersatz auf Dauer zu schaffen. Die Niederschlagung des Arbeiteraufstandes vom Juni 1953 bedeutete letztlich auch das Ende der kollektiven Aktionsfähigkeit der Industriearbeiter. Selbst wenn bis zum Ende der DDR immer wieder Arbeitsniederlegungen zu verzeichnen waren, Träger von Unmut, sozialem Protest, von Forderungen nach einer gerechteren Weltordnung waren sie als gesellschaftliche Großgruppe nicht mehr.

Dennoch gab es gleichwohl Signale von Unzufriedenheit, „Meckern", aber auch offenes Auftreten gegenüber Funktionären. Die den Kollektivierungsprozess in Landwirtschaft und Handwerk begleitenden Versorgungsmängel der Jahre 1959 bis 1961 führten zu deutlich wahrnehmbaren Missstimmungen nicht nur unter den Betroffenen, sondern auch unter Konsumenten und Fabrikarbeitern. Anspielungen in Betrieben gegenüber Partei- und Gewerkschaftsfunktionären auf den 17. Juni gab es in größerer Zahl. Den Jahrestag hatte die Staatsmacht mit umfangreichen Sicherheitsmaßnahmen vorbereitet, sodass letztlich nur einzelne Vorfälle zu verzeichnen waren.[21]

Der lang dauernden Niedergangskrise der DDR ging eine mehrjährige Latenzphase voraus. Die DDR hatte sich seit Anfang der sechziger Jahre als weitgehend reformunfähig erwiesen, nachdem das anfänglich intensiv propagierte Modell eines „Neuen ökonomischen Systems der Planung und Leitung" (NÖSPL) immer weiter zurückgenommen werden musste und letztlich mit dem „Ökonomischen System des Sozialismus" (ÖSS) nicht einmal der Kern einer Reform übrig geblieben war. Damit war der mit großen Ambitionen gestartete Versuch gescheitert, wirtschaftliche Erneuerungen durchzusetzen, ohne das diktatorisch-zentralistische Herrschaftssystem in Frage zu stellen. Ungebrochen blieb jedoch Ulbrichts Vision einer kommunistischen Zukunftsgesellschaft, die von grenzenlosem technischen, wissenschaftlichen und Produktivitätsfortschritt geprägt sein sollte. Für ihn bildete den Schlüssel dazu die Kybernetik, die in seinen letzten Amtsjahren auch zur Formel für eine (Selbst-)Lenkung gesellschaftlicher Prozesse wurde. Der Machtwechsel von Ulbricht zu Honecker bedeutete einen Paradigmenwechsel,

---

20 Vgl. Einzelheiten in Armin Mitter/Stefan Wolle: Untergang auf Raten. Unbekannte Kapitel der DDR-Geschichte, München 1993, S. 384–400; Dorothee Wierling: Die Jugend als innerer Feind. Konflikte in der Erziehungsdiktatur der sechziger Jahre, in: Hartmut Kaelble u. a. (Hrsg.): Sozialgeschichte der DDR, Stuttgart 1994, S. 404–425.

21 Vgl. Mitter/Wolle: Untergang (Anm. 20).

nämlich von der Fortschrittsgläubigkeit hin zu einem Wohlfahrts- und Versorgungs-kommunismus.

Parallel dazu verlor der an der Sowjetunion orientierte „Marxismus-Leninismus" an Attraktivität und Bindungswirkung. Mit der gewaltsamen Niederschlagung des Prager Frühlings war für viele Menschen in der DDR die Hoffnung auf einen attraktiven Sozialismus gescheitert. Der Sieben-Jahres-Zeitraum bis zur KSZE-Schlussakte von Helsinki im August 1975 markierte auch einen Wertewandel. Denkansätze zur Reform des Sozialismus wurden mehr und mehr zum Anachronismus – wenn überhaupt, erhielten sich derartige Vorstellungen bis zur „Wende" im Kern der Bürgerbewegungen als Orientierungen eines wie auch immer gearteten „dritten Weges" zwischen Kommunismus und Kapitalismus. Gleichwohl: Das DDR-System erschien nicht mehr reformier-, sondern nur noch ersetzbar.

Für die SED waren Programme und Ziele der Prager Reformer selbstverständlich ein Durchbruch der „Konterrevolution" und eine Abkehr vom „Marxismus-Leninismus".[22] Zunächst einmal hatte sich erstaunlicherweise in der jungen Generation der DDR, also bei denjenigen, die aus eigener Erfahrung keine andere Gesellschaftsordnung kannten, Protestbereitschaft gegen die militärische Intervention gezeigt.[23] Lange vor Ende der DDR hat Karl Wilhelm Fricke auf dieses beachtenswerte Faktum aufmerksam gemacht.[24] Zu den prominenteren Protestierern gehörten auch zwei Söhne Robert Havemanns, die zugleich von ihm und dem Liedermacher Wolf Biermann beeinflusst worden sein sollten. Erstmals nannte die SED die Namen beider nun öffentlich als Regimegegner.

Naturgemäß wurden die Dimensionen von Unmut und Protest erst nach 1990 publik. Gezählt wurden rund 2.100 Protestaktionen, von denen allerdings nur 22 Prozent aufgeklärt werden konnten.[25] Das MfS argwöhnte: „Aus den bislang vorliegenden Informationen und Hinweisen geht eindeutig hervor, dass besonders in Kreisen der Studenten, Kulturschaffenden und Intellektuellen die Diskussion über die Ereignisse in der Volksrepublik Polen und vor allem in der ČSSR einen großen Umfang angenommen haben. Die bereits angeführte Tendenz der Zunahme des Abhörens deutschsprachiger Sendungen im Radio Prag trifft auf diese Kreise besonders zu [...] In diesem Zusammenhang ist eine Zunahme solcher Diskussionen festzustellen, in denen die Berichterstattung der DDR-Presse besonders über die Ereignisse in der ČSSR kritisiert wird [...]."[26]

Mit diesem Jahr 1968 setzt eine Phase lang anhaltenden quantitativen Wachstums des MfS bis in die frühen achtziger Jahre hinein ein. Mit einer Ausnahme (1971) nahm der Personalbestand des Ministeriums jährlich um mindestens 2.500 hauptamtliche Beschäftigte zu. Ein Zusammenhang mit dem „Prager Frühling" ist nicht ersichtlich, jedoch ist augenscheinlich, in welchem Maße Partei- und Staatsführung die eigene Bevölkerung als Sicherheitsrisiko wahrnahmen.[27]

---

22 Vgl. für vieles Lutz Prieß u. a.: Die SED und der „Prager Frühling" 1968. Politik gegen einen „Sozialismus mit menschlichem Antlitz", Berlin 1996, S. 103–111.
23 Vgl. Ulrich Mählert/Gerd-Rüdiger Stephan: Blaue Hemden – Rote Fahnen. Die Geschichte der Freien Deutschen Jugend, Opladen 1996, S. 177–180.
24 Vgl. Karl Wilhelm Fricke: Opposition und Widerstand in der DDR. Ein politischer Report, Köln 1984, S. 184.
25 Vgl. Gieseke: Die hauptamtlichen Mitarbeiter (Anm. 19), S. 295.
26 Zitiert nach Mitter/Wolle: Untergang (Anm. 20), S. 430.
27 Vgl. Gieseke: Die hauptamtlichen Mitarbeiter (Anm. 19), S. 294.

3. Die DDR im Niedergang 1975–1987

Honeckers Grundsatz der „Einheit von Wirtschafts- und Sozialpolitik" entbehrte weitgehend visionärer Komponenten und gründete sich letztlich auf den Glauben an rein quantitatives wirtschaftliches Wachstum. Näher betrachtet, liegen hier zwei Dimensionen von Modernisierungsversagen nahe beieinander: Ulbrichts ehrgeizige Versuche, die DDR-Wirtschaft auf vielen Feldern an das „Weltniveau" heranzuführen, zerstörten Wirtschaft, Forschung und Entwicklung in einem starren planwirtschaftlichen System ebenso wie Honeckers Kurs einer zunehmenden Verknappung von Investitionen. Beide Politikformen – Ulbrichts wie Honeckers – versagten letztlich vollständig vor den Ansprüchen von Modernisierung und des technisch-wissenschaftlichen Wandels.

Der beginnende Niedergang der DDR schlug sich seit Mitte der siebziger Jahre auf drei Ebenen nieder: zum einen in der rapide verfallenden Werteordnung des orthodoxen Marxismus-Leninismus, der es nicht mehr vermochte, im weltweiten Wettstreit der Ideen, insbesondere auch zwischen den beiden großen Blöcken der Weltpolitik, einen nennenswerten Anhang neu zu gewinnen oder den vorhandenen zu mobilisieren; zum Zweiten, parallel dazu, in der Rückbesinnung auf die tradierten Maximen des „bürgerlichen" Normensystems. Nicht nur die Jugendkultur orientierte sich an den westlichen Vorbildern und Standards, sondern die bürgerlichen Freiheiten lösten im Laufe der siebziger Jahre auch vollständig die real-sozialistischen Ideale ab. Mit anderen Worten: Die Prinzipien von 1776 und 1789, der amerikanischen Unabhängigkeit und der Französischen Revolution, drängten diejenigen des Jahres 1917 ins Abseits. Zum Dritten verloren die DDR und das „sozialistische Lager" in diesem Jahrzehnt den wirtschaftlichen Wettlauf mit dem Westen endgültig.

Dabei begann die Amtszeit Erich Honeckers insbesondere auf außenpolitischem Feld durchaus vielversprechend. Die Absage an Ulbrichts ideologische Eigenständigkeiten verband der neue Erste Sekretär (seit 1976 Generalsekretär) mit einem engen Schulterschluss mit der Sowjetunion als Vorbild und Führungsmacht. Die schwierige Balance zwischen Abgrenzungs- und Entspannungspolitik schien beherrschbar; die Absage an die Einheit der deutschen Nation brachte, so weit sichtbar, kaum innenpolitische Konflikte mit sich. Nach dem Vier-Mächte-Abkommen über Berlin (Ende 1971) und dem Beitritt beider deutscher Staaten zur UNO hatte die DDR in weniger als drei Jahren die diplomatische Anerkennung durch fast alle Staaten der Welt erreicht. Im Verhältnis zur Bundesrepublik war ihr Status als Staat respektiert, freilich blieb die ersehnte völkerrechtliche Anerkennung ein nicht realisierbares Ziel.

Doch damit tat sich ein von der Führung offenbar völlig unerwartetes Konfliktpotenzial auf. Mit dem Beitritt zur UNO war die Anerkennung der „Allgemeinen Erklärung der Menschenrechte" von 1948 verbunden gewesen, die ein weites Feld von Rechten der Bürger gegen den eigenen Staat kodifizierte. Die DDR war ja immer bemüht, das Prinzip der „Nichteinmischung" in die inneren Angelegenheiten zur Leitmaxime zu erheben und damit letztlich ihre Bürger als eine Art Staatseigentum zu betrachten, die sich nicht unmittelbar auf überstaatliches Recht berufen konnten. Der UNO-Beitritt schuf nun eine gänzlich neue Lage und eröffnete dem Anspruch, das eigene Land zu verlassen, eine neue Grundlage. Naturgemäß war die DDR als deutscher Teilstaat damit in einem ungleich größeren Dilemma verfangen als ihre Nachbarn. Eine Ausreisebewegung, die seit Mitte der siebziger Jahre kontinuierlich wuchs, ist somit als Spezifikum der DDR ohne Parallele und trägt zur Singularität des revolutionären Umbruchs in der DDR 1989/90 bei.

In die gleiche Richtung weisen die Folgen der KSZE-Schlussakte von Helsinki[28] und der Internationale Pakt über bürgerliche und politische Rechte aus dem Jahre 1976. Bereits Ende dieses Jahres hielt Karl Wilhelm Fricke fest: „In der Tat sieht sich die SED zunehmend irritiert durch eine DDR-interne Entwicklung in den vergangenen anderthalb bis zwei Jahren, die dadurch charakterisiert ist, dass sich mehr und mehr Menschen selbst um den Preis administrativer Schikanen, sozialer Diskriminierung und strafrechtlicher Verfolgung bereit finden, offen für ihre bürgerlichen und politischen Rechte einzutreten – vordringlich für das Recht auf Freizügigkeit.“[29]

In diesem Jahr waren die ersten großen publikumswirksamen Initiativen von Gruppen Ausreisewilliger zu verzeichnen. Im Januar wandten sich 65 DDR-Bürger über das „ZDF-Magazin“ an die internationale Öffentlichkeit, im August versuchte eine Gruppe aus Riesa um den Arzt Dr. Karl Heinz Nitzschke, durch eine Petition ihre Ausreise zu erreichen.[30] Sie berief sich dazu explizit auf die Allgemeine Erklärung der Menschenrechte, den Internationalen Pakt über bürgerliche und politische Rechte sowie die KSZE-Schlussakte. Zu diesem Zeitpunkt gab Robert Havemann die Zahl von rund 120.000 Antragstellern auf Ausreise an, was die DDR-Führung mit geschickt-unklaren Formulierungen in Abrede zu stellen versuchte. Die Staatsmacht bemühte sich, diese Entwicklung durch Härte zu unterdrücken. So waren „Antragsteller strafrechtlich zu verfolgen, wenn sie die Ausreise ‚erpressen‘ wollten, staatliche Organe ‚verunglimpften‘, demonstrative oder provokative Aktionen in der Öffentlichkeit durchführten, andere Personen für ihre Pläne zu gewinnen versuchten, demonstrativ die Arbeit verweigerten“. Kriminalisierung und arbeitsrechtliche Sanktionen sollten hierbei im Vordergrund stehen.[31]

Darüber hinaus führte Fricke bereits 1976 an: „Besonders die Abwanderungstendenzen unter der Jugend sind für die SED eine bedrückende Erfahrung – bestätigen sie doch die These, dass die Heranwachsenden trotz kommunistischer Erziehung zum ‚realen Sozialismus‘ ein kritisches Verhältnis entwickeln, ja dass sie womöglich sogar aufgrund ihrer kommunistischen Erziehung zur Kritik gelangen, weil sie die ihnen vermittelten Ideale mit der Wirklichkeit vergleichen.“[32] Die internationalen Abkommen konterkarierten die Abgrenzungsbemühungen der DDR-Führung, ein Faktum, das Hartmut Zwahr nach der „Wende“ erneut aufgriff: „Als die von der KSZE ausgehende Normalisierung die DDR-Führung zwang, Reisen für Frauen und Männer auch unterhalb des Rentenalters, faktisch auf der Grundlage des Blutverwandtschaftsprinzips, zuzulassen, verstärkte sich die Westorientierung der Ostdeutschen um ein Mehrfaches.“[33]

---

28 Vgl. Wilfried Loth: Helsinki, 1. August 1975. Entspannung und Abrüstung, München 1998; Joachim Nawrocki: Korb drei wird hochgehängt. Der in Helsinki vereinbarte Informationsaustausch wird konterkariert, in: Deutschland Archiv, 9 (1976), S. 144–152.

29 Karl Wilhelm Fricke: Zwischen Resignation und Selbstbehauptung. DDR-Bürger fordern Recht auf Freizügigkeit, in: Deutschland Archiv, 9 (1976), S. 1135.

30 Vgl. Bernd Eisenfeld: Flucht und Ausreise – Macht und Ohnmacht, in: Opposition in der DDR von den 70er Jahren bis zum Zusammenbruch der SED-Herrschaft, hrsg. von Eberhard Kuhrt in Verbindung mit Hannsjörg F. Buck und Gunter Holzweißig im Auftrag des Bundesministeriums des Innern, Opladen 1999, S. 385 f.

31 Ebd., S. 386.

32 Fricke: Zwischen Resignation und Selbstbehauptung (Anm. 29), S. 1138 f.

33 Hartmut Zwahr: Umbruch durch Ausbruch und Aufbruch. Die DDR auf dem Höhepunkt der Staatskrise 1989, in: Kaelble u. a.: Sozialgeschichte der DDR (Anm. 20), S. 443.

Parallel dazu bemühte sich die SED, ihren politischen und ideologischen Vormachtanspruch zu intensivieren. Spätestens seit dem Parteiprogramm von 1976 wurde die Führungs- und Avantgarde-Rolle der Partei wieder deutlich akzentuiert, „die Herrschaft der Staatspartei über alle Bereiche der Gesellschaft war der rote Faden im neuen Programm", so Hermann Weber.[34] Zwei Jahre nach seinem Amtsantritt hatte Honecker bereits die „ideologische Arbeit" als „Hauptinhalt der Tätigkeit unserer Partei" charakterisiert.[35] Die Anstrengungen, über politisch-ideologische Offensiven und zugleich über das Einschwören auf das sowjetische Modell die Menschen zu gewinnen, scheiterten jedoch schnell. Honeckers Sozial- und Wohnungsbaupolitik, die „Einheit von Wirtschafts- und Sozialpolitik", verschaffte ihm anfänglich wegen der sichtbaren Verbesserung der Sozialleistungen einen gewissen Rückhalt, der sich jedoch nicht in grundsätzliche Zustimmung zur DDR ummünzen ließ und vor dem Hintergrund wirtschaftlicher Probleme seit Mitte der siebziger Jahre schnell verpuffte. Parallel dazu und zum Prozess der internationalen Anerkennung der DDR geriet das Ideologie-Monopol der SED aus dem eigenen „Lager" unter Druck.

Seit der letzten kommunistischen Weltkonferenz im Jahre 1969, als die Folgen des „Prager Frühlings" bewältigt werden mussten, erstrebten die regierenden kommunistischen Parteien eine ideologische Homogenisierung der europäischen kommunistischen Bewegung – die Bemühungen um die Einbeziehung der KP Chinas waren schon im Vorfeld aufgegeben worden. Angesichts der Debatten um einen Polyzentrismus und später um einen „Eurokommunismus" waren die Differenzen im Vorfeld außerordentlich groß,[36] zudem legte die SED einen besonderen Ehrgeiz an den Tag, Veranstalter einer solchen Konferenz zu sein. Als diese Konferenz dann Ende Juni 1976 in Ost-Berlin tagte, hatte die gastgebende Partei einen hohen Preis zu entrichten. Sie druckte die Kommuniqués und Reden[37] im Zentralorgan „Neues Deutschland" ab. Die Menschen in der DDR konnten sich erstmals ein authentisches Bild aus der DDR-Presse über die Auffassungen der nord-, west- und südeuropäischen Kommunisten machen. Damit war das Ideologie-Monopol der SED öffentlich in Frage gestellt.

Die DDR-internen kommunistischen Reformer marginalisierten sich zugleich in dieser Phase mehr und mehr. Rudolf Bahros Versuch, die Theorie und Praxis der SED zu kritisieren und für einen erneuerten Kommunismus zu plädieren, provozierte die DDR-Justiz zwar zu einem harten Urteil mit mehrjähriger Zuchthausstrafe, entfaltete aber anders als der „Prager Frühling" in der DDR kaum Resonanz. Ein an der Jahreswende 1977/78 in der Bundesrepublik publiziertes „Manifest der Opposition", das zunächst bedeutende Aufmerksamkeit erregte, entpuppte sich letztlich als das Werk eines einzelnen Autors, nämlich Hermann von Bergs. Den von ihm inaugurierten „Bund demokratischer Kommunisten" hat es nie gegeben.[38]

Selbst bei Robert Havemann, der seit der Entstalinisierung 1956 unermüdlich und kontinuierlich für eine Reform der SED und für einen demokratischeren Kommunismus

---

34 Weber: Geschichte der DDR (Anm. 16), S. 297.
35 Wiedergegeben bei dems.: Geschichte der SED, in: Ilse Spittmann (Hrsg.): Die SED in Geschichte und Gegenwart, Köln 1987, S 36.
36 Vgl. aus dem Vorfeld Louis Laudon: Kommt das europäische Schisma? Zur Vorbereitung der Konferenz der kommunistischen und Arbeiterparteien Europas, in: Deutschland Archiv, 9 (1976), S. 153–164.
37 Konferenz der kommunistischen und Arbeiterparteien Europas, Berlin, 29. und 30. Juni 1976. Dokumente und Reden, Berlin (Ost) 1976.
38 Vgl. Dominik Geppert: Störmanöver. Das „Manifest der Opposition" und die Schließung des Ost-Berliner „Spiegel"-Büros im Januar 1978, Berlin 1996, S. 119–125.

eingetreten war, erlahmte in diesen Jahren der Reformeifer. In seiner letzten Schrift kam er schließlich zur Kritik an der modernen Zivilisation und Industriegesellschaft.[39]

Der Niedergang der marxistisch orientierten alternativen Gesellschaftsentwürfe war nach der KSZE-Schlussakte von Helsinki ein europaweit sichtbares Phänomen: Es traf nicht nur den orthodoxen Marxismus-Leninismus in der DDR und in der Sowjetunion, sondern auch den Maoismus, der in den siebziger Jahren unter westeuropäischen Intellektuellen durchaus Resonanz erzeugt hatte. Es tangierte gleichfalls westeuropäischen Reform-Marxismus („Eurokommunismus") und auch den Selbstverwaltungs-Sozialismus titoistischer Prägung. Leszek Kolakowski zog Ende der siebziger Jahre ein vernichtendes Fazit über den Marxismus: „Als ein ‚System' von Erklärungen ist er tot; auch enthält er keine ‚Methode', die sich für die Interpretation des heutigen Lebens, für Prognosen der Zukunft oder für utopische Projekte erfolgreich anwenden ließe. Die quantitativ überaus ansehnliche marxistische Literatur der Gegenwart wirkt auf deprimierende Weise steril und kraftlos (wenn man von historischen Beiträgen absieht)." Er fuhr fort: „In den kommunistischen Ländern hat der Marxismus als offizielle Legitimation der herrschenden Macht seine Wirkkraft nahezu völlig eingebüßt; in China wurde er bis zur Unkenntlichkeit entstellt. Wo auch immer der Kommunismus an der Herrschaft ist, machte die herrschende Klasse aus ihrem ‚Marxismus' eine Ideologie, deren eigentlichen Inhalt nationalistische, rassistische oder imperiale Parolen bildeten."[40] In der Tat verschärfte das ideologische Vakuum das Legitimitätsdilemma der DDR-Führung noch zusätzlich.

Für die DDR bildete die Ausbürgerung des Liedermachers Wolf Biermann im November 1976 die Schnittstelle von innerkommunistischer Kritik und neuen Formen von Opposition in Kunst und Kultur.[41] Von Seiten der Herrschenden bedeutete das den Übergang zu einer neuen „Eiszeit" analog zum „Kahlschlag"-Plenum im Dezember 1965, und auf der anderen Seite die Abwendung eines wichtigen Teils der künstlerischen und literarischen Intelligenz von der DDR, die zuvor wenigstens mit kritischer Loyalität zu diesem Staat gestanden hatte. Die Ausreise aus dem Staat, der diese künstlerische Elite im Allgemeinen besonders gefördert hatte, wurde zu einer denkbaren Alternative. Der anschließende Exodus eines namhaften Teils der „Kulturschaffenden" findet in der Entwicklung nach 1945 keine Parallele.[42] Das signalisierte ein Doppeltes: Die künstlerische Intelligenz, unter der sich schon in der Weimarer Zeit ein repräsentativer Teil – anders als unter Wissenschaftlern – zum Kommunismus bekannt hatte, wandte sich jetzt, nun auch definitiv, von diesen Positionen ab. Vorausgegangen waren dieser Entwicklung selbstverständlich vielfältige Bemühungen um Eingriffe in Texte vor einer Publikation, Maßnahmen von Zensur bis hin zur offenen Disziplinierung der Autoren, mit dem letzten Mittel des Ausschlusses aus dem Schriftstellerverband.[43] Daneben konstituierte sich ein neues Feld künstlerischer Dissidenz, das nach neuen Formen sowohl

---

39 Robert Havemann: Morgen. Die Industriegesellschaft am Scheideweg. Kritik und reale Utopie, München 1981, insbes. S. 49–60.

40 Leszek Kolakowski: Die Hauptströmungen des Marxismus. Entstehung, Entwicklung, Zerfall, Bd. 3, 2. Aufl., München 1981, S. 574.

41 Vgl. die Vielzahl von Erinnerungsberichten in: Wolf Biermann u. a.: Die Ausbürgerung. Anfang vom Ende der DDR, hrsg. von Fritz Pleitgen, München 2001.

42 Vgl. die Angaben der Namen vieler prominenter Betroffener bei Weber: Geschichte der DDR (Anm. 16), S. 305.

43 Vgl. u. a. Antonia Grunenberg: Die Opposition unter Schriftstellern in der DDR vom Beginn der Ära Honecker bis zur polnischen Revolution 1980/81, in: Deutscher Bundestag: Materialien (Anm. 5), Bd. VII/1, S. 758–786; Manfred Jäger: Kultur und Politik in der DDR. Ein historischer Abriß, Köln 1982, S. 159–183.

künstlerischen als auch politischen Ausdrucks suchte. Auf dem Gebiet von Kunst und Kultur zeigte sich ebenfalls die Trias von Verlust der marxistischen Utopie, Bereitschaft zum Verlassen der DDR und Etablierung neuer Leitbilder, die sich entweder am Kanon der Bürgerrechte oder an neuen Fragen orientierten, die sich zunehmend ins öffentliche Bewusstsein einprägten: das Nord-Süd-Problem, die neue Dimension der Friedens- und ebenso der Geschlechterfrage oder der Schutz der natürlichen Umwelt.

Das Feld der Kirchen als einzige staatsunabhängige Organisationen wurde mehr und mehr zum Zufluchtsort der zahlenmäßig fraglos kleinen, aber mit Geschick und Zähigkeit ihre Ziele verfolgenden Oppositionsbewegung. Die Selbstverbrennung des Pfarrers Brüsewitz auf dem Marktplatz in Zeitz im August war das dritte jener Ereignisse des Jahres 1976 neben der Gipfelkonferenz der europäischen Kommunistischen Parteien und der (späteren) Biermann-Ausbürgerung, die das prekäre Verhältnis von Herrschaft und Gesellschaft bloß legten. „Die Folgen der Selbstverbrennung gehen über den politischen Ansatz von Brüsewitz hinaus und zeigen, wie sich in dieser Zeit der Prozess der Verschmelzung unterschiedlichster Orientierungen zu einer systemimmanenten Opposition in der DDR im kirchlichen Raum vollzog", hielt Ehrhart Neubert fest.[44] Bereits zuvor sichtbare Tendenzen zu Selbstbehauptung und Eigenständigkeit in den evangelischen Kirchen der DDR entwickelten sich fort, freilich ohne organisatorische Einheit und programmatische Konsistenz. Über die Abwehr staatlicher An- und Eingriffe hinaus begannen diese – anfänglich noch sehr heterogenen und isoliert arbeitenden – Gruppen, dem Staat eigene Alternativen entgegenzusetzen. Man akzentuierte kirchliche Traditionen in der Jugendarbeit, sprach mit neuen Formen sozialer Arbeit Jugendliche an und gliederte sich in kulturelle Aktivitäten ein. Erste Wurzeln schlug in den siebziger Jahren im kirchlichen Bereich die Menschenrechtsbewegung, freilich zeigten sich bald innerkirchliche Differenzen: Einige Exponenten der Kirchen waren durchaus bereit, das „marxistische" Verständnis von Bürgerrechten und Freiheit zu respektieren – ein Riss, der sich auch durch die Debatten der achtziger Jahre zog. Kirchliche Mitarbeiter in Seminaren und Studienzirkeln widmeten sich früh Friedensfragen und – ausgehend vom Bericht des „Club of Rome" – Problemen der Ökologie. Noch wurde an dem Prinzip immanenter Kritik festgehalten: „Verbesserlicher Sozialismus" wurde eine „Standardaussage".[45]

Sichtbar ist, dass nahezu alle Themen der „neuen sozialen Bewegungen", die ab Ende der siebziger Jahre in Westeuropa auf die Tagesordnung gerieten, in der DDR zumindest fast zeitgleich manifest wurden. Die Besonderheit lag allenfalls darin, dass sie naturgemäß kaum öffentlich, sondern im Wesentlichen in kirchlichen Einrichtungen aufgegriffen wurden. Ohne Zweifel leistete aber die DDR-Führung selbst einen beachtlichen Beitrag dazu, dass diese Probleme für einen breiteren Kreis von Dissidenten virulent wurden. Die von der Auseinandersetzung um die Nachrüstung von Mittelstrecken-Raketen sowie dem Scheitern des SALT-II-Abkommens 1979 bestimmte Konfliktlage animierte und stimulierte die zarte Pflanze der Friedensbewegung in der DDR. Sie machte die Doppelgleisigkeit der Politik ihrer Partei- und Staatsführung sichtbar, nachdem mit der – von langer Hand und im Verborgenen vorbereiteten – Einführung des Wehrkunde-Unterrichts[46] und der wenig später folgenden Verschärfung des Verteidigungsgesetzes die innenpolitische Konfrontation weiter eskaliert war. Dem folgte in einer „Nacht-und-Nebel-Aktion" die seit 1968 dritte Verschärfung des Strafrechts,

---

44 Ehrhart Neubert: Geschichte der Opposition in der DDR 1949–1989, 2. Aufl., Berlin 1998, S. 275.
45 Ebd., S. 254.
46 Vgl. Mählert/Stephan: Blaue Hemden (Anm. 23), S. 223–228.

mit der nun sowohl ein „Maulkorb für Äußerungen über Missstände in der DDR" verhängt als auch die Strafandrohungen bei Demonstrationsdelikten, bei „Terror, Diversion, Sabotage" ausgeweitet und nunmehr „asoziales Verhalten" sowie „Verleitung zu asozialer Lebensweise" neu als Straftaten definiert wurden. Friedrich-Christian Schroeder urteilte knapp: „Die DDR hat mit ihrem dritten Strafrechtsänderungsgesetz nicht nur die Schranken rechtsstaatlicher Strafgesetzgebung, sondern auch die Schranken der Menschenrechte und des Nichteinmischungsverbots weit überschritten. Es handelt sich um eine noch nicht dagewesene Hypertrophie der Unterbindung der Meinungsfreiheit, sogar im Ausland. Das sind neue massive Verstöße gegen den Internationalen Pakt über bürgerliche und politische Rechte, gegen die Schlussakte von Helsinki und gegen den Grundlagenvertrag."[47] Die weitere Beschränkung der Arbeitsmöglichkeiten westlicher Korrespondenten und damit der Versuch, nicht genehme Berichterstattung im Westen zu zensieren oder wenn möglich zu unterbinden,[48] korrespondierte mit der wachsenden Repression nach innen.

Nicht nur die Nachrüstungsdebatte, sondern auch der Einmarsch der Sowjetunion in Afghanistan an der Jahreswende 1979/80 förderte vielerorts die Ausweitung der Friedensbewegung. Wolfgang Rüddenklau sprach von dieser Zeit als „Beginn einer Politisierung der Friedensbewegung".[49] Die Konferenz der Kirchenleitungen der DDR hatte im September 1980 als Reaktion auf den Wehrkundeunterricht ein „Rahmenkonzept Erziehung zum Frieden" verabschiedet; wenig später wurde in der sächsischen Landeskirche zum ersten Mal der Leitsatz „Frieden schaffen ohne Waffen" formuliert, zeitgleich kam das später sehr populäre Motiv „Schwerter zu Pflugscharen" auf.[50] Neue Zeichen setzten die Initiative Sozialer Friedensdienst 1981 und 1982 sowie das Friedensforum in Dresden am Jahrestag der Zerstörung der Stadt im Februar 1982.[51]

Mit den Solidaritätsbewegungen für die unabhängige Gewerkschaft Solidarnosc in Polen entstand ein neuer Bezugspunkt, der eine konkrete politische Alternative zum DDR-Alltag enthielt.[52] Folglich suchte das MfS intensiv Kontakte und Aktionen zu unterbinden.

Mit dem „Berliner Appell" zur Friedensfrage vom Januar 1982, veröffentlicht von Robert Havemann und Rainer Eppelmann, war ebenfalls sowohl der kirchliche Raum im engeren Sinne als auch der Bezug auf die DDR überschritten. Etwa 80 Personen hatten ihn als erste unterschrieben, vor allem Künstler und Mitarbeiter der Berliner Friedensbewegung. Eppelmann als Initiator des Aufrufs wurde anschließend für einige Tage verhaftet; angesichts der Möglichkeit, dass das eine internationale Solidaritätsbewegung auslösen konnte, wurde er jedoch schnell wieder freigelassen. Die SED versuchte, über die Kirchenleitungen eine Disziplinierung zu erreichen. Bedrängt wurden aber die übrigen Unterzeichner.[53] In der Bundesrepublik fand der Appell dann rund 1.000 Unter-

47 Friedrich-Christian Schroeder: Die neue Strafrechtsreform der DDR, in: Deutschland Archiv, 12 (1979), S. 1075 f.

48 Vgl. Ulrich Fastenrath: Völkerrechtliche Beurteilung der neuen DDR-Bestimmung für Journalisten. Zum unterschiedlichen Verständnis von Pressefreiheit in Ost und West, in: ebd., S. 1174–1184.

49 Wolfgang Rüddenklau: Störenfried. DDR-Opposition 1986–1989. Mit Texten aus den Umweltblättern, Berlin 1992, S. 31.

50 Neubert: Geschichte der Opposition (Anm. 44), S. 383.

51 Vgl. ebd., S. 389–398.

52 Vgl. Michael Kubina/Manfred Wilke (Hrsg.): „Hart und kompromisslos durchgreifen". Die SED contra Polen 1980/81. Geheimakten der SED-Führung über die Unterdrückung der polnischen Demokratiebewegung, Berlin 1995.

53 Vgl. Neubert: Geschichte der Opposition (Anm. 44), S. 405 f., 408–411.

zeichner,[54] obwohl die westdeutsche Friedensbewegung dem überwiegend distanziert gegenüberstand. Für sie hatten Havemann und Eppelmann freilich ein Tabu gebrochen: Sie plädierten für die Überwindung des Status quo in Europa und erachteten die „deutsche Frage" als letztlich den Frieden destabilisierend. Die militärische Bindung beider deutscher Staaten in die unterschiedlichen Blöcke schob nach ihrer Ansicht die Konfrontation nur auf. Eine dauerhafte Lösung der Friedensfrage sahen sie nur im europäischen Rahmen und auf der Grundlage des Selbstbestimmungsrechts. Damit hatten sie implizit die Existenz der DDR in Frage gestellt.[55]

Vorausgegangen war eine Initiative des Schriftstellers Stephan Hermlin – in Abstimmung mit der Partei- und Staatsführung – zu einem Treffen von Schriftstellern, Künstlern und Wissenschaftlern, die in die „Berliner Begegnung zur Friedensförderung" im Dezember 1981 mündete. Die rund 90 Teilnehmer aus Ost und West diskutierten kontrovers, vermieden aber Verurteilungen einer Seite. Immerhin war der Satz, dass von deutschem Boden nie wieder Krieg ausgehen dürfe, ein Gemeinplatz der Tagung,[56] damit zugleich eine Maxime, in der sich Honecker in der Zeit einer neuerlich drohenden Hochzeit des „Kalten Krieges" vorsichtig von den Positionen der Sowjetunion und der kaum noch handlungsfähigen Breschnew-Führung zu lösen versuchte.

Die Friedensbewegung war Anfang der achtziger Jahre mit vielerlei Facetten etabliert; sie in das Fahrwasser der offiziellen SED-Politik zu steuern, war unmöglich geworden. Sie verdichtete sich in den Folgejahren zu einem breit gefächerten Netzwerk. Daneben fanden alle Bürgerrechtler, neue soziale Bewegungen sowie eine autonome Jugendszene und -kultur einen zwar zahlenmäßig schwachen Anhang, der sich aber auf eine sehr aktive Basis zumeist unter dem viel zitierten „schützenden Dach" der Kirchen stützen konnte. Das Scheitern der Anti-Nachrüstungs-Kampagnen 1983/84 bewirkte eine teilweise Umorientierung; Menschenrechtsgruppierungen, Initiativen für Blockfreiheit rückten stärker ins Zentrum der Aktivitäten. Zugleich spitzten sich die Debatten um die Frage Ausreise oder Bleiben in der DDR zu. Obwohl weitgehend kriminalisiert, hatte sich die Zahl der „Antragsteller" beständig erhöht. Dieser Situation und den innenpolitischen Widersprüchen versuchte die SED-Führung 1984 mit einem Befreiungsschlag zu begegnen. Insgesamt verließen rund 35.000 Menschen, zumeist legal, die DDR.[57] 1985 folgten dem noch einmal 25.000 Menschen. Die Hoffnung der DDR, damit ein kritisches Potenzial auf elegante Weise „exportiert" zu haben, erfüllte sich jedoch nicht. Im Gegenteil: Es wuchs um so rascher nach.

Ein weiteres Novum war 1984 zu verzeichnen: Es gab die ersten Botschaftsflüchtlinge, die als Gruppe in der diplomatischen Vertretung der USA Schutz suchten, um Asyl baten, einen westlichen Hörfunkkorrespondenten von ihrem Vorgehen unterrichteten und auf diesem Weg ihre Ausreise erzwingen wollten.[58] Die SED-Führung gestattete das sehr schnell. „Betroffen" war kurz darauf ebenfalls die westdeutsche Ständige Vertretung in Ost-Berlin, dann aber auch schon die Botschaft der Bundesrepublik in Prag. Dieser

---

54 Vgl. Fricke: Opposition und Widerstand (Anm. 24), S. 199.
55 Vgl. auch detaillierter Katja Havemann/Joachim Widmann: Robert Havemann oder Wie die DDR sich erledigte, Berlin 2003, S. 309–313.
56 Vgl. Harald Kleinschmidt: „Ich habe mir einen Traum erfüllt". Zur „Berliner Begegnung zur Friedensförderung", in: Deutschland Archiv, 15 (1982), S. 8.
57 Vgl. Anne Köhler/Volker Ronge: „Einmal BRD – einfach". Die DDR-Ausreisewelle im Frühjahr 1984, in: Deutschland Archiv, 17 (1984), S. 1280–1286.
58 Vgl. Ludwig A. Rehlinger: Freikauf. Die Geschäfte der DDR mit politisch Verfolgten 1963–1989, Berlin 1991, S. 126.

Fall war für die Führung der DDR besonders prekär, da eine der Zufluchtsuchenden die Nichte des Ministerpräsidenten Willi Stoph war. Das Beispiel machte schnell Schule: Im Juni 1984 mussten die Innenräume der Ständigen Vertretung abgesperrt werden, da kein normaler Dienstbetrieb mehr möglich war. Als besonders heikler Fall erwies sich die Ausreise eines Deserteurs der NVA. Selbstverständlich versuchten Staatssicherheit und Polizei, Passanten am Betreten der Gebäude zu hindern.[59] Waren die ersten Besetzungen noch von einem beachtlichen Medienecho begleitet, spielte sich gegen Jahresende nach einer erneuten Aktion in Prag ein diskreteres Verfahren ein: Über die Vermittlung von Rechtsanwalt Wolfgang Vogel konnten die Botschaftsflüchtlinge kurz nach ihrer Rückkehr in die DDR dann ihre Heimat verlassen.

Mit der sowjetischen Reformpolitik von 1985 an auf der einen und den Folgen der Katastrophe von Tschernobyl[60] im April 1986 auf der anderen Seite geriet die SED von zwei weiteren Seiten unter Druck. Glasnost, Perestroika und die Ökologie standen nun neu oder verstärkt auf der Agenda.

4. Die Krise wird manifest – 1987 bis September 1989

Partei- und Staatsführung sahen sich ab 1987 gezwungen, sich von der sowjetischen Reformbewegung abzusetzen und abzugrenzen. Dabei unterlief im April 1987 Politbüro-Mitglied Kurt Hager ein folgenschwerer Missgriff, als er die Reformpolitik Gorbatschows mit seinem berühmten „Tapeten"-Vergleich kommentierte. Stefan Wolle hielt fest, dass das Interview „unter der Bevölkerung – insbesondere bei vielen SED-Mitgliedern – helle Empörung" auslöste.[61] Dem ZK der SED ging daraufhin eine Flut von Briefen und Stellungnahmen zu. „Insgesamt herrschte in den Redaktionen eine Mischung aus einer vom Ideal des demokratischen Sozialismus inspirierten Pro-Perestrojka-Argumentation und von solchen Stimmen vor, die ‚einfach nur' Reformen und Freiheit, in marxistischer Terminologie also ‚bürgerliche Demokratie' forderten", resümierte Wolle.[62]

In jedem Fall wird hier deutlich, dass immer mehr Menschen nicht mehr bereit waren, zu den Äußerungen der Parteiführer zu schweigen, sondern ihrem Unmut freien Lauf ließen. Das hätte noch wenige Jahre zuvor manchem der Briefe-Schreiber mit großer Wahrscheinlichkeit unliebsame Nachfragen eingebracht. SED und Staatssicherheit waren offenkundig nicht mehr in der Lage, flächendeckend auf derartige Vorgänge zu reagieren.

Gleichwohl blieb eine breitere wahrnehmbare Reaktion innerhalb der SED-Mitgliedschaft auf die Wandlungsprozesse in der KPdSU aus. Die Parteiführung reagierte hingegen mit dem Kurs auf einen „Sozialismus in den Farben der DDR". Im Oktober 1987 schienen ihr die Reden Gorbatschows zu bedrohlich: Das Politbüro beschloss: „Reden von Genossen der KPdSU werden in Zukunft auszugsweise oder zusammengefasst veröffentlicht."[63]

---

59 Vgl. Stefan Wolle: Die heile Welt der Diktatur. Alltag und Herrschaft in der DDR 1971–1989, Berlin 1998, S. 287 f.

60 Vgl. zur Verknüpfung des Themas Menschenrechte und Umwelt Rüddenklau: Störenfried (Anm. 49), S. 61–64.

61 Wolle: Die heile Welt der Diktatur (Anm. 59), S. 292.

62 Ebd., S. 292 f.

63 Zitiert bei Walter Süß: Staatssicherheit am Ende. Warum es den Mächtigen nicht gelang, 1989 eine Revolution zu verhindern, Berlin 1999, S. 80.

In der Tat scheint Gorbatschow in der SED zwar weit verbreitet auf diffuse Zustimmung gestoßen zu sein, aber kaum konzeptionell-politische Reformer inspiriert zu haben.[64] Noch am ehesten wurde eine Gruppe von Wissenschaftlern an der Berliner Humboldt-Universität um Dieter Klein, André Brie und Rainer Land und deren Arbeitsgruppe „Moderner Sozialismus" als Kern einer solchen Konzeption genannt. Mit dem Zerfall der SED versickerten diese Reformansätze dann ebenfalls. Hans Modrow, Erster Sekretär der SED-Bezirksleitung Dresden, der 1989 in der westlichen Presse als Exponent eines Erneuerungskurses eingestuft worden war, zeigte sich im Nachhinein als dessen klarer Gegner. Für ihn war die Perestroika nichts anderes als eine Liquidation des Sozialismus.[65] Daher scheint die Schlussfolgerung nicht überdehnt, dass es in der SED zwar einen breiten Sockel an Reformwünschen gegeben haben mag, aber wenig konkrete Überlegungen. Allerdings wäre das für Gorbatschow und die KPdSU-Führung in gleicher Weise anzumerken. Monika Nakaths frühem Befund ist aus heutiger Sicht noch zuzustimmen: Sicherlich „sank ihre Akzeptanz in der Mitgliedschaft weitgehend", als „die Parteispitze deutlich auf Gegenkurs zu Perestroika und Glasnost ging".[66]

Der Graben zwischen Führung und Mitgliedschaft der SED vertiefte sich weiter in der Folge des SPD-SED-Papiers „Der Streit der Ideologien und die gemeinsame Sicherheit", das von Seiten der SED von Otto Reinhold und Rolf Reißig, auf Seiten der SPD von Erhard Eppler und Thomas Meyer ausgehandelt und am 28. August 1987 im „Neuen Deutschland" veröffentlicht worden war. Die Nachfrage nach dieser Ausgabe des SED-Zentralorgans war außergewöhnlich groß, die Erwartung der Parteimitglieder an eine tatsächlich offene Debatte ebenfalls. Die Hoffnungen der Parteimitglieder wie auch der Opposition wurden enttäuscht, obwohl das Papier festhielt: „Die offene Diskussion über den Wettbewerb der Systeme, ihre Erfolge und Misserfolge, Vorzüge und Nachteile, muss innerhalb jedes Systems möglich sein".[67] Das Politbüro verstand es, in der Partei und erst recht in der Öffentlichkeit eine Debatte zu unterbinden. Die SED „wies jeden Versuch zurück, das Papier als Rechtfertigung einer innergesellschaftlichen Diskussion zu betrachten".[68] Eppler gestand Mitte 1989 vor dem Bundestag den Fehlschlag ein und beschuldigte die SED des „Vertragsbruchs". Für den Kern des Politbüros waren die SED-Vertreter ohnehin zu weit gegangen. Kurt Hager hielt fest: „Dabei wurde deutlich, dass es den Sozialdemokraten nicht – wie uns – in erster Linie um Friedenssicherung ging, sondern um die ideologische Auseinandersetzung". Den „Schuldigen" benannte er auch: Rolf Reißig, „der bei der Ausarbeitung des Dokuments viele Vorschläge der sozialdemokratischen Seite akzeptierte und eigentlich nur die Lieferung von Fotokopierern und Schreibmaschinen ablehnte. Des Rätsels Lösung: ‚Reisig gehörte zu den ‚Glasnost'-Begeisterten in der SED und lag mit seinen Oberen immer quer.'"[69] Hager hatte bereits im Oktober 1987 wesentliche Aussagen des Papiers zurückzunehmen versucht.[70]

64 Vgl. die Erinnerungsberichte in: Rainer Land/Ralf Possekel: Fremde Welten. Die gegensätzliche Deutung der DDR durch SED-Reformer und Bürgerbewegung in den 80er Jahren, Berlin 1998, S. 95–107, 193–197.

65 Vgl. Hans Modrow: Die Perestroika. Wie ich sie sehe. Persönliche Erinnerungen und Analysen eines Jahrzehnts, das die Welt veränderte, Berlin 1998.

66 Monika Nakath: SED und Perestroika. Reflexionen osteuropäischer Reformversuche in den 80er Jahren, Berlin 1993, S. 39.

67 Wiedergegeben u. a. in: Deutschland Archiv, 21 (1988), S. 91.

68 Neubert: Geschichte der Opposition (Anm. 44), S. 663.

69 Kurt Hager: Erinnerungen, Leipzig 1996, S. 387 f. – Diese ex-post-Darstellung Hagers lässt den Schluss zu, dass das Politbüro Ende 1987 schon zu weit handlungsunfähig war, um noch Sanktionen oder Kurskorrekturen gegenüber Reißig durchzusetzen. Ob es Zufall oder Absicht war, dass Hager hier von „Reisig" sprach, muss naturgemäß offen bleiben.

70 Ilse Spittmann: Irritationen zur Jahreswende, in: Deutschland Archiv, 21 (1988), S. 3.

Mit der Verhinderung von Diskussionen über die Perestroika und das SPD-SED-Papier zeigte die SED-Führung, dass sie nur noch blockieren, aber nicht mehr gestalten konnte. Sie war weitgehend gelähmt, die Mitglieder ihrerseits verunsichert, desorientiert und irritiert. Das in der DDR weit verbreitete Eingabewesen zeigte sich nun auch in der SED: Seit 1986 war deren Zahl kontinuierlich gestiegen, und „es bezog sich ein relativ großer Anteil dieser Eingaben auf die Gestaltung des innerparteilichen Lebens in der SED".[71] Anfang 1987 wurde intern die Rolle der Zentralen Partei-Kontroll-Kommission (ZPKK) herausgestrichen, um die Mitgliedschaft im Sinne der Führung zu aktivieren. „Kein Bereich ist für die Parteikontrollkommission tabu", lautete ein Schlüsselsatz.[72] Tatsächlich wurde auch 1988 mit einem „Umtausch der Parteibücher" begonnen. Zugleich sollten Passivität und Pflichtverletzungen von Mitgliedern detaillierter erfasst werden, so Nichtteilnahme am Parteileben, Ablehnung von Parteiaufträgen, Verweigerung von Schulungsmaßnahmen, Verstöße gegen Parteibeschlüsse oder Verantwortungslosigkeit.[73]

Die Zahl von Parteiaustritten – seit dem Statut von 1976 wieder möglich – stieg bis Mitte 1989 langsam, aber kontinuierlich an. Die „Kaderpolitik" der SED war weitgehend gescheitert. Die Parteiführung hatte zwar eine beachtliche Zahl von Nachwuchsfunktionären herangebildet, diese blieben allerdings wegen der Überalterung der Funktionäre auf höherer und mittlerer Ebene in wenig verantwortungsbehafteten Funktionen.[74] Auch das steigerte Immobilismus und Resignation.

Die Unzufriedenheit im Lande wuchs, nicht zuletzt dank der sich stetig verschlechternden Versorgungslage. Schließlich war die Wirtschaft ab Mitte der siebziger Jahre in einen Kreislauf der Selbstzerstörung geraten, gekennzeichnet durch stagnierendes Wachstum, immer stärkeres Zurückbleiben der Arbeitsproduktivität hinter den modernen Industriestaaten, zunehmenden Verschleiß industrieller Anlagen, sinkende Investitionen.[75] Die Konkurrenzfähigkeit auf dem Weltmarkt ging zunehmend verloren und die Verschuldung nach außen und innen wuchs.[76] Eine geheime MfS-Vorlage vom August 1988 hielt das Problem verklausuliert fest: „Vorliegenden Hinweisen aus allen Bezirken und der Hauptstadt der DDR zufolge haben die Diskussionen unter breitesten Bevölkerungskreisen zu innenpolitischen Fragen, insbesondere zu Problemen der Um- und Durchsetzung der Wirtschafts- und Sozialpolitik sowie zu Problemen des Handels, der Versorgungen und der Dienstleistungen in erheblichem Umfang und Intensität zugenommen."[77] Unmut in der Bevölkerung erregte auch, dass die Partei- und Staatsfüh-

71 Nakath: SED und Perestroika (Anm. 66), S. 40.
72 Ebd., S. 42.
73 Die Zahl der Parteiausschlüsse stieg von gut 7.000 im Jahre 1983 auf rund 10.800 im Jahre 1988. Vgl. Patrick Moreau: Die SED in der Wende, in: Die SED-Herrschaft und ihr Zusammenbruch, hrsg. von Eberhard Kuhrt in Verbindung mit Hannsjörg F. Buck und Gunter Holzweißig, Opladen 1996, S. 294 – Dabei ist zu berücksichtigen, dass die SED nicht selten auf Austritte mit rückdatierten Beschlüssen auf Ausschluss reagierte.
74 Vgl. im einzelnen Mario Niemann: Die Sekretäre der SED-Bezirksleitungen 1952–1989, Habil.-Schr., Ms., Rostock 2005.
75 Insgesamt André Steiner: Von Plan zu Plan. Eine Wirtschaftsgeschichte der DDR, München 2004.
76 Vgl. Gernot Gutmann: In der Wirtschaftsordnung der DDR angelegte Blockaden und Effizienzhindernisse für die Prozesse der Modernisierung, des Strukturwandels und des Wirtschaftswachstums, in: Die Endzeit der DDR-Wirtschaft – Analysen zur Wirtschafts-, Sozial- und Umweltpolitik, hrsg. von Eberhard Kuhrt in Verbindung mit Hannsjörg F. Buck und Gunter Holzweißig, Opladen 1999, S. 28.
77 Streng geheime interne Information des MfS „Hinweise über bedeutsame Aspekte der Reaktion der Bevölkerung" vom 25. August 1988, in: Gerd-Rüdiger Stephan (Hrsg., unter Mitarbeit von Daniel Küchenmeister): „Vorwärts immer, rückwärts nimmer!" Interne Dokumente zum Zerfall von SED und DDR 1988/89, Berlin 1994, S. 36.

rung anlässlich des prestigeträchtigen Berlin-Jubiläums 1987 die Hauptstadt mit der Zuteilung von Waren und Dienstleistungen, aber auch durch Baumaßnahmen zum zweiten Mal nach 1976 wieder deutlich bevorzugten. Die damit aufgerissenen „Löcher" konnten in der „Provinz" nicht oder nur mühsam gestopft werden. Die Zahl der Ausreiseanträge überschritt im Jahre 1987 erstmals die Grenze von 100.000, während die Zahl der Bewilligungen den tiefsten Stand seit 1980 erreicht hatte.[78]

Gleichwohl demonstrierten Staatsmacht und Sicherheitsapparat Härte: Im November 1987 durchsuchten Stasi-Mitarbeiter die Räume der Zionskirche in Ost-Berlin, in der die Umwelt-Bibliothek ihren Platz hatte und die Samisdat-Zeitschriften „Umweltblätter" und „Grenzfall" gedruckt wurden. Diese Aktion bedeutete indes einen Wendepunkt im Verhältnis von Staatsmacht und Opposition: Die Verhaftung von Mitgliedern mehrerer Gruppen löste eine bis dahin nicht gekannte Unterstützung aus: „Mahnwachen, Solidaritätserklärungen, Friedensgebete, Kontakttelefone, internationale und diplomatische Kontakte, laufende Unterrichtung westlicher Medien stellten die Elemente der Kampagne dar. Es blühte ein riesiges Netzwerk der Solidarität auf, beginnend mit einer ‚Öffentlichen Erklärung' vom 25. November, mit der sich einige sonst konkurrierende Berliner Gruppen einträchtig versammelten."[79]

Die Aktion der Stasi gegen die Gruppen in der Zionskirche wies mehrere neuartige Momente auf. Zum ersten war von diesem Zeitpunkt an keine Aktion der Sicherheitsbehörden gegen größere Oppositionsgruppen mehr möglich, ohne dass diese breit in der Öffentlichkeit reagierten. Die Staatsmacht erhielt unüberhörbare Antworten, vor allem publizistischer Art. Sie war nicht mehr in der Lage, Reaktionen auf ihr Vorgehen zu unterdrücken. Zum zweiten war deutlich geworden, wie weit die Oppositionsgruppen ihre Isolation überwunden hatten. Es existierten Netzwerke und Informationssysteme über die Grenzen unterschiedlicher Interessen, Ziele und Arbeitsformen hinaus. Am Beispiel der Zionskirche zeigten sich das Nebeneinander und das Zusammenwirken der beiden großen Grundrichtungen: Ausreisebewegung und Dissidenten in der DDR kooperierten unter einem Dach. So hatte hier die Umweltbibliothek neben der Initiative für Frieden und Menschenrechte ihren Platz. Ferner konstituierte sich unter ihrem Dach die Arbeitsgruppe Staatsbürgerschaftsrecht der DDR,[80] die eine Beratungsstelle für Ausreisewillige plante. Zum dritten zeigte die Aktion gegen die Zionskirche insgesamt ein neues Kräfteverhältnis an. Die Opposition hatte in einem Maße an Selbstbewusstsein gewonnen, dass die Staatsmacht vor allem nach außen empfindliche Prestige-Einbußen einkalkulieren musste.

Nicht einmal zwei Monate später traten Mitglieder einer Bürgerrechtsgruppe aus der Zionskirche unter dem schützenden Dach der Kirche hervor. Sie beschlossen – die Stasi war durch Spitzel wohlinformiert[81] – mit eigenen Transparenten an der von der SED organisierten „Kampfdemonstration" für Liebknecht und Luxemburg teilzunehmen.[82] Es versprach eine ungleiche Auseinandersetzung zu werden: zwischen der kleinen Gruppe Ausreisewilliger und dem eingespielten Apparat der Stasi. Die Westmedien konnten

78 Die Zahlen bei Wolle: Die heile Welt der Diktatur (Anm. 59), S. 285.
79 Stephan Bickhardt: Vernetzungsversuche, in: Opposition in der DDR (Anm. 30), S. 340.
80 Vgl. Neubert: Geschichte der Opposition (Anm. 44), S. 672 f., 694 f.
81 Vgl. die auf Stasi-Akten beruhende Darstellung bei Wolle: Die heile Welt der Diktatur (Anm. 59), S. 297.
82 Vgl. auch den instruktiven Bericht von Freya Klier: Aktion „Störenfried". Die Januar-Ereignisse im Spiegel der Staatssicherheit, in: Hans Joachim Schädlich (Hrsg.): Aktenkundig. Mit Beiträgen von Wolf Biermann, Jürgen Fuchs, Joachim Gauck, Lutz Rathenow, Vera Wollenberger u. a., Berlin 1992, S. 91–153.

zwar weitgehend an Film-, aber nicht an Tonaufnahmen gehindert werden, sodass das Ereignis weltweit publik wurde. Die Staatsmacht reagierte – wie üblich – mit Festnahmen und mit publizistisch groß aufgemachten Artikeln, die die Initiatoren diskreditieren sollten. Zunächst zeigten Solidaritätsveranstaltungen bis zum Ende des Monats steigende Resonanz. Auch wenn es sich um einige Tausend Menschen handelte, darf die Größenordnung nicht überschätzt werden. Mit der Ausbürgerung von Freya Klier und Stefan Krafczyk, einer Reihe von Inhaftierungen und einer „gemeinsamen Geheimdiplomatie von Kirchenleitung, Staat und MfS"[83] gelang es (noch), die Situation zu stabilisieren. Stefan Wolle bilanzierte: „Die Staatsmacht konnte einen Punktsieg verbuchen, der allerdings keines ihrer Probleme löste"[84] – und, so könnte man anfügen, ihr nur eine kleine Atempause verschaffte.

Die Ausreisewelle verstärkte sich, die Antragsteller wurden fordernder, drohender, hartnäckiger.[85] Die politische Führung versuchte, durch eine differenzierte Strategie dieser Entwicklung Herr zu werden. Öffentlichkeitswirksame Aktionen sollten durch heimliche Ausreisen unterbunden werden, eine große Zahl von Genehmigungen (wie 1984) suchte man zu vermeiden, um den Nachahmungseffekt auszuschließen. Ausreisen wurden zeitlich gestreckt und kleineren Gruppen ermöglicht. Dennoch stieg die Zahl der Antragsteller auf über 113.000 an, zumeist aus den Südbezirken der DDR. Rund 24.000 Menschen durften die DDR legal verlassen, parallel dazu hatte das MfS rund 2.000 Ermittlungsverfahren eingeleitet.

Die Antragsteller nutzten auch neue Formen des Auftretens: Selbsthilfegruppen, Friedensgebete in Kirchen, Schweigedemonstrationen ergänzten bislang bekannte Symbole von Ausreisewilligen. Nach 1984 kam es zum zweiten Mal in größerer Zahl zu Botschaftsbesetzungen.

Zu Beginn des Jahres 1989 waren die oppositionellen Gruppen nicht nur quantitativ gewachsen, sie hatten sich auch thematisch weiter aufgefächert. Die Kirchen selbst zählten etwa 200 bis 250 Friedensgruppen, rund 80 Umwelt-, knapp 50 „Zweidrittelwelt"- und Wirtschaftsgruppen sowie etwa 30 Frauenorganisationen. Hinzu kamen Arbeitskreise wie „Kirche von unten" oder „Solidarische Kirche", ferner ein Spektrum von Selbsthilfegruppen wie von Wehrdienst-Totalverweigerern, Punks oder Homosexuellen. Die Stasi zählte Mitte 1988 rund 160 mehr oder weniger feste Zusammenschlüsse, darunter 150 unter kirchlichem Dach. Eine ähnliche Zahl ergab sich für den September 1989, darunter aber schon 19 überregionale Gremien oder Netzwerke. Die Stasi nannte als Gesamtpotenzial 2.500 Personen, darunter etwa 800 „Organisatoren" und „Inspiratoren".[86] Der eigentliche Aufstieg der Bürgerbewegungen fiel also in das letzte Drittel des Jahres 1989.

Während es der Staatsmacht gelang, erneute Demonstrationen im Frühjahr 1989 weitgehend zu unterdrücken, eskalierte im ersten Halbjahr die Reiseproblematik. Eine neue Verordnung vom Januar 1989, die zur Stabilisierung der Lage beitragen sollte, goss Öl ins Feuer, weil sie hinter den KSZE-Regelungen zurückblieb und faktisch alle DDR-Bürger ohne Westverwandtschaft von Reisen ausschloss. Entsprechend hoch war die Zahl abgelehnter Privatreisen, obwohl die SED aus politisch-propagandistischen Ge-

---

83 Wolle: Die heile Welt der Diktatur (Anm. 59), S. 302.
84 Ebd., S. 303.
85 Vgl. Bernd Eisenfeld: Flucht und Ausreise, Macht und Ohnmacht, in: Opposition in der DDR (Anm. 30), S. 393.
86 Neubert: Geschichte der Opposition (Anm. 44), S. 704–707.

sichtspunkten die Quote der Ablehnung klein halten wollte. Vor und nach den Kommunalwahlen vom Mai 1989 war das Problem der „Antragsteller" nicht mehr beherrschbar. Auf diesem Feld war die SED im Frühsommer 1989 bereits ohnmächtig.

Die Kommunalwahlen vom 7. Mai 1989 unterminierten die Legitimation des Systems noch weiter – die Bürgerbewegung stellte es vielmehr öffentlich bloß. In vielen Stimmbezirken in Ost-Berlin (hier in drei Bezirken allein in rund 130 Wahllokalen) und weiterer Großstädten der DDR prüften Vertreter der Oppositionsgruppen wie von „Antragstellern" verbreitet die öffentliche Auszählung der Stimmen und kamen auf eine Tendenz von 10 bis 20 Prozent Gegenstimmen zur Einheitsliste – im Gegensatz zum offiziellen Ergebnis von 98,85 Prozent Zustimmung zur Kandidatenliste der „Nationalen Front".[87] Die Oppositionsgruppen riefen von da an zum Siebenten eines jeden Monats zu Protestkundgebungen auf. Polizei und Stasi konnten in Berlin die Demonstranten schnell vom Alexanderplatz vertreiben. Die fünfte dieser Aktionen fiel dann auf den 7. Oktober 1989.[88] Als die Parteiführung der SED und die Volkskammer der DDR Anfang Juni die „chinesische Lösung", die militärische Niederschlagung der Demokratie-Bewegung in Peking, begrüßten, stand die Situation auf des Messers Schneide. Für viele Menschen dürfte zugleich die Entwicklung in Polen und Ungarn hoffnungsvolle Perspektiven aufgezeigt haben: In Polen erlitten die Kommunisten bei den Wahlen zum Senat im Juni eine verheerende Niederlage, in Ungarn gedachte das ganze Land in diesen Wochen des Ministerpräsidenten der Aufstands-Regierung von 1956, Imre Nagy.[89]

Gleichwohl bestimmte die DDR-spezifische Dualität von Bürgerbewegung und Ausreisedruck das Bild. Seit Jahresanfang waren wöchentlich fast 100 Botschaftsflüchtlinge zu verzeichnen, Fürbittengottesdienste nahmen zu, ebenfalls sprunghaft die Zahl von KSZE-Arbeitskreisen. Im Mai folgte an der ungarisch-österreichischen Grenze ein symbolischer Akt, der sich jedoch bis zum September 1989 zur großen Hoffnung der Ausreisewilligen ausweitete. Am 2. Mai begannen ungarische Soldaten mit dem Abbau der Sperranlagen – zunächst noch geradezu „in homöopathischen Dosen" bekam der „Eiserne Vorhang" Löcher.[90] Am 28. Juni beseitigten „der ungarische Außenminister Gyula Horn und sein österreichischer Amtskollege Alois Mock in einer symbolischen Geste vor der Weltöffentlichkeit den Stacheldraht", so in der Diktion von Helmut Kohl.[91] Für „diejenigen in der DDR, denen die Ausreise in den Westen verweigert wird oder die sich scheuen, einen entsprechenden Antrag zu stellen, das Signal zum Aufbruch".[92]

---

87 Schon früh Zweifel äußerten westliche Analytiker, so etwa Peter Joachim Lapp: DDR-Kommunalwahlen 1989, in: Deutschland Archiv, 22 (1989), S. 614; vgl. insgesamt Karl Wilhelm Fricke: Die DDR-Kommunalwahl '89 als Zäsur, in: Opposition in der DDR (Anm. 30), S. 467–494 – Zu den späteren Prozessen und zur Praxis der Wahlfälschung vgl. Peter Joachim Lapp: Wahlen und Wahlfälschungen in der DDR, in: Deutschland Archiv, 29 (1996), S. 92–99.
88 Vgl. Wolle: Die heile Welt der Diktatur (Anm. 59), S. 308.
89 Vgl. für vieles Helmut Fehr: Solidarnosc und die Bürgerkomitees im neuen politischen Kräftefeld Polens, sowie Laszlo Varga: Geschichte in der Gegenwart – Das Ende der kollektiven Verdrängung und der demokratische Umbruch in Ungarn, beides in: Rainer Deppe (Hrsg.): Demokratischer Umbruch in Osteuropa, Frankfurt a. M. 1991, S. 266–270 und 179 f.
90 Axel Schützsack: Exodus in die Freiheit. Die Massenflucht aus der DDR 1989, Melle 1990, S. 27 – Für Ungarn, dessen Bürger seit 1988 Reisefreiheit in Anspruch nehmen konnten, waren die Grenzsperren schlichtweg zu teuer und überflüssig geworden. Vgl. (auch zum Folgenden) Karsten Timmer: Vom Aufbruch zum Umbruch. Die Bürgerbewegung in der DDR 1989, Göttingen 2000, S. 96–103.
91 Helmut Kohl: „Ich wollte Deutschlands Einheit". Dargestellt von Kai Dieckmann und Ralf Georg Reuth, 3. Aufl., Berlin 1996, S. 65.
92 Ebd.

Ungarn wurde zum Fanal, wenn auch nicht „über Nacht", sondern nur allmählich. In den ersten Wochen nahmen die ungarischen Grenzer bei Fluchtversuchen aufgegriffenen DDR-Bürgern den Pass ab und lieferten sie in die DDR aus. Die Zahl erfolgreicher Fluchtversuche war bis in den Juli hinein gering. Die Zahl der Botschaftsbesetzer in Prag, in Budapest und in der Ständigen Vertretung in Ost-Berlin war bedeutsamer.[93] Im Juli wendete sich das Blatt. Die ungarischen Behörden schickten keine Flüchtlinge mehr in die DDR zurück; die Flüchtlingszahlen über die nunmehr zum Teil „grüne Grenze" stiegen rapide an. Die Nachricht, dass am 19. August bei einer grenzüberschreitenden Veranstaltung im ungarischen Sopron für kurze Zeit die Grenze geöffnet würde, verbreitete sich wie ein Lauffeuer. Knapp 700 DDR-Bürger nutzten die Gelegenheit zur Flucht nach Österreich.

Der Damm war gebrochen, Ungarn wurde neben den Botschaften zum Signal der Hoffnung. Es begann in der DDR regelrecht ein Ansturm auf Visa für Ungarn. Ein Urlauberstrom ergoss sich in dieses Land, in der Erwartung, dass Einschneidendes passieren werde. Hoffnungen auf einen Wandel „von oben" waren weitgehend verschüttet: „Die allenthalben fühlbaren Versorgungsmängel, das weitverbreitete Gefühl, gegängelt und bevormundet zu werden, die Allgegenwart des staatlichen Überwachungs- und Repressionsapparates und das Ausbleiben jeglicher Reformansätze bei der Gewährung demokratischer Rechte in Staat und Gesellschaft wie auch bei der Reform der Kommandowirtschaft haben eine weit verbreitete deprimierte Grundstimmung im Lande erzeugt. Das Gefühl der Ausweglosigkeit und Frustration erfasst nicht nur breite Schichten der Bevölkerung, sondern auch die aktiven Teile der Parteimitglieder, die sich durch die Situation an der Führungsspitze gehindert sehen, neue Ansätze zu versuchen. In Parteikreisen herrscht die Erwartung, dass auch über den 12. Parteitag hinaus sich zunächst nichts ändern wird", so ein Urteil aus der Bundesrepublik, das der Stabchef der NVA, Streletz, an Staatssicherheitsminister Mielke Ende Juli 1989 weiterleitete.[94]

5. Die erste Phase der gewaltfreien Revolution – September bis November 1989

Die SED-Führung, so hielt Johannes Kuppe in einem im August 1989 veröffentlichten Aufsatz fest, „steuert das Schiff DDR in einer immer stürmischer werdenden See, missachtet dabei alte und neue Untiefen und hat zugleich das Studium der Seekarten durch lautes Tuten des Nebelhorns ersetzt".[95] Mit dieser Metapher umschrieb er korrekt die Orientierungs- und Führungslosigkeit des Politbüros, gesteigert noch durch eine krankheitsbedingte Abwesenheit Honeckers, der zudem den ebenfalls gesundheitlich schwer angeschlagenen Wirtschaftslenker Günter Mittag zu seinem Vertreter ernannt hatte. Günter Schabowski beschrieb die Problemwahrnehmungsblockade und die Entscheidungsunfähigkeit im Politbüro: Es „widmete sich mit ernster Miene den bedeutenden Nebensächlichkeiten", und die „bewegungslose Geschäftigkeit des Politbüros teilte sich den Menschen als ignorantes und unfähiges Schweigen mit".[96]

93 Vgl. Schützsack: Exodus in die Freiheit (Anm. 90), S. 27.
94 BRD-Bericht über die „innere Lage in der DDR nach dem 8. ZK-Plenum", Juli 1989, in: „Vorwärts immer, rückwärts nimmer!" (Anm. 77), S. 90.
95 Johanns L. Kuppe: In der Defensive. Zum 8. Plenum des ZK der SED, in: Deutschland Archiv, 22 (1989), S. 837.
96 Günter Schabowski: Der Absturz, Berlin 1991, S. 225; ähnlich ders.: Das Politbüro. Ende eines Mythos. Eine Befragung, Reinbek bei Hamburg 1990, S. 62–65.

Das Strukturprinzip des „Demokratischen Zentralismus" zeigte seine Schattenseiten. Das System zentralistischer Anleitung von Staat, Partei und Sicherheitsbehörden zerriss im Sommer 1989; ohne Anleitung der Parteiführung waren Ministerien, Behörden, Sicherheitsorgane und vor allem auch Parteigliederungen weitgehend handlungsunfähig. Krisenmanagement hatten sie nie gelernt, ebenfalls nie, eigenständig Entscheidungen zu fällen.[97]

In der Kritik an den Zuständen in der DDR, so ein Bericht Mielkes an das Politbüro vom 22. September, unterschieden sich Parteimitglieder und Parteilose kaum noch voneinander. Mit Hinweisen auf die Stimmungslage in der Bevölkerung, die Massenflucht und die beginnende Austrittswelle aus der SED „schlussfolgern SED-Mitglieder und andere progressive Kräfte, es zeichne sich ein wachsender Vertrauensschwund zwischen Volk und Partei ab".[98] So umschrieb Mielke das Faktum, dass die SED in der Bevölkerung kaum noch Resonanz besaß. Dem Zerfall von Macht, Durchsetzungsvermögen und nicht zuletzt der Basis wie Organisation der Staatspartei, stand eine duale Entwicklung gegenüber: zum einen die Massenflucht aus der DDR nach Öffnung der ungarischen Grenzen in der Nacht vom 10. auf den 11. September,[99] zum anderen der rasche Aufstieg von Bürgerbewegungen, die sich aus dem Einflussbereich der Kirchen gelöst hatten und offen im politischen Raum agitierten.

Neben der Flucht über Ungarn – bis Ende September hatten mehr als 25.000 Menschen die DDR auf diesem Wege verlassen – schwoll der Zustrom in die Botschaft der Bundesrepublik in Prag wieder dramatisch an. Am 26. September hatten dort 1.000, drei Tage später bereits 2.600 DDR-Bürger Zuflucht gesucht. Die hygienischen Bedingungen waren inzwischen katastrophal. In der Botschaft in Warschau hatten bis zum 19. September 120 Flüchtlinge um Aufnahme gebeten, die Zahl wuchs dann auf 400 an. Die polnische Regierung zeigte sich kooperativ und war bei der Lösung akuter Fragen behilflich – vor allem sagte sie schnell zu, die DDR-Bürger nicht zurück in ihre Heimat abzuschieben.[100] Schwieriger war die Situation in Prag, da die tschechischen Behörden nicht bereit waren, Menschen am Betreten des Botschaftsgeländes zu hindern. Die DDR-Führung war nun auch gegenüber ihren Verbündeten isoliert. Mit weitgreifenden diplomatischen Aktivitäten – unter anderem des sowjetischen Außenministers Schewardnadse – kam es zu einer Lösung, mit der die DDR-Führung meinte, ihr Gesicht wahren zu können. Auf Honecker persönlich soll die Entscheidung zurückgehen, die Botschaftsflüchtlinge mit Sonderzügen durch die DDR in die Bundesrepublik zu entlassen. Bundesaußenminister Genscher verkündete am Abend des 30. September den inzwischen rund 5.500 Flüchtlingen die Erfolgsnachricht.[101] Kaum waren sie ausgereist, füllte sich das Palais Lobkowicz postwendend wieder. Am 3. Oktober war das Botschaftsgebäude wieder mit 4.500 Flüchtlingen überfüllt. Von da an versuchte die tschechische Polizei erstmals, Zufluchtsuchende am Betreten des Botschaftsgeländes zu hindern, wenn auch mit geringem Erfolg.

---

97 Vgl. exemplarisch für den engen Spielraum der SED-Bezirksleitungen, die im Volksmund ja vielfach als „Bezirksfürsten" apostrophiert wurden, Niemann: Die Sekretäre der SED-Bezirksleitungen (Anm. 74).

98 Zitiert bei Wolle: Die heile Welt der Diktatur (Anm. 59), S. 316.

99 Vgl. die beiden Fernschreiben des DDR-Botschafters in Ungarn, Gerd Vehres, sowie die Reaktion des Politbüros der SED in der Sitzung vom 12. September, in: „Vorwärts immer, rückwärts nimmer!" (Anm. 77).

100 Vgl. Schützsack: Exodus in die Freiheit (Anm. 90), S. 35 f.

101 Vgl. u. a.: Flucht aus der DDR. Eine Chronik der Monate August und September, in: Deutschland Archiv, 22 (1989), S. 1195–1200.

Die zufällige Zeitgleichheit jeweils einer neuen Stufe der Ausreisewelle wie der organisatorischen Formierung einer inneren Opposition[102] unterstreicht die Einzigartigkeit des revolutionären Umbruchs in der DDR gegenüber den anderen vormals sozialistischen Staaten. Beide Entwicklungen können nicht voneinander isoliert werden und resultierten aus der singulären Situation als deutscher Halbstaat.

Parallel zur Grenzöffnung in Ungarn trat am 10. September das „Neue Forum" an die Öffentlichkeit.[103] Seine Wurzeln datierten auf die Osterzeit 1989, damals ins Auge gefasst von Bärbel Bohley, dem Rechtsanwalt Rolf Henrich[104] und Katja Havemann, der Witwe Robert Havemanns. Die Konzeption war bewusst auf Dialog und die Vermeidung von Konfrontation angelegt, so planten die Gründer die ersten Schritte auch langfristig für die Zeit nach dem 40. Jahrestag der DDR, um die Staatsmacht nicht zu provozieren. Angesichts der sich überstürzenden Ereignisse trafen sich am 9. und 10. September rund 30 bis 40 Personen auf dem Grundstück Havemanns in Grünheide, um eine Plattform zu entwerfen. Die Teilnehmer vertraten einen „gleichermaßen vertrauenswürdigen, in unterschiedlichen Bereichen kompetenten und sozial wie auch geographisch halbwegs repräsentativen" Kreis der Opposition.[105] Thematische Breite, Vertretung aller wichtigen Regionen der DDR und unterschiedliche Fachrichtungen sollten in die neue Organisation einfließen. Die ganze Palette von Themen und sozialen Gruppen sollte erfasst sein. Aus diesem Grunde verzichteten die Initiatoren auch auf ein Programm, außer, dass sie „einen demokratischen Dialog über die Aufgaben des Rechtsstaats, der Wirtschaft und der Kultur" für unabdingbar hielten und sich dem „Wunsch nach Gerechtigkeit, Demokratie und Frieden sowie Schutz und Bewahrung der Natur" anschlossen.[106] Das Neue Forum (NF) wollte sich basisdemokratisch formieren und vermied – angesichts seiner thematischen Breite und Offenheit selbstverständlich – ein Bekenntnis zum Sozialismus.

Auf Anregung von Rolf Henrich arbeitete der Kreis auf der Basis der Verfassungsordnung der DDR. Allerdings kam hier eine gewisse „Schlitzohrigkeit" zum Tragen, da man selbstverständlich das geschriebene Recht gegen die Intentionen der Parteiführung für sich ausnutzen wollte. Der organisatorische Erfolg des NF unter den gegebenen Bedingungen weitgehend fehlender Infrastruktur sowie mangelhafter technischer Kommunikationsmöglichkeiten war überwältigend. Der Gründungsaufruf verbreitete sich in einer Art Kettenreaktion in der DDR. Eine Woche nach Gründung war nicht nur ein Zulassungsantrag in Berlin gestellt worden, sondern darüber hinaus in neun weiteren Bezirksstädten. Am 21. September 1989 lehnte das Innenministerium der DDR die Legalisierung des Neuen Forum ab.[107] Jedoch war die Entwicklung schon zu weit fortgeschritten, um es noch effizient bekämpfen zu können, wenn auch das MfS die Gründer und später die Aktivisten intensiv überwachen ließ. Die Abschottung gegenüber Spitzeln gelang recht gut; die Stasi hatte die Anreise der Gründer nach Grünheide überwacht, wusste aber nicht, dass dort die Bildung einer neuen, wiewohl lockeren Or-

---

102 Vgl. die knappe Übersicht bei Hubertus Knabe: Die wichtigsten Gruppen der Opposition, in: ders. (Hrsg.): Aufbruch in eine andere DDR. Reformer und Oppositionelle zur Zukunft ihres Landes, Reinbek bei Hamburg 1989, S. 156–159.
103 Vgl. Sebastian Pflugbeil: Das Neue Forum, in: Opposition in der DDR (Anm. 30), S. 507–520.
104 Er hatte im Frühjahr 1989 eine Kritik der DDR in der Bundesrepublik veröffentlicht: vgl. Rolf Henrich: Der vormundschaftliche Staat. Vom Versagen des real existierenden Sozialismus, Reinbek 1989.
105 Pflugbeil: Das Neue Forum (Anm. 103), S. 507.
106 Wiedergegeben u. a. bei Charles Schüddekopf (Hrsg.): „Wir sind das Volk!" Flugschriften, Aufrufe und Texte einer deutschen Revolution, Reinbek bei Hamburg 1990, S. 30.
107 Vgl. Pflugbeil: Das Neue Forum (Anm. 103), S. 510.

ganisation beschlossen worden war.[108] Auch die Erarbeitung des zweiten Grundlagen-textes mit einem umfangreichen „Offenen Problemkatalog" am 1. Oktober 1989 in der Wohnung von Sebastian Pflugbeil in Berlin konnte sie nicht verhindern. Einen Monat nach Gründung zogen die Verantwortlichen eine respektable Bilanz. Sie unterhielten, zum Teil auf „abenteuerlichen" Wegen, regelmäßige Kontakte in fast alle Bezirke, hatten Informationsveranstaltungen in Berlin und in der „Provinz" mit mitunter Tausenden von Zuhörern durchführen können, hatten zum Teil arbeitsfähige Regionalleitungen (Sprecherräte) etabliert und nahmen die Gründung einer Zeitung sowie ein geordnetes Finanzsystem in Aussicht.[109]

Diese zweite Erklärung des NF tangierte das empfindliche Nebeneinander von Ausrei-se- und Reformbewegung: „Wir engagieren uns im ‚Neuen Forum', weil wir uns Sorgen um die DDR machen – wir wollen hier bleiben und arbeiten. Wir bitten jene, die sich anders entscheiden, unsere Bemühungen nicht mit dem Ziel einer schnellen Ausrei-se zu missbrauchen. Für uns ist die ‚Wiedervereinigung' kein Thema, da wir von der Zweistaatlichkeit Deutschlands ausgehen und kein kapitalistisches Gesellschaftssystem anstreben. Wir wollen Veränderungen hier in der DDR."[110]

Damit war – rund einen Monat vor der förmlichen Zulassung – der Kern für den Zerfall des Neuen Forums erkennbar: Heterogenität und lose Organisationsstrukturen machten es weitgehend handlungsunfähig, als es um konkrete Wege der Veränderung ging; als mit dem Fall der Mauer die Reisefreiheit erreicht war, argumentierte das Neue Forum mit seinem Bekenntnis zu einer, wie auch immer erneuerten DDR an den Inte-ressen der meisten Menschen vorbei.

Die zweite größere Oppositionsgruppe, der „Demokratische Aufbruch" (DA) mit dem Namenszusatz „sozial, ökologisch", konstituierte sich Ende August 1989 in Dresden vornehmlich aus einem Kreis von Theologen, aber auch unter Mitarbeit des Rechtsan-waltes Wolfgang Schnur.[111] Den Begriff „sozialistisch" lehnten die Gründer ab, ebenfalls die Konstituierung einer Sozialdemokratischen Partei, weil man die westdeutsche SPD nicht fragen wollte. Ein Programm ließ noch auf sich warten, interimistisch hatte Ehr-hart Neubert verschiedene Entwürfe „mit stark sozialethischem Charakter" entworfen. Ein weiterer Entwurf aus seiner Feder forderte Reformen „von oben" und „von unten", die Trennung von Staat und Partei, von Staat und Gesellschaft, freie Willensbildung und freie Öffentlichkeit. Neubert trat für die Vergesellschaftung der Produktionsmittel, das Zusammenspiel von Plan und Markt sowie einen ökologischen Umbau der Indus-triegesellschaft ein.[112]

Erst nach einigen Wochen klärte sich der Standort des DA: Im Lauf des Oktober „ergab es sich fast von selbst, dass sich im DA all diejenigen formierten, die nicht in die SDP [Sozialdemokratische Partei] wollten und im Unterschied zum NF und Dj [Demokratie jetzt] eine höhere Verbindlichkeit anstrebten".[113] Wie in den anderen neu entstehenden Organisationen auch, blieb die Rekrutierung von Mitgliedern und Anhängern vielfach dem Zufall überlassen.

---

108 Vgl. Reinhard Schult: Offen für alle – das „Neue Forum", in: Knabe: Aufbruch in eine andere DDR (Anm. 102), S. 163–170.
109 Stand und Planung der Organisation. Protokoll des Treffens der Kontaktadressen der Bezirke, Berlin, 14. Oktober 1989, in: Opposition in der DDR (Anm. 30), S. 529.
110 Ebd., S. 525.
111 Vgl. Ehrhart Neubert: Der „Demokratische Aufbruch", in: Opposition in der DDR (Anm. 30), S. 537–556.
112 Ebd., S. 558 f.
113 Ebd., S. 541.

Die dritte neue Gruppe, „Demokratie jetzt" (Dj), konstituierte sich aus einem recht stabilen und homogenen Kreis heraus mit dem Schwerpunkt eines politischen Friedensbegriffs.[114] Eine über längere Zeit stabile Gruppe, deren Grundlage auf langjährigem, menschlichem und politischem Vertrauen basierte, ist naturgemäß weniger anfällig für Stasi-Infiltration in den eigenen Reihen. Dj blieb davon auch weitgehend verschont. In ihren Zielen unterschied sie sich von den anderen Organisationen nur wenig. Sie hoffte auf „ein Bündnis von Christen und kritischen Marxisten".[115] Aus politisch-taktischen Gründen griff sie die Partei- und Staatsführung in der Regel nur punktuell an, wissend um die Schwäche der Opposition. Vor dem Hintergrund der Massenflucht über Ungarn entschlossen sich die Protagonisten, aus dem Schatten der Kirche herauszutreten und für die Bildung einer „oppositionellen Sammlungsbewegung" einzutreten. Der Initiativkreis von „Demokratie jetzt" stellte sich Ende Oktober 1989 der Öffentlichkeit vor.[116] Der Name brachte „eine sachliche und zeitliche Priorität gegenüber allen anderen Fragen" zum Ausdruck. Die „deutsche Frage" war also nachrangig, wiewohl man sich europäisch orientieren wollte. Wie bei dem DA auch, wurde Dj von der Dynamik der Wiedervereinigungsfrage nach dem Mauerfall überrumpelt.

Auf keine vergleichbare Resonanz stieß die „Böhlener Plattform", verabschiedet von einem „Treffen von Vertretern verschiedener sozialistischer Tendenzen" Anfang September 1989. Ein zeitgleicher Appell „Für eine vereinigte Linke in der DDR" forderte: „Ein linkes, alternatives Konzept für eine Wende wird immer dringlicher!" Damit war, so weit sichtbar, der später häufig strapazierte Begriff der „Wende" in die Debatte eingebracht, aber die Beschwörung eines „demokratischen und freiheitlichen Sozialismus" und einer „sozialistischen Umgestaltung der DDR"[117] war offenkundig in jenen Tagen wenig chancenreich. Recht spät dagegen folgte erst Anfang November ein Gründungsaufruf für eine Grüne Partei.[118] Da sich alle neu formierten Bürgerbewegungen mehr oder weniger vorrangig zu ökologischen Zielen bekannten, wäre denkbar, dass die Protagonisten längere Zeit keine „Nische" für eine Grüne Partei sahen.

Als Letztes ist die neben den Grünen formell einzige Parteigründung zu nennen, die Sozialdemokratie. Zunächst musste eine doppelte Grundsatzentscheidung getroffen werden: Erstens die zur Bildung einer Partei, anstelle einer weiteren Strömung in den Bürgerbewegungen. Die beiden treibenden Kräfte unter den Gründern, Martin Gutzeit und Markus Meckel, entschieden sich frühzeitig für die Partei, die nach Mandaten von Mitgliedern und Wählern strebte und einen festeren Zusammenhalt suchte als die eher lockere und offenere Struktur der Bürgerbewegungen.[119] Zweitens erschien das Bekenntnis zur Sozialdemokratie nicht unbedingt zwingend. Den Gründern fehlten Bindungen an deren Traditionen, in ihrer Sicht sollte die neue Partei demokratisch, sozial und ökologisch sein. Steffen Reiche verwies auf eine „sozialdemokratische Grundströmung". Aber einen Moment der Entscheidung bildete auch die Überlegung, keine neue isolierte und möglicherweise sektiererische Strömung zu fördern, sondern mit dem

---

114 Vgl. Ludwig Mehlhorn: „Demokratie jetzt", in: Opposition in der DDR (Anm. 30), S. 573–585.
115 Aufruf zur Einmischung in eigener Sache, Flugschrift der Bürgerbewegung „Demokratie jetzt" vom 12. September 1989, in: Schüddekopf: „Wir sind das Volk!" (Anm. 106), S. 33.
116 Vgl. Mehlhorn: „Demokratie jetzt" (Anm. 114), S. 580.
117 Für eine vereinigte Linke in der DDR! Appell, in: Schüddekopf: „Wir sind das Volk!" (Anm. 106), S. 18 f.
118 „Gründungsaufruf zur Grünen Partei in der DDR" von Anfang November 1989, in: ebd., S. 186–188.
119 Vgl. Patrik von zur Mühlen: Die Gründungsgeschichte der Sozialdemokratie in der DDR, in: Wolfgang Herzberg/ders. (Hrsg.): Auf den Anfang kommt es an. Sozialdemokratischer Neubeginn in der DDR 1989. Interviews und Analysen, Bonn 1993, S. 42.

Namen SPD „einen direkten Affront gegen die SED" zu suchen.[120] Anfang 1989 war die Entscheidung gefallen. Gutzeit und Meckel entwarfen zwischen Februar und April eine erste Plattform. Dem folgte im Juli eine „Initiativgruppe". Als Unterzeichner und Kontaktpersonen fungierten neben Gutzeit und Meckel nunmehr Ibrahim Böhme und der Greifswalder Studentenpfarrer Arndt Noack.[121] Öffentlich vorgelegt wurde dieser Aufruf erst rund einen Monat später, Ende August.[122] Durch den ständig wachsenden Ausreisestrom aus der DDR im Herbst fühlten sie sich zum Handeln gedrängt. Trotz unzulänglicher Vorbereitungen und beflügelt durch die beständige Sorge, die Stasi könnte die Gründung durch ihr Einschreiten verhindern, schritten die Initiatoren in der Nacht vom 1. zum 2. Oktober zur Tat und fertigten eine formelle Gründungsurkunde aus.[123]

Der Termin der Konstituierung lag bereits fest. Ob das Zusammenfallen mit dem 40. Jahrestag der DDR „eher zufälliger Natur" war,[124] mag bezweifelt werden. Steffen Reiche vermerkte, die 43 Gründer[125] der SDP in Schwante „verband zusätzlich zu den bisherigen Motivationen der Wunsch, an diesem 7. Oktober ein klares Zeichen zu setzen, diesen Tag, 40 Jahre DDR, sozusagen würdig zu begehen".[126]

In Schwante trug Meckel ein von ihm im Auftrag der Initiativgruppe erarbeitetes programmatisches Referat vor.[127] Er stellte die neue Partei in die Linie sozialdemokratischer Traditionen und lud „alle SED-Mitglieder ein zu prüfen, ob diese Partei für sie zu einem Ort demokratischer Mitarbeit" für das „Ziel einer ökologisch orientierten sozialen und demokratischen Entwicklung der DDR" werden könnte.[128] Meckel erkannte die deutsche Zweistaatlichkeit als Folge der Vergangenheit an – eine Wiedervereinigung wurde als unrealistisch verworfen.

War mit der Formierung der Bürgerbewegungen die exklusive Organisationskompetenz des Staates gebrochen und das Monopol öffentlicher Willensbildung ohne und gegen die SED in Frage gestellt, so fand das mit der Herausbildung einer neuen Demonstrationskultur vom September 1989 nicht nur seine Entsprechung, sondern hob die Entwicklung auf eine neue Ebene. Die Massendemonstrationen bildeten nicht nur eine Gegenöffentlichkeit, sondern wuchsen auch in die Rolle der Gegenmacht hinein, die letztlich die entscheidende Machtprobe mit der Staatsmacht gewann.[129] Naturgemäß ist die Rolle der Westmedien bei der Verbreitung der Nachrichten aller drei Handlungsebenen kaum zu überschätzen.

---

120 Ebd., S. 43.
121 Aufruf zur Bildung einer Initiativgruppe…, wiedergegeben in: ebd., S. 316–318.
122 Ebd.; bei Schüddekopf: „Wir sind das Volk!" (Anm. 106), S. 41, abweichende Datierung (26. September 1989).
123 Im einzelnen auch Petra Schuh/Bianca M. von der Weiden: Die deutsche Sozialdemokratie 1989/90. SDP und SPD im Einigungsprozeß, München 1997, S. 38–43.
124 Vgl. von zur Mühlen: Die Gründungsgeschichte (Anm. 119), S. 45.
125 Steffen Reiche: Motivationen der Gründergenerationen, in: Dieter Dowe (Hrsg.): Von der Bürgerbewegung zur Partei. Die Gründung der Sozialdemokratie in der DDR. Diskussionsforum im Berliner Reichstag am 7. Oktober 1992, Bonn 1993, S. 22; von zur Mühlen: Die Gründungsgeschichte (Anm. 119), S. 46, verweist auf rund 40 bis 50 Teilnehmer der Gründungsversammlung. Eine Unterzeichnerliste nennt 38 Namen. So hätten nicht alle Beteiligten unterschrieben, ferner habe es eine gewisse Fluktuation in dieser Sitzung gegeben.
126 Reiche: Motivationen der Gründergeneration (Anm. 125), S. 24.
127 Wiedergegeben in Herzberg/von zur Mühlen: Auf den Anfang (Anm. 119), S. 321–325.
128 Ebd., S. 322.
129 Zu den unterschiedlichen Entwicklungen in den Regionen vgl. die Einzelstudien in: Günther Heydemann u. a. (Hrsg.): Revolution und Transformation in der DDR, Berlin 1999.

Die Ausreisebewegung wurde neben dem Gedenken an die Wahlfälschungen vom Mai zum zweiten Anlass für die Demonstrationsrunden des September bis Dezember. Leipzig avancierte schnell zum Zentrum der sich im Anschluss an Friedensgebete entwickelnden Demonstrationszüge. Am 4. September nach einem Friedensgebet in der Nikolaikirche brach der monatelange Konsens auseinander.[130] Rufe: „Wir wollen raus!" und Rufe: „Wir bleiben hier!" spalteten die Beteiligten, eine Demonstration in die Innenstadt kam nicht zu Stande. Nach einer Andacht am 18. September forderte der Kirchenvorstand von den Behörden einen Verzicht auf die Demonstration staatlicher Macht und die Aufnahmen eines Dialoges. Die Prinzipien von Gewaltfreiheit und Dialogbereitschaft waren damit öffentlich formuliert. Vorausgegangen war die Auflösung einer Ansammlung von Menschen im Hof der Nikolaikirche nach einem Friedensgebet am 11. September durch Polizei und Stasi, wobei es auch zu Übergriffen und Verhaftungen gekommen war. Am 25. September fand dann die erste große Montagsdemonstration statt; als sie den Hauptbahnhof erreichte, zählte sie etwa 5.000 Teilnehmer. Der Zug hatte sich spontan formiert, aus Gottesdienstbesuchern, aus Zuhörern, die vor der Kirche gewartet hatten, aber auch aus etwa 2.500 Beteiligten, die sich unterwegs spontan anschlossen.[131]

Unverkennbar ist zugleich, wie die Demonstrations- nach den Bürgerbewegungen ebenfalls außerordentlich rasch Konturen und Profil gewannen; die Gewaltlosigkeit wirkte nicht nur als Fundament, sondern auch als Klammer. Die spontane Demonstration wiederholte sich in größerem Rahmen am 2. Oktober, noch beflügelt durch die erste Massenausreise der Prager Botschaftsbesetzer. Spontaneität und Unorganisiertheit wurden zur Erfolgsbedingung: Die Staatsmacht war nicht in der Lage, „Rädelsführer" oder „Drahtzieher" ausfindig zu machen und damit die Bewegung aufzulösen. Auf eine spontan wachsende Massenbewegung ohne Führungszentrum war sie nicht eingerichtet. Die Akteure auf der Straße hatten einen Freiraum erkämpft, da ihre Handlungsmuster nicht den SED-Denkschemata entsprachen.

In der folgenden Woche eskalierte die Gewalt von Seiten des Staates, obwohl dieser vor und am Staatsgründungsjubiläum eine „heile Welt" präsentieren wollte. Wiederum ging die neue Stufe der Eskalation von Botschaftsflüchtlingen aus, nunmehr anlässlich der „zweiten Welle" aus Prag. Am 4. Oktober sollten mehr als 8.000 Menschen aus Prag mit Sonderzügen in die Bundesrepublik gebracht werden; westdeutsche Rundfunksender veröffentlichten die Fahrpläne. Zugleich hatte die DDR-Führung den visafreien Reiseverkehr in die ČSSR ausgesetzt. Es kam zu teilweise chaotischen Verhältnissen an der tschechischen Grenze. Im Dresdner Hauptbahnhof spitzte sich die Situation zu. Er wurde mehrfach von Einsatzkräften „geräumt". Als die insgesamt 19 Züge mit Botschaftsflüchtlingen durch Dresden fuhren, herrschten am Hauptbahnhof chaotische, zum Teil bürgerkriegsähnliche Verhältnisse. Selbst Militär griff ein – mit Zustimmung der Dresdner SED-Spitze.[132] 224 Personen wurden ohne Haftbefehl festgenommen, die Zahl der „Zugeführten" ging in die Tausende. Die Steigerung der Gewalt war vor allem der Bezirksleitung der SED und der Bezirksverwaltung der Staatssicherheit in Dresden geschuldet.

Die Lage in Dresden hatte sich noch nicht beruhigt, als die Gewalt in Ost-Berlin eskalierte. In Plauen, Magdeburg, Leipzig, Karl-Marx-Stadt, Potsdam und anderen Städten

---

130 Immer noch grundlegend Hartmut Zwahr: Ende einer Selbstzerstörung. Leipzig und die Revolution in der DDR, Göttingen 1993, S. 19–22.
131 Vgl. Timmer: Vom Aufbruch zum Umbruch (Anm. 90), S. 168–172.
132 Vgl. im Detail Karin Urich: Die Bürgerbewegung in Dresden 1989/90, Köln u. a. 2001, S. 149–164.

fanden größere Demonstrationen statt. Am 7. Oktober formierte sich vor dem „Palast der Republik" in Berlin ein Demonstrationszug, der zur Gethsemanekirche zog. Am 8. Oktober wiederholten sich die Protestmärsche. Gegen die im Allgemeinen friedlichen Demonstranten gingen die Sicherheitsorgane mit großer Brutalität vor. Mehr als 1.000 Verhaftungen waren das Resultat.[133]

Am Vorabend der Montagsdemonstration vom 9. Oktober in Leipzig stand die Situation auf des Messers Schneide. Partei- und Staatsführung zeigten sich entschlossen, Härte zu demonstrieren, in der Stadt wurden Polizei-, Stasi- und Militäreinheiten konzentriert, darüber hinaus eine Reihe von Einheiten der „Kampfgruppen". Während die Demonstrationszüge mit 70.000 Teilnehmern sich bereits vor Ende der Friedensgebete formierten, beschworen Vertreter der Oppositionsbewegung immer wieder das Prinzip der Gewaltlosigkeit. Sechs Prominente – drei Sekretäre der SED-Bezirksleitung, der Dirigent Kurt Masur, der Theologe Bernd Zimmermann und der Kabarettist Bernd-Lutz Lange – formulierten in Eile einen Aufruf, der während der Gottesdienste verlesen wurde. Da die übermäßige staatliche Streitmacht gegen „Übergriffe" der Demonstranten vorgehen sollte, die nun ausblieben, konnten die Demonstrationen ungestört stattfinden.[134] Polizei- und Sicherheitsbehörden versuchten, aus Berlin einen Einsatzbefehl zu erhalten, jedoch waren Honecker und Krenz mit anderen Fragen beschäftigt. Als sich Krenz mit der Lage in Leipzig befassen wollte, waren die friedlichen Demonstrationen bereits im Abflauen begriffen.

Walter Süß ist zuzustimmen, wenn er dieses Datum als Wendepunkt interpretiert: „Mit dem 9. Oktober war die Entscheidung gefallen. Das Alte Regime hatte seine erste große Niederlage hinnehmen müssen und hatte von nun an nicht mehr die Kraft, mit offener Gewalt um die Macht zu kämpfen."[135] Die SED-Spitze konzentrierte sich darauf, Erich Honecker abzulösen, um wieder eine handlungsfähige Parteiführung zu installieren, und erkannte nicht, dass die politische und gesellschaftliche Initiative auf den aktiven Kern des „Volkes" – den man ja immer beschworen hatte – übergegangen war.

Die Massendemonstrationen weiteten sich aus. Eine Woche später beteiligten sich in Leipzig bereits 120.000 Menschen. Quasi über Nacht wurde das zu einem DDR-weiten Phänomen. Stefan Wolle berichtete über die anschließenden akribischen Aufzeichnungen der Stasi. Allein für die Woche vom 23. bis 30. Oktober notierte man dort 130 Demonstrationen mit rund einer halben Million Beteiligten.[136]

Mancherorts erzwangen die Demonstranten den Dialog mit der Staatsmacht, so zuerst am Abend des 8. Oktober in Dresden, als die „Gruppe der 20" vom Oberbürgermeister als Gesprächspartner akzeptiert wurde.[137] Es folgten bis zur Ablösung Honeckers Plauen im Vogtland, Halle an der Saale, Karl-Marx-Stadt oder Leipzig. Charakteristisch war, dass die Exponenten des Ancien Régimes bemüht waren, diese Verhandlungen unter Ausschluss der Öffentlichkeit zu führen.[138]

---

133 Vgl. Neubert: Geschichte der Opposition (Anm. 44), S. 852; vgl. die detaillierten Angaben bei Zwahr: Ende einer Selbstzerstörung (Anm. 130), S. 61–70.
134 Ebd., S. 98–102.
135 Süß: Staatssicherheit am Ende (Anm. 63), S. 301.
136 Wolle: Die heile Welt der Diktatur (Anm. 59), S. 324.
137 Vgl. Urich: Die Bürgerbewegung in Dresden (Anm. 132), S. 196–226.
138 Vgl. Timmer: Vom Aufbruch zum Umbruch (Anm. 90), S. 244 f.

Die dramatische Ablösung Erich Honeckers am 17. und 18. Oktober 1989[139] sollte wie ein Befreiungsschlag wirken, verfehlte jedoch von Anfang an diese Intention. Binnen kurzem vereinigte Egon Krenz nicht nur die höchsten Partei- und Staatsämter in seiner Hand, eine Konzentration der Macht, für die sein Vorgänger immerhin einige Jahre gebraucht hatte, sondern er legte überdies noch einen bemerkenswerten Fehlstart hin. Obwohl er die Notwendigkeit einer „Wende" in der DDR unterstrichen hatte, wirkte sein erster Auftritt als Generalsekretär im Fernsehen enttäuschend. Zudem waren mit Honecker nur die Politbüro-Mitglieder Mittag (zuständig für Wirtschaft) und Herrmann (zuständig für Agitation und Propaganda) abgelöst worden. Für die stark geschrumpfte Anhängerschaft der SED, sofern sie überhaupt noch auf eine Politik der Perestroika hoffte, auf der einen Seite, wie auch für die Bürgerbewegung, die Demonstranten und die Ausreisewilligen auf der anderen Seite hatte sich mit dem Personenwechsel kein sichtbarer Kurswechsel, geschweige denn ein Neuanfang, ergeben. Immerhin nahm die neue Führung ein drängendes Problem in Angriff: Die Erarbeitung eines Reisegesetzes wurde angekündigt. Ebenfalls sollten Rückkehrer nun willkommen sein. Erstmals debattierten offen Spitzenfunktionäre mit Bürgern; die Themen drehten sich um Reise-, Organisations- und Versammlungsfreiheit. Diskutanten forderten in Berlin die Entlassung der am 7. und 8. Oktober Verhafteten.

In Leipzig fand am 23. Oktober mit 300.000 Teilnehmern die bis dahin größte Demonstration in der Geschichte der DDR statt. Die DDR-Medien berichteten erstmals sachlich über diese Vorgänge. In Leipzig, Dresden, Rostock, Gera und anderen Städten kam es zu Dialogveranstaltungen – die SED wollte Zeit gewinnen. Eine spektakuläre Niederlage erlebte Heinz Ziegner, Erster Sekretär der SED-Bezirksleitung Schwerin, am 23. Oktober. In Absprache mit dem Politbüro hatte man zur Demonstration des Neuen Forum eine Gegenkundgebung geplant, zu der formell die Stadt und der „Demokratische Block" aufrufen. Der Versuch der SED, die Initiative wiederzugewinnen, scheiterte trotz optimaler Vorbereitung und aus dem gesamten Bezirk herbeigezogener Funktionäre: Als das Neue Forum zum Abmarsch rüstete, folgten dem die weitaus meisten, auch ein Großteil des SED-Publikums. Ziegner und seine Getreuen blieben unter sich.[140]

Die DDR-Presse entledigte sich mehr und mehr der Zensur. Sie erörterte erstmals Themen wie Privilegien von Funktionären, Umweltverschmutzung oder Wirtschaftsprobleme. Ein Mediengesetz wurde angekündigt.

Ab Anfang November häuften sich Rücktritte führender Funktionäre. Als erstes traf es den FDGB-Vorsitzenden Harry Tisch, ihm folgten zwei Erste Sekretäre von SED-Bezirksleitungen, und es gärte auch in den Blockparteien. Heinrich Homann und Gerald Götting, die Vorsitzenden von NDPD und CDU, traten auf Druck von ihren Funktionen zurück.

Währenddessen warf eine von Kunst- und Kulturschaffenden organisierte und von den Behörden erlaubte Massendemonstration am 4. November in Ostberlin ihre Schatten voraus.[141] Mehr als 500.000 Menschen signalisierten eine Aufbruch- und Erneuerungsstimmung, in der anschließenden Kundgebung wurden die Exponenten der alten Eliten wie Günter Schabowski ebenso am Reden gehindert wie Ex-Stasi-Vize Markus Wolf,

---

139 Für vieles Schabowski: Der Absturz (Anm. 96), S. 243–273; ders.: Das Politbüro (Anm. 96), S. 80–83.
140 Vgl. Kai Langer: „Ihr sollt wissen, dass der Norden nicht schläft!" Zur Geschichte der „Wende" in den drei Nordbezirken der DDR, Bremen 1999, S. 151 f.
141 Ausführlich dazu Süß: Staatssicherheit am Ende (Anm. 63), S. 385–413.

der versucht hatte, sich als Reformer und Vertreter eines Perestroika-Kurses in der DDR zu profilieren. Offenkundig vermochte er nicht nur die Schatten der Vergangenheit nicht zu bannen, sondern das Vorbild der sowjetischen Reformen hatte auch an Priorität verloren. Schabowski glaubte nach den eigenen Erinnerungen zu dieser Zeit noch an eine Reform- und Dialogfähigkeit der SED: „In den Berliner Annalen der Wende nimmt die Großkundgebung auf dem Alexanderplatz am 4. November einen besonderen Platz ein. Obwohl ich mich dort als einer der Redner gegen viel und lautstarken Protest durchsetzen musste, war und ist sie für mich ein Beleg für unsere damalige Zuversicht und einen Konsens auch mit jenen, die uns am schärfsten misstrauten, uns kaum noch für gesprächsfähig hielten."[142] Das Thema Reisefreiheit schien in diesen Tagen angesichts der widersprüchlichen Haltung der Parteiführung zu einem Reisegesetz zum brisantesten Problem zu werden.[143] So wurde letztlich auf Wunsch der Polizei der Ort der Abschlusskundgebung vom Gendarmenmarkt zum Alexanderplatz verlegt, weil sie – so der neue Terminus – einen „Mauerdurchbruch" befürchtete.[144] Der Rücktritt der Regierung am 7. November und ihre letzte Amtshandlung zuvor, die Abschaffung des Wehrkundeunterrichts, blieben demgegenüber fast unbeachtet.

Als sich das Zentralkomitee der SED am 8. November versammelte, um der Partei ein neues Programm, eine neue Führung und ein neues Profil zu geben, waren ihre inneren Strukturen bereits in Auflösung begriffen, ohne dass die Führungsetage dem Rechnung trug. Austritte häuften sich ebenso wie Misstrauenserklärungen gegenüber leitenden Funktionären auf allen Ebenen. Gleichwohl geschah Ungewöhnliches: Das Politbüro trat zu Beginn der Sitzung geschlossen zurück, Krenz wurde postwendend als Generalsekretär wiedergewählt. Er distanzierte sich erstmals klar von Honeckers Politik bis zum Oktober. Eine Reihe früherer Politbüro-Mitglieder wurde nicht wieder vom ZK bestätigt, einige – ein Novum – fielen in der Abstimmung durch. Hans Modrow wurde ins Politbüro gewählt und für das Amt des Ministerpräsidenten nominiert. Parallel zur ZK-Sitzung bestätigte das Innenministerium nun endlich die Registrierung des Neuen Forum.

6. Die zweite Phase der Revolution – vom Mauerfall bis zu den freien Wahlen

Mit dem Fall der Mauer und der Öffnung der Grenzen war zwar ein wesentliches Grunddilemma der DDR verschwunden, aber der Problemdruck kehrte auf einer wesentlich höheren Ebene verstärkt wieder. Mit der Reisefreiheit rückte die Frage nach dem Existenzgrund der DDR insgesamt in das Blickfeld ihrer sich formierenden unabhängigen Öffentlichkeit. Symbolisch wurde das deutlich am Wandel der Texte auf den Transparenten vieler Demonstrationen: „Wir sind das Volk" wurde ergänzt und ersetzt durch „Wir sind ein Volk". Die Bevölkerung setzte dieses Thema auf die Tagesordnung; die Bürgerbewegungen, allen voran das Neue Forum, verstanden die neue Lage nicht. Ihre Vorstellungen, die DDR – in welcher Form auch immer – nach Konzepten eines „dritten Weges" zwischen Kommunismus und Kapitalismus zu reformieren und neu zu gestalten, trugen mit zum raschen Bedeutungsverlust der ersten Träger der revolutionären Umgestaltung in der DDR bei. Ähnliches gilt für die SDP und die Blockparteien,

---

142 Schabowski: Der Absturz (Anm. 96), S. 280.
143 Vgl. das Kapitel: Reisen und Ausreisen: Das Staatsproblem der DDR, in: Hans-Hermann Hertle: Der Fall der Mauer. Die unbeabsichtigte Selbstauflösung des SED-Staates, Opladen 1996, S. 76–87.
144 Süß: Staatssicherheit am Ende (Anm. 63), S. 398.

die viel zu spät die neue Richtung erkannten, in die der „Zug DDR" nach dem 9. November Fahrt aufgenommen hatte.

Zugleich fiel in diese Phase die Umgestaltung staatlich-repräsentativer Gremien: Die Volkskammer sicherte sich parlamentarische Kompetenzen; die umgestaltete DDR-Regierung wurde nicht nur durch Delegierte aus den neuen politischen Bewegungen ergänzt, sondern parallel zu ihr etablierten sich auf allen Ebenen der DDR-Exekutive „Runde Tische" in einer Doppelrolle von Beratungs- und Kontrollinstanzen. Nur langsam kam die Erneuerung der „Massenorganisationen" und der „Blockparteien" in Gang, die sich im Vorfeld der letztlich vorverlegten freien Wahlen zu einer tatsächlichen „Volks"-Kammer schnell auf die jeweiligen westdeutschen Partnerorganisationen zubewegten.

Die Exponenten der alten Ordnung verstanden es, mit diesem Umbruch einigermaßen Schritt zu halten. Als die Leitungsinstanzen der früheren Staatspartei zerfielen, gelang es einer Reihe von Unbelasteten und von Nachwuchsfunktionären, die sich rasch auflösende Partei auf wesentlich niedrigerem Niveau zu stabilisieren und als zukünftige Oppositionspartei zu etablieren – freilich wirkte dabei das Motiv mit, die Vermögenswerte der SED zu erhalten. Daneben zeigte sich das Ministerium für Staatssicherheit als eine der Konstanten, die bemüht waren, den Kern ihrer Kompetenzen über die Novemberrevolution hinaus zu erhalten.

Nicht zu übersehen ist, dass die Wirtschaft der DDR, vor dem Herbst 1989 schwer angeschlagen, nun durch die Folgen der Massenflucht (seit September 1989) und der Massenübersiedlung (seit der Maueröffnung) weitgehend funktionsunfähig wurde. Viele Betriebe und Verwaltungen waren durch die spontane Abwanderung (insbesondere des qualifizierten) Personals kaum noch arbeitsfähig. Improvisation und Verwaltung des Mangels bestimmten seit November 1989 das Bild. Hinzu kam, dass durch den Umbruch in den früheren „Bruderländern" sowie die Krise in der Sowjetunion die wichtigsten Exportmärkte der DDR zusammenbrachen; ferner erlebten Industrie und Landwirtschaft der DDR mit ihren Erzeugnissen nach dem Mauerfall einen Absatzeinbruch, da die Konsumenten die seit langem begehrten „West-Produkte" favorisierten.

Die Öffnung der Grenzen bedeutete also für Millionen von Menschen einen Akt der Befreiung ohnegleichen, aber sie verschärfte die Existenzkrise der DDR in ungeahntem Maße. Reformunfähigkeit und Unregierbarkeit waren die Begleiterscheinungen. Der durch die Verschuldung und die Orientierung der Menschen auf die Bundesrepublik überdeutlich sichtbare Druck auf eine wie auch immer zu gestaltende enge Zusammenarbeit beider deutscher Staaten wurde zu einem Ausweg ohne Alternative.

Die Bundesregierung, allen voran Bundeskanzler Helmut Kohl, hatte diese neue Situation schnell und in ihren Konsequenzen am gründlichsten erkannt.[145] Als die Bürgerbewegungen in der DDR noch über abstrakte neue Modelle gesellschaftlicher Entwicklung nachdachten und die (SPD- und Grünen-)Opposition in Bonn den Stabilisierungsvorstellungen der zweiten Hälfte der achtziger Jahre nachhing, vermochte es die konservativ-liberale Bundesregierung, Meilensteine gesamtdeutscher Perspektiven zu setzen, die unter den Bürgern Ostdeutschlands schnell große Beachtung fanden.

---

145 Vgl. u. a. Kohl: „Ich wollte Deutschlands Einheit" (Anm. 91), S. 135–143.

Parteiführung und Regierung waren weitgehend handlungsunfähig, als ein längst überfälliges Reisegesetz Konturen annahm. Nicht einmal in dieser zentralen Frage verfügten Egon Krenz und seine Entourage über das Gesetz des Handelns.[146] Nach wie vor waren sie der Meinung, so die „ständige Ausreise" regeln zu können.[147] Nur Stunden nach Günter Schabowskis missverständlicher Ankündigung in einer Pressekonferenz am Abend des 9. November[148] erzwangen Zehntausende von Menschen die Öffnung der Grenze, nachdem die Grenztruppen und das MfS[149] ohne Instruktionen von Partei- und Staatsführung geblieben waren und ihrerseits improvisieren mussten.[150] Auch die Sowjetunion war nicht informiert worden.[151]

Die Reisefreiheit legte die DDR praktisch lahm, Millionen reisten in den folgenden Tagen und Wochen nach West-Berlin und in die Bundesrepublik. Die Verkehrsverhältnisse in Berlin und an den Grenzübergängen waren zum Teil chaotisch.

Selbst Michail Gorbatschow räumte eine schnell veränderte Situation nach seinem ersten Treffen mit Krenz als Partei- und Staatschef Anfang November ein: „Bald stellte sich jedoch heraus, dass keine Regierung und keine Partei, die sich für den Erhalt der DDR einsetzte, für die Mehrheit der Bevölkerung akzeptabel war, die ihrerseits die Lösung all ihrer Probleme nur noch in der schnellstmöglichen Vereinigung mit der Bundesrepublik sah."[152]

Die Parteiführung reagierte eher betreten: „Am nächsten Morgen, vor Beginn des dritten Beratungstages des ZK, saßen die Politbüromitglieder in einem Nebenraum bei einer Tasse Kaffee zusammen. Ich spürte eine gewisse Reserve mir gegenüber. Über der Frühstücksszene lag Katzenjammerstimmung. Krenz murmelte vor sich hin: ‚Wer hat uns das bloß eingebrockt?'", erinnerte sich Schabowski.[153] Die dreitägige Sitzung des ZK vom 8. bis 10. November zeigte in mehrfacher Hinsicht, wie der SED-Führung die Zeit buchstäblich davongelaufen war. Die Entwicklung hatte sie längst überrollt; ein Aktionsprogramm, mit dem die SED eine neue Orientierung erhalten sollte, blieb in Entwürfen und Planungen stecken, vor allem aber hatte der Druck der „Basis" für eine personelle Erneuerung eine Dimension angenommen, die die Führung kaum noch steuern konnte. Immerhin beschloss man die Einberufung einer Parteikonferenz zum 15. bis 17. Dezember.

Auf eine „fast bizarre Weise [...] von einer Synchronisation mit dem Leben entfernt",[154] nahm das Gremium die in der Nacht eingetretenen Veränderungen eher beiläufig zur

---

146 Krenz selbst gab an, in der Frage eines Reisegesetzes nicht nur die Zustimmung von Politbüro und Regierung, sondern auch des ZK der SED für unausweichlich gehalten zu haben. In der ZK-Debatte wurde noch aus den Übergangsregelungen auf Vorschlag des Kulturministers Hans-Joachim Hoffmann das Wort „zeitweilig" gestrichen. Vgl. Egon Krenz: Wenn Mauern fallen. Die Friedliche Revolution: Vorgeschichte – Ablauf – Auswirkungen. Unter Mitarbeit von Hartmut König und Gunter Rettner, Wien 1990, S. 180 f.

147 So noch in der Überschrift der Vorlage des Reisegesetzes in der Sitzung des ZK, in: Hans-Hermann Hertle/Gerd-Rüdiger Stephan (Hrsg.): Das Ende der SED. Die letzten Tage des Zentralkomitees. Mit einem Vorwort von Peter Steinbach, Berlin 1997, S. 303 f.

148 Vgl. Schabowski: Der Absturz (Anm. 96), S. 302–311.

149 Vgl. Süß: Staatssicherheit am Ende (Anm. 63), S. 444 f.

150 Im einzelnen Hertle: Der Fall der Mauer (Anm. 143), S. 176–180.

151 Vgl. Wjatscheslaw Kotschemassow: Meine letzte Mission. Fakten, Erinnerungen, Überlegungen, Berlin 1994, S. 185.

152 Gorbatschow: Erinnerungen (Anm. 13), S. 712.

153 Schabowski: Der Absturz (Anm. 96), S. 310.

154 Ebd., S. 314.

Kenntnis. „Der Druck, der bis gestern auf die tschechoslowakische Grenze gerichtet war, ist seit heute Nacht auf unsere Grenzen gerichtet."[155] Kurt Hager begriff als erster in diesem Zirkel weltfremder Debatten, dass sich für die DDR mit der Maueröffnung die Existenzfrage gestellt hatte. „Spätestens seit der heutigen Nacht", so führte er gegen 11.00 Uhr aus, gibt es „die große Aufgabe, dass wir wirklich den Staat DDR, die sozialistische Arbeiter-und-Bauern-Macht in der DDR schützen und bewahren und verteidigen".[156]

Die SED-Führung versprach in einem eilig verabschiedeten Aktionsprogramm: Vereinigungsfreiheit, Informationsfreiheit, „eine freie, allgemeine, demokratische und geheime Wahl" und den Abbau des politischen Strafrechts. Das sollte ergänzt werden durch die „demokratische Meinungs- und Willensbildung" in der Partei, Meinungsstreit und „die Ausarbeitung von Alternativen zur politischen Entscheidungsfindung", die „Entflechtung von Partei und Staat" sowie einen Kurs auf „Gewinnung von Mehrheiten in den Volksvertretungen".[157] Sie suchte nun ihr Heil in den Prinzipien, die sie der Bevölkerung immer verwehrt hatte.

Das ZK agierte nicht mehr, es reagierte nur noch. Drei Tage später trat es zu einer weiteren kurzen Sitzung zusammen, um entsprechend dem Druck aus der – mittlerweile stark erodierenden – Parteimitgliedschaft nachzugeben, statt einer Parteikonferenz einen außerordentlichen Parteitag einzuberufen. Ursprünglich hatte man sich dieser Forderung mit formalen Argumenten widersetzt, nunmehr stand dem aber keine einschlägige Bestimmung entgegen. Ferner nahm das ZK den Rückzug einer Reihe Prominenter aus der „Alten Garde" um Erich Honecker aus diesem Gremium zur Kenntnis.

Der letzte Akt fand an einem Sonntag statt. Zu einer nicht einmal zweistündigen Sitzung traf sich das ZK am 3. Dezember, um sich, gemäß Beschluss des Politbüros vom Vormittag desselben Tages, selbst aufzulösen. Unter Zeitdruck und wiederum in einer chaotischen Runde liefen die Führungsgremien der SED auseinander, nachdem das ZK zuvor noch einige seiner Mitglieder ausgeschlossen hatte. Eine tragisch-groteske Note trug der damals 86-jährige Altkommunist Bernhard Quandt in die Sitzung hinein, als er weinend am Rednerpult forderte, „dass wir alle die standrechtlich erschießen, die unsere Partei in eine solche Schmach gebracht haben" – und damit die alte Führung meinte.[158]

Fast en passant beschloss das Gremium noch die Bildung eines Arbeitsausschusses, vornehmlich aus Mitgliedern der Bezirksleitungen. Günter Schabowski hatte das zuvor mit deren Ersten Sekretären verabredet. Die personelle Zusammensetzung[159] änderte sich; sie wurde vom auseinandergehenden ZK nicht gebilligt. Lothar Bisky rückte, ohne zuvor genannt zu sein, in das Gremium auf.[160]

Wenig konkret waren die Angaben von Gregor Gysi: „Ich wurde gefragt, ob ich in diesem Ausschuss mitarbeiten wollte."[161] Zwar stand dem Arbeitsausschuss der noch funk-

---

155 Hertle/Stephan: Das Ende der SED (Anm. 147), S. 394.
156 Ebd., S. 404. In seinen Erinnerungen bewertete er die Grenzöffnung als „eine Art Staatsstreich" und „Schritt zur endgültigen Destabilisierung der DDR". Hager: Erinnerungen (Anm. 69), S. 442.
157 Hertle/Stephan: Das Ende der SED (Anm. 147), S. 221, 231.
158 Ebd., S. 469.
159 Vgl. Arbeitsausschuß zur Vorbereitung des außerordentliches Parteitages gebildet, in: Neues Deutschland vom 4. Dezember 1989.
160 Hertle/Stephan: Das Ende der SED (Anm. 147), S. 481.
161 Gregor Gysi: Das war's. Noch lange nicht! Autobiographische Notizen, 3. Aufl., Düsseldorf 1995, S. 84.

tionsfähige Apparat des alten ZK zur Verfügung, indes dürften sich seine Mitglieder in erster Linie mit konkreter Organisationsarbeit und verzweifelter Abwehr gegen den Zerfall der Partei aufgezehrt haben.[162]

In Marathon-Sitzungen an zwei Wochenenden im Dezember 1989 versuchte die SED, zur SED-PDS umbenannt, Machtverlust und Erneuerungszwang zu bewältigen.[163] Gleichwohl waren einige Entscheidungen bereits präjudiziert. Der amtierende Ministerpräsident Hans Modrow trug einleitend ein leidenschaftliches Plädoyer gegen die Auflösung der Partei vor, rief dazu auf, sie „sauber und stark" zu machen.[164] Die Partei zeigte ein Janusgesicht: Sie wollte demokratische Traditionen neben kommunistischen bewahren.[165] Modrow wie Gysi erteilten einer deutschen Einheit eine klare Absage: Sie plädierten für die weitere Eigenstaatlichkeit der DDR. Gysi propagierte einen „dritten Weg" für die DDR „jenseits von stalinistischem Sozialismus und Herrschaft transnationaler Monopole".[166] Zum Ende des Jahres 1989 war die Mitgliederzahl der SED-PDS auf rund 200.000 geschrumpft.

Noch vor der Wahl Hans Modrows zum neuen Regierungschef hatten Volkskammer und Blockparteien beachtliches Selbstbewusstsein gezeigt und begonnen, sich von der Vormundschaft der SED zu lösen. Der neue CDU-Vorsitzende Lothar de Maizière kündigte mit dem LDPD-Vorsitzenden Manfred Gerlach an, die „führende Rolle" der SED nicht länger hinzunehmen.[167] Die beiden anderen Parteien folgten wenig später. Günter Schabowski, im SED-Politbüro nunmehr für die „befreundeten Parteien" zuständig, ging das (noch) zu weit.

Die Volkskammer zeigte am 13. November ein neues Bild:[168] In einer Stichwahl wurde der Nachfolger ihres zurückgetretenen Vorsitzenden Horst Sindermann bestimmt. Günter Maleuda (Demokratische Bauernpartei) setzte sich gegen Manfred Gerlach durch. Die Abrechnung mit der zurückgetretenen Regierung Stoph geriet zum Tribunal. Zugleich wurde den Abgeordneten die katastrophale Finanzlage offenbart. Modrow wurde schließlich ohne weitere Debatte zum Ministerpräsidenten gewählt; seine Regierungserklärung wenige Tage später atmete in weiten Teilen den Geist der Vergangenheit. Ein besonderes Debakel erlebte die Volkskammer mit dem später viel zitierten Auftritt des Staatssicherheitsministers Mielke, der das MfS insgesamt erheblich verunsicherte.[169]

Die Volkskammer, 1986 durch Einheitslisten konstituiert, griff in der Sitzung vom 13. November ein „klassisches" Parlamentsrecht auf: Sie richtete einen Untersuchungsausschuss zu Korruption und Amtsmissbrauch der zurückgetretenen Staatsführung

162 Dazu knapp und mit unbefriedigenden Nachweisen Gero Neugebauer: Von der SED zur PDS 1989 bis 1990, in: Andreas Herbst u. a. (Hrsg.): Die SED. Geschichte. Organisation. Politik. Ein Handbuch, Berlin 1997, S. 100–116.

163 Außerordentlicher Parteitag der SED/PDS. Protokoll der Beratungen am 8./9. und 16./17. Dezember 1989 in Berlin, hrsg. von Lothar Hornbogen/Detlef Nakath/Gerd-Rüdiger Stephan, Berlin 1999.

164 Ebd., S. 38.

165 Vgl. für vieles die Rede des späteren Vorsitzenden Gregor Gysi, ebd., S. 54.

166 Ebd., S. 52.

167 Vgl. für den Wandlungsprozess der CDU insgesamt Ute Schmidt: Von der Blockpartei zur Volkspartei? Die Ost-CDU im Umbruch 1989–1994, Opladen 1997, S. 62–84.

168 Vgl. u. a. Helmut Herles/Ewald Rose (Hrsg.): Parlamentsszenen einer deutschen Revolution. Bundestag und Volkskammer im November 1989, Bonn 1990, S. 74–201.

169 Vgl. Süß: Staatssicherheit am Ende (Anm. 63), S. 511; Wilfriede Otto: Erich Mielke – Biographie. Aufstieg und Fall eines Tschekisten, Berlin 2000, S. 463–479.

ein.[170] Die erste Anregung dazu war bereits am 12. Oktober ergangen, als ein SED-Abgeordneter auf diesem Wege die Übergriffe der Staatsmacht gegen Demonstranten am 7. und 8. Oktober aufklären lassen wollte. Seine Initiative scheiterte, wie letztlich der Volkskammerausschuss auch. Bis zu den Neuwahlen am 18. März 1990 litt die Arbeit unter fortschreitendem Desinteresse der Abgeordneten. Sein letzter Bericht vom 7. März widmete sich den Praktiken des Bereichs Kommerzielle Koordinierung (KoKo).[171] Zuvor hatten sich die Mitglieder mit den Praktiken der früheren Führung beschäftigt, die jedoch straf- und verfassungsrechtlich im Allgemeinen schwer zu fassen waren.

Die Regierung Modrow startete mit wenig Rückhalt. Sie bekannte sich zu einem „guten Sozialismus" und zur zentralen Planung,[172] bemühte sich, die Wirtschafts- und Versorgungslage in der DDR zu stabilisieren und damit die DDR letztlich zu erhalten. Die Konzeption freilich blieb vage. Erst am 1. Februar 1990 legte man aus dem Umfeld der Regierung ein Programm für die schnelle Umstellung zu einer „sozial und ökologisch orientierten Marktwirtschaft" vor.[173]

Bevor auch nur erste Anzeichen einer Stabilisierung zu erkennen waren, hatte Bundeskanzler Helmut Kohl mit der Verkündung seines Zehn-Punkte-Programms vom 28. November 1989 neue Maßstäbe gesetzt und mit der Debatte über eine Föderation und Vertragsgemeinschaft hinaus die Vereinigung Deutschlands auf die Tagesordnung gesetzt. „Jetzt war der Augenblick gekommen, in einer Weise über die deutsche Einheit zu sprechen, dass niemand mehr an unserer politischen Entschlossenheit zweifeln konnte", betonte er.[174] Kohl bot der DDR auch umfassende Hilfe an, wenn „ein grundsätzlicher Wandel des politischen Systems der DDR verbindlich beschlossen und unumkehrbar in Gang gesetzt werde."[175] Damit hatte die Bundesregierung letztlich konsequent auf die Überwindung der DDR als sozialistischer Staat, gleich welcher Art auch immer, gesetzt.

Kohl hatte zuvor den US-Präsidenten Bush informiert, der ihm seine Unterstützung nicht versagte. Naturgemäß hing jeder weitere Fortschritt von der sowjetischen Haltung ab. Gorbatschow wies Kohls Vorstellungen zunächst brüsk zurück. Als Anfang Dezember 1989 Bundesaußenminister Genscher in Moskau weilte, musste er sich dessen harsche Kritik anhören. Bei näherer Hinsicht konnte man das allerdings auf Kohls Procedere beschränkt sehen. Dennoch erscheint plausibel, dass Kohl diesen Schritt nicht ohne ein Signal aus Moskau tat. Dieses kam ausgerechnet von Nikolai Portugalow, einem Vertrauten des zeitweiligen Bonner Botschafters Valentin Falin. Die Abneigung beider gegen eine deutsche Vereinigung war bekannt.[176] Jener überließ bei einem Besuch in Bonn neben einem Papier, das die offizielle Position der Sowjetunion enthielt, auch ein „non-paper", in dem ein Nachdenken über eine Vereinigung und die Bündniszugehörigkeit Gesamtdeutschlands für möglich gehalten wurde.[177] Wie weit es ein Signal aus der sowjetischen Führungsspitze war, kann hier offen bleiben. Mit diesem Zeitpunkt

170 Vgl. Volker Klemm: Korruption und Amtsmißbrauch in der DDR, Stuttgart 1991.
171 Vgl. ebd., S. 84–89, dazu Przybylski: Tatort Politbüro (Anm. 8), Bd. 2, S. 229–336, sowie „geglättet" bei Alexander Schalck-Golodkowski: Deutsch-deutsche Erinnerungen, Reinbek bei Hamburg 1991.
172 Walter Heering: Die Wirtschaftspolitik der Regierungen Modrow und ihre Nachwirkungen, in: Deutscher Bundestag: Materialien (Anm. 5), Bd. III/3, S. 2268–2275.
173 Ebd., S. 2269.
174 Kohl: „Ich wollte Deutschlands Einheit" (Anm. 91), S. 163.
175 Ebd., S. 161, zur Bundestagssitzung vom 28. November 1989 vgl. auch Herles/Rose: Parlamentsszenen einer deutschen Revolution (Anm. 168), S. 29–73.
176 Vgl. Daschitschew: Moskaus Griff nach der Weltmacht (Anm. 15), S. 466.
177 Alexander von Plato: Die Vereinigung Deutschlands – ein weltpolitisches Machtspiel. Bush, Kohl, Gorbatschow und die geheimen Moskauer Protokolle, Berlin 2002, S. 113–119.

war die DDR endgültig aus dem Kreis der Handelnden in der deutschen Frage ausgeschieden.

Die sowjetische Führung trug dem schnell Rechnung. Daschitschew notierte, dass Gorbatschows „Neigung zur Idee der deutschen Einheit, besonders unter dem Einfluss der Ereignisse in der DDR im Herbst 1989, reale Konturen angenommen" hätte.[178] Bereits im Januar 1990 hielt er die „Wiedervereinigung Deutschlands" für „unvermeidlich". Modrow stellte ihm wenige Tage später, am 30. Januar, die Situation ähnlich dar: Die „Idee von der Existenz zweier deutscher Staaten" sei nicht mehr „aufrechtzuerhalten".[179]

Eine Reihe von prominenten Künstlern und Schriftstellern versuchte noch gegen den Strom zu schwimmen und erklärte sich für die Eigenstaatlichkeit der DDR. Ihr Aufruf vom 26. November „Für unser Land" war von Christa Wolf redigiert worden. Dieser Appell, wenn auch weit verbreitet, konnte jedoch die Massenstimmung nicht mehr umkehren. Die Künstler waren ebenso auf dem Weg in die Marginalität wie die Spitzen der Bürgerbewegungen.[180] Nicht vor Anfang Dezember schwenken Bürgerbewegungen und Parteien um; zuerst erklärten sich Demokratischer Aufbruch und SDP für eine Wiedervereinigung.

Angesichts des Legitimationsdefizits der Volkskammer und der fehlenden Repräsentation der Bürgerbewegungen dort regte am 21. November ein Vertreter von „Demokratie jetzt" einen „Runden Tisch" als Koordinations-Forum aller demokratischen Kräfte an.[181] Als erste Partei sagte die LDPD ihre Teilnahme zu, am Folgetag begrüßten Vertreter des Bundes der Evangelischen Kirchen diese Initiative. Das Politbüro der SED tat, ohne auf „Dj" einzugehen, dasselbe und kündigte an, dort unter anderem über ein Wahlgesetz und eine Verfassungsreform sprechen zu wollen. Vorbilder für eine solche Institution hatte es bereits in Polen und Ungarn gegeben, auf lokaler Ebene kam im mecklenburgischen Güstrow bereits am 6. November einer der ersten „Runden Tische" zustande, einer der Initiatoren war der Bürgerrechtler und Pastor Heiko Lietz.[182]

Am 7. und 8. Dezember traf sich dieses Gremium in Berlin unter dem Vorsitz von Kirchenvertretern. Seine Teilnehmer, Vertreter von 14 Parteien und Bürgerbewegungen, unter ihnen der Grünen Partei, der Initiative für Frieden und Menschenrechte sowie des Unabhängigen Frauenverbandes, sorgten sich um die Eigenständigkeit des Landes, erwarteten von Regierung und Volkskammer Informationen über wichtige politische Fragen und verstanden sich als „ein Bestandteil öffentlicher Kontrolle".[183] Auch die zweite Sitzung am 18. Dezember hielt in ihrer Stellungnahme zum Besuch von Bundeskanzler Helmut Kohl in Dresden am Prinzip der Zweistaatlichkeit fest.[184] Bereits die erste Sitzung – fünfzehn weitere sollten bis zum 12. März 1990 folgen – legte den Termin der Wahlen zur Volkskammer (in Form einer „Empfehlung") auf den 6. Mai 1990 fest. Insgesamt leistete der zentrale Runde Tisch nicht nur eine beachtliche Arbeit, indem er eine Vielzahl von Sachfragen erörterte, so von der Rechtsstaatlichkeit über

178 Daschitschew: Moskaus Griff nach der Weltmacht (Anm. 15), S. 466.
179 Gorbatschow: Erinnerungen (Anm. 13), S. 714.
180 Vgl. Robert Grünbaum: Jenseits des Alltags. Die Schriftsteller der DDR und die Revolution von 1989/90, Baden-Baden 2002.
181 Neue Chronik DDR. Berichte, Fotos, Dokumente. 2. Folge: 19. Oktober–23. November 1989. Recherchiert und zusammengestellt von Zeno und Sabine Zimmerling, Berlin 1990, S. 108.
182 Vgl. Langer: „Ihr sollt wissen, dass der Norden nicht schläft..." (Anm. 140), S. 207.
183 Helmut Herles/Ewald Rose (Hrsg.): Vom Runden Tisch zum Parlament, Bonn 1990, S. 23.
184 Vgl. ebd., S. 28.

ein Parteien- und Verbändegesetz bis hin zu ökologischen Fragen, sondern trug auch wesentlich zur Entstehung eines korporativen politischen Stils sowie eines friedlichen Konfliktmanagements bei.

Zum Ende der ersten Dezember-Woche waren wesentliche Elemente der SED-Parteidiktatur verschwunden: Die Suprem, atie der SED im Staat war aus Artikel 1 der Verfassung gestrichen (während die CDU mit ihrem Antrag gescheitert war, auch das Wort „sozialistisch" zu eliminieren), seit dem 3. war die ehemalige Staatspartei führungslos, am 6. Dezember trat Egon Krenz von seinem Amt als Staatsratsvorsitzender zurück. Ihm folgte Manfred Gerlach als interimistisches Staatsoberhaupt.

Zum sichtbarsten Reibungspunkt zwischen dem Kabinett Modrow und dem Runden Tisch wurde die Auflösung der Staatssicherheit. Nachdem Erich Mielke durch seinen Auftritt in der Volkskammer untragbar geworden war, amtierte Rudi Mittig kurzfristig als Vertreter, wurde aber noch vor dem Amtsantritt Modrows durch Wolfgang Schwanitz ersetzt.[185] Wenige Tage später verkündete er eine veränderte Sicherheitsdoktrin einschließlich der Umbildung des MfS in ein Amt für Nationale Sicherheit (AfNS) und die Entlassung einer Reihe von hauptamtlichen Mitarbeitern. Unter dem Druck der Öffentlichkeit geriet Modrow in den Zwang, die von ihm bislang zögerlich betriebene Auflösung der Stasi zu beschleunigen und die in der Bevölkerung vielfach als Privilegien interpretierten Abfindungs- und Versorgungsregelungen zu widerrufen.[186] Parallel dazu hatten erste Aktionen begonnen, Akten zu vernichten.

Die Debatte um das AfNS spitzte sich mit immer neuen Gerüchten über die MfS-Untaten zu. Als am 2. Dezember in Kavelstorf ein geheimes Waffenlager der Koko für den Export enttarnt wurde, floh der Leiter, Alexander Schalck-Golodkowski, in den Westen. Der Zorn der Bevölkerung richtete sich nun offen gegen den Geheimdienst. Es kam vermehrt zu Demonstrationen, aber erst Anfang Dezember machten die Kundgebungen nicht mehr vor den Gebäuden halt. Am 4. Dezember besetzten Demonstranten dann die Erfurter Bezirksverwaltung, nachdem sie zuvor deren Mitarbeiter beim Betreten des Gebäudes kontrolliert hatten. Am gleichen Tag wurde die Kreisdienststelle Jena besetzt. Am Abend erzwangen Demonstranten Zugang zu den Bezirksämtern in Rostock und Dresden. Schwanitz' Befehl, den Demonstranten das Betreten der Stasi-Einrichtungen zu verwehren, konnte nicht mehr durchgesetzt werden.

In den Bezirken waren damit vollendete Tatsachen geschaffen, als die Regierung Modrow am 14. Dezember, viel zu spät, die Auflösung des AfNS und die Bildung eines Verfassungsschutzamtes nach westdeutschem Vorbild ankündigte.[187] Der zentrale Runde Tisch reagierte darauf sehr energisch, wenn auch erst fast 14 Tage später, mit einem Beschluss vom 27. Dezember. Er forderte die Regierung auf, den Aufbau eines Verfassungsschutzes bis nach den Wahlen zurückzustellen und ihn bis zum 3. Januar 1990 über den Stand der Auflösung schriftlich zu informieren. Zugleich forderte er Auskunft über eine Anordnung zur Vernichtung von Akten und über die soziale Sicherung von ausgeschiedenen Staatsbediensteten für drei Jahre.[188]

Anfang Januar war diese Frage immer noch brisant: Zehntausende demonstrierten gegen die Bildung neuer Geheimdienste. Die Regierung gab klein bei. Sie ging auf die

---

185 Vgl. Süß: Staatssicherheit am Ende (Anm. 63), S. 508–510.
186 Vgl. ebd., S. 544–553.
187 Vgl. ebd., S. 669–671.
188 Vgl. Herles/Rose: Vom Runden Tisch zum Parlament (Anm. 183), S. 35.

Forderungen des Runden Tisches ein. Zuvor hatte das Neue Forum zu einer Demonstration vor einem zentralen Stasi-Gebäude am 15. Januar aufgerufen, aus der sich dann die Besetzung der AfNS-Zentrale entwickelte. Auch hier zeigte sich ein recht spontanes, wenig koordiniertes und nicht geplantes, letztlich relativ zielloses Vorgehen der Bürgerbewegungen.[189]

Im Laufe des Januar wurden neue Konturen auf dem Weg zur Einheit sichtbar: Westdeutsche Politiker aus Regierungskoalition und Opposition brachten den Gedanken einer Wirtschafts-, Währungs- und Sozialunion als Vorstufe einer staatlichen Einheit in die Debatte ein. Bundesaußenminister Genscher sprach sich für eine EU-Mitgliedschaft der DDR aus.[190]

Die Krise der Regierung Modrow hielt an. Der Vertrauensverlust wurde durch die wirtschaftliche Talfahrt verschlimmert, da die Bundesrepublik im Wesentlichen bei ihrer Haltung blieb, erst nach freien Wahlen konkrete Zusagen zu machen. Am 28. Januar wurde nach langen Verhandlungen zwischen Hans Modrow, den vier Parteien sowie den Oppositionsgruppen ein Konsens über die Bildung einer neuen Koalitionsregierung, eines Kabinetts der „nationalen Verantwortung", erzielt. Gemäß dem Willen der Bürgerbewegungen und neuen Parteien sollte sie eine nicht parteigebundene Übergangsregierung darstellen. Alle Gruppierungen des Runden Tisches waren einbezogen, die Regierung ernannte im Gegenzug einen Regierungsbeauftragten für den Runden Tisch. Das zweite Kabinett Modrow verfügte damit über eine Legitimationsbasis auch in der Opposition. Zugleich kam man überein, die Volkskammerwahlen auf den 18. März vorzuziehen, Kommunalwahlen sollten am 6. Mai stattfinden.[191]

Spätestens jetzt orientierten sich die Parteien und Bürgerbewegungen auf den Wahlkampf. Die Parteien und mehr noch die Bürgerbewegungen hatten sich auf diese neue Situation erst einzustellen. Freie Wahlen waren für alle ein Novum. Die „Neuordnung" des Parteienfeldes hatte nun überhastet und unter neuen Prämissen zu erfolgen. Die Blockparteien standen vor einem mehrschichtigen Dilemma: Sie hatten neue Eliten zu bilden, sich programmatisch und organisatorisch neu zu orientieren, die alten Mitglieder zu integrieren, sich angesichts des wachsenden Wiedervereinigungsdrucks in der Bevölkerung nach westdeutschen Partnern umzusehen und die materiellen und technischen Erfordernisse des Wahlkampfes zu meistern.

Als symptomatisch dafür kann die Entwicklung der CDU angesehen werden. Sie hatte den Weg vom „Block" in die Parteienkonkurrenz schon recht früh beschritten. Nach der Ablösung Göttings bemühte sich der neue Vorsitzende de Maizière um eine programmatische und organisatorische Erneuerung – die natürlich auf Widerstand der alten „Blockpartei"-Kader stieß. Am 15. und 16. Dezember (im Schatten des zeitgleich außerordentlichen Parteitages der SED/PDS) setzte ein Parteitag eine Strukturreform durch und beseitigte den „demokratischen Zentralismus".[192] Grob gesehen, bildeten

189 Vgl. Michael Richter: Die Staatssicherheit im letzten Jahr der DDR, Köln u. a. 1996, S. 159–168; David Gill/Ulrich Schröter: Das Ministerium für Staatssicherheit. Anatomie des Mielke-Imperiums, Reinbek bei Hamburg 1993, S. 185–187.

190 Vgl. Hannes Bahrmann/Christoph Links: Chronik der Wende 2. Stationen der Einheit. Die letzten Monate der DDR, Berlin 1995, S. 54, 57.

191 Neue Chronik DDR (Anm. 181), 4./5. Folge, 23. Dezember 1989–18. März 1990, S. 139.

192 Vgl. im Einzelnen Ute Schmidt: Transformation einer Volkspartei – Die CDU im Prozeß der deutschen Vereinigung, in: Oskar Niedermayer/Richard Stöss (Hrsg.): Parteien und Wähler im Umbruch. Parteiensystem und Wählerverhalten in der ehemaligen DDR und den neuen Bundesländern, Opladen 1994, S. 44–54.

sich zwei Gruppen heraus: eine, die schon früh uneingeschränkt auf die Vereinigung setzte; und eine zweite, die diesen Prozess langsamer, kontrollierter und gesteuerter ablaufen lassen wollte, um so „ein Stück DDR-eigene Identität zu bewahren". Zu ihr zählte der Vorsitzende.[193]

Nachdem sich die westdeutsche CDU zunächst Zeit gelassen hatte, auf die Ost-CDU zuzugehen, ließen die Zwänge des Wahlkampfes, der Druck der Bevölkerung auf eine Vereinigung sowie die Prognosen eines möglichen sozialdemokratischen Wahlsieges die Entwicklung geradezu überstürzen. Westdeutsche Planungen und Strategien, vermittelt über direkte Kontakte, Finanziers und Berater, wurden im Januar 1990 schnell zur dominanten Größe. So kam auf westlichen Druck Anfang Februar das christlich-konservative Wahlbündnis „Allianz für Deutschland" zu Stande, in dem auch Teile der Bürgerbewegung aufgingen. Später ging die frühere Blockpartei DBD in der CDU auf und verschaffte ihr eine zusätzliche personelle und soziale Basis, vor allem in Brandenburg.[194]

Noch später formierte sich das liberale Lager neu. Erst Mitte Februar, gut einen Monat vor der Volkskammerwahl, beschloss ein Sonderparteitag die lange verzögerte personelle und programmatische Neuorientierung der LDP. Ebenfalls nicht ohne große innere Reibungsverluste kandidierte letztlich für dieses Lager ein Wahlbündnis aus LDP, der Deutschen Forumspartei als einem Zerfallsprodukt des Neuen Forums sowie zwei FDP-Landesverbänden, die sich von der LDP abgespalten hatten, als „Bund Freier Demokraten". Die Bürgerbewegung des Herbstes 1989 hatte sich breit aufgefächert; ihre Strömungen mündeten in alle Parteirichtungen. Das Bündnis 90 (aus Teilen des Neuen Forum, von Demokratie jetzt und der Initiative für Frieden und Menschenrechte) erwies sich als die stimmenstärkste Richtung; sie ließ die Grünen und den Demokratischen Aufbruch klar hinter sich.

Die Sozialdemokratie verfügte – anders als die Blockparteien – über keinen Apparat. Schwerer wiegend war die ambivalente Haltung der Führungen in Ost und West zur deutschen Einheit: Die Sozialdemokratie wandte sich offen gegen die mutmaßliche Mehrheitsmeinung. Zwar hatte sich die Bonner SPD-Führung trotz der Kommunikation (Papier von 1987) mit der SED-Führung bis Sommer 1989 schließlich doch relativ frühzeitig auf eine Unterstützung der SDP festgelegt (und damit weite Teile der SED-Basis ausgegrenzt), aber sie zeigte unter ihrem Vorsitzenden Oskar Lafontaine Skepsis gegenüber einer schnellen Vereinigung. Die SDP-Spitze orientierte sich nur langsam um. Erst Mitte Januar änderte sie ihr Namenskürzel in SPD, dem Kurs auf die Einheit folgte sie zögerlich. Sie mühte sich, ihren politischen Standort im Konzert der übrigen Parteien und Bürgerbewegungen darzulegen.[195]

Geschickter vermochte die SED-Nachfolgepartei SED-PDS, die im Januar das Kürzel SED ablegte, die neue Situation zu nutzen. Sie präsentierte sich gleichermaßen als gewandelte moderne Linkspartei wie als Interessenvertretung der alten DDR-Eliten und ihres sozialen Umfeldes.[196] Trotz einer Fülle weiterer Listenverbindungen, Partei-

---

193 Ebd., S. 67 f.

194 Vgl. Ute Schmidt: Von der Blockpartei zur Volkspartei? Die Ost-CDU im Umbruch 1989–1994, Opladen 1997.

195 Siehe dazu neuerdings Daniel Friedrich Sturm: Uneinig in die Einheit. Die Sozialdemokratie und die Vereinigung Deutschlands 1989/90, Bonn 2006; vgl. auch Schuh/von der Weiden: Die deutsche Sozialdemokratie (Anm. 123), S. 116–119.

196 Zur umfangreichen Literatur zur PDS siehe u. a.: Heinrich Bortfeldt: Von der SED zur PDS. Wandlungen zur Demokratie?, Bonn 1992; Gero Neugebauer/Richard Stöss: Die PDS. Geschichte. Organisation.

neugründungen und ideologisch motivierter Erneuerungsbewegungen auf der Linken erbrachte das Wahlergebnis nur eine marginale Parteienzersplitterung. Auch die für die DDR so typische Kandidatur von „Massenorganisationen" verschwand sang- und klanglos. Die DDR-Bürger wählten am 18. März mit mehr als einer Dreiviertelmehrheit „nicht zuletzt die Bonner Parteien".[197]

7. Schlussbetrachtung

Dem Wahlsieg der „Wiedervereinigungsparteien", der als Abschluss der zweiten Phase des revolutionären Umbruchs in der DDR anzusehen ist, folgte eine Phase der Transformation. Die Volkskammer und die von ihr getragene Regierung der großen Koalition – die freilich vom Sommer 1990 an zu bröckeln begann – leisteten ein immenses Arbeitspensum. Ein Parlament mit wenigen routinierten Berufspolitikern bewirkte auf gesetzgeberischer Ebene den Übergang von einer zentralistischen Parteidiktatur zu einem föderativen rechtsstaatlichen System, ohne bruchlos oder sklavisch die Vorgaben der Bundesrepublik zu übernehmen. So beschen, zählte auch die X. Volkskammer der DDR zu den „Aktivposten" der demokratischen Revolution 1990.[198]

Diese breite Transformation – abgesehen von den außenpolitischen Aspekten der deutschen Vereinigung[199] – umfasste fast alle Felder von Politik, Staat, Wirtschaft, Gesellschaft, Bildung und Kultur. Angesichts des außerordentlich großen Handlungsdrucks und fehlender Vorbilder für eine derart weitgehende Systemtransformation blieb eine Reihe von Grundentscheidungen strittig, insbesondere auf dem Feld der Wirtschaft und der Rückgabe des von der sowjetischen Besatzungsmacht und der DDR enteigneten Eigentums.

Die erste zentrale Frage nach dem Sieg der „Wiedervereinigungsparteien" in den Volkskammerwahlen vom 18. März war die nach dem verfassungsrechtlichen Charakter eines einheitlichen Deutschlands. Zuvor hatte die Regierung Modrow bereits mehrere Kernbestimmungen der DDR-Verfassung geändert (so den Führungsanspruch der SED gestrichen, die Nationale Front aufgelöst und Privateigentum in der Wirtschaft ermöglicht), während Volkskammer und eine Arbeitsgruppe des zentralen Runden Tisches getrennt an Verfassungsentwürfen arbeiteten, um dem Legitimationsdefizit der DDR entgegenzuwirken. Hier wurden schnell unterschiedliche Konzepte sichtbar. In der Volkskammer kamen vor der Wahl die Aktivitäten fast zum Stillstand, der Runde Tisch hingegen gab einen Verfassungsentwurf in Auftrag, der aus Zeitgründen nur in Teilen fertig gestellt werden konnte. Dessen Ziel war eine neue Gesamtverfassung gemäß Artikel 146 des Grundgesetzes. Ein bloßes Aufgehen der DDR in der Bundesrepublik nach Artikel 23 (Beitritt zum Geltungsbereich des Grundgesetzes) wurde insbesondere

Wähler. Konkurrenten, Opladen 1996; Viola Neu: Das Janusgesicht der PDS. Wähler und Partei zwischen Demokratie und Extremismus, Baden-Baden 2004.

197 Peter Joachim Winters: Zum ersten Mal frei. Die Wahlen zur Volkskammer, in: Deutschland Archiv, 23 (1990), S. 498.

198 Eine wissenschaftliche Bilanz der Volkskammer des Jahres 1990 fehlt bislang. Vgl. Gunnar Peters: Frei gewählt, um sich überflüssig zu machen. Die 10. Volkskammer der DDR (1990), MA-Arbeit, Ms., Universität Rostock 2002. Eine Dissertation des Verfassers zu diesem Thema wird im Sommer 2006 an der Philosophischen Fakultät der Universität Rostock eingereicht.

199 Vgl. Rafael Biermann: Zwischen Kreml und Kanzleramt. Wie Moskau mit der deutschen Einheit rang, Paderborn u. a. 1995; Timothy Garton Ash: Im Namen Europas. Deutschland und der geteilte Kontinent, München/Wien 1993; Peter E. Quint: The Imperfect Union. Constitutional Structures of German Unification, Princeton, New Jersey, 1997.

von den Exponenten der Bürgerbewegung abgelehnt, ferner die Aufnahme plebiszitärer Elemente gefordert.[200] Die frei gewählte Volkskammer weigerte sich jedoch, diesen inzwischen fertig gestellten Entwurf in die Ausschüsse zu überweisen. Stattdessen brachte die Regierung Anfang Mai ein Verfassungsgrundsätze-Gesetz in das Parlament ein, das im Juni knapp mit der erforderlichen Zweidrittelmehrheit angenommen wurde. Dort definierte sich die DDR als „freiheitlicher, demokratischer, föderativer sozialer und ökologisch orientierter Rechtsstaat".[201] Das schuf zugleich den verfassungsrechtlichen Rahmen für die zum 1. Juli 1990 in Kraft tretende Wirtschafts-, Währungs- und Sozialunion, mit der die DDR wesentliche Elemente des bundesdeutschen Gesellschaftssystems übernahm.

Drei Probleme beherrschten das Umfeld der Debatten um den ersten Staatsvertrag. Das betraf zum Ersten die Umtauschquote der DDR-Mark. Die Entscheidung, kleine Beträge im Verhältnis 1:1 und größere im Verhältnis 1:2 in D-Mark zu verrechnen, kam der öffentlichen Meinung entgegen, stellte aber eine schwere Belastung für die Wirtschaft, insbesondere die Industriebetriebe, dar. Das zweite, der Grundsatz „Rückgabe vor Entschädigung" enteigneten Vermögens, erwies sich nicht selten wegen ungeklärter Eigentumsverhältnisse als Investitionshemmnis. Das wurde indes häufig zu Unrecht der westdeutschen Seite in den Verhandlungen zum ersten Staatsvertrag „angelastet". Die Anfänge des dritten Komplexes, die Reprivatisierung der staatlichen Betriebe, reichten ebenfalls in die Zeit der Regierung Modrow zurück.[202] Am 1. März 1990 war die „Treuhandanstalt" zur Verwaltung und Verwendung des „Volkseigentums" gegründet worden und von Anfang an mit Struktur- und Personalproblemen belastet. Die Volkskammer verabschiedete am 17. Juni 1990 (zeitgleich mit dem Verfassungsgrundsätze-Gesetz) ein Treuhandgesetz, um die Privatisierung der Wirtschaft voranzutreiben. Sicherlich war das Wirken dieser Behörde umstritten. Die Vorwürfe reichten von der Verschleuderung des DDR-Vermögens bis hin zur Enteignung der DDR-Bürger zugunsten des Finanzministeriums. Gleichwohl bleibt fraglich, ob es jenseits vieler möglicher Fehler in Einzelfällen eine gangbare Alternative zur schnellen Privatisierung der Wirtschaft gegeben hat.

Eine weitere Herausforderung stellten die Überwindung des Zentralismus und der Aufbau föderativer Strukturen sowie die Wiederherstellung der kommunalen Selbstverwaltung dar. Hierbei blühte manche – von der SED verschüttete – Tradition wieder auf, wie es das Beispiel der Länderneubildung zeigt. Die von der Sowjetischen Militäradministration 1945 verordnete Länderbildung, die 1952 durch die Neugliederung in Bezirke abgelöst worden war, erwies sich gegenüber allen Neuordnungsplänen als stabil – auch wenn diese Länder, sieht man von ihren territorialen und etatistischen Vorgeschichten in Mittelalter und Neuzeit ab, nur rund sieben Jahre existiert hatten.[203] Als die Volkskammer im Juli 1990 das Ländereinführungsgesetz verabschiedete, waren alle Debatten um Länderneugliederungen obsolet geworden. Sämtlichen Beteiligten war bewusst, dass man einige strukturschwache Länder in die gesamtdeutsche Landschaft

200 Vgl. Uwe Thaysen in Zusammenarbeit mit Hans Michael Kloth: Der Runde Tisch und die Entmachtung der SED. Widerstände auf dem Weg zur freien Wahl, in: Deutscher Bundestag: Materialien (Anm. 5), Bd. VII/2, S. 1786–1788.
201 Der Text ist wiedergegeben in: Deutschland Archiv, 23 (1990), S. 1300 f.
202 Vgl. Isolde Stark: Wirtschafts- und sozialpolitische Vorstellungen der neuen Parteien und Bewegungen in der Zeit vom Sommer 1989 bis zum Oktober 1990, in: Deutscher Bundestag: Materialien (Anm. 5), Bd. II/3, S. 2665–2668.
203 Vgl. Peter Joachim Lapp: Fünf plus eins: Länder statt DDR, in: Deutschland Archiv, 23 (1990), S. 1079–1084.

entließ. Auch hier fehlte es anfangs (wie auch in der Justiz) an qualifiziertem Personal.[204] Schließlich konnten mit der deutschen Vereinigung die fünf Länder vollends etabliert werden. Wahlen zu den Landtagen fanden schon nicht mehr unter DDR-Ägide statt.

Kurioserweise wurden erst nach den ersten Kommunalwahlen vom 6. Mai 1990 die Grundlagen für eine demokratische Selbstverwaltung geschaffen. Man wählte eine Struktur, die dem Bürgermeister eine herausragende Stellung zubilligte, zugleich aber dem gesamtstaatlichen Aufbau das Prinzip der Subsidiarität zu Grunde legte. Erneut prägte Eile unverkennbar den Prozess staatlichen Neuaufbaus.

Einigungsdruck „von unten" und der permanente Wahlkampf des Jahres 1990 beschleunigten die Angleichung des DDR-Parteiensystems an die Struktur des Westens. Die christlich-konservative Listenverbindung „Allianz für Deutschland", von der West-CDU gefordert und gefördert, setzte ein erstes Präjudiz, das die Transformation der DDR-Parteien und die Angleichung an Arbeits- und Wahlkampfmethoden der Westparteien beschleunigte. Der gesamtdeutsche Zusammenschluss der CDU Anfang Oktober 1990, in der Teile des Demokratischen Aufbruchs sowie die frühere Demokratische Bauernpartei aus der DDR aufgegangen waren, enthüllte jedoch ein Bild von politischer, sozialer, mentaler und nicht zuletzt organisatorischer Differenziertheit, das erst allmählich nach 1991 – unter Inkaufnahme beträchtlicher Mitgliederverluste – andere Konturen gewann.[205] FDP und SPD kamen der CDU mit jeweiligen deutschlandweiten Zusammenschlüssen zeitlich zuvor (im August und im September), wobei die FDP den anteilig größten Mitgliederzuwachs (aus LDPD und NDPD) verbuchen konnte, während die Sozialdemokratie in weiten Teilen auf Kreis- und Ortsebene kaum eine flächendeckende Organisation vorweisen konnte. Ihr Gründungsprinzip einer konsequenten Verweigerung gegenüber früheren SED-Mitgliedern führte sie organisationspolitisch in eine marginale Position.[206] Lediglich Bündnis 90/Die Grünen konstituierten sich erst knapp drei Jahre später (im Januar 1993) als gesamtdeutsche Partei – überschattet vom Scheitern der westdeutschen Grünen bei den Bundestagswahlen im Dezember 1990.[207]

Eine sichtbare Kontinuität sei wenigstens erwähnt: Die frühere Staatspartei mutierte im Dezember 1989 zur SED-PDS, im Februar 1990 endgültig zur PDS.[208] Sie beanspruchte, „mit dem Stalinismus als System" gebrochen zu haben, blieb aber in der Mitgliedschaft sowohl eine ostdeutsche Regional- als auch eine Partei der alten DDR-Eliten.[209] Zum Teil haben sich deren Mitglieder (vor allem aus dem Staatsapparat, dem Sicherheitsbereich oder der Wirtschaft) in der neuen Bundesrepublik wirtschaftlich eingerichtet, ohne dessen politisches System zu akzeptieren. Die PDS versuchte seit 1990, als Sachwalterin ostdeutscher Interessen aufzutreten. Sie stützte sich dabei auf ein breites

204 Vgl. als Übersicht Hellmut Wollmann: Institutionenbildung in Ostdeutschland. Neubau, Umbau und „schöpferische Zerstörung", in: Max Kaase u. a.: Politisches System (Berichte zum politischen und sozialen Wandel in Ostdeutschland, Bd. 3), Opladen 1996, S. 60–105.

205 Vgl. Oskar Niedermayer/Richard Stöss: Einleitung, in: dies.: Parteien und Wähler im Umbruch (Anm. 192), S. 24–31.

206 Vgl. Gero Neugebauer: Die SDP/SPD in der DDR. Zur Geschichte und Entwicklung einer unvollendeten Partei, in: Niedermayer/Stöss: Parteien und Wähler im Umbruch (Anm. 192), S. 75–104; für das „Diaspora"-Land Mecklenburg-Vorpommern vgl. die Regionalstudie von Werner Müller/Fred Mrotzek/Johannes Köllner: Geschichte der SPD in Mecklenburg und Vorpommern, Bonn 2002, S. 237–242.

207 Vgl. Jan Wielgohs: Bündnis 90 – Zwischen Widerstand und Anpassung, in: Niedermayer/Stöss: Parteien und Wähler im Umbruch (Anm. 192), S. 143.

208 Vgl. Neugebauer/Stöss: Die PDS (Anm. 196), S. 35–53.

209 Vgl. Neu: Das Janusgesicht der PDS (Anm. 196), S. 44.

Spektrum von Vorfeldorganisationen. Dies und die mentalitätsgeschichtlichen Hinterlassenschaften der DDR dürften noch auf längere Zeit den Alltag der Ostdeutschen mit bestimmen.[210]

Letztlich zeigte sich keine gangbare Alternative zur Integration der DDR in das System des Grundgesetzes mit dem Beschluss der Volkskammer vom 23. August 1990. „Dritte Wege" favorisierte zwar so mancher, mehrheitsfähige Alternativen waren diese aber nicht. Versäumnisse und Brüche des deutschen Vereinigungsprozesses nach dem Beitritt der DDR zum Geltungsbereich des Grundgesetzes können nicht in Abrede gestellt werden. Zu nennen sind etwa: breite Kreise von „Vereinigungsverlierern" in der Bevölkerung, hohe Arbeitslosigkeit, jahrelang anhaltende Binnenwanderung von Ost nach West, Deindustrialisierung. Gerade weil diese Defizite des vereinigten Deutschlands in Politik und Publizistik mitunter überbetont werden, bleibt festzuhalten, dass stabil mehr als drei Viertel der Ostdeutschen nach wie vor für die westdeutschen Parteien des demokratischen Verfassungsstaates stimmen. Sie vollzogen das nach, was den Westdeutschen nach 1945 offen stand: die freie Entscheidung für die pluralistische Mehrheitsdemokratie. „Die Deutschen im Osten", resümierte Peter Graf Kielmansegg, „haben sich in der Tat in einem Akt der Selbstbestimmung zuerst für die Freiheit und dann, am 18. März und am 23. August, auch für die Einheit entschieden. Es mag durchaus sein, dass das Votum vom 18. März vor allem von der Hoffnung bestimmt war, Einheit bedeute Wohlstand. Eine freie Entscheidung bleibt es gleichwohl."[211]

210 Vgl. Wolfgang Engler: Die Ostdeutschen. Kunde von einem verlorenen Land, Berlin 1999.
211 Peter Graf Kielmansegg: Nach der Katastrophe. Eine Geschichte des geteilten Deutschland, Berlin 2000,
   S. 673.

Holocaust-Gedenkstätte vor dem Gebäude des Reichstags (heute: Deutscher Bundestag) in Berlin, 2004
Quelle: SV-Bilderdienst

Eckhard Jesse

Zäsuren und Neuanfänge in der deutschen Geschichte des 20. Jahrhunderts im Vergleich

1. Einleitung

„Die erste deutsche Republik ist nicht mehr bloß Vorgeschichte des ‚Dritten Reiches'
und Kontrast zu seinen beiden Nachfolgestaaten, sondern im Positiven wie im Negativen Vorgeschichte der zweiten gesamtdeutschen Demokratie. Doch anders als Weimar ist die erweiterte Bundesrepublik keine ungelernte Demokratie mehr. Sie hat nicht
nur die Weimarer, sondern auch die sehr viel erfolgreicheren Bonner Lehrjahre hinter
sich."[1] Heinrich August Winkler beschreibt mit diesen Sätzen in nuce die wechselvolle
Geschichte Deutschlands im 20. Jahrhundert. Sie ist durch vier Systemwechsel gekennzeichnet, wobei der letzte nur jeden fünften Deutschen direkt betraf. Systemwechsel
meint den (friedlichen oder weniger friedlichen) Übergang von einem Regimetypus
zum anderen, abgesehen von etwaigen anderen Modifikationen (monarchisch-konstitu-
tionelle Verfassungstypen etc.) entweder von der Diktatur zur Demokratie oder von der
Demokratie zur Diktatur.[2] Dies mag auch ein Wechsel von einer autoritären Diktatur zu
einer „defekten" Demokratie sein (oder umgekehrt), wie die Entwicklung seit Ende der
achtziger Jahre gezeigt hat.[3] Ein Herrschaftsformwechsel (von einer Monarchie zu einer
Republik oder vice versa) muss nicht, kann aber auf einen Systemwechsel hinauslaufen.
Ein Regierungswechsel (innerhalb eines Regimetypus) ist unter keinen Umständen als
„Systemwechsel" zu klassifizieren, weil er die Grundstruktur der jeweiligen politischen
Ordnung nicht in Zweifel zieht.

Wie immer man die Gewichtung vornimmt: Große, im Negativen wie im Positiven,
historische Gestalten haben der Entwicklung ihren Stempel aufgedrückt. Mit Sicherheit
wäre die Geschichte Deutschlands im 20. Jahrhundert ohne Hitler und ohne Adenauer,
um zwei markante Namen zu nennen, anders verlaufen. Allerdings dürfen strukturelle
Gegebenheiten, wie etwa die geographische Mittellage Deutschlands, nicht vernachlässigt werden. Weichenstellungen ergeben sich aus einem komplexen Bündel an mannigfachen Faktoren. Wer historische Gesetzmäßigkeiten in Erwägung zieht, unternimmt
eine Gratwanderung. Kontrafaktische Geschichtsschreibung lenkt bei aller spekulativen
Problematik zu Recht den Blick auf die Offenheit des historischen Verlaufs und mög-

---

1   Heinrich August Winkler: Weimar 1918–1933. Die Geschichte der ersten deutschen Demokratie, Mün-
    chen 1998, S. 616.
2   Vgl. Klaus von Beyme/Dieter Nohlen: Systemwechsel, in: Dieter Nohlen (Hrsg.): Wörterbuch Staat
    und Politik, 4. Aufl., München 1996, S. 765–776; Dieter Nohlen: Systemwechsel, in: ders./Rainer-Olaf
    Schultze (Hrsg.): Lexikon der Politikwissenschaft. Theorie, Methoden, Begriffe, Bd. 2, 3. Aufl., München
    2005, S. 1006–1009. Der Verfasser versteht den Begriff des „Systemwechsels" im Gegensatz zu den Aus-
    führungen in den vorgenannten Artikeln wertfrei. Als „Systemwechsel" firmiert hier nur der Übergang
    von einer Diktatur zur Demokratie. Siehe auch den einführenden Beitrag von Alexander Gallus in diesem
    Band.
3   Es hat sich eine breite politikwissenschaftliche „Systemwechsel"-Forschung herausgebildet. Vgl. u. a.
    Wolfgang Merkel u. a. (Hrsg.): Systemwechsel, 5 Bde., Opladen 1994–2000.

liche Alternativen.[4] Staaten und Politiker standen und stehen immer wieder vor historischen Weggabelungen. Was sich im Nachhinein als zwangsläufig ausnimmt, war in Wirklichkeit die bewusste Entscheidung für diesen oder jenen Weg, der sich später als Irr- oder Königsweg herausstellen mag.

In jedem Wandel, sei er noch so massiv, steckt Kontinuität – und in jeder Kontinuität Wandel. Insofern sind pauschale und populäre Wendungen wie die von der „Stunde Null" eine Überzeichnung. Das gilt selbst für das Jahr 1945. Eine sozialgeschichtliche Untersuchung erhellt ein überraschend hohes Maß an Kontinuität „von Stalingrad zur Währungsreform".[5] Gleichwohl ändert dies nichts an dem epochalen Einschnitt des Jahres 1945, „der in jeder Beziehung radikalsten Zäsur in der Geschichte Deutschlands in diesem Jahrhundert".[6] „Die Frage nach der Kontinuität, mit der das Spätere aus dem Früheren erklärt werden kann, ist notwendig und legitim. Die Richtung der Frage aber ist nicht umkehrbar: Ich kann das Frühere vom Späteren her allein [...] nicht erklären."[7] Thomas Nipperdey will damit jeder Form des Geschichtsdeterminismus entgegenwirken. In der Tat verbietet es sich, alle früheren Wegmarken unter dem Blickwinkel von 1933 zu sehen. Als sei alles unabänderbar auf das Jahr 1933 zugelaufen.

Die nachfolgenden Ausführungen leugnen damit weder die Offenheit der historischen Situation noch die Bedeutung von Kontinuitätselementen in Umbruchzeiten. Deutschland, bis zum Jahre 1806 als „Heiliges Römisches Reich Deutscher Nation" und von 1815 bis 1866 als „Deutscher Bund" ein buntscheckiges Gebilde,[8] wurde erst spät ein Nationalstaat: Otto von Bismarck führte mit „Blut und Eisen" die Einigung „von oben" herbei, nachdem die deutsche Revolution von 1848/49 an der Widerstandskraft der wieder erstarkten monarchischen Mächte gescheitert war. Das Kaiserreich, als „kleindeutsche Lösung" (ohne Österreich), schien schnell eine innere Festigkeit aufzuweisen, doch setzte die Niederlage im Ersten Weltkrieg dem Obrigkeitsstaat ein Ende.

Die Brüche, die Deutschland im letzten Jahrhundert erlebt hat, sind tief greifender Natur. Kaum ein Land Europas hat so viele Regimewechsel in dieser Zeit erfahren. Nur wenige Studien nehmen sich dieser Zäsuren in vergleichender Absicht an.[9] Man muss dabei nicht so weit gehen wie Eberhard Jäckel, der Deutschlands Rolle einen zentralen Rang im 20. Jahrhundert zumisst. „Kein anderes Land hat Europa und der Welt im 20. Jahrhundert so tief seinen Stempel eingebrannt wie Deutschland, schon im Ersten Weltkrieg, als es im Mittelpunkt aller Leidenschaften stand, dann natürlich unter Hitler und im Zweiten Weltkrieg, zumal mit dem Verbrechen des Jahrhunderts, dem Mord an den europäischen Juden, und in mancher Hinsicht gilt es kaum weniger für die Zeit nach 1945. Die zweite Hälfte des Jahrhunderts war von den Nachwirkungen

---

4 Vgl. Robert Cowley (Hrsg.): Was wäre geschehen, wenn?, München 2004; Niall Ferguson (Hrsg.): Virtuelle Geschichte. Historische Alternativen im 20. Jahrhundert, Darmstadt 1999.

5 Vgl. Martin Broszat/Klaus-Dietmar Henke/Hans Woller (Hrsg.): Von Stalingrad zur Währungsreform. Zur Sozialgeschichte des Umbruchs in Deutschland, München 1988.

6 So Friedrich Pohlmann: Deutschland im Zeitalter des Totalitarismus – Überlegungen zu den Schlüsseljahren deutscher Geschichte im 20. Jahrhundert, in: Zeitschrift für Politik, 47 (2000), S. 210.

7 Thomas Nipperdey: 1933 und die Kontinuität der deutschen Geschichte, in: Michael Stürmer (Hrsg.): Die Weimarer Republik. Belagerte Civitas, 2. Aufl., Königstein/Ts. 1985, S. 391.

8 Vgl. die Beiträge von Peter März und Hans-Christof Kraus in diesem Band.

9 Vgl. vor allem Dietrich Papenfuß/Wolfgang Schieder (Hrsg.): Deutsche Umbrüche im 20. Jahrhundert, Köln u. a. 2000; Carola Stern (Hrsg.): Wendepunkte deutscher Geschichte. 1848–1990, Neuausg., Frankfurt a. M. 2001; Pohlmann: Deutschland im Zeitalter des Totalitarismus (Anm. 6), S. 201–215. Siehe jetzt die originelle „Rekonstruktion deutscher Geschichtsbilder", in: Konrad H. Jarausch/Michael Geyer: Zerbrochener Spiegel. Deutsche Geschichten im 20. Jahrhundert, München 2005, S. 126–351.

beherrscht, und noch an seinem Ende nimmt Deutschland wegen dieser Ereignisse einen herausragenden Platz im Gedächtnis der Völker ein."[10] Für die Zeit bis 1945 mag die Rolle Deutschlands herausragend gewesen sein, doch für die Zeit danach lässt sich Jäckels Interpretationsrahmen schwerlich halten. Die Konflikte, die es zwischen 1945 und 1990 um Deutschland gab, waren eine Folge des Kalten Krieges, nicht ihre Ursache. Seit der deutschen Einheit 1990 ist Deutschland ebensowenig eine Schlüsselmacht mehr, will es auch gar nicht sein.

Im November 1918 brach mit dem verlorenen Krieg die Monarchie zusammen, wurde die „deutsche Republik" ausgerufen. Schon am 19. Januar 1919 fanden im krisengeschüttelten Land Wahlen zur Nationalversammlung statt. Die erste deutsche Demokratie, die ungefestigte Weimarer Republik, wurde bereits 1933 durch eine Diktatur barbarischer Prägung abgelöst, das „Dritte Reich". Im Jahre 1945 nach einem Weltkrieg, der viele Millionen Menschen das Leben gekostet hatte, von der diktatorischen Sowjetunion einerseits und den demokratischen USA andererseits bezwungen, währte das „Tausendjährige Reich" ganze zwölf Jahre. Das Schlüsseljahr 1945 zeichnete sich durch eine Scharnierfunktion aus: In dem einen Teil Deutschlands etablierte sich binnen kurzem auf Geheiß und Druck der sowjetischen Besatzungsmacht eine kommunistische Diktatur, in dem anderen, dank der Unterstützung der Westmächte, eine parlamentarische Demokratie. Das war jeweils 1949. Während sich die Bundesrepublik zunehmend konsolidierte, blieb die DDR ohne Legitimation, ein Staat auf Abruf, dem „Untergang auf Raten"[11] geweiht. Als die Sowjetunion nicht mehr bereit war, die SED-Diktatur zu stützen, brach die Diktatur im Gefolge des Revolutionsjahres 1989 zusammen. Ein Jahr später trat die Deutsche Demokratische Republik, die nun ihren Namen verdient hatte, der Bundesrepublik bei. Innerhalb von gut sieben Jahrzehnten erlebte Deutschland (genauer: ein Teil Deutschlands) damit vier Systemwechsel.

Dieser Beitrag will zunächst die Systemwechsel in allen Phasen beschreiben (vornehmlich unter der Fragestellung, welche Ursachen für die Umbrüche – den Sturz des Alten wie den Sieg des Neuen – namhaft zu machen sind) und die ihnen folgenden Epochen deutscher Geschichte im 20. Jahrhundert Revue passieren lassen (Kapitel 2 bis 5): die Weimarer Republik (mitsamt den letzten Jahren des Kaiserreiches), das „Dritte Reich", die DDR, die Bundesrepublik Deutschland. Es handelt sich um zwei Diktaturen und um zwei Demokratien. Das Kaiserreich war zwar keine parlamentarische Monarchie, da der Kanzler nur vom Kaiser eingesetzt und entlassen wurde, jedoch im Kern ein Rechtsstaat mit einer beachtlichen parlamentarischen Komponente. Die großen Phasen der deutschen Geschichte im 20. Jahrhundert können nach mannigfachen Kriterien untergliedert werden – nach innen- oder außenpolitischen Zäsuren, nach wirtschaftlichen oder militärischen Gegebenheiten. Die Periodisierung der einzelnen Epochen erfolgt nach jeweils anderen Merkmalen, weil die Einschnitte in den einzelnen Phasen deutscher Geschichte unterschiedlicher Natur waren. Wer die Rolle der maßgeblich die politische Willensbildung prägenden Parteien berücksichtigt, vermag gut das spezifische Gesicht der jeweiligen Epoche zu erfassen.

Der Vergleich der Zäsuren und Neuanfänge – 1918/19, 1933, 1945/49 und 1989/90 – ist mehrdimensional (Kapitel 6). Der Autor sucht die folgenden Fragen zu klären: Wie massiv fielen die Umbrüche aus? Wie offen war jeweils die historische Situation?

---

10 Eberhard Jäckel: Das deutsche Jahrhundert. Eine historische Bilanz, Stuttgart 1996, S. 7 f.
11 Vgl. Armin Mitter/Stefan Wolle: Untergang auf Raten. Unbekannte Kapitel der DDR-Geschichte, München 1993.

Welche (inneren oder äußeren) Kräfte zeichneten für den Umsturz verantwortlich? Wie fällt das spezifische Verhältnis zwischen dem Zusammenbruch der alten Ordnung, dem Übergang und der Konsolidierung der neuen Ordnung aus? Gab es Zusammenhänge zwischen den vier Systemwechseln? Und, last but not least: Welche Nachwirkungen hinterließen diese, und wie sind sie zu bewerten? Wer eine solche Frage aufwirft, wendet sich gegen die These, die Wissenschaft komme ohne klare Stellungnahmen aus. Relativierende Formulierungen wie „aus heutiger Sicht" sind insofern problematisch, als sie darauf hinauslaufen, das Urteil hänge von einem bestimmten Zeitpunkt ab. Das mag in Einzelfällen zwar so sein (wenn etwa erst später wichtige Erkenntnisse an das Licht der Öffentlichkeit gelangten), aber in der Regel vermochten bereits die Zeitgenossen die Richtung des Systemwechsels zu erkennen. Die Wendung „aus heutiger Sicht" ist nicht zuletzt deshalb verräterisch, weil sie dem Relativismus Vorschub leistet.

Wer die vier Epochen (Weimarer Republik, „Drittes Reich", DDR, Bundesrepublik Deutschland) miteinander vergleicht (Kapitel 7), kann dies in sechsfacher Weise tun. Dem Demokratie-Demokratie-Vergleich (Weimarer Republik versus Bundesrepublik Deutschland) steht ein Diktatur-Diktatur-Vergleich („Drittes Reich" versus DDR) gegenüber. Beide Vergleiche sind gebräuchlich. Von den vier verbleibenden Demokratie-Diktatur-Vergleichen spielte der Vergleich zwischen der Bundesrepublik Deutschland und der DDR in der Vergangenheit eine gewisse Rolle, der einzige nicht diachrone Vergleich. Die anderen drei Vergleiche (Weimarer Republik versus DDR, Weimarer Republik versus „Drittes Reich", „Drittes Reich" versus Bundesrepublik Deutschland) bleiben unberücksichtigt, da sie nicht sonderlich weiterführen. Solche umfassenden Systemvergleiche sind integraler Natur, nicht sektoraler. Es soll u. a. geprüft werden, ob Begriffe wie „erste und zweite deutsche Diktatur" ebenso Sinn ergeben wie „erste und zweite deutsche Demokratie".[12]

Alle vier Systemwechsel sind durch ein symbolträchtiges Schlüsseldatum gekennzeichnet: den 9. November 1918 (mit der Abdankung des Kaisers und der Ausrufung der Republik), den 30. Januar 1933 (mit der als „Machtergreifung" inszenierten Übernahme der Regierung durch Adolf Hitler), den 8. Mai 1945 (mit der bedingungslosen Kapitulation Deutschlands) und den 9. November 1989 (mit der Öffnung der Mauer, die das Ende der DDR-Diktatur beschleunigte). Allerdings verkennt eine solche Fixierung auf Daten zweierlei: Erstens lagen diesen Ereignissen wichtige Voraussetzungen zu Grunde, und zweitens zogen sie gravierende Folgen nach sich. Diese Aspekte sollen nicht zu kurz kommen. In allen Fällen gab es drei Phasen: die Agonie des alten Systems, den (mehr oder weniger schnellen) Umbruch, die (gelungene oder weniger gelungene) Konsolidierung der neuen Ordnung.

In einem Fall ist nur von einem einzigen Jahr die Rede (1933), in zwei Fällen von zwei Jahren (1918/19 und 1989/90), und in einem Fall sogar von einem Jahrfünft (1945/49). Damit hat es folgende Bewandtnis: Wer von „1933" spricht, fängt den Zusammenbruch des alten wie den Anfang des neuen Gebildes angemessen ein; hingegen vollzog sich das Ende des Kaiserreiches wie der Beginn der Weimarer Republik ebenso in Zeitstrecken zweier Kalenderjahre wie das Ende der DDR-Diktatur und der DDR schlechthin. Noch weiter erstreckte sich der Zeitraum vom Ende der NS-Diktatur bis zum Beginn zweier deutscher Staaten. Insofern scheint eine derartige Differenzierung angezeigt. Zu einer angemessenen Erfassung der Systemwechsel gehört beides: das Ende der alten Ordnung in seiner Verschlungenheit ebenso zu berücksichtigen wie den Neuanfang.

---

12 Vgl. beispielsweise Winkler: Weimar 1918–1933 (Anm. 1); Rainer A. Roth/Walter Seifert (Hrsg.): Die zweite deutsche Demokratie. Ursprünge – Probleme – Perspektiven, Köln 1990.

2. Weimarer Republik

In der Wilhelminischen Epoche des 1871 ins Leben gerufenen Kaiserreiches[13] zog ein „Neuer Kurs" ein. Die Militarisierung des öffentlichen Lebens schritt stark voran. So gewann der Marinestaatssekretär Alfred von Tirpitz, der die Kriegsflotte ausbaute, immer mehr an Ansehen und Einfluss. Wilhelm II., ein sprunghaft-unsteter Monarch, nahm zunächst verstärkt die „soziale Frage" ins Visier (u. a. Verabschiedung einer Arbeiterschutzversicherung), verfolgte dieses brennende Problem später jedoch nicht weiter, wiewohl sich die materielle Lage der Arbeiterschaft zu verbessern begann. Im Jahre 1890 wurde der Rückversicherungsvertrag mit Russland nicht verlängert, sodass dieses in der Folge mit Frankreich paktierte. Da das Deutsche Reich zudem die Kontakte zu Großbritannien vernachlässigte und durch die Flottenpolitik das Inselreich vor den Kopf stieß, bahnte sich seine verhängnisvolle Isolierung an. Nachdem die britische Monarchie mit Frankreich (1904) und mit Russland (1907) ein Bündnis eingegangen war, fühlte sich Deutschland „eingekreist". Es hatte lediglich Österreich-Ungarn und Italien auf seiner Seite. Die Machtverhältnisse waren so festgezurrt; bei einem Ausbruch eines kriegerischen Konflikts gab es für keinen Partner in den jeweiligen Bündnissystemen mehr ein Zurück. Wilhelm II. forcierte die Kolonialpolitik, strebte für Deutschland einen „Platz an der Sonne" an. Wenngleich das Wort vom „persönlichen Regiment" (Werner Frauendienst) des Kaisers übertrieben ist, mischte dieser in den Regierungsangelegenheiten mit, und sei es nur durch unbesonnen-großmannssüchtige Reden, die Empörung im Ausland auslösten. Nicht nur bei der Feier zur Jahrhundertwende schwang Wilhelm II. kampfeslustige Reden.[14]

Das Parlament konnte den Reichskanzler weder ernennen noch absetzen. Dies oblag dem Kaiser. Freilich nahm der Einfluss des Reichstages allmählich zu. Da für die Regierungsbildung Parteien nicht nötig waren, gewannen bei ihnen doktrinäre Züge die Oberhand. Fünf große Strömungen rangen um politisches Mitspracherecht. Den Konservativen ging es um die Bewahrung ihrer Privilegien; die Nationalliberalen votierten für die konstitutionelle Monarchie und bejahten später die Kolonialpolitik; die in unterschiedliche Richtungen gespaltenen Linksliberalen forderten die Parlamentarisierung des Reiches; der katholische Bevölkerungsteil scharte sich um das Zentrum, das verschiedene Strömungen auszutarieren hatte; die SPD, die von 1878 bis 1890 verboten war (allerdings errang sie weiterhin über Kandidaten in den Wahlkreisen Reichstagsmandate) und dem Obrigkeitsstaat nichts Positives abgewinnen konnte, nahm als verfemte Kraft eine Außenseiterposition ein. Die schon 1890 stimmenstärkste, aber erst 1912 an Mandaten stärkste Partei[15] galt beständig als „Reichsfeind"; dies traf zu bestimmten Zeiten ebenso auf die Linksliberalen wie das Zentrum zu. Auch wenn die SPD Klassenkampf predigte, wuchs sie allmählich in den Staat hinein. Sie stimmte 1914 den Kriegskrediten zu.

Der Erste Weltkrieg, die „Urkatastrophe des 20. Jahrhunderts" (George F. Kennan), sorgte für den militärischen und politischen Zusammenbruch des Kaiserreiches. Während des Kriegsgeschehens litt des Kaisers Autorität unter der dominierenden Rolle der Obersten Heeresleitung. Das Kaiserreich endete so, wie es begonnen hatte: mit einer

---

13 Vgl. den Beitrag von Wolfram Siemann in diesem Band.
14 Vgl. Helmut Altrichter/Walther L. Bernecker: Geschichte Europas im 20. Jahrhundert, Stuttgart 2004, 15–17.
15 Die Gründe dafür sind vielfältig: die „passive Wahlkreisgeometrie", Stichwahlbündnisse der Kandidaten anderer Parteien gegen die SPD, kein Verzicht der SPD auf Zählkandidaturen.

„Revolution von oben". Die Einigung Deutschlands wie seine Parlamentarisierung im Oktober 1918 kamen auf diese Weise zustande. Aber die Monarchie ließ sich nicht mehr retten.

Ihr Sturz war wesentlich ein Produkt des Weltkrieges, dessen Ausgang sich zu Ungunsten Deutschlands entwickelte.[16] Das deutsche Waffenstillstandsersuchen vom Oktober 1918 traf die Öffentlichkeit unvermittelt. Der Notenwechsel mit der nordamerikanischen Regierung Wilson führte zu keinem mit dem Fortbestand des Kaiserreiches in seiner herkömmlichen Struktur kompatiblen Ergebnis. Am 9. November 1918 rief der Sozialdemokrat Philipp Scheidemann von einem Balkon des Reichstages die „deutsche Republik" aus, wenige Stunden danach der Spartakist Karl Liebknecht, der spätere Mitbegründer der KPD, von einem Balkon des Berliner Schlosses die „freie sozialistische Republik Deutschland". Die Novemberrevolution fegte die durch den verlorenen Krieg entkräftete Monarchie hinweg, die trotz der überhastet eingeführten „Oktoberreformen" nicht mehr zu retten war.[17] Gleichwohl blieb die Weimarer Republik von Anfang an eine ungefestigte Demokratie.[18]

Der Rat der Volksbeauftragten, der sich aus je drei Mitgliedern der Mehrheitssozialdemokratie und der Unabhängigen Sozialdemokraten (USPD) zusammensetzte, hatte einen schweren Stand. Der linke Teil dieser Partei wollte – ohne Wahlen – möglichst vollendete Tatsachen schaffen, die sich durch „revolutionäres Recht" legitimieren sollten. Hingegen drängte die Mehrheitssozialdemokratie auf die baldige Abhaltung von Wahlen zur Nationalversammlung. Den „Berliner Weihnachtskämpfen" – linksradikale Gruppen setzten vorübergehend die Regierung fest – folgte der von der soeben gegründeten KPD (Zusammenschluss von „Spartakusbund", mit Karl Liebknecht und Rosa Luxemburg an der Spitze, und den „Internationalen Kommunisten Deutschlands") unterstützte „Januaraufstand", dessen Niederschlagung maßgeblich durch die am „alten System" orientierten Freikorps geschah. Rosa Luxemburg, die in ihren Artikeln in der „Roten Fahne" die Aufständischen vehement unterstützt hatte,[19] wurde mit Karl Liebknecht am 15. Januar 1919 ermordet. Dem „Spartakusaufstand" folgte im März 1920 der „Ruhraufstand", 1921 die „Märzaktion", und im Krisenjahr 1923 kam es zu aufständischen Unternehmungen in Hamburg, Sachsen und Thüringen. Die rechte Seite des politischen Extremismus stand nicht nach: Der Kapp-Lüttwitz-Putsch brach im März 1920 zusammen, der Hitler-Ludendorff-Putsch scheiterte am 9. November 1923 kläglich: Den „Marsch auf die Feldherrnhalle" in München – Vorspiel für einen geplanten „Marsch auf Berlin" nach Mussolinis Vorbild, dem „Marsch auf Rom" 1922 – jagte die Polizei mit Waffeneinsatz auseinander. Auf diese Weise schaukelten sich die linken und die rechten Gegner wechselseitig hoch, erschwerten sie die ohnehin problembeladene Arbeit der Regierungsparteien.

Zwar ist die folgende Alternative unhaltbar, es habe 1918/19 „nur die Wahl zwischen einem konkreten Entweder-Oder [gegeben]: die soziale Revolution im Bund mit den auf eine proletarische Diktatur hindrängenden Kräften oder die parlamentarische Re-

---

16 Vgl. für Einzelheiten Peter März: Der Erste Weltkrieg. Deutschland zwischen dem langen 19. Jahrhundert und dem kurzen 20. Jahrhundert, München 2004.

17 Vgl. den Beitrag von Alexander Gallus in diesem Band.

18 Vgl. z. B. Andreas Wirsching: Die Weimarer Republik. Politik und Gesellschaft, München 2000; Dieter Gessner: Die Weimarer Republik, Darmstadt 2002.

19 Vgl. u. a. Eckhard Jesse: Demokratie oder Diktatur? – Luxemburg und der Luxemburgismus, in: Uwe Backes/Stéphane Courtois (Hrsg.): „Ein Gespenst geht um in Europa". Das Erbe kommunistischer Ideologien, Köln u. a. 2002, S. 187–212; Manfred Scharrer: „Freiheit ist immer ...". Die Legende von Rosa & Karl, Berlin 2002.

publik im Bund mit konservativen Elementen wie dem alten Offizierskorps."[20] Jedoch bestand für die Sozialdemokratie, die in der Tat wohl nicht alle Handlungsspielräume (zum Teil zu Recht, zum Teil zu Unrecht) ausgenutzt hatte, eine große Tragik darin, die junge Demokratie gegen linksaußen mit rechten Kräften, denen nichts an der neuen Regierungsform lag, verteidigen zu müssen.

Die Weimarer Republik hieß „Weimarer Republik", weil die Nationalversammlung wegen der anhaltenden „Unruhen" nicht in Berlin, sondern in Weimar tagte: zum einen wegen der gefährdeten Berliner Sicherheitslage, zum andern aus Rücksicht auf die Vorbehalte süddeutscher Länder gegenüber Berlin. Es war der spätere Reichspräsident Friedrich Ebert, der diesen Bedenken Rechnung trug und für Weimar votierte.[21] Die Nationalversammlung verabschiedete eine freiheitliche Verfassung, ohne zu berücksichtigen, dass ihre Gegner diese Freiheiten missbrauchen könnten. Die Absolutsetzung der Volkssouveränität war eine Reaktion auf die Engherzigkeit des Obrigkeitsstaates, der dem Willen des Volkes nur in gefilterter Form Ausdruck verlieh.

Für die Geschichte der ersten deutschen Demokratie, der Weimarer Republik, bieten sich drei Phasen an: die durch Aufstandsversuche und Staatsstreiche von links- und rechtsaußen gekennzeichnete Entstehungszeit 1918–1923, die Zeit der relativen Stabilisierung 1924–1929 und die Zeit der wirtschaftlichen Entbehrungen auf Grund der Weltwirtschaftskrise ab 1930. Die Weimarer Republik war eine ungefestigte Demokratie. Zugleich wollten antidemokratische Kräfte sie abschaffen. Die Schwäche der Demokratie und die Stärke diktatorischer Bestrebungen erklären die nur kurze Dauer der Existenz des demokratischen Gemeinwesens.

Die ersten Jahre der Weimarer Republik waren überschattet von den erwähnten Erhebungen gegen das „System". Den Weimarer Politikern der linken Mitte blieb nichts anderes übrig als den Versailler Friedensvertrag anzunehmen. Dies brachte sie bei der politischen Rechten als „Erfüllungspolitiker" in Verruf. Im Jahre 1923 drohte erneut Ungemach von außen: Die Franzosen (und Belgier) besetzten das Ruhrgebiet. Nach dem Abbruch des Ruhrkampfes und dem Zusammenbruch des Separatismus im Rheinland wie in der bayerischen Pfalz sowie der Durchführung der Währungsreform, die der galoppierenden Inflation ein Ende bereitete, schien sich die Weimarer Republik zu festigen.

Die mittleren Jahre waren Jahre der relativen Stabilisierung. Außenminister Gustav Stresemann betrieb „Erfüllungspolitik", wie dies die Kräfte der extremen Rechten nannten. Dadurch erreichte er Erfolge: Sukzessive wurde das Ruhrgebiet und später das Rheinland von den Franzosen geräumt, die Zahlung der Reparationen im Dawes- (1924) und im Young-Plan (1929) geregelt. Allerdings war durch die Inflation das Vermögen vieler Menschen, insbesondere im Bürgertum, dahingeschmolzen, sodass die Bevölkerung neben den historischen Belastungen auch deshalb der Republik wenig Vertrauen entgegenbrachte. Die Wendung von den „goldenen zwanziger Jahren" bezieht sich weniger auf die politische Situation, vielmehr auf die kulturelle Blüte mit dem Zentrum in Berlin.[22]

20 Karl Dietrich Erdmann: Die Geschichte der Weimarer Republik als Problem der Wissenschaft, in: Vierteljahrshefte für Zeitgeschichte, 3 (1955), S. 7.
21 Vgl. Heiko Holste: Zum Tagungsort der Deutschen Nationalversammlung von 1919 oder: Wie die „Weimarer Republik" zu ihrem Namen kam, in: Zeitschrift für Parlamentsfragen, 31 (2000), S. 223–237.
22 Vgl. Peter Gay: Die Republik der Außenseiter. Geist und Kultur in der Weimarer Zeit 1918–1933, Frankfurt a. M. 1970; Walter Laqueur: Weimar. Die Kultur der Republik, Frankfurt a. M. 1977.

In den frühen dreißiger Jahren – nach der Weltwirtschaftskrise – gab es Präsidialkabinette. Diese Jahre zeichneten sich durch extreme wirtschaftliche und – damit zusammenhängend – politische Krisen aus. Reichskanzler Heinrich Brüning betrieb eine Deflationspolitik, die die negativen Auswirkungen der weltwirtschaftlichen Katastrophe verstärkte und mit zu einer Arbeitslosenzahl von etwa sechs Millionen beitrug. Die Präsidialkabinette, die ohne parlamentarische Mehrheiten regierten, hingen von der Gunst des Präsidenten ab. Nach der Entlassung des Zentrumspolitikers Brüning berief Paul von Hindenburg 1932 mit Franz von Papen und Kurt von Schleicher zwei parteilose Kanzler, die keine arbeitsfähigen Regierungen zu bilden vermochten.

Die Weimarer Republik bestand aufgrund ihrer mannigfachen Strukturdefekte – es handelte sich nicht bloß um das Versagen einzelner – gerade einmal 14 Jahre. So gab es ein Spannungsverhältnis zwischen der großen Macht des Reichspräsidenten und der minderen Macht des Reichskanzlers, dessen Position immer wieder wechselte. Bereits bei der ersten Reichstagswahl 1920 hatte die „Weimarer Koalition" (SPD, Zentrum, Deutsche Demokratische Partei) ihre Mehrheit verspielt. Die beiden Reichstagswahlen 1932 brachten den Nationalsozialisten und den Kommunisten eine „negative Mehrheit". „Negativ" war die Mehrheit deshalb, weil sich die beiden „absolutistischen Integrationsparteien" (Sigmund Neumann) nur einig waren in dem, was sie nicht wollten: die parlamentarische Demokratie. Die Parteien hatten im Kaiserreich keine Verantwortung übernehmen und keine Kompromisse erlernen müssen. Dies rächte sich. Die Partei der rechten Mitte – die Deutsche Volkspartei Stresemanns – konnte nicht bzw. nur äußerst mühsam auf Druck Gustav Stresemanns, der am 3. Oktober 1929 starb und damit als Integrationsfaktor ausfiel, mit der großen Partei der linken Mitte – der Sozialdemokratie – konstruktiv zusammenarbeiten und umgekehrt. Das Manko lag folglich nicht an der Vielzahl der Parteien, sondern an der Intransigenz der rechten und linken Mitte. So scheiterte die Große Koalition unter dem sozialdemokratischen Kanzler Hermann Müller 1930 an der Höhe der Beiträge für die Arbeitslosenversicherung. Der Antiparteien-Affekt von früher blieb erhalten. Die Weimarer Republik, ein „unvollendeter Parteienstaat" (Michael Stürmer), litt an dem Dualismus zwischen dem Kanzler und dem Präsidenten. Das machte sich vor allem in der Präsidentschaft Paul von Hindenburgs bemerkbar.

Die Ursachen für den Zusammenbruch der Weimarer Republik sind ebenso vielfältig wie die für die Stärke der NSDAP. Sie liegen auch in der deutschen Geschichte mit ihren Vorbelastungen und in den schweren innen-, außen- und wirtschaftspolitischen Herausforderungen begründet, doch wer ausschließlich darauf abhebt und den Handlungsspielraum der politisch Verantwortlichen ignoriert, argumentiert fahrlässig. Karl Dietrich Bracher, der wie kein Zweiter den Ursachen für das Ende der Weimarer Republik nachgegangen ist,[23] urteilt wie folgt, jede Monokausalität vermeidend: „Weimar bleibt ein exemplarischer Fall, an dem die Hinfälligkeit einer parlamentarischen Demokratie mit plebiszitärem Präsidenten unter den Belastungen sozio-ökonomischer Krisen und dem Ansturm politisch-ideologischer Sprengkräfte, die Versuchung und Verführung durch rechts- wie linksextreme, antiliberale und totalitäre Tendenzen in Staat und Gesellschaft zu studieren ist. Lähmung und Verfall eines freiheitlichen Staatswesens, im Machtvakuum von 1932 zur Hilflosigkeit gegenüber Diktaturbewegungen gesteigert,

---

23 Vgl. die auch nach über fünf Jahrzehnten noch immer mit großem Gewinn zu lesende Habilitationsschrift von Karl Dietrich Bracher: Die Auflösung der Weimarer Republik. Eine Studie zum Problem des Machtverfalls in der Demokratie, 5. Aufl., Villingen 1971.

war nicht zuletzt eine Folge verwirrter Maßstäbe, geschwächter Abwehrbereitschaft und falscher Illusionen über Toleranz gegen Feinde der Demokratie."[24]

3. „Drittes Reich"

Die Machtübernahme der Nationalsozialisten am 30. Januar 1933 beendete abrupt die „dahinsiechende" und von ihren Anhängern nur mehr schlecht als recht verteidigte Weimarer Republik. Sie kam überraschend. Die NSDAP hatte im November 1932 (33,1 Prozent) gegenüber der Wahl im Juli 1932 (37,3 Prozent) Einbußen zu verzeichnen. Auguren sahen sie nicht zuletzt wegen interner Auseinandersetzungen auf dem absteigenden Ast, zumal sich am Horizont das Ende der Weltwirtschaftskrise anzudeuten schien. Die konservative Kamarilla um Hindenburg scheiterte mit ihren halbherzigen Versuchen, die totalitäre NS-Bewegung zu zähmen.[25] Die Kommunisten, am Ende der Weimarer Republik mit ihrer „Sozialfaschismus"-These mehr die Sozialdemokraten als die Nationalsozialisten bekämpfend, waren auf deren Sieg unvorbereitet und so gut wie ohne Planung für die Illegalität, glaubten sie doch daran, diese würden bald abgewirtschaftet haben. Sie mussten einen hohen Blutzoll entrichten, vermochten trotz vereinzelter Sabotageakte allerdings niemals ernsthaft die NS-Herrschaft zu gefährden, wiewohl sie in der Illegalität zum Teil treu zu ihren Ideen standen und Widerstandsaktivitäten an den Tag legten (darunter auch Spionage für die Sowjetunion).[26]

Die NSDAP baute das „Dritte Reich" schnell zu einem „Führerstaat" aus.[27] Niemand, „der ‚Mein Kampf' gelesen oder Reden von ihm [Hitler] gehört hatte, konnte an seinem Willen zweifeln, mit allem radikal zu brechen, was auch nur entfernt an Liberalismus und Aufklärung erinnerte. Als er am 30. Januar 1933 von Hindenburg zum Reichskanzler ernannt wurde, erhielt er die Möglichkeit, den Worten Taten folgen zu lassen und Deutschland nach seinem Bilde zu formen."[28] Die Etappen auf dem Weg zur Gleichschaltung überschlugen sich. Dem 30. Januar folgte der 28. Februar. Einen Tag zuvor brannte der Reichstag, angesteckt von Marinus van der Lubbe, einem holländischen Rätekommunisten. Die Notverordnung „zum Schutz von Volk und Staat" setzte wesentliche Grundrechte außer Kraft, und eine Verhaftungswelle war die Konsequenz. Dem 28. Februar folgte der 5. März. Hitler hatte sich bei seiner Berufung zum Reichskanzler Neuwahlen ausbedungen, und an diesem Tag wählten – in einer Atmosphäre der Einschüchterung – 43,9 Prozent der Bürger die NSDAP, die so zusammen mit den Deutschnationalen die absolute Mehrheit der Stimmen erhielt. Dem 5. März folgte der 21. März, der „Tag von Potsdam". Bei der Eröffnung des Reichstages in der Potsdamer Garnisonskirche wurde der Öffentlichkeit das Schauspiel einer nahtlosen Verbindung zwischen dem Nationalsozialismus (dem „neuen Deutschland") und Preußen (dem „alten Deutschland") vorgeführt. Dem 21. März folgte der 23. März, der Tag des Ermächtigungsgesetzes. Der Reichstag schaltete sich selbst aus, da er bis auf die mutig opponierenden Abgeordneten der SPD (die der KPD waren von Reichstagspräsident

---

24 Ders.: Die Weimarer Erfahrung, in: ders.: Wendezeiten der Geschichte. Historisch-politische Essays 1987–1992, Stuttgart 1992, S. 15 f.

25 Vgl. Gotthard Jasper: Die gescheiterte Zähmung. Wege zur Machtergreifung Hitlers 1930–1934, Frankfurt a. M. 1986.

26 Vgl. Horst Duhnke: Die KPD von 1933 bis 1945, Wien 1974; Detlev Peukert: Die KPD im Widerstand. Verfolgung und Untergrundarbeit an Rhein und Ruhr 1933 bis 1945, Wuppertal 1980.

27 Vgl. den Beitrag von Hans-Ulrich Thamer in diesem Band.

28 Heinrich August Winkler: Der lange Weg nach Westen. Erster Band, München 2000, S. 555.

Göring ausgeschlossen worden) die Gewaltenteilung aufhob und die Regierung für eine Dauer von vier Jahren zum Erlass von Gesetzen ermächtigte.

Das „Dritte Reich" wies gut sechs Friedens- und knapp sechs Kriegsjahre auf. Als Paul von Hindenburg Adolf Hitler am 30. Januar 1933 mit der Bildung einer Regierung beauftragte (insofern war es keine „Machtergreifung", wie die Nationalsozialisten in der Folge meinten), ahnte kaum jemand, dass dieser Politiker nicht nur binnen kurzem eine totalitäre Diktatur errichten, sondern auch einen Krieg entfachen würde, dessen Auswirkungen noch heute spürbar sind. Die Geschichte des Nationalsozialismus, die „deutsche Katastrophe" (Friedrich Meinecke), ist nicht nur die Geschichte von Unterdrückung und Verführung, sondern auch die seiner Unterschätzung. Unterdrückung deshalb, weil die Nationalsozialisten nicht gewillt waren, die ihnen anvertraute Macht wieder aus den Händen zu geben. Wer opponierte, wurde eliminiert. Verführung deshalb, weil es der Nationalsozialismus verstand, seine Herrschaft dank mannigfacher Integrationsmechanismen mit Massenloyalität abzusichern. Der Glaube an den Wahrheitsanspruch der seligmachenden Ideologie, die Glücksverheißung und Welterklärung zugleich versprach, war zeitweise verbreitet. In diesem Sinne entsprach der Nationalsozialismus einer politischen Religion.[29] Unterschätzung deshalb, weil viele ihm lange Zeit seine totalitäre Dynamik nicht zugetraut haben.

In den Jahren 1933–1939 ging es den Bürgern besser, oder es schien ihnen besser zu gehen als zuvor – jedenfalls den weder politisch noch rassisch verfolgten. Mit dem Tode Hindenburgs am 2. August 1934 und der Vereinigung der Ämter des Reichspräsidenten und des Reichskanzlers durch den „Führer" war die NS-Herrschaft fest etabliert, auch wenn die Weimarer Verfassung formal niemals außer Kraft gesetzt wurde. Ereignisse wie die Olympischen Spiele 1936 in Berlin suchten Normalität in einer nicht normalen Zeit vorzutäuschen – häufig mit Erfolg. Die ersten Jahre praktizierte das „Dritte Reich" eine „Revisionspolitik", die nicht in Krieg mündete. Die Hinweise auf das Kompetenzgerangel im „Dritten Reich"[30] mögen zwar zutreffen, belegen aber nur die Existenz polykratischer Elemente, nicht pluralistische Vielfalt. Dieser Befund relativiert somit nicht den diktatorischen Charakter des Herrschaftssystems, ist doch die Frage nach der Gewichtung von monokratischen und polykratischen Elementen auf einer anderen Ebene angesiedelt als die nach dem totalitären oder autoritären Charakter. Die Geschichte der Judenvernichtung ist vielleicht ohne das Nebeneinander mono- und polykratischer Stukturen gar nicht zu verstehen.

Von 1939 bis 1945 tobte der in Europa von NS-Deutschland ausgelöste Zweite Weltkrieg, kurz nach dem Hitler-Stalin-Pakt vom 23. August 1939 eröffnet, der ein geheimes Zusatzabkommen enthielt, das die gegenseitigen Interessenssphären absteckte (z. B. Aufteilung Polens). Dem anfänglichen „Blitzkrieg" folgte der gleichfalls als „Blitzkrieg" konzipierte Überfall auf die Sowjetunion, die die Parole vom „Großen Vaterländischen Krieg" ausgab und unter hohem Blutzoll Deutschland bezwang – gemeinsam mit den Westalliierten. Anders als etwa der Feldzug gegen Frankreich 1940 war diese Auseinandersetzung von vornherein als Teil eines umfassenden normverletzenden Eliminierungsprogramms konzipiert (Kommissarbefehl, vorgegebene Entvölkerung Osteuropas). Die Vernichtung weiterer Teile des europäischen Judentums geschah außerhalb

29 Vgl. u. a. Hans Maier (Hrsg.): Totalitarismus und Politische Religion, 3 Bde., Paderborn 1994, 1996, 2003; Klaus Hildebrand (Hrsg.): Zwischen Politik und Religion. Studien zur Entstehung, Existenz und Wirkung des Totalitarismus, München 2003.
30 Vgl. z. B. Gerhard Hirschfeld/Lothar Kettenacker (Hrsg.): Der „Führerstaat": Mythos und Realität. Studien zur Struktur und Politik des Dritten Reiches, Stuttgart 1981.

der Reichsgrenzen von 1937 und weitgehend im Verborgenen. Andeutungen gelangten allerdings in die deutsche Bevölkerung, teilweise vom Regime wohl auch so gewollt, u. a. deshalb, um im Krieg eine Komplizenschaft zwischen Führung und Geführten[31] zu vermitteln. Keiner hat den nationalen Interessen Deutschlands so viel Schaden zugefügt wie der Nationalist Hitler, der kurz vor Kriegsende im Bunker der Reichskanzlei Selbstmord beging, nachdem das Land durch ihn moralisch in exzeptioneller Weise diskreditiert worden war.

Das „Dritte Reich" hat zwölf Jahre überdauert und damit nicht einmal die Zeit der so viel geschmähten ersten deutschen Demokratie erreicht. Der Nationalsozialismus verstand es, u. a. dank geschickter Instrumentalisierung der Medien, mit pseudodemokratischen Mitteln und populistischen Parolen wie „Gemeinnutz geht vor Eigennutz" die Menschen für die eigenen Ziele zu mobilisieren – bis weit in die Kriegsjahre hinein. Die Identität zwischen Volk und Führung („Führer befiehl, wir folgen Dir") war zeitweise weit fortgeschritten, vereinzelter Widerstand[32] ein „Widerstand ohne Volk" (Ekkehard Klausa). Die schwache Ausprägung der Widerstandsaktionen lag nämlich nicht nur am totalitären Herrschaftsapparat, sondern auch an fehlendem Widerstandswillen. In anderen industrialisierten Staaten wie Großbritannien und Frankreich kam eine derartige Massenbewegung nicht an die Macht.[33] Die Frage nach dem „historischen Ort des Nationalsozialismus"[34] dürfte die Forschung daher weiterhin zu klären suchen.

Am 14. Juli 1933 institutionalisierte ein Gesetz den Einparteienstaat und untersagte die Neubildung von Parteien. Die Bevölkerung nahm das hin, wenn sie in weiten Teilen nicht gar vom Ende des „Parteienhaders" angetan war. Der im November 1933 neu gewählte Reichstag (dann wieder 1936 und 1938), im Volksmund als der „teuerste Gesangverein der Welt" verspottet, setzte sich nur aus Mitgliedern der NSDAP zusammen und verkam zu einem reinen Akklamationsorgan.[35] Für die Parteien war ihr schnelles Verbot im Jahre 1933 nach 1945 ein Glücksumstand. So konnten sie einigermaßen unbelastet in die politische Arena zurückkehren, mussten nicht die Verantwortung für das Geschehene übernehmen.[36] Im Gegensatz zu anderen gesellschaftlichen Gruppen galten sie als weitaus weniger diskreditiert. „Die NSDAP begann schon frühzeitig, systematisch traditionelle Einrichtungen von Staat und Gesellschaft sowie selbständige konkurrierende Institutionen mit Hilfe von eigenen Parallelorganisationen gleichsam auszuhebeln. Die Parteiorganisationen bildeten ein komplexes, über die gesamte deutsche Gesellschaft sich ausbreitendes Netz in dem Bemühen, jeden einzelnen in irgendeiner Weise zu erfassen, letztlich zu kontrollieren und dem Parteistaat dienstbar zu machen."[37] Dem „Bemühen" waren Grenzen gesetzt; die gesellschaftliche „Durchherrschung" blieb Fiktion.

---

31 Vgl. jetzt Peter Longerich: „Davon haben wir nichts gewusst!" Die Deutschen und die Judenverfolgung 1933–1945, München 2006.
32 Vgl. zusammenfassend Jürgen Schmädeke/Peter Steinbach (Hrsg.): Der Widerstand gegen den Nationalsozialismus. Die deutsche Gesellschaft und der Widerstand gegen Hitler, München/Zürich 1985.
33 Vgl. u. a. Christina Bussfeld: „Democracy versus Dictatorship". Die Herausforderung des Faschismus und Kommunismus in Großbritannien 1932–1937, Paderborn u. a. 2001; Andreas Wirsching: Vom Weltkrieg zum Bürgerkrieg? Politischer Extremismus in Deutschland und Frankreich 1918–1933/39, Berlin und Paris im Vergleich, München/Wien 1998.
34 Vgl. Walter H. Pehle (Hrsg.): Der historische Ort des Nationalsozialismus. Annäherungen, Frankfurt a. M. 1990.
35 Vgl. Peter Hubert: Uniformierter Reichstag. Die Geschichte der Pseudo-Volksvertretung 1933–1945, Düsseldorf 1992.
36 Vgl. Wilhelm Hennis: Die Rolle des Parlaments und die Parteiendemokratie, in: Richard Löwenthal/Hans-Peter Schwarz (Hrsg.): Die zweite Republik. 25 Jahre Bundesrepublik Deutschland. Eine Bilanz, Stuttgart 1984, S. 206.
37 Magnus Brechtken: Die nationalsozialistische Machtergreifung 1933–1939, Darmstadt 2004, S. 32.

Zwar war das Ende des „Dritten Reiches" noch nicht das Ende des Zweiten Weltkrieges, doch mit dem Sieg über den Nationalsozialismus wurde jene Kraft bezwungen, die mehr oder weniger die ganze Welt in Atem gehalten hatte. Bis 1945 fiel das „Tausendjährige Reich" in Schutt und Asche. Es ließ sich nicht von innen in die Knie zwingen, sondern erlag erst der Übermacht der Alliierten, die von Ost und West zugleich vorrückten. So erbittert vielfach bis zum Schluss gekämpft wurde: Nach der Niederlage war der „Spuk" auf einmal vorbei. Keiner wollte bei den „Nazis" gewesen sein. Die Niederlage war, anders als nach dem Ersten Weltkrieg, in einem doppelten Sinne total: zum einen militärisch, zum anderen moralisch. Niemand konnte dem Umstand ausweichen, dass der Nationalsozialismus Schmach über Deutschland gebracht hatte. Jeder Versuch, an ihn direkt oder indirekt anzuknüpfen, ist daher bis auf den heutigen Tag zum Scheitern verurteilt. „Vergleichbares wird in dieser Form nicht wiederkehren, zumal es zu den Paradoxien des Nationalsozialismus gehört, dass seine Herrschaft selbst die wichtigsten Voraussetzungen seines Aufstiegs zerstört hatte. Nämlich die Ungleichzeitigkeit der deutschen Gesellschaft und einen radikalen Nationalismus als politisch-gesellschaftliches Integrationsinstrument. Denn die vorindustriellen Faktoren, die das politische Leben der Weimarer Republik schwer belastet hatten, wurden von der ‚Braunen Revolution' ebenso nivelliert, wie die nationalstaatliche Souveränität und Isolierung als Bezugspunkt für eine nationalistische Massenbewegung durch Hitlers Krieg zerstört wurde. Gleichwohl mahnt der kurzlebige Triumph des nationalsozialistischen Protests gegen alles Bestehende, wie dünn die Decke sein kann zwischen technischer Zivilisation und Barbarei."[38]

4. Deutsche Demokratische Republik

Noch bevor die Wehrmacht kapituliert hatte, landete die „Gruppe Ulbricht" am 30. April, dem Tag von Hitlers Selbstmord, auf deutschem Boden, um Weichen zu stellen.[39] Das jüngste Mitglied dieser Gruppe, Wolfgang Leonhard, der sich später vom Kommunismus lossagen sollte, schilderte erhellend die auf Unterdrückung Andersdenkender ausgerichtete Strategie Ulbrichts und seiner Gefolgsleute.[40] Die Ablehnung in den Zielen schloss Nähe in den Methoden nicht aus. Zunächst jedoch suchte der Kommunismus ein Einvernehmen mit den Westmächten, das nicht von langer Dauer war.

Nach der bedingungslosen Kapitulation der Wehrmacht herrschte wenigstens äußerlich Einvernehmen zwischen den Alliierten, die Deutschland in vier Besatzungszonen aufgeteilt hatten, so z. B. in der Frage der Bestrafung der Verbrechen des Nationalsozialismus. Verantwortliche sollten zur Rechenschaft gezogen werden. Dies geschah u. a. im Nürnberger Kriegsverbrecherprozess vom November 1945 bis Oktober 1946. Bei der Potsdamer Konferenz verständigten sich die „großen Drei" (Harry S. Truman, Josef Stalin und Winston Churchill sowie Clement Attlee nach der Wahlniederlage des konservativen Premierministers) auf unterschiedlich interpretierbare Grundsätze (Demokratisierung, Denazifizierung, Demilitarisierung, Dezentralisierung, Deindustrialisierung). Von einer Teilung Deutschlands war nicht die Rede.[41] In jener Zeit blieben die

---

38 So Hans-Ulrich Thamer: Verführung und Gewalt. Deutschland 1933–1945, Berlin 1986, S. 777.
39 Vgl. Gerhard Keiderling (Hrsg.): „Gruppe Ulbricht" in Berlin April bis Juni 1945. Von den Vorbereitungen im Sommer 1944 bis zur Wiedergründung der KPD im Juni 1945. Eine Dokumentation, Berlin 1992.
40 Vgl. Wolfgang Leonhard: Die Revolution entlässt ihre Kinder. Neuausg., Köln 1990; ders.: Spurensuche. Vierzig Jahre nach Die Revolution entlässt ihre Kinder, Köln 1992.
41 Vgl. den Beitrag von Udo Wengst in diesem Band.

politisch entmachteten Deutschen angesichts der blutigen Niederlage und der verheerenden Hinterlassenschaft des „Dritten Reiches" Spielball der alliierten Politik. Schon früh zeigten sich Risse im Zweckbündnis der Alliierten, etwa bei dem sich etablierenden Parteiensystem. In allen vier Besatzungszonen (und der Viersektorenstadt Berlin) ließen sie die kommunistische, die sozialdemokratische, die christlich-demokratische und die liberale Partei zu.

Bereits im April 1946 erfolgte in der sowjetisch besetzten Zone unter Druck der Zusammenschluss von SPD und KPD zur Sozialistischen Einheitspartei Deutschlands (SED). Die SED wurde 1948 zur „Partei neuen Typs" umfunktioniert. Währungsreform und Berliner Blockade markierten Meilensteine auf dem Weg der Teilung Deutschlands. Der Entstehung der DDR mangelte es an demokratischer Legitimität. Die gesellschaftliche und politische Gleichschaltung schritt auf den verschiedensten Gebieten schnell voran.[42] Massenorganisationen übernahmen eine wichtige Funktion bei der gesellschaftlichen Umgestaltung im Sinne der SED. Dabei erwies sich die Formel des „Antifaschismus" als gut geeignet, um Anhänger zu sammeln. Antifaschismus sollte für eine engagierte Vertretung humanistischer Orientierung nach der NS-Diktatur stehen und war tatsächlich nur Scheinlegitimation für die Nichtzulassung pluralistisch-demokratischer Verhältnisse. Die These, die Sowjetunion habe keine kommunistische DDR gewollt, ist wegen mangelnder Beweiskraft unhaltbar.[43] Die SED war abhängig von der Sowjetunion,[44] diese nicht abhängig von jener.

Die Geschichte der DDR zerfällt in zwei lange Phasen.[45] An sie schließt sich eine kurze Periode an: die etwa einjährige Zeit von der friedlichen Revolution bis zur deutschen Einheit. Zeichneten sich die ersten beiden Phasen durch diktatorische Gängelei aus, schüttelten im letzten Jahr der DDR die Bürger die ihnen oktroyierte Parteiherrschaft binnen kurzem ab. Erst die äußeren Rahmenbedingungen ermöglichten die Selbstbefreiung von der kommunistischen Diktatur, die Teil des kommunistischen Weltsystems war.

In der Ära von Walter Ulbricht, der 1945 aus Moskau gekommen war und 1950 das Amt des Generalsekretärs der SED übernommen hatte, errichtete die Einheitspartei eine kommunistische Diktatur nach sowjetischem Vorbild. 1952 stand der „Aufbau des Sozialismus" an. Die Niederschlagung der Volkserhebung vom 17. Juni 1953 verhinderte den Sturz des verhassten Systems, die Abriegelungsmaßnahmen am 13. August 1961 bewahrten das Land vor einem inneren Ausbluten und führten zu einer gewissen Stabilisierung, war doch so der „Abstimmung mit den Füßen" die Grundlage entzogen, nicht aber die für anhaltende Unzufriedenheit. Die ersten zwei Jahrzehnte der DDR zeichneten sich durch repressive Maßnahmen auf allen Gebieten aus. Wer Widerspruch anmeldete, wurde mundtot gemacht. Die DDR war ein totalitärer Staat. Für die DDR-

---

42 Vgl. u. a. Martin Broszat/Hermann Weber (Hrsg.): SBZ-Handbuch. Staatliche Verwaltungen, Parteien, gesellschaftliche Organisationen und ihre Führungskräfte in der Sowjetischen Besatzungszone 1945 bis 1949, München 1990; Hartmut Mehringer (Hrsg.): Von der SBZ zur DDR. Studien zum Herrschaftssystem in der Sowjetischen Besatzungszone Deutschlands, München 1995; Dierk Hoffmann/Hermann Wentker (Hrsg.): Das letzte Jahr der SBZ. Politische Weichenstellungen im Prozess der Gründung der DDR, München 2000.

43 Vgl. aber Wilfried Loth: Stalins ungeliebtes Kind. Warum Moskau die DDR nicht wollte, München 1996.

44 Vgl. sehr anschaulich Norman M. Naimark: Die Russen in Deutschland. Die sowjetische Beatzungszone 1945 bis 1949, Berlin 1996.

45 Zum Forschungsstand Rainer Eppelmann/Bernd Faulenbach/Ulrich Mählert (Hrsg.): Bilanz und Perspektiven der DDR-Forschung, Paderborn u. a. 2003.

Führung stellte der 17. Juni ein beständiges Trauma dar. Am 31. August 1989, als die Flüchtlingswelle über Ungarn die DDR zu destabilisieren drohte, fragte Erich Mielke, der Chef des Ministeriums für Staatssicherheit, einen Obersten ahnungsvoll und bänglich zugleich: „Ist es so, dass morgen der 17. Juni ausbricht?"[46]

Die Honecker-Ära, die von 1971 bis 1989 dauerte, zeichnete sich im Vergleich zur vorherigen Zeit durch eine größere Flexibilität aus. Insofern ist es nicht mehr so einfach, diese Phase als totalitär zu klassifizieren.[47] Nicht, dass die politische Führung den Alleinvertretungsanspruch des Marxismus-Leninismus in Frage stellte: Aber durch die Kontakte mit dem Westen war eine gewisse Lockerung unumgänglich geworden. Die „Einheit von Wirtschafts- und Sozialpolitik" funktionierte nicht, sodass die DDR immer mehr über ihre Verhältnisse lebte. Gegenüber der sowjetischen Reformpolitik unter Michail Gorbatschow verhielt sich die politische Führung reserviert. Sie wusste, dass eine zu große Liberalität die Büchse der Pandora öffnen und damit den eigenen Untergang besiegeln würde. Innen-, außen- und wirtschaftspolitische Überlegungen zwangen die DDR-Führung zu einer Kurskorrektur. Die Überwachung durch die flächendeckend operierende Staatssicherheit, die vor „Zersetzungsmaßnahmen" nicht Halt machte, kennzeichnete den entkräfteten DDR-Kommunismus der siebziger und achtziger Jahre.[48] Revolutionärer Überschwang wohnte ihm nicht mehr inne.

Das Ende der SED-Diktatur symbolisierte die Öffnung der Mauer am 9. November.[49] Die Gründe für den Bau und für die Öffnung fielen im Prinzip zusammen: Es ging jeweils um den Erhalt der DDR. Die Ursachen für die friedliche Revolution 1989 liegen wesentlich in dem Zusammenspiel von „Exit" („Abwanderung") und „Voice" („Widerspruch"), um das Begriffspaar von Albert O. Hirschmann aufzugreifen:[50] Die häufig vergessene, jedenfalls in ihrer Bedeutung verkannte Fluchtbewegung beförderte die Demonstrationsbewegung. Beide vollzogen sich vor dem Hintergrund einer veränderten außenpolitischen Konstellation. Der von Michail S. Gorbatschow unter den Schlagworten von „Glasnost" und „Perestroika" eingeleitete Wandel in der Sowjetunion führte allmählich zu einer außenpolitischen Veränderung, mithin zur Aufgabe der „Breschnew-Doktrin". Folglich war die Existenz der DDR in einem Maße gefährdet wie nie zuvor, die DDR ohne die Sowjetunion ein „Staat ohne Chance".[51]

Die friedliche Revolution 1989/90, ausgelöst durch den Zerfall des kommunistischen Weltsystems, verlief in einem Tempo, das nicht erwartet worden war.[52] Die Nachfolger Honeckers konnten nach der Maueröffnung nur mehr reagieren, nicht agieren. Diejenigen, die das „alte System" zu erhalten suchten, bremsten zunächst nach Kräften – wenn auch vergeblich – die sich überschlagende Entwicklung, versuchten sich später aber an

---

46 Zitiert nach Armin Mitter/Stefan Wolle (Hrsg.): „Ich liebe euch doch alle!" Befehle und Lageberichte des MfS Januar – November 1989, Berlin 1990, S. 125.

47 Vgl. Eckhard Jesse: War die DDR totalitär?, in: Aus Politik und Zeitgeschichte, B 40/1994, S. 12–23.

48 Vgl. Sandra Pingel-Schliemann: Zersetzen. Strategie einer Diktatur, Berlin 2002; Johannes Raschka: Zwischen Überwachung und Repression. Politische Verfolgung in der DDR 1971 bis 1989, Opladen 2001.

49 Vgl. Hans-Hermann Hertle: Chronik des Mauerfalls. Die dramatischen Ereignisse um den 9. November 1989, Berlin 1996; ders.: Der Fall der Mauer. Die unbeabsichtigte Selbstauflösung des SED-Staates, Opladen 1986; ders./Konrad H. Jarausch/Christoph Kleßmann (Hrsg.): Mauerbau und Mauerfall. Ursachen – Verlauf – Auswirkungen, Berlin 2002.

50 Vgl. Albert O. Hirschmann: Abwanderung, Widerspruch und das Schicksal der Deutschen Demokratischen Republik. Ein Essay zur konzeptionellen Geschichte, in: Leviathan, 20 (1992), S. 330–358.

51 In diesem Sinne Peter Bender: Unsere Erbschaft. Was war die DDR – was bleibt von ihr?, Neuwied 1992, S. 86.

52 Vgl. den Beitrag von Werner Müller in diesem Band.

die Spitze der Bewegung zu setzen. Die von der ideologisch entkräfteten „Einheitspartei" abhängige Staatssicherheit sah dem „Treiben" mehr oder weniger hilflos zu, ohne einzugreifen.[53] So hat die SED ihren Anteil an der Friedlichkeit des Wandels, die freilich ihren Preis hatte (z. B. weitgehende Akzeptanz der PDS nach der deutschen Einheit). Die Herbstrevolution mündete schnell in die deutsche Einheit. Nach den Schlüsselereignissen 1989/90 hat sich eine merkwürdige Verkehrung vollzogen. Legte die DDR-Führung zuvor großen Wert auf ihre Unabhängigkeit, so machten die Postkommunisten nunmehr ihre völlige Abhängigkeit vom „großen Bruder" geltend. Sprachen die entschiedensten Gegner der DDR früher davon, sie sei bloß ein Anhängsel der Sowjetunion, kehren sie heute stärker die Verantwortung der DDR-Kader heraus. Die mutige Bürgerbewegung mit ihren Ideen von einem dritten Weg geriet nach dem Fall der Mauer schnell ins Hintertreffen, da die Masse der Bevölkerung am westlichen Nachbarstaat, dem „Klassenfeind", orientiert und jedenfalls ohne genuine DDR-Identität geblieben war.[54] „Wie auch immer die SED die DDR etikettierte, blieb sie doch ein deutscher Teilstaat und konnte keine eigenständige (nationale) Identität herausbilden. Die deutsch-deutsche Systemkonkurrenz, die fortbestehenden verwandtschaftlichen und freundschaftlichen Beziehungen führten ebenso wie gemeinsame Traditionsbezüge und Wirtschaftsbeziehungen zu einer ostdeutschen Sonderentwicklung. Errichtung, Entwicklung und Ende der DDR verliefen insoweit im Spannungsfeld von kommunistischem Macht- und Gestaltungsanspruch, sowjetischem Großmachtinteresse und westdeutscher und US-amerikanischer Ost- und Deutschlandpolitik."[55] Vor dem Zusammenbruch der kommunistischen Parteidiktatur ließ sich manch einer von der DDR-Propaganda beeindrucken. Dies gilt weniger für die Menschen, die dem Herrschaftsapparat der SED unterworfen waren, als für Außenstehende, selbst für DDR-Forscher.[56]

Die Herbstrevolution 1989 mündete nahezu zwangsläufig in die deutsche Einheit. Angesichts der erfolgreichen Entwicklung der Bundesrepublik durfte es nicht verwundern, dass viele ostdeutsche Bürger in ihr den Bezugspunkt für die eigene Orientierung erblickten. Im Westen von der antideutschen Linken geäußerte drastische Sprüche wie „Deutschland verrecke", „nie wieder Deutschland", „wider Vereinigung" stießen auf Unverständnis. Heute stellen selbst jene nicht die Einheit in Frage, die 1989/90 massiv dagegen waren. Kritisiert wird vielmehr die fehlende innere Einheit, nicht mehr die Vereinigung an sich. Der normativen Kraft des Faktischen konnten sich die früheren Einheitsgegner nicht entziehen.

Vor dem „annus mirabilis" hieß es oft, die deutsche Einheit ziehe die europäische Einheit nach sich. Nur diese könne jene befördern. Doch es kam anders. Die deutsche Einheit begünstigte Fortschritte bei der Einheit Europas, nicht nur Westeuropas. Ein Grund dafür ist die historisch begründete Angst mancher Europäer vor einem vereinigten Deutschland. Tatsächlich ist Deutschland das erste Mal in seiner Geschichte nur

53 Vgl. Walter Süß: Staatssicherheit am Ende. Warum es den Mächtigen 1989 nicht gelang, eine Revolution zu verhindern, Berlin 1999.
54 Vgl. Anne Köhler: Nationalbewusstsein und Identitätsgefühl der Bürger der DDR unter besonderer Berücksichtigung der deutschen Frage, in: Materialien der Enquete-Kommission „Aufarbeitung von Geschichte und Folgen der SED-Diktatur in Deutschland" (12. Wahlperiode des Deutschen Bundestages), hrsg. vom Deutschen Bundestag, Bd. V, Baden-Baden/Frankfurt a. M. 1995, S. 1636–1675.
55 Klaus Schroeder: Die DDR: Sozialistische Alternative oder sowjetische Kolonie?, in: Peter März (Hrsg.): Die zweite gesamtdeutsche Demokratie. Ereignisse und Entwicklungslinien – Bilanzierungen und Perspektiven – Fragen und Fragmente, Bd. 1, München 2001, S. 120.
56 Vgl. dazu, wenn auch überzogen: Jens Hacker: Deutsche Irrtümer. Schönfärber und Helfershelfer der SED-Diktatur im Westen, 3. Aufl., Frankfurt a. M./Berlin 1994.

von Staaten umgeben, mit denen es gute Beziehungen pflegt. Auch dieser Umstand spricht dafür, dass der Systemwechsel im Osten Deutschlands, mehr Folge als Ursache des sowjetkommunistischen Zusammenbruchs, nicht zur Disposition steht. Ein „annus horribilis" war das Jahr 1989 hingegen für den Sowjetkommunismus.

Die Frage, ob die DDR bis 1989 ein Einparteienstaat war, ist müßig. Nach der Zwangsvereinigung von KPD und SPD zur SED wurden 1948 zwei weitere Parteien ins Leben gerufen: die Demokratische Bauernpartei Deutschlands und die National-Demokratische Partei Deutschlands. Diese „Retortenprodukte der Kommunisten" (Peter Joachim Lapp) sollten spezifische Schichten in das neu sich bildende Staatsgefüge einbinden. Die Hegemonie der nach dem „demokratischen Zentralismus" organisierten SED stand in der DDR-Diktatur niemals zur Disposition, unabhängig davon, dass die vier anderen Parteien bis zur friedlichen Revolution aufgrund eines fixen Verteilungsschlüssels mit Mandaten in der Volkskammer vertreten waren. Die Gründe für den Eintritt in eine Blockpartei[57] reichten von Opportunismus bis zum Versuch, im Rahmen des Möglichen kleine Veränderungen herbeizuführen. Ein Hauptmotiv: Die Werbung der SED blieb aus. 1989 besaßen 2,3 Millionen das Parteibuch der SED, deren Nachfolge die PDS antrat.

Die DDR war niemals autochthon. „Durch ihren Status als sowjetisierter und dem sowjetischen Machtanspruch einverleibter Staat war die DDR in den unmittelbar nach Kriegsende aufbrechenden Ost-West-Konflikt – den ‚Kalten Krieg' – an vorderster Front miteinbezogen. Aber der Kalte Krieg erzwang nicht nur eine bestimmte Entwicklungsrichtung des DDR-Sozialismus als sowjetischem Protektorat, sondern sicherte auch seine 45jährige Lebensdauer. Mit dem Ende des Kalten Krieges verlor die DDR ihre Existenzberechtigung."[58] Die „Existenzberechtigung" besaß sie schon zuvor nicht; jetzt verlor sie noch ihre Existenzgrundlage.

5. Bundesrepublik Deutschland

Die Entwicklung in den Westzonen verlief anders als in der SBZ. Wurde dort der Pluralismus allmählich beseitigt, so lebte er in den Westzonen auf.[59] Diese schlossen sich zunächst zur Bizone (Januar 1947), später zur Trizone (April 1949) zusammen. In dem Karnevalsschlager aus dem Jahre 1948 „Wir sind die Eingeborenen von Trizonesien" kommt höchst anschaulich die damalige Identitätsproblematik zum Ausdruck. „[...] Ein kleines Häuflein Diplomaten/ macht heute die große Politik./ Sie schaffen Zonen, ändern Staaten,/ und was ist hier mit uns im Augenblick? [...]."[60] Anders als nach dem Ersten Weltkrieg verstanden sich die Westalliierten als „freundlicher Feind" (Klaus-Dietmar Henke) – nicht zuletzt wegen des Ost-West-Konflikts und aufgrund der historischen Erfahrungen. Da die Sowjetunion in ihrer Besatzungszone vollendete Tatsachen geschaffen hatte, ergriffen die westlichen Alliierten mit den „Frankfurter Dokumenten" die Initiative zur Gründung eines Weststaates. Die westdeutschen Politiker gingen nur widerstrebend darauf ein: Sie wollten keinen Teilstaat auf deutschem Boden. Um den Provisoriumscharakter zu betonen, wurde die Verfassunggebende Versammlung „Parla-

---

57 Vgl. Jürgen Frölich: „Bürgerliche" Parteien in der SBZ/DDR. Zur Geschichte von CDU, LPD(D), DBD und NDPD 1945–1953, Köln 1994.
58 Klaus Schroeder: Der SED-Staat. Geschichte und Strukturen der DDR, München 1998, S. 644.
59 Zum Forschungsstand vgl. u. a. Bernd Stöver: Die Bundesrepublik Deutschland, Darmstadt 2002.
60 Zitiert nach Theodor Eschenburg/Wolfgang Benz: Der Weg zum Grundgesetz, in: Theodor Eschenburg: Jahre der Besatzung 1945–1949, Stuttgart/Wiesbaden 1983, S. 507.

mentarischer Rat" genannt, die Verfassung „Grundgesetz" und eine Volksabstimmung vermieden.

Die Bundesrepublik wuchs zu einem demokratisch anerkannten, politisch stabilen und wirtschaftlich prosperierenden Staat heran, wie dies bei seiner Gründung angesichts der zahlreichen Vorbelastungen[61] nicht annähernd anzunehmen gewesen war.[62] Wer sie als eine „geglückte Demokratie"[63] charakterisiert, übertreibt nicht. Für Periodisierungen stehen verschiedene Möglichkeiten zur Auswahl (z. B. in mentalitätsgeschichtlicher Hinsicht: die Zeit vor und nach der Studentenbewegung; z. B. mit Blick auf die deutsche Frage: die Zeit vor und nach der deutschen Einheit).[64] Jede Form der Periodisierung bei einem existierenden Gebilde wirft Probleme wegen der unabgeschlossenen Entwicklung auf. Eine konventionelle Unterteilung unterscheidet danach, welche politische Kraft die Richtung bestimmte: Von 1949 bis 1969 hatte die Bundesrepublik Kanzler der CDU: mit Konrad Adenauer, der von 1949 bis 1963 regierte und damit länger als die Weimarer Republik überhaupt bestand; Ludwig Erhard, dem „Vater des Wirtschaftswunders" in den Jahren 1963–1966, und Kurt Georg Kiesinger, Kanzler einer Großen Koalition zwischen 1966 und 1969, deren Leistungen mitunter nicht die angemessene Beachtung finden. Von 1969 bis 1982 stellte die SPD den Regierungschef: Auf Willy Brandt (1969 bis 1974) folgte Helmut Schmidt (1974 bis 1982). Nachdem Helmut Schmidt mit Hilfe der FDP den Kandidaten der Union, den bayerischen Ministerpräsidenten Franz Josef Strauß, bei der Wahl im Jahr 1980 bezwungen hatte, unterstützten die Liberalen 1982 Helmut Kohl von der CDU bei seinem Versuch, mit Hilfe des Konstruktiven Misstrauensvotums das Amt des Kanzlers zu übernehmen. Kohl regierte 16 Jahre (acht Jahre bis zur deutschen Einheit und acht weitere Jahre nach ihr). Von 1998 bis 2005 koalierte die SPD unter Bundeskanzler Gerhard Schröder mit den Grünen. 1998 war insofern ein Einschnitt, als zum ersten Mal alle Regierungsparteien in die Opposition gerieten. Die Neuwahlen vom September 2005 brachten die Union wieder an die Regierung. Allerdings musste sie unter Bundeskanzlerin Angela Merkel eine Große Koalition eingehen, reichte es doch weder für eine schwarz-gelbe noch für eine rot-grüne Mehrheit. Die Erwartungen, die sich an die neue Regierung knüpf(t)en, waren groß. Gravierende Probleme im Bereich der Renten-, Gesundheits- und Steuerpolitik harr(t)en einer Lösung.

Konrad Adenauer lehnte jegliche Schaukelpolitik zwischen Ost und West ab und betrieb einen unbedingten Kurs der Westintegration. Damit wurde die Bundesrepublik bereits ein Jahrzehnt nach Kriegsende Mitglied der NATO. Seine Annahme, durch eine „Politik der Stärke" die DDR, die nicht als zweiter deutscher Staat anerkannt wurde, in die Knie zu zwingen, schlug fehl. Blieb die Regierungszeit Erhards ohne sonderliche Prägekraft, setzte die Große Koalition unter Kiesinger neue Akzente (etwa in der Wirtschaftspolitik). Diese Periode machte die SPD auf Bundesebene in gewisser Weise salonfähig. Die Zeit der SPD-Kanzler Willy Brandt und Helmut Schmidt verlief turbu-

---

61 Ein Beispiel: Der Historiker Gerhard A. Ritter berichtet davon, dass seine Söhne im katholischen Münster noch im Jahre 1965 „beim Fußball nach der Schule nicht mitspielen durften, da sie Protestanten waren". So ders.: Über Deutschland. Die Bundesrepublik in der deutschen Geschichte, München 1998, S. 21.

62 Vgl. aus historischer Sicht Manfred Görtemaker: Geschichte der Bundesrepublik Deutschland. Von der Gründung bis zur Gegenwart, München 1999; aus politikwissenschaftlicher Perspektive Wolfgang Rudzio: Das politische System der Bundesrepublik, 6. Aufl., Opladen 2003.

63 So Edgar Wolfrum: Die geglückte Demokratie. Geschichte der Bundesrepublik Deutschland von ihren Anfängen bis zur Gegenwart, Stuttgart 2006.

64 Vgl. Martin Broszat (Hrsg.): Zäsuren nach 1945. Essays zur Periodisierung der deutschen Nachkriegsgeschichte, München 1990.

lent. Den Jahren der „inneren Reformen" unter Brandt folgte eine Konsolidierung der Verhältnisse unter Schmidt. Brandt gelang es, einen Teil der skeptisch abseits stehenden jungen Generation an die Demokratie zu binden. Helmut Schmidt sah sich einer Reihe von gravierenden innen-, außen- und wirtschaftspolitischen Problemen ausgesetzt. Die Troika Brandt (als Parteivorsitzender), Schmidt (als Kanzler) und Herbert Wehner (als Fraktionsvorsitzender) war sich in vielem persönlich gram, doch hielt sie einigermaßen zusammen, obwohl sich die Kooperation zunehmend schwierig gestaltete. Heute sind die großen und leidenschaftlichen Kontroversen der Adenauer-Ära (um die Westpolitik) und zu Anfang der sozial-liberalen Koalition (um die Ost- und Deutschlandpolitik) fast in Vergessenheit geraten. Die meisten sehen die Westbindungspolitik Adenauers ebenso als richtig an wie die Ostverbindungspolitik Brandts. Beides bildete eine wichtige Voraussetzung für die deutsche Einheit.

Die Regierungsjahre unter Helmut Kohl stabilisierten die Beziehungen zu den USA, ohne dass darunter das zunächst angespannte Verhältnis zur kommunistischen Sowjetunion litt. In den deutsch-deutschen Beziehungen überwog Kontinuität. Es war ausgerechnet der als Kalter Krieger geltende Franz Josef Strauß, der 1983 einen Milliardenkredit an die DDR eingefädelt hatte. Nach der friedlichen Revolution in der DDR agierte Helmut Kohl geschickt. Nicht zuletzt seinem umsichtigen und vorwärtstreibenden Kurs ist maßgeblich die schnelle deutsche Einheit zu verdanken. Kohls zweite acht Jahre verliefen insgesamt weniger glücklich als seine ersten. Vielen ging die materielle Angleichung des Ostens an den Westen nicht schnell genug. Die Regierung Kohl, die sich auf ihren Lorbeeren weithin ausruhte, verwaltete mehr, gestaltete weniger. Das lag nicht nur an sozialdemokratischer Blockadepolitik im Bundesrat. Ihre Innovationskraft schien erschöpft. Die wirtschaftlichen Probleme weiteten sich in den neunziger Jahren aus. Immerhin blieb der außenpolitische Kurs berechenbar.

Gerhard Schröder schien um die Massivität der Probleme zu wissen. Denn seine Regierung legte zu Beginn der Amtsübernahme 1998 nicht dasselbe Maß an Euphorie an den Tag wie die von Brandt 1969. Der Kanzler überstand eine Reihe gravierender außen- und sicherheitspolitischer Herausforderungen, und seine Regierung wurde 2002 im Amt bestätigt, wenn auch nur knapp. Erst nach seiner Wiederwahl ging Schröder entschlossen eine Reihe wichtiger Reformprojekte an („Agenda 2010"; „Hartz IV"). Seinen Versuch, den Umbau des Sozialstaates in Angriff zu nehmen, honorierte die Wählerschaft allerdings letztlich nicht. Die schon unter der Regierung Kohl stark gestiegene Arbeitslosenquote erhöhte sich weiter.

Die Bundesrepublik Deutschland ist die erste Parteiendemokratie in der Geschichte Deutschlands. Die Parteien bestimmen maßgeblich die politische Willensbildung. In der Vergangenheit hatten die Parteien zu wenig Einfluss. Manchen gehen ihr Allzuständigkeitsdenken und ihre Ämterpatronage zu weit. Kritiker wie Hans Herbert von Arnim warnen gar vor dem „Parteienkartell".[65] Die Bindung an die (Volks-)Parteien hat in den letzten Jahren nachgelassen. Davon zeugt u. a. der höhere Nichtwähleranteil, eine gestiegene Zahl an Wechselwählern und die gesunkene Parteiidentifikation. Die großen Parteien haben in den letzten zehn Jahren beträchtliche Mitgliederverluste zu beklagen. Auch wenn eine gewisse Verdrossenheit vorherrscht und der Glaube an die

---

65 Vgl. statt vieler Publikationen Hans Herbert von Arnim: Das System: Die Machenschaften der Macht, München 2001.

Problemlösungskompetenz schwächer ausfällt als früher, wissen die Bürger gleichwohl: Eine angemessene und legitimierbare Alternative gibt es nicht.[66]

Das Parteiensystem mit der überkonfessionellen Union und einer liberalen Kraft (beides war neu) bewies eine große Kontinuität, auch wenn es sich seit 1990 im Osten und im Westen zum Teil unterscheidet. Die Union sog als Volkspartei im ersten Jahrzehnt eine Reihe kleiner bürgerlicher Parteien auf. Von 1961 bis 1983 waren nur drei Fraktionen im Deutschen Bundestag vertreten. Mit der parlamentarischen Repräsentanz der Grünen, hervorgegangen aus einer außerparlamentarischen Protestbewegung, fächerte sich das Parteiensystem 1983 wieder auf. Nach der deutschen Einheit gelang es der PDS, sich auch auf Bundesebene zu etablieren. Durch die Umbenennung in „Die Linkspartei" und die bevorstehende Vereinigung mit der Wahlalternative Arbeit und Soziale Gerechtigkeit will die postkommunistische Partei auch im Westen des Landes salonfähig werden. Es besteht die Gefahr, dass eine weder koalitionsfähige noch -willige politische Kraft die Regierungsbildung erschwert. Im Jahre 2005 trat dieser Fall ein. Bisher entschieden die Bundesbürger faktisch über die Regierung, da die Parteien sich vor der Wahl auf eine bestimmte Koalition festgelegt hatten.

In den vierzig Jahren der Geschichte der Bundesrepublik differierte die Einschätzung der deutschen Frage erheblich. Herrschte Ende der vierziger Jahre der Glaube an eine schnelle deutsche Einheit vor, so war dies vierzig Jahre später anders. Die Idee einer „Selbstanerkennung" der Bundesrepublik machte sich breit.[67] Wer die Bundesrepublik als eine „postnationale Demokratie"[68] betrachtete, rückte vom Konzept der Wiedervereinigung ab. Insofern überraschte die friedliche Herbstrevolution in der DDR nicht nur die Machthaber im Osten, sondern auch die „politische Klasse" im Westen. Der Beitritt der DDR zur Bundesrepublik ist die große Einheit. Die kleine Einheit fand am 1. Januar 1957 statt, als das Saarland – ebenfalls nach Art. 23 des Grundgesetzes – der Bundesrepublik beitrat. Rechtsextremisten sprechen gleichwohl von einer Teilvereinigung (wegen der Gebiete jenseits der Oder-Neiße-Grenze, auf welche die Bundesrepublik völkerrechtlich endgültig und nun auch für das ganze Deutschland verzichtet hat). Die Infrastruktur hat sich in den neuen Ländern beträchtlich verbessert, das Bild der Innenstädte auch. Dabei war die DDR keineswegs die „Schweiz des Ostens", wie bis zur „Wende" im Westen vielfach vermutet.

Die Bundesrepublik hingegen ist längst keine „Schönwetterdemokratie" mehr, die bei Unbilden in eine schwere Krise gerät. Das vereinigte Deutschland stellt keine neue Republik dar, keine dritte Republik. Auch wenn im außenpolitischen Bereich mittlerweile eine ganz andere Verantwortung auf dem vereinigten Deutschland ruht, ohne dass aber der Kurs der Westbindung in Zweifel gezogen wird: Es ist im Kern eine erweiterte Bundesrepublik Deutschland. So haben sich die institutionellen Bedingungen nicht geändert. Insofern ist der Terminus der „Berliner Republik" missverständlich, suggeriert er doch ein neues Staatswesen, als habe die „Berliner Republik" die „Bonner Republik" abgelöst. Das vereinigte Deutschland verkörpert heute mit Berechenbarkeit und Liberalität Tugenden, die ihm in der Vergangenheit oft abgingen. Großmannssucht steht ebenso nicht auf der Tagesordnung wie vasallenhaftes Verhalten. Wer permanent in einer Art Nabelschau Konflikte zwischen Ost und West hochspielt und so tut, als über-

---

66 Vgl. u. a. Hans Rattinger: Die Parteien: Ungeliebt – aber ohne Alternative, in: Jürgen W. Falter u. a. (Hrsg.): Sind wir ein Volk? Ost- und Westdeutschland im Vergleich, München 2006, S. 82–106.
67 Vgl. Wilfried von Bredow: Deutschland – ein Provisorium?, Berlin 1985.
68 So Karl Dietrich Bracher: Nachwort, in: ders./Wolfgang Jäger/Werner Link: Republik im Wandel 1969 bis 1974. Die Ära Brandt, Stuttgart/Mannheim 1987, S. 406.

ziehe Resignation das Land wie Mehltau eine Pflanze, sucht im Nachhinein die Einheit zu beschädigen.

Peter Graf Kielmansegg berichtet in seinem großen Buch über die deutsche Teilungsgeschichte davon, für Friedrich Dürrenmatt, den Schweizer Schriftsteller, sei noch im Frühjahr 1989 die große politische Leistung der Bundesrepublik, dass sie das Ende Deutschlands, also die Teilung, akzeptiert habe. Kielmansegg hingegen erwähnt zustimmend die Formulierung des Deutschamerikaners Fritz Stern von der „zweiten Chance". „Wer von der zweiten Chance spricht, sieht nicht nur die Wiedervereinigung, er sieht auch Deutschlands Geschichte diesseits der Katastrophe anders als Dürrenmatt. Zumindest stellt er eine andere Frage an diese Geschichte, die Frage nämlich: „Wie gut haben die 45 Jahre zwischen dem 8. Mai 1945 und dem 3. Oktober 1990 die Deutschen darauf vorbereitet, ihre zweite Chance zu nutzen?"[69] Mehr als 15 Jahre nach der deutschen Einheit kann das Urteil auch für den skeptischen Beobachter nur ausfallen: Die zweite deutsche Demokratie steht nicht in der Gefahr, nationaler Überhebung das Wort zu reden.

6. Vergleichskriterien zu den Systemwechseln 1918/19, 1933, 1945/49, 1989/90

6.1. Massivität des Einschnitts

Handelte es sich bei den Umbrüchen um eine Revolution? Oder überlagerte Kontinuität Diskontinuität? Welche Charakterisierung ist für die vier Umbrüche angemessen?

Für den Zeitgenossen stellt sich die Massivität des Systemwechsels vielfach anders dar als für den Nachgeborenen. Erst aus der historischen Distanz wird zuweilen die Stärke oder die Schwäche des jeweiligen Umbruchs deutlich. Das gilt zumal für die Weimarer Republik: „Sowenig wie einen gesellschaftlichen Bruch hat es 1918/19 einen moralischen Bruch mit dem Kaiserreich gegeben."[70] Überschätzten viele Zeitgenossen der Novemberrevolution 1918/19 diese Zäsur, so unterschätzten zahlreiche Zeitzeugen den Einschnitt des Jahres 1933, gerade auch Gegner des Nationalsozialismus. Vollzog sich der Systemwechsel 1918/19 durch eine revolutionäre Volksbewegung, so ernannte der Reichspräsident Adolf Hitler zum Reichskanzler. Der legale Charakter dieses Schritts verhüllte zunächst den Systemwandel, obwohl die Nationalsozialisten schnell daran gingen, die Strukturen der Weimarer Republik zu beseitigen. Die Weimarer Republik war in diverser Hinsicht durch eine beträchtliche Kontinuität gegenüber dem Kaiserreich geprägt: in der Verwaltung, im Militär, an den Universitäten. Die schwierigen Rahmenbedingungen in der neuen Republik führten viele dazu, sich nach den „alten Zeiten" zurückzusehen.

Weniger der hohe Grad des Totalitarismus kennzeichnet die Monstrosität der NS-Verbrechen, sondern der Zivilisationsbruch. Insofern ist der Einschnitt des Jahres 1933 stärker als der des Jahres 1918. Dies bedeutet zugleich, der Zäsur des Jahres 1945 eine große Bedeutung beizumessen: nicht nur wegen des Untergangs der NS-Diktatur, son-

---

69 Peter Graf Kielmansegg: Nach der Katastrophe. Eine Geschichte des geteilten Deutschland, Berlin 2000, S. 674.

70 So Winkler: Weimar 1918–1933 (Anm. 1), S. 87.

dern auch wegen des Aufstiegs der Sowjetunion, die der Herausforderer der USA wurde und in einem Teil Deutschlands für 45 Jahre die Hegemonie erringen konnte. Der Systemwechsel 1989/90 in der DDR war demgegenüber von geringerer Tragweite.[71] Zwar wurden in beiden Fällen Diktaturen gestürzt, doch ihr Charakter fällt höchst unterschiedlich aus. Damit ergibt sich der paradoxe Sachverhalt, dass der dem äußerem Anschein nach anfänglich geringste Wandel in Wirklichkeit den gravierendsten Einschnitt bedeutete.

Die Vorgänge des Jahres 1918/19 waren eine Revolution, auch wenn die Änderungen nur milde ausgefallen sind, bedingt nicht zuletzt durch radikale Strömungen, wodurch die Sozialdemokratie mit Kräften kooperieren musste, die möglichst viel von den Strukturen des Kaiserreiches zu erhalten wünschten. Der Begriff der „Revolution" steht der NS-„Machtergreifung" erst recht zu, selbst wenn Hitler vor einer „zweiten Revolution", die die SA gewünscht hatte, aus vielerlei Gründen zurückschreckte. Die von Hitler praktizierte Legalitätstaktik widerstreitet dieser Auffassung nicht.[72] Sie diente nur dazu, die Macht auf legalem Weg zu übernehmen und die Demokratie auszuheben. Was in der DDR 1989/90 geschah, war ebenso eine Revolution, wenngleich eine friedliche. Die Verhältnisse wurden grundlegend umgestürzt. Der weitverbreitete Terminus der „Wende" hat sich zwar im allgemeinen Sprachgebrauch durchgesetzt, aber treffend ist er nicht. Schließlich wurde das alte System gestürzt, ohne Wenn und Aber.[73] Für Sympathisanten der PDS, der „Partei des östlichen Ressentiments",[74] handelt es sich um eine „abgebrochene Revolution, die großartig demokratisch durch das Volk begann und schließlich dem handelnden Volk verlustig ging".[75] Timothy Garton Ash, der britische Chronist der umstürzenden Vorgänge, spricht von „Refolution", bezogen auf die gesamte ostmitteleuropäische Entwicklung, um die Mischung von „Revolution" und „Reform" prägnant auf den Begriff zu bringen.[76] Wenn manche die Ereignisse von 1933 und 1989 als „Konterrevolution" bezeichnen, dann räumen sie im Grunde deren revolutionären Charakter ein, lehnen aber den Begriff „Revolution" für diese Vorgänge ab, weil sie damit etwas Positives verbinden. Das Jahr 1945 kann nicht als Revolution apostrophiert werden. Denn von der deutschen Bevölkerung ging keinerlei Bestrebung aus, die Diktatur abzuschütteln. Die Alliierten führten den Zusammenbruch herbei. Begriffe wie „Niederlage" oder „Befreiung" stellen die Kehrseite ein und derselben Medaille dar. Wer das Jahr 1945 nur als „Befreiung" sieht, sollte wissen: Der Übergang von der einen Diktatur in die andere verlief in einem Teil Deutschlands fließend.

---

71 Der Zusammenbruch des Sowjetkommunismus mit seinen tektonischen Erschütterungen kommt in seiner Bedeutung dagegen dem Ende des Nationalsozialismus gleich.

72 Vgl. u. a. Horst Möller: Das Ende der Weimarer Demokratie und die nationalsozialistische Revolution von 1933, in: Martin Broszat/ders. (Hrsg.): Das Dritte Reich. Herrschaftsstruktur und Geschichte, München 1983, S. 9–37.

73 Vgl. etwa Robert Grünbaum: Eine Revolution in Deutschland? Der Charakter des Umbruchs in der DDR von 1989/90, in: Geschichte in Wissenschaft und Unterricht, 50 (1999), S. 438–450; Beate Ihme-Tuchel: Wende, Implosion, Umbruch, Revolution oder „Refolution" in der DDR? Versuche zur Einordnung eines historischen Großereignisses 15 Jahre danach, in: Helmut Wagner (Hrsg.): Europa und Deutschland – Deutschland und Europa. Liber amicorum für Heiner Timmermann zum 65. Geburtstag, Münster 2005, S. 322–334.

74 Wolfgang Schieder: Die Umbrüche von 1918, 1933, 1945 und 1989 als Wendepunkte deutscher Geschichte, in: Papenfuß/ders.: Deutsche Umbrüche im 20. Jahrhundert (Anm. 9), S. 18.

75 So Stefan Bollinger: Die finale Krise der DDR. Ein Problemaufriss, in: ders. (Hrsg.): Das letzte Jahr der DDR. Zwischen Revolution und Selbstaufgabe, Berlin 2004, S. 27; siehe auch ders.: 1989 – eine abgebrochene Revolution. Verbaute Wege nicht nur zu einer besseren DDR?, Berlin 1999.

76 Vgl. Timothy Garton Ash: Im Namen Europas. Deutschland und der geteilte Kontinent, München/Wien 1993, S. 504.

6.2. Offenheit der Situation

Wie zwangsläufig war der Systemwechsel? Oder hing dieser von einer Reihe historischer Zufälle ab? Vielfach fragt der Historiker zu wenig nach der Offenheit der historischen Situation. Nur deshalb, weil die Entwicklung so verlaufen ist, wie sie verlaufen ist, bietet sich nicht der Schluss an, dass sie so verlaufen musste. Die Frage nach den Alternativen kommt oft zu kurz.

Es spricht viel für die Annahme, dass das Kaiserreich ohne den verlorenen Krieg nicht zusammengebrochen wäre. Der erste deutsche Nationalstaat war ein insgesamt gefestigtes Gebilde, und die Sozialdemokratie hatte ihre revolutionären Ambitionen weithin aufgegeben. Durch die der Monarchie zugeschriebene Niederlage brach das System binnen kurzem zusammen. Daran konnten auch die Oktoberreformen (Parlamentarisierung des politischen Systems) nichts ändern. Der Weltkrieg war ein Ausfluss des Imperialismus und vielleicht unvermeidlich, das Attentat auf Erzherzog Franz Ferdinand am 28. Juni 1914 daher mehr Anlass als Ursache für den Kriegsausbruch. Auch wenn das Ende von Weimar nicht auf eine Ansammlung von Intrigen der Entourage um den greisen Reichspräsidenten Paul von Hindenburg zurückzuführen ist:[77] Es war keineswegs zwangsläufig, wie das Standardwerk von Karl Dietrich Bracher zu den (zerfallenden) Machtstrukturen am Ende der Weimarer Republik eindrucksvoll gezeigt hat.[78] Der Handlungsspielraum zur Rettung der Demokratie ist nicht ausgeschöpft worden – sei es wegen der Unterschätzung der totalitären Dynamik des Nationalsozialismus, sei es wegen der Uneinigkeit seiner Gegner. Vor allem hatte der Bürger nicht nur die Wahl zwischen „Pest" und „Cholera". 1932/33 lautete die Alternative keineswegs: „braun" oder „rot". Wer diese These vertritt, macht es sich einfach, argumentiert apologetisch. Allerdings war der Erfolg des Nationalsozialismus keineswegs eine zwangsläufige Konsequenz jahrhundertealter, bis auf Martin Luther zurückreichender Entwicklungen. Wer davon spricht, in Deutschland hätten die „Ideen von 1914" gegenüber den „Ideen von 1789" obsiegt, neigt einer Vereinfachung zu.

Die Weimarer Republik zeichnete sich durch vielfältige Schwächen der politischen Kultur aus, durch außenpolitische Belastungen, innenpolitische Bedrängnisse, verfassungsrechtliche Ungereimtheiten, ökonomische Widrigkeiten.[79] Die abwehrschwache Demokratie sah keinen Schutz vor gewaltloser antidemokratischer Unterwanderung vor und war schließlich der Legalitätstaktik der Nationalsozialisten ausgeliefert. Gleichwohl: Wer im Anfang der Weimarer Republik ihr Ende sieht, verkennt die Offenheit der historischen Situation. Insofern schießt die in Frageform gekleidete These Hans-Ulrich Wehlers weit über das Ziel hinaus. „Muß man nicht den Preis, den ein Neubeginn im Jahr 1918 gekostet hätte – die Ausschaltung der alten Führungsgruppen, die Funktionsschwäche oder gar zeitweilige Funktionslähmung –, abwägen gegen die Opfer und Schrecken seit 1933? Wird nicht ein Ja zur Weimarer Lösung erkauft mit der Hinnahme ihres Endes?"[80]

War das „Dritte Reich" zum Untergang verdammt? Die Außenpolitik des „Dritten Reiches" zielte auf Krieg.[81] Dieser bedeutete die Überdehnung der eigenen Ressourcen und

77 Vgl. in diesem Sinne Henry A. Turner: Hitlers Weg zur Macht. Der Januar 1933, München 1997.
78 Vgl. Bracher: Die Auflösung der Weimarer Republik (Anm. 23).
79 Vgl. Winkler: Weimar 1918–1933 (Anm. 1).
80 Hans-Ulrich Wehler: Das Deutsche Kaiserreich 1871–1918, Göttingen 1973, S. 226.
81 Vgl. Marie-Luise Recker: Die Außenpolitik des Dritten Reiches, München 1990; Bernd-Jürgen Wendt: Großdeutschland. Außenpolitik und Kriegsvorbereitung des Hitler-Regimes, 2. Aufl., München 1993.

damit zugleich das Ende der Herrschaft. Es ist schwer vorstellbar, wie sich das „Dritte Reich" hätte reformieren sollen, ohne einen Zusammenbruch zu vermeiden. Hans Mommsen kommt mit seiner These von der kumulativen Radikalisierung zu einem ähnlichen Ergebnis. Der Prozess „innerer Auflösung" sei „in der Struktur der NS-Bewegung von vornherein angelegt gewesen".[82] Die fehlende Stabilisierung wird hier nicht auf außen-, sondern auf innenpolitische Faktoren zurückgeführt.

Das Jahr 1945 wies in zwei Richtungen. Nach einer Phase des „Kondominiums der Alliierten"[83] verlief die Entwicklung im Westen Deutschlands in Richtung Demokratie, die im Osten Deutschlands in Richtung Diktatur. Die ideen- und machtpolitischen Gegensätze der Alliierten waren so stark, dass die Teilung Deutschlands als nahezu unvermeidlich gelten muss. Während aus der Sowjetischen Besatzungszone schnell eine sich terminologisch in demokratisches Renommiergewand hüllende Diktatur nach sowjetischem Muster entstand (das Mehrparteiensystem in der DDR war formal und damit Schein), konnte die Bundesrepublik Deutschland den Weg zu einer stabilen Demokratie einschlagen – politisch gefestigt, ökonomisch vital, kulturell zunehmend westlich geprägt. Die Annahme, der Kalte Krieg habe wesentlich auf einer gegenseitigen Fehlperzeption der Großmächte basiert,[84] verkennt die Massivität der unterschiedlichen, ja gegensätzlichen Konflikte.

Hätte die Sowjetunion unter Gorbatschow, der freilich bei Attentismus eine Implosion im eigenen Herrschaftsgefüge befürchten musste, keine Reformpolitik eingeschlagen und an der Breschnew-Doktrin festgehalten, wäre die DDR nicht zusammengebrochen. In dem Moment, in dem die Sowjetunion nicht mehr für „Ruhe und Ordnung" in der DDR garantieren wollte oder konnte, löste sich diese aus dem Bündnis. Ihr Schicksal hing damit weitgehend von dem der Sowjetunion ab. Selbst jene Forscher, die wie Zbigniew Brzezinski frühzeitig die Krisenhaftigkeit des Kommunismus erkannt hatten, hielten die DDR für stabil.[85] Das war jedoch eine Illusion. Der zweite deutsche Staat erwies sich nicht als reformfähig. Im Gegenteil: Eine Anlehnung an die Reformpolitik Gorbatschows hätte das Fundament angesichts der fehlenden DDR-Identität noch schneller zum Einsturz gebracht.

6.3. Prägende Kräfte

Waren es innen- oder außenpolitische Entwicklungen, die zum Systemwechsel führten? Und welche (dominierend oder marginale) Rolle spielten extremistische Kräfte bei den Umbrüchen?

Die Revolution des Jahres 1918 ist wesentlich (ebenso wie die im Habsburger-Reich) durch äußere Faktoren – den verlorenen Krieg – herbeigeführt worden. Sie konnte deshalb erfolgreich sein, weil das Kaiserreich wegen der vielfältigen Ausgrenzungsmechanismen („Reichsfeinde") in der Vergangenheit trotz der späteren Politik des „Burgfriedens" nicht in der Lage war, die große Enttäuschung über die Niederlage aufzufangen.

---

82 So Hans Mommsen: Hitlers Stellung im nationalsozialistischen Herrschaftssystem, in: ders.: Der Nationalsozialismus und die deutsche Gesellschaft. Ausgewählte Aufsätze. Zum 60. Geburtstag herausgegeben von Lutz Niethammer und Bernd Weisbrod, Reinbek bei Hamburg 1991, S. 96.

83 So Eschenburg: Jahre der Besatzung (Anm. 60), S. 21–60.

84 Vgl. in diesem Sinne Wilfried Loth: Die Teilung der Welt. Geschichte des Kalten Krieges 1941–1955, Neuausg., München 2000.

85 Vgl. Zbigniew Brzezinski: Das gescheiterte Experiment. Der Untergang des kommunistischen Systems, Wien 1989, S. 267.

Die so genannte „nationale Revolution" 1933 ist deutschen Ursprungs, auch wenn die Auffassungen darüber weit auseinander gehen, ob Hitler in erster Linie als Nationalist oder ob er nur vor dem Hintergrund der siegreichen Oktoberrevolution zu verstehen ist.[86] Außenpolitische Faktoren wie der weithin als ungerechtfertigt empfundene Friedensvertrag von Versailles trugen freilich ebenso nicht zur Stabilisierung der neuen Ordnung bei. Der Zusammenbruch des Deutschen Reiches war von außen induziert, da „die Deutschen" weder willens noch fähig waren, den Nationalsozialismus zu stürzen, obwohl der Hitler-Mythos und -Kult nach „Stalingrad" stark nachgelassen hatte.[87] Die Herbstrevolution des Jahres 1989 wurde ebenso wesentlich begünstigt durch die Situation beim „großen Bruder". Freilich beschleunigte der Fall der Mauer mitten im Herzen Europas seinerseits den Fortgang der revolutionären Entwicklung in Ost(mittel)europa und nicht zuletzt auch im „Vaterland aller Vaterländer". Bis auf den Systemwechsel 1933 bewirkten äußere Vorgänge den jeweiligen Umbruch im Innern.

Die Rolle extremistischer Kräfte ist dabei unterschiedlich stark ausgefallen.[88] Sie lösten die Revolution 1918/19 zwar nicht aus, doch versuchten sie von ihr zu profitieren: Linksextremisten der neu gegründeten KPD durch Errichtung einer Diktatur des Proletariats, Rechtsextremisten durch Etablierung einer anders gearteten Diktatur. Die junge Demokratie befand sich in einem beständigen Zweifrontenkampf. Die „nationale Revolution" des Jahres 1933 brachte eine Bewegung an die Macht, die keine Zweifel an der Beseitigung der demokratischen Ordnung gelassen hatte. Diese „Machtergreifung" wurde indirekt durch die KPD begünstigt, die ebenso der Weimarer Republik den Kampf angesagt hatte. Am Ende der ersten deutschen Demokratie tobten Straßenkämpfe zwischen beiden Richtungen,[89] die ungeachtet dessen eine partielle Kooperation nicht mieden.[90] Dabei benutzten Kommunisten zuweilen nationalistische Topoi, Nationalsozialisten sozialistische. Linksextremistische Bestrebungen hielten sich 1945 mit Attacken gegen das neu entstehende pluralistische System zunächst zurück; die Kommunisten gehörten sogar den Landesregierungen an. Ihr Bonus, den sie als ärgste Kontrahenten der Nationalsozialisten besaßen, schwand jedoch angesichts der Ausschaltung Andersdenkender in der Sowjetischen Besatzungszone schnell. Rechtsextremistische Kräfte waren nach 1945 völlig diskreditiert und von der politischen Willensbildung ausgeschaltet. Auch wenn im Bereich der jugendlichen Subkultur am Ende der DDR „Skinheads", „Hooligans" und „Faschos" (wiewohl nur schwach organisiert) in Erscheinung traten (von der Staatssicherheit als „feindlich-negativ" wahrgenommen),[91] spielten sie beim Umsturz in der DDR keine Rolle. Ihre Präsenz auf den berühmten Leipziger Montagsdemonstrationen führte zu Pfiffen. Bei den Repräsentanten der Bürgerbewe-

---

86 Diese These Ernst Noltes hat bekanntlich den „Historikerstreit" ausgelöst. Vgl. ausführlich ders.: Der europäische Bürgerkrieg 1917–1945. Nationalsozialismus und Bolschewismus: Mit einem Brief von François Furet an Ernst Nolte im Anhang, 5. Aufl., Berlin 1997.

87 Vgl. Ian Kershaw: Der Hitler-Mythos. Volksmeinung und Propaganda im Dritten Reich, Stuttgart 1980.

88 Vgl. dazu ausführlicher Uwe Backes/Eckhard Jesse: 1918 – 1933 – 1945 – 1989. Ein Vergleich der Zäsuren und Phasen in extremismustheoretischer Perspektive, in: dies. (Hrsg.): Jahrbuch Extremismus & Demokratie, Bd. 15, Baden-Baden 2003, S. 13–31.

89 Vgl. Christian Striefler: Kampf um die Macht. Kommunisten und Nationalsozialisten am Ende der Weimarer Republik, Berlin 1993.

90 Vgl. Klaus Rainer Röhl: Nähe zum Gegner. Kommunisten und Nationalsozialisten im Berliner BVG-Streik von 1932, Frankfurt a. M. 1994.

91 Vgl. Walter Süß: Zur Wahrnehmung und Interpretation des Rechtsextremismus in der DDR durch das MfS, in: Deutschland Archiv, 26 (1993), S. 388–406.

gung gab es linksextreme Tendenzen, etwa bei der späteren „Vereinigten Linken",[92] die keine Bereitschaft zeigte, in Modrows „Regierung der nationalen Verantwortung" mit einem Minister einzutreten, wie das für die anderen Organisationen der Bürgerbewegung galt, weil sie die Einheit Deutschlands ebenso strikt ablehnte wie den Kurs Modrows. Eine kommunistische Kaderorganisation wie die KPD/ML, angeleitet aus dem Westen Deutschlands, war schon vor 1989 „ausgehoben" worden,[93] konnte also in der Herbstrevolution nicht „mitmischen". Linksextremistische Vorstellungen außerhalb der SED gab es gleichwohl. Der Weg in Richtung prinzipieller Opposition zum System verlief mitunter über andere linksextremistische Ideen, z. B. trotzkistische oder luxemburgische. Der Glaube an den „wahren Marxismus" war zum Teil selbst in jenen Kreisen verbreitet, in denen die SED schroff abgelehnt wurde – sei es wegen ihrer laxen Haltung; sei es wegen ihres Dogmatismus.

6.4. Zusammenbruch, Neuanfang, Konsolidierung

War der Systemwechsel vor allem ein Zusammenbruch? Oder zeichnete er sich durch einen fundamentalen Neuanfang aus? Schließlich: Kam es zu einer Konsolidierung der neuen Ordnung?

Die Revolution 1918/19 war vor allem bedingt durch die Schwäche des Kaiserreiches am Ende des verlorenen Ersten Weltkrieges. Ohne Gegenwehr dankte die durchaus nicht zum Untergang verurteilte Monarchie ab. Der Neuanfang stand keinesfalls unter günstigen innen- und außenpolitischen wie wirtschaftlichen Voraussetzungen. In der Folge gelang es der Weimarer Republik wegen der historischen Vorbelastungen und der aktuellen Probleme nicht, bei der Mehrheit der Bürger Anerkennung zu finden. Selbst viele ihrer Anhänger waren Anfang der dreißiger Jahre nicht mehr so recht von den Vorzügen der neuen Ordnung überzeugt, wiewohl die Charakterisierung als „Selbstpreisgabe der Demokratie"[94] überzogen ist. Die mentale Kontinuität vieler Bürger sperrte sich gegen den institutionellen Neuanfang.

Der Systemwechsel 1933 glich wegen der Legalität des Vorgangs zunächst einem gleitenden Übergang. Wie sich jedoch schnell herausstellte, war der Wandel fundamentaler Natur. Obwohl die neuen Machthaber die demokratischen Prinzipien für jedermann erkennbar außer Kraft gesetzt hatten, standen viele Deutsche, die nicht das Ausmaß an verbrecherischer Energie ahnten, hinter dem „Dritten Reich", das eine Massenmobilisierung hervorrufen konnte. Sie hatten das Gefühl, einen Aufschwung mitzuerleben. Insofern war das „Dritte Reich" in Grenzen konsolidiert, wenngleich es nicht auf den Einsatz diktatorischer Machtmittel verzichtete. Erst in den letzten Kriegsjahren wurde die Diskrepanz zwischen Propaganda und Realität für viele verstärkt durchschaubar.

Das Jahr 1945 ist durch den schnellen Zusammenbruch des Nationalsozialismus nach der bedingungslosen Kapitulation gekennzeichnet. Der doppelte Neuanfang unter dem Einfluss der Alliierten führte zu einer gegenläufigen Entwicklung. Im Westen Deutschlands wurde die neue Ordnung im Gegensatz zum Osten auf eine stabile Basis gestellt.

---

92 Vgl. Thomas Klein u. a. (Hrsg.): Keine Opposition. Nirgends? Linke in Deutschland nach dem Sturz des Realsozialismus, Berlin 1991; Bernd Gehrke/Wolfgang Rüddenklau (Hrsg.): ... das war doch nicht unsere Alternative. DDR-Oppositionelle zehn Jahre nach der Wende, Münster 1999.

93 Vgl. Tobias Wunschik: Der nicht alltägliche Widerstand der KPD/ML, in: Lothar Mertens (Hrsg.): Unter dem Deckel der Diktatur. Soziale und kulturelle Aspekte des DDR-Alltags, Berlin 2003, S. 165–196.

94 So der Titel des Bandes von Karl Dietrich Erdmann/Hagen Schulze (Hrsg.): Weimar. Selbstpreisgabe einer Demokratie, Düsseldorf 1980.

Die Bundesrepublik Deutschland erwies sich als ein Staat, der aus guten Gründen Lehren aus der Vergangenheit gezogen hat. Unter den tragenden gesellschaftlichen Kräften herrscht bis auf den heutigen Zeitpunkt Übereinstimmung darin. Auch wenn manche düstere Untergangsszenarien anstimmten: Die zweite deutsche Demoktratie stand niemals in der Gefahr, ein „viertes Reich" zu werden. Eine Reihe unterschiedlicher Faktoren bewirkte die Konsolidierung der Demokratie: die Diskreditierung von Nationalsozialismus und Kommunismus, den Konsens der großen Parteien, den wirtschaftlichen Aufschwung, um nur einige zu nennen. Heute ist die Bundesrepublik nicht mehr ein Staat, der in erster Linie durch die Ablehnung des Kommunismus und des Nationalsozialismus zusammengehalten wird. Das Selbstbewusstsein hat zugenommen, wenngleich angesichts der leidvollen Erfahrungen die Schatten der Vergangenheit nicht verschwunden sind. Wie der Wandel der politischen Kultur zeigt, gewann westliches Denken die Oberhand.[95] Die Studentenbewegung Ende der sechziger Jahre trug zur Schwächung wie zur Stärkung demokratischer Grundlagen bei. Die These, die Bundesrepublik habe dadurch eine innere Neugründung erlebt, geht allerdings zu weit.[96]

Die DDR hingegen war ein Staat, der den Geburtsmakel der Illegitimität niemals loswerden konnte. Wer kurz vor der friedlichen Revolution behauptete, die DDR habe in den über fünfzehn Jahren der Honecker-Ära an „innerer Stabilität gewonnen",[97] ließ Urteilskraft vermissen. „Innere Stabilität" besaß die DDR zu keiner Zeit. Die institutionellen und ökonomischen Brüche trugen die Bürger vielfach nicht mit. So brach die Diktatur bei einer veränderten außenpolitischen Konstellation zusammen. Der Neuanfang zeigte sich in der friedlichen Revolution, die nahezu übergangslos in die deutsche Einheit mündete. Der Nationalstaat zog keinen Nationalismus nach sich. Mehr als 15 Jahre nach dem Beitritt der DDR zur Bundesrepublik Deutschland sind die neuen Länder zwar noch nicht demokratisch voll konsolidiert, aber separatistische Bestrebungen gibt es nirgendwo. Wie die Daten belegen, weichen die Wertvorstellungen der Ost- und Westdeutschen nach wie vor voneinander ab,[98] doch basiert das nicht auf dem Umstand, dass viele Ostdeutsche den von ihnen maßgeblich herbeigeführten Systemwechsel 1989/90 bedauern.

6.5. Zusammenhänge zwischen den Systemwechseln

War die eine Revolution die Reaktion auf die vorherige? Oder bestand zwischen den gewaltigen Umbrüchen keinerlei Zusammenhang? Wenn dies doch der Fall war: Wie zeigte er sich?

Im Jahre 1933 vollzog sich die Machtübertragung an die Nationalsozialisten primär in einem innenpolitischen Bezugsrahmen. Hitler wollte die als schändlich empfundene Revolution rückgängig machen.[99] Der Aufstieg seiner Bewegung erklärt sich wesentlich als Protest auf das Revolutionsjahr 1918. Deutschland nimmt dabei mit der Herausbildung

---

95 Vgl. etwa Axel Schildt: Ankunft im Westen. Ein Essay zur Erfolgsgeschichte der Bundesrepublik, Frankfurt a. M. 1999.
96 Diese Tendenz findet sich bei dem besten Kenner der Materie: Wolfgang Kraushaar: 1968. Das Jahr, das alles verändert hat, München 1998. Siehe hingegen Gerd Koenen: Das rote Jahrzehnt. Unsere kleine Kulturrevolution, Köln 2001.
97 So Gert-Joachim Glaeßner: Vorbemerkung, in: ders. (Hrsg.): Die DDR in der Ära Honecker. Politik – Kultur – Gesellschaft, Opladen 1988, S. 11.
98 Vgl. Falter u. a.: Sind wir ein Volk? (Anm. 66).
99 Vgl. die Belege bei Rainer Zitelmann: Hitler. Selbstverständnis eines Revolutionärs, 2. Aufl., Stuttgart 1989.

einer totalitären Diktatur eine Sonderrolle ein. Blieben die west- und nordeuropäischen Demokratien trotz vieler Krisensymptome mehr oder weniger intakt, so mutierten die ostmittel- und südosteuropäischen Länder zu autoritären Diktaturen (vornehmlich mit der Ausnahme der Tschechoslowakei) – in Form einer Präsidial- oder Königsdiktatur.[100] Was 1923 mit dem gewaltsamen Versuch des Hitler-Putsches gescheitert war (auf den Tag genau fünf Jahre nach der Ausrufung der „deutschen Republik"), glückte zehn Jahre später auf zunächst gewaltlose Weise. Voller Verachtung blickte das NS-System auf die Weimarer Republik zurück.

Der Einschnitt des Jahres 1945 war wesentlich darauf zurückzuführen, dass die Gegner des „Dritten Reiches" das „Jahr 1933" wegen der Verheerungen durch den Nationalsozialismus am liebsten hätten ungeschehen machen wollen. Allerdings konnten sich unter dem vagen Begriff des „Antifaschismus" ganz unterschiedliche, ja gegensätzliche Kräfte zusammenfinden – demokratische Antifaschisten ebenso wie antidemokratische. Die Konflikte mussten in dem Moment in Erscheinung treten, in dem der „Faschismus" Hitlers, so der ungenaue, wenn nicht schiefe Terminus, besiegt war. Beide wollten in gewisser Weise an das Jahr 1918 anknüpfen: die einen an die erste deutsche Demokratie, die anderen an die Revolution, die für den „Spartakusbund" zu einem kommunistischen Staat nach sowjetischem Muster führen sollte und kommunistischer Lesart zufolge von der Sozialdemokratie „verraten" worden sei. Die Gründung der Bundesrepublik Deutschland ist zugleich eine Art Gegengründung zur DDR und vice versa. Beide deutsche Teilstaaten sprachen anfangs einander die Existenzberechtigung ab. 1933 galt im Westen wie im Osten als Schande, 1918/19 im Westen als Chance, im Osten als Versäumnis.

Die Revolution des Jahres 1989 in der DDR suchte 1945 „aufzuheben" – und zwar im doppelten Sinn von erhalten und beseitigen. Dies hängt mit der Ambivalenz des Jahres 1945 zusammen. Zum einen wollte die Bevölkerung in der DDR den Sieg über den Nationalsozialismus bewahrt wissen; zum anderen suchte sie die in der Folge dieses Sieges im Osten Deutschlands errichtete kommunistische Diktatur abzuschütteln. Die Vereinigung mit der Bundesrepublik war ein konsequenter Schritt. Während der Umbruch des Jahres 1918/19 nach 1989/90 merkwürdig entrückt wirkt, gelten 1933 wie 1945 weiterhin als Großzäsuren.

6.6. Nachwirkung und Bewertung der Systemwechsel

Welche Bedeutung besitzen die Systemwechsel noch heute? Sind Lehren daraus gezogen worden? Wie müssen die Umbrüche eingeordnet werden?

Die Novemberrevolution 1918/19 gilt vielfach als Beleg für die Schwierigkeit, eine demokratische Ordnung in Deutschland zu verankern. Die Ursachen werden unterschiedlich gesehen. Die einen machen die politischen Extremismen dafür verantwortlich, die anderen sehen stärker Verantwortlichkeiten bei den staatstragenden Kräften, die ihren Handlungsspielraum nicht ausgenutzt hätten. Im Vergleich zu den Umbrüchen 1933, 1945/49 und 1989/90 sind die Nachwirkungen eher gering.

---

100 Vgl. Erwin Oberländer, in Zusammenarbeit mit Rolf Ahmann, Hans Lemberg und Holm Sundhausen (Hrsg.): Autoritäre Regime in Ostmittel- und Südosteuropa 1919–1944, Paderborn u. a. 2001.

Das Ende der Weimarer Republik ist in der Öffentlichkeit nach wie vor präsent.[101] Die Interpretationsmuster fallen höchst unterschiedlich, ja geradezu gegensätzlich aus. Das Wort von den „Lehren aus Weimar" wird in einem zweifachen Sinne gedeutet. Die einen sehen in einem starken Staat den besten Schutz vor einer neuen Diktatur, die anderen in ihm einen Vorboten derselben. Das zeigt etwa manche Auseinandersetzung um die streitbare Demokratie, deren Etablierung nach 1945 wesentlich eine Reaktion auf die abwehrschwache Weimarer Republik war. Beide Argumentationstopoi berufen sich dabei auf die erste deutsche Demokratie. Andere wiederum sprechen vom „Weimarer Trauma" und wehren sich gegen kurzschlüssige Parallelen. Es verbiete sich wegen der anderen Ausgangslage, aktuelle politische Probleme in einen solchen historischen Kontext zu rücken.

Der „Kulturschock", der nach 1945 einsetzte, war weniger den totalitären Zügen des NS-Regimes geschuldet als vielmehr einem Zivilisationsbruch – der Vernichtung des europäischen Judentums. In vielen Debatten zur Deutungskultur – wie zum Beispiel beim „Historikerstreit"[102] – spielt(e) das Argument „Auschwitz" eine tragende Rolle. „Die Anlässe, aus denen Auschwitz als Argument benutzt wurde, liefen ungewollt auf eine Banalisierung des Völkermords hinaus: Der Hinweis auf die Judenvernichtung diente der Begründung des Nein zur Wiedervereinigung, zu einem deutschen Einsatz im Golfkrieg und zur Entsendung von ‚Tornados' nach Bosnien. In Wirklichkeit ging es in allen Fällen um die Abwehr eines Zustandes, in dem Deutschland souverän über Krieg und Frieden entscheiden musste und damit nicht länger der Möglichkeit ausweichen konnte, schuldig zu werden – wie andere westliche Demokratien auch."[103] Der Buchtitel der gelehrten Abhandlung von Peter Graf Kielmansegg „Nach der Katastrophe"[104] besitzt daher nicht nur eine temporale Bedeutung, sondern auch eine kausale. Denn manche Entwicklung und Verhaltensweise in der zweiten deutschen Demokratie – etwa Pazifismus von Intellektuellen wie deren Absage an die Einheit des Landes vor 1990 – ist nicht verstehbar ohne die NS-Diktatur. Die Hinterlassenschaft des Nationalsozialismus spiegelt sich damit so wider. Der im Vergleich mit anderen europäischen Demokratien unterentwickelte Patriotismus ist ebenfalls eine Reaktion auf die nationalistischen Verheerungen.

Auch aus dem überraschenden Ende der kommunistischen Diktatur auf deutschem Boden sind Konsequenzen gezogen worden. So hat der 17. Juni 1953 eine Aufwertung als „demokratische Tradition"[105] erfahren. Er gilt nun als Vorgeschichte der Herbstrevolution von 1989, nachdem das Ereignis Jahrzehnte lang nahezu verdrängt worden war.[106] Ungeachtet der Tatsache, dass der Konsens über die Ablehnung der SED-Diktatur fester denn je ist: Im intellektuellen Milieu sind linksextremistische Bestrebungen weit weniger stigmatisiert als rechtsextremistische.

---

101 Vgl. Heinrich August Winkler (Hrsg.): Weimar im Widerstreit. Deutungen der ersten deutschen Republik im geteilten Deutschland, München 2002.
102 Vgl. die Sammlung einschlägiger Beiträge in dem folgenden Band: „Historikerstreit". Die Dokumentation der Kontroverse um die Einzigartigkeit der nationalsozialistischen Judenvernichtung, München/Zürich 1987; eine Bewertung aus politikwissenschaftlicher Sicht stammt von Steffen Kailitz: Die politische Deutungskultur im Spiegel des „Historikerstreits". What's right? What's left?, Wiesbaden 2001.
103 So Winkler: Der lange Weg nach Westen (Anm. 28), Zweiter Band, S. 654.
104 Vgl. Kielmansegg: Nach der Katastrophe (Anm. 69).
105 Vgl. Bernd Faulenbach: Der 17. Juni 1953 als demokratische Tradition, in: Jürgen Maruhn (Koordinator): 17. Juni 1953. Der Aufstand für die Demokratie, München 2003, S. 141–149.
106 Vgl. Hans Joachim Veen (Hrsg.): Die abgeschnittene Revolution. Der 17. Juni 1953 in der deutschen Geschichte, Köln 2004; Bernd Eisenfeld/Ilko-Sascha Kowalczuk/Ehrhart Neubert: Die verdrängte Revolution. Der Platz des 17. Juni 1953 in der deutschen Geschichte, Bremen 2004.

Die aus der friedlichen Revolution hervorgegangene deutsche Einheit wird seit 1990 ebenso anders bewertet als zuvor. Der folgende Satz Heinrich August Winklers von Anfang 1989 löste seinerzeit kaum Widerspruch aus: „Je deutlicher wir uns bewusst machen, dass dieser Nationalstaat an sich selbst gescheitert ist und dass es darum ein Zurück zu ihm nicht geben kann, desto freier wird unser Verhältnis zur deutschen Geschichte sein."[107] Reichte die Phantasie bei führenden Historikern deshalb nicht mehr zur Perspektive einer künftigen Wiedervereinigung, weil ein Nationalstaat unerwünscht geworden war? Heute dagegen gilt der in den Prozess der europäischen Einigung eingebundene Nationalstaat als begrüßenswertes Ende eines deutschen Sonderweges.

Oft wird bei Demokraten eine Diktatur, solange sie existiert, höher eingeschätzt als nach ihrem Ende. Das hat nur zum Teil etwas mit später bekannt gewordenen Verbrechen zu tun. Vielmehr führt die normative Kraft des Faktischen zu Anpassung. Als der Nationalsozialismus bestand, wurde dieser im Ausland (jedenfalls bis zum Ausbruch des Krieges) weit positiver bewertet als später. Und die DDR firmierte in den siebziger und achtziger Jahren nicht immer als eine Diktatur. Tatsächlich stehen Stabilität und Legitimität in keinem direkten Verhältnis zueinander. Stabilität muss die Legitimität nicht erhöhen.

Die Einordnung der Systemwechsel fällt einfach. Die Revolution des Jahres 1918/19 ist insofern zu begrüßen, als sie eine parlamentarische Demokratie zu verankern und den Obrigkeitsstaat zu beseitigen suchte. Die Sichtweise zu 1933 liegt ebenso auf der Hand wie die zum Scharnierjahr 1945. Ebenso klar fällt das Votum zu 1989/90 aus. Gleichwohl gibt es Interpretationsmuster, die mit Blick auf die Frage nach den wünschenswerten Alternativen eine Art dritter Weg propagieren. Offenbar handelt es sich dabei um eine „deutsche Gesellschaftsidee.[108] So glauben manche, im Jahre 1918 sei das demokratische Potenzial der Rätebewegung für eine Sicherung der Demokratie nicht genügend genutzt worden;[109] und es gibt Rechtsextremisten, die u. a. mit Blick auf die Gebrüder Straßer meinen, deren Vorstellung eines „nationalen Sozialismus" hätte ein angemessenes Modell geboten. Nach 1945 sprachen manche Kritiker von einer „verhinderten Neuordnung",[110] einem „erzwungenen Kapitalismus",[111] einer „verordneten Demokratie"[112] und von „Determinanten der westdeutschen Restauration",[113] andere wiederum – wie Wolfgang Harich – wünschten im Osten eine „Plattform für einen besonderen deutschen Weg zum Sozialismus".[114] 1989/90 waren es Oppositionelle in

---

107 Heinrich August Winkler: Deutschland vor Hitler. Der historische Ort der Weimarer Republik, in: Pehle: Der historische Ort des Nationalsozialismus (Anm. 34), S. 30.

108 So Helmut L. Müller: Der „dritte Weg" als deutsche Gesellschaftsidee, in: Aus Politik und Zeitgeschichte, B 27/1984, S. 27–38.

109 Vgl. statt vieler: Reinhard Rürup: Demokratische Revolution und „dritter Weg". Die deutsche Revolution von 1918/19 in der neueren wissenschaftlichen Diskussion, in: Geschichte und Gesellschaft, 9 (1983), S. 278–301.

110 Vgl. Eberhard Schmidt: Die verhinderte Neuordnung 1945–1952. Zur Auseinandersetzung um die Demokratisierung der Wirtschaft in den westlichen Besatzungszonen und in der Bundesrepublik Deutschland, 8. Aufl., Frankfurt a. M. 1981.

111 Vgl. Ute Schmidt/Tilman Fichter: Der erzwungene Kapitalismus. Klassenkämpfe in den Westzonen 1945–49, Berlin 1973.

112 Vgl. Theo Pirker: Die verordnete Neuordnung 1945–1952. Grundlagen und Erscheinungen der „Restauration", Berlin 1977.

113 Vgl. Ernst-Ulrich Huster u. a.: Determinanten der westdeutschen Restauration 1945–1949, 3. Aufl., Frankfurt a. M. 1975.

114 Vgl. zu dieser Position Martin Jänicke: Der dritte Weg. Die antistalinistische Opposition gegen Ulbricht seit 1953, Köln 1964.

der DDR, die – jedenfalls kurzfristig – den Traum von einem dritten Weg träumten.[115] Manche reden zu viel von verpassten Chancen, weil sie die schnöde Realität an einem hehren Maßstab messen, dem sie selten entsprechen kann – und zu wenig von verhinderten Katastrophen. Das gilt zumal für 1918/19 und 1989/90, zum Teil auch für 1945/49.

7. Drei Systemvergleiche

7.1. Die beiden Diktaturen: „Drittes Reich" und DDR

Vergleiche zwischen dem „Dritten Reich" und der DDR waren zur Zeit des Kalten Krieges weit verbreitet, in der Phase der Entspannung jedoch nicht mehr. Die Annahme herrschte vor, damit könnte die Einzigartigkeit der Verbrechen des Nationalsozialismus in Frage gestellt werden.[116] Mittlerweile spielt eine solche Einschätzung eine geringere Rolle.[117] Die Enquete-Kommission „Aufarbeitung von Geschichte und Folgen der SED-Diktatur in Deutschland" (1992–1994) sah einen solchen Vergleich als selbstverständlich an.[118] Wer auf die Verbrechen des einen Systems verweist, spielt die des anderen nämlich nicht herunter und relativiert sie keineswegs. Im Gegenteil: Auf diese Weise wird indirekt an das andere Unrechtssystem erinnert. Das Totalitarismus-Paradigma hat seit dem Ende der sowjetkommunistischen Staatenwelt eine beträchtliche Aufwertung erfahren.[119] Sein Erkenntnisgewinn wird höher eingeschätzt als in den siebziger und achtziger Jahren, die Perspektive des Opfers bei keiner anderen Konzeption im gleichen Maße erfasst. Der Gegensatz zwischen einem demokratischen Verfassungsstaat und einer (autoritären oder totalitären) Diktatur ist zentral.

Beide Diktaturen beruhten auf der Monopolisierung der Willensbildung, beseitigten den Pluralismus und setzten an seine Stelle eine Ideologie der Rasse bzw. der Klasse mit Absolutheitsanspruch; der angestrebten Mobilisierung der Massen waren allerdings Grenzen gesetzt. Die Entwicklung im „Dritten Reich" und in der DDR verlief gegenläufig. Radikalisierte sich das eine System, so ließ bei dem anderen der Grad des Totalitarismus nach. Wer das „Dritte Reich" (zumal in der Zeit bis zum Beginn des Zweiten Weltkrieges) als weniger totalitär ansieht im Vergleich zum System der DDR (zumal in den fünfziger und sechziger Jahren), macht sich keiner Verharmlosung der NS-Diktatur schuldig. Die Eingriffe des Staates in gesellschaftliche Bereiche fielen in der DDR insge-

---

115 Vgl. z. B. Dirk Rochtus: Zwischen Realität und Utopie. Das Konzept des „dritten Weges" in der DDR 1989/90, Leipzig 1999; Christof Geisel: Auf der Suche nach einem dritten Weg. Das politische Selbstverständnis der DDR-Opposition in den 80er Jahren, Berlin 2005.

116 Vgl. zum Forschungsstand Detlef Schmiechen-Ackermann: Diktaturen im Vergleich, Darmstadt 2002; ders.: Möglichkeiten und Grenzen des Diktaturenvergleichs, in: Totalitarismus und Demokratie, 2 (2005), S. 15–38.

117 Vgl. z. B. Ludger Kühnhardt u. a. (Hrsg.): Die doppelte deutsche Diktaturerfahrung – ein historisch-politikwissenschaftlicher Vergleich, Frankfurt a. M./Berlin 1994; Günther Heydemann/Eckhard Jesse (Hrsg.): Diktaturvergleich als Herausforderung. Theorie und Praxis, Berlin 1998; Günther Heydemann/ Heinrich Oberreuter (Hrsg.): Diktaturen. Deutschland – Vergleichsaspekte. Strukturen, Institutionen und Verhaltensweisen, Bonn 2003.

118 Vgl. etwa die beiden Beiträge von Horst Möller und Jürgen Kocka zum Thema „Nationalsozialismus und SED-Diktatur in vergleichender Perspektive", in: Materialien der Enquete-Kommission „Aufarbeitung von Geschichte und Folgen der SED-Diktatur in Deutschland" (Anm. 54), S. 576–588, S. 588–597.

119 Vgl. Eckhard Jesse (Hrsg.): Totalitarismus im 20. Jahrhundert. Eine Bilanz der internationalen Forschung, 2. Aufl., Baden-Baden 1999; Alfons Söllner/Ralf Walkenhaus/Karin Wieland (Hrsg.): Totalitarismus. Eine Ideengeschichte des 20. Jahrhunderts, Berlin 1997.

samt stärker als im Nationalsozialismus aus (z. B. Wirtschaft, Erziehungswesen). Es war, wie erwähnt, weniger der Grad des Totalitarismus, der nach 1945 das große Entsetzen hervorrief, sondern jener Zivilisationsbruch, für den als zentrale Signa der Holocaust am europäischen Judentum, die Ermordung der Sinti und Roma, die Eliminierungsambition gegenüber den slawischen Völkern und die Euthanasiemorde standen. Die Kategorisierung von „wertem" und „unwertem Leben" legt Zeugnis von der Inhumanität des NS-Systems ab. Eine Untat dieser Dimension weist die in das kommunistische Machtsystem integrierte DDR als „abgeleitete" Diktatur nicht auf.

Die jeweiligen Feindbilder waren spiegelverkehrt: Suchte der Nationalsozialismus mit vehementem Antikommunismus vor der „roten Gefahr" zu warnen, wollte die DDR mit „Antifaschismus" ihren Makel der mangelnden Legitimität überspielen. Das Feindbild diente wesentlich zur Erhöhung der eigenen Legitimität. Zum Teil gelang dies auch. In beiden Fällen diente die Abgrenzung vom „Feind" nur dazu, das eigene Machtmonopol zu verschleiern. Die Ablehnung (anderer) antidemokratischer Ideologien kann solchen Systemen mithin nicht als Bonus angerechnet werden. Damit aber gingen sie hausieren – zum Teil mit Erfolg. Hitlers Antikommunismus und Ulbrichts wie Honeckers Antifaschismus beeindruckten bisweilen auch Menschen, die sich von der Weltanschauung solcher Diktatoren abgestoßen fühlten.

Das „Dritte Reich" wurde lange von innen gestützt und am Ende von außen gestürzt, die DDR hingegen am Ende von innen gestürzt und lange von außen gestützt.[120] Der Nationalsozialismus besaß weitaus mehr Integrationsmechanismen als der DDR-Kommunismus. Insofern war die innere Emigration im „Dritten Reich" trotz später wohlfeiler Behauptungen nicht an der Tagesordnung; und es mutet umgekehrt abgründig an, wenn Autoren vor einer Kolonialisierung der neuen Länder warnen.[121] Hingegen ist erstaunlich, wie schwach die Sowjetisierung der DDR geblieben ist. Die Bürger der DDR waren auf den Westen ausgerichtet, insbesondere die Bundesrepublik Deutschland. Im „Dritten Reich" gab es keine analoge Vergleichsfolie.

Parallelen ergeben sich bei der Frage nach den Kräften, die der Diktatur widerstanden. Weder manche Widerstandskämpfer des 20. Juli 1944 noch viele Oppositionelle in den achtziger Jahren waren in der Wolle gefärbte Demokraten. Das muss nicht verwundern: Der Bezugspunkt ihres Denkens orientierte sich an den jeweiligen Gegebenheiten. So fühlten sich Widerstandskämpfer als bessere Deutsche und Oppositionelle als bessere Sozialisten – jeweils im Vergleich zur politischen Führung. Diese Feststellung mindert nicht um ein Deut den Mut der Opponierenden, der im „Dritten Reich" zumal in der Kriegszeit weitaus mehr Risiko verlangte als in der Spätzeit der DDR.

Der Vergleich fördert Unterschiede wie erstaunliche Parallelen zutage, die nicht als „formal" denunziert werden dürfen. Die Wendung von den „zwei deutschen Diktaturen", die seit der deutschen Einheit Verbreitung findet, ist allerdings schief. Nicht deshalb, weil der Begriff Diktatur auf eine Einebnung der Unterschiede hinausläuft, sondern deshalb, weil die DDR keine „deutsche" Diktatur war.[122] In dem einen Fall hat es sich

---

120 Es gibt jedoch auch Argumente, die den Befund relativieren: So beförderte für die Anhänger der Polykratiethese die kumulative Radikalisierung unausweichlich das Ende des „Dritten Reiches"; und der DDR wohnte eine Reihe von inneren Stabilitätselementen inne (wie etwa der sozialistische Paternalismus).

121 Vgl. etwa Wolfgang Dümcke/Fritz Vilmar (Hrsg.): Kolonialisierung der DDR. Kritische Analysen und Alternativen des Einigungsprozesses, 3. Aufl., Münster 1996.

122 Vgl. Eckhard Jesse: Das Dritte Reich und die DDR – zwei „deutsche" Diktaturen?, in: Totalitarismus und Demokratie, 2 (2005), S. 39–59.

um eine genuin deutsche Diktatur gehandelt, in dem anderen um eine Diktatur auf deutschem Boden.

7.2. Die beiden Demokratien: Weimarer Republik und Bundesrepublik Deutschland

Vergleiche zwischen der ersten und der zweiten deutschen Demokratie fallen deutlich zugunsten der Bundesrepublik Deutschland aus.[123] Das mit beschwörendem Unterton ausgesprochene Diktum von Fritz René Allemann „Bonn ist nicht Weimar"[124] wurde häufig zur sorgenvollen Frage umgewandelt: „Wird Bonn doch Weimar"? – bei Erscheinungen, die keineswegs eine Krise oder auch nur eine krisenhafte Entwicklung des demokratischen Verfassungsstaates erkennen ließen, sondern vielmehr zum politischen und gesellschaftlichen Alltag gehören: etwa bei einer Auffächerung des Parteiensystems, zeitweiligen Stimmengewinnen für extremistische Parteien, wirtschaftlichen Krisenerscheinungen und gesellschaftlichen Erschütterungen. Die Weimarer Republik bildete lange eine Kontrastfolie für die Bundesrepublik Deutschland.

Außenpolitisch war und ist die Bundesrepublik fest im westlichen Bündnis integriert. Die in der Weimarer Zeit verbreitete Idee eines Weges zwischen Ost und West spielte bei den tonangebenden gesellschaftlichen Kräften kaum eine Rolle.[125] Die Westbindung der Bundesrepublik Deutschland nahm allmählich immer festere Formen an.[126] Der „lange Weg nach Westen"[127] war erfolgreich, wobei längst nicht jede westliche Nation stets auf westlichen Wegen wandelte. Insofern bedarf die heute ohnehin nur noch moderat verfochtene These vom „deutschen Sonderweg" der Relativierung. Der Wandel der politischen Kultur[128] führte zu mancher Erschütterung des Staatswesens, z. B. auch zu einem „romantischen Rückfall" (Richard Löwenthal).

Die Weimarer Republik war eine Demokratie ohne Demokraten. Wie die Wahlergebnisse zeigten, standen die Bürger nicht zu „ihrer" Demokratie. Stabil war nur die Instabilität. Jeder Reichstag wurde vorzeitig aufgelöst. Die Bundesrepublik Deutschland hingegen zeichnet sich durch ein hohes Maß an Stabilität aus. Der Unterschied geht weniger auf die Verfassungsordnung zurück (wie auf den unterschiedlich gestalteten Demokratieschutz), weitaus stärker auf die andere politische Kultur. War die Weimarer Republik durch zerklüftete Teilkulturen geprägt,[129] so ist die Bundesrepublik Deutschland (das gilt weithin auch nach der Vereinigung) durch einen hohen Basiskonsens ge-

---

123 Vgl. Hartmut Wasser: Weimar und Bonn. Zwei deutsche Republiken. Ein Strukturvergleich, Stuttgart 1980; Friedrich Balke/Benno Wagner (Hrsg.): Vom Nutzen und Nachteil historischer Vergleiche. Der Fall Bonn-Weimar, Frankfurt a. M./New York 1997.

124 Vgl. Fritz René Allemann: Bonn ist nicht Weimar, Köln 1956.

125 Vgl. Alexander Gallus: Die Neutralisten. Verfechter eines vereinten Deutschland zwischen Ost und West 1945–1990, 2. Aufl., Düsseldorf 2006.

126 Vgl. z. B. Schildt: Ankunft im Westen (Anm. 95); Anselm Doering-Manteuffel: Wie westlich sind die Deutschen? Amerikanisierung und Westernisierung im 20. Jahrhundert, Göttingen 1999; Arnd Bauerkämper/Konrad H. Jarausch/Markus Payk (Hrsg.): Demokratiewunder. Transatlantische Mittler und die Demokratisierung Westdeutschlands 1945–1965, Göttingen 2005; Konrad H. Jarausch: Die Umkehr. Deutsche Wandlungen 1945–1995, München 2004.

127 Vgl. Winkler: Der lange Weg nach Westen (Anm. 28), Bde. 1 und 2.

128 Vgl. Ulrich Herbert (Hrsg.): Wandlungsprozesse in Westdeutschland. Belastung, Integration, Liberalisierung 1945–1980, Göttingen 2002.

129 Vgl. Detlef Lehnert/Klaus Megerle (Hrsg.): Politische Identität und nationale Gedenktage. Zur politischen Kultur in der Weimarer Republik, Opladen 1989; dies. (Hrsg.): Politische Teilkulturen zwischen Integration und Polarisierung. Zur politischen Kultur in der Weimarer Republik, Opladen 1990.

prägt. Die heutige Demokratie ist gefestigt. Das war die Weimarer Republik zu keiner Zeit ihrer Existenz.

In der Weimarer Republik fristete der organisierte Extremismus kein Schattendasein. Er war auf die Vernichtung des Antipoden gerichtet. Wer den Sog der Integration durch den Parlamentsbetrieb ins Feld führt,[130] verkennt die totalitäre Dynamik der damaligen Zeit. Heutzutage ist der parteipolitisch organisierte Extremismus im doppelten Sinne schwächer: zum einen quantitativ, zum anderen qualitativ. Wer dem demokratischen Verfassungsstaat aggressiv den Kampf ansagt, gerät in ein Sektiererdasein, isoliert sich nahezu selbst im jeweiligen „Lager". Die bitteren Lehren der Geschichte sind an vielen Extremisten nicht spurlos vorbeigegangen. Nur wenige Linksextremisten wollen die DDR, nur wenige Rechtsextremisten das „Dritte Reich" zurückhaben.

In der ersten deutschen Demokratie gab es eine zum Teil offene Ablehnung dieser Regierungsform durch Kräfte im Bereich der Verwaltung, der Justiz, der Unternehmer. Sie waren im Kaiserreich sozialisiert und wurden nicht einmal „Vernunftrepublikaner". Heute bejahen die gesellschaftlichen Eliten ohne Einschränkungen die gesellschaftliche Ordnung, Wirtschaftsverbände und Gewerkschaften ebenso wie Medien, Kirchen und Universitäten. Ein wesentlicher Grund für diesen Wandel: Die funktionierende Demokratie hat die gescheiterte Demokratie vor Augen (aber nicht umgekehrt) und zwei Diktaturen.

Die Begriffe von der ersten und der zweiten deutschen Demokratie sind berechtigt. Es handelt sich jeweils um Demokratien, ungeachtet der Einschränkungen für die Weimarer Republik an ihrem Ende. Allerdings sollten die Präzisierungen („erste und zweite") nur zeitlich verstanden werden, nicht im Sinne einer wertenden Aussage. Denn augenscheinlich funktioniert die Bundesrepublik Deutschland weitaus besser als die Weimarer Republik.

7.3. Demokratie und Diktatur: Bundesrepublik Deutschland und DDR

Dieser Vergleich unterscheidet sich in doppelter Hinsicht von den beiden vorherigen Vergleichen. Zum einen ist er synchron und nicht diachron angelegt, zum andern bezieht er sich auf eine Demokratie und eine Diktatur gleichermaßen. Die DDR und die Bundesrepublik Deutschland wollten nach dem Ende der NS-Diktatur jeweils das bessere Deutschland sein. Beide Systeme zeichneten sich durch die Abkehr von der NS-Diktatur aus. Während in dem einen Fall die Abwendung von jeder Form der Diktatur die Staatsräson bildete, war dies in dem anderen die Hinwendung zum „Antifaschismus" und damit in der Konsequenz zu einer anderen Form der Diktatur.[131]

Gab es zwei Jahrzehnte lang praktisch keine innerdeutschen Beziehungen auf offizieller Ebene, änderte sich dies mit der sozial-liberalen Regierung, die Verhandlungen mit der DDR suchte. Für das Zustandekommen solcher Kontakte war eine Politik der Entspannung zwischen den Großmächten eine Voraussetzung. Die Kontakte zwischen den bei-

---

130 Vgl. Thomas Mergel: Parlamentarische Kultur in der Weimarer Republik. Politische Kommunikation, symbolische Politik und Öffentlichkeit im Reichstag, Düsseldorf 2002.

131 Vgl. Manfred Agethen/Eckhard Jesse/Ehrhart Neubert (Hrsg.): Der missbrauchte Antifaschismus. DDR-Staatsdoktrin und Lebenslüge der deutschen Linken, Freiburg i. Br. 2002.

den Staaten wiederum trugen zur Förderung weiterer Entspannungstendenzen bei. Die DDR und die Bundesrepublik Deutschland waren eng und vielfältig miteinander verbunden: z. B. durch gemeinsame Geschichte und Kultur wie durch verwandtschaftliche Beziehungen. Obwohl die DDR-Führung diese zu drosseln suchte, zeigten die Menschen in der DDR, wie erwähnt, mehr Interesse am Westen als die Menschen im Westen am Osten, wenngleich die jeweilige Regierung der Bundesrepublik dies wünschte. Der Grund liegt auf der Hand: Das westliche System galt im Osten für viele als Vorbild, das östliche im Westen für viele als Schreckbild. Die Wendung von der „asymmetrisch verflochtenen Parallelgeschichte' zwischen dem größeren, demokratischen und dem kleineren, diktatorischen Teil"[132] ist überaus treffend. Die komplexe Verschlungenheit der Wechselbeziehungen zwischen dem östlichen und dem westlichen Deutschland ließ sich zuweilen erst nach der Vereinigung erkennen. So hatte das Ministerium für Staatssicherheit in der DDR das „Verdienst" an der Verlängerung und der Verkürzung der Kanzlerschaft Willy Brandts zugleich. Wie wir nunmehr wissen, veranlasste die Staatssicherheit mit finanziellen Mitteln zwei Abgeordnete der Union dazu, beim Konstruktiven Misstrauensvotum 1972 dem CDU-Kanzlerkandidaten Rainer Barzel ihre Stimme nicht zu geben. Zwei Jahre später trat Brandt zurück, weil die DDR einen Spion in seinem unmittelbaren Umfeld eingesetzt hatte, wenn auch die weiteren Gründe in einer Schwächephase des Kanzlers lagen.

Ein Vergleich war für den Wettbewerb der Systeme von großer Bedeutung. Die Vergleichsmethode bestimmte weitgehend das Ergebnis. Wer einen systemimmanenten Ansatz bevorzugte, untersuchte die jeweilige politische Ordnungsform an den eigenen Ansprüchen. Ein solcher Ansatz lief im Grunde auf eine Gegenüberstellung der politischen Systeme hinaus.[133] Er verglich die Theorie mit der Praxis in *einem* System. Die Aussagekraft ist, was den Vergleich betrifft, nur begrenzt. So waren – in der Hochphase der Entspannungspolitik – die „Materialien zur Lage der Nation" in der ersten Hälfte der siebziger Jahre unter Federführung von Peter Christian Ludz angelegt.[134] Die DDR-Forschung stand damit in einer bemerkenswerten Nähe zur Politik.[135] Ein nicht-system-immanenter Ansatz, der in den fünfziger und sechziger Jahren dominierte, hingegen vergleicht die Systeme nach denselben Maßstäben. Sinnvoll können nur jene Kriterien sein, auf denen die freiheitliche Demokratie ruht (jedenfalls in der Theorie). Alles andere liefe auf einen demokratischen Relativismus hinaus. In den achtziger Jahren wurde oft beiden Ansätzen gleichermaßen Rechnung getragen.[136]

---

132 So Christoph Kleßmann/Hans Misselwitz/Günter Wichert: Vorwort, in: dies. (Hrsg.): Deutsche Vergangenheiten – eine gemeinsame Herausforderung. Der schwierige Umgang mit der doppelten Nachkriegsgeschichte, Berlin 1999, S. 12.

133 Vgl. etwa den folgenden Band, der kurz vor dem Zusammenbruch der DDR in großer Auflage auf den Markt kam: Werner Weidenfeld/Hartmut Zimmermann (Hrsg.): Deutschland-Handbuch. Eine doppelte Bilanz 1949–1989, Bonn 1989.

134 Vgl. Bundesministerium für innerdeutsche Beziehungen (Hrsg.): Bericht der Bundesregierung und Materialien zur Lage der Nation, 3 Bde., Wissenschaftliche Leitung: Peter Christian Ludz, Bonn 1971/1972/1974.

135 Vgl. Heinz Peter Hamacher: DDR-Forschung und Politikberatung 1949–1990. Ein Wissenschaftszweig zwischen Selbstbehauptung und Anpassungszwang, Köln 1991.

136 Vgl. Bundesministerium für innerdeutsche Beziehungen (Hrsg.): Materialien zur Lage der Nation. Bürger und Staat. Eine vergleichende Untersuchung zu Praxis und Recht der Bundesrepublik Deutschland und der Deutschen Demokratischen Republik, Wissenschaftliche Kommission: Eckart Klein (Leitung) u. a., Köln 1990.

Das Ergebnis solcher Systemvergleiche[137] fiel eindeutig aus: Das eine System war demokratisch legitimiert, das andere nicht. Politische Partizipation ist in dem einen System innerhalb eines breiten Spektrums an Positionen erwünscht, war es in dem anderen System aber nicht, jedenfalls dann nicht, wenn sie sich gegen das Herrschaftsmonopol der SED wandte. „Sozialistische Gesetzlichkeit" (hier steht das Recht unter dem Vorbehalt der Politik) entspricht nicht dem Rechtsstaat. Auch in den Bereichen, die nicht direkt die Politik betrafen, erwies sich die Bundesrepublik als überlegen. Die Schere im Lebensstandard zwischen der DDR und der Bundesrepublik Deutschland klaffte in den achtziger Jahren immer mehr auseinander. Die meisten Gemeinsamkeiten betrafen den sozialen Bereich.

Das Fazit lautet: Der eine Teilstaat stand mit den Prinzipien der freiheitlichen Ordnung auf Kriegsfuß, der andere hingegen hielt und hält sie weitgehend ein. Insofern bedeutet es keine Vereinfachung, von einem demokratischen und einem diktatorischen Staat zu sprechen.

8. Schlussbetrachtung

Die vier Schlüssel- und Wendejahre 1918, 1933, 1945 und 1989 symbolisieren fundamentale, in vielerlei Hinsicht für das 20. Jahrhundert charakteristische Systembrüche.[138] Dem autoritären Kaiserreich, das allerdings ein Rechtsstaat war, folgte die ungefestigte Weimarer Demokratie, die nach 14 Jahren von der Diktatur des „Dritten Reiches" abgelöst wurde. Mit dessen blutigem Ende, das einer Götterdämmerung glich, trennten sich bald die Wege im Osten und im Westen Deutschlands. Zwar war der Bruch mit der deutschen Vergangenheit bei allen Elementen der Kontinuität fundamental, doch wies die Entwicklung in den beiden Hälften Deutschlands, aus denen sich vier Jahre später zwei Staaten bildeten, eine vollkommen andere Qualität auf. Erst mit dem Jahr 1989/90 (der friedlichen Revolution folgte binnen kurzem die deutsche Einheit) ist Deutschland dort wieder angelangt, wo es 1918/19 stand – mit freilich weitaus verheißungsvolleren Perspektiven. Die beiden deutschen Demokratien könnten kaum ungleicher (gewesen) sein. Allerdings: Wer auf die Schwächen der Weimarer Republik fixiert ist, übersieht heutige, ganz anders gelagerte Krisensymptome.

Das „Dritte Reich" war durch und durch eine deutsche Diktatur, nicht jedoch die auf der Militärmacht der Sowjetunion fußende DDR. Der ersten deutschen Diktatur steht damit die zweite Diktatur in Deutschland gegenüber, wobei diese trotz eines in mancher Hinsicht höheren Grades an Totalitarismus nicht die Vernichtungsexzesse jener praktizierte. Wer das Wort von der „dritten Republik" für das vereinigte Deutschland in den Mund nimmt, sollte wissen, dass damit der Unterschied zwischen der Bundesrepublik Deutschland bis zur Vereinigung und dem vereinigten Deutschland in einer beinahe karikaturhaften Weise überzeichnet wird.

Historische Gesetzmäßigkeiten existieren nicht. Geschichte ist offen. Antworten auf die Frage „Was wäre gewesen, wenn ..." erscheinen zwar müßig, aber sie machen den

---

137 Vgl. Jürgen Weber (Hrsg.): DDR – Bundesrepublik Deutschland. Beiträge zu einer vergleichenden Analyse ihrer politischen Systeme, München 1980; Eckhard Jesse (Hrsg.): Bundesrepublik Deutschland und Deutsche Demokratische Republik. Die beiden deutschen Staaten im Vergleich, 4. Aufl., Berlin 1985.
138 Vgl. Schieder: Die Umbrüche von 1918, 1933, 1945 und 1989 (Anm. 74), S. 3–18.

von vielen Faktoren abhängigen Gang der Geschichte deutlich. „Virtuelle Geschichte" gibt es nicht, doch mag es reizvoll, ja verführerisch sein, sich die Entwicklung bei einem anderen Verlauf auszumalen: Wäre bei einer früheren Parlamentarisierung des Kaiserreichs eine Revolution nach dem Ersten Weltkrieg ausgeblieben? Hätte Paul von Hindenburg durch eine Nichternennung Hitlers das „Dritte Reich" verhindern" können? Wäre ohne Hitler die bedingungslose Kapitulation 1945 aufzuhalten gewesen? Hätte die DDR durch eine entschiedene Reformpolitik im Sinne Michail Gorbatschows ihr Ende beschleunigt, hinausgeschoben oder verhindert? Alternative Geschichtsverläufe sind möglich.

In Blick auf Gegenwart und absehbare Zukunft spricht nichts für einen Umbruch des Ausmaßes wie 1918, 1933, 1945 und 1989. Die sich vielfältig (z. B. in der positiv gewandelten Erinnerungskultur gegenüber dem 20. Juli 1944 oder dem 17. Juni 1953) andeutende Abschwächung der negativen Identität aufgrund der so bitteren wie leidvollen nationalsozialistischen Erfahrungen stärkt das Gemeinwesen. Keines kann auf Dauer gedeihen, das seine Raison d'être ausschließlich aus der Negativfixierung auf ein grauenhaftes System bezieht. Hingegen scheint ein Phänomen von der politschkulturellen Dimension wie jenes, das mit dem Jahr „1968" umschrieben ist, eher wiederholbar zu sein: Die gesellschaftliche Entwicklung ändert sich gravierend, ohne dass ein Systemwechsel eintritt. Die Globalisierung stellt demokratische Verfassungsstaaten vor große Herausforderungen. Diese aber können jene stärken. Die Bundesrepublik Deutschland hat sich in ihrer nunmehr fast sechzigjährigen Geschichte (das entspricht ungefähr der Zeit vom Rücktritt Bismarcks bis zur Gründung der zweiten deutschen Demokratie) mannigfach gewandelt.

Ungeachtet zahlreicher Herausforderungen: Das vereinigte Deutschland kann gelassen (nicht: selbstzufrieden) in die Zukunft blicken und muss nicht immer selbstquälerisch zurückschauen. Der Berliner Historiker Hagen Schulze sieht gravierende Unterschiede gegenüber der ersten Gründung eines deutschen Nationalstaates. „Dass die zweite Gründung eines Staats der Deutschen unter weitaus glücklicheren Vorzeichen steht als die erste, begründet die Zuversicht, dass Deutschland sich diesmal innerhalb seiner europäischen Bindungen in eine westliche Normallage einpendeln wird. Das heißt nicht, dass uns nicht möglicherweise ökonomische und politische Krisen ins Haus stehen, in denen tief greifende innere Gegensätze und Auseinandersetzungen ausbrechen können. Aber die Anzeichen mehren sich, dass diese Auseinandersetzungen weniger verquält und überspannt geführt werden als bisher, dass insbesondere antidemokratische Kräfte mit weitaus weniger Zulauf rechnen können, als dies in früheren Krisen der Fall gewesen ist."[139] Solche ruhige Bilanzen verdienen es, eher wahrgenommen zu werden als Reaktionen, die den „Teufel an die Wand malen". In Deutschland ist – leider – alarmistische Kurzatmigkeit an der Tagesordnung. Viele beteiligen sich am „Geschäft" mit dem Krisengerede. „Zunächst ging unser Land am Waldsterben zugrunde. Dann an Atomkraft, BSE und Elektrosmog. Schließlich fielen die Kampfhunde über uns her. Gestern kam der Feinstaub dazu. Heute ist es die Vogelgrippe. Morgen die Kinderlosigkeit. Wir leben in immer kürzeren Zyklen kollektiver Panikmache."[140] Die Kritik an dem „Normalbetrieb" und dem „Tagesgeschäft" vergisst leicht, in welchem Ausmaß Menschen Versuchungen und Verführungen erliegen. Die deutsche Geschichte im 20. Jahrhundert bietet dafür zahlreiche Beispiele.

---

139 Hagen Schulze: Kleine deutsche Geschichte, München 1996, S. 266.
140 So Wolfram Weimer: Wahn-Sinn!, in: Cicero, Heft 4/2006, S. 146.

Wer das Eingangsstatement von Heinrich August Winkler berücksichtigt, weiß, dass Deutschland eine Demokratie ist, die aus den überaus bitteren Erfahrungen gelernt hat. Insofern mag vorsichtiger Optimismus angesagt sein. Doch Gewissheit besteht angesichts der Offenheit der Geschichte nicht. Niemand hätte vor 100 Jahren, 1906, derartige Systembrüche für möglich erachtet, wie sie dann Realität wurden.

Ausgewählte Literatur

Altrichter, Helmut/Helmut Neuhaus (Hrsg.): Das Ende von Großreichen, Erlangen/Jena 1996.

Amann, Klaus/Karl Wagner (Hrsg.): Literatur und Nation. Die Gründung des Deutschen Reiches 1871 in der deutschsprachigen Literatur, Köln u. a. 1996.

Ambrosius, Gerold: Durchsetzung der Sozialen Marktwirtschaft in Westdeutschland. 1945–1949, Stuttgart 1977.

Angermeier, Heinz: Das alte Reich in der deutschen Geschichte. Studien über Kontinuitäten und Zäsuren, München 1991.

Aretin, Karl Otmar von: Das Alte Reich 1648–1806, 3 Bde., Stuttgart 1993–1997.

Aretin, Karl Otmar von: Das Reich. Friedensordnung und europäisches Gleichgewicht 1648 bis 1806, Stuttgart 1986.

Aretin, Karl Otmar von: Heiliges Römisches Reich 1776–1806. Reichsverfassung und Staatssouveränität, 2 Bde., Wiesbaden 1967.

Bavaj, Riccardo/Florentine Fritzen (Hrsg.): Deutschland – ein Land ohne revolutionäre Traditionen? Revolutionen im Deutschland des 19. und 20. Jahrhunderts im Lichte neuerer geistes- und kulturgeschichtlicher Erkenntnisse, Frankfurt a. M. u. a. 2005.

Bender, Peter/Johannes Willms (Hrsg.): Der 9. November. Fünf Essays zur deutschen Geschichte, München 1994.

Benz, Wolfgang: Geschichte des Dritten Reiches, München 2000.

Benz, Wolfgang: Von der Besatzungsherrschaft zur Bundesrepublik. Stationen einer Staatsgründung 1946–1949, Frankfurt a. M. 1984.

Benz, Wolfgang u. a. (Hrsg.): Enzyklopädie des Nationalsozialismus, Stuttgart 1997.

Berghahn, Volker: Das Kaiserreich 1871–1914. Industriegesellschaft, bürgerliche Kultur und autoritärer Staat, Stuttgart 2003.

Biermann, Rafael: Zwischen Kreml und Kanzleramt. Wie Moskau mit der deutschen Einheit rang, Paderborn u. a. 1995.

Bracher, Karl Dietrich: Die Auflösung der Weimarer Republik. Eine Studie zum Problem des Machtverfalls in der Demokratie, 5. Aufl., Düsseldorf 1978.

Bracher, Karl Dietrich: Wendezeiten der Geschichte. Historisch-politische Essays 1987–1992, Stuttgart 1992.

Brauneder, Wilhelm (Hrsg.): Heiliges Römisches Reich und moderne Staatlichkeit, Frankfurt a. M. u. a. 1993.

Broszat, Martin (Hrsg.): Zäsuren nach 1945. Essays zur Periodisierung der deutschen Nachkriegsgeschichte, München 1990.

Broszat, Martin/Klaus-Dietmar Henke/Hans Woller (Hrsg.): Von Stalingrad zur Währungsreform. Zur Sozialgeschichte des Umbruchs in Deutschland, 3. Aufl., München 1990.

Buschmann, Nikolaus: Einkreisung und Waffenbrüderschaft. Die öffentliche Deutung von Krieg und Nation in Deutschland 1850–1871, Göttingen 2003.

Carsten, Francis L.: Revolution in Mitteleuropa 1918–1919, Köln 1973.

Conze, Eckart (Hrsg.): Tage deutscher Geschichte. Von der Reformation bis zur Wiedervereinigung, München 2004.

Deuerlein, Ernst: Die Einheit Deutschlands. Ihre Erörterung und Behandlung auf den Kriegs- und Nachkriegskonferenzen 1941–1949. Darstellung und Dokumentation, Frankfurt a. M. u. a. 1957.

Duppler, Jörg/Gerhard P. Groß (Hrsg.): Kriegsende 1918. Ereignis, Wirkung, Nachwirkung, München 1999.

Düwell, Franz Josef (Hrsg.): Licht und Schatten. Der 9. November in der deutschen Geschichte und Rechtsgeschichte, Baden-Baden 2000.

Eppelmann, Rainer u. a. (Hrsg.): Bilanz und Perspektiven der DDR-Forschung, Paderborn u. a. 2003.

Feldkamp, Michael F.: Der Parlamentarische Rat 1948–1949. Die Entstehung des Grundgesetzes, Göttingen 1998.

Fest, Joachim: Hitler. Eine Biographie, Frankfurt a. M. 1973.

Foitzik, Jan: Sowjetische Militäradministration in Deutschland (SMAD) 1945–1949. Struktur und Funktion, Berlin 1999.

Frie, Ewald: Das Deutsche Kaiserreich, Darmstadt 2004.

Friedländer, Saul: Das Dritte Reich und die Juden. Die Jahre der Verfolgung 1933 bis 1939, München 1998.

Funke, Manfred u. a. (Hrsg.): Demokratie und Diktatur. Geist und Gestalt politischer Herrschaft in Deutschland und Europa. Festschrift für Karl Dietrich Bracher, Düsseldorf 1987.

Gallus, Alexander/Eckhard Jesse (Hrsg.): Staatsformen. Modelle politischer Ordnung von der Antike bis zur Gegenwart. Ein Handbuch, Köln u. a. 2004.

Garton Ash, Timothy: Ein Jahrhundert wird abgewählt. Aus den Zentren Mitteleuropas 1980–1990, München 1990.

Garton Ash, Timothy: Im Namen Europas. Deutschland und der geteilte Kontinent, München/Wien 1993.

Gessner, Dieter: Die Weimarer Republik, Darmstadt 2002.

Graml, Hermann: Die Alliierten und die Teilung Deutschlands. Konflikte und Entscheidungen 1941–1948, Frankfurt a. M. 1985.

Härter, Karl: Reichstag und Revolution 1789–1806. Die Auseinandersetzung des Immerwährenden Reichstags zu Regensburg mit den Auswirkungen der Französischen Revolution auf das Alte Reich, Göttingen 1992.

Hehl, Ulrich von: Nationalsozialistische Herrschaft, München 1996.

Henke, Klaus-Dietmar: Die amerikanische Besetzung Deutschlands, 2. Aufl., München 1996.

Herbers, Klaus/Helmut Neuhaus: Das Heilige Römische Reich. Schauplätze einer Tausendjährigen Geschichte, Köln u. a. 2005.

Herbert, Ulrich/Axel Schildt (Hrsg.): Kriegsende in Europa. Vom Beginn des deutschen Machtzerfalls bis zur Stabilisierung der Nachkriegsordnung 1944–1948, Essen 1998.

Herbst, Ludolf: Das nationalsozialistische Deutschland 1933–1945. Die Entfesselung der Gewalt: Rassismus und Krieg, Frankfurt a. M. 1996.

Hertle, Hans-Hermann: Der Fall der Mauer. Die unbeabsichtigte Selbstauflösung des SED-Staates, Opladen 1996.

Hettling, Manfred (Hrsg.): Revolution in Deutschland? 1789–1989. Sieben Beiträge, Göttingen 1991.

Heydemann, Günther/Eckhard Jesse (Hrsg.): Diktaturvergleich als Herausforderung. Theorie und Praxis, Berlin 1998.

Heydemann, Günther/Gunther Mai/Werner Müller (Hrsg.): Revolution und Transformation in der DDR, Berlin 1999.

Hildebrand, Klaus: Das Dritte Reich, 6. Aufl., München 2003.

Hildebrand, Klaus: Das vergangene Reich. Deutsche Außenpolitik von Bismarck bis Hitler 1871–1945, Stuttgart 1995.

Hillmann, Jörg/John Zimmermann (Hrsg.): Kriegsende 1945 in Deutschland, München 2002.

Huber, Ernst Rudolf: Deutsche Verfassungsgeschichte seit 1789, Bd. 1: Reform und Restauration 1789 bis 1830, 2. Aufl., Stuttgart u. a. 1975.

Huber, Ernst Rudolf: Deutsche Verfassungsgeschichte seit 1789, Bd. 6: Die Weimarer Reichsverfassung, rev. Nachdruck, Stuttgart u. a. 1993.

Jäckel, Eberhard: Das deutsche Jahrhundert. Eine historische Bilanz, Stuttgart 1996.

Jarausch, Konrad/Martin Sabrow (Hrsg.): Weg in den Untergang. Der innere Zerfall der DDR, Göttingen 1999.

Jarausch, Konrad/Michael Geyer: Zerbrochener Spiegel. Deutsche Geschichten im 20. Jahrhundert, München 2005.

Jesse, Eckhard/Steffen Kailitz (Hrsg.): Prägekräfte des 20. Jahrhunderts. Demokratie, Extremismus, Totalitarismus, Baden-Baden 1997.

Just, Leo (Hrsg.): Handbuch der Deutschen Geschichte, Bd. 3/I, 1. Teil, Wiesbaden 1980.

Kershaw, Ian: Hitler, 2 Bde., Stuttgart/München 1998/2000.

Kielmansegg, Peter Graf: Nach der Katastrophe. Eine Geschichte des geteilten Deutschland, Berlin 2000.

Kleßmann, Christoph: Die doppelte Staatsgründung. Deutsche Geschichte 1945–1955. 5. Aufl., Bonn 1991.

Kluge, Ulrich: Die deutsche Revolution 1918/19. Staat, Politik und Gesellschaft zwischen Weltkrieg und Kapp-Putsch, Frankfurt a. M. 1985.

Knopp, Guido: Unser Jahrhundert. Deutsche Schicksalstage, München 2000.

Köhler, Henning: Deutschland auf dem Weg zu sich selbst. Eine Jahrhundertgeschichte, Stuttgart/Leipzig 2002.

Kolb, Eberhard: Die Arbeiterräte in der deutschen Innenpolitik 1918–1919, Düsseldorf 1962.

Kolb, Eberhard: Die Weimarer Republik, 5. Aufl., München 2000.

Kolb, Eberhard: Umbrüche deutscher Geschichte. 1866/71 – 1918/19 – 1929/33. Ausgewählte Aufsätze, hrsg. von Dieter Langewiesche/Klaus Schönhoven, München 1993.

Kolb, Eberhard (Hrsg.): Europa und die Reichsgründung. Preußen-Deutschland in der Sicht der großen europäischen Mächte 1860–1880, München 1980.

Kolb, Eberhard (Hrsg.): Vom Kaiserreich zur Weimarer Republik, Köln 1972.

Kolb, Eberhard/Walter Mühlhausen (Hrsg.): Demokratie in der Krise. Parteien im Verfassungssystem der Weimarer Republik, München 1997.

König, Rudolf/Hartmut Soell/Hermann Weber (Hrsg.): Friedrich Ebert und seine Zeit. Bilanz und Perspektiven der Forschung, München 1990.

Langewiesche, Dieter: 1848 und 1918 – zwei deutsche Revolutionen, Bonn 1998.

Langewiesche, Dieter (Hrsg.): Ploetz. Das deutsche Kaiserreich. 1867/71 bis 1918. Bilanz einer Epoche, Freiburg/Würzburg 1984.

Langewiesche, Dieter (Hrsg.): Revolution und Krieg. Zur Dynamik historischen Wandels seit dem 18. Jahrhundert, Paderborn 1989.

Lenger, Friedrich: Industrielle Revolution und Nationalstaatsgründung (1849–1870er Jahre), Stuttgart 2003.

Longerich, Peter: Deutschland 1918–1933. Die Weimarer Republik. Handbuch zur Geschichte, Hannover 1995.

Longerich, Peter: Politik der Vernichtung. Eine Gesamtdarstellung der nationalsozialistischen Judenverfolgung, München 1998.

Lutz, Heinrich: Zwischen Habsburg und Preußen. Deutschland 1815 bis 1866, Berlin 1985.

Mai, Gunther: Das Ende des Kaiserreichs. Politik und Kriegführung im Ersten Weltkrieg, München 1987.

Mai, Gunther: Der Alliierte Kontrollrat in Deutschland 1945–1948. Alliierte Einheit – deutsche Teilung?, München 1995.

Mai, Gunther: Europa 1918–1939. Mentalitäten, Lebensweisen, Politik zwischen den Weltkriegen, Stuttgart 2001.

Maier, Charles S.: Das Verschwinden der DDR und der Untergang des Kommunismus, Frankfurt a. M. 1999.

Merkel, Wolfgang: Systemtransformation. Eine Einführung in die Theorie und Empirie der Transformationsforschung, Opladen 1999.

Miller, Susanne: Die Bürde der Macht. Die deutsche Sozialdemokratie 1918–1920, Düsseldorf 1978.

Mitter, Armin/Stefan Wolle: Untergang auf Raten. Unbekannte Kapitel der DDR-Geschichte, München 1993.

Möller, Horst: Europa zwischen den Weltkriegen, München 1998.

Möller, Horst: Fürstenstaat oder Bürgernation. Deutschland 1763–1815, Berlin 1989.

Naimark, Norman M.: Die Russen in Deutschland. Die sowjetischen Besatzungszonen 1945 bis 1949, Berlin 1997.

Neubert, Ehrhart: Geschichte der Opposition in der DDR 1949–1989, 2. Aufl., Berlin 1998.

Nipperdey, Thomas: Deutsche Geschichte 1866–1918, Bd. 1: Arbeitswelt und Bürgergeist, Bd. 2: Machtstaat vor der Demokratie, München 1990/1992.

Nipperdey, Thomas: Nachdenken über die deutsche Geschichte. Essays, 2. Aufl., München 1986.

Oertzen, Peter von: Betriebsräte in der Novemberrevolution. Eine politikwissenschaftliche Untersuchung über Ideengehalt und Struktur der betrieblichen und wirtschaftlichen Arbeiterräte in der deutschen Revolution 1918/19, Düsseldorf 1963.

Papenfuß, Dietrich/Wolfgang Schieder (Hrsg.): Deutsche Umbrüche im 20. Jahrhundert, Köln u. a. 2000.

Peukert, Detlev: Die Weimarer Republik. Krisenjahre der Klassischen Moderne, Frankfurt a. M. 1987.

Ploetz, Michael: Wie die Sowjetunion den Kalten Krieg verlor. Von der Nachrüstung zum Mauerfall, Berlin/München 2000.

Prinz, Michael/Matthias Frese (Hrsg.): Politische Zäsuren und gesellschaftlicher Wandel im 20. Jahrhundert. Regionale und vergleichende Perspektiven, Paderborn 1996.

Pünder, Tilman: Das bizonale Interregnum. Die Geschichte des Vereinigten Wirtschaftsgebiets 1946–1949, Waiblingen 1966.

Pyta, Wolfram: Die Weimarer Republik, Opladen 2004.

Reichel, Peter: Der schöne Schein des Dritten Reiches. Faszination und Gewalt des Faschismus, München 1991.

Ritter, Gerhard A.: Über Deutschland. Die Bundesrepublik in der deutschen Geschichte, München 1998.

Ritter, Gerhard A./Susanne Miller (Hrsg.): Die deutsche Revolution 1918/1919. Dokumente, Frankfurt a. M. 1983.

Rürup, Reinhard: Probleme der Revolution in Deutschland 1918/19, Wiesbaden 1968.

Rürup, Reinhard (Hrsg.): The Problem of Revolution in Germany, 1789–1989, Oxford/New York 2000.

Scharf, Claus/ Hans-Jürgen Schröder (Hrsg.): Die Deutschlandpolitik Frankreichs und die französische Besatzungszone 1945–1949, Wiesbaden 1983.

Schieder, Theodor/Ernst Deuerlein (Hrsg.): Reichsgründung 1870/71. Tatsachen, Kontroversen, Interpretationen, Stuttgart 1970.

Schildt, Axel: Ankunft im Westen. Ein Essay zur Erfolgsgeschichte der Bundesrepublik, Frankfurt a. M. 1999.

Schindling, Anton/Walter Ziegler (Hrsg.): Die Kaiser der Neuzeit 1519–1918. Heiliges Römisches Reich, Österreich, Deutschland, München 1990.

Schmidt, Georg: Geschichte des Alten Reiches. Staat und Nation in der Frühen Neuzeit 1495–1806, München 1999.

Schmidt, Manfred G.: Demokratietheorien. Eine Einführung, 3. Aufl., Opladen 2000.

Schwarz, Hans-Peter: Vom Reich zur Bundesrepublik. Deutschland im Widerstreit der außenpolitischen Konzeptionen in den Jahren der Besatzungsherrschaft 1945 bis 1949, 2. Aufl., Stuttgart 1980.

Siemann, Wolfram: Vom Staatenbund zum Nationalstaat. Deutschland 1806–1871, München 1995.

Stern, Carola/Heinrich August Winkler (Hrsg.): Wendepunkte deutscher Geschichte 1848–1990, Neuausg., 2. Aufl., Frankfurt a. M. 2003.

Süß, Walter: Staatssicherheit am Ende. Warum es den Mächtigen nicht gelang, 1989 eine Revolution zu verhindern, Berlin 1999.

Süß, Werner (Hrsg.): Übergänge. Zeitgeschichte zwischen Utopie und Machbarkeit, Berlin 1989.

Thamer, Hans-Ulrich: Verführung und Gewalt. Deutschland 1933–1945, Berlin 1986.

Timmer, Karsten: Vom Aufbruch zum Umbruch. Die Bürgerbewegung in der DDR 1989, Göttingen 2000.

Timmermann, Heiner/Wolf D. Gruner (Hrsg.): Demokratie und Diktatur in Europa. Geschichte und Wechsel der politischen Systeme im 20. Jahrhundert, Berlin 2001.

Turner, Henry A.: Hitlers Weg zur Macht. Der Januar 1933, München 1997.

Ullmann, Hans-Peter: Das Deutsche Kaiserreich 1871–1918, Frankfurt a. M. 1995.

Ullmann, Hans-Peter: Politik im Deutschen Kaiserreich 1871–1918, 2. Aufl., München 2005.

Walter, Gero: Der Zusammenbruch des Heiligen Römischen Reichs deutscher Nation und die Problematik seiner Restauration in den Jahren 1814/15, Heidelberg/Karlsruhe 1980.

Weber, Hermann: Die DDR 1945–1990, 4. Aufl., München 2006.

Wehler, Hans-Ulrich: Deutsche Gesellschaftsgeschichte, Bd. 3: Von der „Deutschen Doppelrevolution" bis zum Beginn des Ersten Weltkrieges 1849–1914, München 1995.

Wehler, Hans-Ulrich: Deutsche Gesellschaftsgeschichte, Bd. 4: Vom Beginn des Ersten Weltkrieges bis zur Gründung der beiden deutschen Staaten 1914–1949, München 2003.

Wehler, Hans-Ulrich (Hrsg.): Scheidewege der deutschen Geschichte. Von der Reformation bis zur Wende 1517–1989, München 1995.

Wende, Peter (Hrsg.): Große Revolutionen der Geschichte. Von der Frühzeit bis zur Gegenwart, München 2000.

Winkler, Heinrich August: Der lange Weg nach Westen, 2 Bde., München 2000.

Winkler, Heinrich August: Streitfragen der deutschen Geschichte. Essays zum 19. und 20. Jahrhundert, München 1997.

Winkler, Heinrich August (Hrsg.): Weimar im Widerstreit. Deutungen der ersten deutschen Republik im geteilten Deutschland, München 2002.

Wirsching, Andreas: Die Weimarer Republik. Politik und Gesellschaft, München 2000.

Wolfrum, Edgar: Die geglückte Demokratie. Geschichte der Bundesrepublik Deutschland von ihren Anfängen bis zur Gegenwart, Stuttgart 2006.

Wolfrum, Edgar (Hrsg.): Die Deutschen im 20. Jahrhundert, Darmstadt 2004.

Zelikow, Philip/Condoleezza Rice: Sternstunde der Diplomatie. Die deutsche Einheit und das Ende der Spaltung Europas, Berlin 1997.

Zwahr, Hartmut: Ende einer Selbstzerstörung. Leipzig und die Revolution in der DDR, Göttingen 1993.

Über die Autoren

Gallus, Alexander, Dr. phil., Vertreter der Juniorprofessur für Zeitgeschichte an der Universität Rostock.

Jesse, Eckhard, Dr. phil., Professor für Politikwissenschaft an der Technischen Universität Chemnitz.

Kraus, Hans-Christof, Dr. phil., Privatdozent für Neuere und Neueste Geschichte an der Ludwig-Maximilians-Universität München.

März, Peter, Dr. phil., Direktor der Bayerischen Landeszentrale für politische Bildungsarbeit München.

Müller, Werner, Dr. phil., Professor für Zeitgeschichte an der Universität Rostock.

Siemann, Wolfram, Dr. phil., Professor für Neuere und Neueste Geschichte an der Ludwig-Maximilians-Universität München.

Thamer, Hans-Ulrich, Dr. phil., Professor für Neuere und Neueste Geschichte an der Westfälischen Wilhelms-Universität Münster.

Wengst, Udo, Dr. phil., stellv. Direktor des Instituts für Zeitgeschichte München-Berlin und Honorarprofessor für Zeitgeschichte an der Universität Regensburg.